佛菩薩專用手印
解析暨研究

（全彩版）

果濱 編撰

序文

　　本書全部字數近 **17** 萬字，書名為**《佛菩薩專用手印解析暨研究》（全彩版）**。**共介紹約有 108 個手印，與超過 360 張手印的詳細圖示**。書中的「手印拍攝、視頻教學製作、手印圖片標示、彩圖後製」……全部都是自己一個人完成的，只使用 iphone 12 mini 手機拍攝就完成整本書的製作，因為拍攝的「時間」不一致，有時是白天拍攝，採光好，有時是晚上拍，彩光較差，所以圖片的「品質、質量」是無法完全一致統一的。

　　撰寫本書的緣起是末學在 2020 年時開講了「**穢跡金剛法經論導讀**」，以及在高雄光德寺　淨覺僧伽大學擔任「**密宗經典導讀**」課程教學，一直到 2023 年以來，宣講了密教經典的**《穢跡金剛禁百變法經》、《穢跡金剛說神通大滿陀羅尼法術靈要門》、《大威力烏樞瑟摩明王經》、《蘇婆呼童子請問經》**……等，以及諸多與「佛菩薩」相關的「手印」教學。

　　今既然因緣已成熟了，所以末學就把這幾年來研究的心得與大家分享，編撰成書名為**《佛菩薩專用手印解析暨研究》**，內容都是以「佛典經疏」為主，採「以經解經、以印解印、同印異名」的方式將「手印」做徹底的研究與分析。例如經文在描敘「手印」時缺了「某一個手指」內容，或敘述不夠清楚，便開始大量查證《藏經》，以「同印異名」的方式尋找，畢竟人的手指只有十個，「手印」必定會有「重複」情形出現，此即「同印異名、同印互補」，如此便可完整破解某一個手印的「艱澀困難、懸疑未解」之處。

　　也許有人會「質疑」本書怎麼把「手印」大公開了呢？這樣不就違反了「密法、密宗」的「私傳、密傳」規定？而且公開手印會讓眾生造成「傷害」與生「恐怖心」？其實這是一種誤解與不正知見，因為本書只是「介紹」了與「諸佛菩薩」相關的手印而已，並不是把所有的「金剛、護法、明王、天神、鬼神、儀軌密部……」的「手印」都全部公開。本書公開的只是與「佛菩薩」相關的「手印」而已，所有「佛菩薩」的手印都沒有「嚴格限制」不能修學，也不可能對眾生造成「傷害」，要不；君不見，所有「佛菩薩」相關的「雕像、手繪、彩繪、石刻」……等，佛菩薩的「手」都有「結印」的啊！例如：大日如來「智拳印」、阿彌陀佛的「彌陀定印」、釋迦佛的「法界定印」、准提菩薩的「根本印」、觀音菩薩的「八葉印」……等。如果只要是「手印」就通通不能「看」、不能「學習」、會「殘害」眾生的話，那所有「諸佛菩薩」的「手」是不是應該都要用「布」遮蔽呢？通通不准看？

二・《佛菩薩專用手印解析暨研究》(全彩版)

不准公開示眾？不准學習結持呢？更何況坊間仍有很多手印的書在流通著，例如：

八田幸雄《真言事典》(嘉豐出版社)。金慧暢編《安樂妙寶》(附錄手印)。李弘學編《佛教諸尊手印》(巴蜀書社)。《佛教的手印》(全佛文化事業有限公司)。《密教的修法手印》(全佛文化事業有限公司)。《瑜伽手印大全：108 種療癒手印圖解＋引導式冥想》、《阿育吠陀手印療法》(同《手印療法》一書)、《圖解手印瑜伽》(積木文化)……等。

我們可以先讀研一下印光大師對「密咒、結印」的「傳承」與「盜法」的二段開示，如下：

《印光大師文鈔》開示云：(【復德培居士書四】)(六月初五日)

密宗不經「阿闍黎」傳授，不得「誦咒、結印」，否則以「盜法論」！此系「至極尊重」之意。若有「有道德」之「阿闍黎」，固當請彼傳受。

若無，則自己「至心誠誦」，即有感應。既有「感應」，當不至「有罪」！若定有罪，未經傳受(而)念結(念咒、結印)，均當遭禍？

今為一喻：如讀書人，按書所說而行，即為「聖賢之徒」。而以身率物，令一切人皆「敦倫盡分」，閑邪存誠，諸惡莫作，眾善奉行，即是「不據位」而「教民」，亦能「移風易俗」，補政治之闕歟，則無有能議其「非」者。

若自以為「我之所行」，超過「地方官」之所行，即發號「施令」，以實行其「勤政愛民」之道，則跡近「反叛」，必致國家以「刑罰」加之矣。祈詳思之，自無疑誤！

當此人民「困苦艱難」，一無「恃怙」之時，不仗佛菩薩「經咒」之力，其能「安寧」者，鮮矣！若死執未經「傳授」，「唸咒、結印」，皆犯「盜法」之罪；然則未經「傳授」之「人民」與「孤魂」，均當不蒙其「法益」！彼既能「蒙其法益」，此必不致因「依法修持」而「遭禍」！若以此推之，固兩相成而不悖也。

《印光大師文鈔》之【復崔德振居士書五（其五）】（民國二十一年，公元 1932 年）：

佛法圓通無礙，密宗固有不經「阿闍黎」傳授者，則為「盜法」（之說），**此乃「極其尊法」之意，非令「永斷密宗」之謂。**

若依汝說，未受「三昧耶戒」（者），（則）**不可念「蒙山施食」。何但「蒙山施食」**（不能唸），**即「一切咒」**（亦）**皆不可念，以未經「阿闍黎」傳授故。**

然自古至今，普通人念「大悲」、「准提」各咒，有感應者甚多。乃至（於）儒（家）者，由「碑帖」（之文）而知有《心經》。（因）「病瘧」而力疾念之，（故）「瘧鬼」即退。若如汝說，（大悲咒、准提咒都沒有灌頂，所以不可唸咒結印。則）當「瘧鬼」（將）更為「得勢」矣。

今為汝說一喻：譬如（一位具有）盛德（之）「君子」，（他）以（己）「身」率物，（則）一鄉之人，（皆）聽其指揮，悉皆「安分守己」。其人之以「身」率物，（更）勝於「官府」之「發號施令」，（但）切不可以其「德化」（已更）勝於「官府」，（因此）即效（仿）「官府」（而）發號「施令」，（若如此做）則（此）人皆以為「反叛」（朋友背叛）矣！

但「自修持」（自我修持咒語結印）**則有**（利）**益，若自「僭冒」**（說自己是阿闍梨上師）**則有罪！如此，則不至**（於）**「斷滅密宗」，亦不至「破壞密宗」矣！**

今人多多是以「凡夫」（之妄）**情**（劣）**見**（而）**說「佛法」，故致遍地皆成「荊棘」，無處可「下足行走」矣！**

「僭冒」者，（即）**謂：**（自）**妄充**（為）**「阿闍黎」也！**（故如果自行）**作法**（指持咒結印）**何礙**（有何罣礙）？（若自行）**畫「梵字」作觀**（修），**均可照「儀軌」**（而作法）**；但不可自命為「已得灌頂之阿闍黎」耳。**

彼能「知此義」，則（印）**光之**（譬）**喻，更為明了**（清楚）**矣！今人**（之）**學佛，皆是「瞎用心」，**（故）**弄成「法法互礙」，**（連）**一法**（都）**不成了，**（真是）**可歎之至。**

從印光大師的開示可得知，大師認為「**但自修持咒語結印，則有益**」的，但若因此「偽造」自己就是「傳法阿闍梨」，那肯定是有罪的，所以如果**自行「誦佛菩薩的咒」**或自行結「**佛菩薩的手印**」的話，那有何罣礙呢？但只要不可自命

四·《佛菩薩專用手印解析暨研究》(全彩版)

為「已得灌頂之阿闍黎」即可；否則便是「瞎用心」的人，搞成「法法互礙」的「可歎之至」。

當今網路發達，到處都可尋找到與佛菩薩相關的「手印」圖示，但請問有幾個「手印」是真正依據《藏經》內容描敘而結的「如法手印」呢？網路裡面，五花八門的手印，非常的混亂，始終讓人霧裡看花，甚至還有「大量」手印都是「自創、搞神祕」的，從不見於《藏經》記載，末學研讀了佛說的手印至少「上千」個，可以非常確定佛陀宣說了「數千個」手印，但這「數千個」手印，我們「終其一生」都學習不完了，怎還會去「沉迷、追逐」於不見《藏經》出處的手印呢？或許人們始終覺得愈神祕、愈無《藏經》記載的手印，就愈想「追求」與「修習」，但這樣的「心態」是正確的嗎？

佛陀宣說了「數千個」手印，真的不好用嗎？真的功效不夠強大嗎？一定要追求《藏》外的「手印」才能「成就」嗎？才能與「本尊」相應嗎？請大家再三思吧！

末學除了擔任淨覺僧伽大學的「密宗經典導讀」課程外，也常在外做「專題演講」與教授「手印」，從累積的經驗中，的確發現一件事實，那就是很多佛弟子是「看書、看視頻、看網絡、看經文」而「自學」手印的，可是在無「人」校對下，打錯手印的情形，真的非常多，這應該就是無法「自行察覺」造成的。

一般修學人，打個手印，就是打個「形」，就差不多個「樣子」就完成了，但其實「手印」要注意的「細節」是很多的，例如：

(1)手指的「角度」。
(2)手掌所放的「力度」。
(3)掌肉的「貼合度」。
(4)手腕的「黏合度」。
(5)手印的「平衡美學」度。
(6)手印的「柔美」或「堅硬」度。
(7)手印「外觀」與「本尊」的相應度。

這些都是手印的「關鍵點」，但這個「技術」，光看「視頻學習」是無法完全「掌握」到的，需要有「人」幫忙校正才能打得更「精準」些，在《大毘盧遮那成佛經

疏》中有段內容說：有些修行人因為有「慢心」，自以為已具有強大的「聰明智慧」，故不再依於「明白佛理導師」的教授與校正，因此自己可能「結錯」而仍不知，如下經文截圖：

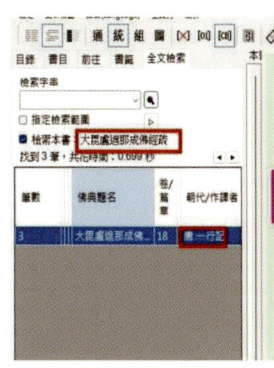

在《藏經》中有關手印的描敘，如果沒有熟悉「古文」的話，是很難讀懂與破解的，因為密教手印經常會使用不同的「代號、譬喻、隱喻、古字、通假字」，甚至前後「順序」互換的一種「隱互」（相互隱匿），這就是在避免有人自作聰明而「盲修瞎練」，而不去依止「明白佛法」的「善知識」去做進一步的「校正」修學。

舉例如下：

柲 ㄅㄧˋ ➔ 古同「祕、柲、秘」，可作「隱藏、扭曲、彎曲」來解釋，有時是要叫你手指「隱藏、閃躲」起來，有時則是要叫你把手指「彎曲、扭曲」起來。

捻 ㄋㄧㄝ ➔ 古同「捏」字。相捏、相持、相按的意思。

捻 ㄋㄧㄢˇ ➔ 用手指「搓」或「轉動」或搓某物。

押 ➔ 古同「壓」。

六‧《佛菩薩專用手印解析暨研究》(全彩版)

糾➔有時作「糾纏、纏繞」解，但有時又當「擠壓」用。
跓➔古同「拄」字，相互「支撐」的意思。
蹙➔古同「蹴」字，指「縮近」的意思。例如要將二個「食指」做「彎曲」狀，但只要一「彎曲」時，就會像把「食指」從「直立」的方式，往下「縮近」，靠近「掌肉」的「方向」，因為這個「動作」，所以祖師就把它翻譯成「蹙、蹴」字，甚至還會再加一「反」字做為「修飾、贅辭」用，成為「反蹙」。
愽➔古同「搏」字，相互「支撐」的意思，有時亦指「相接觸」的意思。
擿➔古同「摘」字，此是作「撥開」的意思。

　　在密教經典中，佛陀大都會同時宣說「手印、咒文、種子字、本尊觀想」……等，但可以發現一個「特色」就是，佛陀一定會先說「手印」，才會再宣說「咒文」，末學曾經猜想這裡的「邏輯」，或許佛陀認為人的手只有「十隻」，不同國度的人種，都是「十隻」手指的，所以「手印」必定、必然是「統一」的，不可能有「例外」，只差在每人「手指長短」有一點小差異而已。

　　當佛陀講完「手印」，接著再講「咒文」，但這咒文就會變得複雜了，因為「眾生隨類各得解」啊！聲音的訛變流轉、地方化、口音化、傳咒本人的發音方式、梵音化、藏音化、日音化、台語化、客語化……這當中的「變數」實在是太多太多了，永遠不可能是「統一」的。甚至「本尊」的「種子字」也是呈現「多樣」性，因為「書寫」方式不同造成，有悉曇字形、天城字型、蘭札字體、藏文……，這都是無法「統一」的，所以真的只剩下「手印」是唯一「較統一」法則了。

　　本書分成「三大篇」。其中以介紹阿彌陀佛、觀音菩薩手印為最大的篇幅內容。
第一篇是「諸佛專用的手印介紹」。
第二篇是「諸菩薩專用的手印介紹」。
第三篇是「其餘相關重要手印介紹」

　　「諸佛專用的手印介紹」，每篇再分成數「章」來介紹手印，內容有：
大日如來「智拳印」的解密、彌陀佛的「彌陀定印」、應以「如來毫相印」代替「問訊」手勢、藥師佛「藥師咒」手印、東方阿閦佛(不動如來)手印、「一切佛心中心」大陀羅尼的六個手印、持誦「大悲咒」專用的手印介紹、觀自在菩薩如意輪的根本手印、准提菩薩(尊那菩薩)的根本手印、修持「准提鏡」專用的「總攝印」、多羅菩薩(綠度母)手印、大勢至菩薩手印、文殊菩薩手印、普賢菩薩(金剛薩埵)手印、

地藏菩薩手印……等。

　　第三篇是「**其餘相關重要手印介紹**」，內容有：「實心合掌、虛心合掌、金剛合掌」的解密、金剛拳「內縛印」與「外縛印」的解密、「轉法輪」印(吉祥法輪印。金剛薩埵法輪印)、佛陀「說法」印、「佛頂根本」印、「熾盛光大威德消災吉祥」咒(熾盛威德佛頂)手印、專門治「眼病」的「釋迦佛眼印」……等。

　　本書內可能有很多「手印」與當今「流行、流傳」的手印不同，或者與您的「上師、大師、大和尚、大阿闍梨、大仁波切」所傳授的亦不同，但無論您的「傳承手印」是怎樣，都請儘量的以「經教」，以佛所說的為主。明代「淨土宗」第八代祖師蓮池大師(1535～1615)就曾開示說：

予一生「崇尚念佛」，然勤勤懇懇勸人看「教」(看經研讀教理)……
其「參禪」者，藉口「教外別傳」，不知離「教」(佛經教理)而參(例如不研究《楞嚴經》五十陰魔者)，是「邪因」也。離「教」(佛經教理)而悟，是「邪解」也。
饒汝參而得悟，必須以「教」印證(例如應與《楞嚴》、《楞伽》等經典為印證)，不與「教」(佛經教理)合，悉邪也。
是故學儒者，必以「六經四子」為權衡(權量衡鑒)。
學佛者，必以「三藏十二部」為模楷(模式楷範)。
—《雲棲法彙（選錄）(第12卷-第25卷)》卷12。詳 CBETA, J33, no. B277, p. 32, a。

弘一大師(1880～1942)亦說：
吾國慣習，無論若律、若禪、若教，皆重「祖」輕「佛」(重視「祖師之說」而輕賤「佛經之語」)，不獨「禪宗」為然也。
竊謂欲重見「正法」住世，當自「專崇佛說」(為)始，「賢首」(宗)以「經」釋「經」，不為「無見」(所以不會變成沒有「佛說正見」為依止)，佩甚！佩甚！

八・《佛菩薩專用手印解析暨研究》(全彩版)

—林子青編《弘一法師書信・致丁福保書一》，2007.11，第 2 版，216 頁。

夢參老和尚（**1915～2017**）開示說：

「祖師」不是「佛」，你要以「佛教導」為主，看祖師的「語錄」，看祖師的這個「傳記」，學他的那個「精進」，學他的那個「參學」的「苦練」。

「知見」呢？你是以「佛的知見」為知見，不以「祖師知見」為知見……我總希望道友「看經」，以「佛」教授的為主。

「善知識」如果說的是「佛的教導」，那我們就「尊敬」，「善知識」說的不是「佛的教導」，那就不是「善知識」，懂得這個道理就行啦。

　　從夢參老和尚的開示可得知，祖師是「精進」修行的，是「參學苦練」的，是勤修「戒定慧」成就的，但「祖師」仍然不是「佛」，所以「祖師」所教導的「手印」、所「傳承下來的手印」，也可會能因為「人傳人、代傳代」而出現「錯誤」，所以我們仍應以「佛的知見」為主，而不以「祖師知見」為「知見」的。不過，這是需要勇氣「修訂、修正」的一件佛法大事，因為當我們剛開始改成以《藏經》為主的「如法標準手印」；但卻與「祖師」所教的不同，這時你可能就會被冠上「欺師滅祖、背師叛祖」的毀謗流言，但請您「理性」冷靜的思考一下：

　　都改成以《藏經》為主的「手印」，會被冠上「欺師滅祖、背師叛祖、非師弟子、大逆不道」的「罪名」？

　　那違背佛陀於《藏經》中所說的「手印」，這也應該可以冠上「附佛外道、欺佛滅道、非佛弟子、離經判道」的「罪名」吧？

　　本書在重要的「手印」解析上，都還會再附上「原始經文」的截圖，供大家進一步的參考研究。本書介紹了 **108** 個手印，這已經足夠您「終身修持使用」了。如果您所修學的「本尊」或「護法金剛」……在《藏經》中都沒有記載「手印」時，怎麼辦？那就照底下經文所說的，是可以「互相通用」的。

自序・九

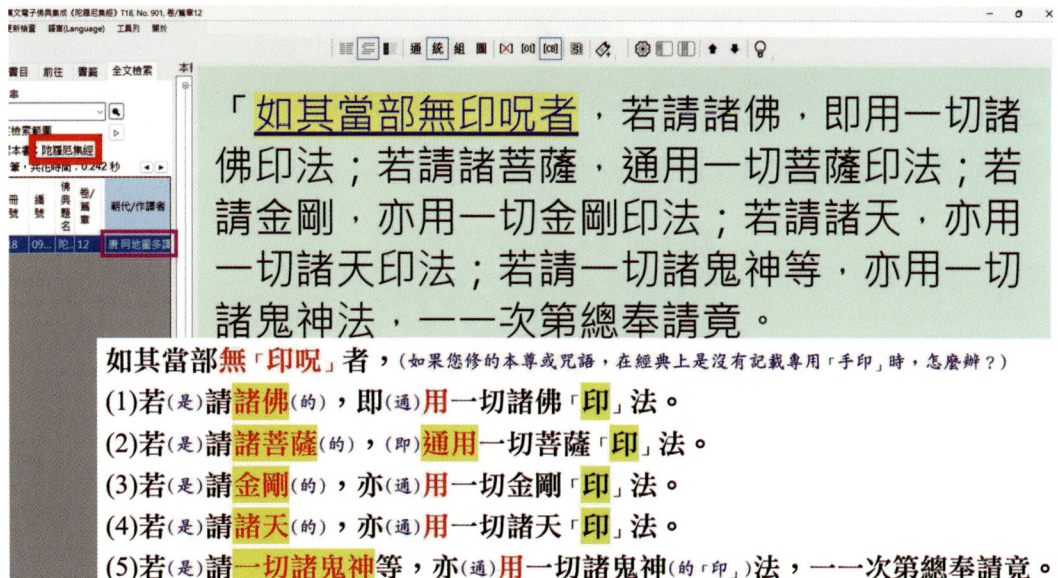

最後祈望這本著作：《佛菩薩專用手印解析暨研究》（全彩版），能帶給更多四眾弟子修學有《藏經》依據的「如法手印」。末學在教學繁忙之餘，匆匆撰寫，錯誤之處，在所難免，猶望諸位大德教授，不吝指正，爰聊綴數語，以為之序。

公元 2025 年 2 月 10 日　果濱序於土城楞嚴齋

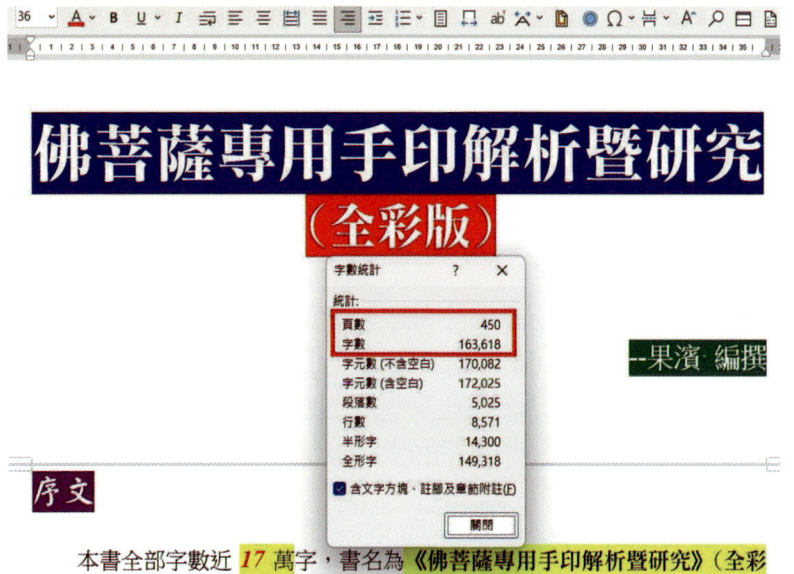

一〇・《佛菩薩專用手印解析暨研究》(全彩版)

佛菩薩手印教學（視頻、圖示下載）
（無法進入者，請翻牆，或找他人複製內容）

https://drive.google.com/drive/folders/16gUCLPLO8ZXwE9112o-2at1ILU49Lafj?usp=sharing

《佛菩薩專用手印解析暨研究》（全彩版）

本書全部字數近 17 萬字，450 頁。佛陀宣說了「數千個」手印，我們終其一生都學習不完。

本書內容以「佛典經疏」為主，採「以經解經、以印解印、同印異名」的方式將「手印」做徹底的研究與分析。

介紹諸佛菩薩專用手印約 108 種，有超過 360 張彩色手印詳細圖示。

當我們剛開始改成以《藏經》為主的「如法標準手印」；但卻與「祖師」所教的不同，這時你可能就會被冠上「欺師滅祖、背師叛祖」的毀謗流言，但請您「理性」冷靜的思考一下：

都改成以《藏經》為主的「手印」，會被冠上「欺師滅祖、背師叛祖、非師弟子、大逆不道」的「罪名」？

那違背佛陀於《藏經》中所說的「手印」，這也應該可以冠上「附佛外道、欺佛滅道、非佛弟子、離經判道」的「罪名」吧？

目錄

序文..一

第一篇 諸佛專用的手印介紹 17
第一章 手印的「功德」與「標記」 19
第一節 「真言咒語」與「手印」，缺一不可 19
第二節 密教「手印」的特殊稱呼與標記 23
第三節 「手印」即如同為「佛如來」 29
第四節 修持佛說的「手印」能增長西方功德 32
第五節 修行人只打「手印」供養佛菩薩，沒有誦咒。會有功德嗎？ 36
第二章 大日如來「智拳印」解密 45
第一節 「智拳印」的最正確手印「經典」出處 45
第二節 現在「智拳印」發生錯誤的原因在於「右食指」與「右大拇」的地方 64
第三節 錯誤的大日如來「智拳印」檢討 68
第三章 釋迦佛「法界定印」與彌陀佛的「彌陀定印」 71
第一節 第一種「禪定印」 71
第二節 第二種「禪定印」 76
第三節 第三種「禪定印」 79
第四節 所有的「密教」經典都說「打坐入定」時，必定是「右手」在上，無一例外 83
第五節 也是有「左押右」的情形出現 92
第四章 阿彌陀佛手印 95
第一節 阿彌陀佛「療病法」印 95
第二節 阿彌陀佛「身」印 96
第三節 阿彌陀佛「大心」印 98
第四節 阿彌陀佛「護身結界」印 99
第五節 阿彌陀「坐禪」印 100
第六節 「無量壽如來」根本手印 101
第七節 「無量壽如來」拳印(阿彌陀佛拳印) 104
第八節 阿彌陀佛「說法」印(阿彌陀佛輪印) 107
第九節 阿彌陀佛「頂」印 109
第十節 阿彌陀佛「心」印 111
第十一節 阿彌陀佛「滅罪」印 112
第五章 「釋迦佛」專用的三種手印 113

第一節 「釋迦佛頂身」印...113
第二節 佛頂破魔結界降伏印(釋迦佛「破魔降伏」印).........................115
第三節 釋迦牟尼佛「懺悔法」印(釋迦佛「懺悔法」印).......................117

第六章 誦持「楞嚴咒」可用的三種手印..119
第一節 白傘蓋佛頂印(持誦楞嚴咒可用的手印之一)..........................119
第二節 釋迦佛頂身印(持誦楞嚴咒可用的手印之二)..........................124
第三節 百億諸佛同心印(持誦楞嚴咒可用的手印之三)......................125

第七章 如來「毫相」印(可當[問訊]用)..127
第一節 「三角印」具有「降伏、除障」義..127
第二節 中國傳統「漢傳」佛教「問訊」禮儀的方式...........................129
第三節 應以「如來毫相印」代替「問訊手勢」...................................137

第八章 藥師佛「藥師咒」的根本手印(藥壺印).................................141
第一節 「藥師咒」根本手印(藥壺印)之一：二大拇指「保持不動」........141
第二節 「藥師咒」根本手印(藥壺印)之二：二大拇指「上下揮動」........144
第三節 「藥師咒」根本手印(藥壺印)其餘參考資料.............................145

第九章 東方「阿閦佛」(不動如來)常用的三個手印..........................149

第一節 阿閦鞞佛三摩耶印...149

第二節 淨王佛頂印(亦名阿閦佛頂印)..150

第三節 右手結「觸地印」(破魔印、降魔印、摧伏印).........................152

第十章 「一切佛心中心」大陀羅尼的六個手印.................................155
第一節 「菩提心印」(懺悔印)..155
第二節 「菩提心成就」印..164
第三節 「正授菩提」印...168
第四節 「如來母」印..172
第五節 「如來善集陀羅尼」印..176
第六節 「如來語」印..180

第十一章 《大寶廣博樓閣善住祕密陀羅尼》的三個手印...................183
第一節 根本手印...183
第二節 「心」印(安慰印)..186
第三節 「隨心」印(以不空大師的譯本為主).....................................188

第十二章 適用於「如來全身舍利寶篋印咒」的二個手印....................189
第一節 「慈氏」印(窣覩波印;塔印)..189

第二節　與《大寶廣博樓閣善住祕密陀羅尼》同一手印..........193
　第十三章　「佛頂尊勝咒」手印與真正的「彈指」手勢..................195
　　　第一節　以「大拇指」與「食指」相捻而作出「彈指聲」.............195
　　　第二節　以「大拇指」與「中指」相捻而作出「彈指聲」.............199
　　　第三節　「彈指聲」的功能...200
　　　第四節　「佛頂尊勝陀羅尼」手印.................................202
　第十四章　「多寶」如來的手印只有二個......................................205

第二篇　諸菩薩專用的手印介紹..207
　第一章　觀世音菩薩手印..209
　　　第一節　「千手千眼觀自在菩薩」根本印............................209
　　　第二節　「青頸大悲心」印...213
　　　第三節　「觀自在」菩薩根本手印...................................218
　　　第四節　「八葉印」...220
　　　第五節　「喚觀世音菩薩」印..225
　　　第六節　千眼千臂觀世音菩薩「神變自在印」......................226
　　　第七節　「觀世音」菩薩的「總攝印」................................228
　　　第八節　「蓮華部心咒」手印..231
　　　第九節　「求見觀世音菩薩」印.....................................233
　　　第十節　「觀世音菩薩求見佛」印...................................235
　　　第十一節　觀世音菩薩「求聰明」印................................237
　第二章　觀自在菩薩如意輪「根本手印」....................................239
　　　第一節　「如意輪」的根本手印.....................................239
　　　第二節　「如意輪」的心印..244
　　　第三節　「如意輪」的心中心印.....................................246
　　　第四節　「如意輪」的三個手印到了北宋以後，就發生「變化」了.........249
　　　第五節　什麼是摩尼形？寶形？....................................253
　　　第六節　什麼是「幢形？」...260
　　　第七節　觀自在菩薩「如意輪手印」檢討...........................261
　第三章　「不空羂索」觀世音菩薩「結大界印」.............................265
　第四章　准提菩薩(尊那菩薩)的「根本手印」.............................269
　　　第一節　「准提咒」法的重要性......................................269
　　　第二節　「准提咒」的根本手印......................................277
　　　第三節　與准提「異名同手印」的藏經資料共有**9**個以上...........280
　　　第四節　准提咒「根本手印」錯誤的開始...........................284
　　　第五節　修「准提鏡」專用的「總攝印」..............................287

第六節　錯誤的准提咒「根本手印」檢討...293
第五章　多羅菩薩(綠度母)的四個手印...295
　　　第一節　「觀世音菩薩」隨心印(多羅菩薩)之一..295
　　　第二節　「觀世音菩薩」隨心印(多羅菩薩)之二..297
　　　第三節　「觀世音菩薩」隨心印(多羅菩薩)之三..299
　　　第四節　「觀世音菩薩」隨心印(多羅菩薩)之四..300
第六章　「大勢至」菩薩的四個手印..301
　　　第一節　「大勢至菩薩」手印之一...301
　　　第二節　「大勢至菩薩」手印之二...303
　　　第三節　「大勢至菩薩」手印之三...306
　　　第四節　「大勢至菩薩」手印之四...308
第七章　「文殊菩薩」的三個手印..311
　　　第一節　「五字文殊」印(金剛利劍印。金剛智劍印)-小劍形........................311
　　　第二節　「文殊師利」印(帶劍鞘)-中劍形..315
　　　第三節　「文殊師利」印-大劍形...318
第八章　普賢菩薩(金剛薩埵)的三個手印...321
　　　第一節　普賢菩薩(金剛薩埵)的手印之一..321
　　　第二節　普賢菩薩(金剛薩埵)的手印之二..324
　　　第三節　普賢菩薩(金剛薩埵)的手印之三..326
第九章　「地藏菩薩」的四個手印..329
　　　第一節　「地藏菩薩法身」印...329
　　　第二節　「地藏菩薩」印...331
　　　第三節　「地藏菩薩」印(地藏菩薩旗印)之一...333
　　　第四節　「地藏菩薩」印(地藏菩薩旗印)之二...336
第十章　「大輪金剛」(金剛輪菩薩)與「摩利支天菩薩」手印為「同印異名」.....339
　　　第一節　《大輪金剛陀羅尼》經文的節錄..339
　　　第二節　《大正藏》中對《大輪金剛陀羅尼》的記載暨功德探討............344
　　　第三節　大輪金剛陀羅尼的「正確」手印...351

第三篇　其餘相關重要手印介紹...357
第一章　實心合掌、虛心合掌、金剛合掌的解密..359
　　　第一節　「實心合掌」的經典出處...359
　　　第二節　「虛心合掌」的經典出處與何時可用？...363
　　　第三節　「金剛合掌」的正確結法...366
　　　第四節　「金剛合掌」的功德有多少？...370
　　　第五節　「金剛合掌印」的檢討...373

第二章 金剛拳「內縛印」與「外縛印」的解密 375
　第一節 先從「金剛合掌」印開始，才能有金剛拳「內、外」縛印的結法 .379
　第二節 何謂金剛拳的「內縛印」？「外縛印」？這個手印在密教中有多重
　　　　 要？ 381
　第三節 金剛拳「外縛印」的經典記載 384
　第四節 金剛拳「內縛印」的正確結法 387
　第五節 為何一定是「右大拇指」在上面，而去押住「左大拇指」的原因？
　　　　396
　第六節 金剛拳「內縛印」的檢討 401
第三章 其餘重要手印介紹..403
　第一節 「轉法輪」印(吉祥法輪印。金剛薩埵法輪印)..........403
　第二節 佛陀「說法」印 409
　第三節 「佛頂根本」印 412
　第四節 「熾盛光大威德消災吉祥」咒(熾盛威德佛頂)手印 415
　第五節 專門治「眼病」的「釋迦佛眼印」..........................418
　第六節 「一切如來加護心」印(握持金剛杵，或打坐時，兩手都結用)....423
　第七節 「劍」印：加持聖物、金剛杵時可用 428
　第八節 「漱口」印(總攝身印)：承水、承物用 432
　第九節 「大虛空藏普通供養」手印 433
　第十節 「忍辱」波羅蜜手印..436
　第十一節 「滿願」印(施願印。施甘露印)..............................439
　第十二節 單手打「金剛杵」印的介紹 441

第一篇　諸佛專用的手印介紹

第一章 手印的「功德」與「標記」

第一節 「真言呪語」與「手印」，缺一不可

一般修學人，打個手印，就是打個「形」，就差不多個「樣子」就完成了，但其實「手印」要注意的「細節」很多的，例如：

(1)手指的「角度」。
(2)手掌所放的「力度」。
(3)掌肉的「貼合度」。
(4)手腕的「黏合度」。
(5)手印的「平衡美學」度。
(6)手印的「柔美」或「堅硬」度。
(7)手印「外觀」與「本尊」的相應度。

這些都是手印的「關鍵點」，但這個「技術」，光看「視頻學習」是無法完全「掌握」到的，需要有「人」幫忙校正才能打的更「精準」些。

手印指所結之「印契」，梵語作 mudrā，音譯為「母陀羅」，乃「記號」之意；又作「印契、印相、密印」等，據《大毘盧遮那成佛經疏・卷十五》中云：(《大正藏》第 39 冊頁 736 上)

> 一切如來，皆從佛性種子，菩提心生。當知一切「印」，亦從「菩提心」生也。「印」從「法界」生，而(以)「印」(諸佛)弟子，如「王」以印(而)印之，一切信受。今以一切「法界」(所)生(之)「印」(而)印之，即「法印」也，即是「大人相」(之)印也。

「手印」是「佛性種子」，亦是從「菩提心」所生，在《慈氏菩薩略修瑜伽念誦法・卷二》亦云：(《大正藏》第 20 冊頁 595 中)

> (手)印(於自)己、(或)印(於)他(人)，皆成本體「三昧耶」之「身」。雖凡愚不見，一切「聖賢」天龍八部諸鬼神，及「尾那夜迦」(vināyaka 亦有分成二尊，一頻那，即豬頭使者。二夜迦，即象鼻使者。毘那夜迦或說即是大聖歡喜天)，皆(能得)見(其)「本尊真身」(與)諸「護法明王」等。為此親近，俱相助成，「悉地」速得成就。

空海大師的《即身成佛義》言：（《大正藏》第 77 冊頁 383 上）

「手」作「印契」、「口」誦「真言」、「心」住「三摩地」，（此為）「三密」相應（之）加持故，早得「大悉地」。

所以不論是「自己的手印」或「他人的手印」都是本體「三昧耶」之身，眾生凡愚所以不能見。若能結「印契」，一切聖賢、天龍八部、諸鬼神及「毗那夜迦」等見之，皆如同見到「本尊真身」一樣，諸「護法明王」等也會來皆來親近，幫助我們速得成就悉地！

北宋・施護（Dānapāla。公元？～1017）譯《聖持世陀羅尼經》

爾時，世尊說此呪已，告持世（菩薩）言：
所有（的）「印法」（手印之法），以表「心法」（由心所顯現之「外法」），亦名「外表」（外相上的一種「表法」）。

宋・北天竺迦濕彌羅國天息災（法賢或法天，公元？～1001。原住於中印度惹爛陀國密林寺）譯《大方廣菩薩藏文殊師利根本儀軌經》卷 20〈28 說印儀則品〉

(1)妙吉祥（文殊菩薩）！凡有所作，（欲得）利益成就，當須「真言」及「印」，一一和合，如車「二輪」，不得「闕一」，若「闕一」者，（則）無能「運轉」，一切「真言」（若）無「印」（之）所作，亦復如是。

(2)若「真言」及「印」（能）相應和合，（則佛）事（即能快）速（獲得）成就，（即能）轉（動）彼三界一切「天人、阿修羅」等，（皆）不為「難事」，何況（只是）求作「人間」之事？若（能）依「法」修行，決定（能獲）得「果」（證）……

(3)所有「真言、定印」及「印定、真言」，「真言」不得闕「印」，「印」亦不得闕於「真言」，「印」及「真言」須具「和合」，凡所作事，必獲「果證」。

(4)彼「真言、印」（是）互相依倚（的），如「因」成「果」、如「果」酬「因」，持誦行人若（能）依「法」用作，（則）無法不成。

(5)若依「儀則」，以一切「定印所印、真言」，作「請召事」，（則）無有不成，乃至最上世界，及輪迴中所有「眾生」，用「請召」者，亦無不成……

(6)又一切「真言」中有「印」，一切「印」中亦有「真言」，「印」與「真言」互相生出。

(7)若修行者，（能）依「法」念誦及作「護摩」，（則）一切「聖道」（皆由）此中生出。若彼「行人」（能）精勤修習，不懈不怠，復不退屈，（則）得一切「真言」不空（之）成就。

(8)佛之所言，言不虛妄，若依「儀軌」恒修行者，有大利益。

北宋・施護譯《佛說一切如來真實攝大乘現證三昧大教王經》卷 28

（若）非（是）「阿闍梨」（的教授），（或）非（為）「弟子」（學密咒之弟子），或復「別異諸學者」（不是佛門

弟子)，(皆)不應(對「這種人」)開示「密印門」(祕密手印之門)，及此「祕密成就法」。此(乃為)佛所說(之)「執金剛法門」。

下面是蓮池大師對身口意「三密」相應的「重視」對嚴格「要求」之說：

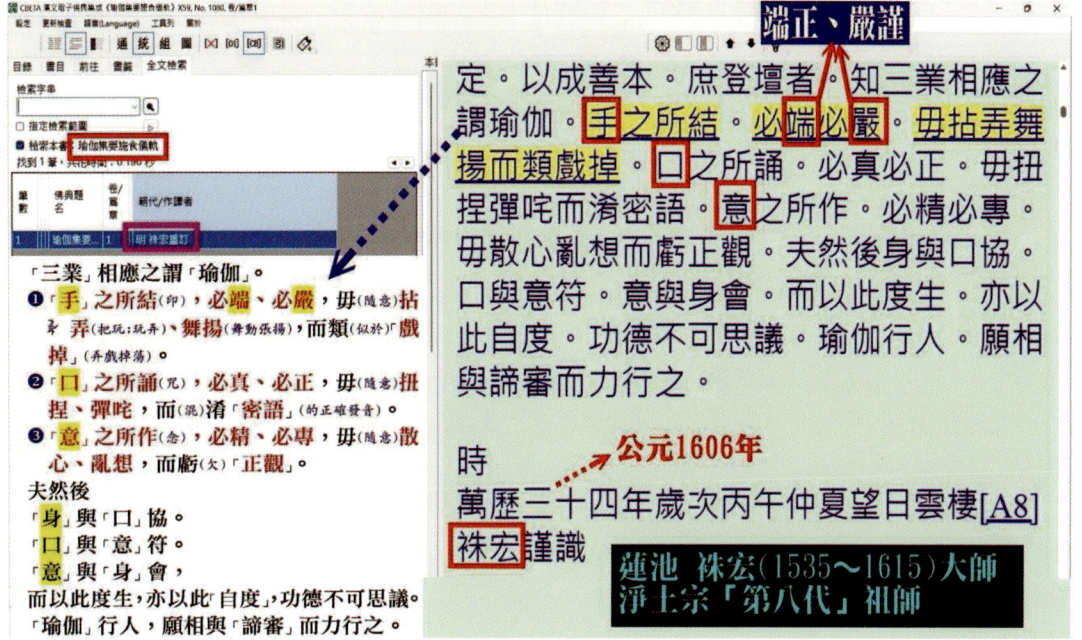

唐・一行阿闍梨記《大毘盧遮那成佛經疏》卷13〈9 密印品(一三-一四)〉

(善無畏)三藏云：西方(印度)尤祕「印法」(手印之法)，作(手印)時：
❶又極恭敬。
❷要在「尊室」之中。
❸及「空靜、清潔」之處。
❹當「澡浴」嚴身。
❺若不能一一「浴」者，必須洗淨「手」、「嗽口」。
❻以「塗香」塗手等，方得作也。
❼又作(手印)時，須(端)正威儀，(或以)「跏趺」等坐(姿)。
(若)不爾，(將容易獲招)得罪，令(手印之)法不得「速成」耳。

(以上可見印度密教大師善無畏之說，結持手印時應要注意的地方，有非常多的規定。但中國東土的修密者、或藏密、或東密、或台密……就可能會「各自規定」了。所以應該「儘量」遵守才是，盡力而為了)

在《陀羅尼集經・卷五・佛說跋折囉功能法相品》中，在講述「隨心觀世音祈一切願印」時，曾經提到說「手印」之結持應該盡量用「隱密」的方式結之，如云：

(於尊)「像」前作(手)「印」，(應)以「袈裟」(遮)覆，或用「淨巾」，(遮)覆其(手)「印」已。(然後)至心誦咒滿「八百遍」，更莫「餘緣」。(《大正藏》第18冊頁827中)

這是說在結持「隨心觀世音祈一切願印」時，應該儘量「隱藏手印」，為防止「鬼神惡魔」之擾亂，或應避免在「顯露」之處結手印，所以也有人是在「法衣」的「左袖中」或「右袖中」結印的，但如果是在自己的「佛堂」前修法結印，旁若無人，則可方便行之！

但還有個問題，這經文是說結持「隨心觀世音祈一切願印」時應該要「隱藏手印」，但這並不是指佛陀講的「數千個」手印皆要「以此照辦」，如果每個「手印」都要「遮覆」的話，那所有的「雕製、繪製」的佛像，其「雙手」都應「遮飾」，不應該被「眾生」給見到的，例如：准提菩薩、觀音菩薩、釋迦佛、彌陀佛……有無數的佛菩薩，其「雙手」大都製有「手印」的「象徵」，並沒有以「巾」遮裹的啊！

所以如果是屬於「佛、菩薩」的手印，或者手印本身就是要「招請」諸佛菩薩用的，那必定是不可能「遮覆」的；但如果是屬於「金剛、明王、忿怒尊」……之類的手印，或讓眾生易生「畏怖」的手印，則理應「遮覆」或「隱藏」，或應避免在「顯露」之處結這種「類型」的手印。

第二節 密教「手印」的特殊稱呼與標記

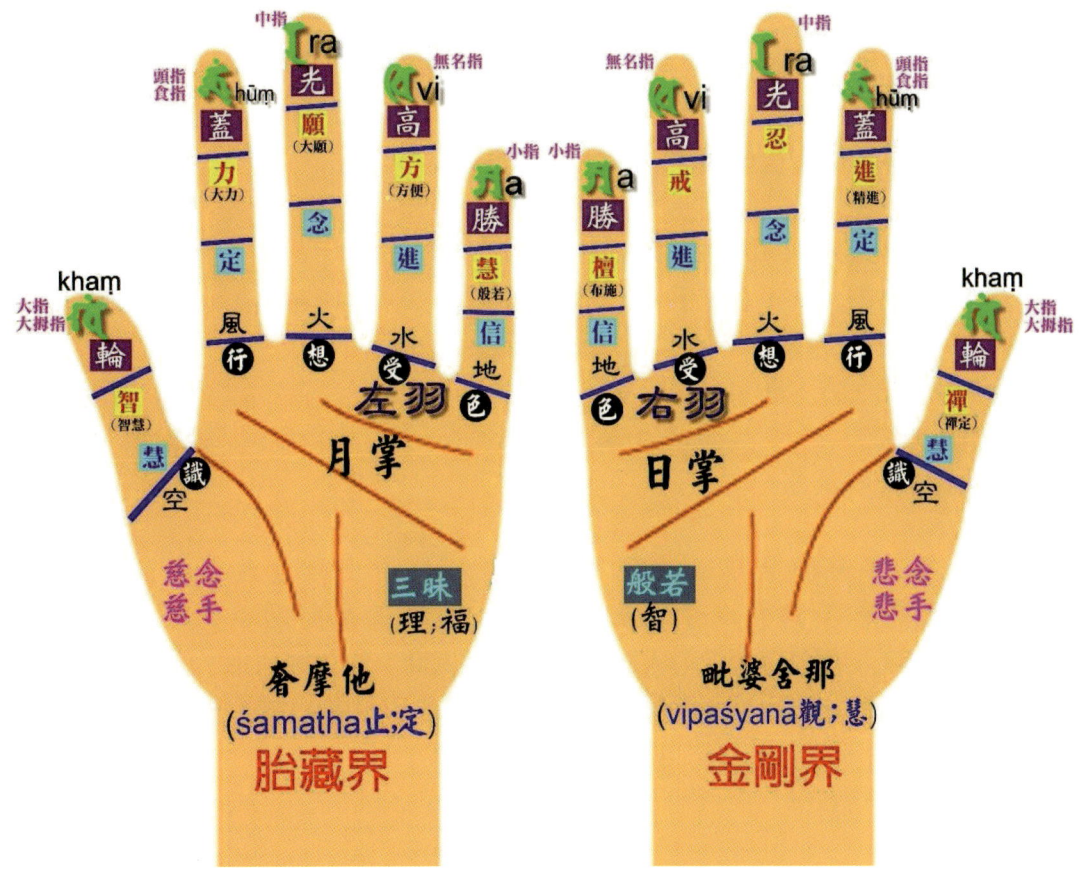

清・弘贊會譯《七俱胝佛母所說準提陀羅尼經會釋》卷1
檀、戒、忍、進、禪，從右手「小指」起。
慧、便、願、力、智，從左手「小指」起，此是「十波羅蜜」。

唐・一行述記《大日經義釋》卷10
(1)若依瑜伽，「定、慧」二手(左手「定」；右手「慧」)，與此不殊。
(2)「十指」以「十波羅蜜」為號，從定「小指」起「檀」，從「右小指」起。
　「慧」次第上，即「檀、戒、忍、進、禪」。
(3)「慧、方、願、力、智」，此即十指之名。

(4)又「指」為「度」，此上意者所立，此名非「阿闍黎」親授者，不可以解，故言「密」也。

唐‧一行述記《大毘盧遮那成佛經疏》卷3〈入漫荼羅具緣真言品 2〉

復次如「身印」。
「左手」是「三昧」義。
「右手」是「般若」義。
「十指」是「十波羅蜜」滿足義。
亦是一切智，「五輪」譬喻義。

遼‧覺苑撰《大日經義釋演密鈔》卷4

左羽(左手)、右羽(右手)、右左手、左止(左手是「止」)、右觀(右手是「觀」)，亦復然。
言「十指」等者，興善云：
右羽(右手)，慧、方、願、力、智。
左手，檀、戒、忍、進、禪。左小為「頭」，終「右指」，「十波羅蜜」對相連言亦是一切智，「五輪」譬喻義者。

唐‧不空《攝無礙大悲心大陀羅尼經計一法中出無量義南方滿願補陀落海會五部諸尊等弘誓力方位及威儀形色執持三摩耶幖幟曼荼羅儀軌》卷1

爾時「婆誐鑁」，住無礙大悲心大陀羅尼自在力三昧，演說阿利耶，大曼荼羅相，五部諸尊等威儀形色法。欲知此海岿(古同「會」)，諸尊印相者，先應知「指目」(手指項目)。
「蓮花合掌」者，蓮花即「理」也，「理」處必有「智」。
故以左右手，其名曰「理、智」(左手是「理」、右手是「智」)。
左手「寂靜」故，名「理胎藏海」。右手「辦諸事」，名「智金剛海」。
左手五指者，「胎藏海」五智。右手五指者，「金剛海」五智。
左手「定」(左手是「止」)、右「慧」(右手是「觀」)。
十指即「十度」，或名「十法界」，或曰「十真如」。縮則攝收一，開則有數名。
左小指為「檀」。
無名指為「戒」。
左中指為「忍」。
左頭指為「進」。
左大指為「禪」。

右小指為「慧」。

無名指為「方」。
右中指為「願」。
右頭指為「力」。
右大指為「智」。

左大指為「慧」。
左頭指為「方」。
左中指為「願」。
無名指為「力」。
左小指為「智」。

右手大指，為「檀」、空輪。
右手頭指，為「戒」、風輪。
右手中指，為「忍」、火輪。
右無名指，為「進」、水輪。
右手小指，為「禪」、地輪。

(二手的)「小指」為「地」，
(二手的)「無名(指)」為「水」。
(二手的)「中指」為「火」，
(二手的)「頭指(食指)」為「風」，
(二手的)「大指」為「空」。
(是此十波羅蜜之名，非所用此尊位。今所可用者，「定慧、理智」也。諸尊等印契，以此當知之)。

唐・一行記《大毘盧遮那成佛經疏》卷13〈密印品 9〉
亦可「左手小指」為「檀」度，以次向上數之，「頭指」(食指)為「定」。
「右手小指」為「慧」度。以次向上數之，「頭指」(指)為「智」度。

唐・不空譯《金剛頂蓮華部心念誦儀軌》卷1
次結三昧耶，於舌觀金剛。先合金剛掌，便成「金剛縛」。
「忍、願」如劍形，「進、力」附於背。「忍、願」豎如針，反屈如寶形。
祕屈如「蓮葉」，面合於掌中。「檀、慧、禪、智」合。是為五佛印。

唐・不空譯《金剛頂瑜伽中略出念誦經》卷1

其契(印)以「止觀」二羽(左手是「止」,右手是「觀」),各作金剛拳。
以「檀、慧」度二相鉤。「進、力」二度仰相拄(支撐;頂著),直申如針。以契自心上(以印契置於自心胸之上),誦前密語三遍。即念諸佛從「三昧」覺悟,應當觀察一切諸法猶如影像,即思惟此偈義。

唐・一行記《大毘盧遮那成佛經疏》卷13〈密印品 9〉

此「印」示行「五法」也。
(小指為)「地」為「信」。(信根、信力)
(無名指為)「水」為「進」。(進根、進力)
(中指為)「火」為「念」。(念根、念力)
(食指為)「風」為「定」。(定根、定力)
(大拇指為)「空」為「惠」。(慧根、慧力)
諸佛菩薩以「身、口」說法,今此「印」是表此「五根力」(五根與五力)也。

《金剛童子持念經》卷1

(1)其印,以二「信」右押左,內相交。以二「進」雙屈,並押二「信」交上。以二「念」直豎頭柱。以二「定」各微曲。於二「念」背後不相著。如「三股金剛杵形」。二「惠」並豎,押二「進」上,即成。
(2)隨誦「真言」,以印空中「左旋三匝」,辟除「姦魔」,棟擇發遣。便即「右旋三匝」結成,金剛光明,堅固大界。

唐・善無畏共一行譯《大毘盧遮那成佛神變加持經》卷7〈增益守護清淨行品 2〉

為令彼堅固,觀自金剛身,結「金剛智印」:
「止觀手」(左手是「止」,右手是「觀」)相背,「地、水、火、風」輪,左右互相持,二「空」各旋轉,合於「慧」掌中,是名為「法輪」,最勝吉祥印。

唐・善無畏共一行譯《大毘盧遮那成佛神變加持經》卷7〈供養儀式品 3〉

「火輪」為中鋒,端銳自相合,「風輪」以為鉤,舒屈置其傍,「水輪」互相交,而在於掌內。

唐・善無畏共一行譯《大毘盧遮那成佛神變加持經》卷7〈供養儀式品 3〉

「火輪」合為峯，開散其「水輪」。旋轉指十方，是名「結大界」。用持十方國，能令悉堅住。

唐・善無畏共一行譯《大毘盧遮那成佛神變加持經》卷 7〈持誦法則品 4〉

合「定慧手」(左手是「定」，右手是「慧」)，虛心掌，「火輪」交結持「水輪」，二「風」環屈加大「空」，其相如「鉤」，成密印。

唐・善無畏譯《大毘盧遮那經廣大儀軌》卷 1

復以「定慧手」(左手是「定」，右手是「慧」)。「五輪」內向為拳，建「火輪」，舒二「風輪」屈為鉤形，在傍持之。「虛空輪、地輪」並而直上，「水輪」交合如「拔折囉」。

唐・善無畏譯《大毘盧遮那經廣大儀軌》卷 1

次結燈明印，「智羽」(右手)應作拳，「風輪」絞「火輪」，「空」押「水、地」甲，「火輪」而直端。

唐・金剛智譯《吽迦陀野儀軌》卷 1〈麼迦多聞寶藏吽迦陀野神妙修真言瑜伽念誦儀軌隱陳漫荼羅品 1〉

次即結聖者「吽迦陀野入三昧耶護身印」，即是「精進」波羅蜜具足。
彼印，二手合掌。二「水」並入掌中，又二「火」，未相柱。二「風」、二「火」背相付(做)鉤形無(離)去，二「地」並立。二「空」入內，並立。

《十二天供儀軌》卷 1

印相者，先「合掌」，十指內相叉。二「水」豎頭相跓。二「風」豎微屈。左「空」入右掌中。押左「火」甲。右「空」越左「空」背，入左掌中，押右「火」甲。

唐・尸羅跋陀羅譯《大聖妙吉祥菩薩說除災教令法輪》卷 1

復次金剛手，印相如後明，二「水」內相交，「地、火」並合豎，二「空」亦如「地」，「風」開五股形。是大祕密標，金剛手明曰……

唐・輸婆迦羅(善無畏)譯《攝大毘盧遮那成佛神變加持經入蓮華胎藏海會悲生曼荼擺廣大念誦儀軌供養方便會》卷 3

止觀蓮未敷。「阿」(a)、「尾」(vi)、「囉」(ra)峯合(小指、無名指、中指三個指峯相合)，雙「佉」(khaṃ)依「囉」(ra)本。二「訶」(hūṃ)橫其端，遍身布四明，自處華胎上。

𑖀(a) 𑖪ि(vi) 𑖨(ra) 𑖮ूं(hūṃ) 𑖏ं(khaṃ)

唐・不空譯《一字奇特佛頂經》卷1〈印契品 2〉

二手內相叉作拳，豎二「光」屈上節。二「輪」並豎。二「蓋」屈兩節。相柱於二「輪」上，此是「輪王根本印」。

唐・不空譯《一字奇特佛頂經》卷1〈印契品 2〉

(1)即前印，以二「蓋」相拄﹦(支撐；頂著)，向下屈搖動。召迷悶毒，然開二「蓋」，便成發遣，毒令散。

(2)即前根本印。開豎二「勝」，是「令語印」。

(3)即前根本印。並豎二「輪」不著「蓋」頂，令「阿尾捨」(Āveśa 阿尾捨法，請「天神」降臨，並附著於「童男女」之身，以問吉凶、成敗、禍福之方術)互搖動令倒。互相繫，令語。互相纏，令舞。各擲散令無毒。善男子此明王能作一切事業。其於鬼魅等亦如是作。

第三節 「手印」即如同為「佛如來」

在《藏經》中有許多「手印」，佛陀都說若「見」此手印，即同見「如來」，或說「此印即是佛」，或說才結此印，即同於「如來」。底下試舉「經文」為證：

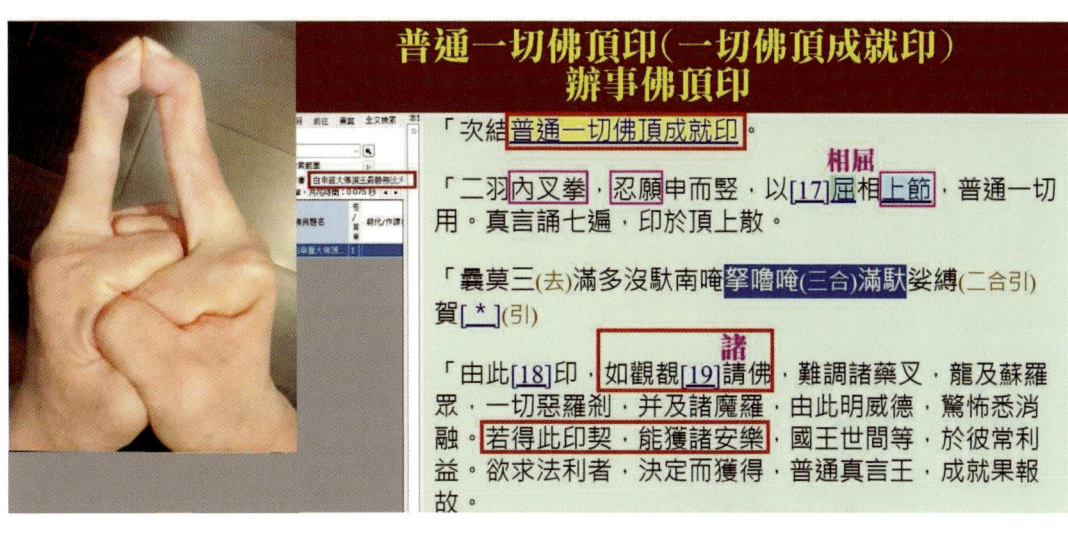

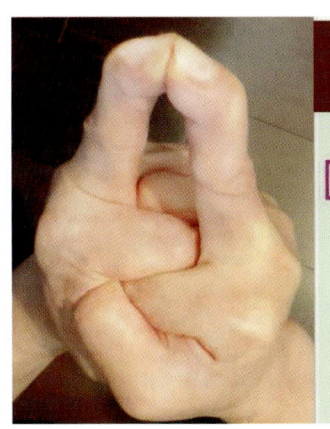

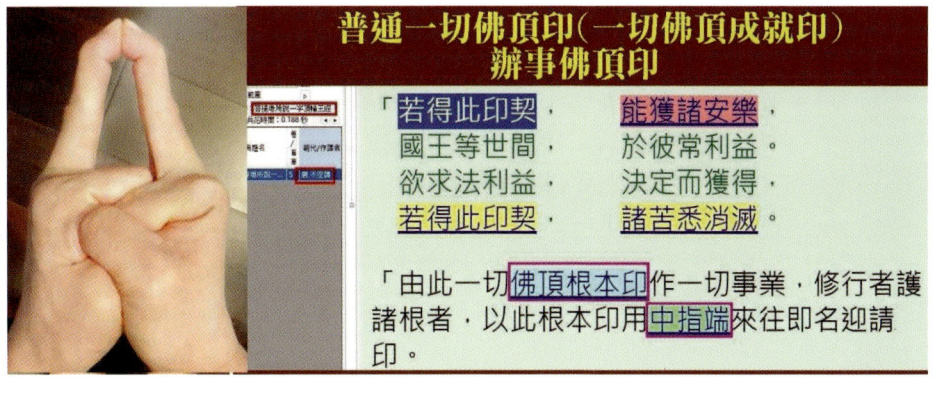

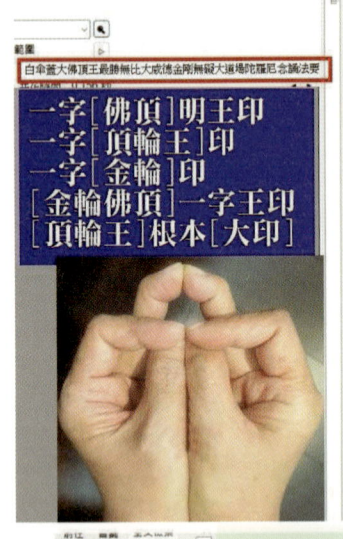

「恒河沙數量，如來之所說，現在佛今說，未來佛當說，此印名大印，說為頂輪王，此印即是佛，利益諸有情。由明大威德，制伏諸賢聖，於五由旬內，令他尊不降，十地諸菩薩，迷悶失本心，何況餘少類，而能現神力。智者成就人，若此結印處，諸惡魔障地，是處不敢住。於百俱胝劫，設於千恒沙，如是沙數量，亦不能說盡，功德及福利，稱揚威德力。智者若受持，常不被[16]沮壞，如來大師說，而不能讚歎，於修佛頂者，速疾得成就。

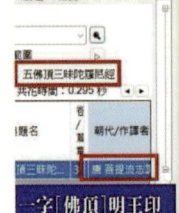

「先當合掌，以左右二無名指、二小指右押左，相叉入掌中。其二中指直豎伸，各屈第一節，頭相拄。其二大母指相並入掌平伸，又以二頭指平屈，押二大指[13]甲背上，頭相拄。

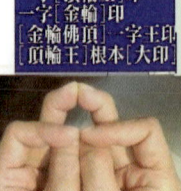

「此頂輪王根本大印乃是過去殑伽沙等一切如來已皆共說[14]持、未來一切如來當共說持、現在一切如來今共說持，為欲攝諸有情故，令共說持。智者所在處授結此印，一切[15]妬惡、障礙、毘那、夜迦悉不親近。

「密迹！此頂輪王根本印，一切諸佛住百千俱胝殑伽沙劫讚說此印功德神力亦不能盡，復以種種言辭譬[16]喻說是大印亦不能盡。若當智者結持此印，誦頂輪王呪，

額、右肩、左肩、心、喉、頂上散。一字頂[A2]輪王印　先合掌，以左右二無名指、二小指右押左，相刃入掌，二中指直豎，屈第一節，頭相拄如劍形，二大指入掌，平伸二頭指，屈押二大指甲頭相拄，名頂輪王根本印。頌曰：此印摩訶印，所謂如來頂，適纔結作之，即同於世尊。

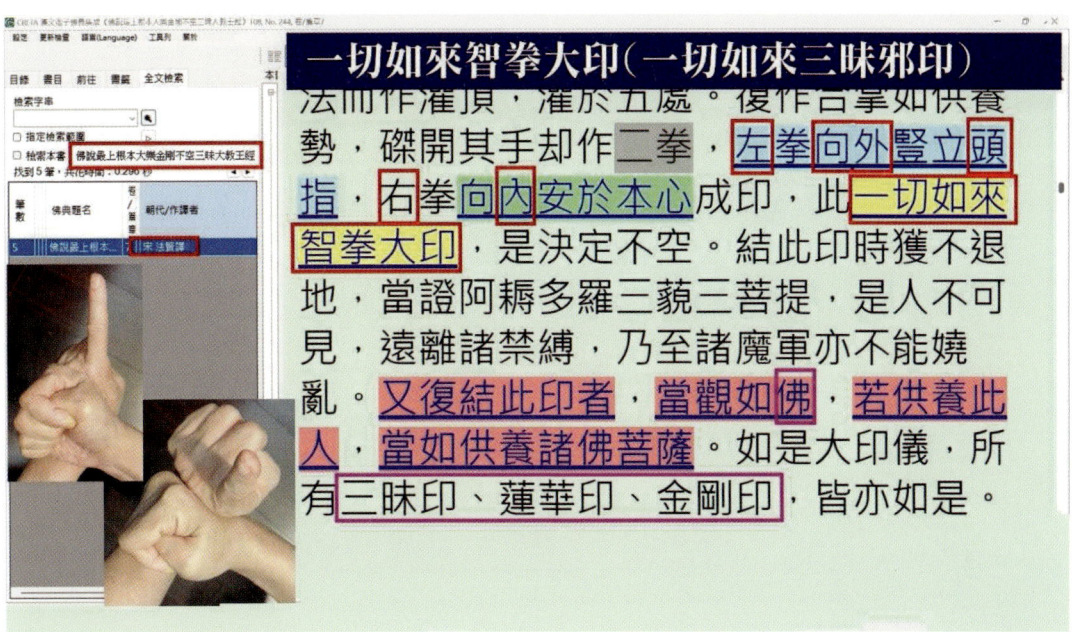

第四節 修持佛說的「手印」能增長西方功德

在《藏經》中，佛說有許多「手印」都是能增長「西方」淨土功德的。或說只要結此手印，將來必定能往生淨土的，所以有誰還能說「修淨土業者」與「結持手印」是完全無關的事呢？底下試舉「經文」為證：

「我今說印法。

「以二手平展，以右手押左手，仰掌安心上，名為菩提場莊嚴陀羅尼根本印。纔結此印，滅一切罪，一切如來安慰其人，亦成請一切如來。結此印，一切如來甚恭敬其人。

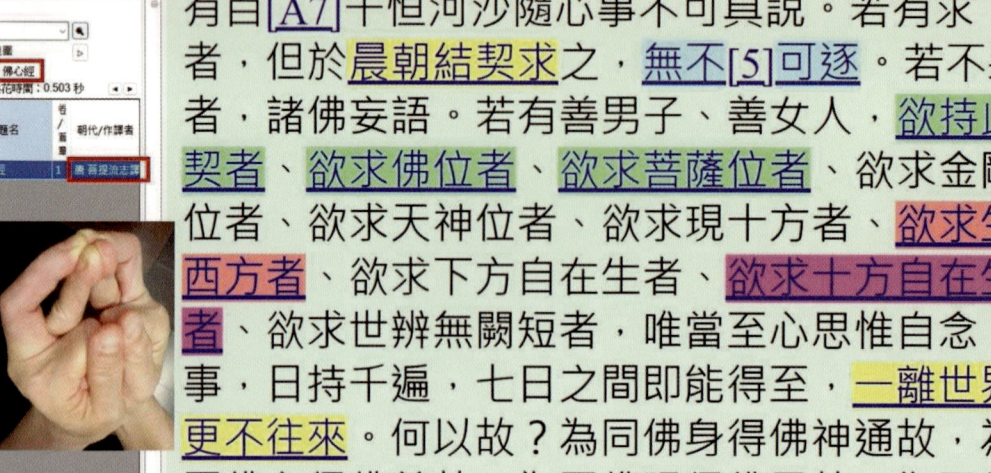

[一切佛心中心]大陀羅尼，6個手印的第四個「如來母」印

有百[A7]千恒河沙隨心事不可具說。若有求者，但於晨朝結契求之，無不[5]可逐。若不果者，諸佛妄語。若有善男子、善女人，欲持此契者、欲求佛位者、欲求菩薩位者、欲求金剛位者、欲求天神位者、欲求現十方者、欲求生西方者、欲求下方自在生者、欲求十方自在生者、欲求世辨無關短者，唯當至心思惟自念事，日持千遍，七日之間即能得至，一離世界更不往來。何以故？為同佛身得佛神通故，為同佛心得佛慈故，為同佛眼得佛見故，為同佛

第一篇 諸佛專用的手印介紹 第一章 手印的「功德」與「標記」・33

觀世音菩薩「阿自多」印（ajita 無能勝）

[16]阿[17]自多印第三十六([＊]唐云無能壓印，第九面)

「當起立地，左右腳跟頭相向著，大屈二腳膝，如坐不坐，左右中指下三指各屈在掌中，左右三指中節相向拄著，二頭指豎，頭斜相著，以二大指頭亦相著以博中指側，將以先著胸上。次舉其印，以左右中指下三指上節著於額上，頭指頭向上。觀世音菩薩在於佛前　作此印時，欲界天魔皆悉戰慄，諸鬼神等悉皆倒地。諸佛、菩薩、金剛、天等悉皆大喜，同時讚歎。爾時，觀世音菩薩語諸鬼云：『汝等魔鬼莫倒莫怖，汝等起坐，我於今日作此法印，諸四部眾學此法者莫令短命、作病難等。』若人日日作此印法種種供養者，即得大驗，死生阿彌陀佛國，近於阿耨多羅三藐三菩提。

阿彌陀佛說法印（阿彌陀佛輪印）

「次畫師畫佛像法，用中央著阿彌陀佛結[11]加趺坐，手作阿彌陀佛說法印——左右大指、無名指頭各相捻，以右大指、無名指頭壓左大指、無名指頭，左右頭指、中指、小指開豎。

阿彌陀佛輪印第十三

「左右手以二大指各捻無名指頭，右壓左，當心。若欲說法論義之時，日日作此法，一切歡喜，死生阿彌陀佛國。

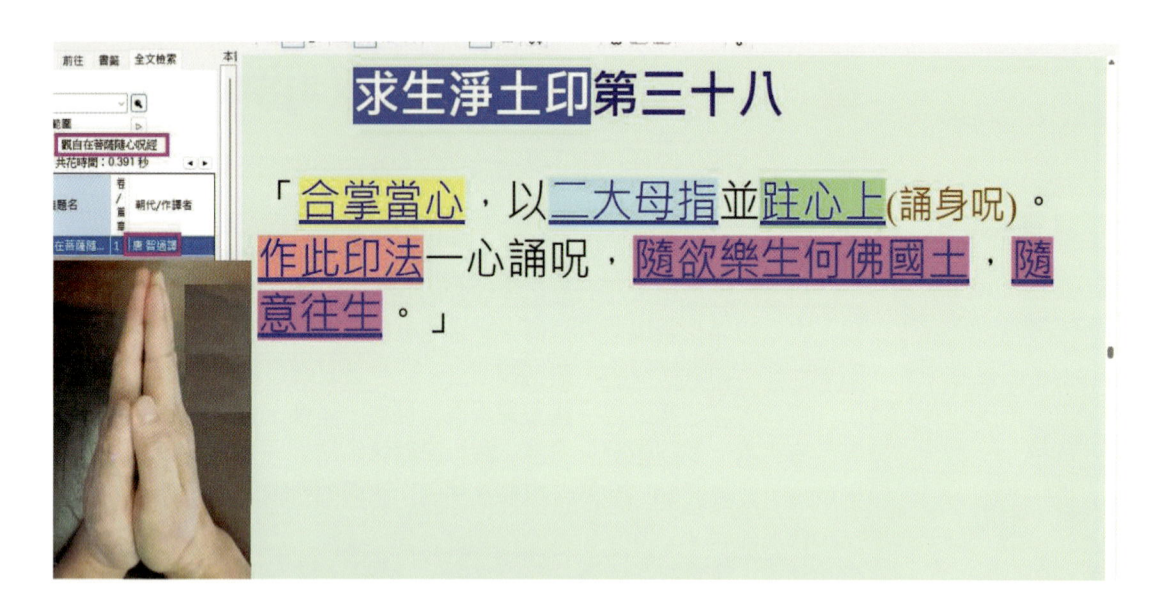

34・《佛菩薩專用手印解析暨研究》(全彩版)

求生淨土印第三十八

「合掌當心，以二大母指並跓心上(誦身呪)。作此印法一心誦呪，隨欲樂生何佛國土，隨意往生。」

求生印第二十[42]四
(八葉印)　　求生淨土

「二大指二小指豎頭相著微屈，二頭指二中指二無名指各豎散伸微屈，令頭[43]間各相去一寸 3cm」

第一篇 諸佛專用的手印介紹 第一章 手印的「功德」與「標記」・35

印光法師文鈔 增廣正編 卷二(正編上冊)

上一頁　回專輯首頁　回目錄　下一頁

杭州石經山彌陀寺募修葺殿堂寮舍并濬放生池疏

杭州石經山彌陀寺募修葺殿堂寮舍并濬放生池疏

淨土宗第13祖「印光」大師

天下名勝之宣傳宇宙者，必先有其地，而後得其人，則其名始著。是勝地名山，端賴有儀刑現未之具德高人，方可令人寤寐神馳，以生景仰。若廬山之以遠公著，雲棲之以蓮池重也。浙江山水冠天下，其地素稱佛國。高人哲士，相繼而出。殆所謂地靈則人傑耳。清同治閒，妙然法師，專修淨業，以彌陀一經，普被三根。實華嚴歸宗之要義，亦末法最勝之慈航，擬欲鐫諸山石，以垂永久。俾現未見者聞者，同種善根以生正信，修淨業以往西方。因見城北松木場，石巖高峻，石性堅緻，乃買其地址，倩工開鑿。請善書之沈善登居士書之。居士遂棲鄧尉山，先請四位發菩提心道友，晝夜念佛，以為加持。自己放下萬緣，齋沐敬書。凡書一字，必先禮佛三拜，持佛號一百八聲，結印持穢跡金剛呪七徧，跪而書之。寫經之外，息心念佛，不提餘事。以此佛力法力加持功德，冀現未一切若見若聞之人，悉發菩提大心，頓出娑婆穢苦。如此五十三日，千八百餘字，方始書畢。字大幾寸，鐵畫銀鉤

結持手印

第五節 修行人只打「手印」供養佛菩薩，沒有誦呪。會有功德嗎？

《觀自在菩薩隨心呪經》
「求聰明印」呪，第三十六
以兩手「大母指」各捻二「無名指」甲上，
二「小指」並直豎、相搏，
以二「中指」側頭(那就不是「正頭」相合)相跓，
屈二「頭指」各附二「中指」側第二文上，(兩個食指的)「指頭」相去一寸(3cm)許。
作此「印」法，正當「心」前，誦「身呪」。

若有「鈍根」者，為作此印「供養」(觀世音菩薩與對菩薩)「求願」，則(能)得「如意」，(若有)「鈍」(根)者，「七日」為之。
昔頗梨國有一長者，家雖大富，(但)為性「鈍根」。師(即)為(說，若能於)七日「依法」(而)求願，則(必)得聰明，(果感得能)日誦「千偈」，自餘「證驗」，更不具說。

《金剛頂瑜伽中略出念誦經》卷 1
夫「洗浴法」有四種，每日隨意，如法修行：
一者、住三律儀，
二者、發露勸請，
三者、以「契」(作為一種)供養(的行門)，
四者、以水洗浴，
此四種法智者應行。

《金剛頂經大瑜伽祕密心地法門義訣》
次「洗浴法」者，經云……
一、具持「三種律儀」者……
二、「禮懺發露」等者，謂淨除「業障」，得「無礙智」故。
三、結「印」(作)「供養」(之)言，(即)謂(此能)令諸佛「歡喜」，增福、壽命故。
四、以「香水」洗浴者，謂令「支分」柔軟，合法性故。

《北方毘沙門多聞寶藏天王神妙陀羅尼別行儀軌》
若有壇處，作「真言、契印」法，加持香華，入道場供養。(若)無道場，(則可於虛)空(處)對「尊像」(前)，(於虛)「空」(處)作「契」(而)「供養」，亦得。

《大佛頂如來放光悉怛多般怛羅大神力都攝一切呪王陀羅尼經大威德最勝金輪三昧呪品》〈2 諸菩薩萬行品〉
「喚觀世音菩薩印」呪曰：
唵・薩婆・薩埵・毘耶呵・毘耶呵・莎訶

以左右二「手腕」相著，「十指」(皆)相去「三寸」(即大約是 9 cm)，如「蓮華」開，(以此手印)「供養」菩薩。若人每日，仰「印」(而)供養(觀世音菩薩)，(即能)滅「八萬劫」生死之罪。

北宋・法賢《佛說瑜伽大教王經》卷 4〈6 印相大供養儀品〉
「印相大供養儀品」第六
爾時，世尊大遍照金剛如來告金剛手菩薩言：汝今諦聽，當為汝說「三金剛」大智所生「祕密印相法」。若(有)持誦者，依法「結印」，(即)能「滅一切罪業」，復能觀想「真理」，即(能)得證於「無上菩提」，何況別求成就之事？

《不空羂索神變真言經》卷 12〈19 如來加持品〉
爾時釋迦牟尼如來、(及)十方剎土一切如來，一時讚言：善哉！善哉！蓮花手！汝能具以「大悲」之力，運攝當來一切有情，度脫生死貪愛獄縛……若常依法、結「印」(而)印「頂」，即名常得「一切如來」為「授灌頂」大福德蘊，稱歎「善根」，成熟相應。

《金剛頂瑜伽中略出念誦經》卷 1
夫「持誦」者，(若欲)求「勝善事」，多被「惡魔」障閡……應以「密語、結契」等(作為)「加護」，勿令(其惡魔)得「便」。

欲發「菩提心」應結「金剛縛印」（金剛拳外縛印）

《大乘本生心地觀經》卷8〈10 觀心品〉
(1)若有善男子、善女人，持此呪時，舉清淨手，左右十指，更互相叉，以「右押左」，更相「堅握」，如「縛著」(之)形，(此)名(為)「金剛縛印」(即金剛拳「外縛印」)。
(2)(若結)成此「印」已，(再學)習前(面的)「真言」，(只要)盈滿「一遍」，(即)勝於讀習「十二部經」，(其)所獲(的)功德，無有限量，乃至(得至)「菩提」，(皆)不復退轉。

《金剛頂瑜伽金剛薩埵五祕密修行念誦儀軌》
(所謂)「金剛縛印」(者)，准前「金剛合掌」，便「外相叉」(而)作拳(即金剛拳「外縛印」)。

《諸佛境界攝真實經》卷1〈3 金剛界大道場品〉
「瑜伽」行者，(若欲)結「金剛縛印」(的話)，(先)不解其前「金剛合掌」印，(然後)左右「十指」，更「互相握」，以「右五指」(去)堅握「左手」、以「左五指」(去)堅握「右手」(即指「右手握左手、右押左」的意思)，如「縛著」(之)相。

《諸佛境界攝真實經》卷2〈3 金剛界大道場品〉
(1)爾時，菩薩聞是法已，(即)結「金剛縛印」(即金剛拳「外縛印」)，二手(外)「相叉」(而)作拳(狀)，(並)安之(於)當心(胸前之處)，一心觀察「真言」(之)義趣，(然後再)白諸佛言：「我得是法」。
(2)時佛問曰：(汝)得何等法？
(3)菩薩(即)答言：「心」是「菩提」，我得是(菩提心)法。
(4)諸佛告言：更復(應)微細觀察(與)分別(此心)。
(5)菩薩(即)白(佛)言：「心、意、識」法，入諸煩惱，共相和合，不可分別。然(於)諸法中，(欲)求「心、心所」，悉不可得、(於)「五蘊」法中，求(之皆)不可得、(於)「十二處」中(求之)，亦不可得、(於)「十八界」中，(求之)亦不可得……一切法體(皆)「無我、我所」……於諸世間一切「心」中，亦不可見，「內」無、「外」無、「中間亦」無(心不在內、外、中間)，「過去心」不可得、「現在心」不可得、「未來心」不可得，猶如幻化，無有差別。我今自證，皆悉如是。
(6)世尊！如我解者，「心、心所」法，本來「空寂」，依何等法，(而)求成佛道？
(7)諸佛(即)告言：「心、心所」法，(於眾緣)「和合」之時，(即能)自覺「苦、樂」，(此)名(為)「自悟」(之)心，唯「自能覺」、(於)他(人)所「不悟」(的)，(若能)依止此「心」，(即)立(為)「菩提心」。

(8)復次，「瑜伽」行者，如彼菩薩，(於)觀察「心」已，(即)結「加趺坐」，(然後)作「金剛縛印」(即金剛拳「外縛印」)，安之(於)當心(胸之處)，「閉」於兩目，諦觀「自心」，「口」習求「心真言」(咒語)、「意」想(其)「祕密」之義……

(9)復次，「瑜伽」行者，(應)結「金剛縛印」(即金剛拳「外縛印」)，作「菩提心」相狀之觀，并習「真言」。

(10)是諸「化佛」(便)告菩薩言：善男子！(汝)應發「無上大菩提心」。

(11)菩薩問言：云何名為「大菩提心」？

(12)諸佛(便)告言：無量「智慧」，猶如微塵……(若能)遠離一切「煩惱」過失，成就「福智」，猶如「虛空」，能生如是最勝「妙果」，(此)即是「無上大菩提心」。

(13)譬如人身，「心」為第一；(所謂)「大菩提心」亦復如是，(於)三千界中，(大菩提心乃)最為第一。

(14)以何義故名為「第一」？謂一切佛及諸菩薩，(皆)從「菩提心」而得出生。

(15)菩薩問言：「大菩提心」，其「相」云何？

(16)諸佛告言：譬如五十「由旬」(之)圓滿「月輪」，清涼皎潔，無諸「雲翳」，當知此(即)是「菩提心相」。

(17)作是語已，(有)無量諸佛，異口同音，(宣)說「大菩提心」真言，曰：

oṃ・bodhi・Citta・mutpādayāmi
　　　菩提　　心　　發起;生起;應生;應起

一佛號、一經、一咒、一手印。都有無量功德

勿迷失於「某經、某咒、某佛號、某聖號、某懺儀、某法會、某手印」的功德，

佛講 8 萬 4 千法門，門門、法法功德都是「不可思議」的，

例如《思益經》云：若善男子、善女人，能信解如是「般若空性」法義者，能得 108 種不可思議的功德。

同理可推：
若善男子、善女人，能信解如是「經典」法義者，能得 108 種不可思議的功德。

若善男子、善女人，能信解如是「佛號」功德者，能得 108 種不可思議的功德。

若善男子、善女人，能信解如是「咒語」功德者，能得 108 種不可思議的功德。

若善男子、善女人，能信解如是「手印」功德者，能得 108 種不可思議的功德。

《金剛般若波羅蜜經》
須菩提！若有善男子、善女人，於後世末世，有「受持、讀誦、修行」此經，所得「功德」。若我「具說」者，或有人聞，心則「狂亂」，疑惑、不信。須菩提！當知是(「金剛經」)般若)「法門」(乃)不可思議，果報亦不可思議。

《妙法蓮華經》卷 5〈15 從地踊出品〉
我等從「佛」(而)聞，(故)於此「事」(必)無疑，願佛為「未來」(眾生)，(能)演說(而)令(彼獲)開解。若有於此(《法華》)經，生疑、不信者，即當(於未來易)墮「惡道」。
都是「同理可推」的啊！若有人於此「手印」法，生疑、不信者，即當墮「惡道」的！

《佛說佛印三昧經》
其有(得)聞「三昧」名(者)，小有狐疑、不信，(這種「不信」，若僅僅是)大如「毛髮」(一點點)者，其人壽終已，(將)入「十八泥犁」中燒煮，終無有出時……所以者何？《佛三昧經》，(乃)是八方上下諸佛(之)「要決、印明」也。

《寶雲經》卷3

如來(之)「境界」(乃)不可思議。何以故？非智(所)「思量」故。若(有)欲思(量其「境界」)者，心則(生)「狂亂」。

《大乘寶雲經》卷7〈7 寶積品(七)〉

「菩薩」亦爾，於諸眾生(若其人)「智慧」微弱，(則)不堪聽聞「諸佛大法」，故不為(此種人而)說(法)，彼(人假)設得聞(法義)，則(易心)生「狂亂」。

《大般若波羅蜜多經》卷567〈6 會·3 顯相品〉

(1)天王當知！是菩薩摩訶薩行深「般若」波羅蜜多，成「大威德」。所以者何？(因為如果是)「非法器」者，(則)不得聞(此「般若大法」)故。

(2)爾時，最勝(天王)便白佛言：是諸菩薩，其心(應是)「平等」(的)，(怎麼)云何不為「非器」者(而)說(法呢)？

(3)佛言：天王！甚深「般若」波羅蜜多，本性(即)「平等」，不見「是器」，(亦)不見「非器」，不見「能說」，(亦)不見「所說」……猶如虛空……有情亦爾，無生、無滅……(於)「勝義諦」中，皆同「一相」，所謂「無相」，都無差別。

(4)是諸菩薩行深「般若」波羅蜜多，(因)「威德」重故，雖常「樂說」，(但若是)「非器」(者，亦)不(得)聞(此「般若大法」)。

(5)天王當知！甚深「般若」波羅蜜多，不為「非器」諸有情(而)說，(亦)不為「外道、惡見」者(而)說，不為「憍慢、不信者」(而)說……

(6)諸菩薩摩訶薩行深「般若」波羅蜜多，心無「慳悋」，(當然)不祕(藏)「深法」，於「有情類」非無「慈悲」，亦不「棄捨」諸「有情」類，然「有情」類，(若)宿植「善根」，(則能)得見「如來」及聞「正法」。

(7)如來於「法」，本無說心(此本無「能說」與「所說」)，亦不「作意」(而專)為「此」(人)、(或)為「彼」(人而說)，但「障重」者，雖(親)近如來，而(亦)不(得)見聞(般若大法)，(就算)「菩薩」亦爾。

(8)爾時，最勝(天王)復白佛言：何等「有情」，堪聞諸佛菩薩「說法」？

(9)佛言：天王！若具「正信」，「根性」純熟，堪為「法器」(者)，於過去佛(所)曾種善根，心無「諂曲」，威儀齊整，不求「名利」、親近「善友」，「利根」聰明，說「文」(即能)知「義」，為法精進，不違「聖旨」，此等有情，(即)堪聞「諸佛菩薩說法」。

《大方廣佛華嚴經》卷42〈33 離世間品〉

(若有人因)「慳惜」正法，(竟)訶責(具有)「法器」(的)眾生。(或為)貪求「利養」，(才)為人說法。(若)為「非器人」(而)說「深妙法」，(此亦)是為(一種「菩薩道」上的)「魔業」。

《大方廣十輪經》卷7〈10 布施品〉

爾時，世尊欲重宣此義，而說偈言：
「智者」修「法施」，演說於「三乘」；(若有)不堪「法器」者，終不令(彼人生)謗法……教令入大乘。但(只)為成「法器」(者宣說)，(若有)「非器」(者)，則「不妄說」(此義)。

《大乘大集地藏十輪經》卷6〈4 有依行品〉

(1)如是，(若有)「信敬」於大乘法，若自聽受、教他(人)聽受、若自讀誦、教他(人)讀誦、若自書寫、教他(人)書寫、若自施與、教他(人)施與、若自宣說、教他(人)宣說。思惟修行，廣令流布。

(2)若(是為)「非器」者，(則)不應「自聽」、(亦)勿教他(人)聽，乃至(為此「非器」者而)廣說(法義)。

《大乘大集地藏十輪經》卷7〈4 有依行品〉

如是「非器」(之)「聲聞乘」，(若有)聞說「大乘」(法，則)心「迷亂」，便(生)起「斷見」，(即易感召)墜「惡趣」，故應(於)說法(時)審(慎)觀機(觀察其根器)。

《佛說寶雨經》卷6

善男子！菩薩成就十種法，能令有情領受所說。何等為十？

一、不為「非器」者(而)「說法」。(同理可推：不為「非器」者，而宣說「手印」的結法與功德！)
二、不為「瞋害」者(而)說法。
三、不為「增上慢」者(而)說法。
四、不為「外道」(者而)說法。
五、不為「不生尊重」者(而)說法。
六、不為「無淨信」者(而)說法。
七、不為「諂誑」者(而)說法。
八、不為「愛樂活命」者(而)說法。
九、不為規求「利養」、(欲)得他尊重、(充滿)嫉妒、(為)慳悋所纏者(而)說法。
十、不為「頑鈍」、(或)瘖瘂者說法。何以故？

(1)菩薩摩訶薩不(是)以(有)「慳悋」(於)法故，而不為說(法)；
(2)亦不為「師拳」(喻將師父所授所傳的祕技而「拳」在手中執握而永不外傳)，祕而不說；
(3)亦不為(因)「有情」(眾生)輕(賤)於我故，
(4)亦不為「棄捨法」故，

但以(這些眾生皆是)「非法器」故，而不為說(法)。

《大寶積經》卷112〈43 普明菩薩會〉

復次迦葉！菩薩有「四錯謬」。何謂為四？

(1)(對於)「不可信」(之)人，(竟又)與之「同意」(相同意念、理念)，是菩薩謬。

(2)(為)「非器」(非根器)眾生(而)說其「深法」，是菩薩謬。

(3)(有)「樂大乘」者，(然後只)為(此人)「讚小乘」，是菩薩謬。

(4)若(有)行施時，但(只施)與「持戒」，(或者)供養「善者」，(而)不(施)與「惡人」，是菩薩謬。

迦葉！(此)是為菩薩(之)「四謬」。

第二章 大日如來「智拳印」解密

大日如來的「智拳印」，又名為：
1. 「大智拳印」
2. 「毘盧遮那如來大妙智印」（大毘盧遮那如來無量福聚大妙智印）
3. 「毘盧遮那佛印」、
4. 「菩提引導第一智印」（引導無上菩提第一智印）、
5. 「能滅無明黑闇印」（能滅無明黑闇大光明印）、
6. 「能與無上菩提最尊勝印」
7. 「大遍照金剛如來根本印」、

這是修學「密教手印」最最最「重要」的一個手印，這個手印從公元 700 多年起就「問世」了，至今已 1300 多年了，

但請您「確認」一下，大家都「打對」手印了嗎？

第一節 「智拳印」的最正確手印「經典」出處

第一種「智拳印」結法：兩手皆作「金剛拳」，然後以「右手小指」握住「左手食指」的最初一節

唐‧一行(公元 683～727。從公元 717 年開始參與善無畏大師的譯經。公元 720 年受金剛智大師的密印與灌頂)記《大毘盧遮那成佛經疏》卷13〈9 密印品（一三-一四）〉
然「作拳法」，有其四種：

第一：如常作「拳」法，「大指」(要)豎(立)之，此是一也。

(第二：)次以「空指」(指「大拇指」)在於「掌中」而拳之(一行大師也沒有再描敘更多「食指」的細節，應該就是照「四指握拳」方式了)，名「金剛拳」，第二也。

(第三：)叉二手，而合作拳，令「十指」出現於「外」，此名「指在外拳」，第三也(並右指加左)。

(第四：)次以「十指」相叉，皆令「十指」頭，在於「掌內」，此名「二手拳」，第四也(亦右

指加左上)。

==「智拳印」最早的「雛型」，兩手皆應先作「金剛拳」是千眞萬確的！==

唐・善無畏(公元637~735。公元717年在一行大師的協助下開始在長安翻譯密典)譯《尊勝佛頂脩瑜伽法軌儀》卷1〈5 修瑜伽五智品〉

用「大日法界印」，加持(自身的)「五處」(照順序是：額、次右肩、次左肩、次心、次喉)，即成具足「五分法身」，萬德之身。其(大日如來的)「法界印」相：

❶以定(左手)、智(右手)，各(先都)作(成)「金剛拳」(的手勢，善無畏大師也沒有再描敘更多「食指」的細節，應該就是照「四指握拳」方式了)。

❷(然後再以)智手(右手)執定(左手)「風幢」(即「食指」)。

(然後用這個手印)加持(身體之)「五處」，便(令「大日如來法界印」)住(於)當心上。

(觀想)己身(即)為毘盧遮那如來之身，頭上(戴有)「五智佛」(的)寶冠，即是「五頂輪王」，具「五智」義。

唐・善無畏(公元637~735)譯《尊勝佛頂脩瑜伽法軌儀》卷1〈7 修瑜伽畫像品〉

內中圓畫毘盧遮那如來，頭戴「五佛冠」，(有)種種「寶華光」，於七師子座上結「跏趺坐」，手結「法界印」(據前面的經文《尊勝佛頂脩瑜伽法軌儀》，可得知「法界印」就是「大日如來法界印、大日法界印」，即與「智拳印」同手印)。

左手金剛拳　　右手金剛拳

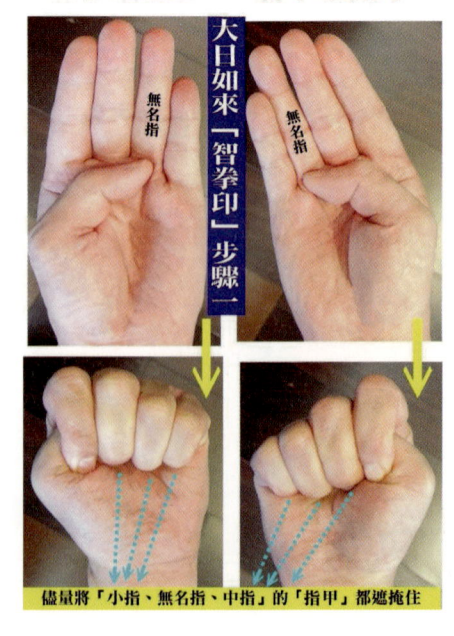

大日如來「智拳印」步驟一

無名指　　無名指

儘量將「小指、無名指、中指」的「指甲」都遮掩住

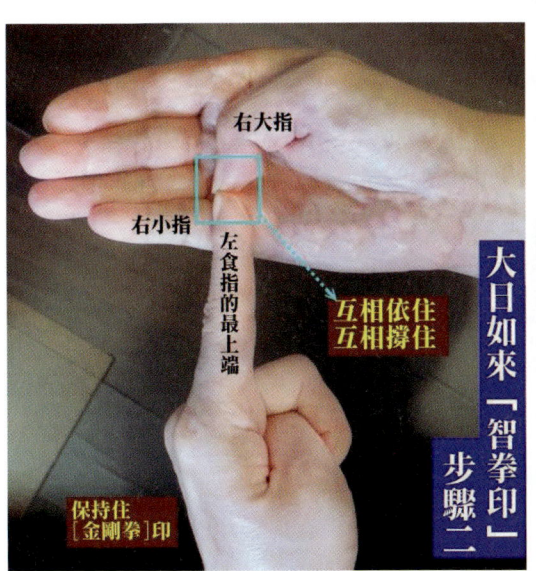

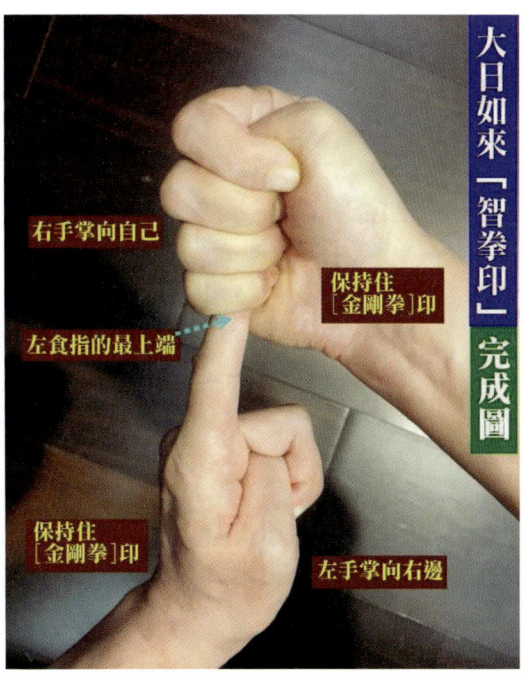

[圖示說明：大日如來「智拳印」步驟二 — 右大指、右小指、左食指的最上端、互相依住互相撐住、保持住[金剛拳]印]

[圖示說明：大日如來「智拳印」完成圖 — 右手掌向自己、左食指的最上端、保持住[金剛拳]印、左手掌向右邊]

(附錄補註用)

唐・菩提留志(公元 562～727。693 年到長安譯經)《不空羂索神變真言經》卷 22〈48 一切種族壇印品〉

「不空拳」印(完整名為「不空羂索」觀世音菩薩「拳印」。有點類似「智拳印」的)：

(1)二手「大拇指」，各捻「無名指」(的)根文(最下根第一紋的地方)側上，各以「中指、無名指、小指」，握「大拇指」，作拳(注意：經文明確的說「中指、無名指、小指」要握「大拇指」，作一個「金剛拳」的手印)。

(2)(二手皆)各以「頭指」(食指)直伸，各搏(於自己的)胸脇。

(參照多數的密教經典可得知，二手臂應作「交叉」，然後「右拳」是朝向最裡面的左心處。「左拳」則朝向右胸脇之處)

(3)此印三昧力能「堅固」大菩提心，「慈悲」相應，一切如來加被、祐護。

(4)如是「九印」，乃是「不空大力印三昧耶」，能除一切五無間罪，當入十方一切「淨土」，能會十方三世一切如來「種族印」三昧耶而出現故。

(5)「此印」(指「不空拳」印)是毘盧遮那如來之所說故，觀世音觀護讚歎，若有人常結此印者，速得六波羅蜜相應圓滿。

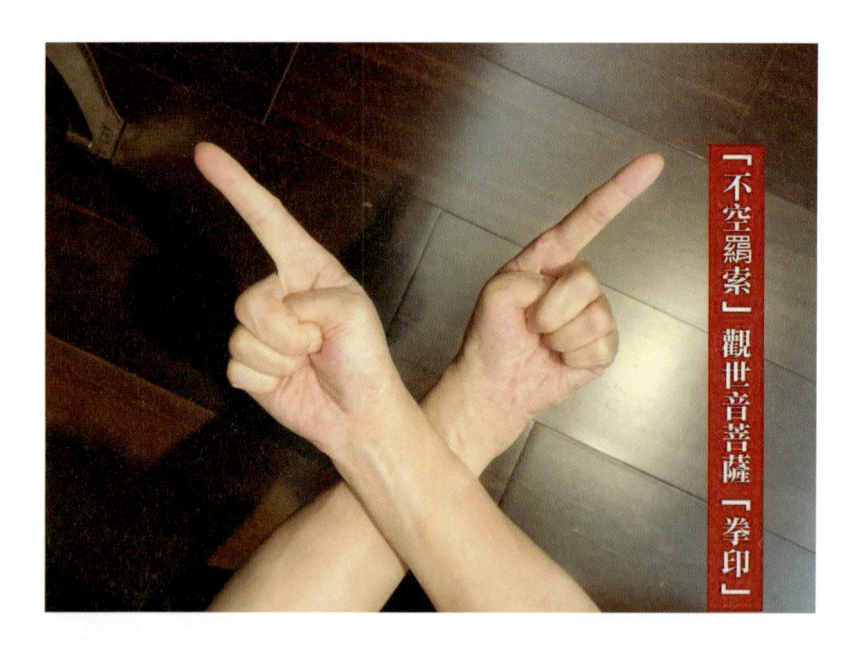

「不空羂索」觀世音菩薩「拳印」

(附錄補註用)

北宋・<u>法賢</u>(公元？~1001)譯《佛說祕密三昧大教王經》卷4

(1)復次，二手(皆)作「金剛拳」，先以「左拳」向外，(然後)豎立(起)「頭指」(食指)。
(2)「右拳」(則)向(心)內(的方向，經文並沒有說「右拳」也要豎立「食指」的)，(然後讓「右拳」)安(置)於本心(之處)，(此)名(為)「一切如來三昧邪印」(注意：這是指「一切如來三昧邪印」在用的手印，不是指大日如來或毘盧遮那佛在用的「智拳印」，兩者是不同的)。

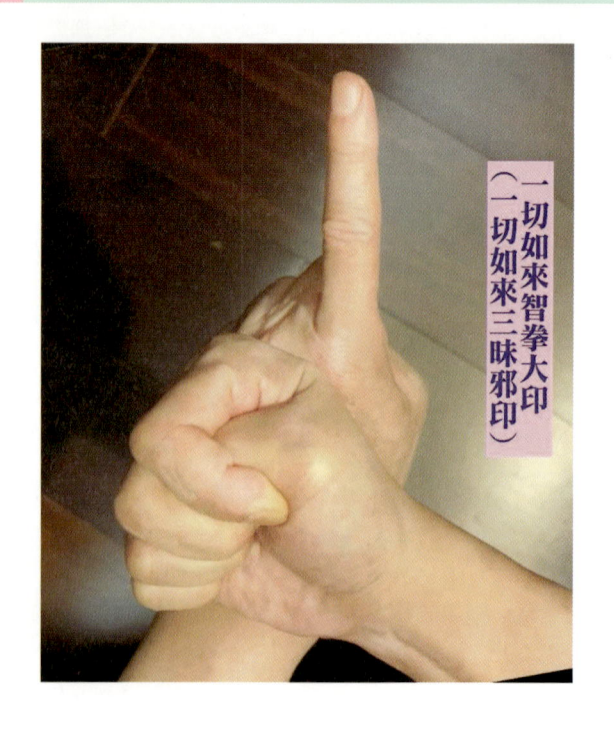

一切如來智拳大印
（一切如來三昧邪印）

(附錄補註用)

北宋・**法賢**(公元？~1001)譯《佛說最上根本大樂金剛不空三昧大教王經》卷7〈24 最上成就印相分〉

(1)復說一切如來印相：其印以二手，先作「==一切如來金剛智拳==」(注意：這是指「一切如來」在用的「金剛智拳印」，<u>不是指大日如來或毘盧遮那佛在用的「智拳印」</u>)，如「金剛」寶灌頂法而作灌頂，灌於五處。

(2)復作(雙手)「合掌」，如供養勢，(然後再)磔㗴(分)開其手，却作「==二拳==」。

(3)「左拳」向==外==，(但需要)豎立「==頭指==」(食指)。

(4)「右拳」(則)向==內==(的方向，經文並沒有說「右拳」也要豎立「食指」的)，(然後讓「右拳」)安(置)於本心(之處)，成印(注意，二拳的「背」應該是相黏合在一起的)。

(5)此(名為)「==一切如來智拳大印==」，是決定「不空」。(若能)結此「印」時，(即能)獲(得)「不退地」，當證阿耨多羅三藐三菩提，是人不可見，遠離諸禁縛，乃至諸魔軍亦不能燒亂。又復結此印者，當觀如佛，若供養此人，當如供養諸佛菩薩。

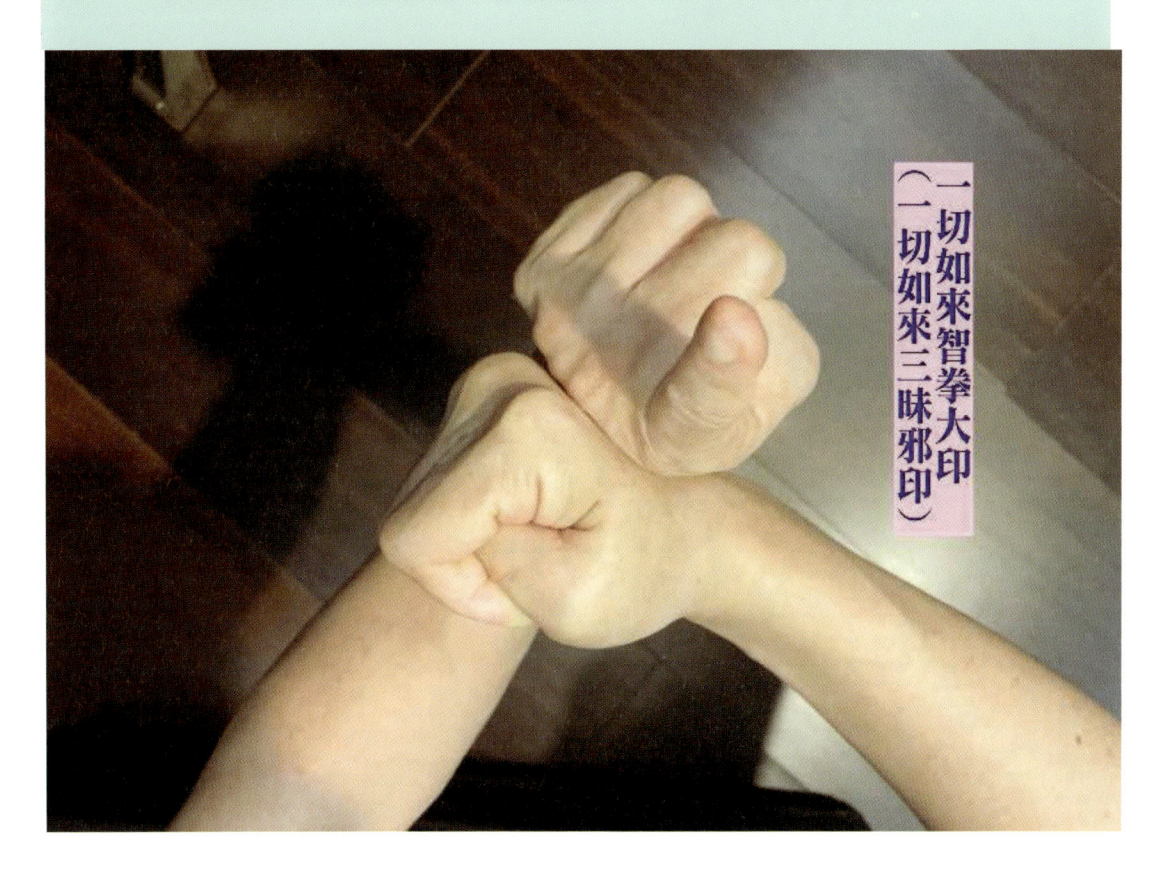

（一切如來智拳大印
一切如來三昧邪印）

A：以手的「四指」緊握「大拇指」，作「金剛拳」相

（照譯經年代）

此說的依據有：

(智通大師，比金剛智、不空提早100年)
唐・智通(公元627~653年譯經)《千眼千臂觀世音菩薩陀羅尼神呪經》
唐・阿地瞿多(公元652年到長安譯經)《陀羅尼集經》
唐・佛陀波利(唐云覺愛。公元677年)《修禪要訣》
唐・菩提流志(公元693年到長安譯經)《一字佛頂輪王經》
唐・金剛智(從公元723年開始譯經)《不動使者陀羅尼祕密法》
唐・不空(從公元730年開始譯經)《底哩三昧耶不動尊威怒王使者念誦法》
唐・不空《金剛頂經大瑜伽祕密心地法門義訣》
唐・不空《末利支提婆華鬘經》
唐・不空《佛說摩利支天經》
唐・不空《金輪王佛頂要略念誦法》
唐・不空《十一面觀自在菩薩心密言念誦儀軌經》
唐・般若(公元786年開始譯經)《諸佛境界攝真實經》
唐・般若听羯囉(公元847~860譯經)《摩訶吠室囉末那野提婆喝囉闍陀羅尼儀軌》
遼・道殿(公元1056~1128)《顯密圓通成佛心要集》
遼・覺苑(約公元1077年人)《大日經義釋演密鈔》
明・施堯挺(約公元1709年人)《準提心要》〈集提印法〉
清・弘贊(公元1612~1686)《七俱胝佛母所說準提陀羅尼經會釋》

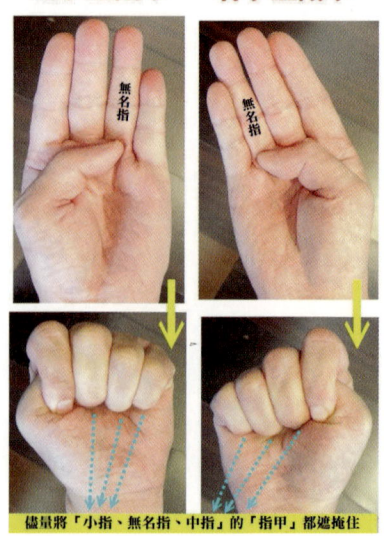

左手金剛拳　　右手金剛拳

儘量將「小指、無名指、中指」的「指甲」都遮掩住

唐·智通(中國僧人。公元627~653年譯經)譯《千眼千臂觀世音菩薩陀羅尼神呪經》卷2〈21 菩薩呼召天龍八部鬼神印〉
菩薩呼召天龍八部鬼神印第二十一
先以左手「大母指」，屈在掌中，「四指」把拳，當心上著，次以「右手」，亦如之。

唐·阿地瞿多(Atikūṭa 中印度人。公元652年到長安)譯《陀羅尼集經》卷9〈金剛烏樞沙摩法印咒品〉
左手「大」(拇)「指」，捻ㄋㄧㄢˇ(按;捏)「無名指」(的)下節，以(其)餘四指，握作拳。

唐·阿地瞿多(Atikūṭa)譯《陀羅尼集經》卷10〈烏樞沙摩金剛法印咒品〉
「歡喜印」第五：
(1)左手「大指頭」壓「無名指」(的)「第一節」文。
(2)又以「餘四指」把(手握)拳，(此)即是「歡喜印」。

唐·阿地瞿多(Atikūṭa)譯《陀羅尼集經》卷5〈毘俱知菩薩使者法印品〉
毘俱知菩薩阿唎茶法印呪(印第二十一，亦名一字印呪)
以二手「四指」，各握「大指」，作拳。

唐·北天竺婆羅門禪師佛陀波利(唐云覺愛。公元677年)說《修禪要訣》
以「大指」屈著掌中，以餘「四指」把「大指」，作拳。

唐·菩提流志(公元562～727。693年到長安譯經)譯《一字佛頂輪王經》卷3〈印成就品7〉
「如來甲印」之二十二
當以「右手」當心，以「大拇指」橫屈(於手)掌中，以「頭指」(食指)、中指、無名指、小指，急握「大」(拇)「指」，作拳。

唐·金剛智(公元669～741。從公元723年開始在資聖寺翻譯佛經)譯《不動使者陀羅尼祕密法》
頭印。右手「大母指」屈入掌中，「四指」握為拳，頂上安之，名「頭印」。

唐·不空(公元705~774。從公元730年開始在長安大薦福寺翻譯佛經)譯《底哩三昧耶不動尊威怒王使者念誦法》
次說「頭印」。左手以「四指」握「大指」(不空大師也有採用「四指握拳」方式)，為拳。

唐・不空撰《金剛頂經大瑜伽祕密心地法門義訣》
以「觀羽」(右手)作「金剛拳」者,以「右手」急握大(拇)指。

唐・不空(公元705~774)撰《金剛頂經大瑜伽祕密心地法門義訣》
金剛拳。「拳」者,「頭指」(食指)已下「四指」,各握(著)大(拇)指(不空大師也有採用「四指握拳」方式)。

唐・不空(公元705~774)譯《末利支提婆華鬘經》卷1
左手「大指頭」押「無名指」(的)「第一節」文。
以「餘四指」把(手握)拳(不空大師也有採用「四指握拳」方式),(此)即是「歡喜印」。

唐・不空(公元705~774)譯《佛說摩利支天經》
結護身「如來拳」印。
以右手屈「大拇指」,橫於掌中,便以「四指」握「大拇指」為拳(不空大師也有採用「四指握拳」方式)。

唐・不空(公元705~774)譯《金輪王佛頂要略念誦法》
結「如來拳」印,右手「蓋」(食指)、「光」(中指)、「高」(無名指)、「勝」(小指)」四指握拳(不空大師也有採用「四指握拳」方式)。
豎「左輪」(左大拇指)。
右手作「金剛拳」,握「左輪」甲(指「左大拇指」的「第一節」處,包含「指甲」)。

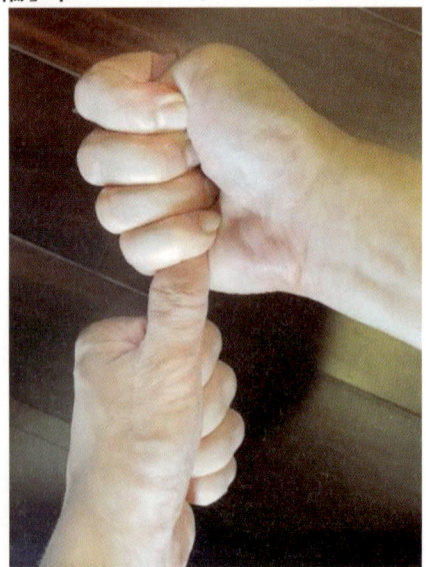

唐・不空(公元705~774)譯《十一面觀自在菩薩心密言念誦儀軌經》卷2
次結「加持土」印。

右手「四指」握「大指」為拳(不空大師也有採用「四指握拳」方式)。

唐・般若(公元734～？。公元786年開始譯經)譯《諸佛境界攝真實經》卷2〈4 金剛外界品〉
即以右手作「金剛拳」，以「大拇指」入其「掌」中，以「餘四指」，堅握「拇指」，安置當心。
次以左手作「金剛拳」，安「左腰」上，此名「金剛不退轉印」。

唐・般若听羯囉(智慧輪。公元847～860譯經)《摩訶吠室囉末那野提婆喝囉闍陀羅尼儀軌》〈8 求一切利益品〉
若求遠行，不被惡獸傷害者，呪自「左手」，以「四指」握「大母指」，作拳，一無妨礙。

遼・道殿(公元1056～1128)集《顯密圓通成佛心要集》卷1
復以「左手」結「金剛拳印」。
(以「大拇指」捻(按;捏)「無名指」根(下的)第一節。餘四指，握「大拇指」作拳。此印能除內外障染，成就一切功德)。

遼・覺苑(約公元1077年的人)撰《大日經義釋演密鈔》卷9
金剛拳，以大(拇)指入「掌」中，作拳是也。

明・施堯挺(約公元1709年的人)撰《準提心要》〈集提印法〉
「金剛拳印」：
(以)「大拇指」捻(按;捏)「無名指」根(下的)第一節。捻(按;捏)時，念「唵」字，餘四指，遞(古通「遞」→順次;依序)握「大拇指」，作拳。

清・弘贊(公元1612～1686，明末清初曹洞宗僧)會釋《七俱胝佛母所說準提陀羅尼經會釋》卷3
復結「金剛拳印」。
以左手「大拇指」，捻(按;捏)「無名指」根(下的)第一節。餘四指握「大拇指」，作拳。此印能除內外障染，成就一切功德。

(1)不空大師的譯經，也出現過兩手作「金剛拳」即可，沒有要求「右食指」要撐著、要按著「右大指」的「後背」處

唐・不空(公元 705~774。從公元 730 年開始在長安大薦福寺翻譯佛經)譯《金剛頂一切如來真實攝大乘現證大教王經》卷 2〈2 真言羯磨部〉

應結「金剛拳」，「等引」(三摩呬多，samāhita，三摩地的一種)而兩分。

「右羽」(右手打)「金剛拳」。

(經文沒有特別要求「右食指」要怎樣結法？那應該亦是採用「四指握拳」方式)

以握「力」(左食指)之端(注意：這是指「左食指」的「指端」，其實就是「最前面的一節」)。

唐・不空(公元705~774)譯《金剛頂蓮華部心念誦儀軌》

應結「金剛拳」，「等引」而兩分。

「右羽」(右手打)「金剛拳」。

(經文沒有特別要求「右食指」要怎樣結法？那應該亦是採用「四指握拳」方式)

以握「力」(左食指)之端(注意：這是指「左食指」的「指端」，其實就是「最前面的一節」)。

(2)後面唐代般若譯的《守護國界主陀羅尼經》也沒有要求「右食指」要撐著、要按著「右大指」的「後背」處

唐・般若共牟尼室利(Muniśrī。公元？~806。公元 800 年到長安興善寺)譯《守護國界主陀羅尼經》卷 2〈2 陀羅尼品〉

應以右手作「金剛拳」(經文沒有特別要求「右食指」要怎樣結法？那應該亦是採用「四指握拳」方式)，當心握於左手「頭指」(食指)，此名「能與無上菩提最尊勝印」，即是「本師毘盧遮那如來之印」。

（附錄補註用）

唐・般若(公元734~？。公元786年開始譯經)譯《諸佛境界攝真實經》卷 2〈4 金剛外界品〉

即以右手作「金剛拳」，以「大拇指」入其「掌」中，以「餘四指」，堅握「拇指」(般若大師也有採用「四指握拳」方式)，安置當心。

次以左手作「金剛拳」，安「左腰」上，此名「金剛不退轉印」。

結此「手印」(指「雙手」都結著「金剛拳印」的狀態下)，作如是想：

我今(雖)未得成佛已來，(決定心)常「不退轉」，恭敬供養毘盧遮那如來。

即是獲得「金剛不壞不退三昧」，結「不退轉印」。

(3)後面北宋慈賢大師的譯經，也說兩手皆作「金剛拳」即可，沒有要求「右食指」要撐著、要按著「右大指」的「後背」處

北宋・慈賢(大師爲契丹國師，而契丹國的年代是公元916～1125年)譯《妙吉祥平等瑜伽祕密觀身成佛儀軌》

毘盧遮那佛(手印)，

「右羽」(右手打)「金剛拳」。

(經文沒有特別要求「右食指」要怎樣結法？那應該亦是採用「四指握拳」方式)

以掘「力」(左食指)指端(注意：這是指「左食指」的「指端」，其實就是「最前面的一節」)。

北宋・法賢(公元?～1001)譯《佛說瑜伽大教王經》卷4〈6 印相大供養儀品〉

復以二手作(金剛)「拳」，

(經文沒有特別要求「右食指」要怎樣結法？那應該亦是採用「四指握拳」方式)

左手「頭指」(食指)豎立，入「右拳」內。

此是「大遍照金剛如來根本印」。

(注意：經文明確的說要「右手」都要保持一個「金剛拳」的手印)

(4)後面清代的《法界聖凡水陸大齋法輪寶懺》，也說兩手皆作「金剛拳」即可，沒有要求「右食指」要拄著、要按著「右大指」的「後背」處

清末・咫觀(清末的咫觀老人，原名鄭應房，約清同治至光緒時，約公元1862～1908年的人)記《法界聖凡水陸大齋法輪寶懺》卷9

手作「大智拳印」。

以二手作(金剛)「拳」。

(經文沒有特別要求「右食指」要怎樣結法？那應該亦是採用「四指握拳」方式)

左手「頭指」(食指)初分(注意：這是指「食指」的「最前面的一節」)，平入「右拳」內。

(右手)握之(此指要握住「左食指」)，起立(讓食指「立」著朝天的狀態)，成印，說真言曰……

(注意：經文明確的說要「右手」都要保持一個「金剛拳」的手印)

第二種「智拳印」結法：兩手皆作「金剛拳」，但改成「右手」「食指頭」，要去撐著、按著「右大指」的「後背」處。其餘皆相同

(1)「智拳印」從<u>不空</u>大師開始，變成「右手金剛拳」的「食指」，要拄著、要按著「右大指」的「後背」處

<u>唐‧不空</u>(公元 705~774。從公元 <mark>730</mark> 年開始在長安<u>大薦福寺翻譯佛經</u>)譯《金剛頂一字頂輪王瑜伽一切時處念誦成佛儀軌》

「智拳印」所謂：

❶(兩手皆作)「中、小、名」掘梅(中指、小指、無名指要「彎曲」握向「大拇指」的意思)，

❷「頭指」(食指)柱拄(支撐)「大背」(大拇指的後背處)，「金剛拳」乃成。

❸右(手)握左「頭指」(食指)一節(注意：這是指「食指」的「最前面的一節」)，
(右手掌的)「面」(向)「當」(於)「心」(的方向)。

是名「智拳印」……

拳能堅執持，諸佛智法海，
堅固不散失，能成一切印，
故名「金剛拳」，「右」執「左頭指」。
十方刹土中，唯有一佛乘，
如來之頂法，等持諸佛體，
是故名「智拳」。

(附錄補註用)

<u>清‧工布查布</u>(公元 1690~1750)譯解《佛說造像量度經解》

將指之長分，前面得五指。此指梢節中，食指之尖至，屈指之長分，比將矮半指。小梅指(小拇指)頭尖，至屈末半節，四皆具三節，甲蓋半節矣。巨指長四指，其週亦如是。

有關「掘」=「屈」=「握」的經文證據

《陀羅尼集經》卷3〈佛說跋折囉功能法相品〉
般若懺悔印第十一
以左「四指」，[14]掘右手掌背，即是「懺悔印」。
[14] 掘【大】，握【宋】【元】【明】【甲】【乙】。

《法華曼荼羅威儀形色法經》
北門東一切儀成就菩薩：
頂上五髻冠，身相黃金色，左定**掘**金輪，右惠**持**蓮華。

《金剛頂勝初瑜伽經中略出大樂金剛薩埵念誦儀》
「次陳摩竭相，
進(右食指)鉤於**願**(左中指)度，**力**(左食指)[1]**掘**其**智**(左大拇指)端，
[1] 掘【大】，**握**【甲】。

《慈氏菩薩略修瑜伽念誦法》卷1〈1 入法界五大觀門品〉
此名「降三世明王」真言，成辦諸事者。**其印相**：
以「智、定」二手，各為「拳」。
豎其「風幢」(食指)，[23]**掘**「大空輪」(大拇指)入掌內，以地(小指)、水(無名指)、火(中指)輪，
三輪押之，即成。
其印，以「定手」(左手)印，置在心上，以「智手」(右手)印，用觸諸物。
[23] 掘【大】，**屈**【甲】【乙】【丙】，居【丁】。

《大威怒烏芻澁麼儀軌經》
檀(右小指)、**戒**(右無名指)及**忍**(右中指)等，共[40]**掘**「禪」(右大拇指)度初。
(「度」是指「手」的代號，「初」是指大拇指的「最初」指甲處)
「定、羽」掐其珠，一誦一投火，
[40] 掘【大】，**握**【明】【甲】【乙】。

《大威力烏樞瑟摩明王經》卷3
「打車棒印」：右手[10]**掘**大指(大拇指)為拳。
[10] 掘【大】，**握**【宋】【元】【明】【甲】。

《陀羅尼集經》卷2〈1 釋迦佛頂三昧陀羅尼品〉
又「佛心印呪」第三
以右手後「四指」[15]**握**「大指」成拳，即是其印，左手無用。呪曰…：
[15] 握【大】，**屈**【宋】【元】【明】【宮】。

《摩訶吠室囉末那野提婆喝囉闍陀羅尼儀軌》〈8 求一切利益品〉
若求遠行，不被惡獸傷害者，呪自「左手」，以「四指」[20]**掘**「大母指」作拳，一無妨

礙。

[20] 掘【大】，握【乙】【丙】。

《十天儀軌》
西方水天印
右手如前，左手掘拳，「空」勿入掌中，「風」即直豎，中節小屈即成。真言曰……

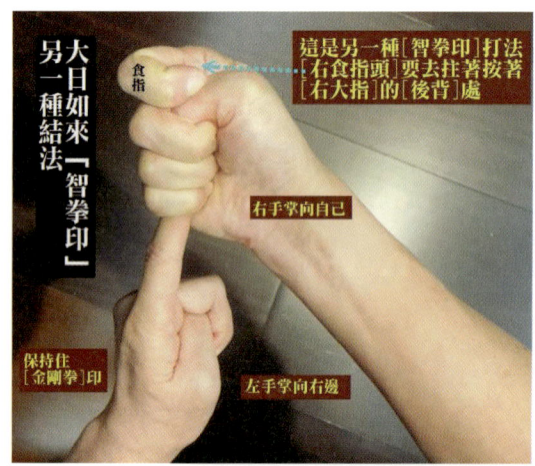

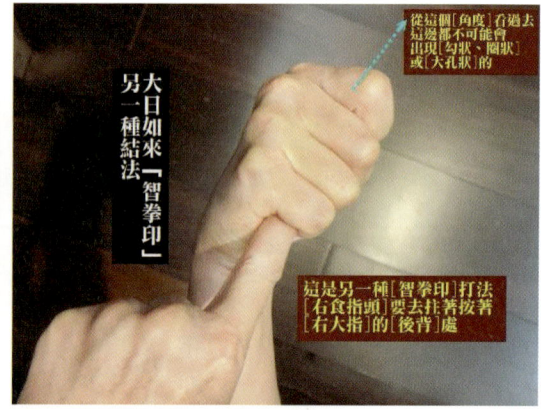

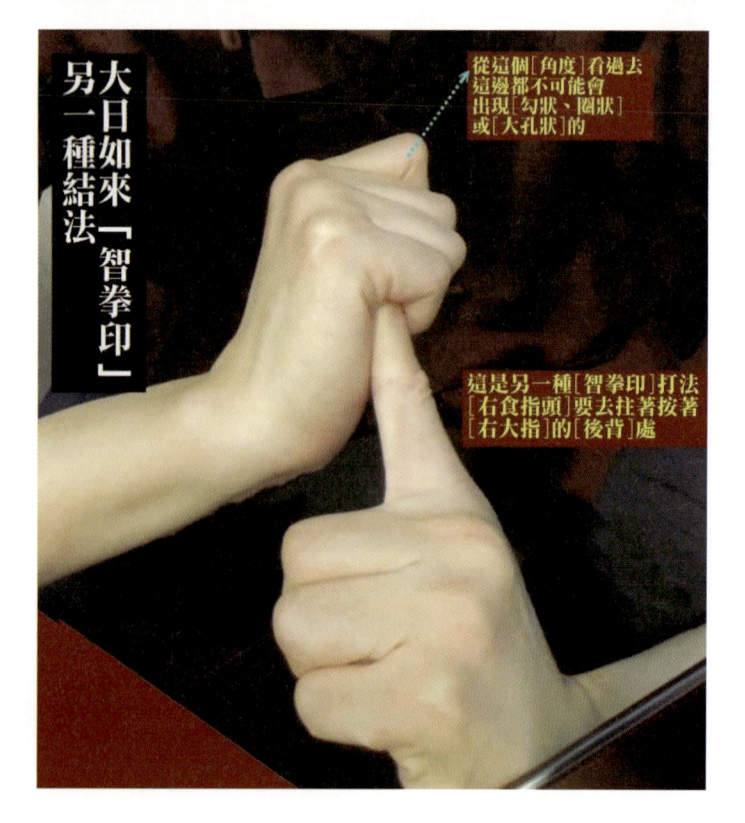

(2)後面唐代般若譯的《大乘本生心地觀經》也跟著不空作相同的「智拳印」，意即「食指」要撐著、要按著「右大指」的「後背」處

唐・般若(公元734~？。公元786年開始譯經)譯《大乘本生心地觀經》卷8〈12 成佛品〉

云何名為「身」祕密法？於道場中，端身正念，手結「引導無上菩提最第一印」，安置(手印於)胸臆(的)「心月輪」中。善男子！我當為汝說其「印相」：

①先以左、右二(手的)「大拇指」，各入「左、右」(的)「手掌」之內。

(金剛拳的標準打法是：先將「大拇指」屈向於掌中的「無名指」根下之處，然後「小指、無名指、中指、食指」四指同時緊握住「大拇指」即成)

②各以左右(手的)「頭指」(食指)、「中指」及「第四指」(無名指)，堅握「(大)拇指」，作於「手拳」(注意：緊握的「緊」字，要儘量看不見「小指、無名指、中指」的指甲為準)。(此)即是「堅牢金剛拳印」。

❶次不改「拳」(印)，舒(展)左「頭指」(食指)，直豎(立向於)虛空(的方向)，以其「左拳」(先)著(放)於心上(的位子)，

❷右拳「小指」，堅(緊)握左拳「頭指」(的)「一節(注意：這是指「食指」的「最前面的一節」)。

❸次以右拳「頭指」(食指)之頭，即(去)指(按著)右拳(大)「拇指」(的)「一節(注意：這是指「大拇指」的後背一節)，亦(置手印)著(於)心(之)前。

(此)是名「引導無上菩提第一智印」，亦名「能滅無明黑闇大光明印」。以結此「印」(之)加持力故，十方諸佛(將)摩「行者」(之頭)頂，(並)受「大菩提」(殊)勝決定(之)記，(此)是「大毘盧遮那如來無量福聚大妙智印」。

爾時，行者(若)結此「印」已，即作此觀(察)：

一切有情，(應)共結此印，(並)持念真言，十方世界(即)無三惡道、八難苦果，同受第一清淨法樂。我今首上有「大寶冠」，其天冠中「五佛如來」，結跏趺坐，我是毘盧遮那如來。圓滿具足三十二相、八十種好，放大光明照十方界，利益安樂一切眾生。(若能作)如是「觀察」，(即)名(為)「入毘盧遮那如來最勝三昧」。

(3)後面唐代般若譯的《諸佛境界攝真實經》也跟著不空作相同的「智拳印」，意即「食指」要撐著、要按著「右大指」的「後背」處

唐・般若(公元734~？。公元786年開始譯經)譯《諸佛境界攝真實經》卷2〈3 金剛界大道場品〉

復次，瑜伽行者入「毘盧遮那三昧」，端身正坐，勿令動搖，舌拄(支撐)上齶，繫心(於)「鼻端」，自想頂有「五寶天冠」，「天冠」之中有「五化佛」，結跏趺坐。作此觀已，即結「堅牢金剛拳印」：

①先以左、右(兩手的)「大拇指」，各入「左、右」(的)「手掌」內。
②又以左右「餘四指」，堅握(大拇指)「指」作拳。即是「堅牢金剛拳印」。
❶次豎立左「頭指」(食指)，其「左拳」(的)背(先)安當(於)心上(的位子)，(然再將)其「掌面」轉向「右邊」(亦即將「掌面」往右轉，此時掌面就已經是「面對」著右邊方向了)。
❷即以右拳「小指」，握著左拳「頭指」(的)「一節(注意：這是指「食指」的「最前面的一節」)，
❸又以右拳「頭指」(食指)之頭，(去)拄着 (支撐)著右拳(大)「拇指」(的)「一節(注意：這是指「大拇指」的後背一節)，亦安(放手印於)心(之)前。

(這段經文很多人讀錯了，經文明確的說是「右拳」的「食指」要去拄著「右大拇指一節」之處，並不是「食指」要改成去壓「大拇指」的「指甲」，變成了「食指」往上「翹起」的姿勢)

(此)是名「菩提引導第一智印」、亦名「能滅無明黑闇印」。

緣此「印」(之)加持，諸佛(將)與「行者」(傳)授「無上菩提最勝決定」之「記」，即是「毘盧遮那如來大妙智印」。

瑜伽行者，結此「印」已，運心作(觀)想：

一切眾生(皆)「同結此印」，十方世界(即)無「三惡道、八難苦果」，悉皆受用「第一義樂持」。真言曰……

B：以手的「三指」緊握「大拇指」作「金剛拳」，但「食指頭」要去撐著、按著「大指」的「後背」處

(照譯經年代)
此說的依據有：

(後來日本「東密」教派，就把此「金剛拳」方式，名爲「金剛界拳」，而更早的「四指握拳」方式，則名爲「胎藏界拳」，這是「東密」的分類方式，並非出自「純佛經」之說)

唐・<u>金剛智</u>(從公元 723 年開始譯經，比智通大師晚了約 100 年)《金剛頂瑜伽中略出念誦經》
唐・<u>金剛智</u>《金剛頂經瑜伽觀自在王如來修行法》
唐・<u>金剛智</u>《觀自在如意輪菩薩瑜伽法要》
唐・<u>金剛智</u>《金剛頂經瑜伽修習毘盧遮那三摩地法》
唐・<u>不空</u>(從公元 730 年開始譯經)《金剛頂瑜伽千手千眼觀自在菩薩修行儀軌經》
唐・<u>不空</u>《金剛頂經多羅菩薩念誦法》
唐・<u>不空</u>《大樂金剛薩埵修行成就儀軌》
唐・<u>不空</u>《金剛頂瑜伽他化自在天理趣會普賢修行念誦儀軌》
唐・<u>不空</u>《普賢金剛薩埵略瑜伽念誦儀軌》
唐・<u>不空</u>《金剛頂瑜伽金剛薩埵五祕密修行念誦儀軌》
唐・<u>不空</u>《聖賀野紇哩縛大威怒王立成大神驗供養念誦儀軌法品》
唐・<u>不空</u>《修習般若波羅蜜菩薩觀行念誦儀軌》

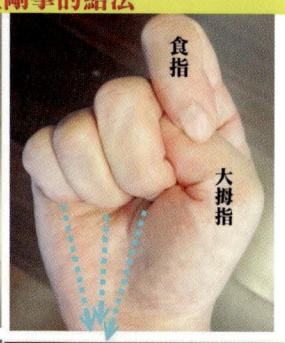

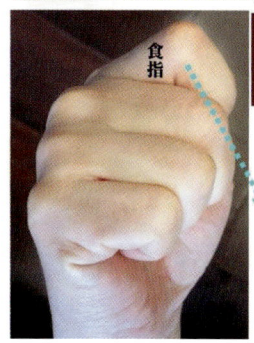

第二種金剛拳的結法

以[三指]緊握[大拇指]
[食指頭]要拄著、按著
[大指]的[後背]處

從這個[角度]看過去
這邊不可能會出現
[勾狀]或[圓狀]
或[大孔洞]的

唐·金剛智(公元669~741。從公元723年開始在資聖寺翻譯佛經)譯《金剛頂瑜伽中略出念誦經》卷1

以「進、力」度，置「智、定」度背上。

是名「金剛拳」三摩耶契……此密語是一切如來金剛身語意，能執持故，名「金剛拳」契。

唐·金剛智譯《金剛頂瑜伽中略出念誦經》卷3

以「智、定」度，捻「檀、慧」度本間。

屈「進、力」度，於「智、定」度背上。

此名「金剛拳」菩薩三摩耶契。密語曰……

唐·金剛智譯《金剛頂經瑜伽觀自在王如來修行法》

持在「金剛拳」，以此闢心門。智字獲堅固，便屈「進、力」度，拄（支撐）於「禪、智」背。

唐·金剛智譯《觀自在如意輪菩薩瑜伽法要》

持在「金剛拳」，以此闢心門，智字獲堅固，便屈「進、力」度，拄（支撐）於「禪、智」背。

唐·金剛智譯《金剛頂經瑜伽修習毘盧遮那三摩地法》

結「如來堅固拳」，「進、力」屈，柱（支撐）「禪、智」背。

以此妙印相應故，即得堅持諸佛智。

唐·不空(公元705~774。從公元730年開始在長安大薦福寺翻譯佛經)譯《金剛頂瑜伽千手千眼觀自在菩薩修行儀軌經》卷1

次結「金剛拳」三昧耶印：如(之)前(所說的)「金剛遍入印」，

(以)進(右食指)、力(左食指)屈，拄（撐著）禪(右大拇指)、智(左大拇指)背，即成。

唐·不空(公元705~774)譯《金剛頂經多羅菩薩念誦法》

次結密合「金剛拳」，以此加持使「堅固」入印，

進(右食指)、力(左食指)，柱（支撐）禪(右大拇指)、智(左大拇指)，故能「堅持」不退失。

唐·不空(公元705~774)譯《大樂金剛薩埵修行成就儀軌》

次結三昧耶「金剛拳印」。印相如前(之)印，

屈二「頭指」(食指)，捻(按;捏)「大母指」(的)背，真言曰……

唐·不空(公元705~774)譯《金剛頂瑜伽他化自在天理趣會普賢修行念誦儀軌》
便以禪(右大拇指)、智(左大拇指)，入滿月(指左手)，
(以)進(右食指)、力(左食指)住其背(指「禪、智」的「後背」)，
名「金剛拳」大三摩耶印。

唐·不空(公元705~774)譯《普賢金剛薩埵略瑜伽念誦儀軌》
次結「金剛遍入印」，即前「金剛縛」，二「大指」入掌，安於「無名指」間……次以准前印，以二「頭指」(食指)各屈，拄(支撐)二「大(拇)指」(的)背，即成「金剛拳印」。

唐·不空(公元705~774)譯《金剛頂瑜伽金剛薩埵五祕密修行念誦儀軌》
一切印者，所謂「大智印、三昧耶智印、法智印、羯磨智印」。
次結「金剛阿尾舍印」。
二羽(二手)金剛縛，(先)屈禪(右大拇指)、智(左大拇指)各置(於)戒(右無名指)、方(左無名指)間，誦真言曰……
次結「金剛拳」三昧耶印。准前印，
屈進(右食指)、力(左食指)，捻(按;捏)禪(右大拇指)、智(左大拇指)背，誦真言曰……

唐·不空(公元705~774)譯《聖賀野紇哩縛大威怒王立成大神驗供養念誦儀軌法品》卷1
次結「金剛拳」三昧耶印，如前「金剛縛遍入印」，
進(右食指)、力(左食指)屈，跓(「跓」古通「拄」→支撐)禪(右大拇指)、智(左大拇指)背，即成真言曰……

唐·不空(公元705~774)譯《修習般若波羅蜜菩薩觀行念誦儀軌》
次結「金剛拳」，進(右食指)、力(左食指)，跓(「跓」古通「拄」→支撐)禪(右大拇指)、智(左大拇指)，
金剛身語意，密合不傾動。

第二節　現在「智拳印」發生錯誤的原因在於「右食指」與「右大拇」的地方

如果「食指」作「微屈」、如「鉤狀」，是使用在「召請」用時的「手印」啊！

唐・**不空**(公元705~774)譯《十一面觀自在菩薩心密言念誦儀軌經》卷3
召(請)「嚩蘇枳」龍王。密言曰。
如常「拳」，「大指、頭指」相捻，如環。

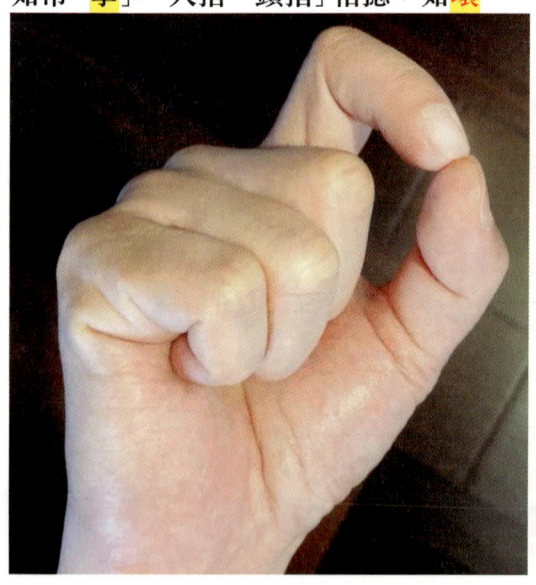

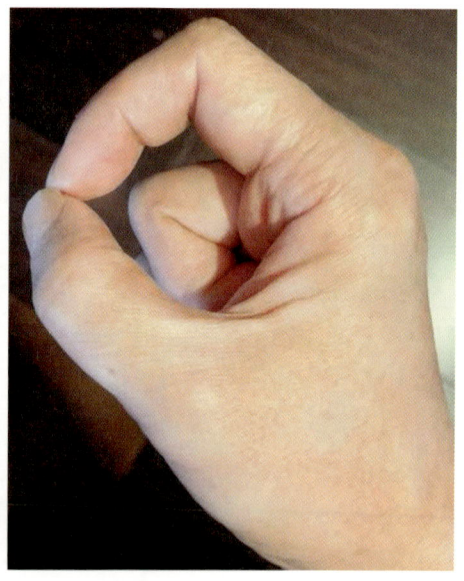

唐・**般若**(公元734～？。公元786年開始譯經)譯《諸佛境界攝真實經》卷2〈4 金剛外界品〉
作此觀已，次結手印，以其「兩手」作「金剛拳」，舒二「頭指」(食指)，成「屈鉤狀」，仰上，並立，以其兩拳「中指」及「無名指、小指」(的)指背相著，立安(於)心上。當作此念：諸佛菩薩以「鉤引」來。
是即名為「金剛鉤王」。結此「契印」，持真言曰……

唐・**菩提流志**(公元562～727。693年到長安譯經)譯《不空羂索神變真言經》卷23〈48 一切種族壇印品〉
「大濕廢多」(śveta 大白觀音)菩薩鉤諸法心印：
右手側當心前，「大拇指」捻「無名指」根文，「中指、無名指、小指」握「大拇指」，作拳，「頭指」(食指)屈如鉤。

左手「大拇指」捻「無名指」根文,「四指」握「大拇指」,作拳,置左膝上。

北宋・施護(Dānapāla。公元?～1017)等譯《佛說祕密三昧大教王經》卷2
以二手結「金剛拳」,二「頭指」(食指)微屈,如鉤,成「金剛請召印」,誦此「請召大明」,曰……

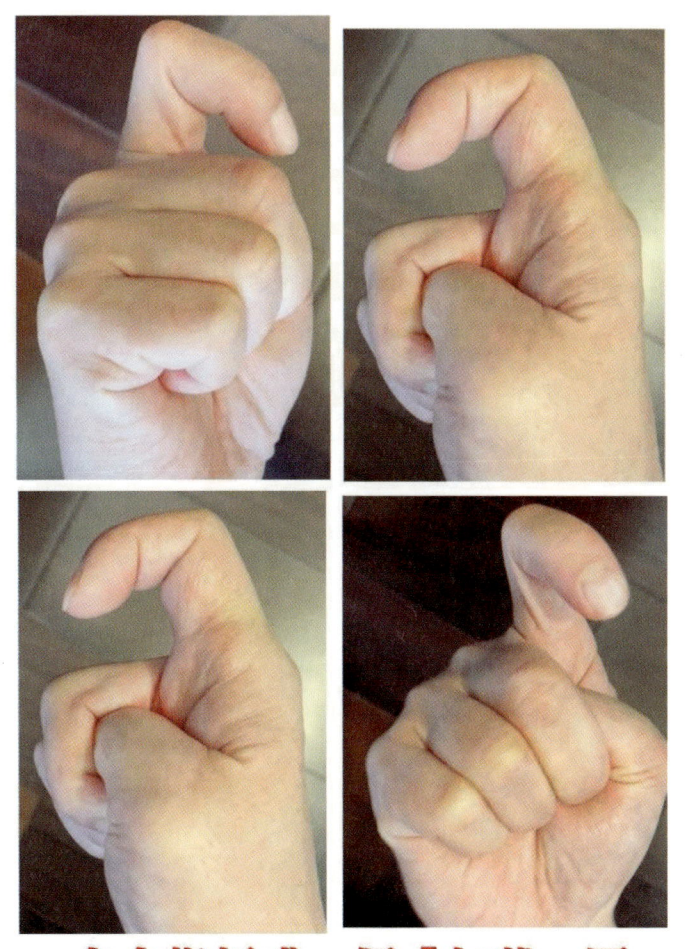

右食指打成一個「勾狀」圖

另一種錯誤的「金剛拳」印，沒有《藏經》依據的

用「大指端」壓在「中指」的「中節」側邊。
然後再以「食指頭」去押「大指甲」。
此種「金剛拳」是無任何《藏經》依據的。

《新編密教大辭典》 八畫·金 1059

金剛拳

四種拳或六種拳之一。梵名 vajra-muṣṭi。又名金剛拳印。《攝真實經》記為堅牢金剛拳印，《大日經義釋》記為金剛如來拳。相對於胎藏法之蓮華拳，金剛界行法常用此金剛拳。三部拳中，此乃金剛部之拳，與蓮華拳，同是理智法身之全體，大定智慧之法門，金胎兩部色心二法之本源。

【印相】據《大日經疏》所載，大指入掌中握之。然依流派，其師傳有別。
(1)握中、無名、小等三指，以大指端壓中指中節側，以頭指壓大指甲。此說無經軌作為本據。
(2)屈大指入掌中，以中、無名、小等三指握大指初節，以頭指押大指初節。此以《時處軌》為本據。《別行祕記》卷三謂此一印該攝六大、四曼三密、三身、四身、三部、五智等諸義。

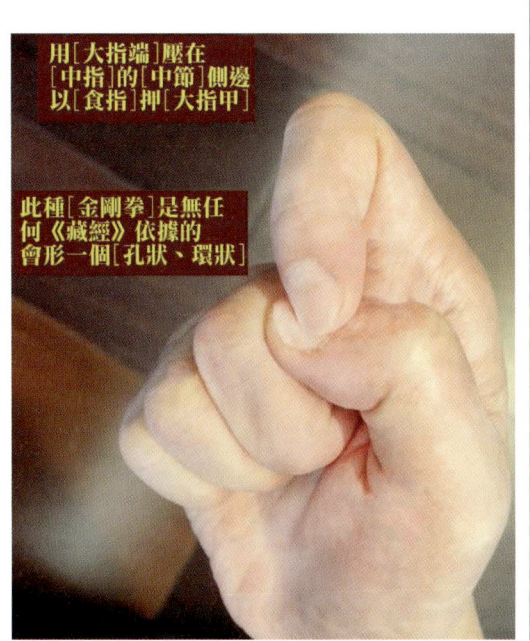

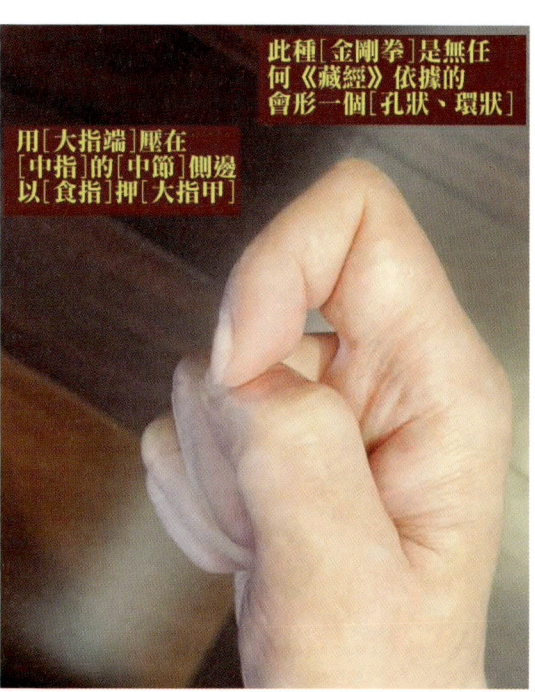

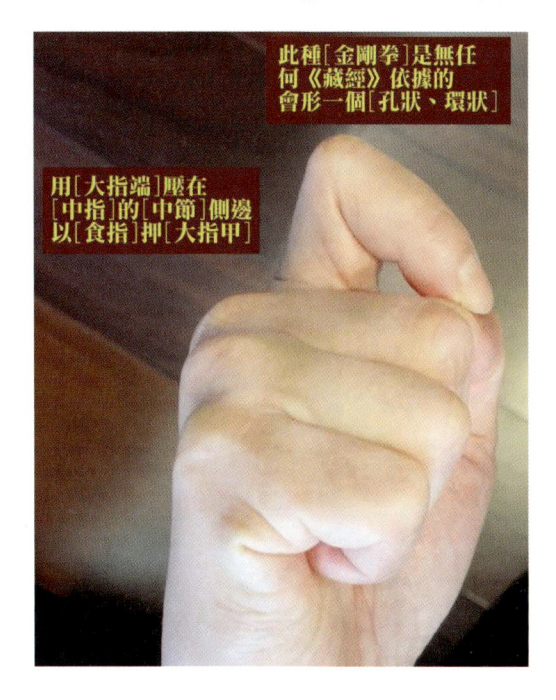

第一篇 諸佛專用的手印介紹 第二章 大日如來「智拳印」解密・67

用[大指端]壓在
[中指]的[中節]側邊
以[食指]押[大指甲]

此種[金剛拳]是無任
何《藏經》依據的
會形一個[孔狀、環狀]

此種[金剛拳]是無任
何《藏經》依據的
會形一個[孔狀、環狀]

用[大指端]壓在
[中指]的[中節]側邊
以[食指]押[大指甲]

此種[金剛拳]是無任
何《藏經》依據的
會形一個[孔狀、環狀]

用[大指端]壓在
[中指]的[中節]側邊
以[食指]押[大指甲]

第三節　錯誤的大日如來「智拳印」檢討

(1)經過藏經的統計，與大日如來「智拳印」相同的手印，即「異名同印」的，共有 7 個以上，全部都與「智拳印」是相同的。沒有例外的。

(2)這個「智拳手印」從公元 700 多年的唐・善無畏所譯的《尊勝佛頂脩瑜伽法軌儀》名為「大日法界印」、與唐・不空所譯的《金剛頂一字頂輪王瑜伽一切時處念誦成佛儀軌》、《金剛頂一切如來真實攝大乘現證大教王經》就「問世」了，至今 2025 年，已經 1300 多年了。

這個手印到清末・咫觀(清末的咫觀老人，原名鄭應房，約清同治至光緒時，約公元 1862～1908 年的人)記《法界聖凡水陸大齋法輪寶懺》，都還是「正確」的手印。右手仍作「金剛拳」狀，而不是「食指」要改成去壓「大拇指」的「指甲」，變成了「食指」往上「翹起」的姿勢。

(3)經文明確的說「右手」要保持一個「拳」狀，所以仍然是保持著「金剛拳」的手印，而「右食指」只有二種變化：

一是傳統的「金剛拳」方式，「右食指」握住「右大拇指」即可。

二是「右食指」改成撐著、按著「右大指」的「後背」處即可。

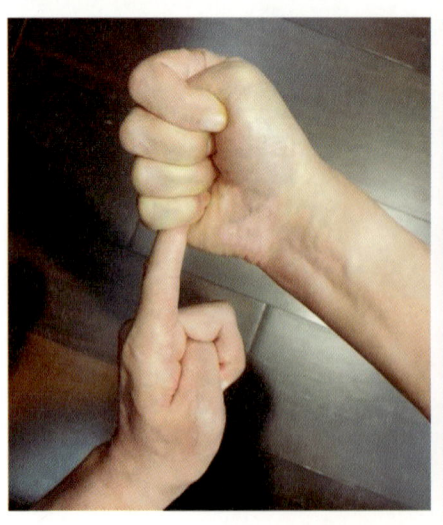

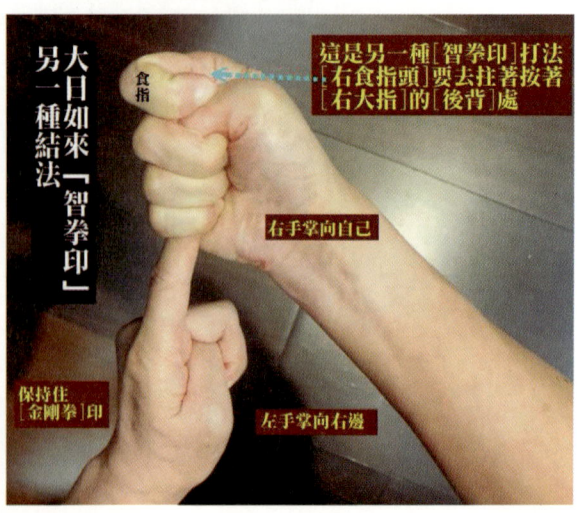

(4)當然還是有人會說，我們的「上師、法師、大師、灌頂法會」所教的都是這個「右食指」往上「翹起」或變成一個「環狀」的手勢，這是百年、千年流下來的「傳承」，

所以永遠「不可改」的。

那言下之意就是：

「佛經」是不可信的？只要是「人」所教授的，才能「信」？
所以修行人，應該是以信「人」為優先？
「經典法義」只是僅供「參考」用，不足信？

那請問我們皈依「三寶」時，為何順序是「歸依佛」，然後「歸依法」，最後才「歸依僧」？佛陀涅槃前再三交待要「依『法』不依『人』」的，這才是千年的「傳承」啊！要依著「法義」才是我們佛教徒應該「堅持到底」的修行心態啊！

第三章 釋迦佛「法界定印」與彌陀佛的「彌陀定印」

第一種：定印(禪定印；第一最勝三昧之印；法界定印；毘盧印；阿彌陀如來之印)。
兩手「重疊」，左下右上。兩「食指」的「中間節紋」處要對齊。「右食指」接近「左虎口」。二「大拇指」的「指甲」要「輕觸相接」。

第二種：定印(三摩地門陀羅尼印；如來三摩地印)。兩手只要「重疊」，隨意放著，其餘細節沒有規定。左下右上。

第三種：定印(彌陀如來契；阿彌陀如來印；彌陀定印；三摩地印；妙觀察智印)。
二「食指」的「背」要相著，食指的「中節」上面要「直豎」，二「大拇指」要「橫向」而依著，經過「食指」的「指甲」上端。

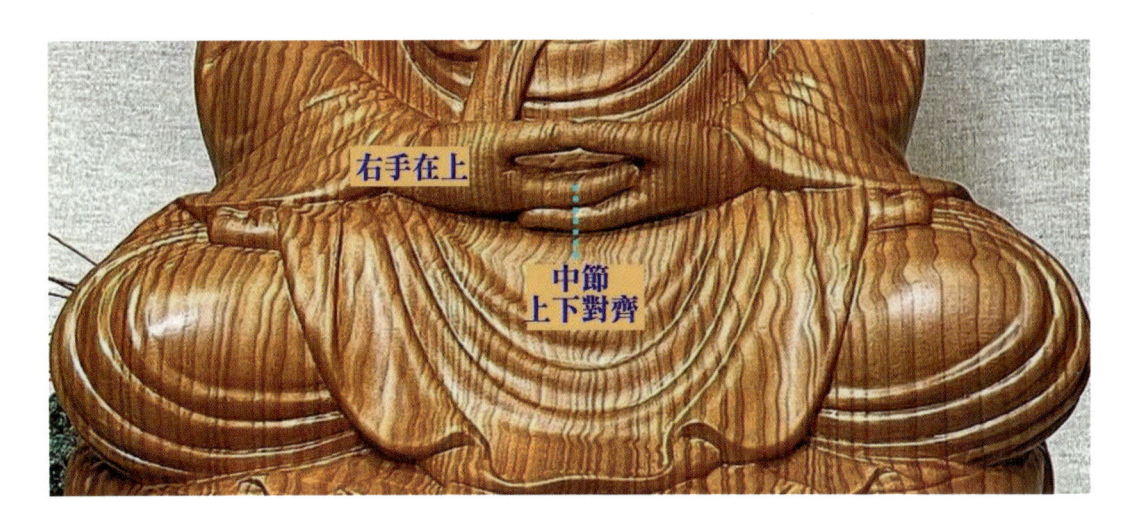

右手在上
中節
上下對齊

第一節 第一種「禪定印」

經文有提到二個「大拇指」的「指甲」要「相著黏合」。

唐‧不空(公元705~774)譯《金剛頂瑜伽千手千眼觀自在菩薩修行儀軌經》卷2

即結「跏趺坐」，
❶「左手」仰掌，於加趺上，以「右手」仰於「左手」上，
❷以禪(右大拇指)、智(左大拇指)二度，(指)甲相拄(相互支撐的意思)。

唐・不空(公元705~774)譯《聖賀野紇哩縛大威怒王立成大神驗供養念誦儀軌法品》卷2

次結「禪波羅蜜菩薩印」，即結「跏趺坐」。

❶「左手」仰掌於跏趺上，以「右手」仰於「左手」上，

❷以禪(右大拇指)、智(左大拇指)二度，(指)甲相跓(相互支撐的意思。「跓」古通「拄」➔支撐)。

唐・不空(公元705~774)譯《瑜伽蓮華部念誦法》

次結「定印」：

❶兩手相叉(「叉」字有「交錯、交叉、相插」之多種意思)，(雙手)仰安(於)「臍」下，

❷以二「大拇指」，向上相捻(按;捏)，即誦「入三摩地真言」曰……

唐・不空(公元705~774)譯《寶悉地成佛陀羅尼經》

結「如來大鉢印」……印相者：

❶二輪(雙手)相重(上下重疊的意思)，

❷以「右手」安(於)「左掌」上，二「空端」(即「大拇指」)，(互)相拄(相互支撐的意思)。

是名「法身大鉢印」，亦名「寶篋金剛印」。

唐・不空(公元705~774)譯《金剛頂經瑜伽文殊師利菩薩供養儀軌》

次結「大海印」，二羽「內相叉」，

仰掌當於「臍」，

禪(右大拇指)、智(左大拇指)微「相拄」。

唐・般若(公元734~？。公元786年開始譯經)共牟尼室利(Muniśrī。公元？~806。公元800年到長安興善寺)譯《守護國界主陀羅尼經》卷2〈2 陀羅尼品〉

亦作如上金剛「結跏」，端身正坐。

❶左手「仰掌」，當於「臍」上(這應該是指「臍下」才對)，右手「仰掌」，重(疊在)「左手」上。

❷以「大母指」，令(指)「頭」相拄(相互支撐的意思)。

此印名為「第一最勝三昧之印」，能滅「狂亂一切妄念」，令心一境，即「阿彌陀如來之印」……漸觀遍身皆「紅蓮華」色，此身即成「阿彌陀如來」。

此觀成已，即從頂上放「紅蓮華色」光，亦以無數百千億光而為眷屬，一一光中皆有無量「紅蓮華色」菩薩而現，各為此「印」，入深三昧，光照西方恒沙世界，彼中眾生遇斯光者，皆入「三昧」。

唐・般若譯《諸佛境界攝真實經》卷 2〈3 金剛界大道場品〉

結「除散亂心」印。

先舒「左」五指，安「臍輪」前，次舒「右」五指，安「左掌」上（經文沒有再述「大指相拄」內容，但這同是般若大師所翻的經文，同理可推，應該還有「大指相拄」的經文，省略而已）。

結此印已，(即能)入「西方無量壽如來三昧」……

能令行者及諸眾生，除「散亂心」、入「三昧」故。

北宋・法賢(公元？~1001)**譯《佛說持明藏瑜伽大教尊那菩薩大明成就儀軌經》卷 2〈2 觀智成就分〉**

次「定印」。

先「跏趺坐」，

❶以「二手」展舒，以「右手」在「左手」上。

❷二「(大)拇指」甲相著(相依附著)，安(放雙手於)「臍輪」下，(即)成「(定)印」。

如是諸「印相」，亦隨分演說。修行(之)「行人」，(應)虔心「記憶」(手印)，習令精熟，於「作法」時，無令「誤失」。

若稍(有)疑誤，(即)不成「印契」。(若)不成「印契」，即「賢聖」不喜，凡所「祈求」，(即)不獲「成就」。

北宋・法賢(公元？~1001)**譯《佛說持明藏瑜伽大教尊那菩薩大明成就儀軌經》卷 2〈2 觀智成就分〉**

次結「三摩地印」：

❶以「左手」安「臍輪」，「右手」安「左手」內。

❷二「(大)拇指」，與二「頭指」(食指)，相著成印。誦大明曰……

遼・道殿(公元 1056~1128)**集《顯密圓通成佛心要集》**

(殿讀ㄉㄧㄢˋ 或ㄉㄧㄢ 皆可)

結「大三昧印」：

(❶二手，「仰」掌展舒。

　❷以「右手」在「左手」上。

　❸二「大拇」指甲相著(相依附著)。

　❹(雙手)安(於)「臍輪」下。

此印能滅一切「狂亂妄念、雜染思惟」

澄定身心，方入淨「法界三昧」。

明・施堯挺(約公元1709年的人)撰《準提心要》
〈集提印法〉「大三昧印」：
❶兩手，「仰」掌展舒。
❷「右手」壓「左手」。
❸兩「大拇指」，以指甲相著(相依附著)。
❹放在「臍輪」下。
澄定身心後，「頂上」散「印」。
〇此印能滅一切「狂亂妄想、雜染思維」。

清・弘贊(公元1612～1686)集《七俱胝佛母所說準提陀羅尼經會釋》卷3
次結「大三昧耶印」：
❶以二手，「仰」掌展舒。
❷將「右手」在「左手」上。
❸二「大拇」指甲相拄(相互支撐的意思)。
❹安「臍輪」下。
此印能滅一切「狂亂妄念、雜染思惟」。

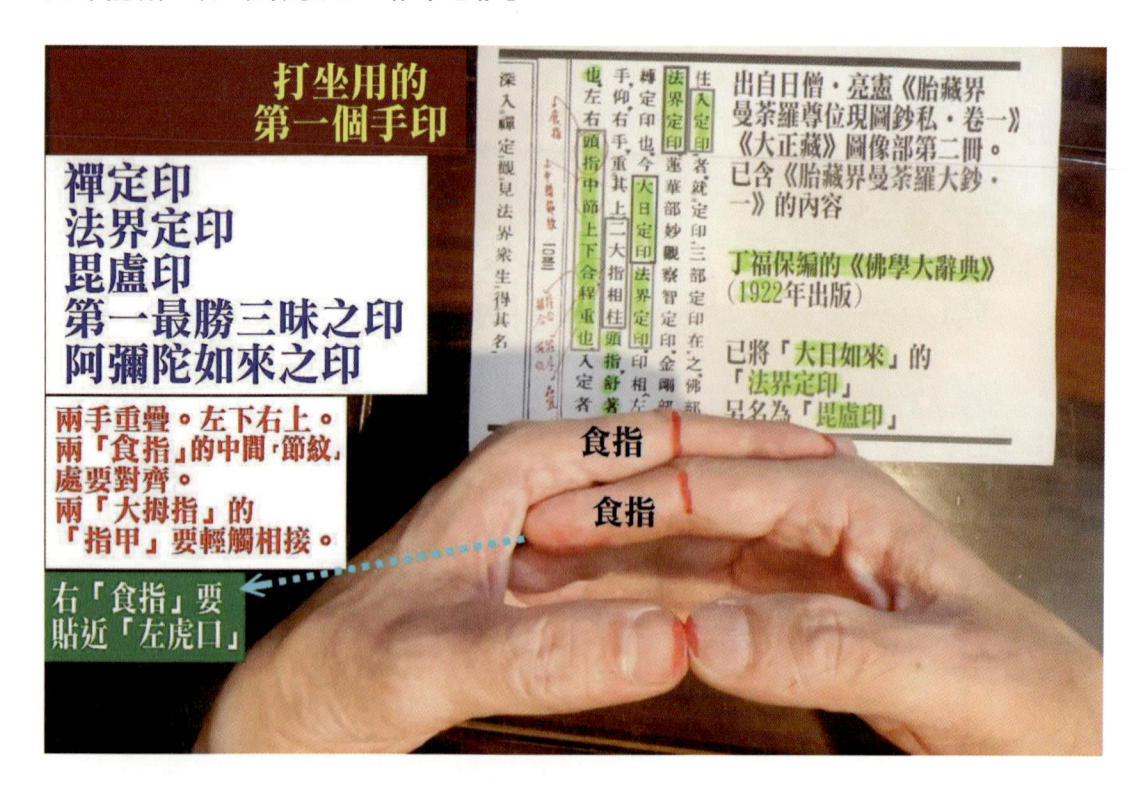

打坐用的第一個手印

禪定印
法界定印
毘盧印
第一最勝三昧之印
阿彌陀如來之印

兩手重疊。左下右上。
兩「食指」的中間「節紋」處要對齊。
兩「大拇指」的「指甲」要輕觸相接。

右「食指」要貼近「左虎口」

出自日僧・亮憲《胎藏界曼荼羅尊位現圖鈔私・卷一》《大正藏》圖像部第二冊
已含《胎藏界曼荼羅大鈔・一》的內容

丁福保編的《佛學大辭典》(1922年出版)
已將「大日如來」的「法界定印」另名為「毘盧印」

食指
食指

第一篇 諸佛專用的手印介紹 第三章 釋迦佛「法界定印」與彌陀佛的「彌陀定印」·75

> 住入定印者，就定印三部定印在之佛部。
> **法界定印**蓮華部妙觀察智定印，金剛部縛定印也。今**大日定印法界定印**相，左手仰右手，重其上，二大指相柱頭指舒著也。左右頭指中節上下合程重也，入定者
>
> 深入禪定觀見法界眾生得其名

出自日僧・亮憲《胎藏界曼荼羅尊位現圖鈔私・卷一》《大正藏》圖像部第二冊。
已含《胎藏界曼荼羅大鈔・一》的內容

丁福保編的《佛學大辭典》（1922年出版）

已將「大日如來」的
「法界定印」
另名為「毘盧印」

第二節　第二種「禪定印」

經文提到兩手只要「重疊」，隨意放著，其餘細節沒有規定。左下右上。

左下右上

兩手「重疊」，隨意放著

唐・智通(？公元627~653年譯經)譯《觀自在菩薩隨心呪經》
「三昧印」第二十
正坐加趺，以「左手掌」，承(接著)「右手」(的)背，相押(住)。
當心前，誦身呪，即入「滅盡定」。

唐・智通(？公元627~653年譯經)譯《觀自在菩薩怛嚩多唎隨心陀羅尼經》
「三昧印」第十八
正坐跏趺，以「左手掌」，承(接著)「右手」(的)背，相壓(住)。
當心前，誦前心真言，即得能入「滅盡禪定三昧」。

唐・菩提留志(公元562~727。693年到長安譯經)譯《一字佛頂輪王經》卷2〈5 分別祕相品〉
如是人者若誦念已，護身結界，端身直項，結跏趺坐，瞬目平視，舌拄(支撐)「上齶」，以「右手」背，押「左手掌」，伸置(於)「臍」下。

唐・菩提留志(公元562~727)譯《千手千眼觀世音菩薩姥陀羅尼身經》〈19 成等正覺印〉

「千手千眼觀世音菩薩成等正覺」印第十九

結「加趺坐」，先以「左手」，舒五指，仰掌，在左膝上。
次以「右手」，舒五指，覆手(遮覆左手的意思)，捺(於)右膝上。
此印與「滅盡印法」法同。所有過去未來現在諸佛皆同修持、宗尊此印，得佛菩提。
是印能除一切業障。

唐・智通(?公元627~653年譯經)《千眼千臂觀世音菩薩陀羅尼神呪經》卷2〈19 菩薩成等正覺印〉

「菩薩成等正覺」印第十九

結加趺坐，先以「左手」，舒五指，仰掌，在左膝上，
次以「右手」，舒五指，覆手(遮覆左手的意思)，捺(於)右膝上。
此與「滅盡印」法同。過去未來現在諸佛，皆同此印得佛菩提。此印能除一切業障。

唐・金剛智(公元669~741)譯《金剛頂經曼殊室利菩薩五字心陀羅尼品》
「三摩地門陀羅尼」印：
二羽，外相叉，仰於「臍」下。
端身正意，息諸攀緣，其出入息，一一明了。

唐・不空(公元705~774)譯《菩提場所說一字頂輪王經》卷4〈8 密印品〉
以左右二手「仰掌」。
以「右手」押「左手」上，安(於)「臍」下。
是「如來三摩地印」。真言曰……

唐・不空(公元705~774)譯《金剛手光明灌頂經最勝立印聖無動尊大威怒王念誦儀軌法品》
欲作諸事業，先結「三麼耶」，
二羽(兩手)，(於)「臍輪」(下相)合。

唐・不空(公元705~774)譯《金剛壽命陀羅尼經法》
次說「三摩地」門，結「跏趺坐」，閉目端身，
二手「重疊」，或結「定印」，安於「臍」下。

唐·不空(公元705~774)譯《五字陀羅尼頌》
次結「三昧印」，行者住「三昧」。
「二羽」(二手掌)外「相叉」，(雙手)仰於跏坐上。

唐·不空(公元705~774)譯《金剛頂經多羅菩薩念誦法》
二羽(二手)相叉(「叉」字有「交錯、交叉、相插」之多種意思)，為「定印」。

唐·不空(公元705~774)譯《菩提場莊嚴陀羅尼經》
我今說印法。以二手「平展」，以「右手」押「左手」，「仰掌」安心上，名為「菩提場莊嚴陀羅尼根本印」。
纔結此印，(即能)滅一切罪，一切如來(將)「安慰」其人(指打手印之人)，亦(能)成(就奉)請一切如來。(若能)結此印，一切如來(將)甚「恭敬」其人。

唐·般若(公元734~？。公元786年開始譯經)譯《諸佛境界攝真實經》卷2〈3 金剛界大道場品〉
第四、結「除散亂心印」：先舒「左五指」，安「臍」輪前，次舒「右五指」，安左掌上。結此印已，(即能)入「西方無量壽如來三昧」。

北宋·法賢(公元？~1001)譯《佛說持明藏瑜伽大教尊那菩薩大明成就儀軌經》卷2〈2 觀智成就分〉
次「賢座印」：
先以「左手」平展，安「臍輪」下，以「右手」平展相倒，安「左手」上成印。
此印作「曼拏羅」時，及「入定」時。

北宋·法賢(公元？~1001)譯《佛說瑜伽大教王經》卷4〈6 印相大供養儀品〉
以二手安(於)「臍」輪(之下)，如「禪定」(之)相，此(即)是無量壽佛「根本印」。

第三節　第三種「禪定印」
（必須「剪指甲」才能打這個手印）

二「食指」的「背」要相著，食指的「中節」上面要「直豎」，
二「大拇指」要「橫向」而依著，經過「食指」的「指甲」上端。

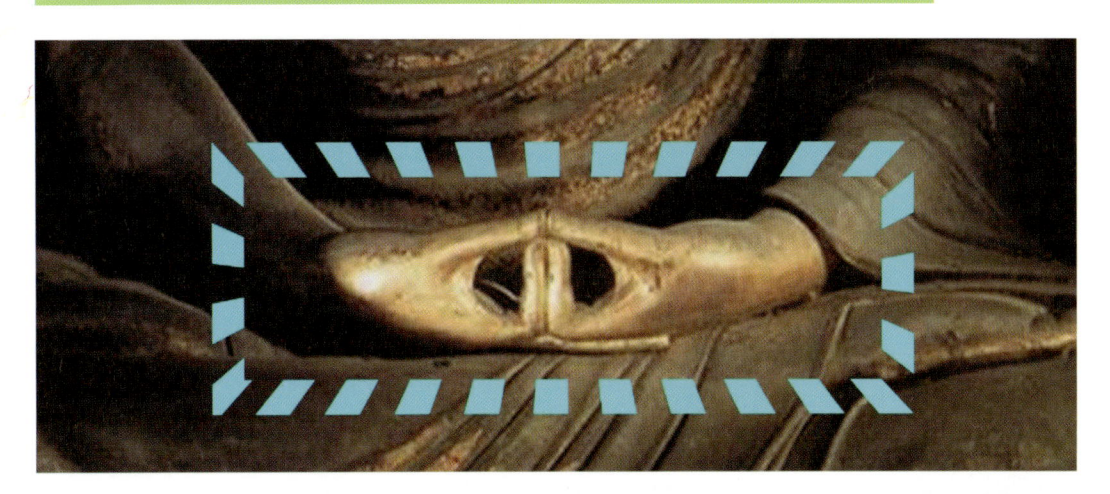

打坐用的第二個手印

彌陀定印。彌陀如來契。阿彌陀如來印。三摩地印。妙觀察智印

二「食指」的「背」要相著，食指的「中節」上面要「直豎」，
二「大拇指」要「橫向」而依著，經過「食指」的「指甲」上端

唐・不空(公元705~774)譯《無量壽如來觀行供養儀軌》
次結「定印」(參閱下面附住的「校訂文」經文)，
❶印以二手「外相叉」。
❷二「頭指」(食指)背相著，從(食指)「中節」已上，直豎。
❸二「大指」捻二「頭指」(食指)，即成。
即觀身中菩提心，皎潔圓明，猶如滿月。

80・《佛菩薩專用手印解析暨研究》(全彩版)

> 「次結定[10]印,[*]即觀身中菩提心皎潔圓明猶如滿月。復作[11]是思惟:『菩提心體離一切物,[12]無蘊界處及離能取所取,法無我故一[13]相平等,心本不生自性空。[14]自性空故。』即於圓滿清淨月輪上想[15]有紇哩(二[16]合)字門,從字流出無量光明,於一一光明[17]道觀成極樂世界,聖眾圍遶無量壽佛[18](如觀經所說)。
>
> 印【大】,印以二手外相叉二頭指背相著從中節已上直豎二大指捻二頭指即成【宋】【元】【明】【甲】【乙】【丙】

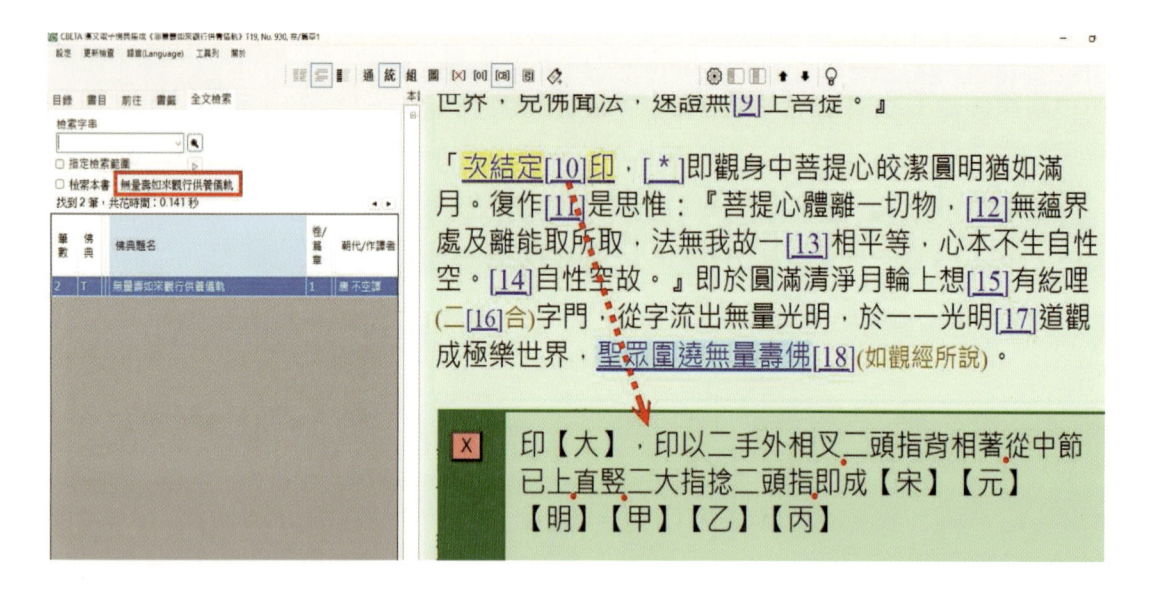

唐・不空(公元 705~774)譯《金剛頂一切如來真實攝大乘現證大教王經》卷 2〈2 真言羯磨部〉

❶「二羽」(二手)仰,相叉。
❷進(右食指)、力(左食指),(上節的部份)豎(立打直),(左右手的「食指」互)相背(靠著)。
❸禪(右大拇指)、智(左大拇指),橫(放在)其(兩食指「指甲」的上)端。

唐・不空(公元 705~774)譯《金剛頂蓮華部心念誦儀軌》

❶「二羽」(二手)仰,相叉。
❷進(右食指)、力(左食指),(上節的部份)豎(立打直),(左右手的「食指」互)相背(靠著)。
❸禪(右大拇指)、智(左大拇指),橫(放在)其(兩食指「指甲」的上)端。

唐・不空(公元 705~774)譯《金剛頂經觀自在王如來修行法》
「三摩地印」:

❶「二羽」(二手)仰、叉。
❷進(右食指)、力(左食指),(左右手的「食指」互)相背(靠著)而豎(立打直),
❸禪(右大拇指)、智(左大拇指),捻(按;捏)進(右食指)、力(左食指)頭,置於跏上,誦密言曰……

唐・金剛智(公元 669~741)譯《金剛頂經瑜伽觀自在王如來修行法》
次結「三摩地印」:

❶「二羽」(二手)仰,相叉。
❷進(右食指)、力(左食指),(左右手的「食指」互)相背(靠著)而豎(立打直)。

❸**禪**(右大拇指)、**智**(左大拇指)，**捻**(按;捏)**進**(右食指)、**力**(左食指)**頭**，置於跏趺上。

唐‧不空(公元705~774)譯《金剛頂瑜伽千手千眼觀自在菩薩修行儀軌經》卷1

次結「**三摩地印**」：如前「金剛縛」，仰安(於)「跏趺」上，
❶**進**(右食指)、**力**(左食指)屈**中**節，**豎**，(互相)**拄**(其)背。
❷**禪**(右大拇指)、**智**(左大拇指)橫相拄(支撐)於**進**(右食指)、**力**(左食指)上。即誦真言曰……

唐‧金剛智(公元669~741)譯《金剛頂瑜伽青頸大悲王觀自在念誦儀軌》

次結「**三麼地印**」：
❶「**二羽**」(二手)**仰**，**相叉**。
❷**進**(右食指)、**力**(左食指)，(左右手的「食指」互)**相背**(靠著)而**豎**(立打直)。
❸**禪**(右大拇指)、**智**(左大拇指)，**捻**(按;捏)**進**(右食指)、**力**(左食指)**頭**，置於跏上。

北宋‧慈賢(約公元1012~1066人)譯《妙吉祥平等祕密最上觀門大教王經》卷3

「**彌陀如來契**」(簡稱爲「彌陀定印」)：
❶「**二羽**」(二手)**仰**，**相叉**(「叉」字有「交錯、交叉、相插」之多種意思)。
❷**進**(右食指)、**力**(左食指)，(上節的部份)**豎**(立打直)，(左右手的「食指」互)**相背**(靠著)。
❸**禪**(右大拇指)、**智**(左大拇指)，**橫**(放在)其(兩食指「指甲」的上)**端**。

北宋‧慈賢(約公元1012~1066人)譯《妙吉祥平等瑜伽祕密觀身成佛儀軌》

「**阿彌陀如來**」(簡稱爲「彌陀定印」)：
❶「**二羽**」(二手)**仰**，**相叉**。
❷**進**(右食指)、**力**(左食指)，(上節的部份)**豎**(立打直)，(左右手的「食指」互)**相背**(靠著)。
❸**禪**(右大拇指)、**智**(左大拇指)，**橫**(放在)其(兩食指「指甲」的上)**端**。

唐‧金剛智(公元669~741)譯《金剛頂經瑜伽修習毘盧遮那三摩地法》

行者欲入「**金剛定**」，先住「**妙觀察智印**」：
❶定、慧「**二羽**」(二手)，仰相叉。
❷**進**(右食指)、**禪**(右大拇指)、**力**(左食指)、**智**(左大拇指)，各**相拄**(相互支撐的意思)。
以此「妙印」修「**等引**」(三摩呬多 Samāhita，定名)，
即得「如來不動智」。

唐‧金剛智(公元669~741)譯《念誦結護法普通諸部》

行者欲入「金剛定」，先住「妙觀察智印」：
❶定、慧「二羽」(二手)，仰相叉。
❷進(右食指)、禪(右大拇指)、力(左食指)、智(左大拇指)，各相拄㕛(相互支撐的意思)。
以此「妙印」修「等引」(三摩呬多 Samāhita，定名)，
即得「如來不動智」。

唐·不空(公元705~774)譯《金剛頂經瑜伽文殊師利菩薩供養儀軌》
行者欲入「金剛定」，先住「妙觀察智印」：
❶定、慧「二羽」(二手)，仰相叉。
❷進(右食指)、禪(右大拇指)、力(左食指)、智(左大拇指)，各相拄㕛(相互支撐的意思)。
以此「妙印」修「等引」(三摩呬多 Samāhita，定名)，
即得「如來不動智」。

唐·不空(公元705~774)譯《金剛頂瑜伽他化自在天理趣會普賢修行念誦儀軌》
次入「妙觀察智定」，縛印，仰置跏趺上，
❶進(右食指)、力(左食指)，(左右手的「食指」互)相背(靠著)豎(立)，頭合(食指的「頭」相合)。
❷禪(右大拇指)、智(左大拇指)相拄㕛(支撐)，押進(右食指)、力(左食指)。
此名「觀自在王印」。
端身正坐身無動，舌拄㕛(支撐)上腭唇齒合，心住大空無分別。

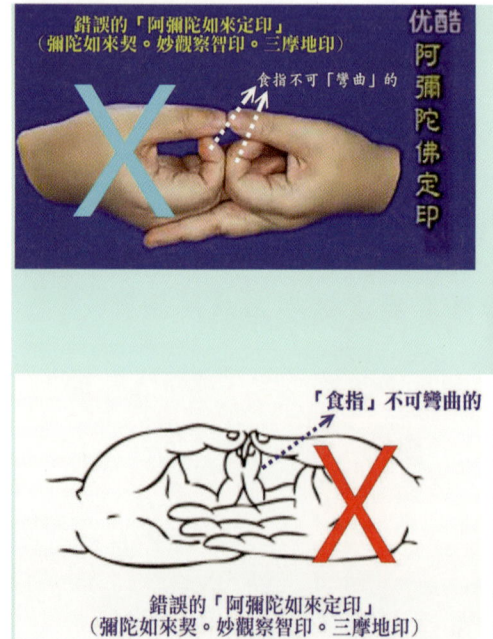

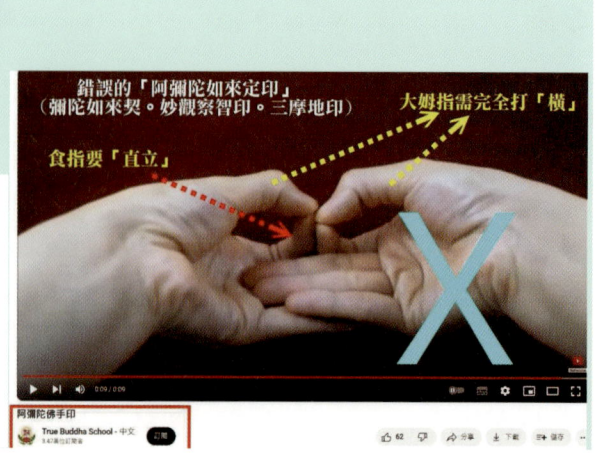

第四節 所有的「密教」經典都說「打坐入定」時，必定是「右手」在上，無一例外

隋代的智者大師，於公元 592~596 年，在玉泉寺講經，後來弟子編集而成為《摩訶止觀》、《修習止觀坐禪法要》、《方等三昧行法》……等。智者大師在這三部著作中，都是宣講以「左手」在上的禪修方式。

但到了唐代，從公元 627 年開始，一直到北宋的 1000 年之間，所有的「密教」經典提到要「打坐入定」時，必定要使用的二種手印，

一、禪定印(法界定印;毘盧印)。

二、彌陀定印(妙觀察智印;阿彌陀如來定印;彌陀如來契;三摩地印)。

通通都是「右手」在上，無一部經典是「例外」的。

也就是從公元 627~1000 年之間，所有的「佛經」都不受智者大師的影響，都照「印度古佛」方式，就是「右手」在上的「法界定印」。

下面有 15 部佛經，自行閱讀，便知~

1 唐・智通(中國僧人。公元 627~653 年譯經) 譯《觀自在菩薩隨心呪經》
「三昧印」第二十
正坐加趺，以「左手掌」，承(接著)「右手」(的)背，相押(住)。
當心前，誦身呪，即入「滅盡定」。

2 唐・智通(中國僧人。公元 627~653 年譯經) 譯《觀自在菩薩怛嚩多唎隨心陀羅尼經》
「三昧印」第十八
正坐跏趺，以「左手掌」，承(接著)「右手」(的)背，相壓(住)。
當心前，誦前心真言，即得能入「滅盡禪定三昧」。

3 唐・阿地瞿多(Atikūṭa 中印度人。公元 652 年到長安) 譯《陀羅尼集經》卷1〈1 釋迦佛頂三昧陀羅尼品〉
若善男子於「奢摩他、毘鉢舍那」，速得成就「禪定」解脫……上床座，結加趺坐，衣

服束帶，皆悉緩繫，正坐端身，骨節相拄，項直平視，舉舌向腭，以「右手」壓「左手」，作「般若三昧禪印」。

4 唐・菩提留志(公元 562～727。693 年到長安譯經)譯《一字佛頂輪王經》卷 2〈5 分別祕相品〉

如是人者若誦念已，護身結界，端身直項，結跏趺坐，瞬目平視，舌拄(支撐)「上腭」，以「右手」背，押「左手掌」，伸置(於)「臍」下。

5 唐・菩提留志(公元 562～727)譯《千手千眼觀世音菩薩姥陀羅尼身經》〈19 成等正覺印〉

千手千眼觀世音菩薩成等正覺印第十九
結「加趺坐」，先以「左手」，舒五指，仰掌，在左膝上。
次以「右手」，舒五指，覆手(遮覆左手的意思)，捺(於)右膝上。
此印與「滅盡印法」法同。所有過去未來現在諸佛皆同修持、宗尊此印，得佛菩提。是印能除一切業障。

6 唐・不空(公元 705~774)譯《金剛頂瑜伽千手千眼觀自在菩薩修行儀軌經》卷 2

即結「跏趺坐」，
❶「左手」仰掌，於加趺上，以「右手」仰於「左手」上，
❷以禪(右大拇指)、智(左大拇指)二度，(指)甲相拄(相互支撐的意思)。

7 唐・不空(公元 705~774)譯《聖賀野紇哩縛大威怒王立成大神驗供養念誦儀軌法品》卷 2

次結「禪波羅蜜菩薩印」，即結「跏趺坐」。
❶「左手」仰掌於跏趺上，以「右手」仰於「左手」上，
❷以禪(右大拇指)、智(左大拇指)二度，(指)甲相跓(相互支撐的意思)。

8 唐・不空(公元 705~774)譯《寶悉地成佛陀羅尼經》

結「如來大鉢印」……印相者：
❶二輪(雙手)相重(上下重疊的意思)，
❷以「右手」安(於)「左掌」上，二「空端」(即「大拇指」)，(互)相拄(相互支撐的意思)。
是名「法身大鉢印」，亦名「寶篋金剛印」。

9 唐‧不空(公元705~774)譯《菩提場所說一字頂輪王經》卷4〈8 密印品〉
以左右二手「仰掌」。
以「右手」押「左手」上，安(於)「臍」下。
是「如來三摩地印」。真言曰……

10 唐‧不空(公元705~774)譯《菩提場莊嚴陀羅尼經》
我今說印法。以二手「平展」，以「右手」押「左手」，「仰掌」安心上，名為「菩提場莊嚴陀羅尼根本印」。

11 唐‧般若(公元734~？。公元786年開始譯經)譯《守護國界主陀羅尼經》卷2〈2 陀羅尼品〉
亦作如上金剛「結跏」，端身正坐。
左手「仰掌」，當於「臍」上(這應該是指「臍下」才對)，右手「仰掌」，重(疊在)「左手」上。
以「大母指」，令(指)「頭」相拄(相互支撐的意思)。

12 唐‧般若(公元734~？。公元786年開始譯經)譯《諸佛境界攝真實經》卷2〈3 金剛界大道場品〉
第四、結「除散亂心印」：先舒「左五指」，安「臍」輪前，次舒「右五指」，安左掌上。
結此印已，(即能)入「西方無量壽如來三昧」。

13 北宋‧法賢(公元？~1001)譯《佛說持明藏瑜伽大教尊那菩薩大明成就儀軌經》卷2〈2 觀智成就分〉
次「定印」。先「跏趺坐」，
以「二手」展舒，以「右手」在「左手」上。
二「(大)拇指」甲相著(相依附著)，安(放雙手於)「臍輪」下，(即)成「(定)印」。

14 北宋‧法賢(公元？~1001)譯《佛說持明藏瑜伽大教尊那菩薩大明成就儀軌經》卷2〈2 觀智成就分〉
次結「三摩地印」：
以「左手」安「臍輪」，「右手」安「左手」內。
二「(大)拇指」，與二「頭指」(食指)，相著成印。誦大明曰……

15 北宋‧法賢(公元？~1001)譯《佛說持明藏瑜伽大教尊那菩薩大明成就儀軌經》卷2〈2 觀智成就分〉

次「賢座印」：
先以「左手」平展，安「臍輪」下，以「右手」平展相倒，安「左手」上成印。
此印作「曼拏羅」時，及「入定」時。

諸佛常法，右脇入胎，右脇出胎，舉右手而誓言，右脇臥入涅槃

從諸佛常法
從右脇入胎
右脇出胎
舉右手而誓言
右脇臥入涅槃

若右手結手印
以右手押左上印
以右方觀三聖音
為為三觀聖音
華嚴為三聖文殊
右為文殊

後漢・竺大力共康孟詳譯《修行本起經》卷1〈1 現變品〉
右面弟子，名舍利弗，左面弟子，名摩訶目揵連。

元魏・慧覺譯《賢愚經》卷6〈30 月光王頭施品〉
時「天帝釋」，從諸「欲界」天子百千萬眾，侍衛「左面」。
「大梵天王」與「色界」諸天，無央數眾，住在「右面」。

吳・支謙譯《佛說義足經》卷2〈14 蓮花色比丘尼經〉
佛從「須彌」巔，下至「琉璃」階住；
「梵天王」及諸有「色天」，悉從佛「右面」(右尊，左卑)，隨「金」階下；
「天王釋」及諸有「欲天」，從佛「左面」，隨「銀」階下。

《大智度論》卷40〈5 歎度品〉
舍利弗是佛「右面」弟子；目揵連是佛「左面」弟子。

佛陀目揵連（左）和舍利弗（右）的兩位第一弟子，木畫，緬甸，十九世紀。

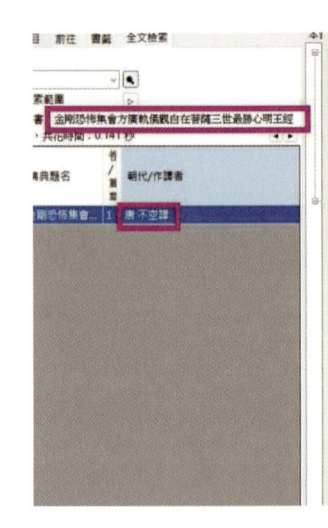

八忍。先中央畫吾提樹,樹下畫阿彌陀如來,坐師子座,[48]以二蓮承。身金色,右手施無畏。佛左聖得大勢至菩薩;佛右聖觀自在菩薩,右手住安慰(即以風空頭相捻,竪餘指作引手勢)、左手持

即,求蓮花量結[3]加趺坐,身純金色,作白焰光。佛右畫觀自在菩薩、左畫大勢至菩薩,皆純金色作白焰光。[4]二菩薩右手各執白拂,左手各執蓮花。大勢至身[5]梢小於觀自在,皆種種寶莊嚴其身,著寶瓔珞手釧,皆衣白

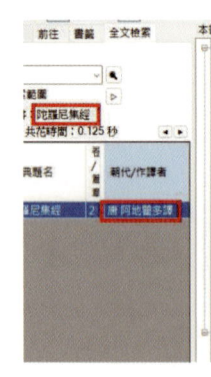

「佛之右[12]廂作十一面觀世音菩薩像,左[*]廂作大勢至菩薩像。佛上作寶殿,皆以七寶所成。殿下作七寶帳,悉以七寶、瓔珞所

北宋・思坦集注《楞嚴經集注・卷七》

苕溪(北宋・仁岳大師,992~1064)云:

西域當陽,皆取「東」向,「所」是「左右」,則「右尊」而「左卑」也。此方(指中土東方)敷置(敷說設置此「事」之時),或可「隨宜」(方便而行),(但仍)應以「尊」居「右」,「卑」居「左」。

如《智論》,以舍利弗為佛「右面」弟子,目連為佛「左面」弟子,不唯西域此方,古者亦以「右」為尊。

太尉勃親以兵誅諸呂氏,功多,平欲讓勃位,乃謝病。文帝初立,病之,問平曰:高帝時,勃功不如臣,及誅諸呂,臣功亦不如勃,願以相讓勃。於是乃以大尉勃為「右丞相」,位第一,平徙為「左丞相」,位第二。

又《高紀》:二月,行自雒陽,趙臣田叔、孟舒等十人召見,與語,漢廷臣無出其右者。注曰:「古者」以「右」為尊。言「材用」,無能過之者,故云不出其「右」也。

《藝文志》曰:墨子宗祀嚴父,是以「右鬼」。注曰:「右」猶尊「尚」也。

又《漢書》曰:以御史大夫周昌為趙相,高祖曰:吾極知其「左遷」,然吾憂趙非公無可者。注云:是時「尊右」而「卑左」,故謂貶秩為「左遷」。

90・《佛菩薩專用手印解析暨研究》(全彩版)

《諸侯王表》曰：作「左官」之律。注云：漢時依「上古法」，朝廷立列，以「右」為尊，仕諸侯為「左官」。

凡引諸文，以明「右尊、左卑」者，比見不曉此旨，見身子(舍利弗)為「右面」(佛陀的「右面」弟子)，弟子(則以)「右肩」侍父之說。

凡此經論，輒有「改」其字及作「異解」者，故此(指中土東方)若隨「時」之變(隨著「時代、時機」因緣不同而改變)，則設其「次位」(席次之位)，(變成了)以「左」為尊，亦復何妨？但不得「擅改經字」(不得擅改「經文」原本的「經字」之義)。

北宋・仁岳大師(公元992~1064)

苕溪云：西域當陽，皆取東向，所是左右，則右尊而左卑也。此方敷置，或可隨宜，應以尊居右，卑居左。如智論以舍利弗為佛右面弟子，目連為佛左面弟子，不唯西域此方，古者亦以右為尊。太尉勃親以兵誅諸呂氏，功多，平欲讓勃位，乃謝病。文帝初立，病之，問平曰：高帝時，勃功不如臣，及誅諸呂，臣功亦不如勃，願以相讓勃。於是乃以太尉勃為右[A7]丞相，位第一，平徙為左[A8]丞相，位第二。又高紀：二月，行自雒陽，趙臣田叔、孟舒等十人召見，與語，漢廷臣無出其右者。注曰：古者以右為尊，言材用無能過之者，故云不出其右也。藝文志曰：墨子宗祀嚴父，是以右鬼。注曰：右猶尊尚也。又漢書曰：以御史大夫周昌為趙相，高祖曰：吾極知其左遷，然吾憂趙非公無可者。注云：是時尊右而卑左，故謂貶秩為左遷。諸侯王表曰：作左官之律。注云：漢時依上古法，朝廷立列，以右為尊，仕諸侯為左官。凡引諸文以明右尊左卑者，比見不曉此旨，見身子為右面，弟子右肩侍父之說。凡此經論，輒有改其字及作異解者，故此若隨時之變，則設其次位，以左為尊，亦復何妨。但不得擅改經字。

所以有關「打手印、打坐」，「右手」在上，已是一「鐵」的定律，任何人皆不得擅改「經字」。是也~

如果是「我方」東土要將「左」設為「尊」只是一種「方便」行事，但最後一句明確的說——不得「擅改經字」。

請注意：當佛在講佛菩薩「身上」配件時，或講手印時，經文所說的「左右」邊方向，都與我們身體的「左右」邊是同步、同方向的。因為這是「身體」的「很小範圍」，必定會與我們「身體」都是同方位。

例如：當佛說僧人要「偏袒右肩」時，則講的必定是與我們身體「同方位」的「右邊、右肩」。當佛說「右手」在上，「右手」為大，也必定與我們身體同方位。

但當佛說「右邊」是「大」位時，「右邊」是觀世音菩薩的位子，或「左邊」是大勢至菩薩的位子，此時的「右邊」就是以我們「眼睛」所看過去的「右邊」為主了。因為這是屬於「身體」外的「方向」指稱，所以必定是與我們的「眼睛」看過去的「方向」為主。

例如：家中有在拜「公媽」或「祖先」牌位的，就一定是放在我們「眼睛」看過去的「左邊」，就是「神明桌、佛桌」的「左邊」。

所以當佛講「身體」所拿的法器物品時，「左右」方向與我們身體的方向是「同步」的。

當佛講「左邊」有誰？有什麼東西？「右邊」有誰？此時則是以我們「眼睛」看過去的「左、右」為主。

第五節 也是有「左押右」的情形出現

東晉‧天竺居士竺難提(晉言法喜。公元419至年至華譯經)譯《請觀世音菩薩消伏毒害陀羅尼呪經》
云何當得見「觀世音菩薩」及十方佛？若欲得見，端身正心，使心不動，心氣相續，以「左手」置「右手」上(注意，此經是「居士」所翻的密呪經典，但不知爲何翻譯是左手置於右手上？)，舉舌向腭，令息調勻，使氣不麁不細，安祥徐數，從一至十，成就息念，無分散意。

隋‧西國婆羅門達多羅及闍那崛多(公元523～600)等奉詔譯《佛說三厨經》「三藏」法師口云：欲求無上菩提，專心念定者……先依《占察經》云：懺悔罪已，須於山林靜谷，閑房靜室，先結跏趺，「左手」置「右手」上(注意，這邊是說引用了《占察經》，但《占察經》中卻沒有這段經文，不知來源如何？)，合兩目。

隋‧智顗(公元538～597)《摩訶止觀》卷8
當求靜處結跏，平身正直，縱任身體，散誕四支……以「左手」置「右手」上，「大指」纔令相拄。

隋‧智顗(公元538～597)《修習止觀坐禪法要》〈4 調和〉
次當安手，以「左手掌」置「右手」上，「重累手」相對，頓置左脚上，牽來近身，當心而安。

隋‧智顗(公元538～597)《方等三昧行法》〈2 識遮障有四調適〉
坐禪調適者，「加趺」正坐，以「左脚」置「右脚」上，以「左手」置「右手」上，牽衣近身對「臍」。

唐‧道宣(公元596～667)《淨心誡觀法》卷2〈20 誡觀修習安那般那假相觀法〉
夫坐禪要法，當有十種：
一者、先託(於)靜處，(應)遠(離)於「水火、禽獸、音樂」，(以及具有)「八難」(之)土境(國土邊境)，(總)令心(能得)安隱(之處)。
二者、(應)厚敷(於)「草蓐」，(坐墊的)中高(中間稍高)，邊下(旁邊稍爲低下)。
三者、(應)緩帶(寬緩褲帶)衣裳，(應)節食少飲。
四者、結「加趺」坐，(以中國式的)「左手」壓「右手」(印度傳統皆以「右手壓左手」，但中國祖師經常提倡是「左壓右」)，閉目合口，齒不相齘，端身(而)平視。

第一篇 諸佛專用的手印介紹 第三章 釋迦佛「法界定印」與彌陀佛的「彌陀定印」・93

五者、年少(之禪者應食慾較多，故常)「腹飽」，當(修)數「出息」(之觀)，年老(之禪者因食慾較少，故能)「腹飢」，當(修)數「入息」(之觀)。

六者、當觀「出息」，去鼻(之)遠近，「入」到何處？即(能)知「氣色」(為最)初(是)「麤」(而)後(至)「細」，下至「氣海」，(能)上衝於「頭」頂。

七者、從「第一」息(開始)數至「第十」，若未至「十」，(又)緣於「異想」(妄想的話)，(那應該重頭)還(再)攝取「心」，更從「一」(而重)數。

八者、(於)「手掌」之內，(可)置一(顆)「明珠」，(可讓自己)繫念(於)「觀珠」(觀此明珠。打坐時手掌可放一顆「明珠」，此乃是道宣律師所創，目前查無「更早」的資料顯示，有可能大師是受了《增壹阿含經》、《出曜經》的經文所啟發的「靈感」)，(令)心心相續，「光明」即(能顯)現。

九者、如「五停(心)觀」(之)對治「現行」(煩惱)，(若有)五種煩惱，隨起(即能)隨治，隨分解脫(而總令)煩惱不行，令「戒」(獲)清淨，以「戒」(得)清淨故，(能獲)諸天歡喜，「善神」衛護。

十者、以修定(修持禪定)故，舉動(舉止行動)審諦(審慎思諦)，心不「卒暴」(卒然暴動)，(得)謙下柔和，「忍辱」無諍。以是功德，增長智慧，臨命終時，(能得)他方「菩薩」來迎(接，意指修禪定功德也是要追求往生「淨土」的啊)，「神識」不遭苦患，(為)諸天世人所共稱讚，生於「淨土」，見佛聞法，永離三塗，受解脫樂。自餘諸法，(皆)如經(之)所說，汝當受行，成「戒、定」根，(令)根性(六根之性獲得)明利(光明聰利；靈明暢利)，名為「淨心」。

(附錄補註用)
東晉・僧伽提婆(罽賓沙門，於公元383年開始譯經)譯《增壹阿含經》卷29〈37 六重品・3〉
阿那律比丘亦復快哉！所以然者，阿那律比丘「天眼」第一。彼以「天眼」觀三千世界，猶如「有眼」之人，(於)掌中「觀珠」。阿那律比丘亦復如是，彼以「天眼」觀此三千大千世界而無疑難。

(附錄補註用)
姚秦・竺佛念(涼州沙門，於公元379年開始譯經)《出曜經》卷13〈13 道品〉
夫博學之士，探古知今，三世通達，如(於)掌(中)「觀珠」，皆悉分明。

(附錄補註用)
姚秦・竺佛念《菩薩瓔珞經》卷6〈18 無量迴品(六)〉
漸漸轉「入定」……如(於)人掌(中)「觀珠」，一一(皆)入「淨」觀。

唐・智儼(公元602~668。華嚴宗第二祖)《華嚴五十要問答》卷2〈46 唯識略觀義〉

身結加趺坐，「左手」置「右手」上，正端其身，閉目調息，以舌約上齶。

唐・法藏(公元 643~712。賢首國師，華嚴宗第三祖)撰《大乘起信論義記》卷 3
若修止者，住於靜處，端坐正意……次以「左手」置「右掌」上，累手相對。

唐・宗密(公元 780~841。華嚴宗第五祖)撰《圓覺經大疏釋義鈔》卷 11〈三開章釋文〉
欲入禪時，須善安身得所……次當正腳，若「半加」坐，以「左腳」置「右腳」上，牽來近身……次以「左手掌」置「右手」上，累手相對。

唐・湛然(公元 711~782。天台宗第九祖)述《止觀輔行傳弘決》卷 4
故禪門中「調身」云：夫坐者，須先安處，使久無妨。
(1)若(是)「半加」(坐)，(則)以「左」壓「右」，牽來近身，使與左右「髀」齊。
(2)若欲「全加」，更跮「右」以壓「左」。寬衣帶，周正身，勿令坐時，更有脫落。
(3)手以「左」壓「右」，重累相當，置「右腳」上，亦令近身，當心安置。

北宋・法賢(公元？~1001)譯《佛說最上根本大樂金剛不空三昧大教王經》卷 7〈25 最上祕密儀軌分〉
所言三摩地，當結跏趺坐，而結「禪定印」，以「左手」押「右」。

第四章 阿彌陀佛手印

第一節 阿彌陀佛「療病法」印

《陀羅尼集經》卷 2〈1 釋迦佛頂三昧陀羅尼品〉
「阿彌陀佛療病法」印第十四
❶先仰「左手」,「四指」仍屈,即以「右手」覆於「左手」。
❷右手「四指」亦屈,與左手急「相鉤」,令二「拳節」,各拄[※]（頂著;撐著）「掌心」。
❸其「二大指」,各「直豎」（此指「橫向」式的「直豎」,不是叫你「立、翹」式的「打直」）之。
是一「法印」,「降伏」一切諸惡鬼神。有人病者,當用「印」之,其病即愈,此等諸印,皆誦「心呪」……
其阿彌陀佛「陀羅尼」印呪,有八萬四千法門,於中「略出」此要,如「如意寶」。
以上阿彌陀佛法竟,依法行之,福（皆）無限也。

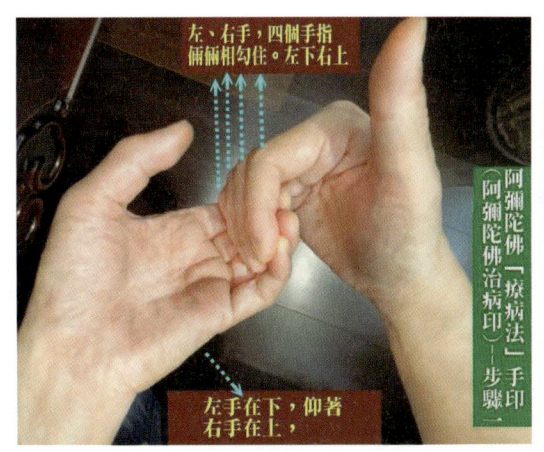

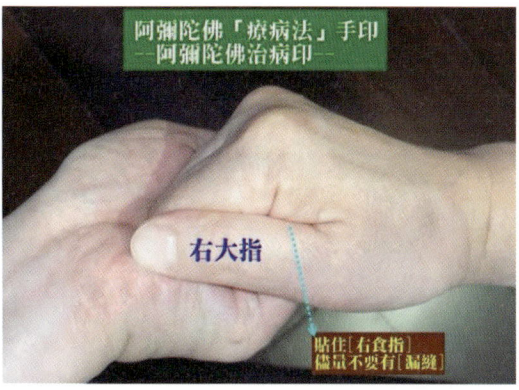

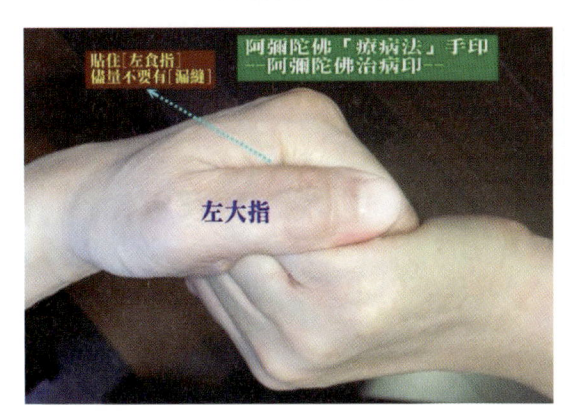

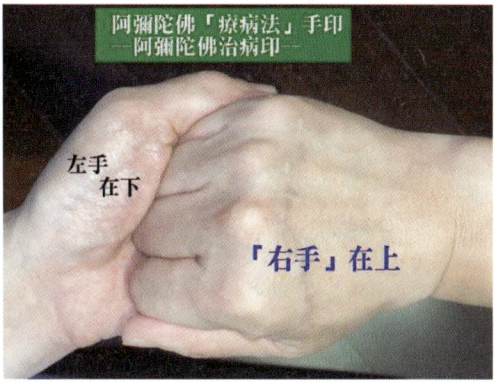

第二節 阿彌陀佛「身」印

《陀羅尼集經》卷 2〈1 釋迦佛頂三昧陀羅尼品〉
阿彌陀佛「身印」第一
❶左右二「小指」，各「拗」ㄠ（古同「祕、拗、秘」→藏；扭曲；彎曲）在「無名指」背上。
❷二「無名指」，頭相拄ㄓㄨˋ（支撐）著。
❸二「中指」直豎，開一寸許（約 3CM）。
❹二「大指」並直豎，
❺屈二「頭指」，壓二「大指頭」，指頭相拄ㄓㄨˋ（撐著）。「頭指」（可以做）來去（的動作）。

詳細方式：
❶兩「小指」要「轉彎」到「無名指」的「背」上。
❷兩「無名指」直豎後「相捻」。
❸兩「中指」直豎，中間隔約 3 cm，可稍微「輕靠」在「小指頭」上。
❹兩「食指」彎曲「相捻」。
❺兩「大拇指」直豎，「指端」與「食指」相接。
❺兩「食指」可做來去。

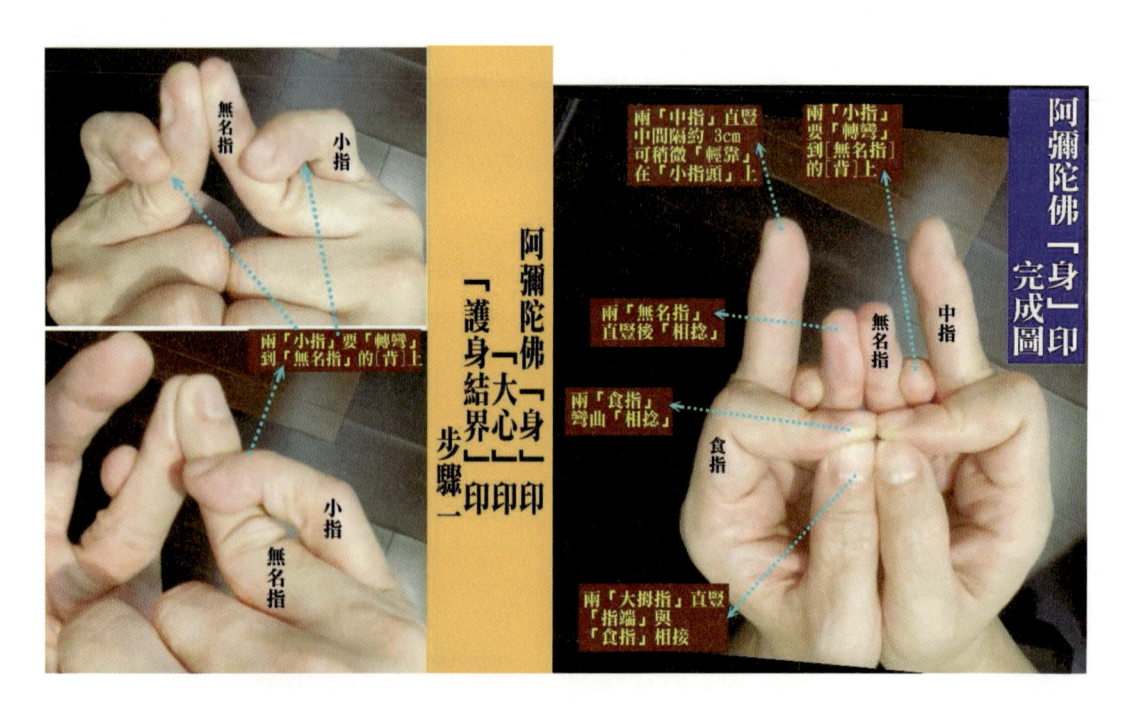

第一篇 諸佛專用的手印介紹 第五章 「釋迦佛」專用的三種手印・97

阿彌陀佛「身」印完成圖

兩「小指」要「轉彎」到[無名指]的[背]上

兩「中指」直豎中間隔約 3cm 可稍微「輕靠」在「小指頭」上

兩「無名指」直豎後「相捻」

兩「食指」彎曲[相捻]

兩[大拇指]直豎「指端」與「食指」相接

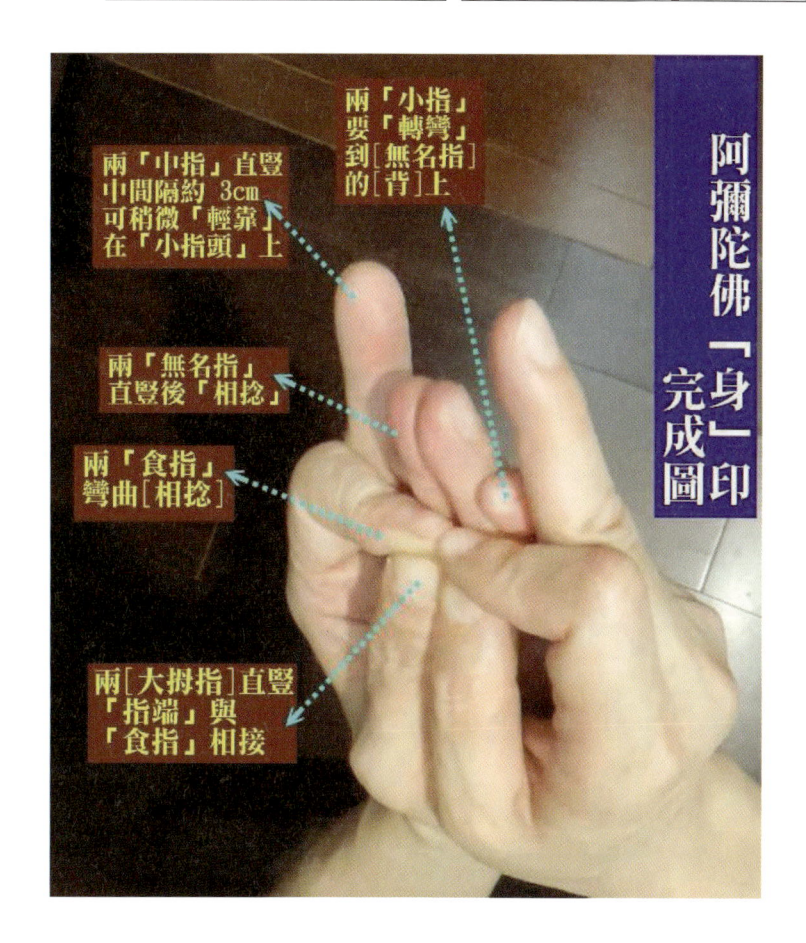

第三節　阿彌陀佛「大心」印

《陀羅尼集經》卷 2〈1 釋迦佛頂三昧陀羅尼品〉
阿彌陀佛「大心」印第二
(1)准前「身印」(阿彌陀佛身印)，惟改(彎)屈二「大指」入掌，以二「頭指」壓二「大指甲」上，呪同前(面的)呪(文)用。
(2)作四肘「水壇」，以「酥燈」八盞、「餅果食」五盤，中心著「火鑪」。呪師面向「東」，取「牛乳、蜜」相和，更取「頗具羅」木(此云穀樹)長「一尺」，截「一百八」段，以「酥蜜」柱，塗(在)兩(木)頭(上)，(誦)呪一遍已，(即)一擲(於)火中，如是滿足，(共)一百八遍，燒之，(然後)數數誦呪。
(3)若作(能依)此法(而作)，即(能)得「奢摩他」，滅恒沙「四重五逆」之罪。(若能於)每月「十五日」(而)洒浴、誦呪，作如前(面之)法，(即能獲)隨意「往生」阿彌陀佛國。

詳細方式：
❶兩「小指」要「轉彎」到「無名指」的「背」上。
❷兩「無名指」直豎後「相捻」。
❸兩「中指」直豎，中間隔約 3 cm，可稍微「輕靠」在「小指頭」上。
❹兩「大拇指」要彎曲進入「掌中」。
❺兩「食指」要按壓兩「大拇指」的「指甲」。

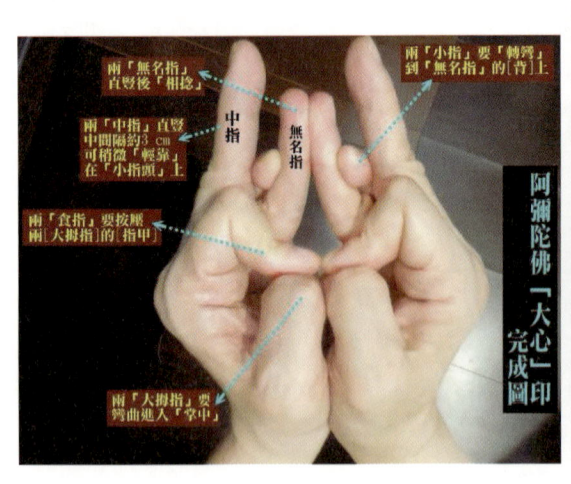

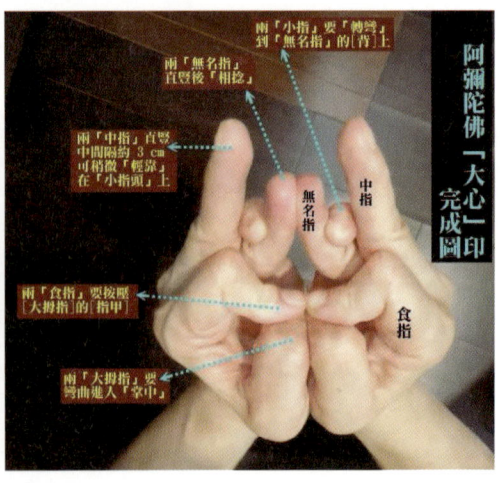

第四節 阿彌陀佛「護身結界」印

《陀羅尼集經》卷2〈1 釋迦佛頂三昧陀羅尼品〉
阿彌陀「護身結界」印第三
准初「身印」（阿彌陀佛身印），惟改二「中指」及掌（而）相著，用（來）「護身結界」；（結界）訖，然後（即可）「坐禪」。

詳細方式：
❶ 兩「小指」要「轉彎」到「無名指」的「背」上。
❷ 兩「無名指」直豎後「相捻」。
❸ 兩「中指」彎曲「垂直」進入掌中。
❹ 兩「食指」彎曲「相捻」。
❺ 兩「大拇指」直豎，「指端」與「食指」相接。

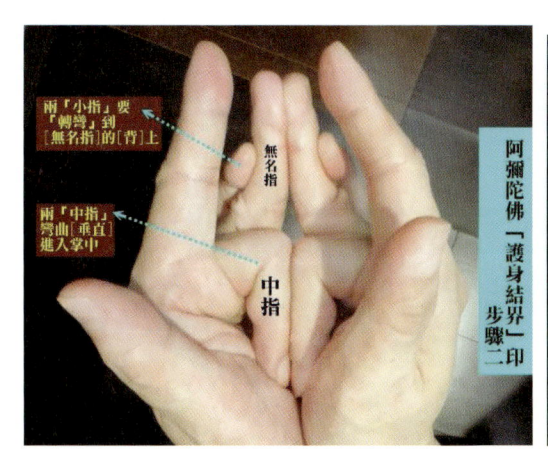

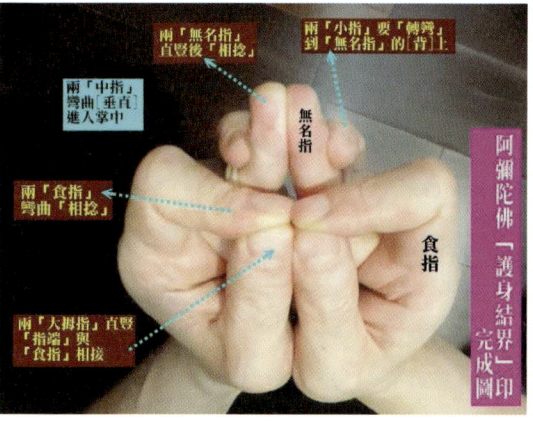

第五節 阿彌陀「坐禪」印

《陀羅尼集經》卷2〈1 釋迦佛頂三昧陀羅尼品〉
阿彌陀「坐禪」印第四
❶合腕，左右「中指、無名指」直豎，令「節文」相當(而互)著。
❷左右「小指」各拟在二「無名指」背上，頭當「上節」，
❸「大指」並直豎，
❹屈二「頭指」中節，「頭」壓「大指」頭，用治病。
若身有病，作四肘水壇，先作身印，請喚阿彌陀佛、及觀世音、大勢至像呪，師坐，呪牛乳一百八遍火燒，七日為之，日日如是，其病即差。從日入時即作此法，到初夜即休，至後夜更作，至天明即休，如是七日為之。

詳細方式：
❶兩「中指、無名指」都直豎而相著。
❷兩「小指」要「轉彎」繞到「無名指」的背上。
❸兩「食指」彎曲「相捻」。
❹兩「大拇指」直豎「指端」與「食指」相接

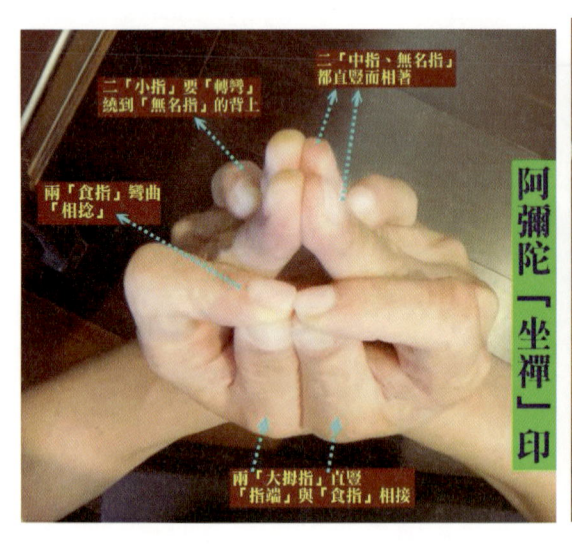

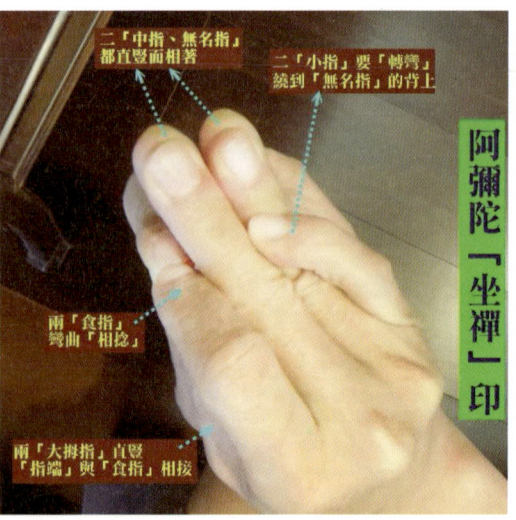

第六節 「無量壽如來」根本手印

唐・不空《無量壽如來觀行供養儀軌》
「無量壽如來根本」印：
二手，外相叉，作拳。
豎二「中指頭」，相拄，如「蓮華葉」形(蓮華形之狀)。
結成印已，誦「無量壽如來陀羅尼」七遍，以「印」於「頂」上散。無量壽如來根本陀羅尼曰……

唐・金剛智《金剛頂瑜伽中略出念誦經》卷 3
如本(金剛)「縛」契已，曲「忍、願」(中指)度，相拄㮈(撐著)為「花」(蓮華形之狀)，此名「阿彌陀佛三摩耶」契。密語曰……

北宋・施護《佛說普賢曼拏羅經》
二手作「金剛縛」(指金剛拳「外縛印」)，二「中指」豎如「針」，名「金剛薩埵」印……
不改前印相，以二「中指」如「蓮葉」，名「金剛蓮華印」。

北宋・法賢《佛說瑜伽大教王經》卷 4〈6 印相大供養儀品〉
復次，以二手作「金剛縛」(指金剛拳「外縛印」)，二「中指」豎立如「針」，此是「薩埵金剛」菩薩印……
不改前印，二「中指」作「環」，如「蓮花」形，此是「法金剛菩薩」印。

北宋・天息災《一切如來大祕密王未曾有最上微妙大曼拏羅經》卷 2〈2 灌頂品〉
「西方觀自在王佛」印：用前「金剛薩埵」印(指金剛拳「外縛印」)，屈二「中指」如「蓮花葉」(蓮華形之狀)，成印，安弟子頂後，誦本尊真言與灌頂。

詳細方式：
❶ 兩手作「金剛拳」內縛印。
❷ 兩「中指」作如「蓮華」形。
❸ 「左大指」要「依附」於「左食指」。
❹ 「右大指」要「依附」於「右食指」。

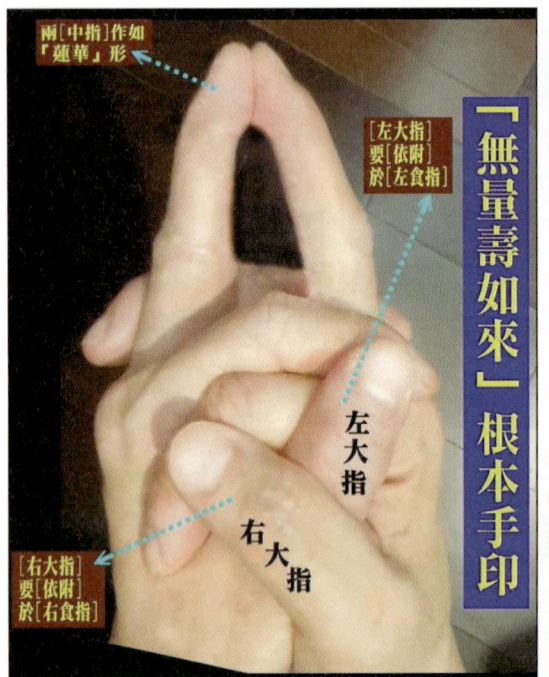

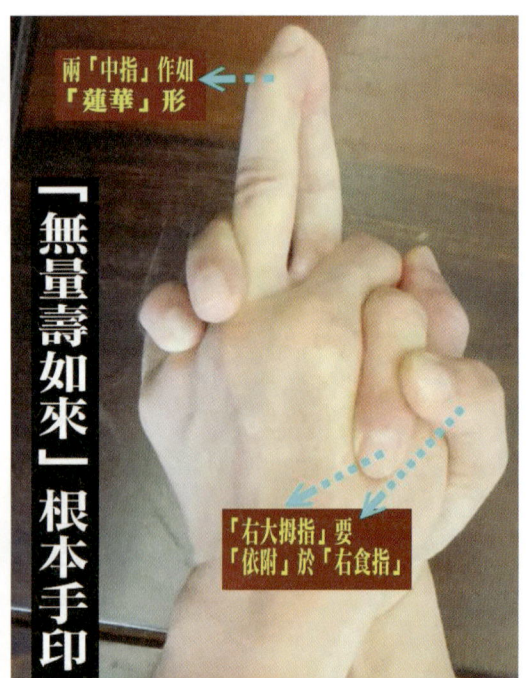

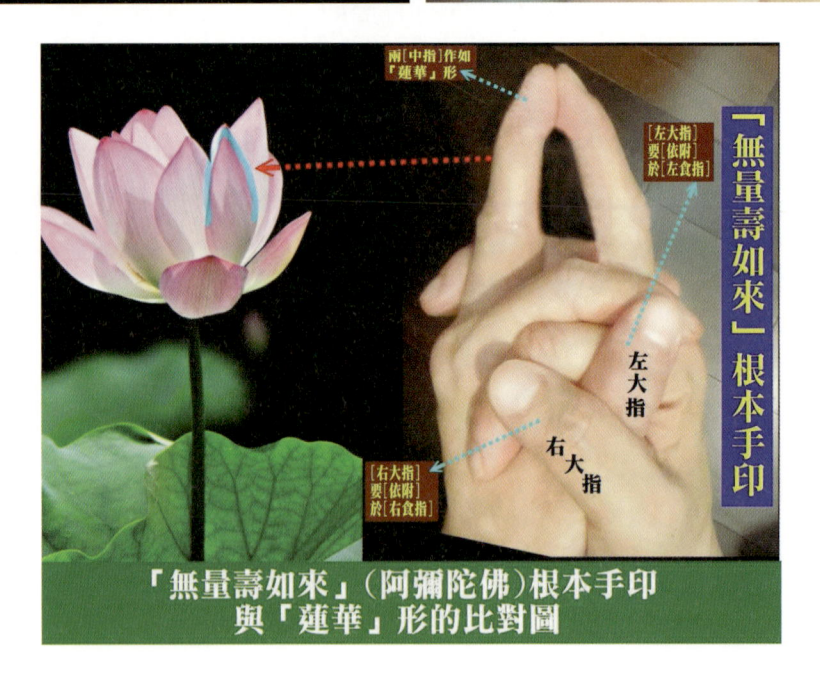

「無量壽如來」（阿彌陀佛）根本手印
與「蓮華」形的比對圖

圖中標示：
- 兩「中指」作如「蓮華」形
- 「左大指」要「依附」於「左食指」
- 「右大指」要「依附」於「右食指」
- 左大指
- 右大指
- 「無量壽如來」根本手印
- 「右大拇指」要「依附」於「右食指」

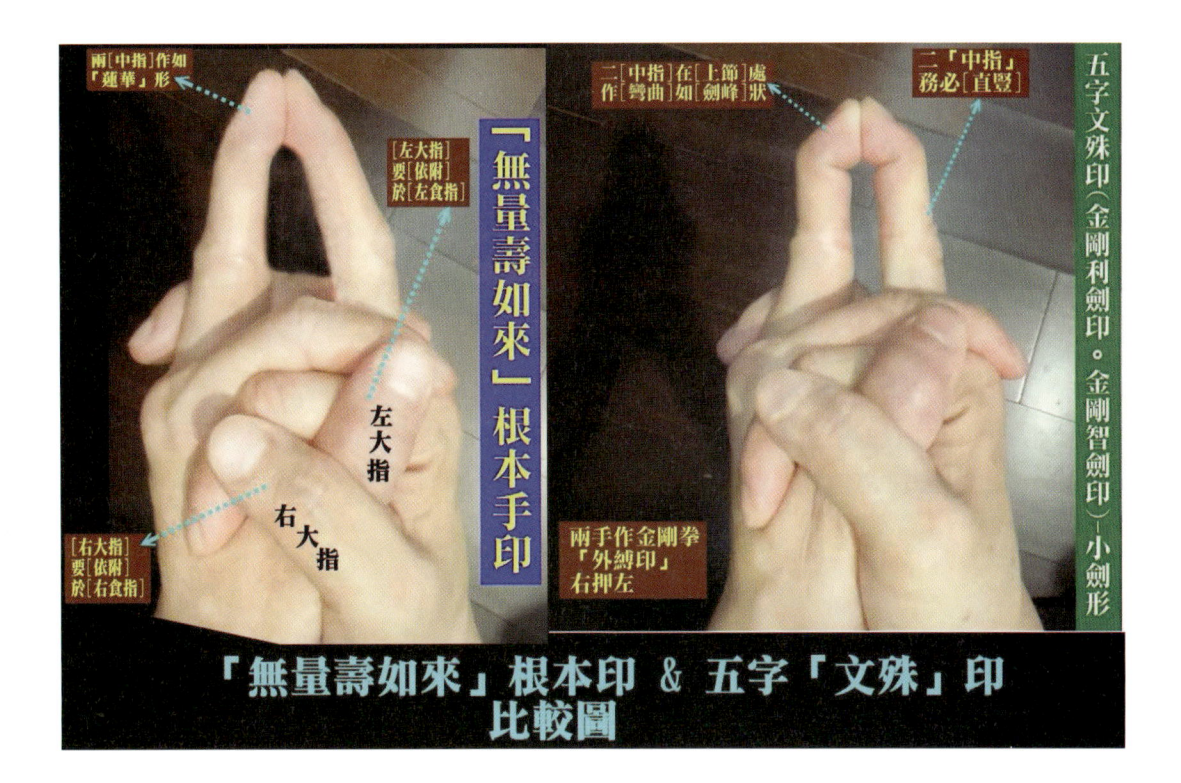

第一篇 諸佛專用的手印介紹 第五章 「釋迦佛」專用的三種手印・103

「無量壽如來」根本印 & 五字「文殊」印
比較圖

第七節 「無量壽如來」拳印(阿彌陀佛拳印)

唐・不空譯《金輪王佛頂要略念誦法》
次結「如來拳」印：
❶左手「蓋、光、高、勝」四指握拳，豎「左輪」。
❷右手作「金剛拳」，握「左輪甲」(此指「上、下」兩拳相握，經文中的「甲」字只是強調「右手」要握住「左大拇指」的「第一節」意思)。
(1)真言曰：唵・僕(引)欠・入嚩(二合)囉・吽(引胸喉中聲，如牛吼)
(2)隨誦真言，以印加持自身「五處」，身器清淨，與法相應，便以印，加持道場中「地」。
(3)誦真言七遍，其處變成「金剛界」宮，自然而有「眾寶」嚴飾，如佛淨土。

唐・不空譯《無量壽如來觀行供養儀軌》
結「如來拳」印：
❶以左手「四指」握拳，直豎「大指」。
❷以右手作「金剛拳」，握「左大指」即成(此指「上、下」兩拳相握，透過右手握住「左大指」的「第一節」即完成)。
(1)以此「拳印」，印地，誦真言加持七遍，變其世界。
(2)「如來拳」真言曰：唵(引)・步(引入)・欠。
$$\text{oṃ・bhūḥ・khaṃ・}$$
(3)由結此「印」，及誦「真言」(的)加持威力故，即(能)變此「三千大千世界」(而)成(為)極樂剎土(極樂世界的剎土)，(以)「七寶」為地，水鳥樹林，皆演法音，(有)無量莊嚴，如《經》(中之)所說。即誦「伽他」曰：
(4)以我功德力，如來加持力，及以法界力，願成安樂剎。
(5)行者由(於)「數習」此(禪)「定」，現生，每於「定」中，(即能)見極樂世界無量壽如來，(處)在「大菩薩眾會」(之中)，(並)聞說(阿彌陀佛宣說)無量(的)「契經」。
(6)(行人於)臨命終時，心(能獲得)不散亂，「三昧」現前，剎那迅速，則(能)生彼(極樂國)土，(於)蓮花「化生」，證「菩薩」(階)位。

唐・金剛智譯《藥師如來觀行儀軌法》
結「如來拳」印：
❶以左手「四指」握拳，直豎「大指」。
❷以右手作「金剛拳」，握「左大指甲」(此指「上、下」兩拳相握，經文中的「甲」字只是強調「右手」要握住「左大拇指」的「第一節」意思)，即成。
(1)以此「拳印」，印地，誦真言加持七遍，變其世界。如來拳真言曰……

(2)由結此「印」，及誦此「真言」(的)加持威力故，即(能)變此「三千大千世界」(而)成(就為)某甲(的)剎土，(以)「七寶」為地，水鳥樹林，皆演法音，(有)無量莊嚴，(皆)如《經》(中之)所說。

宋・宗曉編《樂邦文類》將此手印另名為「無量壽如來拳」印，就是「阿彌陀佛拳」印。

宋・宗曉編《樂邦文類》卷1〈無量壽如來拳印真言〉
無量壽如來拳印真言
次結「如來拳」印：
❶以左手「四指」握拳，豎「大指」。
❷以右手作「金剛拳」，握「左大指」，即成。
(1)以此拳，印地。(以)真言，加持七遍，(能)變其世界。「如來拳」真言曰……
(2)由結此印(及)真言威力故，即(能)變此大千世界，成(為)極樂剎(土)。(以)七寶為地，水鳥樹林，皆演「法音」，(有)無量(的)莊嚴，如經(中之)所說。
(3)行者由(於)「數習」此(禪)「定」，每於「定」中，(即能)見極樂世界無量壽佛，(處)在大眾會(中)，(並)聞說(阿彌陀佛宣說)契經。
(4)(行人於)臨命終時，心(能獲得)不散動，「三昧」現在，剎那(即能)迅速(往)生「蓮華」中，證「菩薩」(階)位。

清・唐時編《如來香》卷4
次結無量壽如來拳印：
❶以左手「四指」，握拳，豎大指。
❷以右手作「金剛拳」，握「左大指」。
(1)即以此拳，印地。(以)真言，加持七徧，(能)變其世界。「無量壽如來拳印」真言曰……
(2)由結此印(及)真言威力故，即(能)變此大千世界，成(為)極樂剎(土)。(以)七寶為地。水鳥樹林，皆演「法音」，(有)無量莊嚴，如經(中之)所說。
(3)行者由(於)「數習」此(禪)定，每於「定」中，(即能)見極樂世界無量壽佛，(處)在大眾會(中)，(並)聞說(阿彌陀佛宣說)契經。
(4)(行人於)臨命終時，心(能獲得)不散動，「三昧」現前，剎那(即能)迅速(往)生「蓮花」中，證「菩薩」(階)位。

「無量壽如來」拳印（阿彌陀佛拳印）

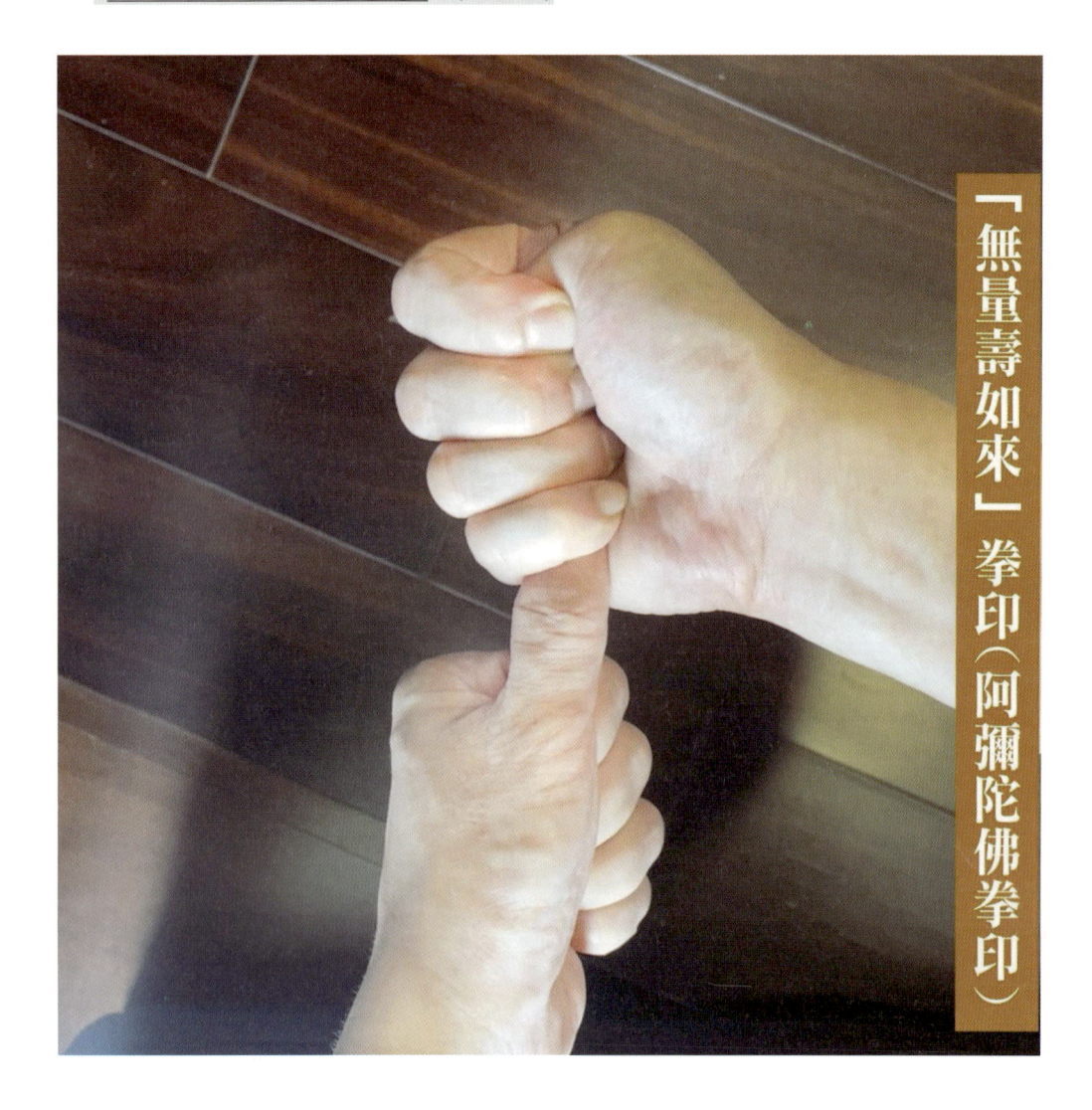

第八節 阿彌陀佛「說法」印(阿彌陀佛輪印)

阿彌陀佛說法印(阿彌陀佛輪印)

唐・阿地瞿多(Atikūṭa 中印度人。公元652年到長安)譯《陀羅尼集經》卷2〈1 釋迦佛頂三昧陀羅尼品〉

次畫師(應)畫佛像法，用中央著阿彌陀佛，結加趺坐，手作阿彌陀佛「說法」印：
❶ 左右「大指、無名指」，(指)頭各相捻(住)。
❷ 以右「大指、無名指」頭，(去)壓左「大指、無名指」頭。
❸ 左右「頭指、中指、小指」(皆)開、豎。(此手印必會在「胸前」的位子，所以一定是「合腕」的)

唐・阿地瞿多(Atikūṭa 中印度人。公元652年到長安)譯《陀羅尼集經》卷2〈1 釋迦佛頂三昧陀羅尼品〉

「阿彌陀佛輪印」(即指阿彌陀佛「轉法輪」印)第十三
左右手，以二「大指」，各捻「無名指」頭，右壓左，當「心」。

(既然是「當心」，那就不會是放在「肚臍」之下的位子了。此手印必會在「胸前」的位子，所以一定是「合腕」的)

若(有人將)欲「說法、論義」之時，日日(應)作此(印)法，(能獲)一切(眾生)歡喜，死(能往)生阿彌陀佛國。

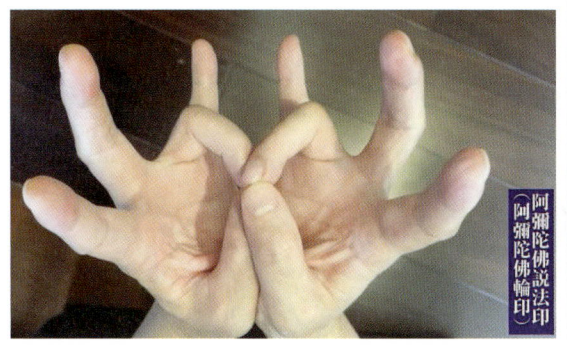

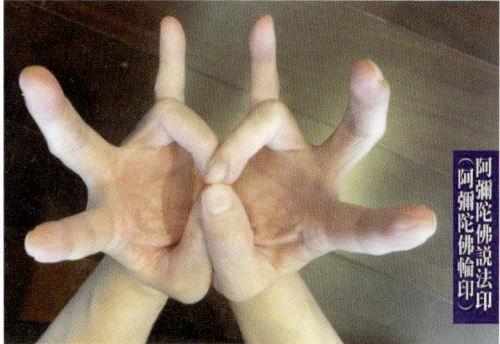

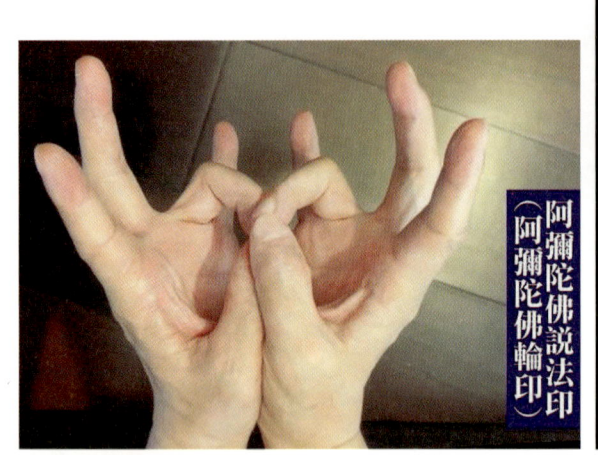

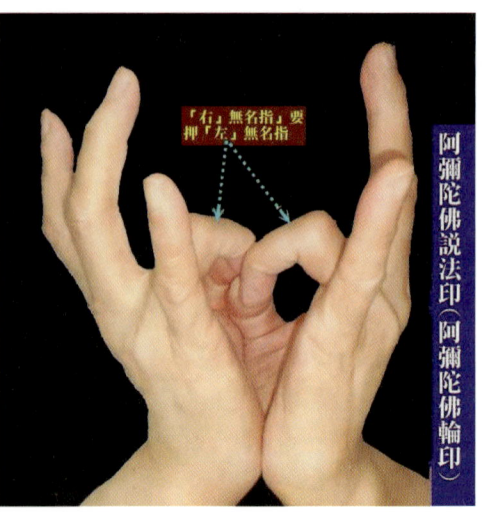

附：阿彌陀輪印

唐・阿地瞿多(Atikūṭa 中印度人。公元 652 年到長安)譯《陀羅尼集經》卷 9〈金剛烏樞沙摩法印咒品〉

結「加趺坐」，手作「阿彌陀輪印」(即指阿彌陀佛「轉法輪」印)，謂：

❶左手「仰掌」(既是「仰掌」，那手印必定是放在「肚臍」之下的位子了)，「大指、無名指」兩頭(皆)相拄之(撐著)，「食、中、小」三指皆「舒展」之。

❷右手同前作，但以此(右)手，(逆)覆(在)「左手」上(即呈現出「左下右上」的狀態)。

❸(然後再將)二手(的)「大指、無名指」甲，齊之，相拄。

(此即左右共有四手指，全部要對齊，二「無名指」是直立，背互相貼著的對齊。二「大指」是指甲互相貼住的對齊，四個手指全部聚集在一起)

第九節 阿彌陀佛「頂」印

《陀羅尼集經》卷2〈1 釋迦佛頂三昧陀羅尼品〉
阿彌陀佛「頂」印第十二
准「佛刀印」，
(「反叉」後「二指」於「掌」中。
直豎二「中指」，頭相著。
屈「右大指」於掌中。
次以「左大指」壓「右大指」，藏頭。
次以右「食指」壓「左大指」，而藏頭。
次以左「食指」壓「右食指」，亦藏頭)
惟改以二「中指」相叉，於「中節文」直申，即是「頂印」。
用「治病」時，作二肘「水壇」，置阿彌陀佛像，安火鑪，燒「沈、檀、熏陸」，相和燒。
病人面向西坐，合掌。呪師面向「東」坐，以「香」繞病人頭上，呪擲火中。
如是滿足一百八遍，日三時作，其病人至心「念佛」，病即除差。此是「阿彌陀佛頂法」。

詳細方式：
❶ 兩「小指、無名指」內相叉入掌，右押左。
❷ 先屈「右大指」入掌中。
❸ 次以「左大指」壓「右大指」，遮蔽其指甲。
❹ 次以右「食指」壓「左大指」，遮蔽其指甲。
❺ 次以左「食指」壓「右食指」，遮蔽其指甲。
❻ 兩「中指」相交叉於「中節紋」即可。

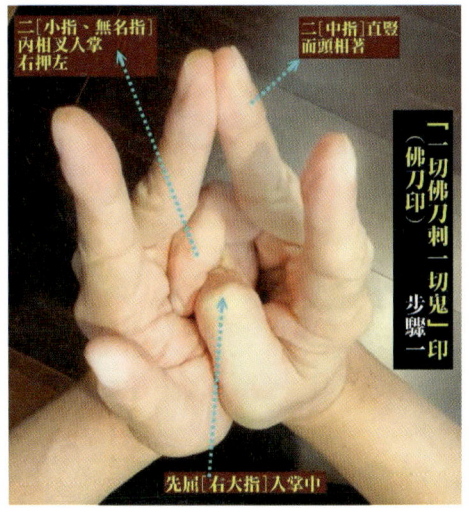

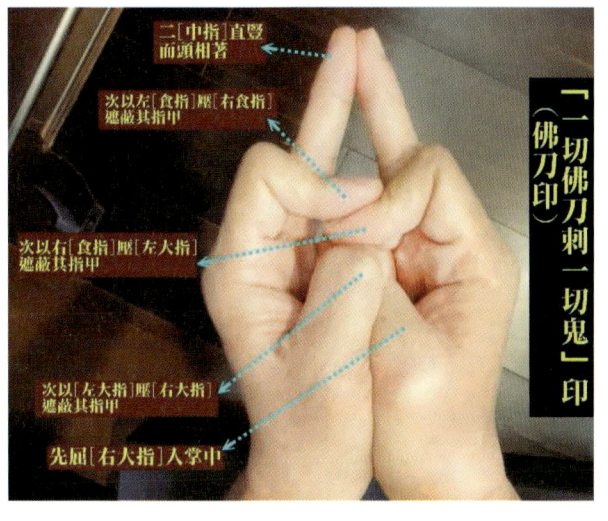

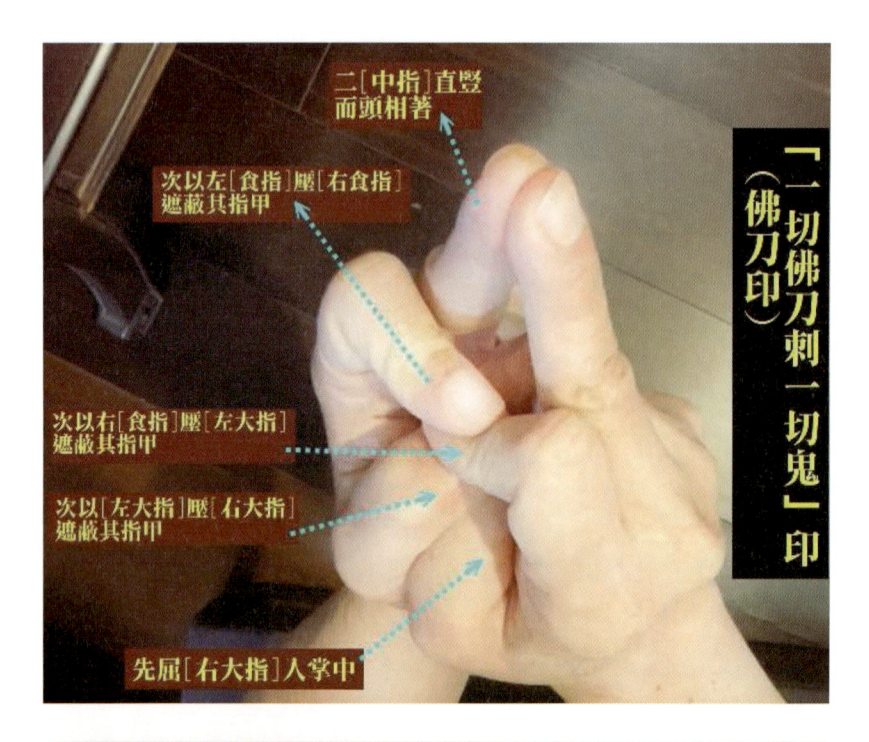

「一切佛刀刺一切鬼」印（佛刀印）

- 二[中指]直豎而頭相著
- 次以左[食指]壓[右食指]遮蔽其指甲
- 次以右[食指]壓[左大指]遮蔽其指甲
- 次以[左大指]壓[右大指]遮蔽其指甲
- 先屈[右大指]入掌中

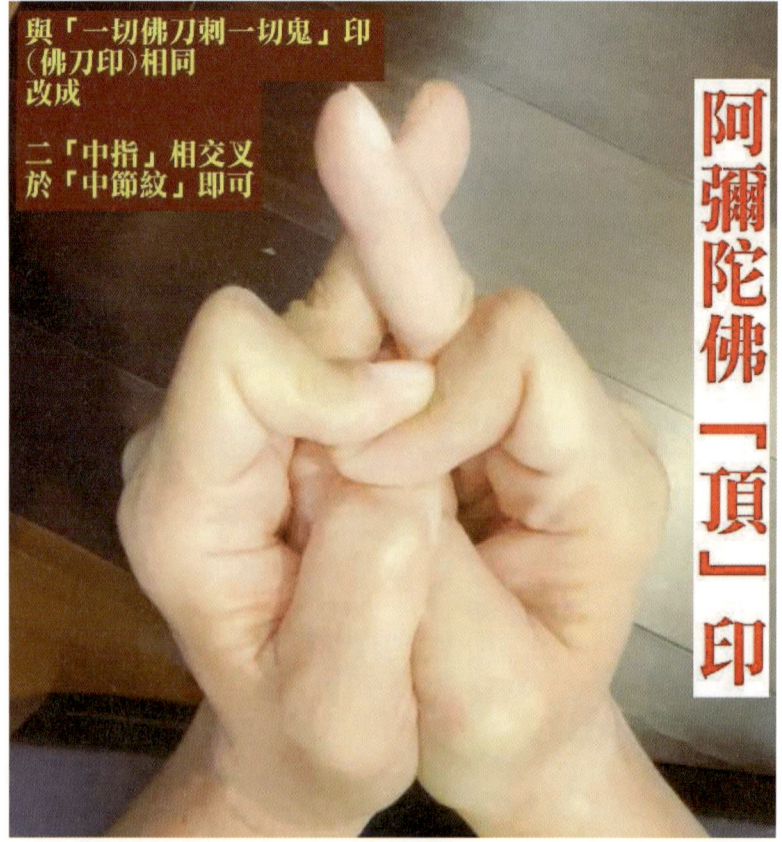

阿彌陀佛「頂」印

與「一切佛刀刺一切鬼」印（佛刀印）相同
改成
二「中指」相交叉於「中節紋」即可

第十節 阿彌陀佛「心」印

《陀羅尼集經》卷2〈1 釋迦佛頂三昧陀羅尼品〉
阿彌陀佛「心」印第六
❶右手「中指」已下「三指」總屈,入「左手掌」內,把「左手大指」,
❷還以「右大指」壓右「三指甲」上,
❸二「頭指」直豎、搩擘（古通「磔」→分離;開張）開之。

作「四肘」壇,以五色作,其壇中央安阿彌陀佛華座,東方安文殊師利華座,亦名曼殊室唎。

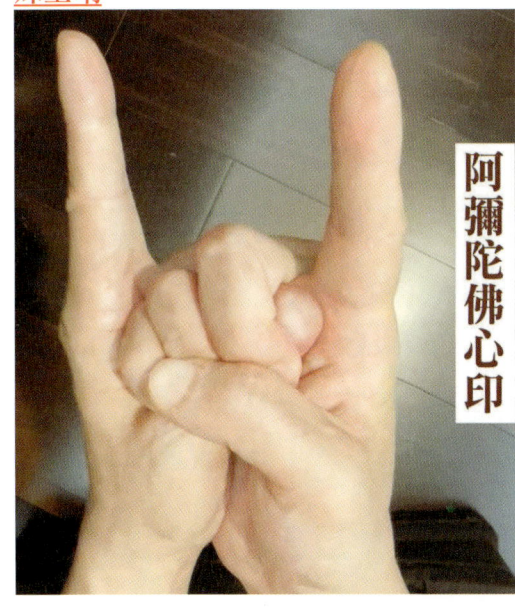

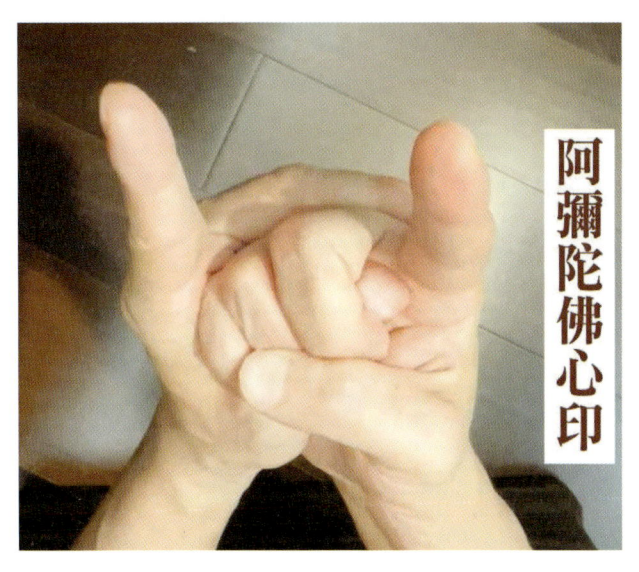

阿彌陀佛心印

阿彌陀佛心印

阿彌陀佛心印

第十一節　阿彌陀佛「滅罪」印

《陀羅尼集經》卷 2〈1 釋迦佛頂三昧陀羅尼品〉
阿彌陀佛「滅罪」印第五
❶合腕，左右「中指、無名指」直豎，令「節文」相當(而互)著。
❷開二「小指」直豎。
❸開二「頭指」，當「中指」背上，勿(相)著，頭少曲。
❹二「大指」並豎，頭壓「中指」第二節。
行者「坐禪」時，作此「印」，誦「結界呪」……如是結界，三遍竟，次即「坐禪」，准「禪定法」，觀察思惟眾「罪業垢」，於「禪定」中，心生慚愧，作(手)印，懺悔其「無始」，乃至「今生」所造之「過」，然後呪一切藥，二十一遍，服之即差，一切罪滅。
學「真如、唯識、無生、智慧觀」，助呪，兼修迴向「菩提之道」。

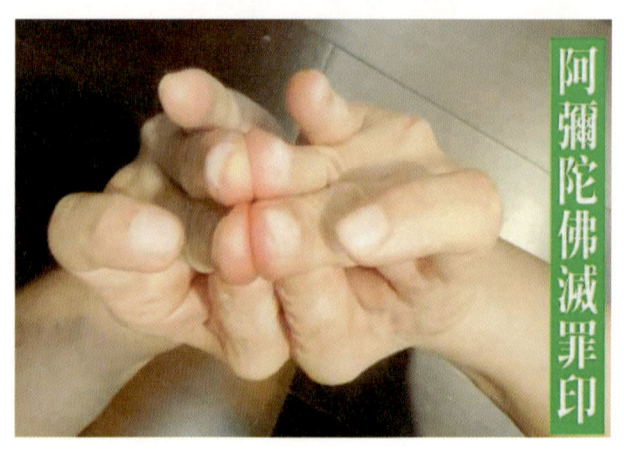

第五章 「釋迦佛」專用的三種手印

第一節 「釋迦佛頂身」印

《陀羅尼集經》卷1〈1 釋迦佛頂三昧陀羅尼品〉
「釋迦佛頂身」印第一
❶反叉左右二「無名指」、二「小指」在於「掌中」。
❷直豎二「中指」，頭相拄^枼（撐著）。
❸屈二「食指」，頭壓「中指」上節背。
❹「並豎」二「大指」，捻「中指」中節「側」。
「頭指」(可以做)來去(的動作)，即說「佛頂心呪」。呪曰……

《大佛頂如來放光悉怛多般怛羅大神力都攝一切呪王陀羅尼經大威德最勝金輪三昧呪品》〈1 大威德最勝金輪三昧咒品〉
「佛頂身」印：
❶反叉左右二「無名指」、二「小指」，在於掌中。
❷直豎二「中指」，頭相柱。
❸屈二「食指」，頭壓「中指」上節背。
❹「并豎」二「大指」，捻「中指」中節側。
「頭指」(可以做)來去(的動作)。即說「佛頂心呪」曰……

詳細方式：
❶兩「無名指、小指」相交叉在掌內，右押左。
❷兩「中指」直豎而相捻。
❸兩「食指」押「中指」的「上節」背。
❹兩「大指」捻「中指」的「中節」側邊。
❺兩「食指」可做來去。

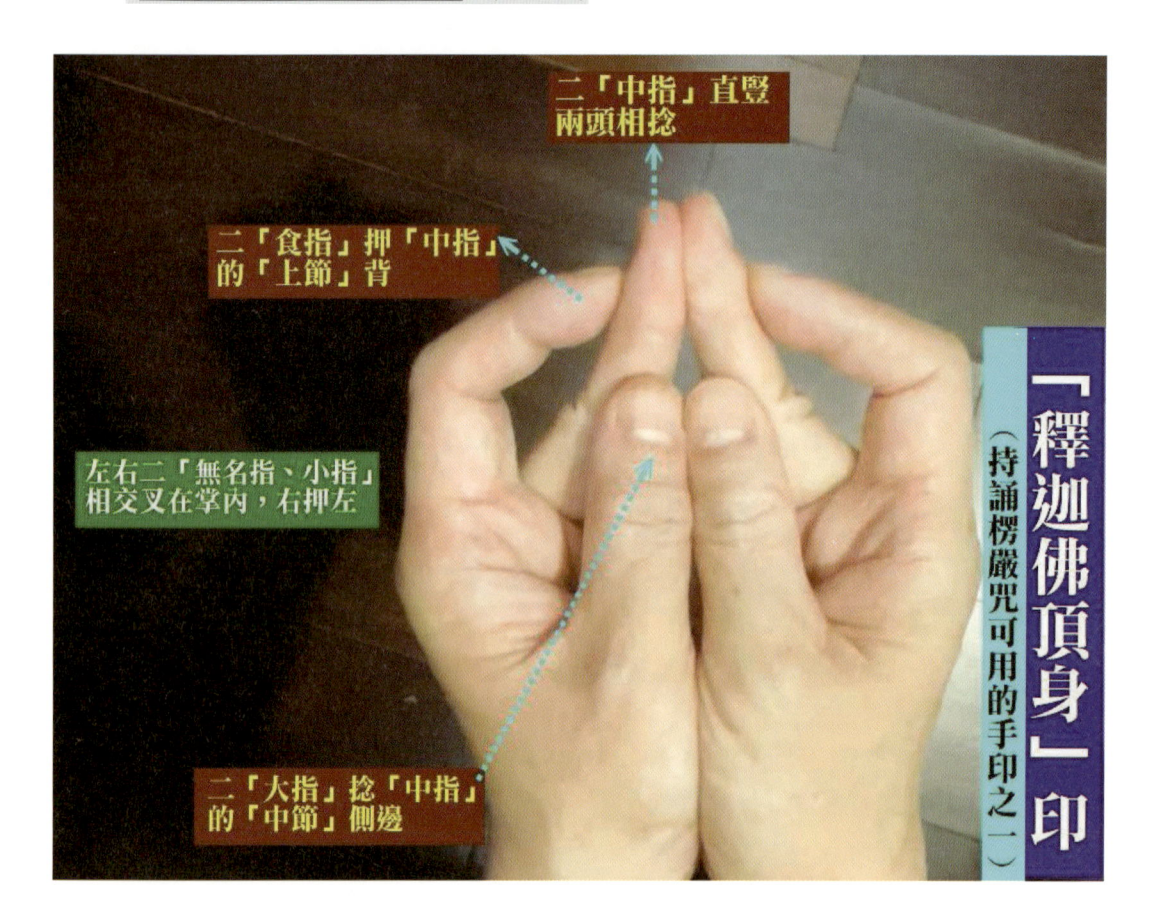

「釋迦佛頂身」印
（持誦楞嚴咒可用的手印之一）

- 二「中指」直豎兩頭相捻
- 二「食指」押「中指」的「上節」背
- 左右二「無名指、小指」相交叉在掌內，右押左
- 二「大指」捻「中指」的「中節」側邊

第二節 佛頂破魔結界降伏印(釋迦佛「破魔降伏」印)

《陀羅尼集經》卷1〈1 釋迦佛頂三昧陀羅尼品〉
「佛頂破魔結界降伏」印呪第二：
准前「身印」(指「釋迦佛頂身」印)。
❶唯改二「頭指」豎，頭相捻，
❷以二「中指」，各拟(於)「頭指」上節(的)背側，(繞)過(後，再將二個指)頭相拄﹤(撐著)，
❸並「屈」二「大指」入於「掌內」(「二大指」是「屈」而入掌，則必然會壓到「右無名指」上)。
先應「頂戴」恭敬「印」已，至心誦呪。呪曰……
此「印」及「呪」，常用「護身結界」。
釋迦牟尼佛初「成道」時，坐「菩提樹」下，先用此「印」，誦「陀羅尼」，護身結界，降伏諸魔，成等正覺。
是「陀羅尼、印」，能解一切種種「毒蟲」、種種「惡鬼」、種種「精魅」、種種「諸魔」、「鬼神」呪術，皆悉除遣，一切「厭蠱、呪詛、口舌」皆悉消滅，不能為害……
若見他「障」，為彼作「印」，誦陀羅尼，即得除滅一切罪障。

《大佛頂如來放光悉怛多般怛羅大神力都攝一切呪王陀羅尼經大威德最勝金輪三昧呪品》〈1 大威德最勝金輪三昧咒品〉
「破魔降伏」印呪：
准前「身印」。
❶唯改二「頭指」豎，頭相捻。
❷以二「中指」，各苾(於)「頭指」上節(的)背側，過頭相柱。
❸并「屈」二「大指」，入於「掌內」(「二大指」是「屈」而入掌，則必然會壓到「右無名指」上)。
先當「頂戴」，至心恭敬至心誦呪曰……

詳細方式：
❶兩「小指、無名指」內相叉，右押左，保持直立入掌，儘量用「掌肉」挾緊。
❷兩「中指」要「轉彎」繞到前面「食指」的「最初節」處。
❸「中指」與「食指」之間要緊密，不要有漏縫。
❹兩「大指」是「屈」而入掌，則必然會壓到「右無名指」上。

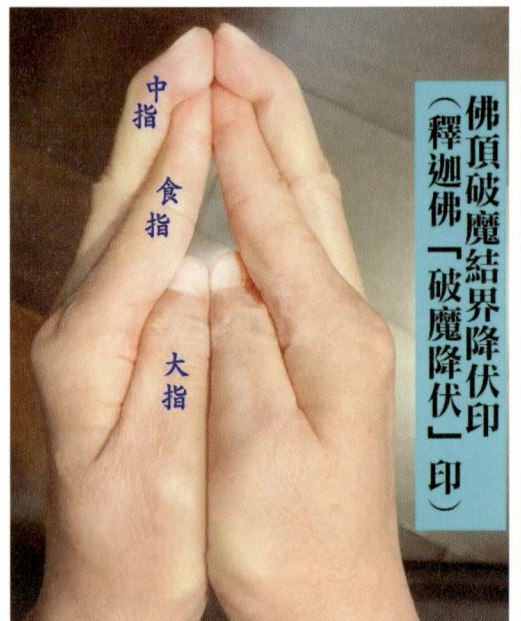

116 ・《佛菩薩專用手印解析暨研究》(全彩版)

佛頂破魔結界降伏印
(釋迦佛「破魔降伏」印)

中指　食指　大指

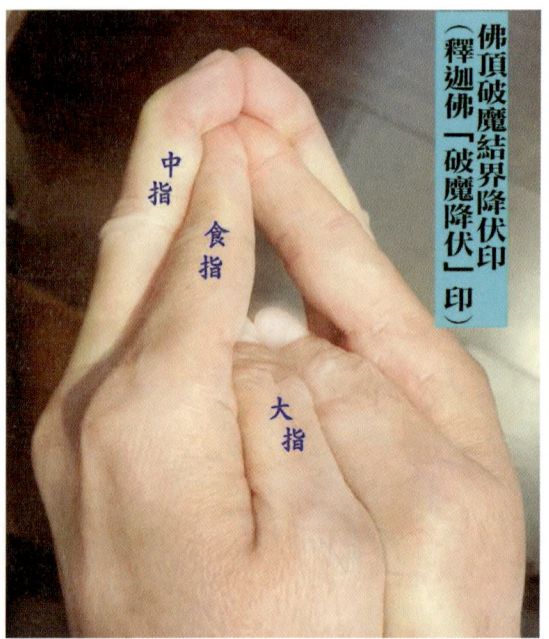

佛頂破魔結界降伏印
(釋迦佛「破魔降伏」印)

中指　食指　大指

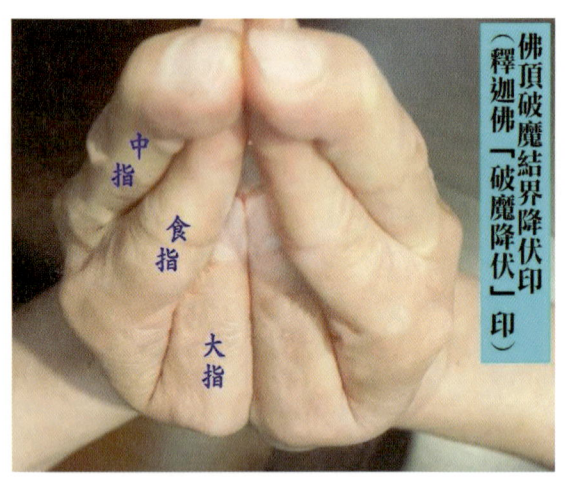

佛頂破魔結界降伏印
(釋迦佛「破魔降伏」印)

中指　食指　大指

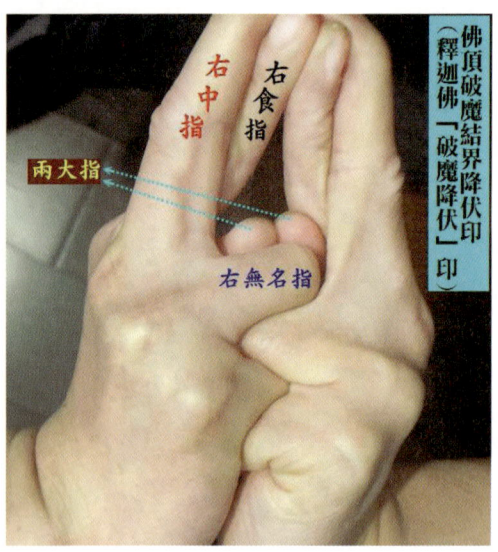

佛頂破魔結界降伏印
(釋迦佛「破魔降伏」印)

右中指　右食指　兩大指　右無名指

第三節 釋迦牟尼佛「懺悔法」印(釋迦佛「懺悔法」印)

《陀羅尼集經》卷1〈1 釋迦佛頂三昧陀羅尼品〉
「釋迦牟尼佛懺悔法」印呪第二十一
❶左右「頭指、無名指、小指」等,並「向下相叉」。
❷豎二「中指」,頭相拄㨂(撐著)。
❸二「大指」相鉤(古文的「鉤」字有多種意思,此處乃喻右大指「牽制、約束」住了「左大指」的意思),右壓左。
❹左右(的)「大指」頭,(都要依)附(於)「右頭指」(的)側(邊)。呪曰……
是法印呪,能除一切「三業罪障」,滅諸「四重、五逆」等罪,皆悉除滅。

詳細方式:
❶兩「食指、無名指、小指」內相叉入掌,右押左。
❷兩「中指」直豎,頭相拄。
❸兩「大指」互相牽制,即右壓左。
❹兩「大指」都依附於「右食指」的「側邊」上。

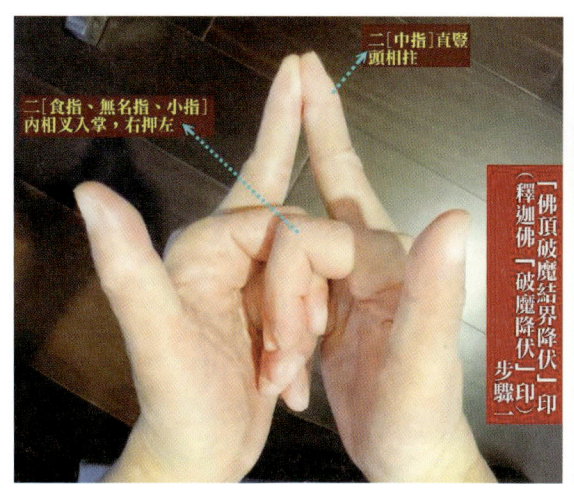

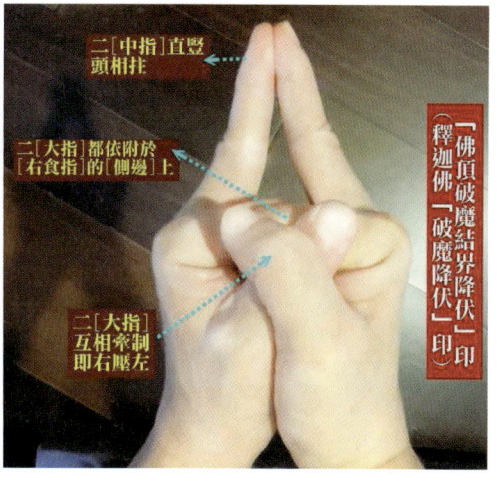

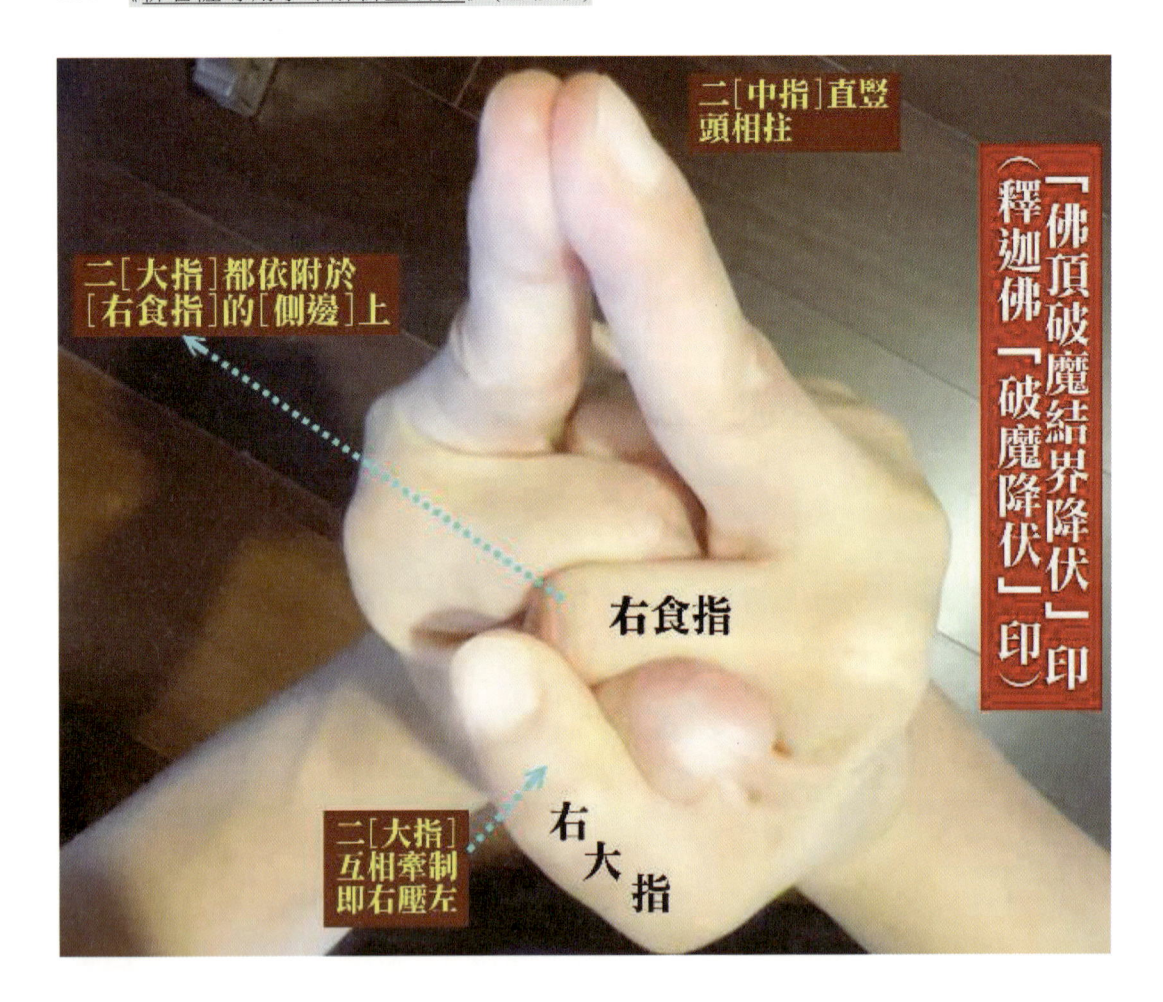

「佛頂破魔結界降伏」印
（釋迦佛「破魔降伏」印）

二[中指]直豎頭相拄

二[大指]都依附於[右食指]的[側邊]上

右食指

二[大指]互相牽制即右壓左

右大指

第六章 誦持「楞嚴咒」可用的三種手印

第一節 白傘蓋佛頂印(持誦楞嚴咒可用的手印之一)

「**白傘蓋佛頂**」印(第一種)

唐・不空譯《菩提場所說一字頂輪王經》卷3〈8 密印品〉
❶以二手「虛心」合掌，
❷屈二「無名指」入於掌中，
❸以二「大指」面，押二「無名指」甲上，
❹屈二「頭指」(食指)相拄쐈(撐著)，令「**圓**」，如「傘蓋」形。
此名「**白傘蓋頂王**」印。

無譯人《白傘蓋大佛頂王最勝無比大威德金剛無礙大道場陀羅尼念誦法要》
次結「**白傘蓋**」根本之大印。
❶二手「虛心」合(掌)。
❷「戒方」(無名指)屈入掌。
❸以其「禪智」(大拇指)面，並押「戒方」(無名指)甲。
❹「進力」(食指)屈，令(作)「**圓**」(形)。
是「**佛傘蓋**」印。真言誦七遍，則於頂上散。真言曰……

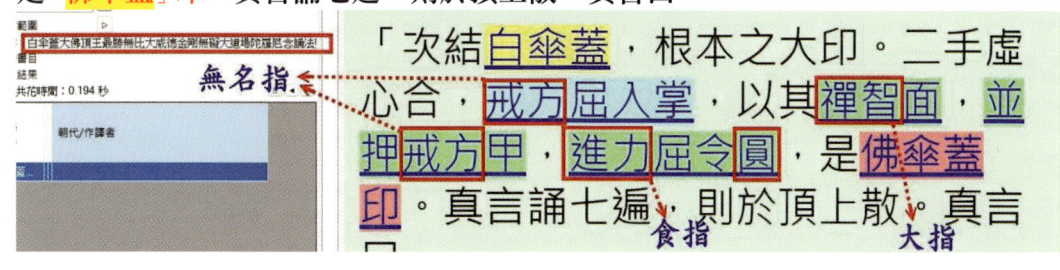

唐・不空譯《一字頂輪王念誦儀軌》
次結「**白傘蓋佛頂**」印：
❶以二「大指」，各捻二「無名指」甲上側，

❷相合二「頭指」(食指)，屈如「蓋」形(接近「圓形」)。
❸二「中指」微屈、相合。
❹二「小指」各豎、相合。真言曰……

[32]次結白傘蓋佛頂印：以[33]二大指各[34]捻二無名[35]指甲上側，相合二頭指屈如蓋形，二中指微屈相合，二小指各豎相合。真言曰：

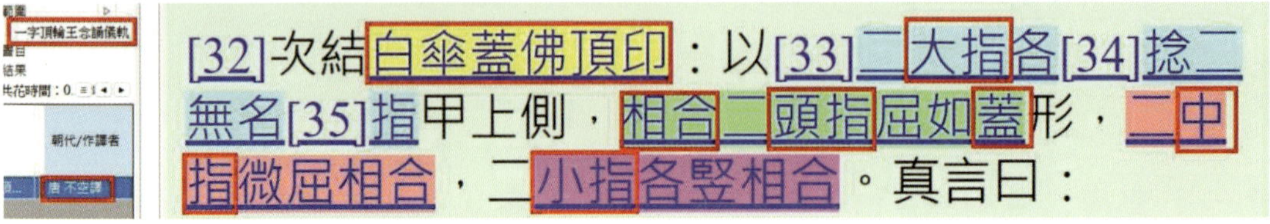

無譯人《一字頂輪王念誦儀軌》：
次結「白傘蓋佛頂」印：
❶二「輪」(大拇指)各捻二「高」(無名指)甲上側。
❷相合二「蓋」(食指)，屈如「蓋」形(接近「圓形」)。
❸二「光」(中指)微屈、相合。
❹二「勝」(小指)各豎、相合。真言曰……

次結白傘蓋佛頂印：二輪各捻二高甲上側，相合二蓋屈如蓋形，二光微屈相合，二勝各豎相合。真言曰：

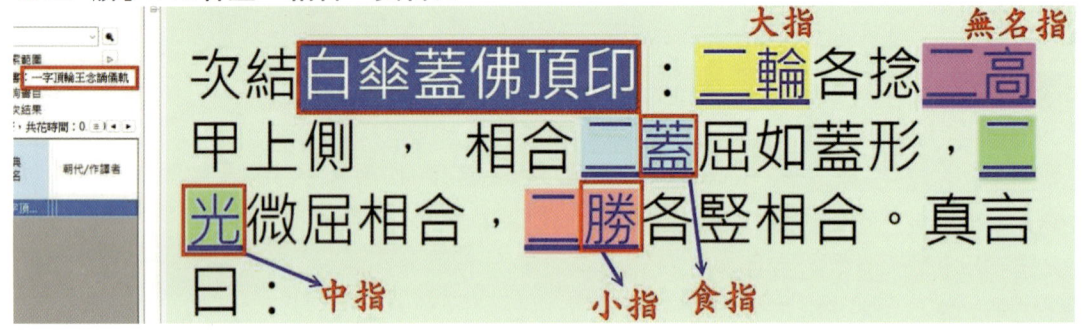

詳細方式：
❶兩「大指」各捻「無名指」的「指甲」上側之處。
❷兩「食指」相合，屈如「蓋」形，接近「圓」形。
❸兩「中指」相合&稍微彎曲。
❹兩「小指」豎立相合。
❺前後的手指之間，都要「靠攏」。
❻手腕要合上。

第一篇 諸佛專用的手印介紹 第六章 誦持「楞嚴咒」可用的三種手印・121

「白傘蓋佛頂」印（持誦楞嚴咒可用的手印之一）第一種 步驟一

- 兩[小指]豎立相合
- 兩[中指]相合稍微彎曲
- 兩[大指]各捻[無名指]的[指甲]上側之處
- 手腕要合上

「白傘蓋佛頂」印（持誦楞嚴咒可用的手印之一）第一種

- 兩[中指]相合稍微彎曲
- 兩[小指]豎立相合
- 兩[食指]相合屈如[蓋]形接近[圓]形
- 兩[大指]各捻的[無名指][指甲]上側之處
- 手腕要合上

「白傘蓋佛頂」印（持誦楞嚴咒可用的手印之一）第一種

- 兩[食指]相合屈如[蓋]形接近[圓]形
- 兩[中指]相合稍微彎曲
- 兩[小指]豎立相合
- 前後手指之間都要[靠攏]

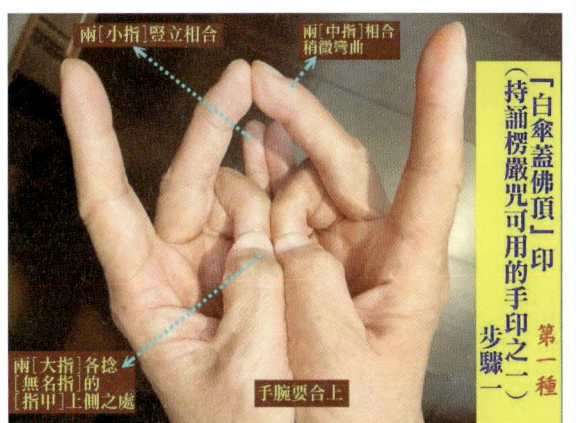

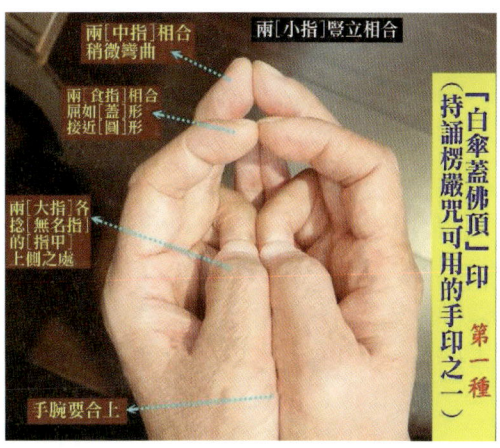

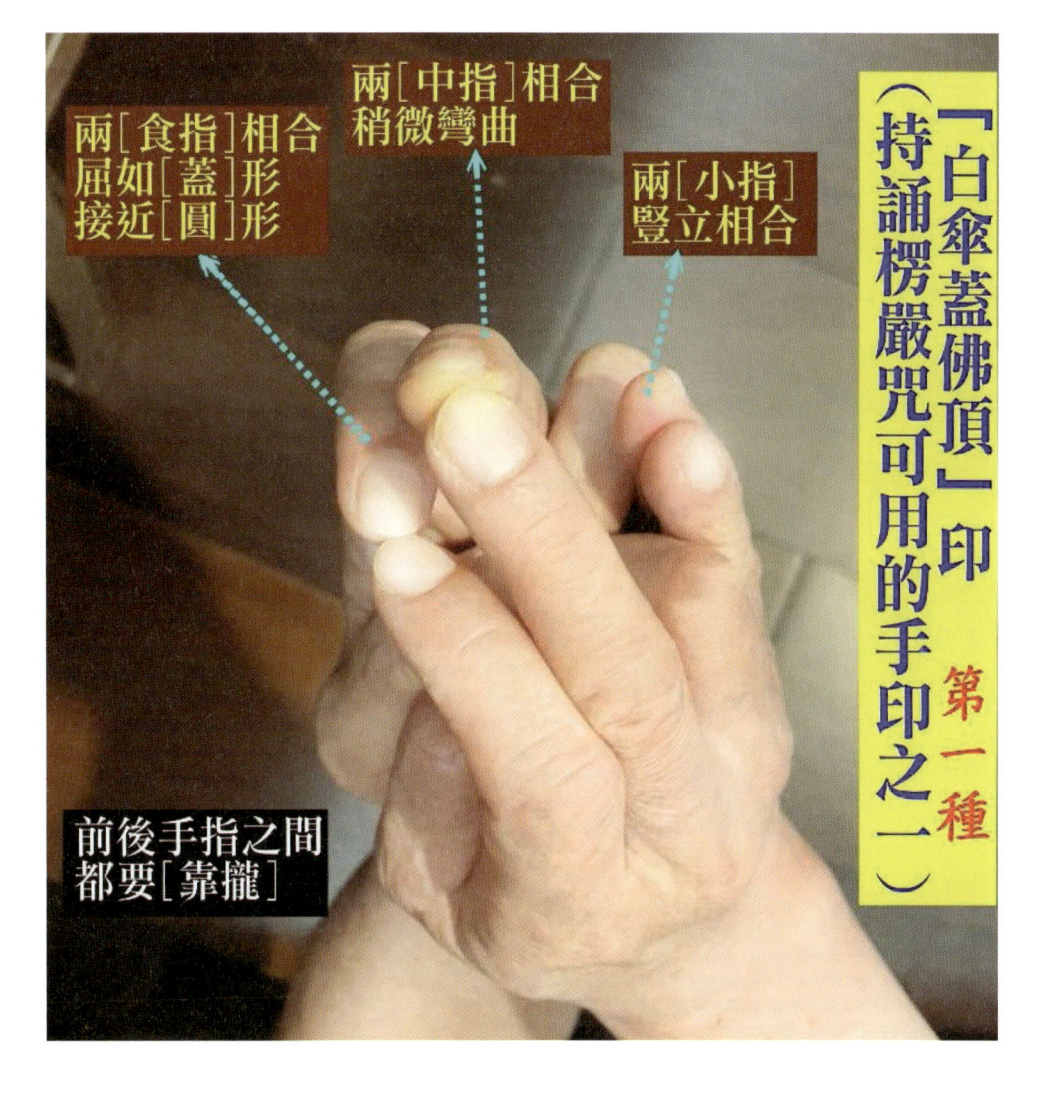

「白傘蓋佛頂」印(第二種)

善無畏共一行譯《大毘盧遮那成佛神變加持經》卷4〈9 密印品〉

復以
❶「三昧手」(左手)，覆(掌)而舒(散)之，
❷「慧手」(右手)為「拳」，而(高)舉(著)「風輪」(食指)。
❸(左手)猶如(傘)「蓋」形。
是「白傘佛頂」印。

下面是一行大師所記的《大日經疏》的「補充解釋」：

左手五指是各自「散開」約1寸(3cm)左右。

右手的「拳」改採「大指」在「外」，押「食指」側邊即可。

唐・一行記《大毘盧遮那成佛經疏》卷13〈9 密印品(一三-一四)〉

次「白傘佛頂」印：
❶散舒「左手」，令「指頭」相去各「寸」許，以為「傘」。
❷「右手」作「拳」，而豎「風指」(食指)為「柄」，柱「左掌心」，是也。
(凡言作拳者，皆「大指」在「外」，他皆倣此)。真言如前耳。……

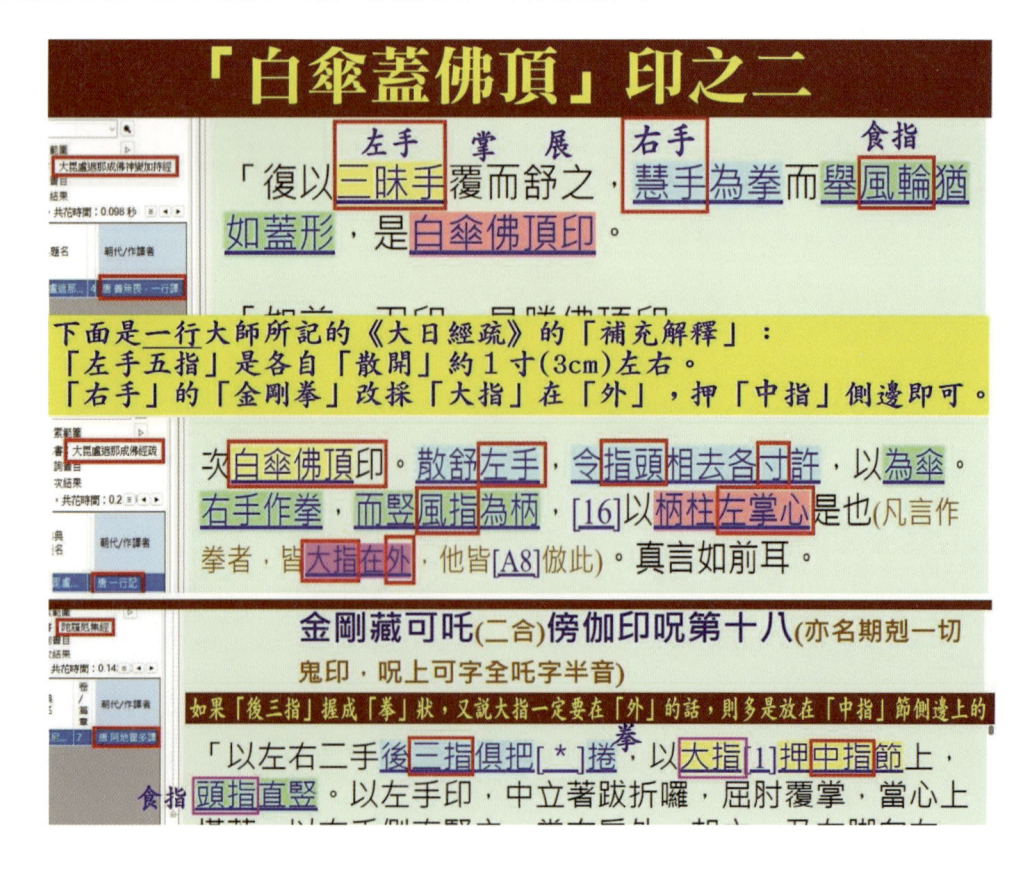

「白傘蓋佛頂」印之二

「復以三昧手覆而舒之，慧手為拳而舉風輪猶如蓋形，是白傘佛頂印。」

下面是一行大師所記的《大日經疏》的「補充解釋」：
「左手五指」是各自「散開」約1寸(3cm)左右。
「右手」的「金剛拳」改採「大指」在「外」，押「中指」側邊即可。

次白傘佛頂印。散舒左手，令指頭相去各寸許，以為傘。右手作拳，而豎風指為柄，[16]以柄柱左掌心是也(凡言作拳者，皆大指在外，他皆[A8]倣此)。真言如前耳。

金剛藏可吒(二合)傍伽印呪第十八(亦名期剋一切鬼印，呪上可字全吒字半音)

如果「後三指」握成「拳」狀，又說大指一定要在「外」的話，則多是放在「中指」節側邊上的

「以左右二手後三指俱把[*]捲，以大指[1]押中指節上，頭指直豎。以左手印，中立著跋折囉，屈肘覆掌，當心上

詳細方式：

❶左手「覆」掌，「五指」全打開，指與指之間分開大約 3cm 即可，這是喻「傘」狀。
❷右手作一個「拳」狀，改成「大指」在「外」，押「中指」側邊即可。
❸右手將「食指」打直，「指端」撐著「左手掌」的中心。
❹「右手掌」朝向「左方」即可。

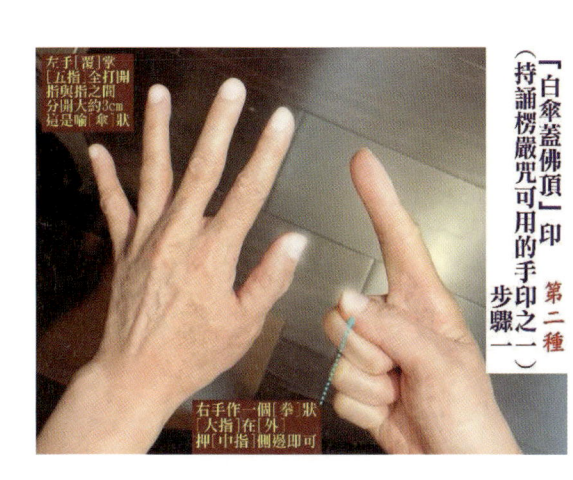

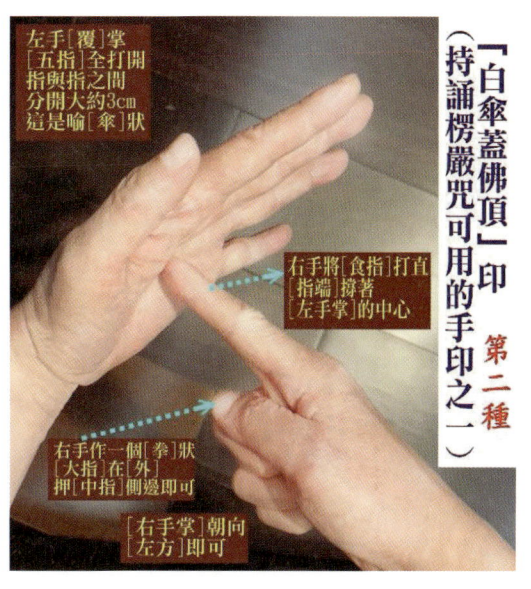

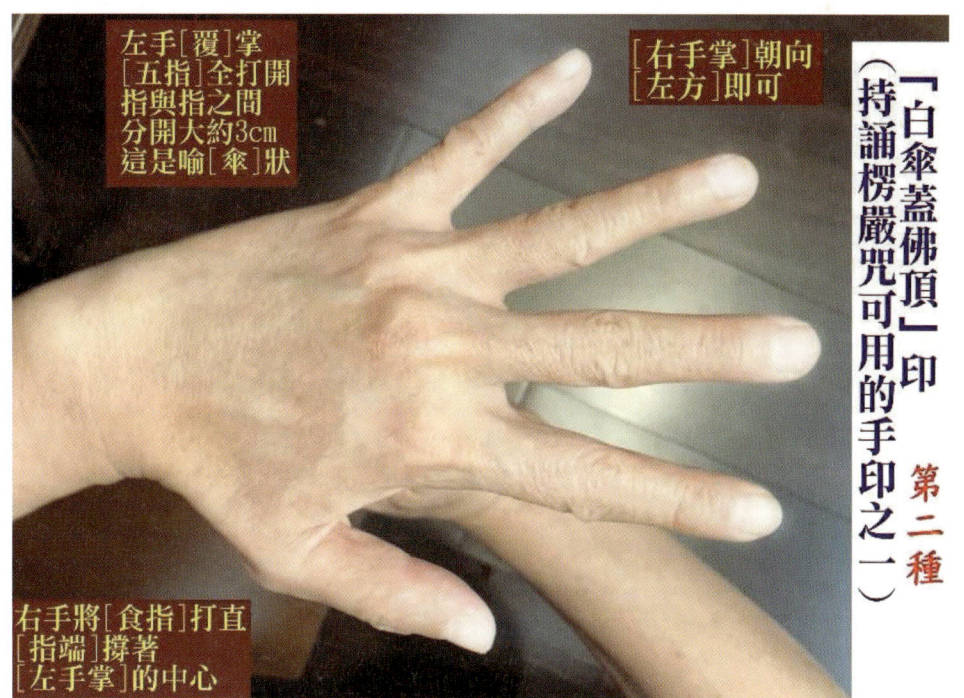

第二節　釋迦佛頂身印(持誦楞嚴呪可用的手印之二)

《陀羅尼集經》卷1〈1 釋迦佛頂三昧陀羅尼品〉
「釋迦佛頂身」印第一
❶反叉左右二「無名指」、二「小指」在於「掌中」。
❷直豎二「中指」，頭相拄(撐著)。
❸屈二「食指」，頭壓「中指」上節背。
❹「並豎」二「大指」，捻「中指」中節「側」。
「頭指」(可以做)來去(的動作)，即說「佛頂心呪」。呪曰……

《大佛頂如來放光悉怛多般怛羅大神力都攝一切呪王陀羅尼經大威德最勝金輪三昧呪品》〈1 大威德最勝金輪三昧咒品〉
「佛頂身」印：
❶反叉左右二「無名指」、二「小指」，在於掌中。
❷直豎二「中指」，頭相柱。
❸屈二「食指」，頭壓「中指」上節背。
❹「并豎」二「大指」，捻「中指」中節側。
「頭指」(可以做)來去(的動作)。即說「佛頂心呪」曰……

詳細方式：
❶兩「無名指、小指」相交叉在掌內，右押左。
❷兩「中指」直豎而相捻。
❸兩「食指」押「中指」的「上節」背。
❹兩「大指」捻「中指」的「中節」側邊。
❺兩「食指」可做來去。

第三節 百億諸佛同心印(持誦楞嚴呪可用的手印之三)

《大佛頂如來放光悉怛多般怛羅大神力都攝一切呪王陀羅尼經大威德最勝金輪三昧呪品》〈1 大威德最勝金輪三昧咒品〉

又要「百億諸佛同心印」(一名佛轉輪印)
❶以「無名指」、二「小指」，相叉於掌內。
❷二「大指」(大拇指)并竪。(相并而靠著，而且是竪立狀態)
❸二「中指」並摘去(撥開)竪。(兩「中指」相並立，中間是「開」的，並沒有完全靠上，採竪立狀態)
❹二「頭指」(食指)各捻於「中指」背上「節文」。

詳細方式：
❶兩「無名指、小指」內相交叉於掌內，右押左，右上左下。
❷兩「大拇指」並竪直立，輕靠在「食指」的「根下」。
❸兩「中指」直竪，中間「相開」不要相合。
❹兩「食指」捻「中指」背的「上節紋」。
❺雙手要「合腕」。

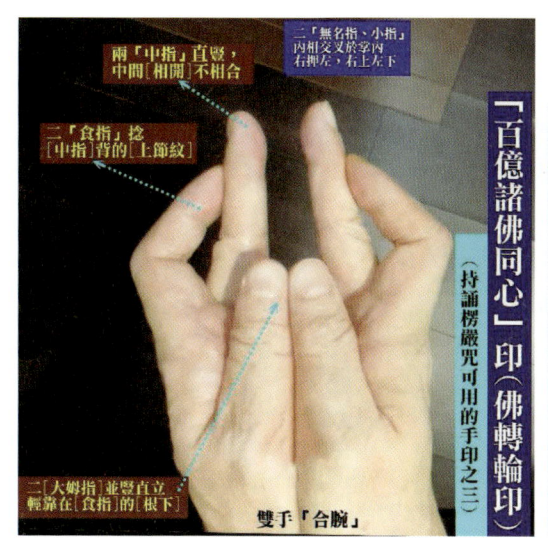

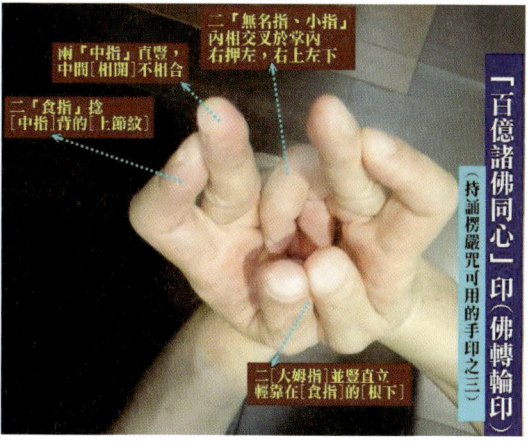

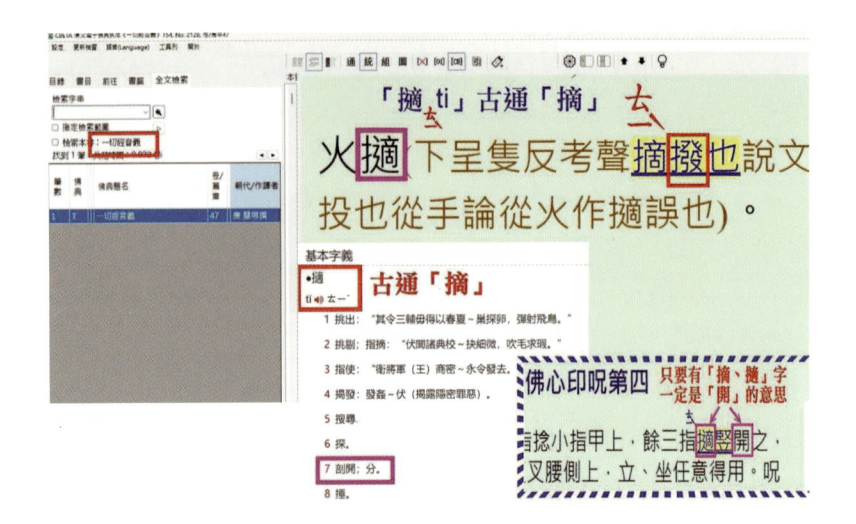

126・《佛菩薩專用手印解析暨研究》(全彩版)

「擿ㄊㄧ」古通「摘」ㄓㄞ

火擿下呈隻反考聲摘撥也說文投也從手論從火作擿誤也)。

古通「摘」

佛心印呪第四　只要有「摘、擿」字一定是「開」的意思

諸捻小指甲上，餘三指擿豎開之，叉腰側上，立、坐任意得用。呪

(附錄補註用)
唐・阿地瞿多(Atikūṭa 中印度人。公元652年到長安)《陀羅尼集經》卷2〈1　釋迦佛頂三昧陀羅尼品〉

又「佛心印呪」第四
❶右手「大指」捻「小指」甲上，
❷餘三指擿ㄓㄞ（撥開）豎、開之。
左手「反叉」腰側上，立、坐任意得用。呪曰……

(附錄補註用)
《大佛頂如來放光悉怛多般怛羅大神力都攝一切呪王陀羅尼經大威德最勝金輪三昧呪品》〈1　大威德最勝金輪三昧咒品〉
大佛頂破諸法印(一名金剛威怒契，與小佛頂破諸法印亦大頭金剛破諸契同)：
❶以「右手」作，右「中指」屈，捻「大指」下文。「大指」縛「中指」，直豎。
（這前面的文字，其實很簡單，就是「中指」先彎曲入掌，然後把「大拇指」押住「中指」而已，「大拇指」是「直豎」的狀態）
❷「頭指、無名指、小指」，三指摘ㄓㄞ（撥開）豎也。

第七章 如來「毫相」印(可當[問訊]用)

第一節 「三角印」具有「降伏、除障」義

《大毘盧遮那成佛經疏》卷5〈2 入漫荼羅具緣真言品(三-九)〉
次於「東方」內院，當大日如來之上，畫作「一切遍知印」，作「三角形」，其(三角的)「銳」(利爲朝)「下」向，純白色，光焰圍之，在白蓮花上。(具有「三角形」的「一切遍知印」)即是十方三世一切如來「大勤勇印」也，亦名「諸佛心印」也。
「三角」是「降伏、除障」義，謂佛坐道樹，以威猛大勢，降伏「四魔」得成「正覺」。

《大毘盧遮那成佛經疏》卷6〈2 入漫荼羅具緣真言品(三-九)〉
若有眾生受持如是「三角印」者，乃至(能)除(滅)「無間獄」中無量(之)怖畏，何況「天魔鬼神」等(之)怖耶？故言(具有「三角形」的「一切遍知印」)能以「大勤勇」聲，(而)除眾生「怖畏」。

《大毘盧遮那成佛經疏》卷14〈11 祕密漫荼羅品(一四-一六)〉
又此「瑜伽」之座，其「黃」金剛「方輪」，即是「金剛之座」也。
「方」(形)是「息災」。
「圓」(形)是「增益」。
「三角」(形)是「伏降」。
「半月」(形則)是「攝召」。
「點」(形)是「成辦」一切事。

《大毘盧遮那成佛經疏》卷17〈14 祕密八印品(一七)〉
其「漫荼羅」作「三角形」(者)，於其「四邊」，又(共)有四(個)「三角」圍遶之，故曰「周」

▽
▽▽
▽

也。
其中當觀毘盧遮那世尊而在其「中」也。
其「三角漫荼羅」，當觀「八葉華」，(八葉)「華臺」上(即)作「三角漫荼羅」也，即是前「瑜伽座」，作此「三角」，其(三角的)「尖」(端爲)向「下」，其色「赤」也。

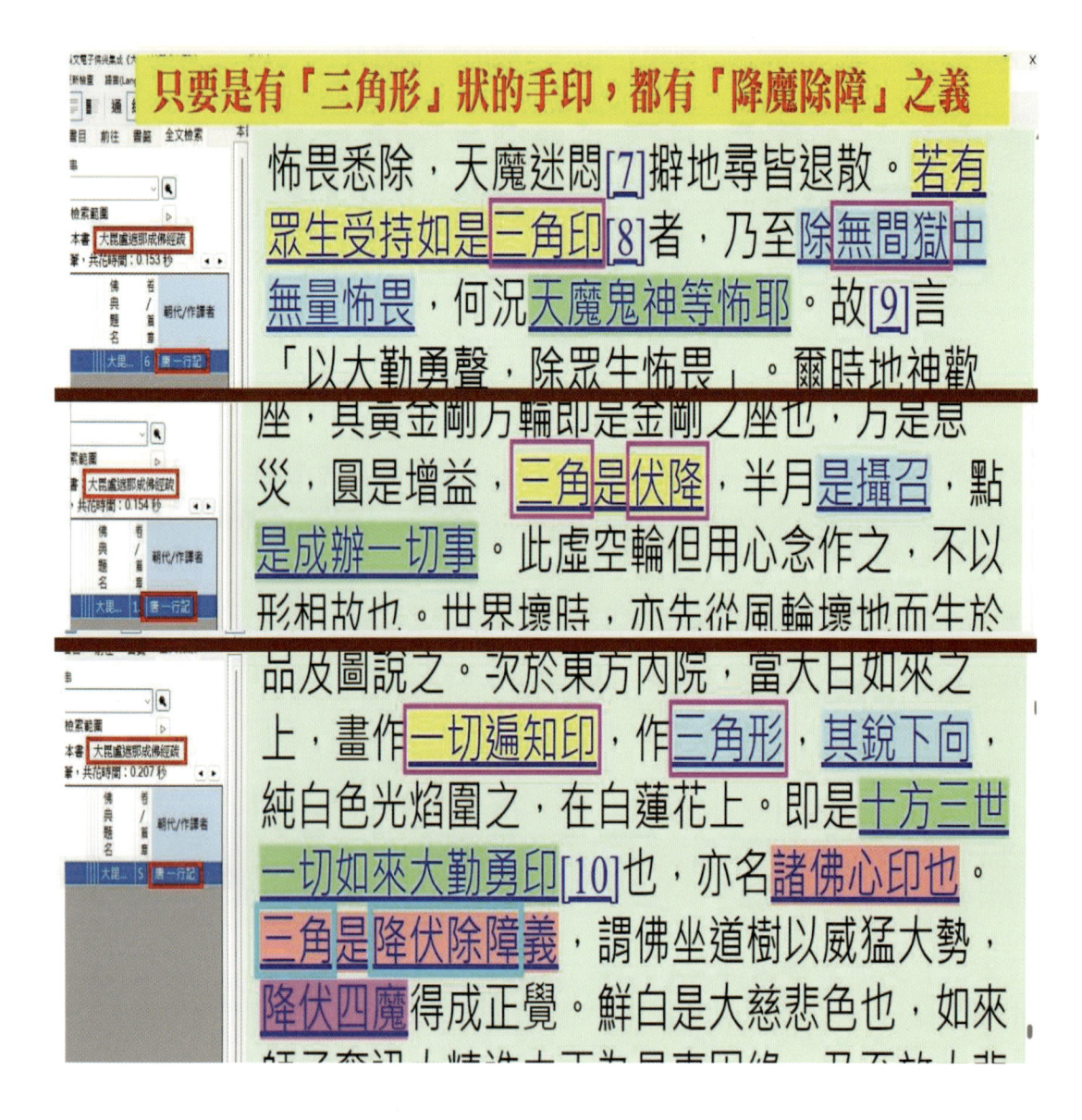

128・《佛菩薩專用手印解析暨研究》(全彩版)

只要是有「三角形」狀的手印，都有「降魔除障」之義

怖畏悉除，天魔迷悶[7]擗地尋皆退散。若有眾生受持如是三角印[8]者，乃至除無間獄中無量怖畏，何況天魔鬼神等怖耶。故[9]言「以大勤勇聲，除眾生怖畏」。爾時地神歡

座，其黃金剛方輪即是金剛之座也，方是息災，圓是增益，三角是伏降，半月是攝召，點是成辦一切事。此虛空輪但用心念作之，不以形相故也。世界壞時，亦先從風輪壞起於

品及圖說之。次於東方內院，當大日如來之上，畫作一切遍知印，作三角形，其銳下向，純白色光焰圍之，在白蓮花上。即是十方三世一切如來大勤勇印[10]也，亦名諸佛心印也。三角是降伏除障義，謂佛坐道樹以威猛大勢，降伏四魔得成正覺。鮮白是大慈悲色也，如來

第二節 中國傳統「漢傳」佛教「問訊」禮儀的方式

中國傳統「漢傳」佛教有一種所謂的「問訊」之禮,就是在「禮佛三拜」後,或「請法」時使用的,方法是:

❶向上站立,「雙手合十」當胸。
❷身體向前彎 30~45 度,表虔敬領受。
❸「左掌心」握著「右掌心」(朝向自己方向),相同於「右手在上,左手在下」的「禪定印」手勢。
❹將「手勢」舉起,二手的「掌背」都是向外,「掌心」向內,兩「食指」與兩「大拇指」都是豎立而相捻。兩「食指」會呈現出一個「三角形」狀,其餘「三指」都平放合攏。
❺將「三角形」的「食指」尖端處,舉至「眉心間」。
❻雙手再收回,合十當胸。

但這種「問訊」禮儀,在南傳、藏傳、韓日佛教,皆未見之。甚至查遍「純佛典」的《藏經》,也通通沒有,甚至在網路上還有人將此「手勢」命名為「毘盧印」,這其實是「錯解」經文造成的。

本人建議大家以「如來毫相印」來代替傳統的「問訊手勢」,理由是:
一、「如來毫相印」有《藏經》的依據。而且這「手印」與「問訊手勢」,在「外相」上很難發現其中的「差異」。
二、打「如來毫相印」有無量的「功德」,而打傳統的「問訊」,只是一種「手勢」動作,就只是一種「禮儀」而已。

(1)可能從「最上菩提印」演變而來

清・工布查布(公元 1690~1750)譯解《佛說造像量度經解》
中央如來部主毘盧如來,白色,手印:
❶二拳收胸前。
❷「左拳」入「右拳」內,把之(意指「右拳頭」抱住了「左拳頭」,「左拳頭」是朝向自己的方向)。
❸而二「巨指」(大拇指)並豎(相並而豎立)。
❹二「食指」尖(端)相依(即呈現出一個「三角型」)。
謂之「最上菩提印」。

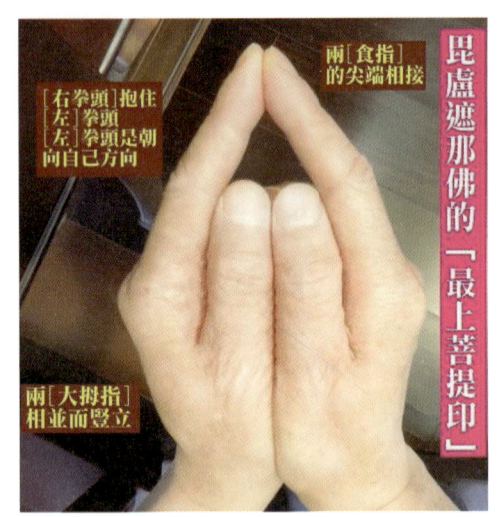

130・《佛菩薩專用手印解析暨研究》(全彩版)

毘盧遮那佛的「最上菩提印」
- 兩[食指]的尖端相接
- [右拳頭]抱住[左]拳頭，[左]拳頭是朝向自己方向
- 兩[大拇指]相並面豎立

毘盧遮那佛的「最上菩提印」
- 兩[食指]的尖端相接 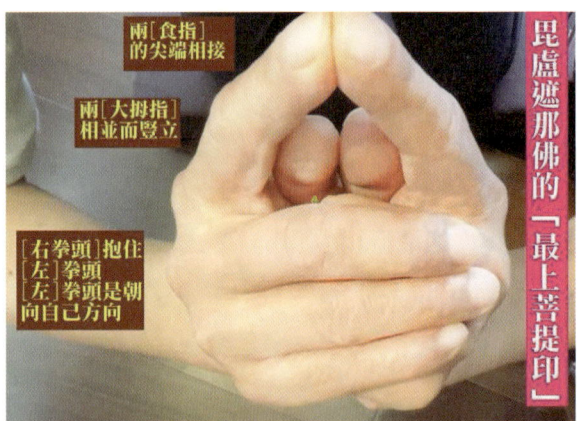
- 兩[大拇指]相並面豎立
- [右拳頭]抱住[左]拳頭，[左]拳頭是朝向自己方向

毘盧遮那佛的「最上菩提印」
- 兩[大拇指]相並面豎立 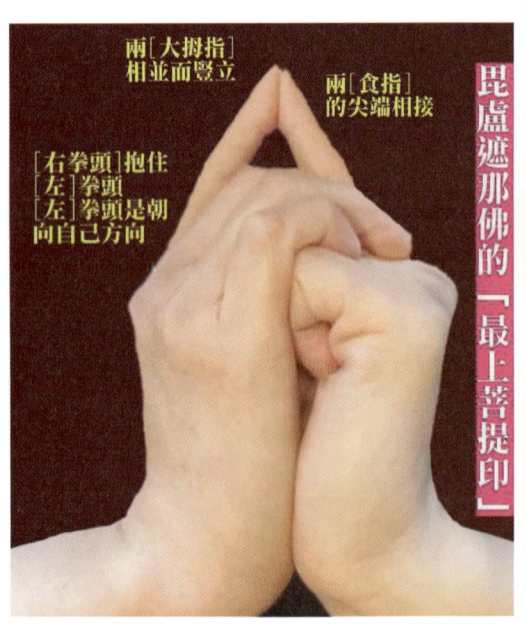
- 兩[食指]的尖端相接
- [右拳頭]抱住[左]拳頭，[左]拳頭是朝向自己方向

請注意：
(1)現在的「問訊手勢」是「右手掌」，不作成「拳」狀，然後朝向自己的方向，而「**最上菩提印**」則是「左拳頭」成「拳狀」，然後朝向自己的方向，兩者顯然是不同的。
(2)「問訊手勢」兩手都是「平掌」，而且兩「大拇指」是豎立而相捻。「**最上菩提印**」是兩手都作「拳」狀，而且兩「大拇指」是直豎而相並。

(2)從錯解「法界定印」（毘盧印）演變而來

和漢古書につき記述対象資料毎に書誌レコード作成
巻5の巻頭の書名: 胎藏界曼荼羅尊位現圖抄私
巻6の巻頭の書名: 胎藏界漫荼羅尊位現圖鈔私
巻3の巻尾の書名: 胎藏界曼荼羅尊位現圖秘抄
巻5の巻尾の書名: 胎藏界◆◆二合尊位現圖抄私
巻7の巻尾の書名: 胎藏界曼荼羅尊位現圖私鈔　　**日僧・亮憲著**
題簽の書名: 胎藏界曼荼羅大鈔
版心の書名: 胎藏曼陀羅鈔
『胎藏界曼荼羅尊位現圖鈔』の版心の書名: 胎藏曼陀羅現圖鈔
責任表示は『日本古典籍總合目録データベース』による
元禄5年刊の後印　**➔公元1692年**
『金剛界曼荼羅尊位現圖抄私』(<BB1722865X>)と合刻
四周双辺無界13行22字、双魚尾
訓点付
巻頭に「胎藏界曼荼羅尊位現圖鈔」を附す
朱筆書き入れあり

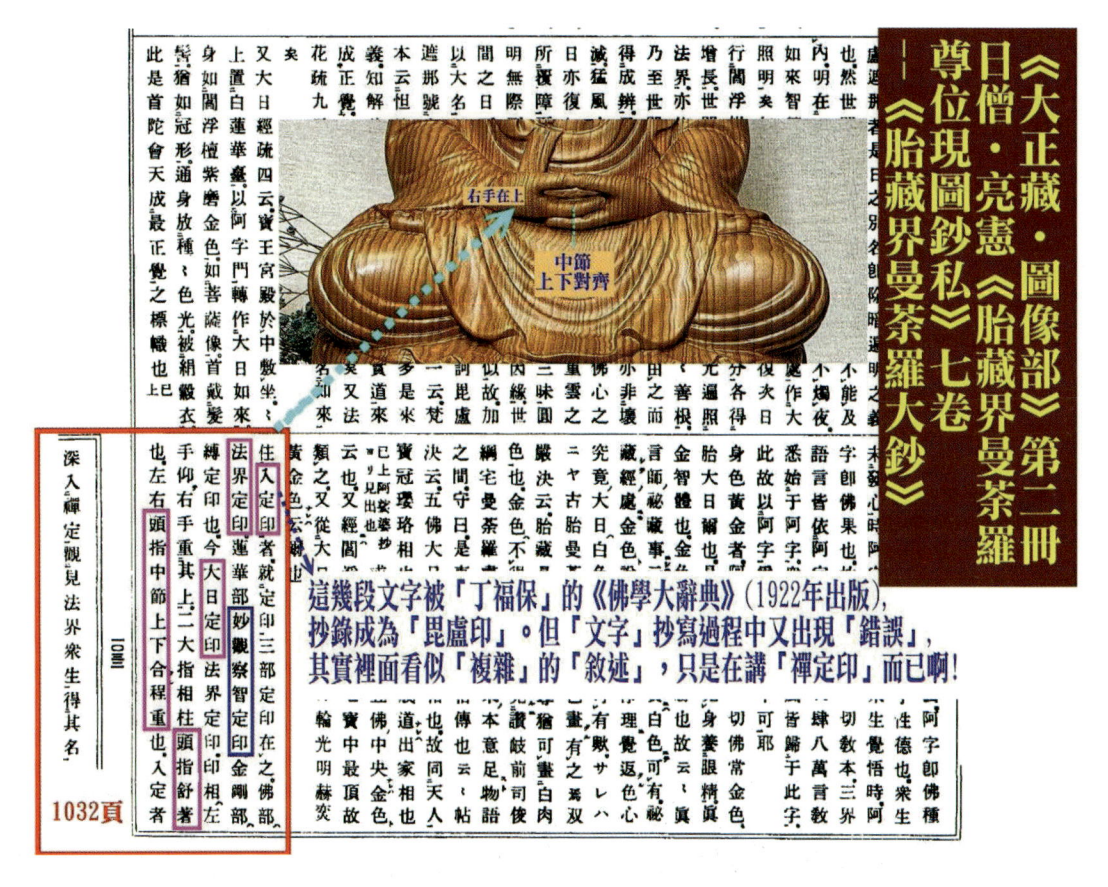

第一篇 諸佛專用的手印介紹 第七章 如來「毫相」印(可當問訊用)・133

日僧・亮憲(大約於公元1692年刊印)《胎藏界曼荼羅尊位現圖鈔私》7卷--《胎藏界曼荼羅大鈔》

佛部「法界定印」……今大日(如來)定印，法界定印，印相：
(1)左手印，右手重其上，二「大指」相拄㧻(撐著)。
(2)「頭指」舒著也(此段原意指：你的「食指」就是自然舒展著了)。
(3)左右「頭指」中節(中間節紋)，上下(相)合程重(計程；計量，重疊)也。
入定者，深入禪定，觀見法界眾生，得其名。

清・丁福保(公元1922年出版)編《佛學大辭典》將「法界定印」另改稱為「毘盧印」

【毘盧印】
(印相)毘盧遮那(即大日如來)之入定印也。大日之入定印為法界定印，其印相：
(1)仰左手，右手重於其上，二「大指」相拄㧻(撐著)。
(2)舒著「頭指」(此段文意，極容易錯解成為：要去「舒展」著你的「食指」)。
(3)左右「頭指」之中節(中間節紋)，上下重合(重疊相合)。

134・《佛菩薩專用手印解析暨研究》(全彩版)

深入禪定，而觀見法界眾生之相也。見《胎藏界曼陀羅大鈔一》。

丁福保編《佛學大辭典》中對「毘盧印」的解釋

【毘盧印】（印相）毘盧遮那（即大日如來）之入定印也。大日之入定印為法界定印，其印相仰左手右手重於其上，二大指相捻，舒著頭指，左右頭指之中節上下重合，深入禪定而觀見法界眾生之相也。見胎藏界曼陀羅大鈔一。

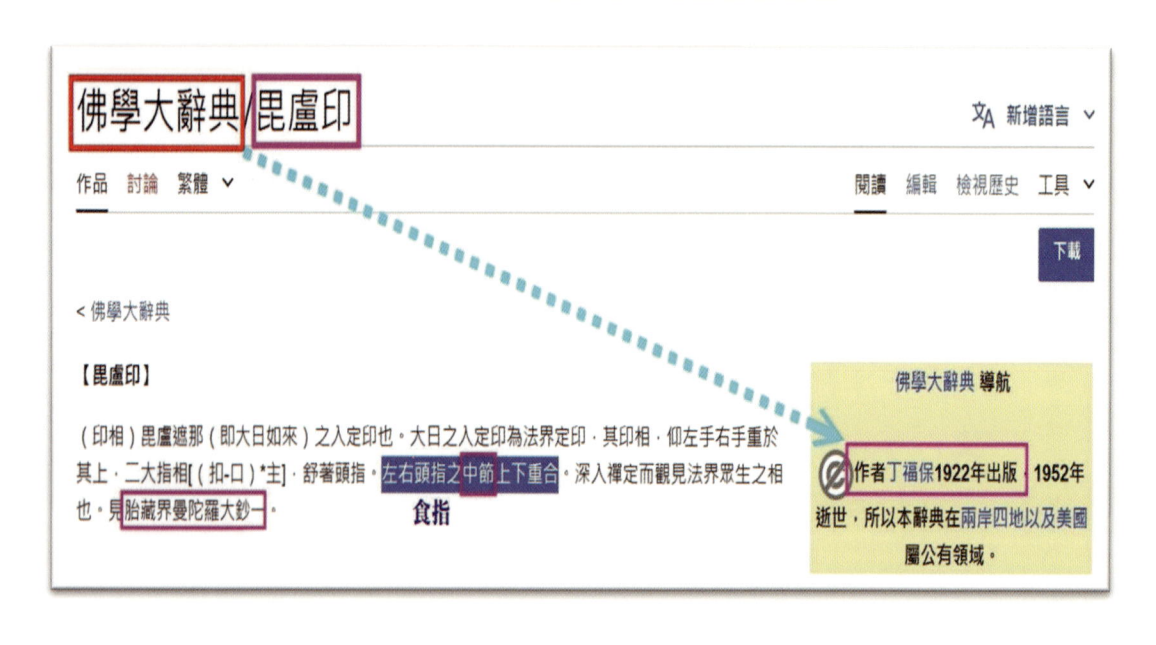

佛學大辭典 九畫

一五九七

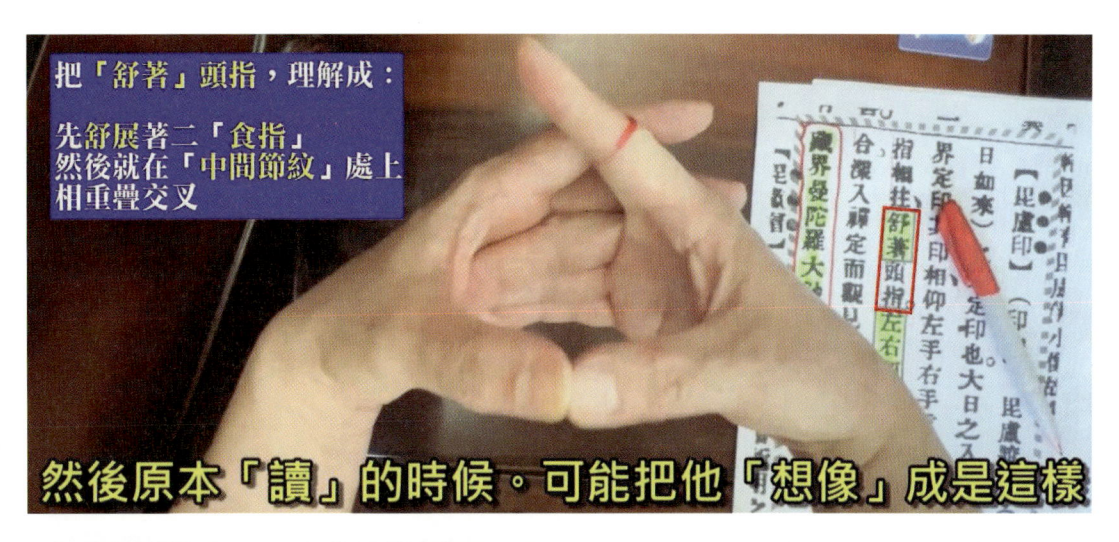

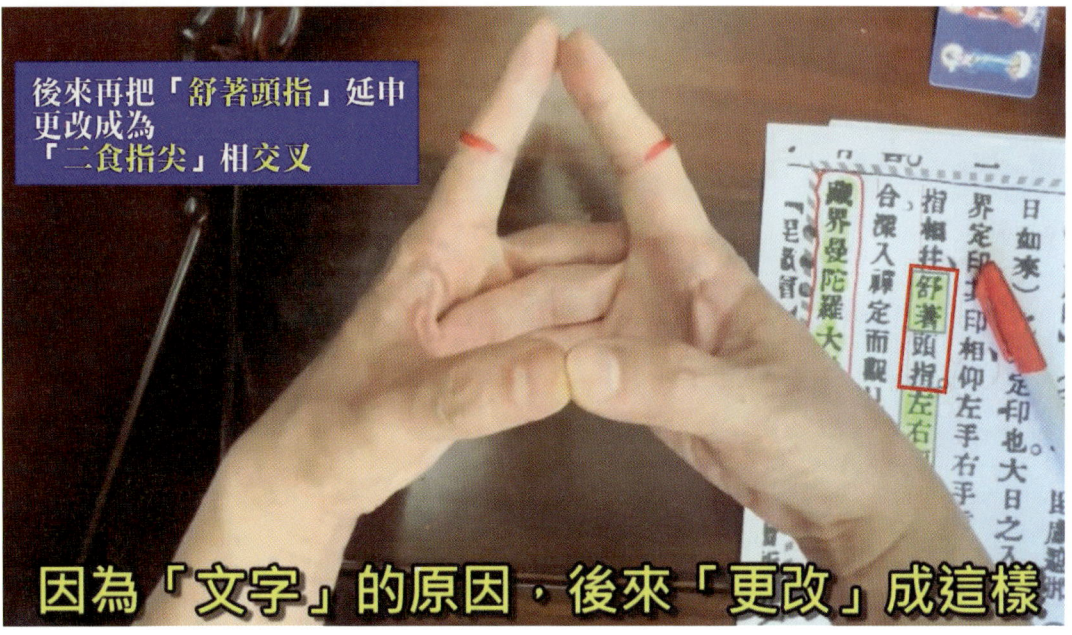

第一篇 諸佛專用的手印介紹 第七章 如來「毫相」印(可當問訊用)・135

把「舒著」頭指,理解成:
先舒展著二「食指」
然後就在「中間節紋」處上
相重疊交叉

然後原本「讀」的時候。可能把他「想像」成是這樣

後來再把「舒著頭指」延申
更改成為
「二食指尖」相交叉

因為「文字」的原因,後來「更改」成這樣

(3)真正的「法界定印」(毘盧印)結法

日僧・亮憲(大約於公元1692年刊印)《胎藏界曼荼羅尊位現圖鈔私》7卷--《胎藏界曼荼羅大鈔》

佛部「法界定印」……今大日(如來)定印,法界定印,印相:
(1)左手印,右手重其上,二「大指」相拄_敷(撐著)。
(2)「頭指」舒著也(此段原意指:你的「食指」就是自然舒展著了)。
(3)左右「頭指」中節(中間節紋),上下(相)合程重(計程;計量,重疊)也。
入定者,深入禪定,觀見法界眾生,得其名。

打坐用的第一個手印

禪定印
法界定印
毘盧印
第一最勝三昧之印
阿彌陀如來之印

兩手重疊。左下右上。
兩「食指」的中間「節紋」處要對齊。
兩「大拇指」的「指甲」要輕觸相接。

右「食指」要貼近「左虎口」

食指
食指

住入定印者，就定印三部定印之佛部蓮華部妙觀察智定印金剛部
法界定印在，「大日定印法界定印相右手，仰右手，重其上，二大拇指相柱頭指舒著
縛定印也今「大日定印法界定印相右手，仰右手，重其上，二大拇指相柱頭指舒著入定者
也左右頭指中節上下合樣重也

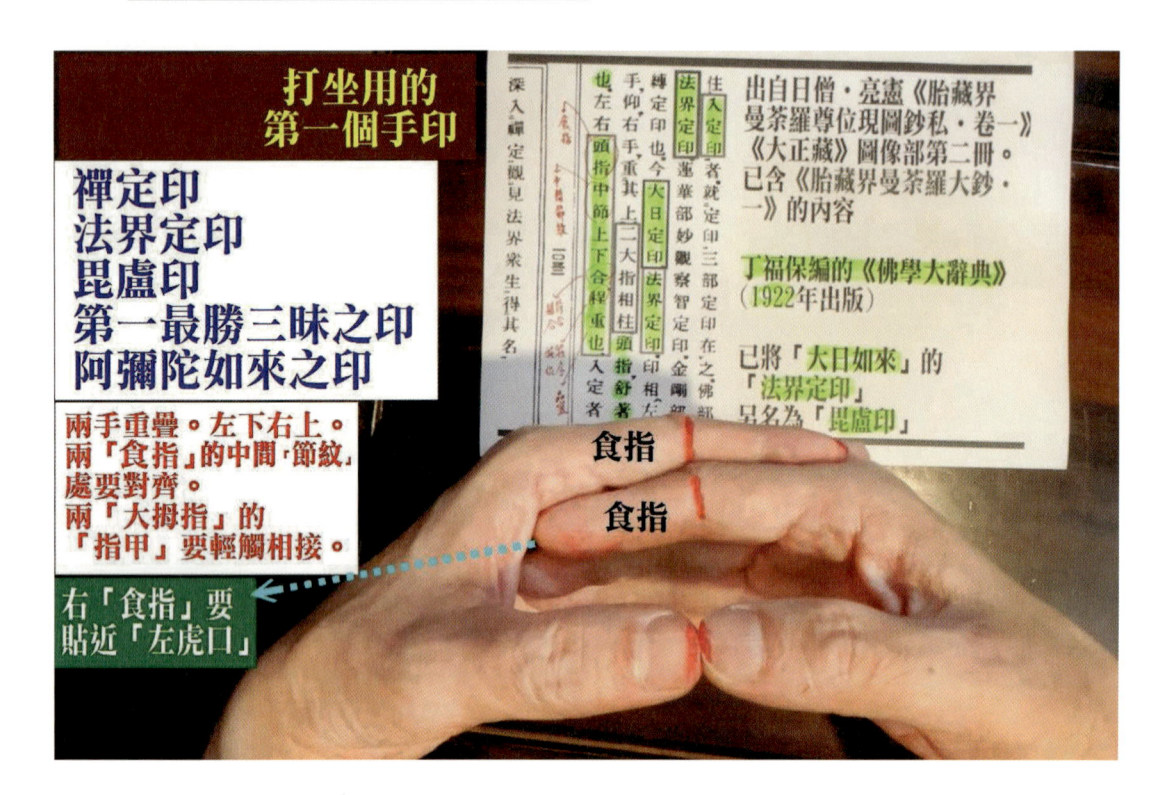

深入禪定觀見法界眾生得其名

出自日僧・覺憲《胎藏界曼荼羅尊位現圖鈔私・卷一》
《大正藏》圖像部第二冊。
已含《胎藏界曼荼羅大鈔・一》的內容

丁福保編的《佛學大辭典》
(1922年出版)

已將「大日如來」的
「法界定印」
另名為「毘盧印」

第三節　應以「如來毫相印」代替「問訊手勢」

唐・菩提流志(公元 562～727。693 年到長安譯經)譯《一字佛頂輪王經》卷 3〈7 印成就品〉

「如來相好」印之十五
❶又以左右二「中指」、二「無名指」、二「小指」，右押左，相叉入掌，各搏掌。
❷直伸其二「頭指」(食指)，(指)頭(於)側(邊而)相拄ㄓㄨˋ(撐著)。
❸是二「大指」，各搏(於)「頭指」(食指)側(邊之)上。
❹以(此)印(是要作)「倒垂」(狀的)。(先)仰掌，(然後「倒垂」而)置於「額」上。
❺二「頭指」(食指)頭，(應)正當(於)「眉間」(作)印，呪曰……
是法呪印，名「大丈夫天人相好」(印)。
若有常能輪結此印(者)，則(能)速成就一切「悉地」，具「大威德」。
若(能)以印(而)印(頭)「頂」，則名「如來頂印」；
若(能)以印(而)印「鼻」(子)，名「如來鼻印」。頂鼻印呪曰……

唐・菩提流志(公元 562～727。693 年到長安譯經)譯《五佛頂三昧陀羅尼經》卷 3〈8 密印品〉

「如來相好」印呪之十六
❶先以左右二「中指」、二「無名指」、二「小指」，右押左，相叉入掌，各搏掌。
❷直申其二「頭指」(食指)，(於)側(邊而)相拄ㄓㄨˋ(撐著)。
❸是二「大指」，各搏(於)「頭指」(食指)側(邊之)上。
❹以印(是要作)「到垂」(上下相反倒垂狀)。(先)仰掌，(然後「倒垂」而)置於「額」上。
❺二「頭指」(食指)頭，(應)正當(於)「眉間」。印呪曰……
是法呪印，名「大丈夫相好」(印)。
若有人能(以五)輪(指)結此印，則(能)速成就一切「悉地」，具大威德。
若(能)以(此)印(而)印(頭)「頂」，即名「如來頂印」。
若(能)以印(而)印「鼻」(子)，即名「如來鼻印」。「頂、鼻」印，呪曰……

唐・不空(公元 705~774。從公元 730 年開始在長安大薦福寺翻譯佛經)譯《菩提場所說一字頂輪王經》卷 3〈8 密印品〉
❶以二手「內」相交，仰掌。
❷二「頭指」(食指)，(於)側(邊而)相拄ㄓㄨˋ(撐著)。
❸二「大指」，各捻「頭指」(食指)下節。
❹(二食指)倒(垂而)安(置於)「眉間」。

138・《佛菩薩專用手印解析暨研究》(全彩版)

❺ (此)名「如來毫相」印。真言曰……
此是「毫相印」，能具「大人」相，能與諸「悉地」(成就)，(此)是「印」(之)大威德。若人(能)持此「印」，(所有的)「毫相」威德者，彼皆(能獲)得成就，由結誦此明(咒)。
(若)用「前印」(此指「如來毫相印」)，加持於「頸」則成「頸印」、加持於「鼻」則成「鼻印」。「如來鼻」真言曰……

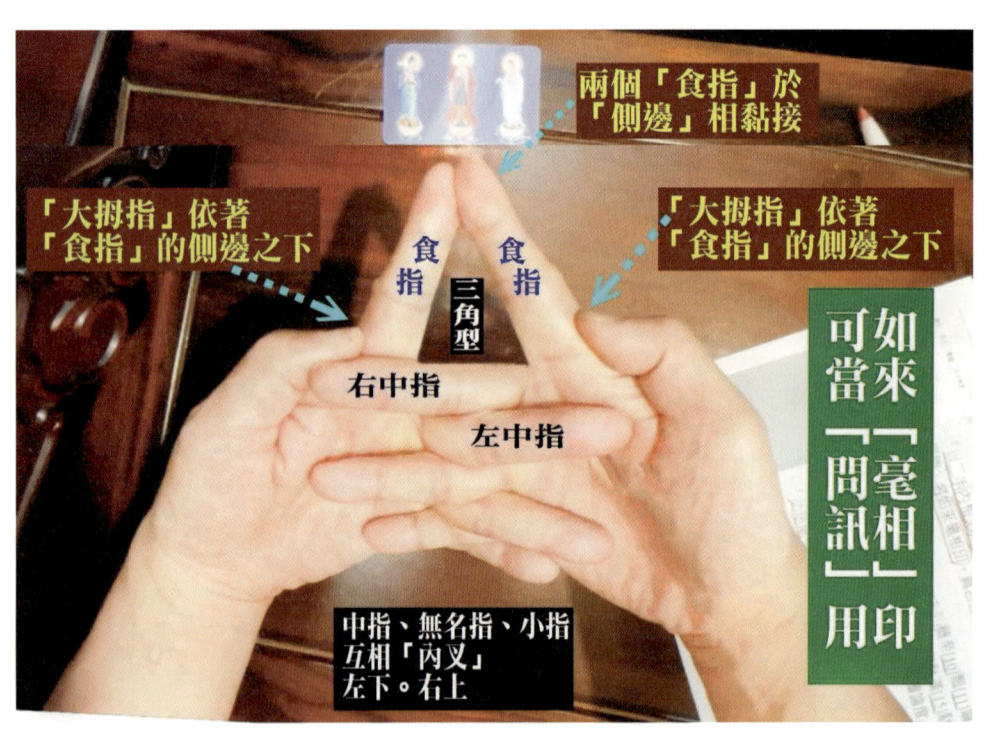

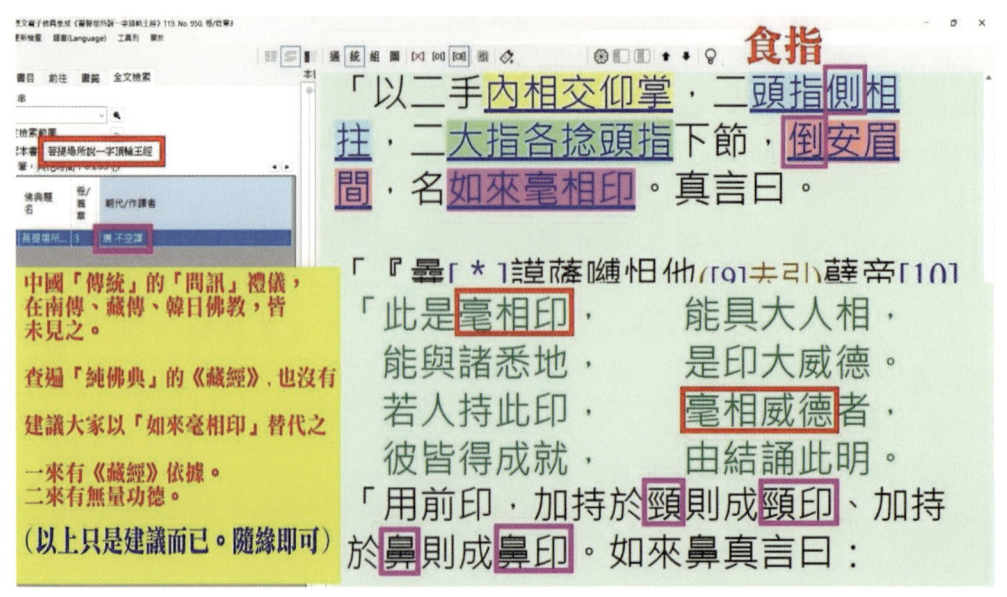

兩個「食指」於「側邊」相黏接

「大拇指」依著「食指」的側邊之下

食指　食指

三角型

「大拇指」依著「食指」的側邊之下

右中指　左中指

中指、無名指、小指互相「內叉」左下，右上

如來「毫相」可當「問訊」用印

食指

「以二手內相交仰掌，二頭指側相拄，二大指各捻頭指下節，倒安眉間，名如來毫相印。真言曰。

『曩[*]謨薩嚩怛他[91]孽引薩帝[101]

「此是毫相印，　能具大人相，
能與諸悉地，　是印大威德。
若人持此印，　毫相威德者，
彼皆得成就，　由結誦此明。
「用前印，加持於頸則成頸印、加持於鼻則成鼻印。如來鼻真言曰：

中國「傳統」的「問訊」禮儀，在南傳、藏傳、韓日佛教，皆未見之。
查遍「純佛典」的《藏經》，也沒有建議大家以「如來毫相印」替代之
一來有《藏經》依據。
二來有無量功德。
(以上只是建議而已。隨緣即可)

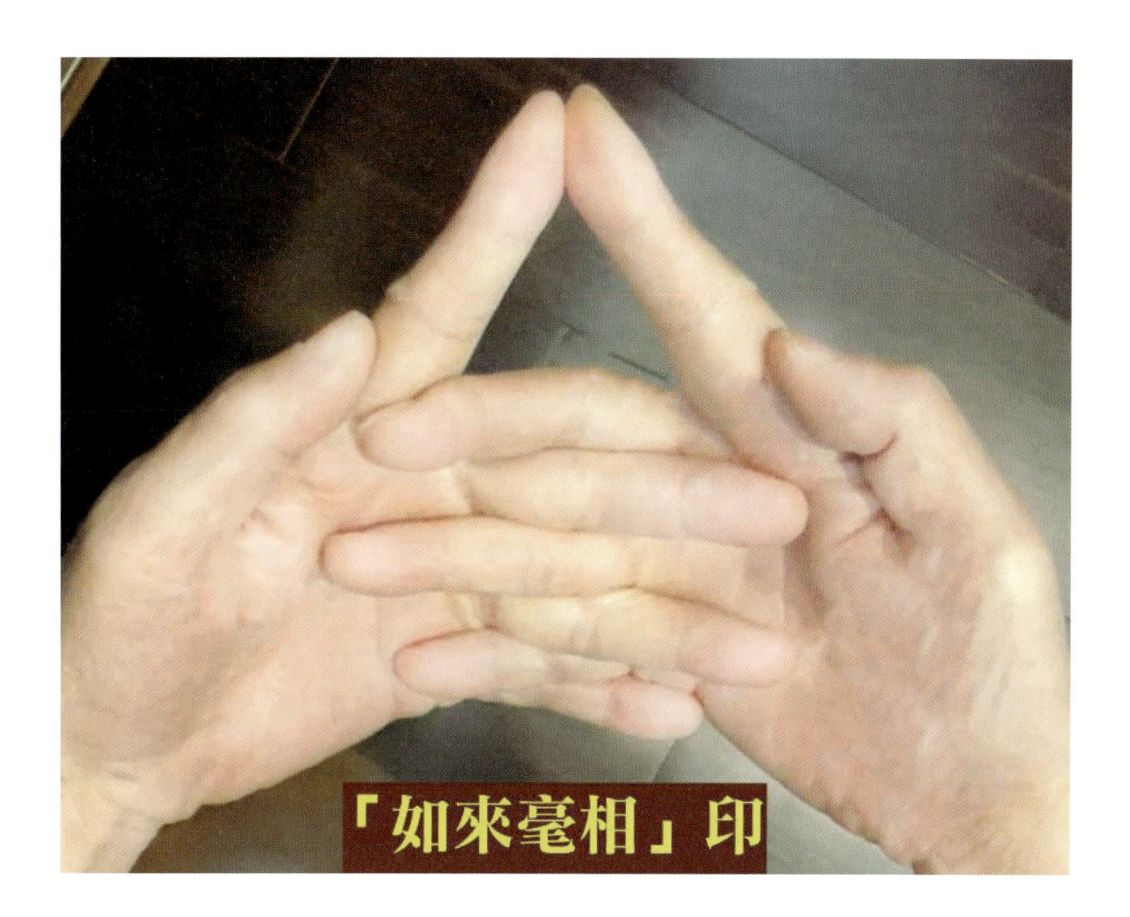

第一篇 諸佛專用的手印介紹 第七章 如來「毫相」印(可當問訊用)・139

「如來毫相」印

第八章 藥師佛「藥師咒」的根本手印(藥壺印)

第一節 「藥師咒」根本手印(藥壺印)之一：二大拇指「保持不動」

唐・阿地瞿多《陀羅尼集經》卷2〈1 釋迦佛頂三昧陀羅尼品〉
「藥師琉璃光佛」印呪第二十五

❶以左右手「頭指」(食指)以下「八指」反叉，入於掌中，右壓左。
❷兩腕相去(約)「五寸」許(換算成現代的距離，大約保持15cm的「開張」度即可)，
❸以二「大指」(是可以做)來、去(的動作)。

呪曰：唵(一)・呼嚧呼嚧(二)・戰馱(去音)利(三)・摩撜祇(四)・莎訶(五)・

(1) 是法印呪，若有人等多諸「罪障」、及諸婦女難、月產厄、願欲轉禍求福、并患「鬼神病」，難差^者者，(可)以「五色線」而作「呪索」，用(以)繫(於)病人「項」(脖子)及「手、足、腰、腹」等處。
(2) 仍教令(彼人)作「藥師佛像」一軀，(抄)寫《藥師經》一卷，造「幡」一口，以「五色」成「四十九尺」。
(3) 又復教然「四十九燈」，燈作「七層」，形如「車輪」，安置(於藥師佛)像前。
(4) 又教「放生」四十九頭(類的「眾生」)，然後與作「五色」呪索(指加持過「藥師咒」的五色線索)，(應)作「呪索法」。
(5) (於)得(五色)線(於)未「搓」(之前)，即(應先)燒「名香」(並)發願已，(指後誦)呪四十九遍，(待)香煙(都)熏竟(之後)，(再)搓(五色)線(而)作「索」，(作五色線索之時，邊做邊誦)呪聲，莫(令咒聲斷)絕。
(6) (待)搓作(五色線)索已(完畢)，(再)以(藥師佛的根本手)「印」拄^勀(支撐)之，更(誦)呪(於)其(五色線)索，(共)四十九遍，然後結作「四十九結」，(每誦)一呪(就打)一(個)結，「數足」即止。
(7) 應將此(五色線)索，繫(於)彼人身(上)，又轉(誦)《藥師經》(共)四十九遍，(如此)所有「罪障」皆得解脫；
(8) (所有的女人於)「臨產」之時，一無苦惱，即得易生，所生「孩子」，形貌端正，聰明智慧，壽命延長，不遭橫苦，常得安隱；(所有的)「鬼神」之病，立即(能)除斷。

唐・金剛智《藥師如來觀行儀軌法》
次結迎請聖眾印，「藥師瑠璃光佛」印(先觀本尊所止方布面，彼尊像請，然便迴身，置閼伽器於尊像前)：

❶以左右手「頭指」以下，八指「反叉」，入於掌中，右押左。

❷兩腕相去「五寸」許(大約保持 15cm 的「開張」度即可)。
❸以二「大指」(可以做)來去(的動作)。
呪曰：
唵(一)・呼嚧呼嚧(二)・戰馱(去音)利(三)・摩瞪祇(四)・莎訶・

唐・不空《藥師如來念誦儀軌》
「薄伽梵」説呪曰：
南謨薄伽筏帝・鞞殺社窶嚕・薜瑠璃・鉢唎婆喝囉闍耶・怛他揭多・怛姪他・唵・鞞殺逝・鞞殺社・三沒揭帝・婆婆呵。
若有受持此真言，能拔身中過去生死一切重罪，不復經歷三塗，免離九橫，超越眾苦。
「根本印」真言。
❶以左右手「頭指」以下「八指」，「反叉」入於掌。
❷以二「大指」(可以做)來、去(的動作)。

唐・不空《藥師如來念誦儀軌》
復次説「藥師如來根本印」：
❶以左右手，「頭指」以下八指，「反叉」入於掌。
❷以二「大指」(可以做)來、去(的動作)。
呪曰：唵・戰馱祇哩・娑婆訶(是名根本印)。

唐・一行撰《藥師琉璃光如來消災除難念誦儀軌》
我今申讚揚，志心頭面禮，(藥師佛)「根本之密印」：
❶二羽「內」相叉。
❷「兩腕」稍相(離)去，開張「三、二」寸(換算成現代的距離，大約保持 6~8cm 的「開張」度即可)，
❸「禪、智」(兩大拇指)而(是可以做)「來、去」(的動作)。
彼「大真言」曰：
曩謨(引)婆(去)誐嚩帝(一)・佩殺紫野(二合)虞嚕(二)・吠吚哩也(二合)・鉢羅(二合)婆……佩殺爾曳(二合)(十)・佩殺紫野(二合)(十一)・三麼弩蘗(二合)帝(十二)・娑嚩(二合)賀(引)(十三)。
由是(樂師)「本尊」故，誦(藥師)「真言」遍數，(誦)「七遍」(或)至「百八」(遍)，(然後再)散「印」於(頭)頂上。(可)陳(述)所祈願(之)心，對彼(樂師佛)本尊(之)前，願希垂(愍)照矚，殄(盡)災(殄滅災難)除(滅所有的)橫死。

第一篇 諸佛專用的手印介紹 第八章 藥師佛「藥師咒」的根本手印(藥壺印)・143

詳細方式：

❶兩手「仰掌」，左右四指，兩兩相勾。右押左，形成「八指藥壺」狀。八指應該儘量保持「整齊平均」，中間儘量保持「一直線」。

❷八指相交後的兩邊「指縫」儘量不漏「孔洞」。

❸兩手腕離開大約是 6~8cm 即可，雙手絕對不可以「合腕」而緊閉，因為要讓「病障、業障、鬼神障」有「空隙」離開。

❹兩「大拇指」同時押在「右食指」的「側邊」上。

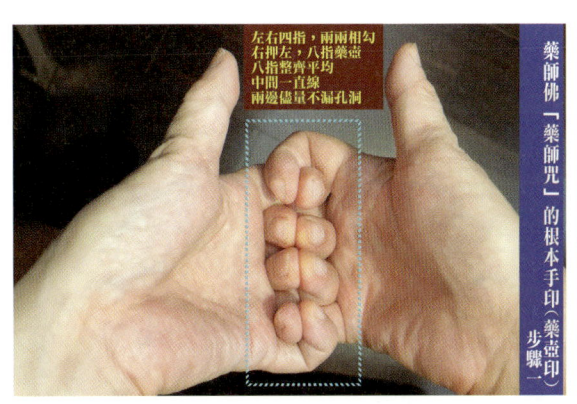

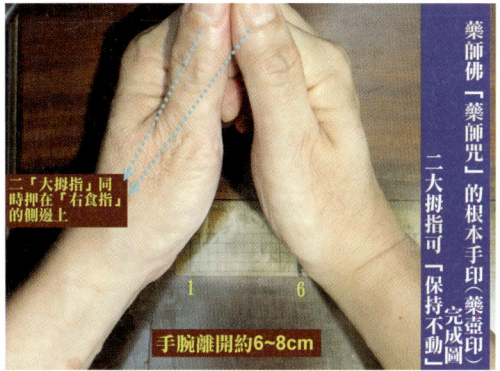

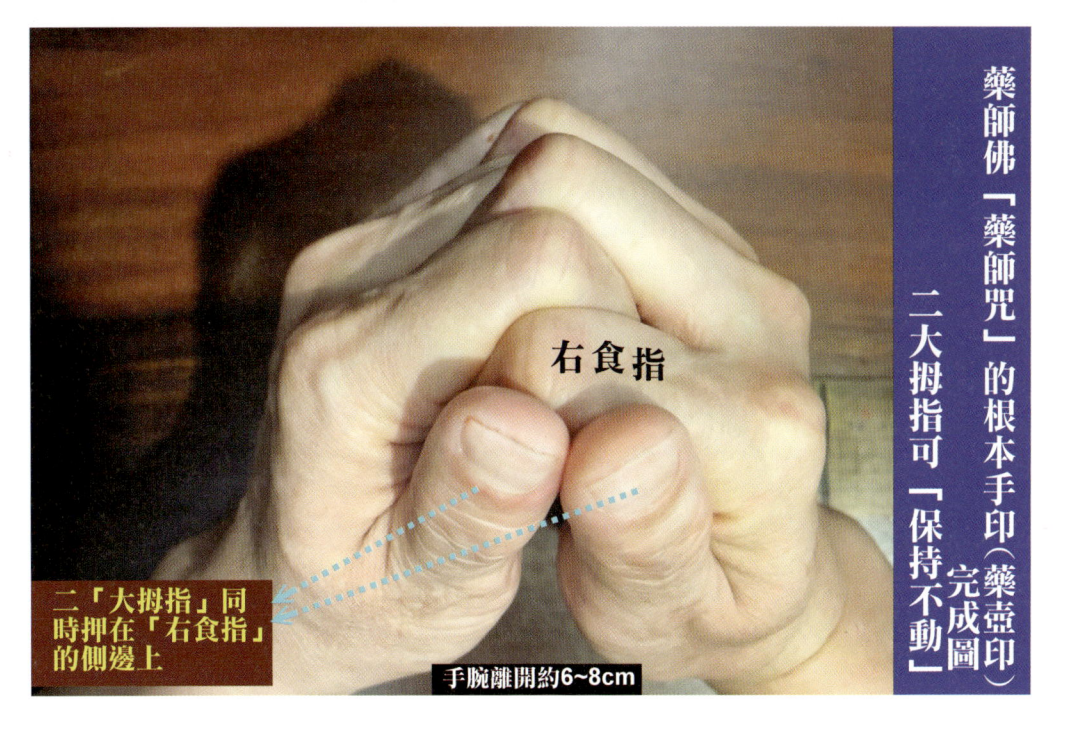

第二節 「藥師咒」根本手印(藥壺印)之二：二大拇指「上下揮動」

詳細方式：

❶ 兩手「仰掌」，左右四指，兩兩相勾。右押左，形成「八指藥壺」狀。八指應該儘量保持「整齊平均」，中間儘量保持「一直線」。

❷ 八指相交後的兩邊「指縫」，儘量不漏「孔洞」。

❸ 兩手腕離開大約是 15cm。

❹ 兩「大拇指」可同時「由上往下」揮動，意為「召喚」病障、業障、鬼神障而進入「八指藥壺」，然後請「藥師佛」治療。

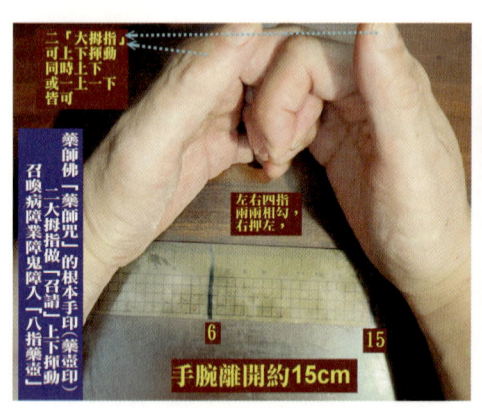

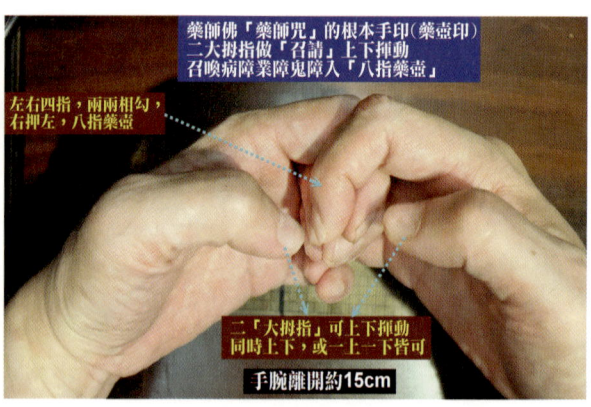

第三節 「藥師咒」根本手印(藥壺印)其餘參考資料

十九畫・藥　《新編密教大辭典》第三冊

《灌頂經》卷十二稱為日曜、月淨。《藥師本願經》云：「臨命終時，八大菩薩乘空而來，示其道路」，亦即八菩薩亦為藥師之眷屬或分身，然經中不列八菩薩名，《灌頂經》卷十二、《藥師觀行儀軌》等亦言及八菩薩。此外，藥師十二神將也是藥師眷屬。

【種字】भै(bhai)，梵名首字。在意為「有」的भ(bha)上加自在點ै(ai)，表於三有中自在之義。或說種子為हूं(hūṃ)，三形為金剛杵；此說源自此尊與阿閦同體。或依據此尊與胎藏大日同體，而用अ(a)字。

【三形】藥壺，或鉢中丸藥。

【印相】此尊諸儀軌及《陀羅尼集經》卷二所載之根本印，二手大指除外之八指內叉，腕相離，以二大指來去。左四指表眾生四大，右四指表佛界四大。一切病乃四大不調所致，今以佛界四大調和眾生界四大，故八指內叉表藥壺，以二空(大指)來去表召入眾生之病。此名藥壺印。或結法界定印，觀掌中藥壺。

【真言】如次二咒。

(1)大咒，《本願經》、《消災軌》、《念誦軌》等載：曩謨婆誐縛帝佩殺紫野虞嚕吠吙哩也鉢羅婆羅惹野怛他蘗多野羅喝帝三藐三沒馱野怛儞也他唵佩殺爾曳佩殺爾曳佩殺紫野三摩弩蘗帝娑縛賀（Namo bhagavate bhaiṣajya guru vaidūryaprabhārājāya tathāgatāya arhate samyaksaṃbodhāya tadyathā oṃ bhaiṣajye bhaiṣajye bhaiṣajyasamudgate svāhā）。

曩謨	婆誐縛帝	佩殺紫野虞嚕	吠吙哩也鉢羅婆羅惹野	怛他蘗多野
Namo	bhagavate	bhaiṣajyaguru	vaidūryaprabhārājāya	tathāgatāya
歸命	世尊	藥師	瑠璃光王	如來

羅喝帝	三藐三沒馱野	怛儞也他	唵	佩殺爾曳佩殺爾曳
arhate	samyaksaṃbodhāya	tadyathā	oṃ	bhaiṣajye bhaiṣajye
應供	正遍智	所謂	唵	藥藥

佩殺紫野三摩弩蘗帝	娑縛賀
bhaiṣajyasamudgate	svāhā

2128

《大正藏》第七十七冊
日僧‧澄豪(1049-1133)撰《總持抄》

●例鉢印虛圓大月輪開成。鉢印智。此印形如半月。風輪者眾生息。風者眾生。即體也。眾生者是鉢也。鉢者三界六道等也。十法界總體也。此鉢中盛三毒等煩惱也。器界建立。又風輪留心可思之最祕最祕。欲食者說法之義也。能寂母者佛眼也。鉢印者。

定印上置**藥壺**智之。故**藥師如來**智時。界定印智也。又此印**藥師釋迦一體**智也。釋迦北方究竟大牟尼佛也。發心門佛也。故藥師東方發心時。藥師釋迦一體也。不別。智時。藥師釋迦一體也。

藥師法事
種子。🐝。三形。**藥壺**。
有不可得。加🐝點。自在不可得也。釋迦子。藥師種子。一也。釋迦三界為有。此攝一法界。藥師。三毒為有。此攝一切病。義門異。所詮一也。此亦有義也。故釋迦藥師異。

一、三形事
藥師納一切藥。治一切病。此壺法界為體。如釋迦鉢。釋迦噉食諸煩惱。治諸病患。以是為異。實如是知自心之觀解。見之。只偏內證三密之義。東方胎。此藥師。

一體智事。有之謂內證時。亦**藥師阿彌陀**。云也。外用時。西方惠果。答。須彌四域經說觀世音。此**藥師阿彌陀**也。問。二佛一體云何。答。阿彌陀云。發心即到時**藥師阿彌陀**也。

事。有其證云。本地垂迹云。歸命日天子。本地觀世音勢至也。歸命月天子。本地勢至也。普照四天下。以觀音度眾生故。普照四天下。為度眾生故。

勢至本地垂迹。藥師彌陀因果之義。可思之。最初不二之事轉法界圓塔之功德也。問。此義如。答。爾也。本有法界之時。始令藥壺。其義如上。問。此義者。藥師五種藥耶。答。有等五轉也。此云。眾病悉除也。問。藥壺實義何。答。

持之。故叡山根本中堂藥師不持。和州室生寺藥師立像無持物。尋云。若持之在佛頂部會。大日如來內證智印深心耶。答。佛頂部會。大日如來內證之深義也。若望果德門。持之以十二神將為眷屬也。其如何

答。為助藥師十二大願。佛菩薩成。十二神將經云。十二月十二時。晝夜不斷守護眾生給也。此當眾生八萬四千毛孔。合八萬四千也。此當染生八萬四千毛孔也。瑜祇經十五尊類之。深義可知。又天台十五智斷類之。加之想別相合十六大菩薩是也。日光理月光智。於內心中觀日月輪義。可思之。十二神將者。於十二月。十二時等也。亦行者。此印親護之義也。併功德法門也。親護義付瑜祇經問之。問。我之名號。一經其耳。眾病悉除文。除殘病耶。答。大呪對譯

●○三四●○

病併藥。鬼病。故此呪云。三業發生真言也。病者身心惱亂也。故雖一念不叶也。病也。若心願成就者皆藥也。乃至草木等得治諸病患。以是為藥也。一切心願皆

合四百四病。四百四病只此四大鬼**藥三病**併。**病雖多**四

川法印也。心快。正奉拜之人也。事。病身心惱亂也。故雖一念不叶心願皆

像。與願施無畏也。御手。藥壺無之。祖師小名。金界藥師懷藥師根本印。山中堂藥師立。又印。**虛合二空入**。月。口云。**八指藥壺**也。此呪。用也。口云。此。胎界藥師根本印。此**內縛**。**二大立合少開**也。此名根本印明小

藥壺印事

事。開虛圓大月輪印也。是開虛圓大月輪印也。但二風二空間。相付也

令書寫畢⊕

文和四年乙未七月九日。自安國寺賜御本

《大正藏》第七十八冊
日僧・永嚴撰《要尊法》

（以下為古籍豎排漢文及日文假名混合內容，依原文豎排由右至左保留）

二圖七八　要尊法

藥師息災增益法也。有堂莊嚴等也。但大物室付普息災法令云云

十二上願薄伽梵　日光月光諸眷屬
美開說長、壹　印勸請印有說　真言三口い、
振鈴次印別行哼本尊　二菩薩　神將印右釣
若大法時先智學印。兼件印言自阿閦盡
三十七尊。　　諸三十七尊加二菩薩
本尊加持。小呪印勸請印。定印大呪有觀。散
念誦"佛眼。大日本尊三日光月光八字
無能勝　十二神　一字
護摩　火　本
伴僧大呪
若小呪
日光戰茶羅ハラハヤツハカ
月光戰茶羅ハラハヤツハカ
勸請印內縛。兩掌。無透開。二大指並立。掌
內觀。壺可思。十二大願。藥有可讀。大呪十
二反。為他。兩大指。小開。與此藥。為自如此
可觀也
藥師曾益施之東寺金堂藥師　佛光付　七佛是
七佛藥師猷
十二上願薄伽梵　日光月光諸菩薩埵古說
藥師瑠璃光如來　日月①大士諸眷屬今案
觀想心前有孔字變成淨瑠璃世界。其上有
大宮殿以七寶莊嚴。其中有大曼荼羅壇。壇
中有孔字成月輪。輪中有孔字。變成八葉蓮
花。花臺有孔字變藥壺。藥壺變成藥師如
來。光明映徹相好圓滿。殊發十二大願化度
濁世眾生。日光月光等諸大菩薩及十二神
將歡七千藥叉前後圍繞

藥師咒　東寺
　　　　天台

振鈴次　大日印言。次本尊印法界定印　真
言曩謨婆誐縛帝佩殺紫野虞嚩吹女里也鉢
羅婆羅惹野怛他蘗吸帝三藐三沒馱
野恒儞他唵殺爾曳こここ佩殺紫野三
沒擊帝娑婆賀
大御室藥師大呪二樣ミ、合讚御
次日光菩薩　二風一型柱園合。
奮曈褒儞庚多莎呵　　頭散訝旋轉
次月光菩薩　大法之時如花之擊。餘三指
歸命戰擎羅鉢羅婆野羅莎呵　左作擧安壓
野也供養印明　大法之時以右指散押旋
次八供養印言次作法如常　讚
南無藥師如來三反　四攝次加之
本尊印言大呪如前
妙藥放十二光照。施主身遇此光者除
病延命。大呪讀十二反。カス八有手四
指ニテ三度トレハ十二反也
法界定印上有藥壺。壺內有十二大願
⊖秘傳
又印內⊖縛兩腕相去。二大並押二風大
呪七反ヨムテ二大アケテ如開口。此
十二ノ向ノ壺ヨリ放十二光。流出十二
大願妙藥ニ與施主除內外疾病身光安
樂也。七反ヨム事一第七願眾病悉除
之故也
日光月光
可用之
孔字日輪　日天月天種子三昧耶印言
　　　　　印作鉢印以大唵阿儞底也娑

❶原本傍註曰薩埵　❷已下三十九行裏書　❸原本傍註曰陀羅尼集經ヨリ出タリ勸請ノ時ハ二大來去ス

《大正藏》第七十九冊
日僧‧賴瑜(1226~1304)撰《秘鈔問答‧卷第一》

第九章 東方「阿閦佛」(不動如來)常用的三個手印

第一節 阿閦鞞佛三摩耶印

唐・金剛智《金剛頂瑜伽中略出念誦經》卷3
❶次如本「縛契」(指金剛拳外縛印)已，
❷合申「忍、願」(中指)二度，(直)豎為「莖」。
此名「阿閦鞞佛三摩耶契」。密語曰：唵・跋折羅・跋折哩禰吽(引)……

北宋・天息災(法賢)譯《一切如來大祕密王未曾有最上微妙大曼拏羅經》
東方阿閦佛，結「金剛薩埵」印。
❶以二手「相叉」作拳(指金剛拳外縛印)。
❷(直)豎二「中指」，相著如「針」(狀)。
成印。

詳細方式：
❶兩手作金剛拳「外縛印」。
❷兩「中指」相合豎如「針狀」。
❸兩「中指」之間不能有「間隙」。

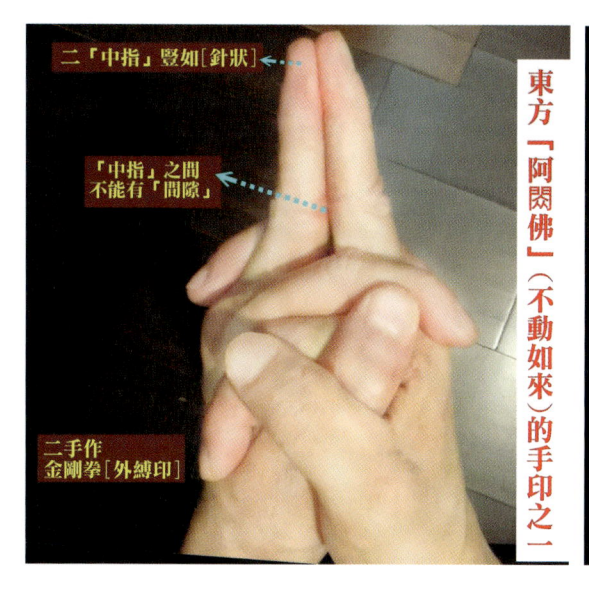

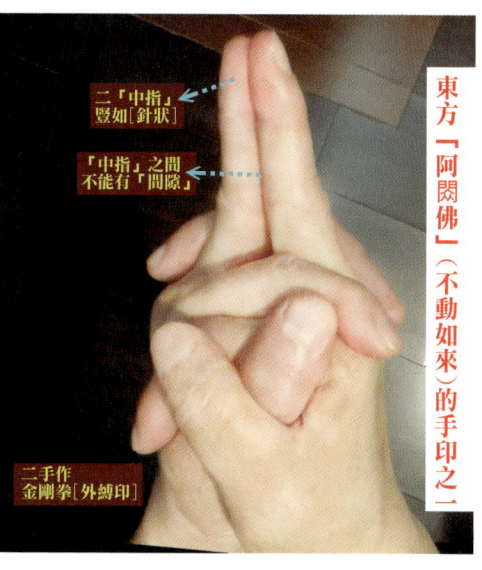

第二節　淨王佛頂印(亦名阿閦佛頂印)

《陀羅尼集經》卷 2〈1 釋迦佛頂三昧陀羅尼品〉
「淨王佛頂」印呪第十八(亦名阿閦佛頂印)
❶反叉「後三指」於掌中。
❷曲雙「頭指」，頭相拄。
❸並二「大指」掌前，去「頭指」少許，勿令相著。
❹「大指」(可以做)來去(的動作)。呪曰：
那謨薩婆突揭羝(一)・鉢唎輸達那囉闍夜(二)・跢他揭跢(去音)夜(三)・阿囉訶(上音)羝(四)・三藐三菩陀(去音)夜(五)・跢姪他(六)・輸達泥輸達泥(七)・薩婆波跛毘輸達泥(八)・輸提毘輸提(九)・薩婆達摩毘輸提(十)・莎訶(十一)・
(1)是法印呪，若有人能於「白月」十三日，香湯洒浴，燒香供養，至心誦呪，(即)滅無量罪。
(2)若有人能「日日」誦(此呪)者，一切「惡神鬼」(皆)不敢來近，又(能)治一切病。
　若(欲)治病時，先以此呪(去)呪「白芥子」，呪七遍已，散於四方即成「結界」，結界以後，治病(後)有驗。
(3)若(有)婦人產難、(生)產不出(小孩)者，(即)以此(手)印(去)印「麻油器」上，呪三七遍，將(麻)油摩(於肚)臍(邊而)誦呪，(小孩)即出。
(4)(若能於)「白月」十三日，香湯洒浴，燒香供養，誦呪(能)滅罪，即能縛「鬼、惡人」、及「賊」。

詳細方式：
❶兩「小指、無名指、中指」內相交叉，右押左，入於掌中。
❷兩「食指」相接稍作「彎曲」狀。
❸兩「大拇指」相併於手掌「前」，勿黏上「食指」。
❹兩「大拇指」可做「來去」的召請動作。

第一篇 諸佛專用的手印介紹 第九章 東方「阿閦佛」(不動如來)常用的三個手印・151

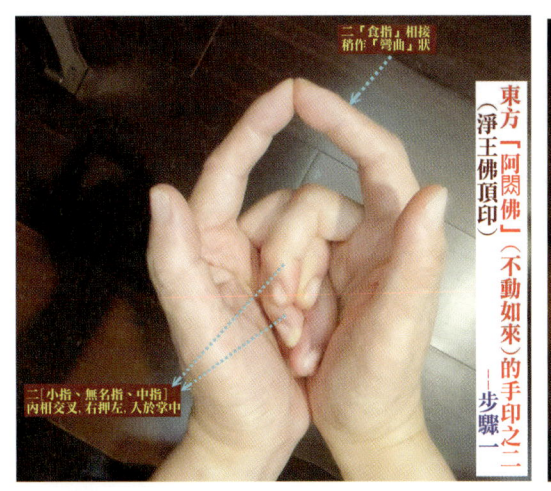

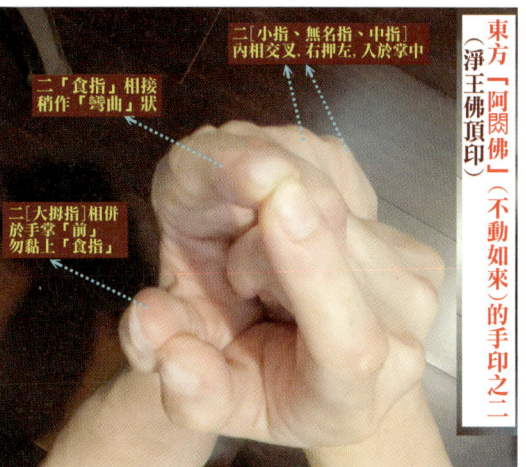

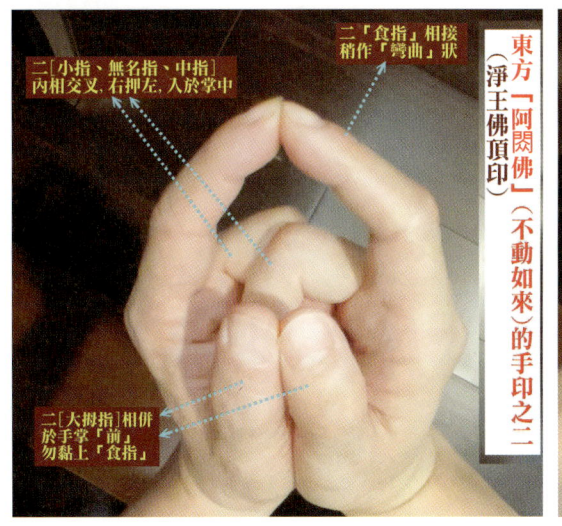

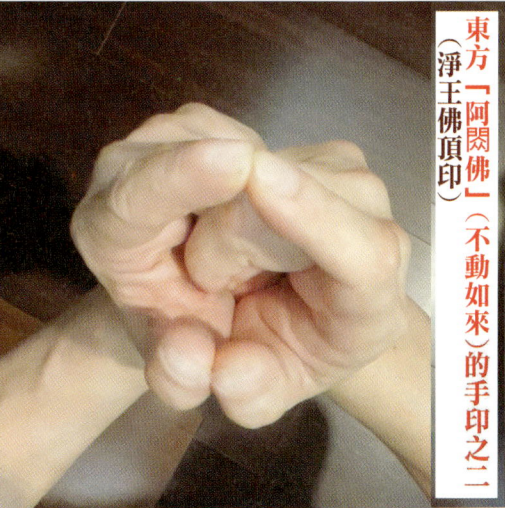

東方「阿閦佛」（不動如來）的手印之二
（淨王佛頂印）——步驟一

二「食指」相接稍作「彎曲」狀

二［小指、無名指、中指］內相交叉，右押左，入於掌中

東方「阿閦佛」（不動如來）的手印之二
（淨王佛頂印）

二［小指、無名指、中指］內相交叉，右押左，入於掌中

二「食指」相接稍作「彎曲」狀

二［大拇指］相併於手掌「前」勿黏上「食指」

東方「阿閦佛」（不動如來）的手印之二
（淨王佛頂印）

二「食指」相接稍作「彎曲」狀

二［小指、無名指、中指］內相交叉，右押左，入於掌中

二［大拇指］相併於手掌「前」勿黏上「食指」

東方「阿閦佛」（不動如來）的手印之二
（淨王佛頂印）

第三節 右手結「觸地印」(破魔印、降魔印、摧伏印)

唐‧金剛智譯《金剛頂瑜伽中略出念誦經》卷3
阿閦鞞名「觸地契」，即說密語：唵‧阿閦鞞‧吽‧

唐‧般若譯《諸佛境界攝真實經》卷2〈3 金剛界大道場品〉
第二、結「破魔」印。
❶右手舒「五指」，以按於地。
❷左手五指，執持「衣角」。
(即)入東方「不動如來三昧」。
當觀『㲲(hūṃ)吽』字色及我身、盡東方界，及以九方無量世界諸佛菩薩、一切眾生、山川草木咸皆(呈現)「青色」，(即)以「右手」(之)掌面用按於地。
此(破魔)印，能令諸魔、鬼神、一切煩惱悉皆不動，是名：能滅「毘那夜迦」及諸惡魔鬼神之印。

唐‧般若共牟尼室利譯《守護國界主陀羅尼經》
金剛結跏，端身正坐。
❶應以「左手」所被「衣服」(之)兩角，交(叉)過繞其「手腕」，(再)以「拳」執之，上(應)出(衣之)兩角。
❷「右手」按「地」。
此即名為「能摧伏印」，一切眾魔及諸外道，諸惑業等，皆不能動，即是阿閦如來之印。

唐末五代‧慈賢譯《妙吉祥平等瑜伽祕密觀身成佛儀軌》
阿閦如來契：
❶「左拳」安於「臍」。
❷「右羽」垂「觸地」。

唐‧金剛智譯《金剛頂瑜伽中略出念誦經》卷3
由結阿閦佛(之)「觸地契」故，(能令)得「心不動」……結「觸地契」已，復作是念：願一切眾生成就「慈心」，無相惱害，離諸怖畏，彼此相視，心生歡喜，以諸相好莊嚴其身，成就一切甚深法藏。作是思惟已，誦此密語……

唐・不空譯《阿閦如來念誦供養法》

以此「三摩地」，而成阿閦佛，具相「觸地印」，(有眾)「眷屬」以圍遶，即結「根本印」，加持於四處。無動如來真言曰…次結「如來不動大身」印。

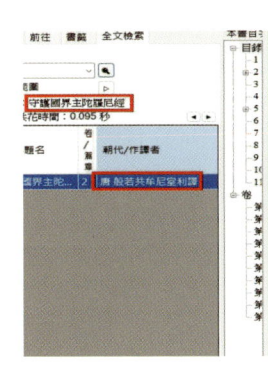

「復次，善男子！行者從此三昧起已，次復入於不動三昧。面向西方，亦作如前金剛結跏，端身正坐。應以左手所被衣服兩角交過繞其手腕，以拳執之，上出兩角，右手按地，此即名為能摧伏印，一切眾魔及諸外道、諸惑業等皆不能動，即是阿閦如來之印。

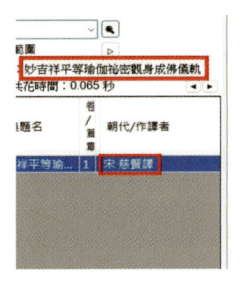

阿閦如來契，　　左拳安於臍，
右羽垂觸地。

「唵阿乞嚕(二合)毘夜(二合)吽」

詳細方式：

❶ 整理經典後，左手結印，有三種方式：
 1 左手將「衣服」的「兩角」相交，繞過手腕。再以「金剛拳」方式抓衣，令衣出「兩角」。
 2 左手的「五指」執持「衣角」即可。
 3 左手打「金剛拳印」，置於肚臍下即可。
❷「右手」按「地」，以「中指」觸地。

154・《佛菩薩專用手印解析暨研究》(全彩版)

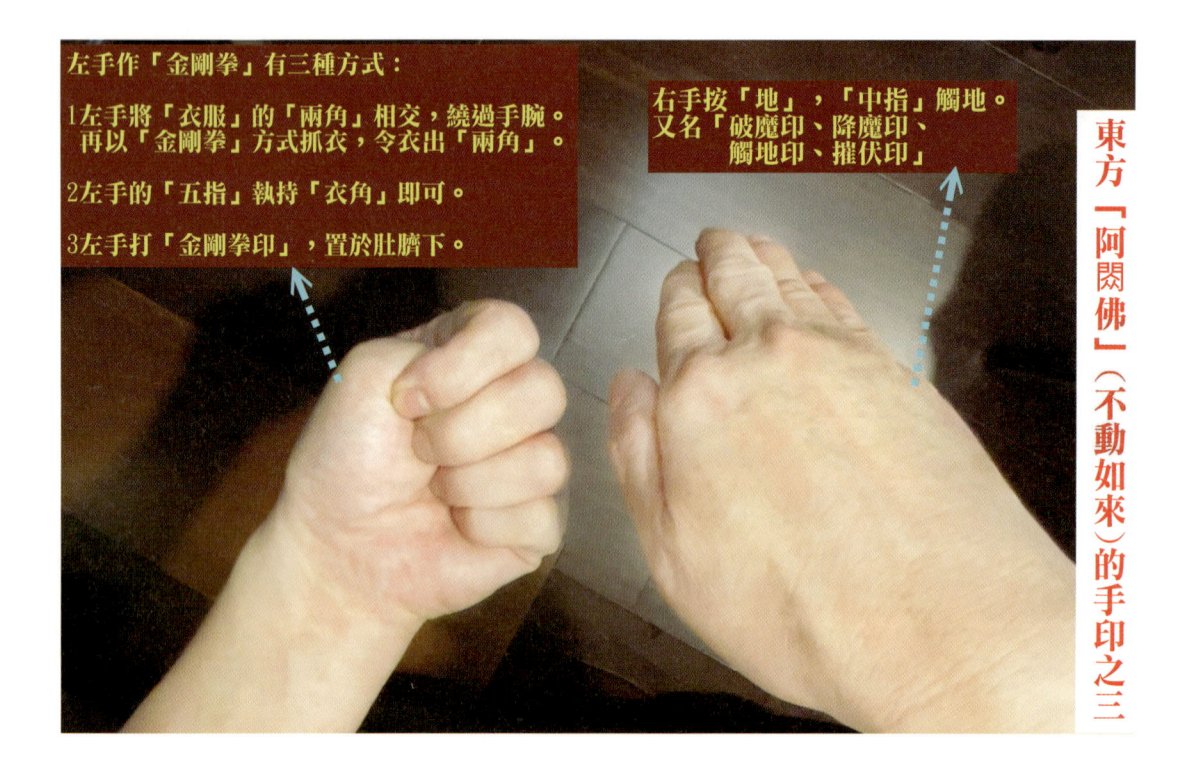

左手作「金剛拳」有三種方式：

1. 左手將「衣服」的「兩角」相交，繞過手腕。再以「金剛拳」方式抓衣，令衣出「兩角」。

2. 左手的「五指」執持「衣角」即可。

3. 左手打「金剛拳印」，置於肚臍下。

右手按「地」，「中指」觸地。又名「破魔印、降魔印、觸地印、摧伏印」

東方「阿閦佛」（不動如來）的手印之三

第十章「一切佛心中心」大陀羅尼的六個手印

第一節 「菩提心印」(懺悔印)

唐・菩提流志(Bodhiruci，562～727。公元693年至長安)《佛心經》

「一切佛心中心」大陀羅尼

唵・跋囉跋囉・糝跋囉・糝跋囉・
oṃ・bhara--bhara・saṃbhara--saṃbhara・
嗡姆 巴冐 巴冐 三巴冐 三巴冐
　　　普集;資糧　　　　　功德;福智

印地哩耶・　　微輸達禰・
indriya・　　viśodhani・
因德哩雅　　 V 修打尼
根性;六根;身相　清淨;無垢

哈哈(二上六合同)・嚕嚕・遮咥・　迦嚕遮咥・　莎嚩訶・
ha--ha・　　　ruru--cale・　karu--cale・svāhā・
哈哈　　　　汝汝 佳咧　　嘎汝 佳咧　斯瓦哈
除礙　　　　快速 移動　　能作;增長 移動

第一「菩提心」印(懺悔印)

第一，先以「左、右」二手：
❶二「無名指」各屈「鉤」，芯ˊ (古同「祕、拟、秘」➔藏;扭曲;彎曲)於「中指」後。
❷以二「大母指」各屈，(各)捻ˇ (按;捏)二「小指」(的指)甲上。
❸二「頭指」(食指)各屈，鉤(住)二「無名指」(的)頭。
❹二「中指」(要)直豎，(以)頭指捻ˇ (這是說以「頭指」去捻住「中指」的意思，其實就是捻在「中指」的「上節」處)。
❺合腕(二手的手腕要相合靠攏)，當(置手印)於心上，其印即成。

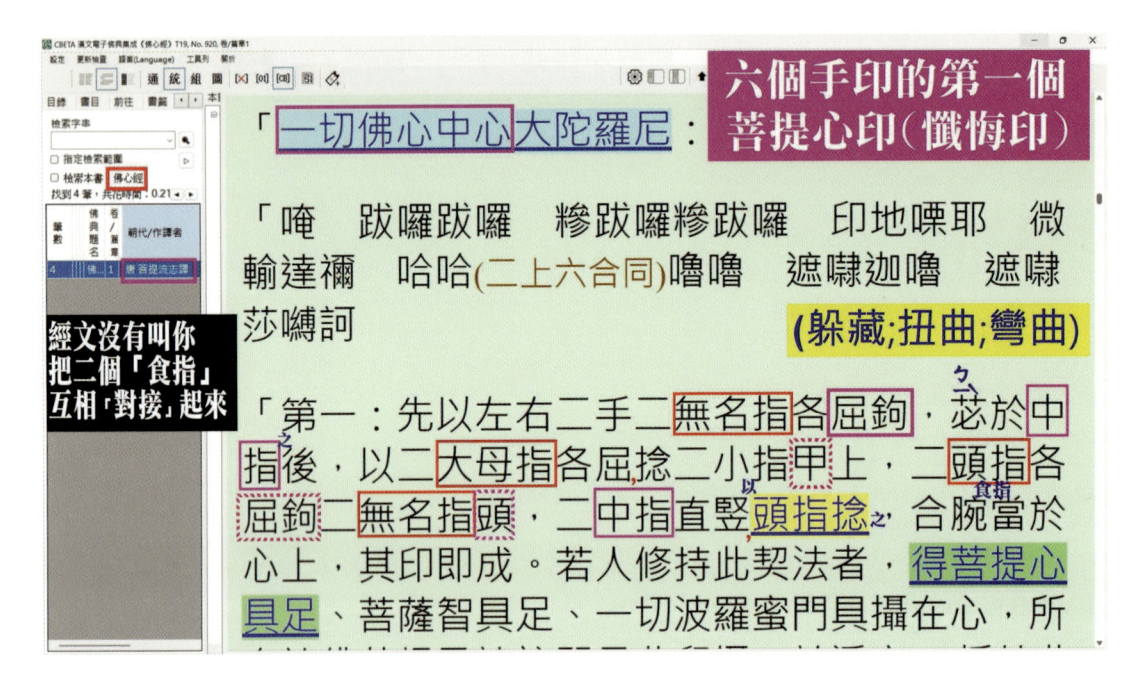

156・《佛菩薩專用手印解析暨研究》(全彩版)

六個手印的第一個菩提心印（懺悔印）

「一切佛心中心」大陀羅尼：

「唵 跋囉跋囉 糝跋囉糝跋囉 印地嘌耶 微輸達禰 哈哈(二上六合同)嚕嚕 遮嘯迦嚕 遮嘯莎嚩訶

(躲藏;扭曲;彎曲)

「第一：先以左右二手二無名指各屈鈎，苾於中指後，以二大母指各屈捻二小指甲上，二頭指各屈鈎二無名指頭，二中指直豎，頭指捻之，合腕當於心上，其印即成。若人修持此契法者，得菩提心具足、菩薩智具足、一切波羅蜜門具攝在心，所

經文沒有叫你把二個「食指」互相「對接」起來

詳細方式：

❶兩「無名指」，彎曲到「中指」的背上。
❷兩「中指」相併合。
❸兩「食指」先鈎住「無名指」的「頭」，再捻到「中指」的「上節」處。
❹兩「大拇指」要捻「小指」的「指甲」上。
❺兩手要合腕。

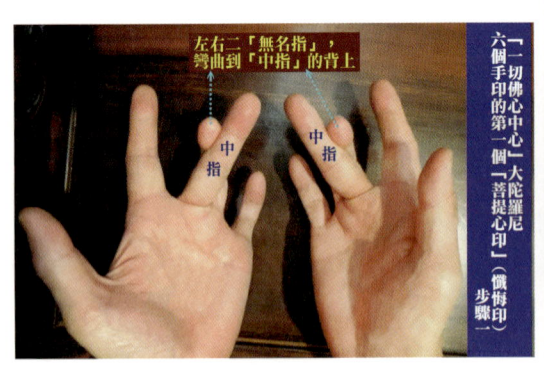

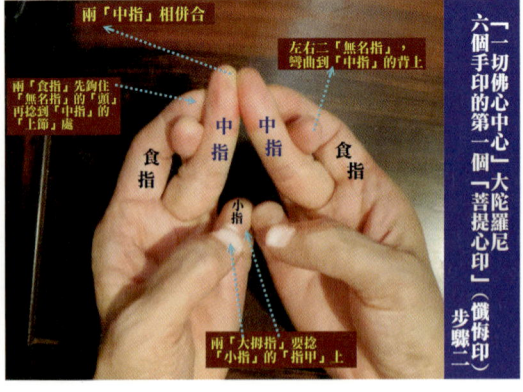

第一篇 諸佛專用的手印介紹 第十章「一切佛心中心」大陀羅尼的六個手印・157

[「一切佛心中心」大陀羅尼六個手印的第一個「菩提心印」（懺悔印）完成圖]

兩「食指」先鉤住「無名指」的「頭」再捻到「中指」的「上節」處
兩「中指」相併合
左右二「無名指」，彎曲到「中指」的背上
兩「大拇指」要捻「小指」的「指甲」上

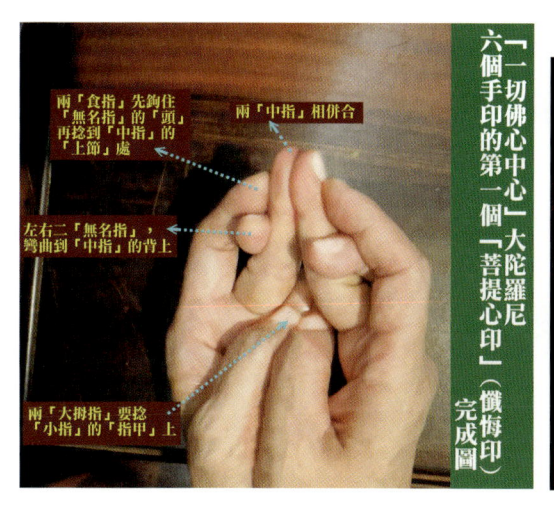

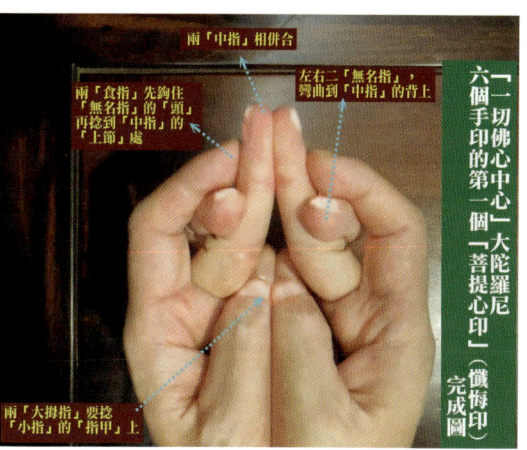

注意：很多人會將兩個「食指」互相「對接」起來，此為嚴重錯誤，為畫蛇添足。

查閱所有相關手印資料，當二個「食指」是各自鉤住「無名指頭」時，二「食指」是不必再「互相捻住」對方的，而只需「靠押」在「中指」的「上節」處而已。如下經文所舉證據。

唐・不空譯《十一面觀自在菩薩心密言念誦儀軌經》卷 2
結「馬頭明王」印：
先「金剛合掌」，豎合二「中指」，以二「頭指」各鉤「無名指」頭，「頭指」各押「中指」上節，「小指」並豎入掌中，二「大指」並豎，與「小指」聚。密言曰……

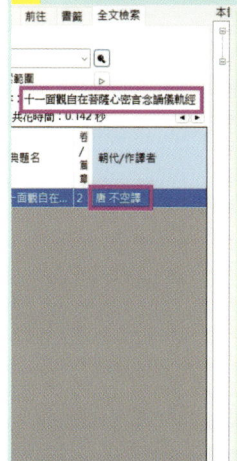

次結馬頭明王印。先金剛合掌，豎合二中指，以二頭指各[13]鉤[＊]無名指頭，頭指各押中指上節，小指並豎入掌中，二大指並豎與小指聚。密言曰：

經文也沒有叫你把二個「食指」互相「對接」起來

馬頭明王印，
與「一切佛心中心」大陀羅尼
6個手印的第一個「菩提心印」，
有九成是相似的。
只差最後「小指」的變化而已！

唐·不空譯《速疾立驗魔醯首羅天說阿尾奢法》

結「棒」印。

二手合掌，二「無名指」外叉，二「中指」並立，二「頭指」各鉤「無名指」頭，二「大指」各令押「中」交。誦真言曰：

唐·惟謹(公元834年)**述《大隨求即得大陀羅尼明王懺悔法》**

大隨求即得大陀羅尼明王懺悔法。隨求八印

第一「懺悔印」，亦名「菩提心印」：

❶ 仰兩手，以右手「無名指」，繞於「中指」(的背)後。
❷ 以「頭指」(食指)句(古同「勾、鉤」)「無名指」(的)頭。左手如之(也是這樣的手印方式)。
❸ 以左右手(的)「大(拇)指」，各捻(按;捏)「小指甲」上。
❹ (最後再將兩手的)「中指頭」相柱，(然後)「仰掌」向上。

(將手印)稍當(於)心(胸前置放)，(然後)誦呪……

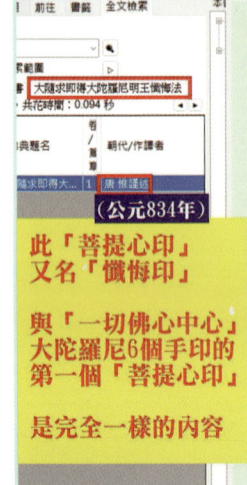

第一懺悔印：亦名菩提心印。仰兩手，以右手無名指繞於中指後，以頭指句無名指頭，左手如之。以左右手大指各捻小指甲上，中指頭相[2]柱，仰掌向上稍當心誦呪。

此「菩提心印」又名「懺悔印」
與「一切佛心中心」大陀羅尼6個手印的第一個「菩提心印」是完全一樣的內容

經文也沒有叫你把二個「食指」互相「對接」起來

古同「勾、鉤」

功德解說

唐·菩提流志譯(Bodhiruci，562～727。公元693年至長安)**《佛心經》云：**

(1)……若人修持此「契」法者，(能)得「菩提心」具足、(得)「菩薩智」具足、(得)一切「波羅蜜門」，具攝(受)在(此)「心」，所有諸佛「菩提」及諸「祕門」，(皆由)是此印(而)攝(受)。

(2)(若)於「淨室」(中)授持此「契」，經七日間，所有「法要」即(顯)現目前……諸善男子！若得此「契」，應 念(「應」指「很快、立即」，指一念之間)即有十方「諸佛雲集」(於)其(頭)頂……應念即有十方「金剛」求(作)為「給事」，應念即有十方「諸天」(欲)侍衛供養(於汝)，諸魔眷屬，悉捨(其)本土(之處)，來助(令汝發生)「法威」……

(3)諸善男子！(這個「手印」)當(為諸)佛之「首」、諸「法」之「母」、諸「契」之「王」、十方諸

佛(皆)從此而生……

(4)勿(隨意)輕用(輕賤而妄用此咒印)也，(應衡)量事(情的)大、小(而)用之(例如,修學咒語手印乃為求「解脫、智慧」之大事,而不是借此「耀武揚威、假鬼假怪、追求神通、殺鬼殺魔……」等,或者專搞一些「邪命活、鬼神通」之事)。

(5)若持諸法,(應)先以此「契」為「首」,(若)不得此契(者),(則)諸法(便)無「主」,縱有成就,所有「身、心」亦不(能得究竟之)決定,諸神(亦)不(護)衛,所作諸法,(將)多諸「障難」。慎之！慎之！(此手印)莫(在)「不淨」(中使)用。
(其實用三個字就可以解釋清楚何謂「不淨用」？那就是請勿將「咒語手印」當作是「邪命活」的工具。
宋‧行霆解《圓覺經類解》卷4〈正宗分‧淨業章〉：「邪人說正法，正法亦成邪；正人說邪法，邪法亦成正法」。
明‧蕅益 智旭《占察善惡業報經義疏》卷1云：「邪人行正法，正法亦成邪」)

唐‧惟謹(公元834年)述《大隨求即得大陀羅尼明王懺悔法》
【原】享和元年(1801年)刊長谷寺藏本，【甲】元久元年(1204年)寫高山寺藏本
(失譯，日本淨嚴題記，慈忍題記，快道題記，或云大隨求八印法)

第一「懺悔印」，亦名「菩提心印」：
❶仰兩手,以右手「無名指」,繞於「中指」(的背)後。
❷以「頭指」(食指)句(古同「勾、鉤」)「無名指」(的)頭。左手如之(也是這樣的手印方式)。
❸以左右手(的)「大(拇)指」,各捻²(按;捏)「小指甲」上。
❹(最後再將兩手的)「中指頭」相柱,(然後)「仰掌」向上。
(將手印)稍當(於)心(胸前置放),(然後)誦咒……

(1)佛告諸大眾：如是「懺悔」者,從「菩提」生一切諸佛。(在)發「菩提心」時,(能)自取(自己的)「不劣」(諸事),(如此就)不(會)覆(藏)諸罪,(此)即(發)「菩提心」故。
(2)善男子！當知此「菩提心契」(此指「一切佛心中心大陀羅尼」六個手印的第一個「菩提心印」,亦名「懺悔印」),(乃)不(可)思議,何以故？(釋迦)我念往昔修菩薩行,經無量劫積功累德,亦過無量劫,如是「苦行」修學,經千恒河沙劫,了無一(授)「記」,何以故？
(3)為(我)心(仍低)劣故,為有「餘罪」(剩餘的罪業)……作諸「障難」,致使如是(仍然)「不得成佛」。我於「自心」,(將)諦求(能作)諸佛,(故)發若干(的)「誓願」,「發願」以訖,須臾(生)「淨信」,便得此(印)契,(此手印)稱為「一切諸佛大菩提心」。
(4)(只要)我結此(印)契,便即(獲)「懺悔」,所有「障難」,一時(皆能)「蕩盡」,十方諸佛(將)「受記」號吾當來得名釋迦牟尼(佛),具足「十力、四無所畏」。
(5)善男子！假使眾生,出「十佛」身血、「百佛」身血、「千佛」身血、「萬佛」身血、「百千億」佛身血,乃至無量恒河沙數「佛身血」,不可數、不可數「佛身血」者。
(6)(只要能)結我此(印)契,(再)誦我「隨求即得陀羅尼」(指「大隨求」咒)三遍等、(或)一遍一句,

(只要)一稱(此「大隨求」咒文)名字，若(仍)有「殘罪」(而)露及眾生(者)，無有是處。何以故？若(誦此咒而仍)有「殘罪」於「眾生」者，(則)一切諸佛便失「菩提」。

(7)善男子！若有一人，起「慈悲心」，結我此(印)契，(並)普為「大千」(世界的眾生)稱說，眾生(才)舉(此)印(契)，「指」(向)於十方界(時)，所有眾生(的)一切「罪障、病苦、惱」等，一時(便能)消滅(而)無有遺餘，便得(獲證)「初地」(菩薩階位)，一切眾生，亦所「不覺」(無法覺知此「不可思議」的事)。

(8)若入「魔宮」，(能)結持此(印)契，(則)魔王順伏，(並)追捨(棄其自己的)「魔業」。若入「王宮」，(能)結持此印(契)，(王)即(生)起「慈忍」，(能以)「正法」(而)治人。

(9)若遭「王難」等，入「州縣」等(而被困)在「枷鎖」(中)，(若能)結持此印(契)，(則)「枷鎖」(將自)解脫，官(吏將)自「開恩」……若入「鬥戰」，以(此)印(契)指之，「兩軍」和解，一無所損。善男子！我以此印(契)，不可為比(喻)……

(10)十方如來，從此(「菩提印」而)「生」故，「菩薩、金剛」(皆)常祐助故，(能相)等至「菩提」，(皆)無「二見」故。

(11)善男子！若說此(印)契「功用」，窮劫不盡，不可思議……善男子！此是「菩提根本」(印)契……善男子！乃至「菩薩、金剛」，(若)不持此(印)契(者)，縱(修)至(第十)「法雲地」，亦不得(成佛之)「受記」，何以故？無「菩提」故。

(12)善男子！若有或修「一法、百法、千萬法、不可數法」，(若)不持此(印)契，(則)無(任何)「一法」之分(可獲成就)，(且)「眾聖」不喜，「天神」不衛……

(13)(只要)能於「一念」之間，暫憶此(印)契，(暫)記(而執)持不忘，(則)臨命終時，(能)生「善住天」，證「菩提」王，亦得作「灌頂金輪王」於「大千界」……

(14)善男子！如此(印)契者，(乃為)十方世界所有「印契」之「根原」也，若常持此(印)契(而)「不捨」，(則)能(撼)動十方世界，時「大神、大藥叉王、菩薩、金剛、龍天八部」，(皆)常來「衛護」，如(護)佛(而)無異……

(15)此(印)契(乃)「無本」(無有根源=不得其「最根本之源」的境界，而)「流行」(出來)，(所以應該要)祕之，不得(對「非根器者」而)「輒說」如此「神通、加護」(諸事)。

(附錄補註用)

唐・惟謹(公元834年)述**《大隨求即得大陀羅尼明王懺悔法》**

第二「菩提根本」契：亦名「授記頂」契印。

準「前印」(指第一個「菩提心印」)。

改(成)「小母」(指)，(於)掌內(相)交(叉)。

二「大母指」，左押右，各捻本「小母指」押「甲」上。

「頭指」捻「中指」(的)背上節文。

詳細方式：
❶兩「無名指」，彎曲到「中指」的背上。
❷兩「中指」相併合。
❸兩「食指」先鈎住「無名指」的「頭」，再捻到「中指」的「上節」處。
❹兩「小指」要「右押左」於掌內「相交叉」。
❺兩「大拇指」各捻自己的「小指」的「指甲」上。

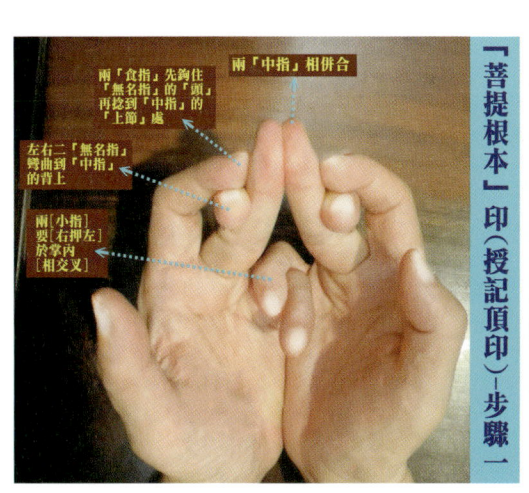

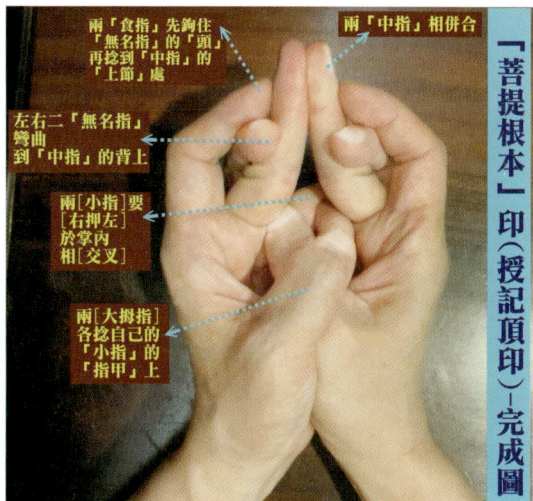

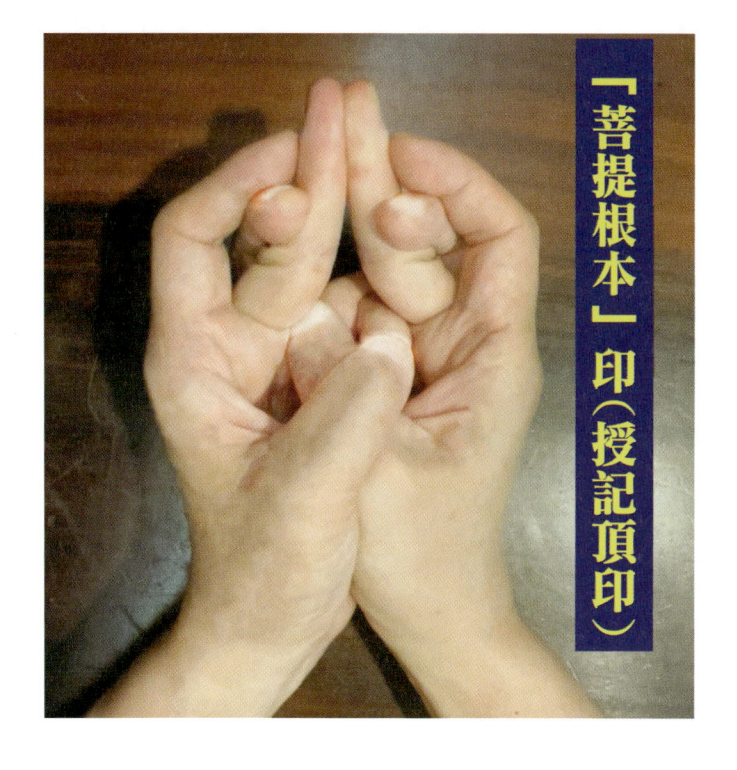

(附錄補註用)
《陀羅尼集經》卷1〈1 釋迦佛頂三昧陀羅尼品〉
「若那 斫迦羅」印呪，第十七(唐云智輪)
　　(jñā-cakra)
❶先豎二「中指」，頭相拄。
❷屈二「無名指」，各拟(於)「中指」中節(的)背(上)，
　　(兩無名指的)頭(要互)離「一寸二分」(3.6CM)。
❸以二「頭指」，各壓二「無名指」上節(的)背，
　　(兩食指的)頭(要)離「中指」甲「三分」(0.9CM)。
❹(彎)屈二「小指」在掌中(向掌內的方向，會輕觸到「大拇指」根下處)，
❺以二「大指」各捻「中指」上節內(側)，合腕。
(1)陀羅尼曰：唵……此印陀羅尼。若(有人準備要)說法時，(於)預(說法)前(先)禮拜一切三寶，請(求三寶)加被已，(然後)作「印」至心，(再)誦「陀羅尼」一百八遍，或千八遍，然後(再開始)「說法」，即(能獲)得「無畏樂說無礙」。
(2)若(有)人(欲以)惡心(對你作)論議、(或對你問)難者，(其)自然(即受)屈伏。
(3)又(若能)以此「印」(而去)印「佛輪座」，(誦)呪一百八遍，然後請「佛」安置(於)座上，(則)一切魔軍(皆)無不歸伏，(於)「大壇」會中，皆用此(手)印(的)。

詳細方式：
❶照「菩提心印」(懺悔印)的打法，更改為兩「無名指」的「頭」，互相距離為「一寸二分」(3.6CM)。
❷更改為二個「食指」要各離「中指」的「指甲」為「三分」(0.9CM)。

❸更改二個「小指」要「屈向」於掌中(會輕觸到「大拇指」根下處)。
❹更改為二個[大指]各捻在「中指」的「上節」內側。

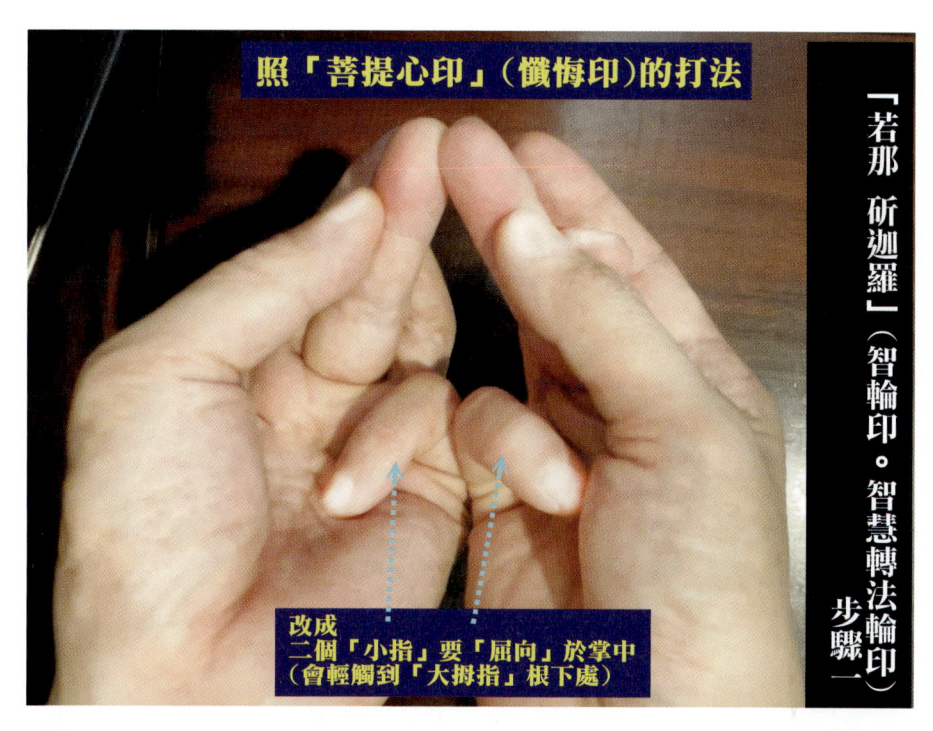

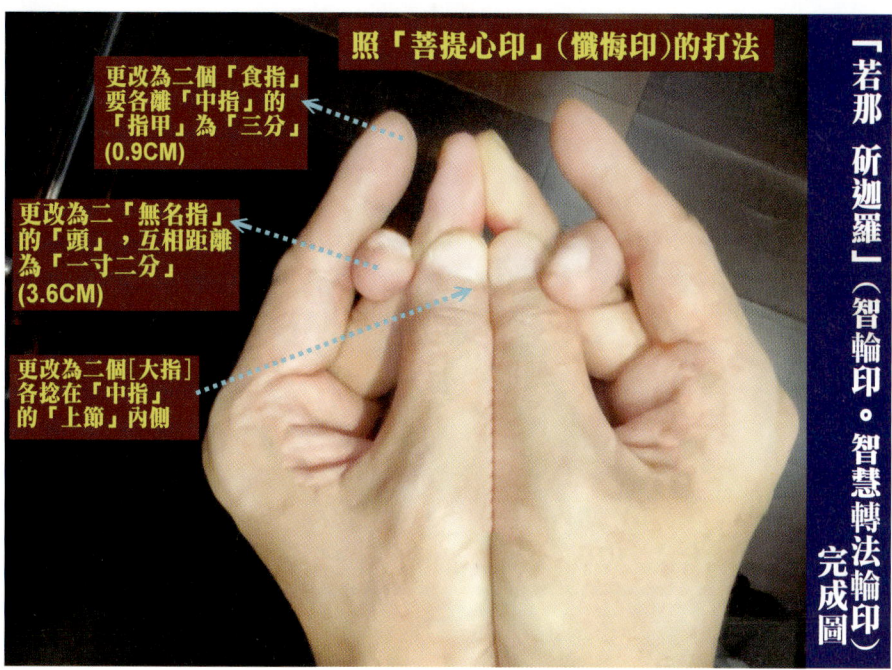

照「菩提心印」(懺悔印)的打法

改成
二個「小指」要「屈向」於掌中
(會輕觸到「大拇指」根下處)

「若那 斫迦羅」(智輪印。智慧轉法輪印)步驟一

照「菩提心印」(懺悔印)的打法

更改為二個「食指」要各離「中指」的「指甲」為「三分」
(0.9CM)

更改為二「無名指」的「頭」，互相距離為「一寸二分」
(3.6CM)

更改為二個[大指]各捻在「中指」的「上節」內側

「若那 斫迦羅」(智輪印。智慧轉法輪印)完成圖

164・《佛菩薩專用手印解析暨研究》(全彩版)

第二節 「菩提心成就」印

第二「菩提心成就」契

(一名「十方如來同印頂契」，
用前呪)

先以左右二手：
❶「中指」相交(叉)，右(手)押(住)左(手)，(兩中指皆各)於(其大拇指的)「虎口」中出「頭」。
❷二「無名指」並屈，(然後各)押二「中指」(的)背上。(實際上只能押到「右中指」的背處。「二」字應為錯字，可參考同為菩提流志所翻的《五佛頂三昧陀羅尼經・卷第四》經文便知)
❸二(大)「母指」各捻 (按:捏)二「無名指」，(然)後(與「無名指」而)相拄頭(即「指頭」與「指頭」相接的意思)。
❹二「頭指」(食指)於二「無名指」(的)背上，頭相拄。
(指「食指」在「無名指」背的「上節」處，然後兩頭相拄，「食指」會輕觸到「無名指」的「側背」，所以「食指」要儘量往「後」移動，讓它符合經文說的：要在「無名指」的「背上」之處)
❺二「小指」直豎，(指面互相)合頭(而)相拄，(即)成。

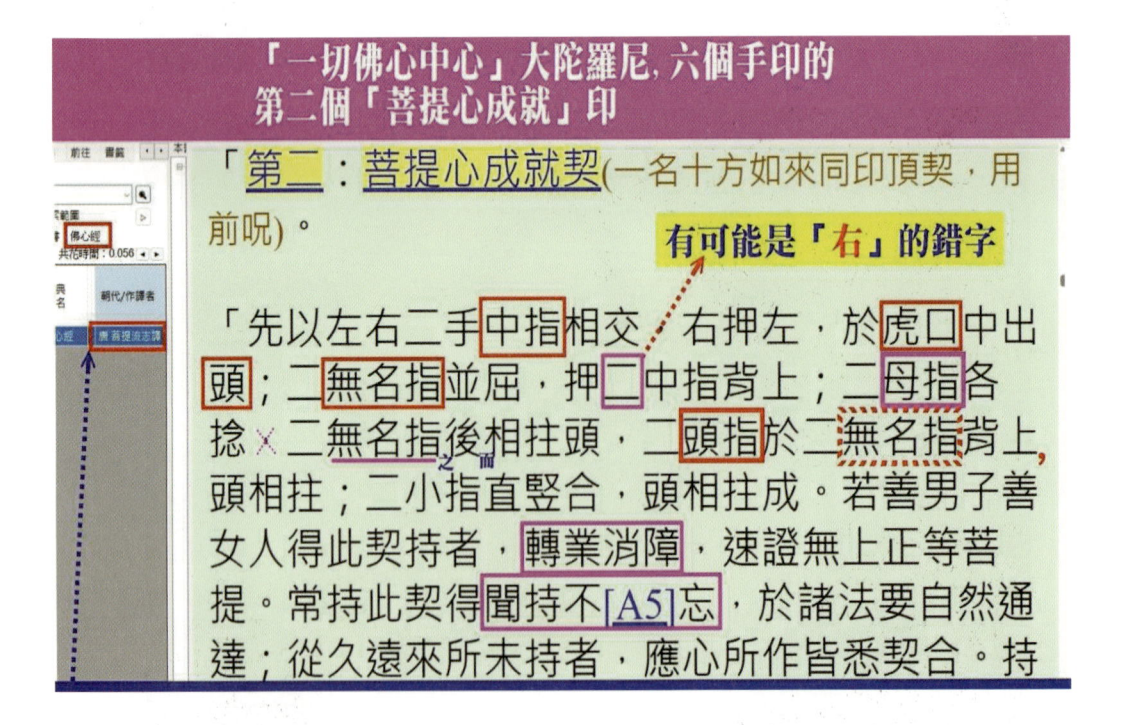

「一切佛心中心」大陀羅尼，六個手印的
第二個「菩提心成就」印

有可能是「右」的錯字

「第二：菩提心成就契(一名十方如來同印頂契，用前呪)。

「先以左右二手中指相交，右押左，於虎口中出頭；二無名指並屈，押二中指背上；二母指各捻×二無名指後相拄頭，二頭指於二無名指背上，頭相拄；二小指直豎合，頭相拄成。若善男子善女人得此契持者，轉業消障，速證無上正等菩提。常持此契得聞持不[A5]忘，於諸法要自然通達；從久遠來所未持者，應心所作皆悉契合。持

古佛經在抄寫過程中發生過「二」中指與「右」中指的「錯置」

> [0285a12] 准前根本印。唯改屈[3]右中指頭。拄左中指上第一節文。其左中指直豎伸[4]之。結是印護身。以印[5]印五處。結界右轉解界左轉。地界拄地上界上拄。是一法印亦名淨地

古佛經在抄寫過程中發生過「二」中指與「右」中指的「錯置」

詳細方式：

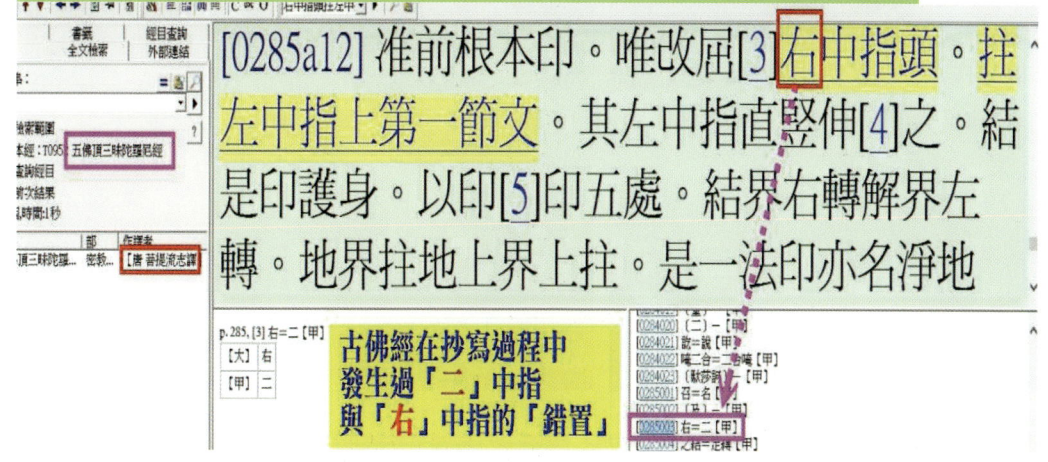

❶ 右「中指」押左「中指」，各在「虎口」中出「頭」。
❷ 兩「無名指」彎曲，同時押在「右中指」的背上。
❸ 兩「大拇指」捻著兩「無名指」的頭，造成「四指頭相捻」的手勢。
❹ 兩「小指」直豎並立，輕靠著前面的「無名指」。
❺ 兩「食指」的頭相捻合，「食指」的「中節」是輕靠著「無名指」的「側背」。注意：「食指」的「中節」不是放在「無名指」的「指甲」上頭處。此處千萬不可錯誤。

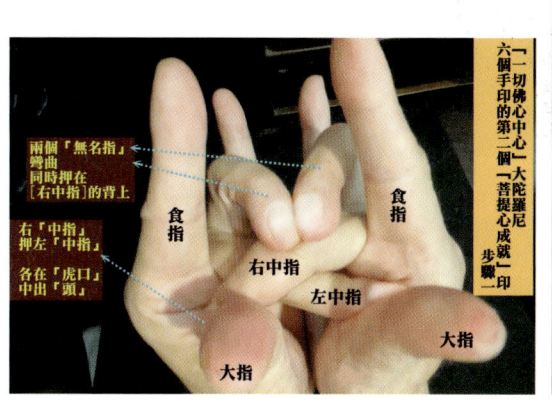

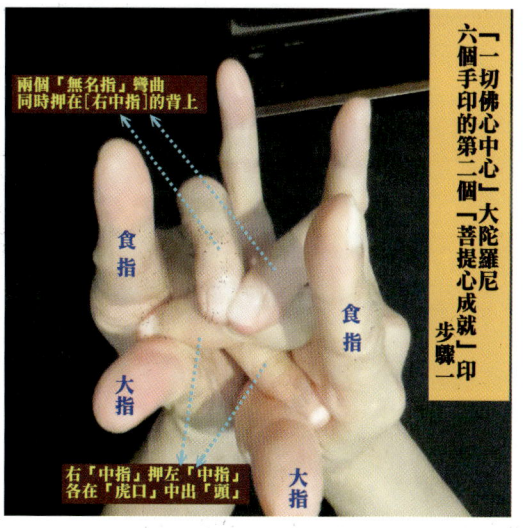

166．《佛菩薩專用手印解析暨研究》(全彩版)

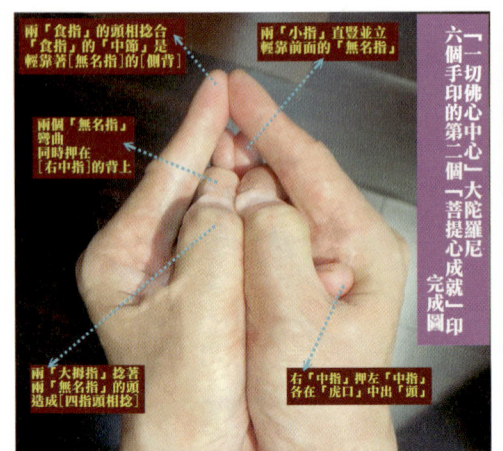

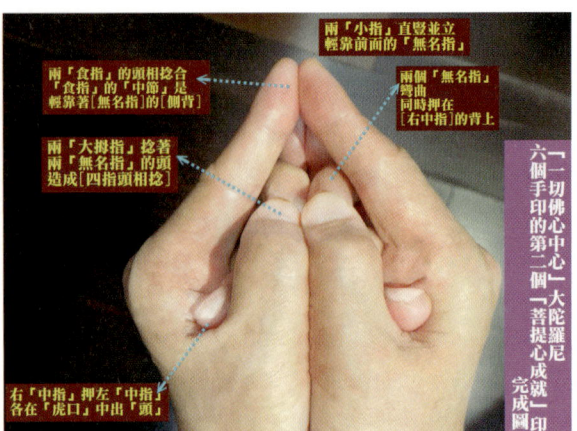

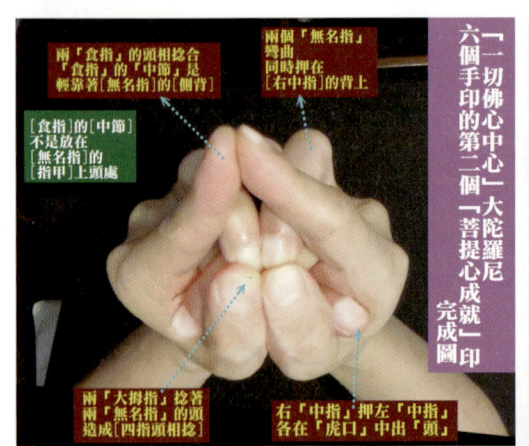

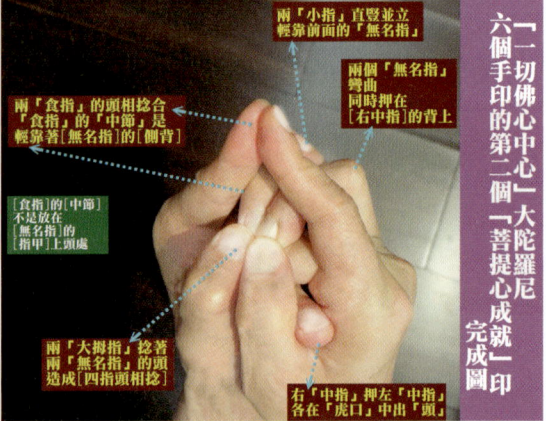

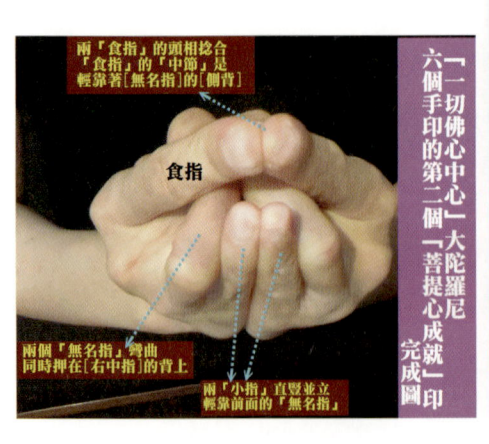

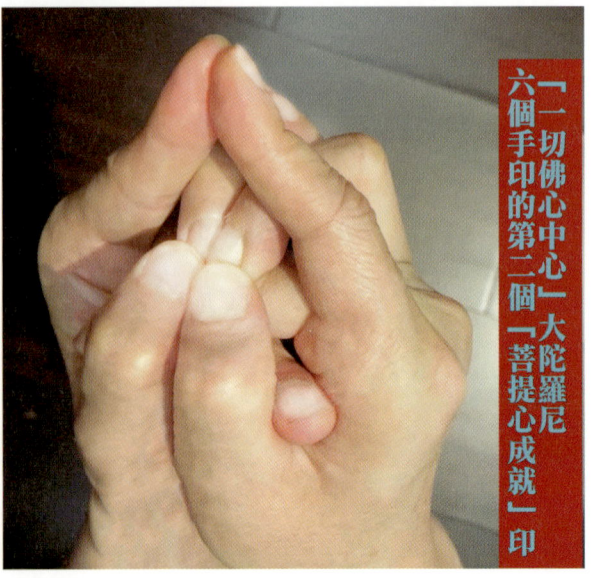

功德解說

唐・菩提流志譯《佛心經》云：

（一名「十方如來同印頂」契）

(1)……若善男子、善女人得此「契」，(而)持者，(能)轉業「消障」，速證「無上正等菩提」。(若能)**常持此「契」**，(即)得「聞持不忘」，於諸「法要」，自然(可獲得)「通達」……

(2)若欲得見「諸佛、菩薩、神鬼、精靈、金剛」等，每(於)結「印」之時，將印(去)「印」眼(此指用「食指」去「印」你的眼睛的意思)，至一千八十遍，即(可)見(之)……

(3)(所有)世間小小「諸病」，及「難治」、(或)「不可識」(的怪病)者，但結(此)「契」，(誦)呪滿「一日」，(所有的)「癲病」亦(能)除(滅)；(唯)除「不至心」……

(4)若(有)得此(印)法，但(應)自(審慎)「祕之」，勿傳(給)「非人」(指非「根器」之人，例如對方沒有受過「三皈五戒」的佛教徒，不是信仰大乘根器的人，對密教咒語法手印沒有信仰的人，這些都是指「非根器之人」的意思)。慎之！慎之！

(5)(若)欲用此契，(應衡)量事(情之)大、小。「大事」(才)行(此「咒印」)，「小事」(的話，那就)莫行(此咒印)，(若連「小事」也)用，(有可能會)損其(咒印的)「靈驗」。記之！記之！

(「大事」是指求「解脫、智慧、往生淨土」之大事，「小事」當然是指「假鬼假怪、鬼神靈通、殺鬼殺魔、宣稱能治癌、邪命活……」等諸事)

第三節 「正授菩提」印

第三「正授菩提」契
（一名「攝授諸祕門契」，
亦名「頂輪契」，
同一切佛用）。

先以左右二手。
❶「無名指」於「中指、頭指」兩間出頭(「無名指」去押「食指」的「背後」的「第一節紋」處，但「無名指」的後面是「中指」，如果不對，就是放錯位子了)。
❷次以二「中指」、二「頭指」(食指)，並頭相捻(按：捏)，四指「齊頭」相著(兩個「中指」也要相捻住，但它的位子在放在「食指」的後面，這樣「中指、食指」共四個指頭都是「平齊」的。如果你把「中指」改放在「食指」的前面，那等會「大拇指」也要放在「食指」這個位子，此處就會沒有多的位子了)。
❸二「大母指」，(要去)捻 (按：捏)二「頭指」(的)「上節文」。
❹二「小指」並頭，直豎。
❺合腕成印。

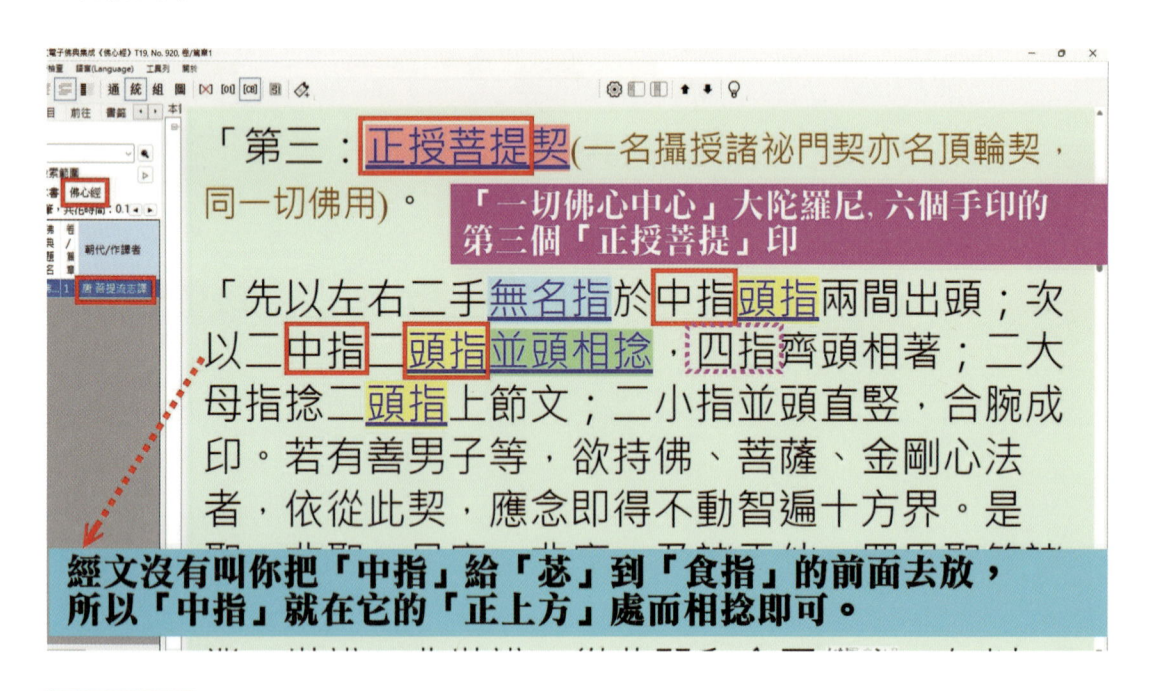

詳細方式：
❶兩「無名指」都要各自「蕊」在「食指」的背上，「無名指」的後面是「中指」。
❷兩「中指」相捻，與兩個「食指」形成「四指頭」平齊的狀態。

第一篇 諸佛專用的手印介紹　第十章「一切佛心中心」大陀羅尼的六個手印・169

❸ 兩「小指」直立相併，輕靠在「無名指」旁。
❹ 兩「大拇指」相併直豎，靠在「食指」的「上節紋」處。
❺ 手腕要合上。

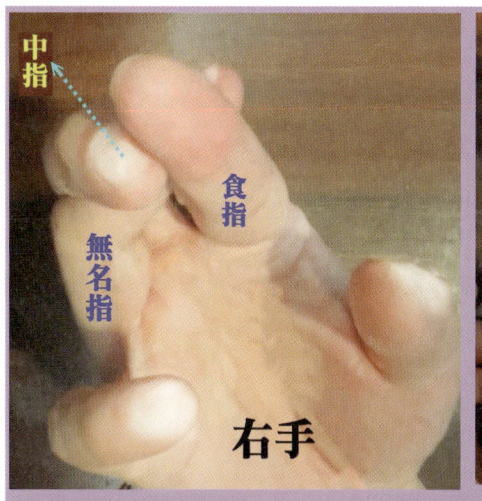

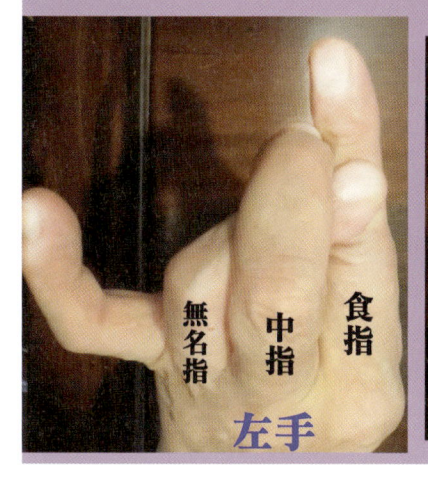

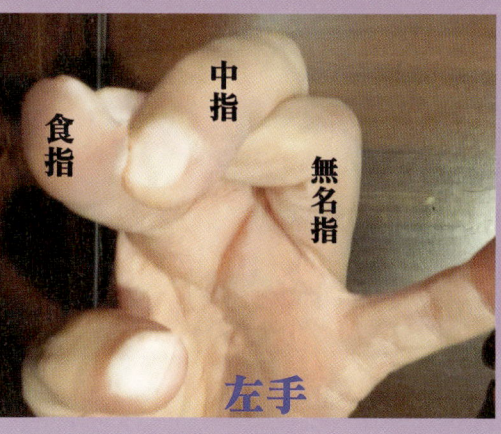

「一切佛心中心」大陀羅尼
六個手印的第三個「正授菩提」印
步驟一

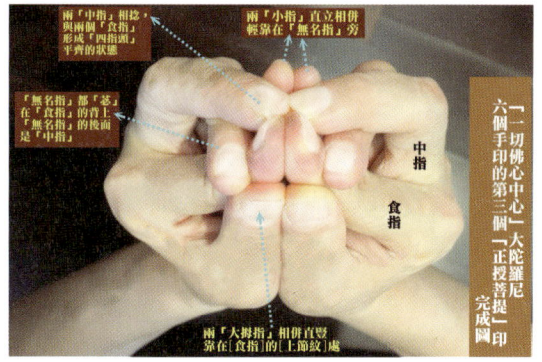

「一切佛心中心」大陀羅尼
六個手印的第三個「正授菩提」印
完成圖

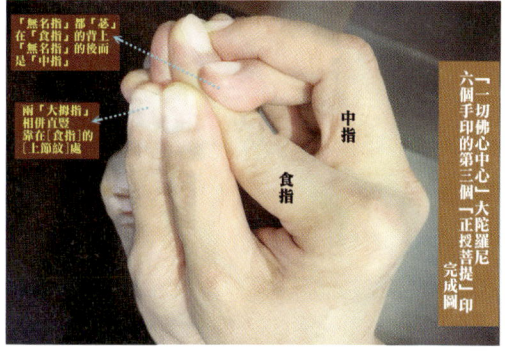

功德解說

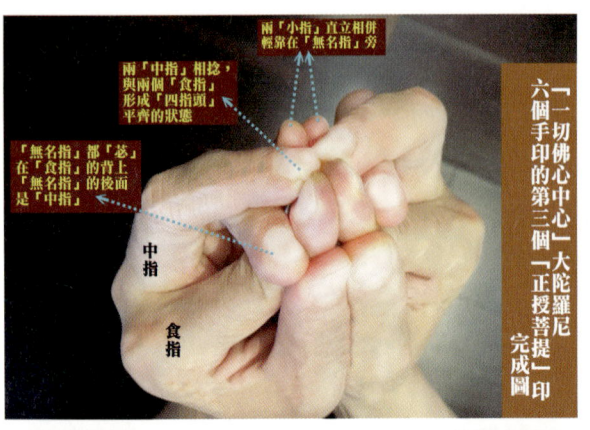

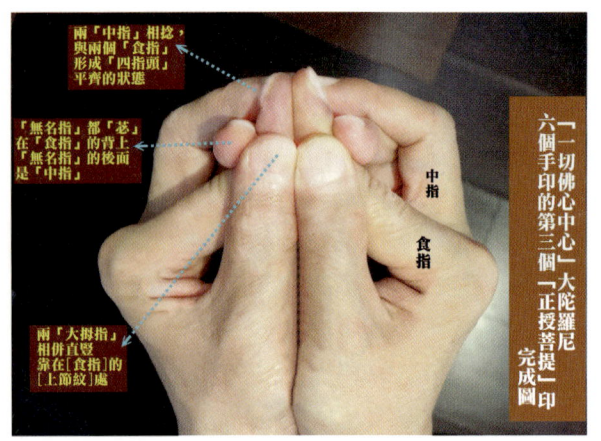

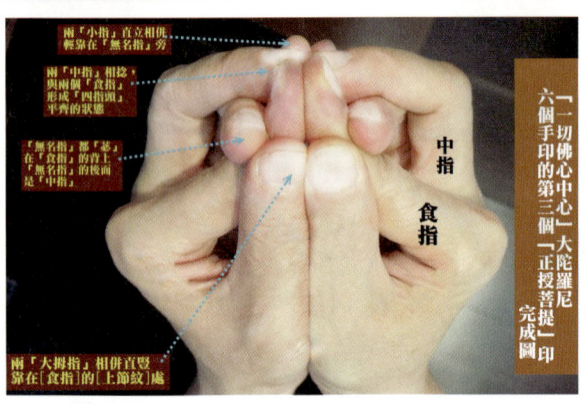

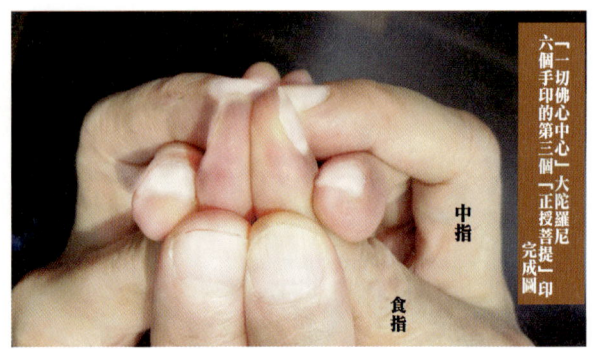

唐・菩提流志譯《佛心經》云：

（一名「攝授諸祕門」契，亦名「頂輪」契，同一切佛用）

(1)……若有善男子等，欲持「佛、菩薩、金剛」心法者，<mark>依從此「契」</mark>，應念(一念之間)即得<mark>不動智</mark>(而周)遍(於)十方界……

(2)諸佛(之)「<mark>祕藏</mark>」，(皆)從此(印法而)攝(受)故，諸佛(之)「頂輪」，(亦)從此(印法而)成故，一切「金剛」(皆)依從(此印法而)住故，十方「眾聖」(亦將)來「歸命」故。

(3)一切諸惡，(將)迴向(而成為)「善」故……一切「諸障」，(亦)自消除故，「天魔波旬」(亦)自「降伏」故……

(4)一切諸法，(若)不得「現前」(的話)，(則)<mark>依從此「契」</mark>，<mark>即得</mark>(令)<mark>現前故</mark>。一切「諸佛、菩薩」(所有)「逆、順」(的)諸(法)門，自(能得)了知故……

(5)若有善男子、善女人，得此「契」(而)持者，(應)於「淨心」中(而)慎莫「惑亂」，收「心」在「定」。(應)<mark>先念「三歸」</mark>，<mark>發「受戒」</mark>之<mark>心</mark>，然(後再)<mark>結此「契」</mark>。

（不應將手印的功德、結法，受予「非人」。

非人＝非「根器」之人＝尚未「三皈五戒」的佛弟子＝發心不正的人＝邪見之人）

(6)當結(印)之時，即(會)有十方「地神」，執持「<mark>香爐</mark>」(供)供養此(結印之)人……

(7)(若)欲作此「契」,(應)燒三種香:一「檀香」、二「薰陸」(香)、三「沈香」,各別(的)燒(香),(則)三世諸佛,(將)同現(於)其(人之)前……

(8)每日無問夜及晨朝,(只要)結「契」,誦至千遍,十方如來(將來)自助其「力」……

(9)欲用此(印)法,必須消息(邪緣邪見),(應好好)記持,莫(於)「不淨」用,若(於)「不淨」用,(則)一切(將)滯礙(而)無有成(就)者。

(10)若(於)諸印法,(經)久持(而亦)不得成(就)者,(只需)結此「契」,日持(咒語)千遍,不經七日,無法不(獲)成(就),所用(印咒之功德神驗),即無「滯礙」(矣)。

(11)記之!記之!勿傳(此印咒於)「非人」(指非「根器」之人,例如對方沒有受過「三皈五戒」的佛教徒,不是信仰大乘根器的人,對密教咒語法手印沒有信仰的人,這些都是指「非根器之人」的意思)。

第四節 「如來母」印

第四「如來母」契

(又名「金剛母」,
亦名「菩薩母」,
又名「諸佛教母」,
亦名「諸法母」,
亦名「諸印母」,
又名「自在天母」,
又名「契持母」,
亦名「總持母」)

先以左右二手「合掌」。
❶二「小母指」(小指)交屈入掌中(右押左)。
❷二「頭指」鉤取二「小母指」頭(食指彎如鉤狀。「左食指」是鉤住「右小指」的頭,「右食指」則是鉤住「左小指」的頭。此時二個「食指」中節的「背面」一定會互相捻住的狀態,而且「小指」的頭也會露出在「虎口」一點點)。
❸二「大母指」並押二「頭指」(的)「中節」。
❹二「無名指」直豎,頭(要)相捻(按;捏)。
❺苾(古同「祕、柲、秘」→藏;扭曲;彎曲)二「中指」,(二個中指要繞)向二「無名指」(的)後(面),亦相捻(按;捏),四指頭「齊」(這樣「中指、無名指」共四個指頭都是「平齊」的)。
❻合腕成。

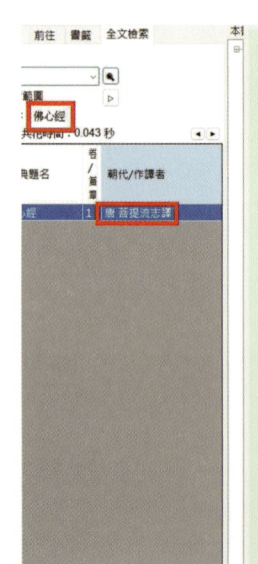

「第四：如來母契(又名金剛母,亦名菩薩母,又名諸佛教母,亦名諸法母,亦名諸印母,又名自在天母,又名契持母,亦名總持母)。

「先以左右二手合掌,二小母指交屈入掌中,二頭指鉤取二小母指頭;二大母指並押二頭指中節;二無名指直豎頭相捻,[2]苾二中指向二無名指後亦相捻;四指頭齊合腕成。其座須結跏,亦得驗小聲陰誦前呪。若有善男子、善女人欲持此契者,心念十方諸

詳細方式：

❶ 兩「小指」右押左入掌,「小指」的「頭」會露在「虎口」一點點。
❷ 兩「食指」鉤住兩「小指」的「頭」,「食指」彎如「鉤」狀。「左食指」鉤住「右小指」頭,「右食指」鉤住「左小指」頭。
❸ 兩「食指」中節的「背」要互黏住。
❹ 兩「大拇指」並押兩「食指」的側邊「中節」處。
❺ 兩「無名指」直豎,頭相捻,創造出類「三角形」。
❻ 兩「中指」要繞到「無名指」的後面,頭相捻,創造出類「三角形」。
❼ 「中指、無名指」共四個「指頭」保持「平齊」。
❽ 兩手要合腕。

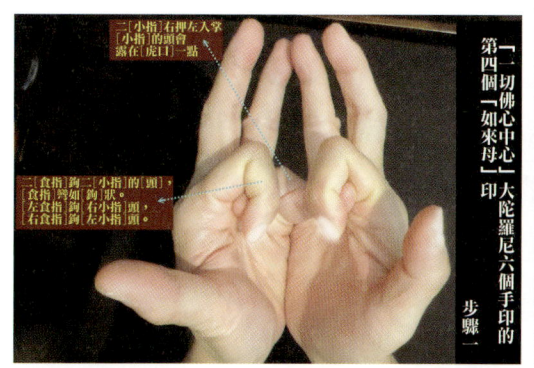

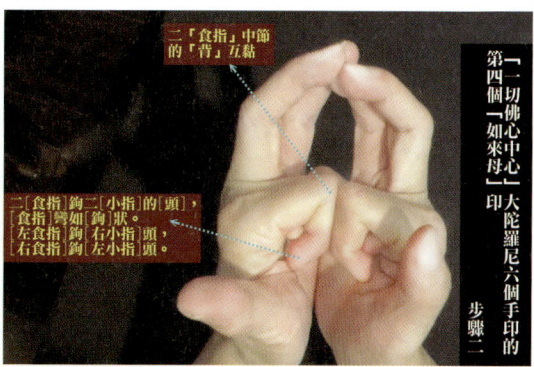

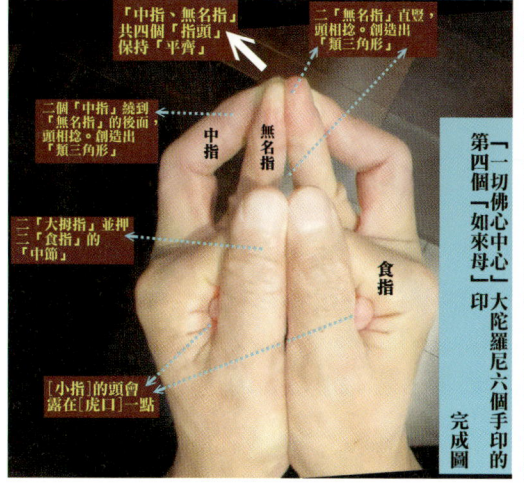

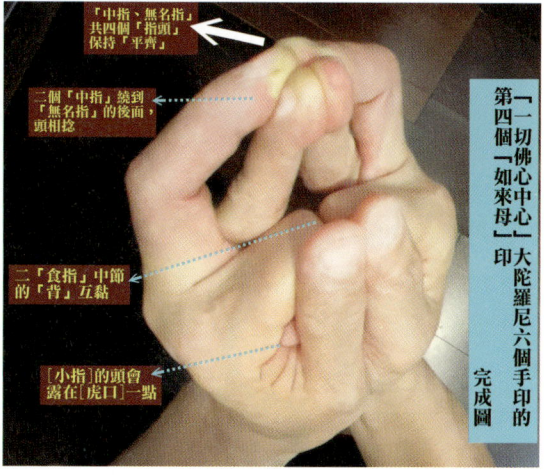

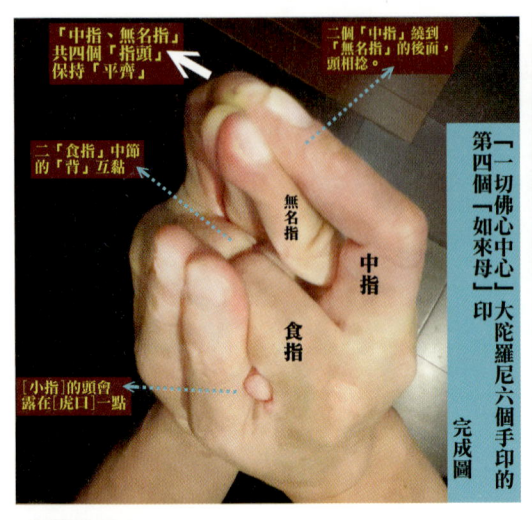

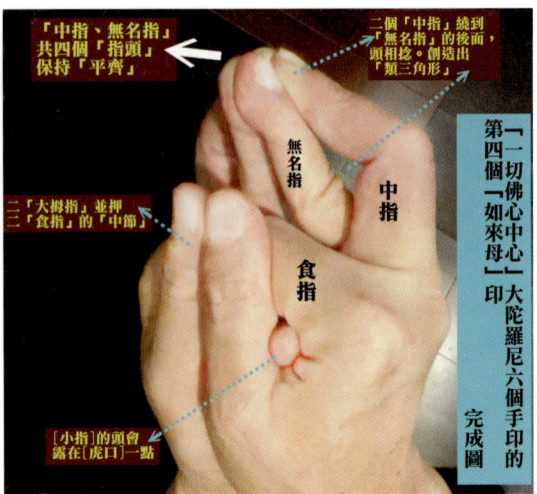

[圖左標註]
「中指、無名指」共四個「指頭」保持「平齊」
二個「中指」繞到「無名指」的後面，頭相捻
二、「食指」中節的「背」互黏
無名指
中指
食指
[小指]的頭會露在[虎口]一點
第四個「如來母」印「一切佛心中心」大陀羅尼六個手印的完成圖

[圖右標註]
「中指、無名指」共四個「指頭」保持「平齊」
二個「中指」繞到「無名指」的後面，頭相捻。創造出「顎三角形」
無名指
中指
二、「大拇指」並押三、「食指」的「中節」
食指
[小指]的頭會露在[虎口]一點
第四個「如來母」印「一切佛心中心」大陀羅尼六個手印的完成圖

功德解說

唐・菩提流志譯《佛心經》云：

第四：「如來母」契

（又名「金剛母」，

亦名「菩薩母」，

又名「諸佛教母」，

亦名「諸法母」，

亦名「諸印母」，

又名「自在天母」，

又名「契持母」，

亦名「總持母」）。

(1)……若有善男子、善女人欲持此「契」者，(應)心念十方諸佛「七遍」，然後當結此「契」。其契，每於大月「十五日」，結此契，持(咒)得「萬遍」，十方世界所有「自在」法門，(即)應身即現……

(2)乃至種種諸佛所作之「事」，皆悉能為、能作。何以故？為於此(「如來母」印)中，是「八種母」故，及「八自在」故，諸佛常說「八自在」故，我從此而生，更無別處。

(3)(若)有此「契」，即能攝「八方自在之力」，一一方界，皆有「八方」，一一方，皆有「八種隨心」。何等為八？

一、「變化」隨心。

二、「慈悲」隨心。

三、「救苦」隨心。

四、「說法」隨心。

五、「逆順自在」隨心。

六、「攝諸要契，自來相逐」隨心。
七、所有「諸毒」令向「善」，得至佛身「無退轉」隨心。
八、世間所有「果報福德」，能「施」即「施」……能「修」即「修」，須「成」即「成」，須「破」即「破」隨心。

(4)善男子等！如是(八種)「隨心事」中，(於)一一(中)皆有百千恒河沙「隨心事」(而)不可具說。

(5)若有(願)求者，但於晨朝，結「契」(而)求之，無不「可逐」。若「不果」者，諸佛(便是)妄語。

(6)若有善男子、善女人，欲持此「契」者、欲求「佛位」者、欲求「菩薩位」者……欲「求生西方」者……欲求「十方自在生」者……唯當至心思惟，自念(所願之)事，日持「千遍」，(於)七日之間，即能「得」至，(若此世)一離世界，更不往來(指即得「往生淨土」之意)……

(7)善男子！當知此「契」，唯「佛與佛」，乃能「記持」，非(其餘)諸聖(能記持)也。唯諸「菩薩願力」(圓)滿者，乃能「記持」(此印)，非「初心」(菩薩)，也非諸「金剛」(能記持)……

(8)當知此「契」，(為)諸佛(之所)執持(與傳授)，非(為)菩薩(的)手(能執持與傳授的)。若有菩薩，不從「佛」受(而)能行此「契」(者)，(乃)無有是處。

(9)若有「金剛」，不從「佛」受(而)能得此「契」(者)，亦無是處……

(10)善男子！當知此「契」，(即)「如來心」，(若)結「契」，持(咒)百遍，(即)自得「佛心」……

(11)善男子！當知此契，(即)同於「如來語」，(若能)持「契」(誦咒)百遍，將手印舉至於「口」，(則)所說(的)「法要」，(即)同「如來音」，無有「礙滯」，皆(能)合(於一切)「契經」。

(12)善男子！當知此「契」，(即)如來「頂輪」，(若)結契，持之百遍，能與「惡業」眾生作「大福田」，(能與)「善業」眾生，(令)證果(與)受記……

(13)善男子！當知此「契」不可思議，若(有)於「願持者」，必須「珍重」(此手印)，勿「妄宣傳」(給)與「諸非人」。何以故？我(乃)自(為)「保護」故。若(妄)傳(給)「非人」，即(等)同(毀)謗(釋迦佛)我(一樣)，若(有)謗我者，(則)必無「出離」(生死)。若不「出離」(生死)，云何(能)得見「十方諸佛」？……

(14)當知此「契」，必須「記持」，勿「輕用」(輕賤而妄用)也，(可在)「受法、懺悔、除難、救苦、攝障、度人、降魔、止毒」(使)用(此印咒法)，縱有輕(微之)「小事」(「大事」是指求「解脫、智慧、往生淨土」之大事，「小事」當然是指「假鬼假怪、鬼神靈通、殺鬼殺魔、宣稱能治癌、邪命活……」等諸事)，(即)意(使)用此「印」法者，(即)多不成就，(甚至)自當「失驗」。

(15)若能依此(指「受法、懺悔、除難、救苦、攝障、度人、降魔、止毒」用)，諸驗(即)自成，不假別持(他咒印法)。

(16)(若)使我廣說(此印法的功德)，(則)句義(就算重)重疊(而遍)遍於大地，猶亦不(能窮)盡，記之！不輕(不能輕賤而妄用)。

第五節 「如來善集陀羅尼」印

第五「如來善集陀羅尼」契
(亦名「攝菩薩契」,
亦名「攝一切金剛藏王法身契」,
亦名「集一切陀羅尼神藏契」,
亦名「集一切威力自在契」)

先以左右二手合掌
❶交二「中指」,右押左,於掌中。
❷二「大母指」,左押右,各捻³(按;捏)本「中指」(作)如(雙)環(狀)。
❸二「無名指」、二「小指」並豎,頭相捻³(按;捏)。
❹二「頭指」(於)捻³(按;捏)二「無名指」上節文(這邊少了一個「背」字,所以應該是二「食指」捻二「無名指」背上的「上節紋」才對)。
成(印)。

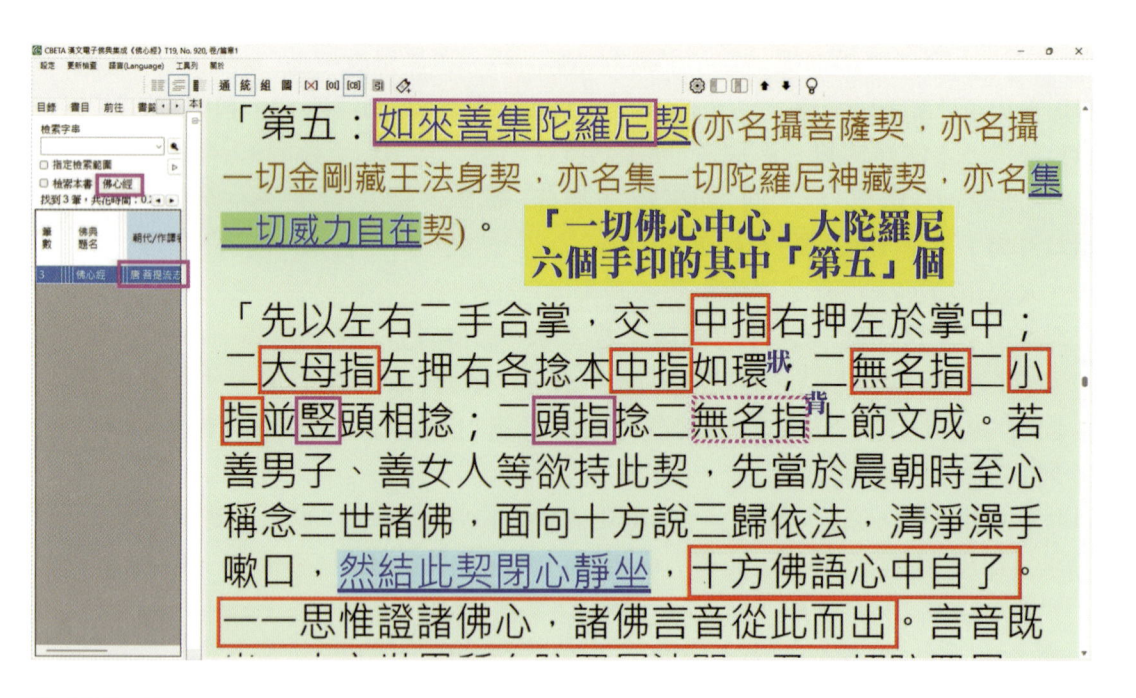

詳細方式:
❶兩「大拇指」各捻二個「中指」,做成「環狀」。
❷「右手環」去抱住「左手環」,右上左下。
❸兩「無名指、小指」都保持「直豎」相合。

第一篇 諸佛專用的手印介紹 第十章「一切佛心中心」大陀羅尼的六個手印・177

❹兩「食指」捻「無名指」的背上「第一節」處。

注意：很多人會將兩「食指」停在「無名指」的「前面」，然後再讓兩「食指」相捻住，這是錯的！

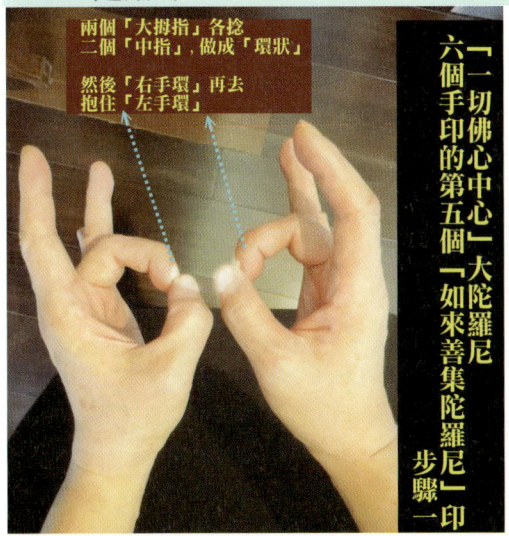

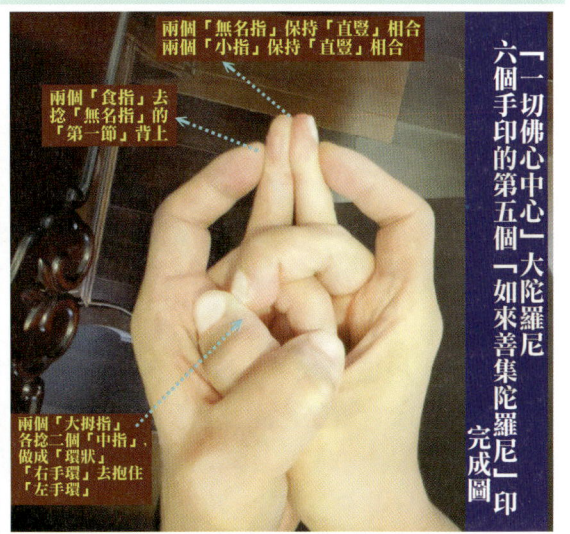

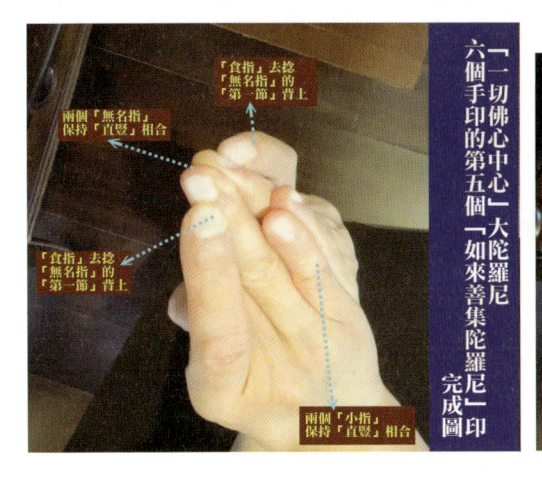

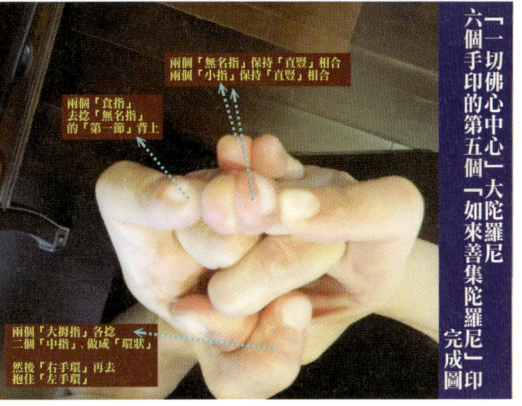

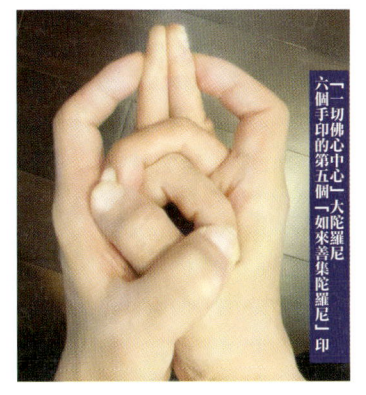

功德解說

唐・菩提流志譯《佛心經》云：

第五：「如來善集陀羅尼」契

（亦名「攝菩薩」契，

亦名「攝一切金剛藏王法身」契，

亦名「集一切陀羅尼神藏」契，

亦名「集一切威力自在」契）。

(1)……若善男子、善女人等，欲持此「契」，先當於「晨朝」時，至心稱念「三世諸佛」，面向十方，(先)說「三歸依」法，清淨澡手、嗽口，然「結此契」，閉心(而)靜坐，十方「佛語」(於)心中(即能)自了(自我明了)。

(2)(能)一一「思惟」(與獲)證諸佛(之)心，諸佛(之)「言音」(即)從此(印)而出。「言音」既出，十方世界所有「陀羅尼」法門，及一切「陀羅尼」神，及百萬億「金剛藏王」、百萬億世界「菩薩摩訶薩」，及諸佛「陀羅尼藏、龍藏、日藏、月藏、地藏、阿修羅藏、伏藏、寶藏、諸佛祕藏」，乃至諸佛所有一切「慈悲藏」等，(將會)自然開發，皆自(顯)現(在你之)前……所有「陀羅尼」藏，即(能)自(我)了達。得「了達」已，一切「陀羅尼」法，(將)取用(而)無滯。

(3)若善男子等，欲持此法，須燒「檀香、薰陸香、沈香」等，須(清)淨衣服，(應於修行)所(而)發誓言：我今持此「契法」，(乃)普為一切眾生……

(4)若有「災疫」流行，「惡風、暴雨」，難禁制者，當結此「契」，呪經七遍，輪轉三匝，「災疫」(即可獲)停息。

(5)若有持一切「陀羅尼」(咒語者)，久用功夫，(而仍)不得效(驗)者，當結此「契」，(置)在於(頭)頂上，(能)得至「最勝」(感應)，其(咒語神)力即成(就)，更無「擁滯」(發生)。

(6)善男子等！如來(之)「神力」，(皆)從此而生，如來(之)「契法」，(亦)住「此」而出，「過去諸佛」所有「契集法藏」，(亦)從「此」(而)集……

(7)若(於)一切法，有諸眾生(仍)不(能)「決了」者，亦結此「契」，指(向)此人(之)心，自然(能令他人)了達(法義)。

(8)諸「佛、菩薩、金剛」所行(之)神通，人(皆)不知(其境界)者，(其實諸佛菩薩金剛亦)皆用「此契」……

(9)如我此「契」，縱持(其餘)諸法，多(少會)有「犯觸」(到某些「規矩」而不夠「如法」)，但(若)得此契，(則皆)不懼(任何的)「犯觸」(與「不如法」)，亦無(發生任何的)「退散」……

(10)(若)常持此「契」，所有(的)「福力」，(將)共(與)「諸佛」(同)等(也)。

(11)若(有欲)修「無上菩提」之人，當持用(此手印而)有(大)「力」(之助)。(於)諸餘「貪詐、小心」(貪詐、邪命活、小根器、只發小乘心者)，勿「妄宣傳」(給這些「非根器」之人)；縱傳(授給這些人)，(不

只)**無效**(沒有任何靈驗)，(對方)即(易生)起「**謗法**」。

(12)善男子！當知此「契」，(即)是「**諸佛之身**」，能攝(受)「諸法」(而)自「宣通」(宣揚顯通)故。

(13)善男子！當知此「契」，(即)以(為)「**如來身**」，能攝「諸聖」來作「輔」(助)故。

(14)善男子！當知此「契」，(即)如來「**心**」，(能)攝「諸藏門」在(於己心)意(之)中故。

(15)善男子！當知此「契」，(即)如來「**身**」，能攝一切「菩薩、金剛」(來)護「世間」故……

(16)善男子！寧說「諸佛」(即)同「婬欲身」(的誑妄瘋語)，**莫輕**(賤)此「契」，**必須護持**(此手印)。何以故？豈有「諸佛」成(就)「婬欲行」不？諸佛若無「婬欲」，當知此「契」(則)必(等)同(於)「諸佛」。

(17)若(有能)持此「契」，縱(使有)造(作)「地獄」因，(已)墮於「地獄」(者)，(持此手印，能)**令地獄內諸「受罪」者**，應念(即獲解脫，甚至能)**生「天」**，無有一人，及受罪(之)苦。

(18)釋迦如來(曾經)現病(示現病態)，(亦曾)入於「地獄」(去)救諸眾生，(即是)**當用此「契」**，更無餘「契」，能與此(手印能相)等(的)。

(19)若使我說，劫劫相續(而說此手印的功德)，說(亦)不可(窮)盡，(應)記之，不(可)**輕、異**(輕賤與視作「荒誕怪異」之事)。

180・《佛菩薩專用手印解析暨研究》(全彩版)

第六節 「如來語」印

第六「如來語」契
(亦名「勅令諸神契」，
亦名「勅令魔王外道契」，
亦名「聞持不忘契」，
亦名「善說語祕門契」，
亦名「同一切眾生言音契」，
亦名「一切逆順而說無能違契」，
亦名「一切言音無錯謬契」)

先以左右二手合掌：
❶以左右二「無名指」、二「小指」叉於掌中。
❷即以二「大母指」，左押右，捻(按;捏)二「無名指、小指」甲上。
❸二「中指」、二「頭指」，(互相)並豎直申(指左右的「中指」與「食指」，是互相靠併著)。
❹(左右二隻)總拆開(為)「二分」許(大約是 0.6cm)，成。

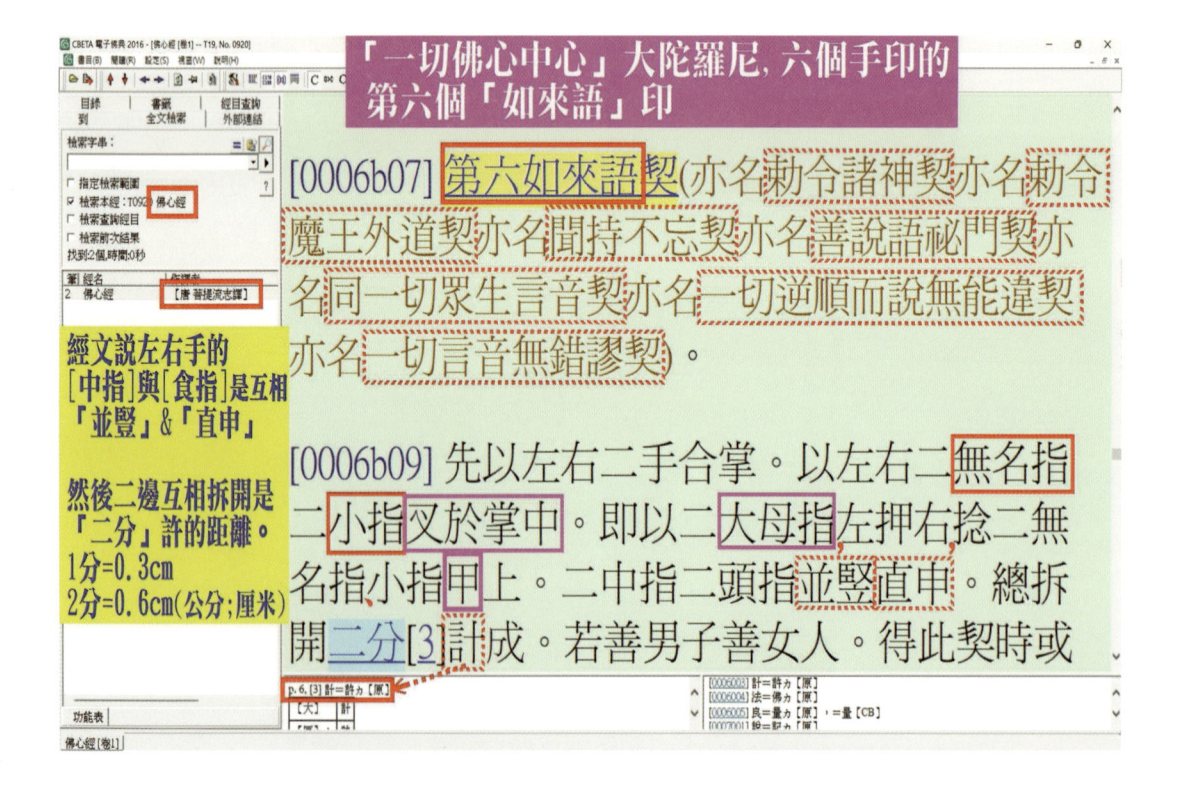

詳細方式：

❶ 兩「無名指、小指」相叉入掌，右押左。
❷ 兩「大拇指」，以「左押右」的模式，各捻自己的「無名指、小指」的「指甲」。
❸ 兩「中指」與「食指」互相靠併直豎。
❹ 左右二邊距離為「二分」(0.6cm)。

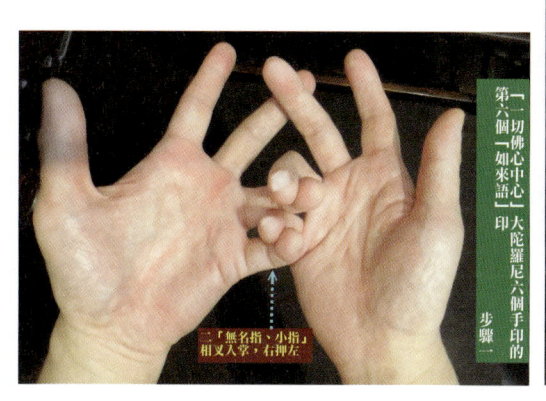

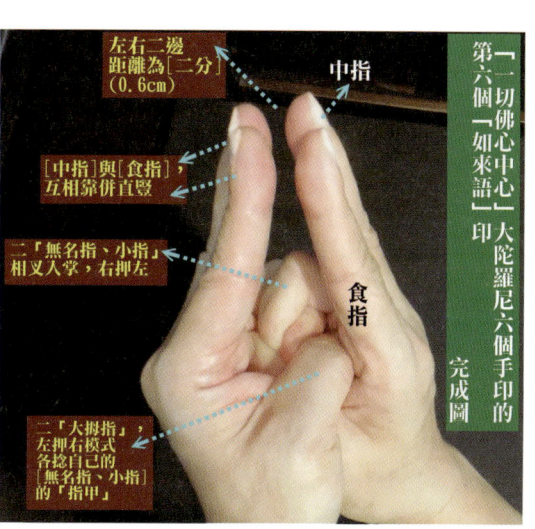

功德解說

唐・菩提流志譯《佛心經》云：
第六：「如來語」契
（亦名「勅令諸神」契，
亦名「勅令魔王外道」契，
亦名「聞持不忘」契，
亦名「善說語祕門」契，
亦名「同一切眾生言音」契，
亦名「一切逆順而說無能違」契，
亦名「一切言音無錯謬」契）。

(1)……若善男子、善女人，得此「契」時，或(方)得「聞」(此手印)時，或(方)得「見」(此手印)時，其人「身上」所有「積劫重障難」，自然(即獲)消滅，一切「法要」及「非法要」，(只要一)出「語」(即獲)「讚歎」，(一出「語」)即成(眞)實故。所出「言音」(皆能)勅召「諸事」，(所出「言音」皆能)告令十方，應時(令)十方(皆)同「知、聞」故……

(2)維摩詰取「東方」金剛座(時)，(即)用此「契」力，多寶如來，從「下方」發來，(亦)用此「契」力，(只一)「出言」，即得更無「疑滯」。何以故？以佛(之)「言音」(乃周)遍十方

故；以此「言音」(即)同「諸佛言音」，無有「二」(之)故。

(3)以此「言音」，(即)同佛(而)常(獲)「決定」(之)故；所有「諸法」，口所「宣說」，即同(獲)「記持」(而)無「錯謬」故……「言」所出「音」，一切眾生，若得「聞」者，皆(能)解了故；(無論)「是語、非語」，(只要)口(之)所說者，(即)如諸「法音」(一樣)，一切眾生皆(能)信受故；所說教令，眾生(皆能)「記持」(而永)不「忘失」故……

(4)善男子！若持此法，若行、若坐、或住、或臥，先念「三歸」，然後結持此「契」，得滿「百日」，(於)一切「語言」，無不(獲)解了。若能「至心」(誠意的修)，(結果還)不解了(諸法言音)者，(則)一切諸佛便為「妄語」。

(5)若使我(來)喻此「契」(之)力，(則)無喻可(為之)喻、無比可(為之)比，乃至(於)「過去、未來、現在」一切諸聖，無有能知此「契」力者……

(6)當知(此手印,自)久遠(之)佛力(以來)，(乃)遞相「付屬」、遞相「承受」、遞相「印可」、遞相「授記」。

(7)如上之(不可思議)事，(乃)從「自在」心中「語」契(而)出生，(故於此手印)不可「輕用」(輕賤而妄用)。

(8)記之！慎之！慎之！(才剛發)「初心」(的)眾生，勿令(這類「初心人」)見我如上(所說)印法(的功德境界)，(此為)難可「度量」(之)消息(境界)。(故)不得「輕用」(輕賤而妄用)，(若於)「小小」之事，若有用(之於「小事」)者，(即)令人「失驗」，縱欲用(手印)時，(應衡)量事「大、小」(「大事」是指求「解脫、智慧、往生淨土」之大事，「小事」當然是指假鬼假怪、鬼神靈通、殺鬼殺魔、宣稱能治癌、邪命活……」等諸事)……

(9)佛告實德菩薩：我此「定契」，一一諸佛，(亦)從此(而)得定。久遠以來，唯諸佛有此「定契」，若諸菩薩、一切金剛，(皆)無此「契」也，若有此「契」，即同(於)「諸佛」……

(10)此法勿「妄持」之……唯(應)止(於具有)「惡心、妬心」(者)，(這些具有「惡心、妬心」者)持(此手印咒法)即無效(驗)，若無「惡、妬」心，(則)速證(乃)不難(之事)。

第十一章 《大寶廣博樓閣善住祕密陀羅尼》的三個手印

第一節 根本手印

唐・菩提流志(公元693年到長安譯經)《廣大寶樓閣善住祕密陀羅尼經》卷3〈10印法品〉

爾時，執金剛菩薩白佛言：世尊！云何「根本印」？云何「心印」？云何「隨心印」？唯願世尊為我演說。

佛言：「根本印」者：

❶先以右手「頭指」(食指)與「大拇指」相拄，以「頭指」(食指)捻「大拇指」甲「側」(注意：二個「食指」是不可「相捻」黏上的，「食指」是捻在「大拇指甲」的「側邊」，不是在「正方上」的位子)。

左手亦然。

❷二手合掌當心。

❸屈二「中指」相拄，猶如「寶形」。

❹二「無名指」相著，如「獨鈷杵」形(既是「獨鈷杵」形，則二無名指應該要儘量「靠合」才對)。

❺直舒二「小指」，相去「少許」。

根誦「本呪」……

若復有人，隨所在處，結是「三印」，當知此地，如有「佛塔全身舍利」。持是法者，十方一切諸天，護世四天王等，供養恭敬此人，如供養「如來舍利」等塔，無有異也。一一印法所有功德，說無窮盡。

唐・菩提流志(公元693年到長安譯經)《廣大寶樓閣善住祕密陀羅尼經》卷3〈附文・12 手印品〉

第十九　根本印法

爾時，執金剛菩薩白佛言：世尊！云何「根本印」？云何「心印」？云何「隨心印」？唯願世尊為我演說。

佛言：「根本印」者：

❶以右手「頭指」(食指)與(大)「拇指」相拄，以「頭指」甲(去)掐(用指甲按或切入)「大指」甲「側」(注意：二個「食指」是不可「相捻」黏上的，「食指」是捻在「大拇指甲」的「側邊」，不是在「正方上」的位子)。左手亦爾。

❷二手合掌當心。

❸然後「稍屈」左右「中指」(亦即二中指要作一個「寶形」狀)，令兩頭相拄。

❹復展左右「無名指」，亦令兩相拄。

184・《佛菩薩專用手印解析暨研究》(全彩版)

❺各舒(展)左右(的)「小指」。
作此印時，應誦上說「根本呪」。作此印呪，請「四天王」，即得速來，最勝擁護……若復有人隨所在處結是「三印」，當知「此地」如有「佛塔全身舍利」。持是法者，十方一切諸天、護世四天王應當供養，如來舍利塔等無有異也。一一「印法」所有功德，說無窮盡。

唐・不空(從公元730年開始譯經)《大寶廣博樓閣善住祕密陀羅尼經》卷3〈9 護摩品〉
❶二手作合掌，應置於「心」上。
❷「屈」於二「頭指」，及以二「大指」相捻，猶如「環」。
(注意，據較早的菩提流志譯《廣大寶樓閣善住祕密陀羅尼經》，二個「食指」是不可「相捻」黏上的)
❸二「中指」(要)躠屈，猶如於「寶形」。
❹豎合二「無名」(二「無名指」應該要儘量「靠合」才對)，
❺擗擘(古通「礔」→分離;開張)開二「小指」。
是名「根本印」。
智者結此印，誦「根本密言」，即成先行法。

詳細方式：
❶兩「小指」直豎散開，靠著前面的「無名指」。
❷兩「無名指」相合，儘量「合併」直豎。
❸兩「中指」作如「寶形」，靠在後面的「無名指」。
❹兩「大指」併立直豎。
❺兩「食指」押在「大指」側邊的「指甲」上，作如「環」狀。二「食指端」，勿相黏合。

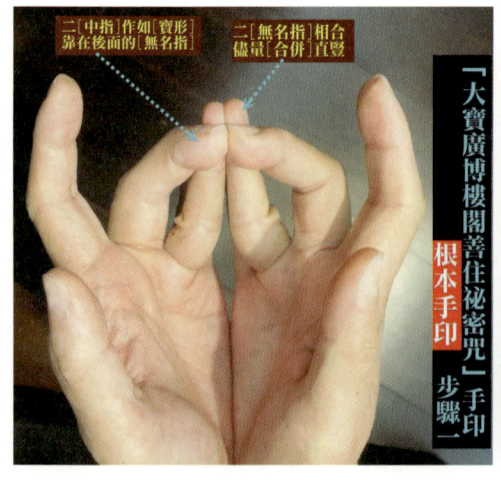

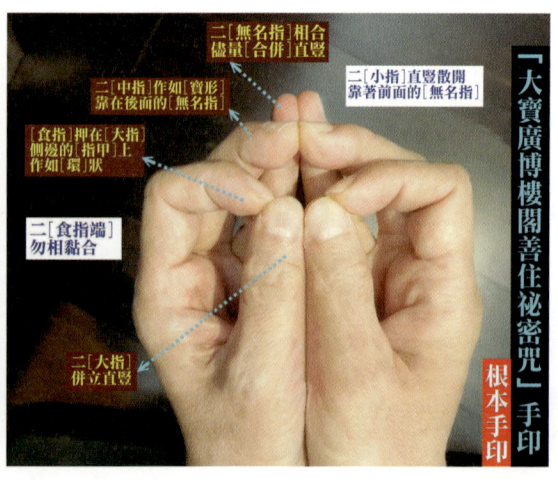

第一篇 諸佛專用的手印介紹 第十一章 《大寶廣博樓閣善住祕密陀羅尼》的三個手印・185

「大寶廣博樓閣善住祕密咒」手印 根本手印

- 二[小指]直豎散開靠著前面的[無名指]
- 二[無名指]相合儘量[合併]直豎
- 二[中指]作如[寶形]靠在後面的[無名指]
- [食指]押在[大指]側邊的[指甲]上作如[環]狀
- 二[食指端]勿相黏合
- 二[大指]併立直豎

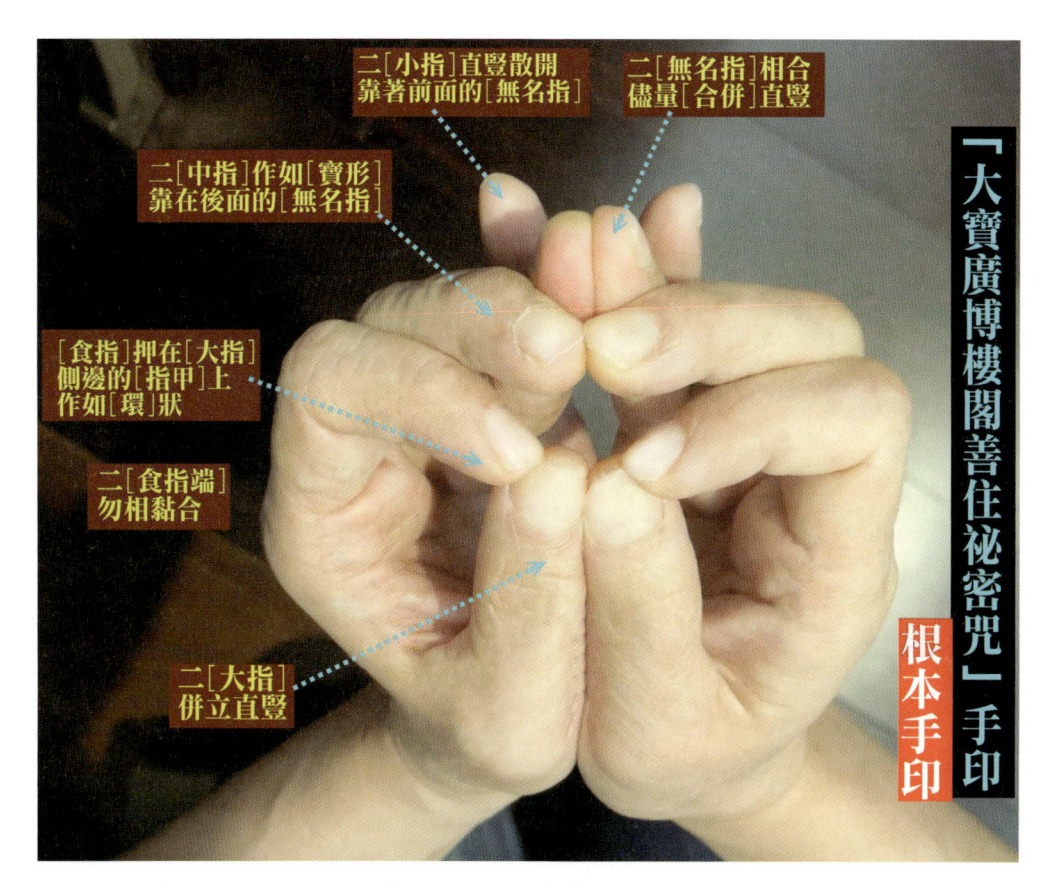

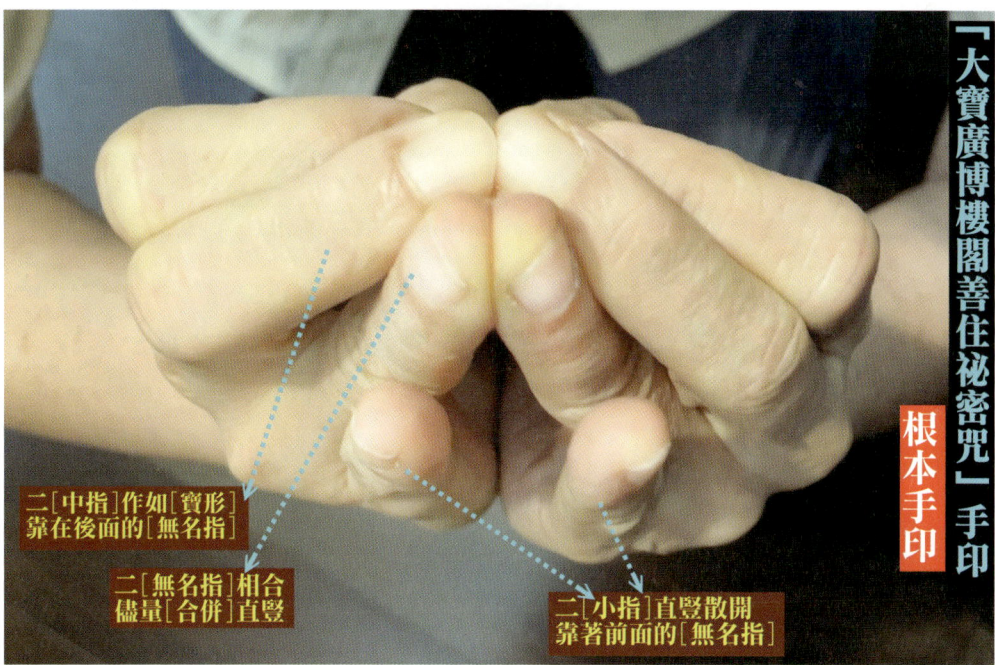

「大寶廣博樓閣善住祕密咒」手印 根本手印

- 二[中指]作如[寶形]靠在後面的[無名指]
- 二[無名指]相合儘量[合併]直豎
- 二[小指]直豎散開靠著前面的[無名指]

第二節 「心」印(安慰印)

唐・菩提流志(公元693年到長安譯經)《廣大寶樓閣善住祕密陀羅尼經》卷3〈10 印法品〉

佛言：「心印」者：

❶ 應以右手「大拇指」與「無名指」相拄，舒餘三指，(仰掌)掩於心上。
❷ 復以左手「大拇指」與「小指」相拄，舒餘三指，覆(手而置於)「左膝」上，直展「指頭」(而令「指面」向下)，名為「安慰手」。

誦上「心呪」。

唐・菩提流志(公元693年到長安譯經)《廣大寶樓閣善住祕密陀羅尼經》卷3〈附文・12 手印品〉

第二十　心印法

佛言：「心印」者：

❶ 以右手「拇指」與「無名指」相拄，舒餘三指，(仰掌)掩於心上。
❷ 復以左手「拇指」與「小指」(相)拄，舒餘三指，覆(手而置於左)膝上，(手)指面(皆)「向下」，平直展之，名為「安慰手」。

當說如上所說「心呪」

唐・不空(從公元730年開始譯經)《大寶廣博樓閣善住祕密陀羅尼經》卷3〈9 護摩品〉

次說「心印」相。

❶ 先以於「右手」，「仰掌」安於「心」，「大指」與「無名」，而以「頭」相捻，餘三指「平舒」。
❷ 次以於「左手」，「大指」捻「小甲」(小指的指甲)，餘三亦「直舒」，「覆」於「左膝」上。

是則名「心印」，亦名「安慰印」，功能如「根本」(手印是一樣的)。

詳細方式：

❶ 右手「大拇指」捻「無名指」，其餘三指自然舒展，「仰」印置於「心胸」前。
❷ 左手「大拇指」捻「小指甲」，其餘三指自然舒展，「覆」印置於「左膝」上。

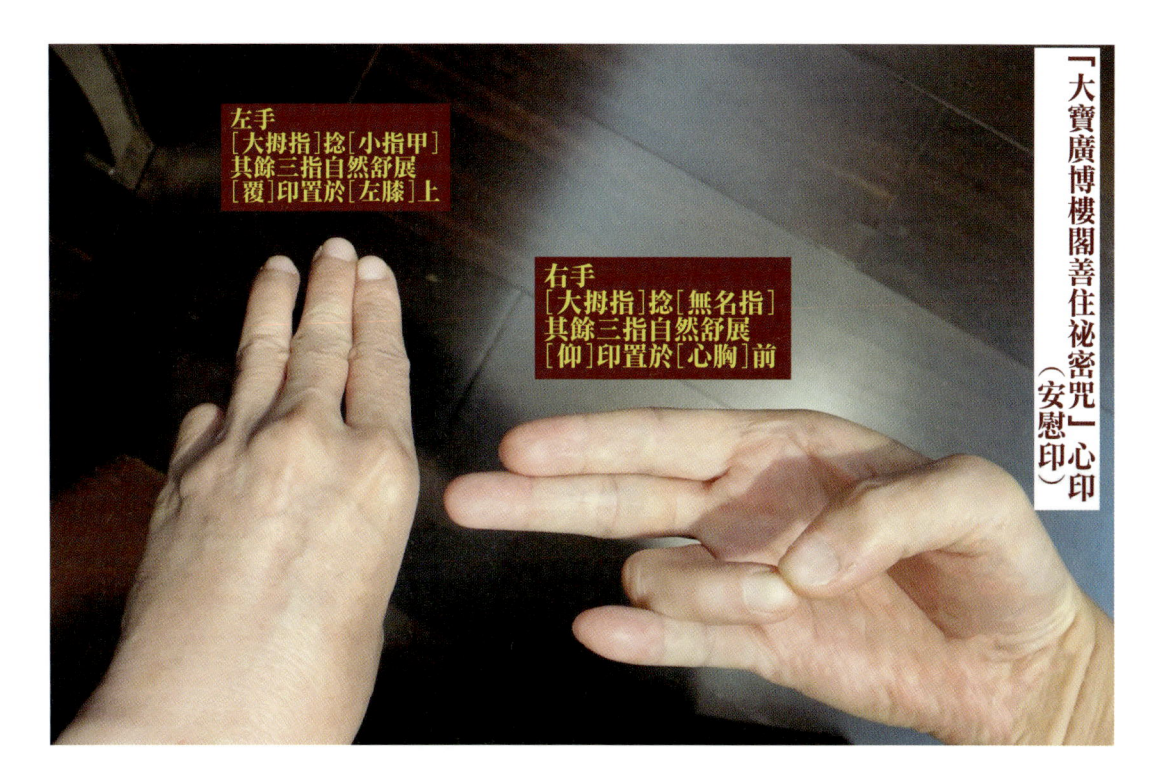

「大寶廣博樓閣善住祕密咒」心印
（安慰印）

左手
[大拇指]捻[小指甲]
其餘三指自然舒展
[覆]印置於[左膝]上

右手
[大拇指]捻[無名指]
其餘三指自然舒展
[仰]印置於[心胸]前

第三節 「隨心」印(以不空大師的譯本為主)

唐・不空(從公元730年開始譯經)《大寶廣博樓閣善住祕密陀羅尼經》卷3〈9 護摩品〉

次法「隨心印」：(個人建議，以此不空大師所說之印為主)

准前(面所說)「心印」相(的內容)，

(改成二手的)「大母」(各)與「頭指」(食指)相捻，猶如「環」(狀)，依前「左膝」上。

(右手仰掌，安於心上。左手覆掌，安於左膝上)

詳細方式：

❶右手「大拇指」捻「食指」，作如「環狀」，其餘三指自然舒展，「仰」印置於「心胸」前。
❷左手「大拇指」捻「食指」，作如「環狀」，其餘三指自然舒展，「覆」印置於「左膝」上。

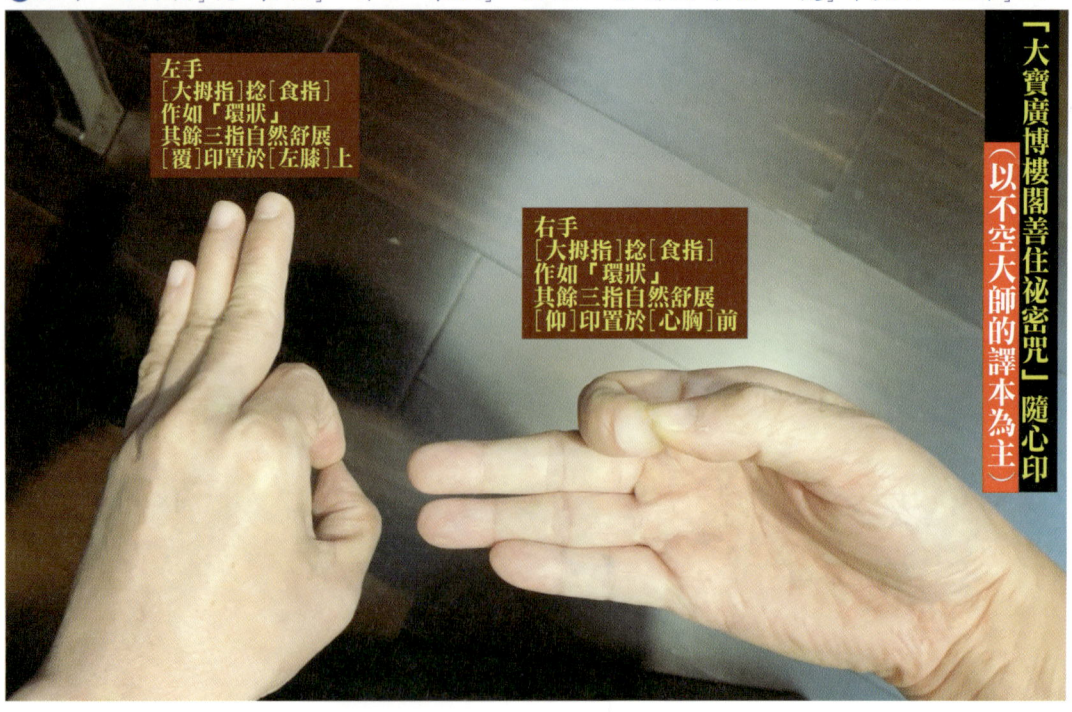

第十二章 適用於「如來全身舍利寶篋印咒」的二個手印

第一節 「慈氏」印(窣覩波印;塔印)

> **《新編密教大辭典》頁2171**
>
> 《一切如來心祕密全身舍利寶篋印陀羅尼經》之略名。
>
> **寶篋印陀羅尼經法**
>
> 略稱寶篋印經法。為求現世福德與後世菩提而修之祕法。以《寶篋印陀羅尼經》所說寶篋印陀羅尼有現世福德、現世滅罪、後生得脫等種種利益為本據。
>
> 【本尊】有數說，或以教主釋尊為本尊，或以安奉舍利之寶篋印塔為本尊，或以大日如來為本尊，或以五輪塔為本尊。
>
> 【種字】或 𑖥𑖿𑖨𑗝𑖼 (bhrūṃ)，或 𑖀 (a)，或 𑖥𑖾 (bhaḥ)，或 𑖪𑖽 (vaṃ)，或 𑖮𑖳𑖼 (hūṃ)。
>
> 【三形】或舍利，或塔，或鉢，或寶珠。
>
> 【印相】或智拳印，或塔印。
>
> 【真言】如次所揭：
>
> (1)唵薩縛怛他蘖多烏瑟抳沙馱都畝捺羅尼薩縛怛他蘖單婆馱都尾部使多瑟耻帝吽吽娑縛訶 (Om sarva-tathāgata usnīsa dhātu-mudrāni sarvatathāgatāṃśadhātu

唐・善無畏《大毘盧遮那成佛神變加持經》卷4〈9 密印品〉
即此「虛心合掌」，以二「風輪」(食指)屈在二「火輪」(中指)下，餘如前，是「慈氏」印。

唐・善無畏《慈氏菩薩略修瑜伽念誦法》卷1〈3 持誦真言品〉
其心手印相，以「智定」二手，虛心合掌，以二「風輪」(食指)屈在二「火輪」(中指)下，餘如依舊。以印加持五處，即成「慈氏」菩薩真身。

唐・一行記《大毘盧遮那成佛經疏》卷13〈9 密印品(一三-一四)〉
次「慈氏」印。作「三補吒」(samputā 椀器;合掌;虛心合掌)，而屈二「風指」(食指)，令「指頭」至「火指」(中指)根下，二「空指」(大拇指)並而壓之，餘如常。此印如「窣都波」形者，以持一切「如來法身塔」故，猶如「觀音持佛身」也。真言歸命如前。

遼‧覺菀撰《大日經義釋演密鈔》卷8

【疏】猶如「觀音」等者，此舉況也。謂猶如觀音菩薩，將紹阿彌陀佛位，是以(觀音菩薩的)「頂上」(必定)持帶(著)阿彌陀佛，以此慈氏菩薩將補釋迦之處，所以(必定)手持「窣覩波印」以標表之。

問：觀音頂置「佛身」，表紹「佛位」，此(慈氏)尊，手作「塔印」，何關「佛處」耶？

答：觀音持「佛」，佛(乃)「現在」故。此(慈氏)尊持「塔」，(釋迦)師(已)滅度故，又《八菩薩漫荼經》說慈氏菩薩「頂」帶如來「窣覩波」故，亦名「帶塔之尊」，故云「猶如觀音」等。

日僧・安然記
《金剛界大法對受記
・卷第四》
《大正藏》第75冊

詳細方式：

❶兩手「虛心合掌」。
❷兩「食指」屈向掌中，「指甲」相合。
❸兩「大拇指」押「食指頭」的側邊。
❹整個手印是如「舍利塔」形，彌勒將補釋迦為當來下生佛，故手持「塔」為喻。

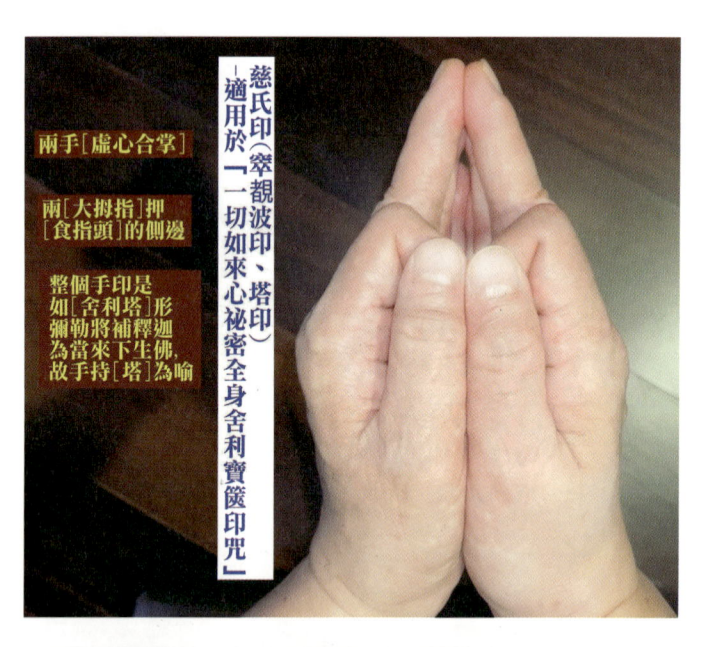

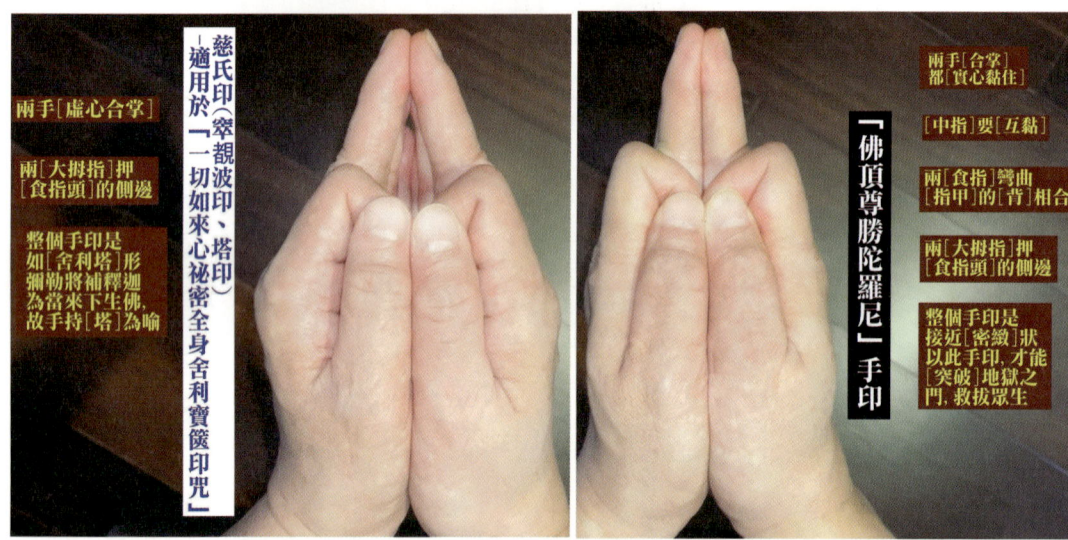

192・《佛菩薩專用手印解析暨研究》(全彩版)

慈氏印（窣覩波印、塔印）
－適用於「一切如來心祕密全身舍利寶篋印咒」

兩手[虛心合掌]

兩[大拇指]押[食指頭]的側邊

整個手印是如[舍利塔]形，彌勒將補釋迦為當來下生佛，故手持[塔]為喻

慈氏印（窣覩波印、塔印）
－適用於「一切如來心祕密全身舍利寶篋印咒」

兩手[虛心合掌]

兩[大拇指]押[食指頭]的側邊

整個手印是如[舍利塔]形，彌勒將補釋迦為當來下生佛，故手持[塔]為喻

「佛頂尊勝陀羅尼」手印

兩手都[合掌][實心黏住]

[中指]要[互黏]

兩[食指]彎曲[指甲]的[背]相合

兩[大拇指]押[食指頭]的側邊

整個手印是接近[密緻]狀，以此手印，才能[突破]地獄之門，救拔眾生

「慈氏」印（窣覩波印、塔印）與「佛頂尊勝陀羅尼」手印

第二節 與《大寶廣博樓閣善住祕密陀羅尼》同一手印

據《大寶廣博樓閣善住祕密陀羅尼經》說：結此手印，其地即是「佛塔」全身舍利。

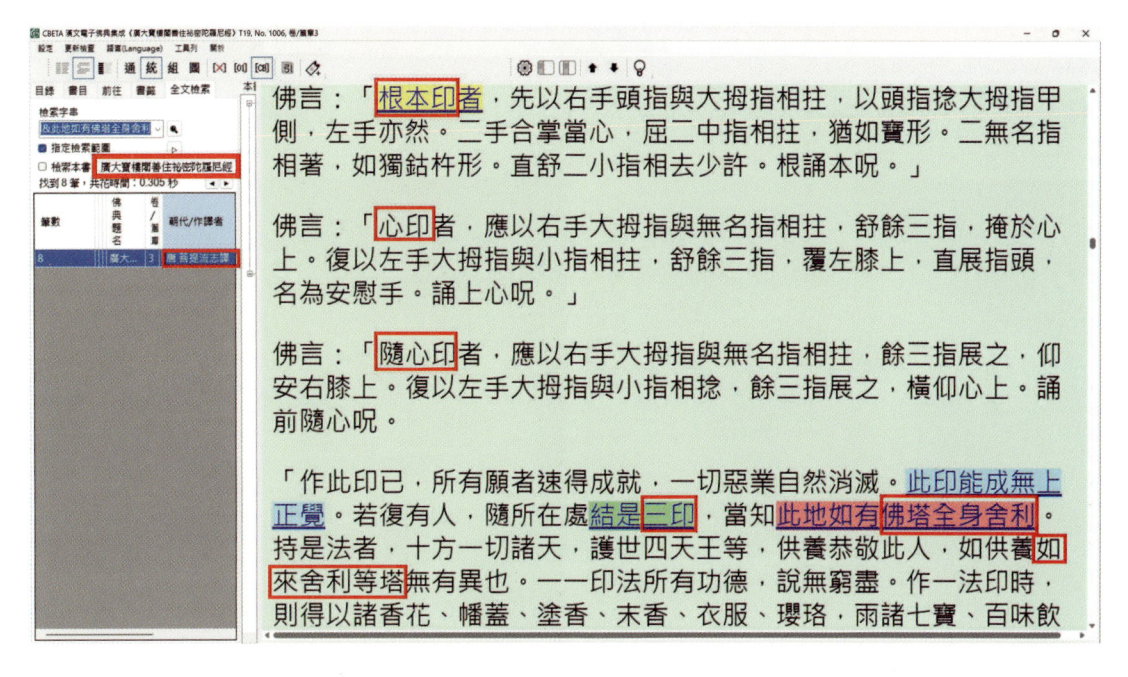

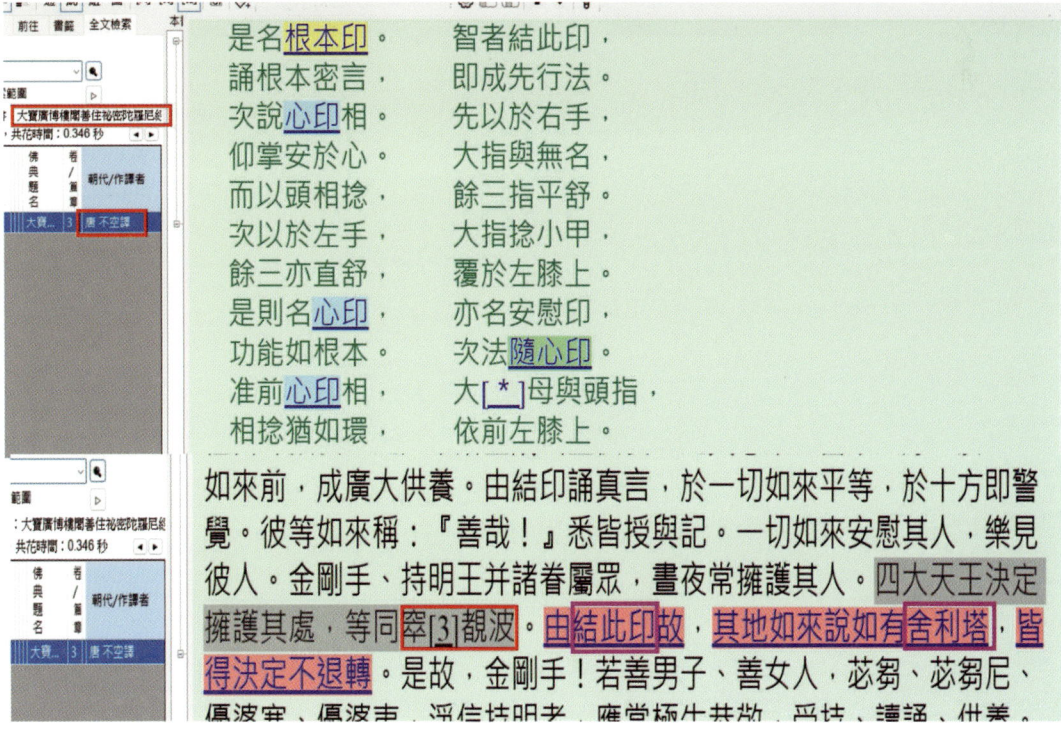

佛言：「根本印者，先以右手頭指與大拇指相拄，以頭指捻大拇指甲側，左手亦然。二手合掌當心，屈二中指相拄，猶如寶形。二無名指相著，如獨鈷杵形。直舒二小指相去少許。根誦本呪。」

佛言：「心印者，應以右手大拇指與無名指相拄，舒餘三指，掩於心上。復以左手大拇指與小指相拄，舒餘三指，覆左膝上，直展指頭，名為安慰手。誦上心呪。」

佛言：「隨心印者，應以右手大拇指與無名指相拄，餘三指展之，仰安右膝上。復以左手大拇指與小指相捻，餘三指展之，橫仰心上。誦前隨心呪。

「作此印已，所有願者速得成就，一切惡業自然消滅，此印能成無上正覺。若復有人，隨所在處結是三印，當知此地如有佛塔全身舍利。持是法者，十方一切諸天，護世四天王等，供養恭敬此人，如供養如來舍利等塔無有異也。一一印法所有功德，說無窮盡。作一法印時，則得以諸香花、幡蓋、塗香、末香、衣服、瓔珞，雨諸七寶、百味飲

是名根本印。　智者結此印，
誦根本密言，　即成先行法。
次說心印相，　先以於右手，
仰掌安於心。　大指與無名，
而以頭相捻，　餘三指平舒。
次以於左手，　大指捻小甲，
餘三亦直舒，　覆於左膝上。
是則名心印，　亦名安慰印。
功能如根本。　次法隨心印。
准前心印相，　大[*]母與頭指，
相捻猶如環，　依前左膝上。

如來前，成廣大供養。由結印誦真言，於一切如來平等，於十方即警覺。彼等如來稱：『善哉！』悉皆授與記。一切如來安慰其人，樂見彼人。金剛手、持明王并諸眷屬眾，晝夜常擁護其人。四大天王決定擁護其處，等同窣[3]覩波。由結此印故，其地如來說如有舍利塔，皆得決定不退轉。是故，金剛手！若善男子、善女人，苾芻、苾芻尼、優波塞、優波夷，淨信持明者，應當極生恭敬，受持、讀誦、供養

詳細方式：
❶兩「小指」直豎散開，靠著前面的「無名指」。
❷兩「無名指」相合，儘量「合併」直豎。
❸兩「中指」作如「寶形」，靠在後面的「無名指」。
❹兩「大指」併立直豎。
❺兩「食指」押在「大指」側邊的「指甲」上，作如「環」狀。二「食指端」，勿相黏合。

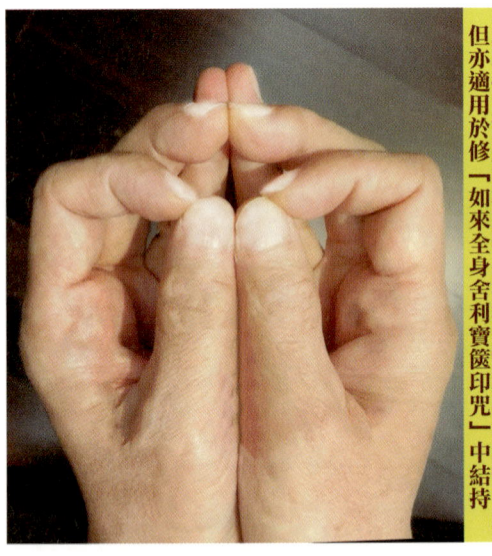

此為「大寶廣博樓閣善住祕密咒」的「根本」手印
但亦適用於修「如來全身舍利寶篋印咒」中結持

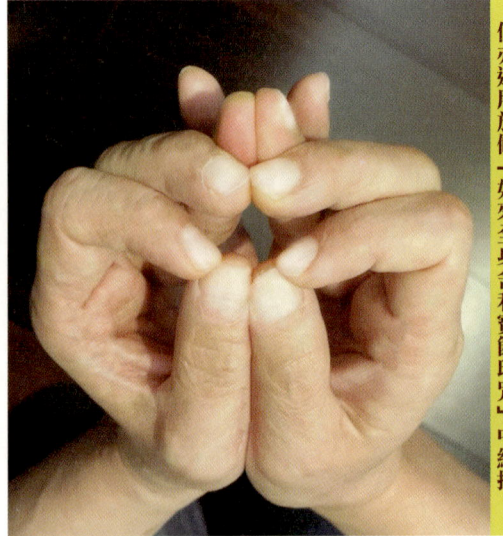

此為「大寶廣博樓閣善住祕密咒」的「根本」手印
但亦適用於修「如來全身舍利寶篋印咒」中結持

第十三章 「佛頂尊勝咒」手印與真正的「彈指」手勢

第一節 以「大拇指」與「食指」相捻而作出「彈指聲」

唐・阿地瞿多譯《陀羅尼集經》卷 11〈諸天等獻佛助成三昧法印咒品〉

若是(為)「好事」,(則)以「頭指」入「中指」頭「與」「大指」兩指之間,即以「頭指」(食指)向外放之,(即能作)出聲「彈指」。

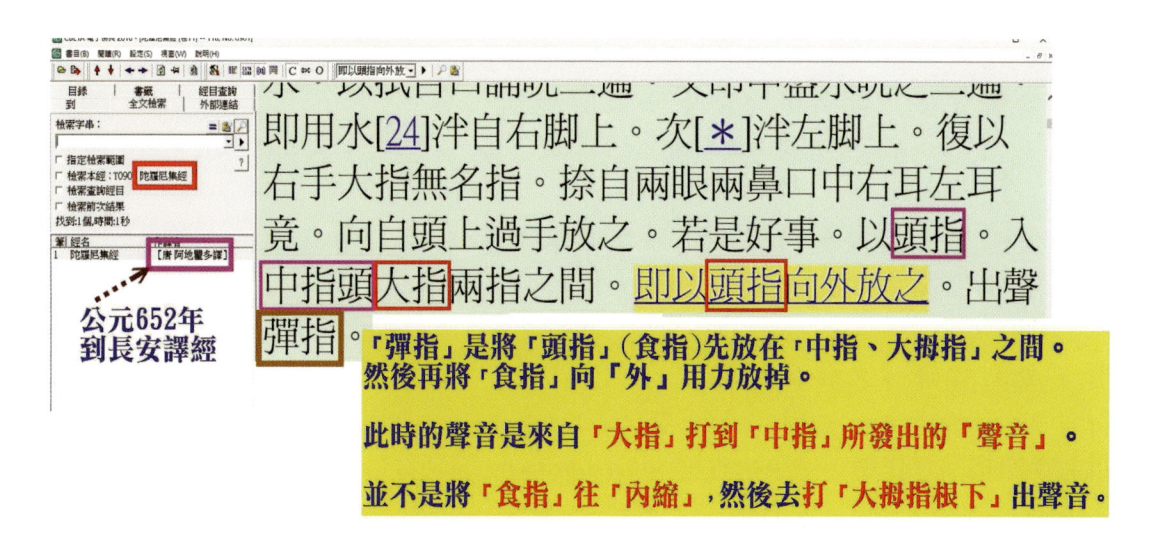

公元652年到長安譯經

「彈指」是將「頭指」(食指)先放在「中指、大拇指」之間。然後再將「食指」向「外」用力放掉。

此時的聲音是來自「大指」打到「中指」所發出的「聲音」。

並不是將「食指」往「內縮」,然後去打「大拇指根下」出聲音。

唐・不空譯《佛頂尊勝陀羅尼念誦儀軌法一卷》

自想己身成本尊已。二手合掌,屈二「頭指」(食指),(指)甲相背。以二「大指」壓二「頭指」頭,如(作)「彈指」(之手)勢,即誦「尊勝陀羅尼」。

唐・《宗叡(公元809~884)僧正於唐國師所口受》

「尊勝佛頂」印

虛心合掌,屈二「風」(食指),(指)「甲」相對,

以二「空」(大拇指),捻二「風」(食指)側,如(作)「彈指」(之手)勢也(本軌文)。

唐・不空譯《金剛手光明灌頂經最勝立印聖無動尊大威怒王念誦儀軌法品》

「塗香供養」印,二羽(二手)芙蓉(蓮華而虛心)合(掌),

「風」(食指)各如「彈指」(之手勢),「空」(大拇指)並押「風」(食指)輪。

唐・不空譯《金剛手光明灌頂經最勝立印聖無動尊大威怒王念誦儀軌法品》

復次「密印」相，二羽(二手)三補吒(saṃpuṭa 椀器；合掌；虛心合掌)，「風、空」(食指、大拇指)如「彈指」(之手勢)，是名「心密印」。

唐・金剛智譯《金剛頂瑜伽中略出念誦經》卷 3

以兩手數(多次)「彈指」(而)出聲，(以此「彈指聲」而)「召請」一切如來，令使雲集，即誦此密語。

唐・金剛智譯《金剛頂瑜伽中略出念誦經》卷 3

以「智、定」(兩大拇指)度，捻「進、力」(兩食指)度，各(作)「彈指」(出聲)為善哉。

唐・金剛智譯《金剛頂瑜伽中略出念誦經》卷 3

作「拳」如「彈指」(之)像(即「大拇指」置放於「食指」側邊)。

唐・金剛智譯《大勝金剛佛頂念誦儀軌》

行者(若於)諸穢處(時)，(應)用「烏瑟摳摩」(ucchuṣma 穢跡金剛)金剛呪印，加持(身體之)五處。以右手四指(而)「作拳」，(大拇指)直豎(於食指側邊)，(作)「彈指」(發聲之手勢)。密言曰……。

唐・般若譯《諸佛境界攝真實經》卷 1〈3 金剛界大道場品〉

以左右「拇指」(與)「頭指」，(發出)三遍彈指(聲)。

爾時，如來而說偈言：「定慧」(左右)二翼「金剛拳」，交臂束心精進力，(作)「彈指」發聲(而周)遍法界，諦觀「普請」(普遍召請)諸如來。

唐・般若譯《諸佛境界攝真實經》卷 2〈4 金剛外界品〉

舒左右「拇指」(與)「頭指」，(發出)三遍「彈指」(聲)，是(為)歡喜相。

宋・施護譯《佛說一切如來真實攝大乘現證三昧大教王經》卷 4〈1 金剛界大曼拏羅廣大儀軌分〉

世尊大毘盧遮那如來以加持力(而)作「彈指」(出聲)相，普遍「召集」一切如來，說此召集加持心。

宋・施護譯《佛說一切如來真實攝大乘現證三昧大教王經》卷 20〈16 蓮華祕密印曼拏羅廣大儀軌分〉

「頭指、大指」二相合，依法(作)「彈指」(出聲)施善哉。

唐・善無畏譯《蘇悉地羯羅供養法》卷1
手印相，以右手「彈指」(出聲)三遍，是(為)「辟除」印。

唐・阿地瞿多譯《陀羅尼集經》卷9〈金剛烏樞沙摩法印咒品〉
「烏樞沙摩」(ucchuṣma 穢跡金剛)結界法印咒第三……
若用是法(而)治病，誦咒二十一遍，「彈指」(出聲)亦應(為)二十一遍，去病(去除疾病)有驗。
若人夜(眠)臥(而)心(受)驚怖者，亦如上法，(誦)咒三七遍，(然後)二十一遍「彈指」(出聲)，(即能令眠)臥者永無「驚怖」。

《大佛頂如來放光悉怛多般怛羅大神力都攝一切咒王陀羅尼經大威德最勝金輪三昧咒品》〈1 大威德最勝金輪三昧咒品〉
入觸處真言：
每上廁時，用誦(咒)七遍，(然後)「彈指」(出聲共)三下。

唐・不空譯《觀自在大悲成就瑜伽蓮華部念誦法門》
若往廁(所之)時，應(先作)「彈指」(出聲)，三度(而)警覺(之)，然後(再)上(廁)之。「彈指」(時應)咒曰：
唵・枳里枳里・囉轉・勞捺囉・吽・沛・
(每)一誦(咒即作)一「彈指」(出聲)，乃至三遍。

唐・不空譯《施諸餓鬼飲食及水法》
以「大指」捻「頭指」(而)「彈指」作聲，(每)一誦咒(即發出)一「彈指」(聲)即是。

唐・不空譯《施諸餓鬼飲食及水法》
以右手作拳，以「大指」捻「頭指」(食指)，(然後)仰掌(出)「彈指」作聲，(此)是名「發遣」契。
每寫(放置)食(物)了，(即)誦一七遍(而作)彈指(出聲)，能令一切鬼神得此「食」已，當(再令鬼神)得(離)去也。若不(作)「發遣」(手印與彈指聲)，(則易導致鬼神)不得(離)去也。

宋・法賢譯《佛說妙色陀羅尼經》
又復有人，以大悲心，於寂靜處，持種種「飲食」而為出生，(即)誦此「陀羅尼」七遍加持已，作如是言：我今出生，(獻)祭於世間一切「惡趣諸鬼」，願食此生者，(皆能)速離

惡趣。

説是言時，即⁽作⁾三「彈指」⁽出聲⁾，想彼諸鬼得此「食」者，各各⁽皆獲⁾飽滿，⁽能⁾變妙色身、發菩提心，乃至當來漸成佛果。

第二節 以「大拇指」與「中指」相捻而作出「彈指聲」

唐・阿地瞿多譯《陀羅尼集經》卷 11〈諸天等獻佛助成三昧法印咒品〉
若是(爲)「惡事」，即以「大指」(與)「中指」相捻(摩擦)，(然後創造)出聲「彈指」。

唐・阿謨伽(不空)撰《焰羅王供行法次第》
次「召諸餓鬼」真言
(以右手「大母指」捻「中指」頭，餘三指「微屈」即成，(創造出)彈指聲)。真言曰……

唐・不空譯《金剛頂瑜伽千手千眼觀自在菩薩修行儀軌經》卷 1
便結「普召集佛菩薩」印。即分前印(於)胸前交臂，右押左，以忍(右中指)、禪(右大指)、願(左中指)、智(左大指)「彈指」(而出聲)。(此指以兩手的「大拇指」各與其「中指」發生摩擦而創造出「彈指」聲)

唐・不空譯《聖賀野紇哩縛大威怒王立成大神驗供養念誦儀軌法品》卷 1
以忍(右中指)、禪(右大指)、願(左中指)、智(左大指)「彈指」(而出聲)。

唐・不空譯《施諸餓鬼飲食及水法》
一誦呪(即出)一「彈指」(聲)，以「大指」與「中指」頭相捻，(出)「彈指」作聲即是。餘三指開稍「微曲」，此名「破地獄門」及「開咽喉」印。

第三節 「彈指聲」的功能

唐・不空譯《一字奇特佛頂經》卷 3〈7 調伏一切障毘那夜迦天王品〉

爾時釋迦牟尼佛以「彈指」(出聲)，令觀自在菩薩摩訶薩「起」，即(於)剎那頃，觀自在菩薩摩訶薩從彼菩薩「三摩地」(而起)。

唐・菩提流志譯《廣大寶樓閣善住祕密陀羅尼經》卷 3〈10 印法品〉

盡虛空際一切諸佛如來，(皆)一時(發出)「彈指」(聲)，皆稱：善哉！若(能)聞聲者，當知是人罪障滅盡，速得虛空寶三摩地，成就無障礙智。

唐・不空譯《觀自在大悲成就瑜伽蓮華部念誦法門》

是諸如來，皆悉在於「行者」之前，(發出)「彈指」(聲而)警覺，(即)謂行者言：善男子！汝若欲發「菩提心」者，應自「觀心」。

唐・金剛智譯《金剛頂瑜伽青頸大悲王觀自在念誦儀軌》

爾時即觀空中(有)無數諸佛，猶如大地滿中(皆有)「胡麻」，皆舒「金色臂」，(發出)「彈指」(聲)而「警作」，(如)是告言：
善男子！汝所證處一道清淨，(但仍)未證「金剛喻三昧耶薩婆若智」，勿為知足，應以滿足，故普賢成最正覺。

唐・不空譯《金剛王菩薩祕密念誦儀軌》

時彼諸佛各舒「右手」，(作)「彈指」(出聲而)警覺告行者言：
善男子！汝所證者一道清淨，(但仍)未證「一切智」海。(汝)應當憶念「菩提之心」，成就普賢一切行願。

唐・金剛智譯《金剛頂瑜伽青頸大悲王觀自在念誦儀軌》

虛空中(有)無量諸佛，(於)一時「彈指」(出聲而)警覺「行者」，而告之言：汝今云何成「無上覺」，不知諸佛「實相法要」？

唐・金剛智譯《金剛頂經曼殊室利菩薩五字心陀羅尼品》

爾時佛於行人前，(於)一時(作)「彈指」(出聲而)警悟「行者」，而告之言：善男子！汝發「菩提心」者，當觀自心。

宋・施護譯《佛說普賢曼拏羅經》

次復觀想前（有）「赤色」月輪中（之）本尊如來，即結「彈指請召」印，交臂（交換手臂而）作金剛「彈指」，乃至（能）「召請」一切（諸）佛，平等亦同。
（若是）左手（作）「彈指」（出聲），（能）得一切「善事」速疾成就；
若（是）右手（作）「彈指」（出聲），（能）得（一切諸眾）速疾（而）集會。

唐・不空譯《佛説一切如來金剛壽命陀羅尼經》
爾時世尊面向東方，（以）「彈指」（出聲而）召集一切如來，作是誓言：所有十方一切如來應正等覺，為眾生故證菩提者，咸皆助我。

唐・不空譯《佛説一切諸如來心光明加持普賢菩薩延命金剛最勝陀羅尼經》
爾時世尊（以）「彈指」（出聲而）讚歎：汝能快善利益眾生……轉讀此經各四十九遍。

唐・不空譯《修習般若波羅蜜菩薩觀行念誦儀軌》
「召集」（而）作「彈指」（出聲），應「請」一切佛。刹那頃諸佛，并金剛菩薩，應滿一切壇，集會（於此）「曼荼羅」。

第四節 「佛頂尊勝陀羅尼」手印

唐・不空譯《佛頂尊勝陀羅尼念誦儀軌法》
❶二手合掌。
❷屈二「頭指」(食指)，(指)甲相背。
❸以二「大指」壓二「頭指」頭，如「彈指」(之)勢。
即誦尊勝陀羅尼。

唐・佛陀波利(唐云覺愛。公元677年)譯《佛頂尊勝陀羅尼經》
佛言：若誦此陀羅尼法……作「慕陀羅尼印」(mudrā 手印)。
❶屈其「頭指」。
❷以「大母指」押。
❸合掌當其心上。

唐・《宗叡(公元809～884)僧正於唐國師所口受》
「尊勝佛頂」印：
❶虛心合掌。
❷屈二「風」(食指)，(指)甲相對。
❸以二「空」(大拇指)，捻二「風」(食指)側，如「彈指」(之)勢也(本軌文)。

詳細方式：
❶兩手「合掌」都「實心黏住」。
❷兩「中指」要「互黏」。
❸兩「食指」彎曲，「指甲」的「背」要相合。
❹兩「大拇指」押「食指頭」的側邊。
❺整個手印是接近「密緻」狀，以此手印才能「突破」地獄之門，救拔眾生。

第一篇 諸佛專用的手印介紹　第十三章 「佛頂尊勝咒」手印與真正的「彈指」手勢

「佛頂尊勝陀羅尼」第一個步驟 手印

- 兩手「合掌」小指、無名指、中指手指的「前後」之間都要「實心黏住」
- 記住「中指」要「互黏」
- 兩「食指」彎曲兩「指甲」的[背]相合
- 「掌中心」會有一點「略空」

標示：中指、食指、食指、大拇指、大拇指

「佛頂尊勝陀羅尼」完成圖 手印（側面圖示）

- 兩手「合掌」小指、無名指、中指手指的「前後」之間都要「實心黏住」
- 整個手印是接近[密緻]狀以此手印,才能[突破]地獄之門,救拔眾生

標示：中指、食指、無名指、小指

「佛頂尊勝陀羅尼」手印

- 兩手[合掌]都[實心黏住]
- [中指]要[互黏]
- 兩[食指]彎曲 [指甲]的[背]相合
- 兩[大拇指]押[食指頭]的側邊
- 整個手印是接近[密緻]狀以此手印,才能[突破]地獄之門,救拔眾生

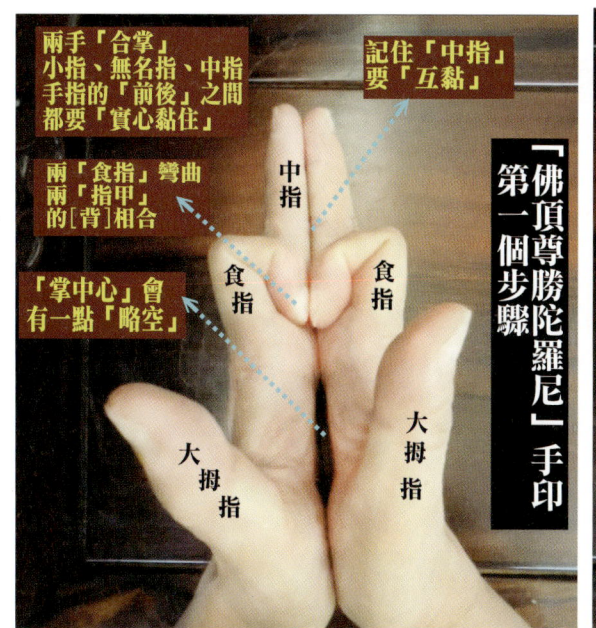

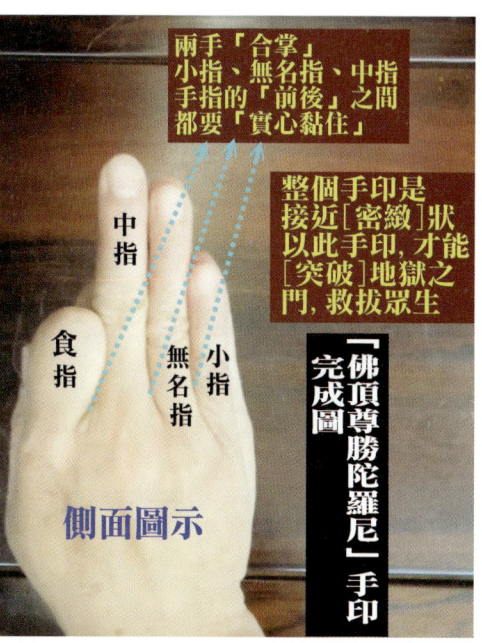

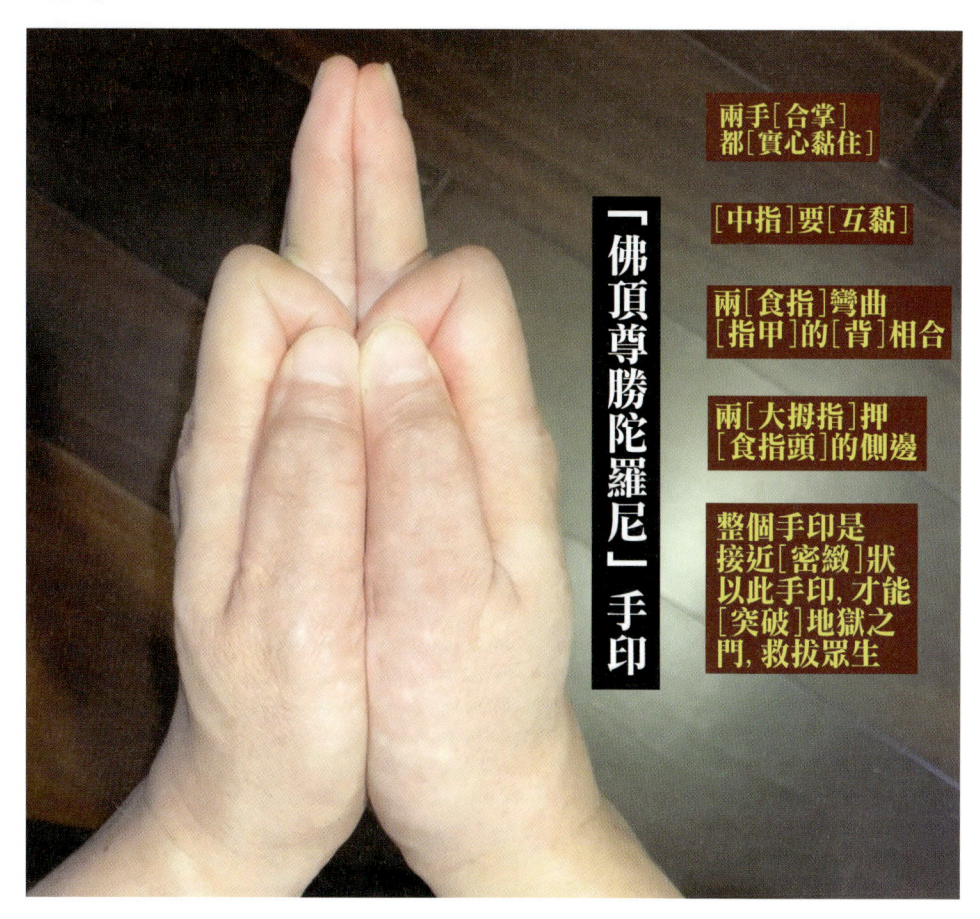

第十四章 「多寶」如來的手印只有二個

第一種結法：兩手作「虛心合掌」即可

唐・不空譯。西夏不動金剛重集。清・受登詮次《瑜伽集要燄口施食儀》
南無多寶如來。

（雙羽虛合掌，胸前蓮華狀）。

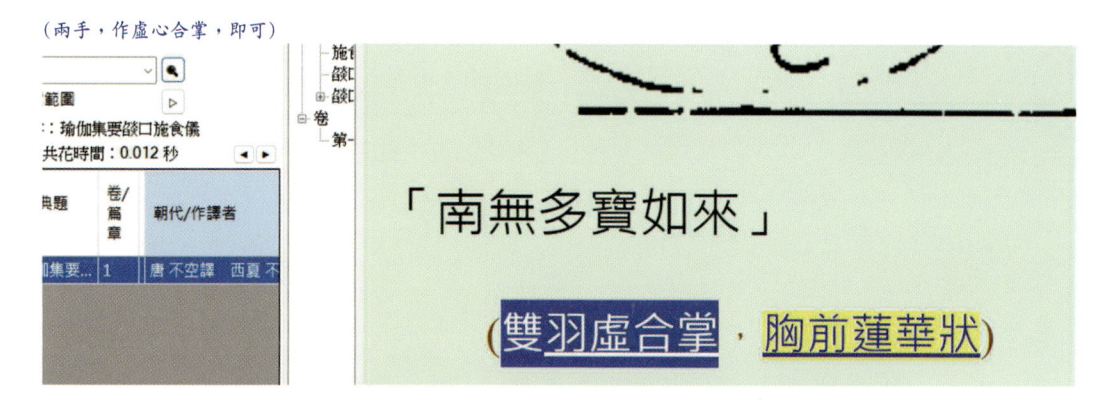

（兩手，作虛心合掌，即可）

第二種結法：與大日如來一樣，結「智拳印」即可

唐・不空譯《妙法蓮華三昧祕密三摩耶經》〈妙法蓮華三昧見寶塔祕密三摩耶品〉

大日如來告「薩埵」言：此寶塔中……釋迦如來變成「胎藏界」大日如來，大日如來「法界定印」……
寶塔變成多寶如來，多寶如來變成金剛界「智拳印」。

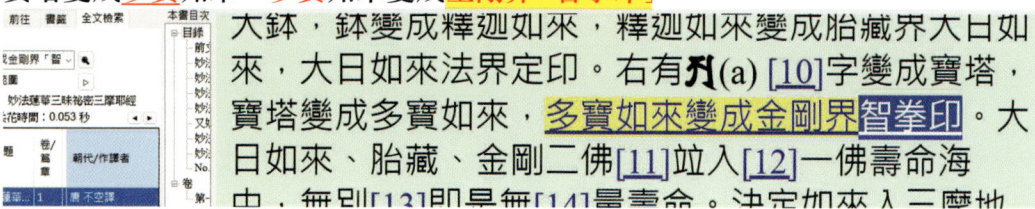

唐・不空譯《法華曼荼羅威儀形色法經》
多寶如來：
「烏瑟」（如來頂髻）紺髮冠，眉間索「毫光」，普照於一切，身相黃金色。
定（左手）、惠（右手）智拳印（指要結大日如來的「智拳印」），跏趺，右押左。
垂下左輻輪，身被袈裟衣。

206・《佛菩薩專用手印解析暨研究》(全彩版)

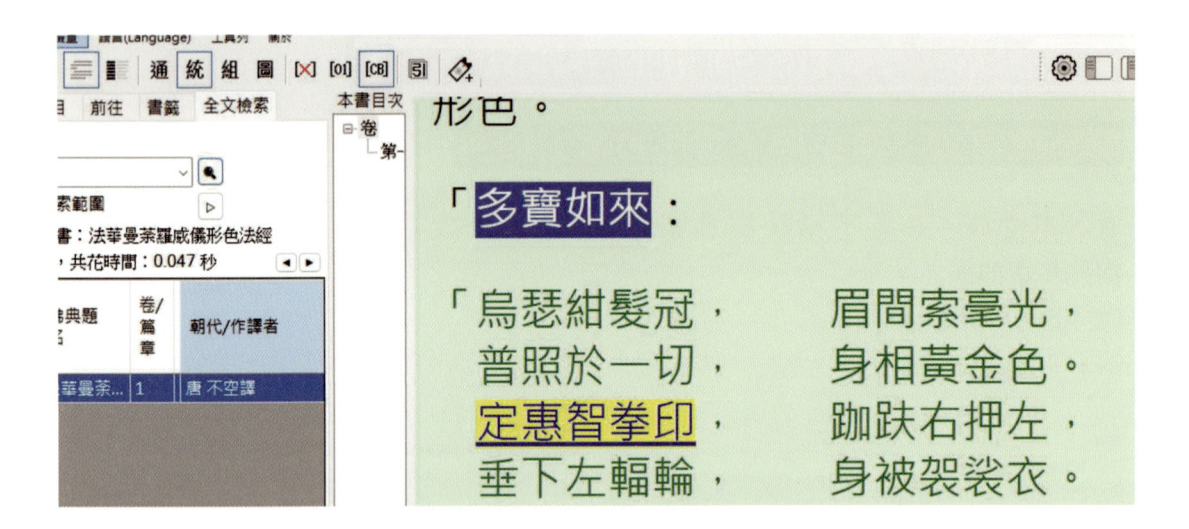

形色。

「多寶如來：

「烏瑟紺髮冠，　　眉間索毫光，
　普照於一切，　　身相黃金色。
　定惠智拳印，　　跏趺右押左，
　垂下左輻輪，　　身被袈裟衣。

第二篇　諸菩薩專用的手印介紹

第一章 觀世音菩薩手印

第一節 「千手千眼觀自在菩薩」根本印
「千手觀音」根本印
(九山八海印、補陀落山印、九峰印、蓮華五鈷印)

誦「大悲咒」專用手印之一
唐・不空《金剛頂瑜伽千手千眼觀自在菩薩修行儀軌經》卷2
次結本尊「千手千眼觀自在菩薩根本」印：
❶二手「金剛合掌」。（掌+稍曲手背，合掌，相離）
❷以「忍、願」（中指）二度「相合」。
❸「檀慧」（小指）、「禪智」（大拇指）四度，（各自）坼開，各（皆）「直豎」即成。
誦根本陀羅尼曰⋯⋯誦此陀羅尼「七遍」已，（於）頂上散印。
由結（千手千眼觀自在菩薩）「根本印」，誦此「陀羅尼」，能作四種成就事：
一者「息災」、二者「增益」、三者「降伏」、四者「敬愛、鉤召」等。
所有「希望」（與）「世間、出世間」（的）果報，皆（能獲）得滿願。

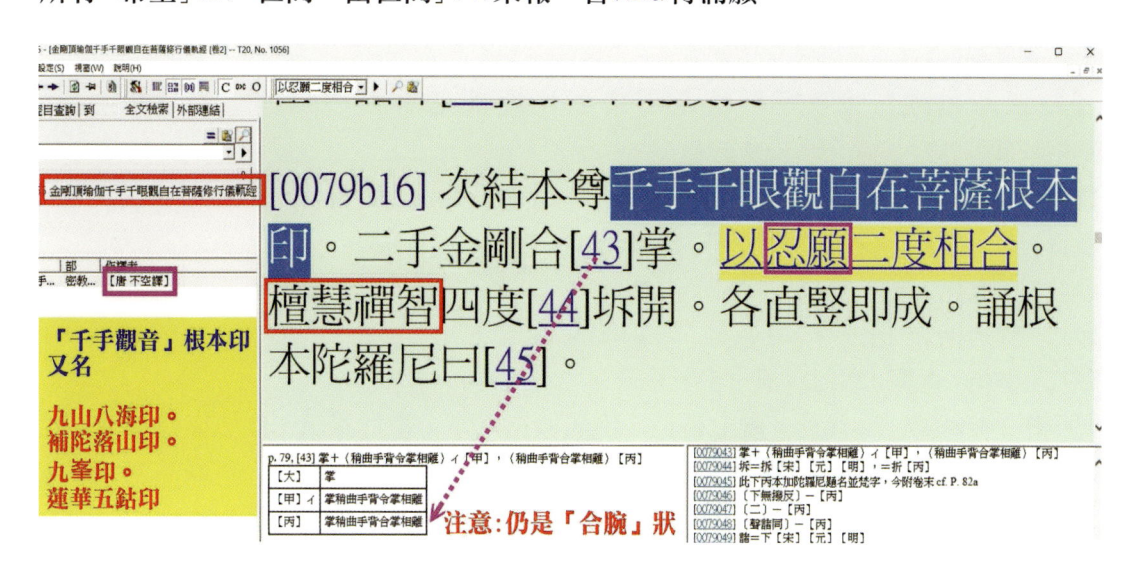

「千手觀音」根本印
又名

九山八海印。
補陀落山印。
九峯印。
蓮華五鈷印

千手觀音

三畫・千

【種字】𑖮𑖿𑖨𑖱𑖾（紇哩，hrīḥ）。此字由 ह（ha）र（ra）ई（ī）अः（aḥ）等四字合成，表轉貪（ra）瞋（I）癡（ha）三毒而趣入涅槃（aḥ）。《千手儀軌》云：「想紇哩（二合）字，從字流出大光明，遍照一一佛世界。所有受苦眾生，遇光照觸皆得解脫。」（大正 20・p.75a）或用 स（sa）字。此字是蓮華部之通用種子。

【印相】《千手儀軌》所載根本印：二手金剛合掌，手背稍曲令相離（仍是「合腕」狀），二中指相合，二大指、二小指開而直豎。此印名為蓮華五股印，又名九山八海印或補陀落九峰印（岬）。《姥陀羅尼經》記有總攝身印乃至神變自在印等二十四種印，《千眼神咒經》加心王印成二十五印。

【真言】根本印應用根本陀羅尼。《千手儀軌》云：「由結根本印，誦此陀羅尼，能作四種成就事：一者息災，二者增益，三者降伏，四者敬愛鉤召等所有希望，世間出世間果報，皆得滿願。」（大正 20・p.80a）根本陀羅尼的咒文頗長，通常用小咒：唵嚩日羅達摩紇哩（Oṃ vajra dharma hrīḥ）。以上真言余外，《姥陀羅尼經》更記有十一首咒，《千眼神咒經》更加心王印咒而成

新編《密教大辭典》第一冊　201頁

（附錄補註用）

《陀羅尼集經》卷1〈1 釋迦佛頂三昧陀羅尼品〉

「十一面觀世音菩薩」印，咒第七

❶ 二「中指」直豎，「頭」相捻(也是強調兩個「中指」要相合，但其餘手指則強調要「分開」)。

❷ 直豎二「頭指」，相去「四寸半」(約 13.5cm)。

❸ 並二「大指」直豎。

❹ 二「無名指」，相去「一寸八分」(約 3.4cm)。

❺ 二「小指」直豎，相去「五寸」(約 15cm)。

「頭指」(可以做)來去(的動作)。呪七遍已，漸屈頭指入掌，禮拜奉請，作法亦如前說。呪曰……唵(一)阿嚧力(二)莎訶(三)

詳細方式：

❶兩「中指」相合。
❷兩「無名指」相交叉在「指端」處即可（金剛合掌的手勢）。
❸兩「食指」相交叉在「指端」處即可（金剛合掌的手勢）。
❹兩「小指」各自「相離」，保持「直豎立」狀。
❺兩「大指」各自「相離」，保持「直豎立」狀。
❻手背「稍屈」，掌內「空心」狀，兩手仍要「合腕」。

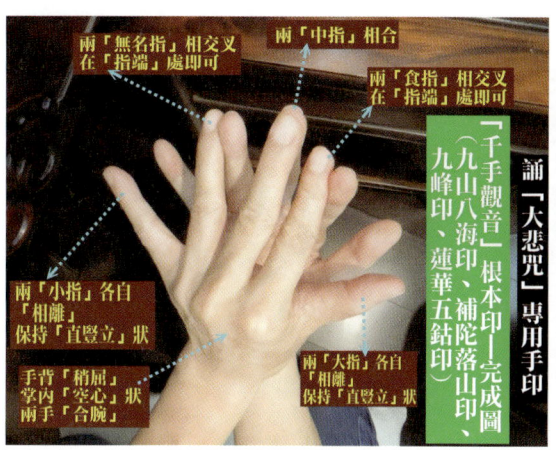

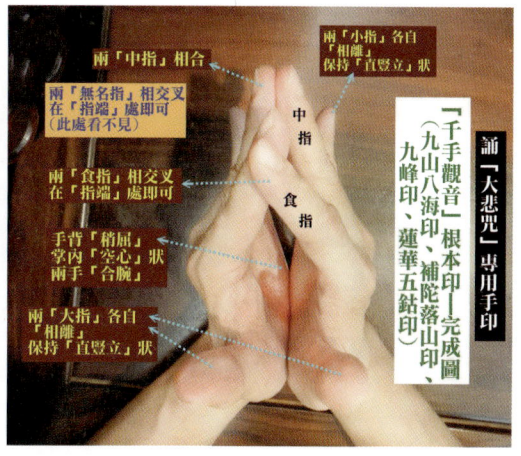

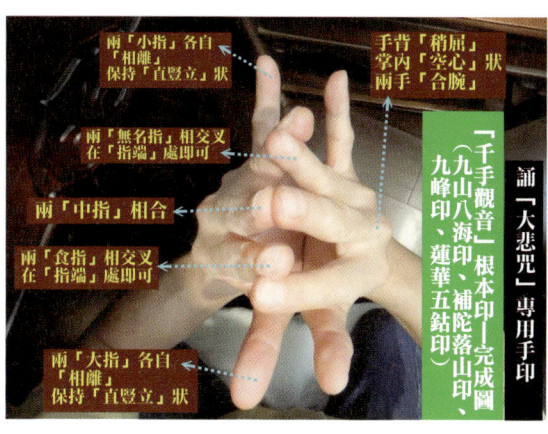

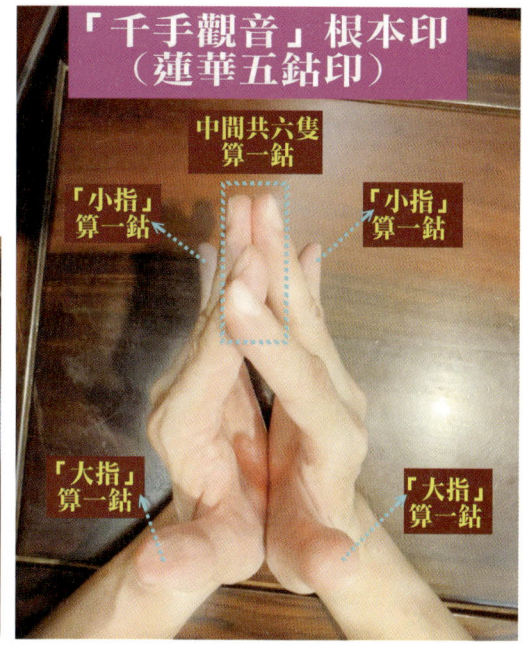

212・《佛菩薩專用手印解析暨研究》(全彩版)

「千手觀音」根本印—完成圖
（九山八海印、補陀落山印、九峰印、蓮華五鈷印）誦「大悲咒」專用手印

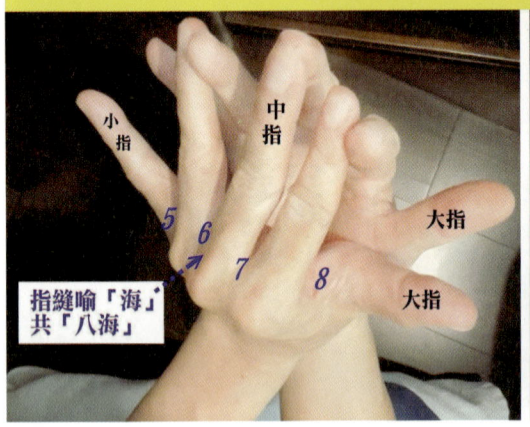

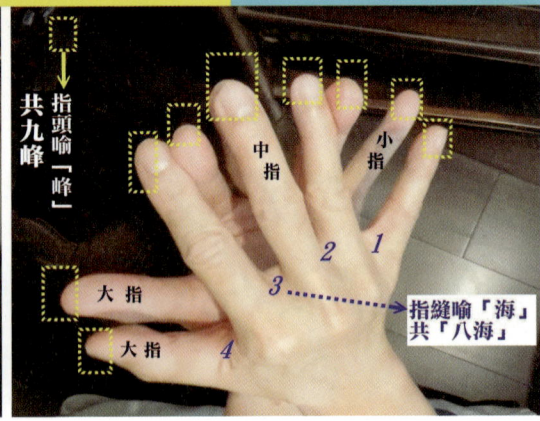

小指　中指　大指
5　6　7　8　大指
指縫喻「海」共「八海」

指頭喻「峰」共九峰
中指　小指
1　2
大指　3　指縫喻「海」共「八海」
大指　4

第二節 「青頸大悲心」印

誦「大悲咒」專用手印之二

唐・不空譯《大慈大悲救苦觀世音自在王菩薩廣大圓滿無礙自在青頸大悲心陀羅尼》

「青頸大悲心」印

❶「虛心」合掌。
❷屈二「頭指」，各拘(限制；拘限)二「大指」第二節(是法螺也)。
❸二「中指」豎合(是蓮花也)。
❹二「無名指」，豎圓端(是輪也)。
❺二「小指」直豎合(是杖也)。
於「一印」具「四印」，謂：「法螺、蓮華、輪、杖」也。

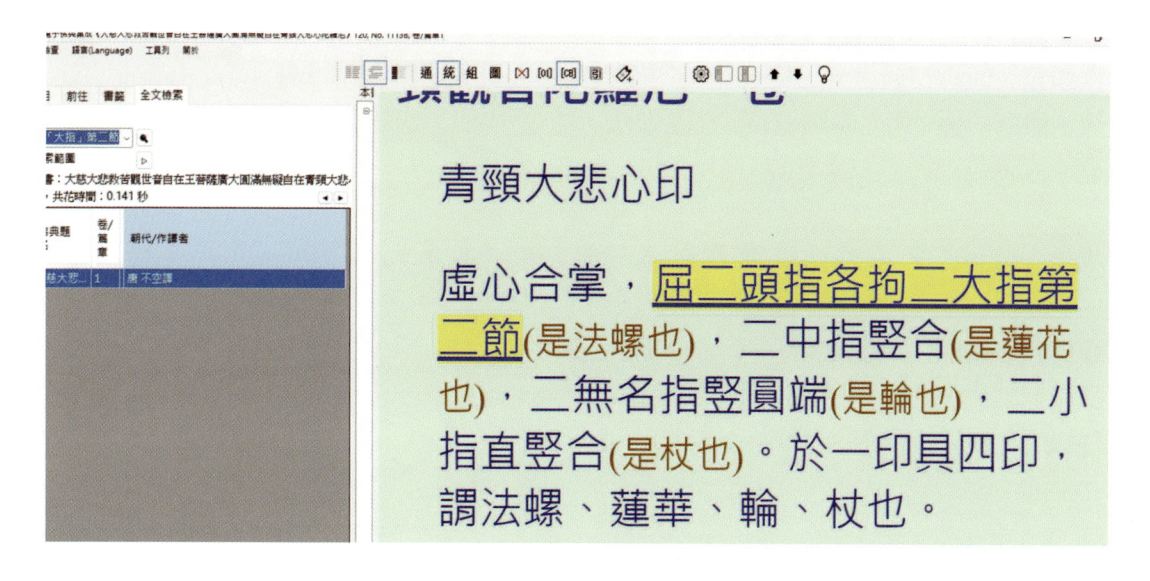

（附錄補註用）

法螺印(勝願吉祥法螺印、吉祥法螺印、吉祥商佉印、商佉印、無量音聲佛頂印)

唐・善無畏譯《大毘盧遮那經廣大儀軌》卷1
復以「定、慧」手(左右手)。
❶虛心合掌。
❷(彎)屈二「風」(食指)，以絞(擠壓)二「空」(大拇指)輪。
❸形如「商佉」(śaṅkha 螺貝)。頌曰：
「吉祥法螺」印，(為)諸佛世之師，菩薩救世者，皆說「無垢」法，至寂滅涅槃。

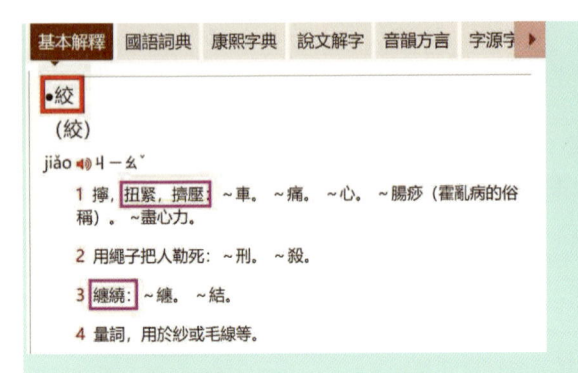

```
基本解釋 國語詞典 康熙字典 說文解字 音韻方言 字源字

●絞
 (絞)
jiǎo ㄐㄧㄠˇ
 1 擰,扭緊,擠壓: ~車。~痛。~心。~腸痧(霍亂病的俗
   稱)。~盡心力。
 2 用繩子把人勒死: ~刑。~殺。
 3 纏繞: ~纏。~結。
 4 量詞,用於紗或毛線等。
```

唐・一行記《大毘盧遮那成佛經疏》卷13〈9 密印品(一三-一四)〉作「吉祥商佉」印:

❶先作空中合掌(如前)。
❷(彎)屈二「空」指(大拇指),以二「風指」(食指)壓之。
❸令如「商佉」(śaṅkha 螺貝)形。

作印已,即近口吹之,如吹「螺」之法也。此是「滿一切願吉祥法螺」印。由作此「印」故,即(能圓)滿一切「善願」,(與)宣說大法,能令十方普得聞知,此即是「寂靜涅槃」印也。

唐・一行述記《大日經義釋》卷10〈密印品第九〉
次「清淨慧菩薩」印,
❶作「三補吒」(samputā 椀器;合掌;虛心合掌)。
❷雙屈二「空」(大拇指)入掌。
❸以二「風」(食指彎)屈壓其(大拇指的)「背」上
(其風指,環屈,令甲相向,即是也)。
(食指應作「環形狀」而彎屈,然後令兩個食指的「押甲」相向對立,壓向「大拇指」的背部)

唐・法全《大毘盧遮那成佛神變加持經蓮華胎藏悲生曼荼羅廣大成就儀軌供養方便會》卷1
屈「風、空」輪加(此指二「食指」彎曲,指甲相合,二「大拇指」亦彎曲入掌,食指是「加」在大拇指背上的)。「法螺」虛心合。「風」(食指)絞(擠壓)「空」(大拇指)輪上。

《千光眼觀自在菩薩祕密法經》
若為召呼一切「善神」乞守護者,當修「寶螺法」。其持螺觀自在像,相好莊嚴如先宣說,但左手臂持「寶螺」,右手作拳,舒屈「風指」作招勢。畫像已,其印相:
❶二手虛心合。

❷屈二「風指」，各絞(擠壓)二「大指」背，
(於)二空各二頭中，(於)指(縫)間出之，以口為吹之勢。

(食指與大拇指之間會形成二個「空穴」，於二個「空穴」中、於二個「頭指」中)

唐・善無畏譯《攝大毘盧遮那成佛神變加持經入蓮華胎藏海會悲生曼荼攞廣大念誦儀軌供養方便會》卷 2

「定慧」(左右手)
❶虛心合(掌)。
❷屈「風、空」(此指二「食指」彎曲，指甲相合，二「大拇指」亦彎曲入掌)，(以食指)絞(擠壓)之。
❸形如「商佉」等，此名為「勝願吉祥法螺印」，(為)諸佛世之師，菩薩救世者，皆説「無垢」法，至寂靜涅槃。

唐・善無畏譯《大毘盧遮那成佛神變加持經》卷 4〈9 密印品〉

「定慧」二手。
❶作「虛心」合掌。
❷屈二「風輪」以(於)二「空輪」(此指二「食指」彎曲，指甲相合。二「食指」置於二「大拇指」的背上)，(以食指)絞(擠壓)之。
❸形如「商佉」(śaṅkha 螺貝)。頌曰：
此名為「勝願吉祥法螺」印，(為)諸佛世之師，菩薩救世者，皆説「無垢」法，至寂靜涅槃。

唐・善無畏譯《大毘盧遮那成佛神變加持經》卷 4〈9 密印品〉

「商佉」(śaṅkha 螺貝)印，(此即)是「無量音聲佛頂」印。

唐・一行記《大毘盧遮那成佛經疏》卷 13〈9 密印品(一三-一四)〉

「無量音聲佛頂」，作「商佉」(śaṅkha 螺貝)印，如前説。
(謂三補吒[samputā 椀器;合掌;虛心合掌]，雙屈二空，以風並壓之)。

唐・善無畏譯《攝大毘盧遮那成佛神變加持經入蓮華胎藏海會悲生曼荼攞廣大念誦儀軌供養方便會》卷 2

「無邊音聲頂」(其)「身印」(即)同「商佉」(śaṅkha 螺貝)。

唐・菩提流志譯《不空羂索神變真言經》卷 18〈32 世間成就品〉

若加持(海)「螺」，(然後)詣(於)高(地)望處，大「吹聲」者，(凡有)四生眾生，聞「螺聲」者，

滅諸重罪，捨受身已等生天上。
若有善男子善女人，先受菩薩戒、二百五十戒、五百戒、五戒、十戒、八戒、三歸依戒，(若有得)聞「螺聲」者，當捨身已，直往西方極樂國土蓮華化生，住「不退地」。

唐・菩提流志譯《不空羂索神變真言經》卷20〈44　溥遍輪轉輪王神通香品〉
若(於)高樓上，燒此香，熏(向)「螺」裏(面)，(誦)真言七遍，大吹(法螺)「七聲」，四生有情，(若有得)聞「螺聲」者，(即)皆得滅諸「罪障、災怪」。

詳細方式：
❶ 兩「大指」要先「屈」入掌中，大約在「小指」的「根下」處即可。
❷ 兩「食指」要壓「大指」的背，「食指」的「指甲」要相併。
❸ 「食指」與「大指」間一定，要留「孔洞」--此喻法螺印。
❹ 兩「中指」頭是「相接」的，類似「蓮華」狀--此喻「蓮華印」。
❺ 兩「無名指」相接，大約為「環形狀」即可--此喻為「法輪印」，然後與前面的「中指」稍微接觸，出現「三角形」即可。
❻ 兩「小指」要保持「直豎立」--此喻為獨鈷「金剛杵印」。
❼ 本手印具備了
　　四印的「隱喻」
　　一、法螺印。
　　二、蓮華印。
　　三、法輪印。
　　四、金剛杵印。

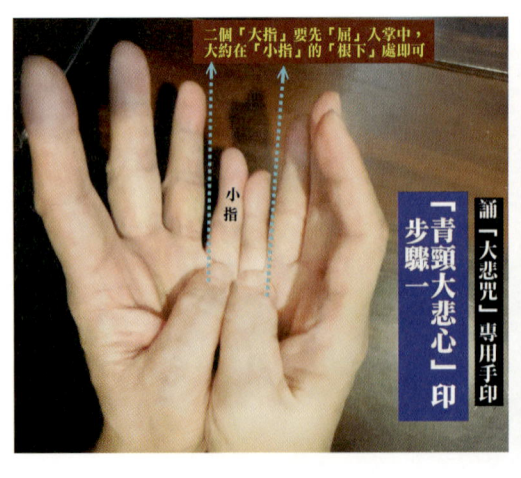

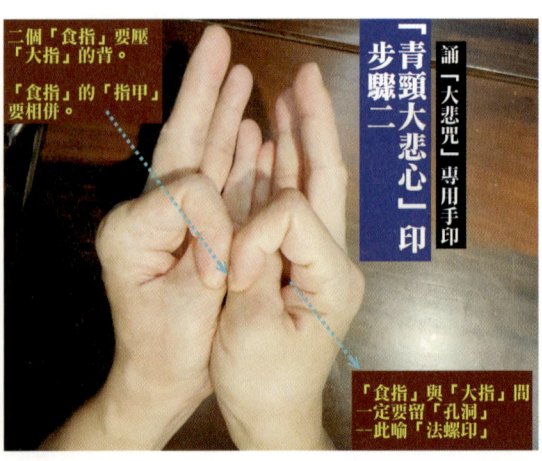

第二篇 諸菩薩專用的手印介紹 第一章 觀世音菩薩手印・217

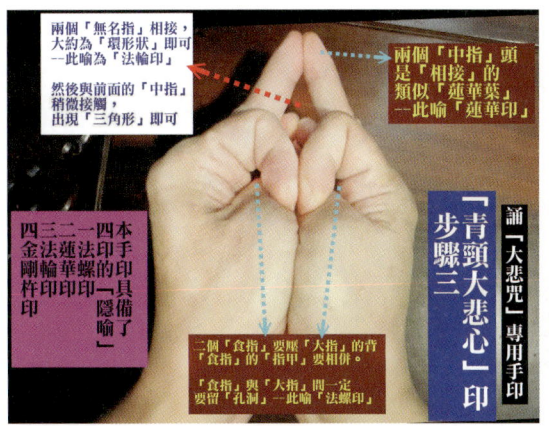

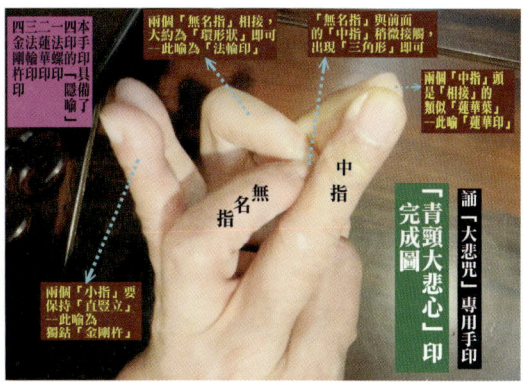

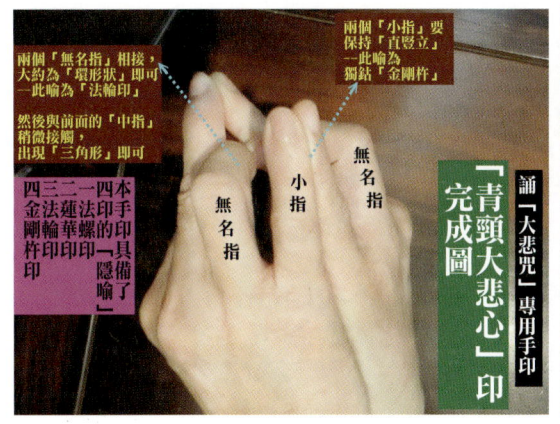

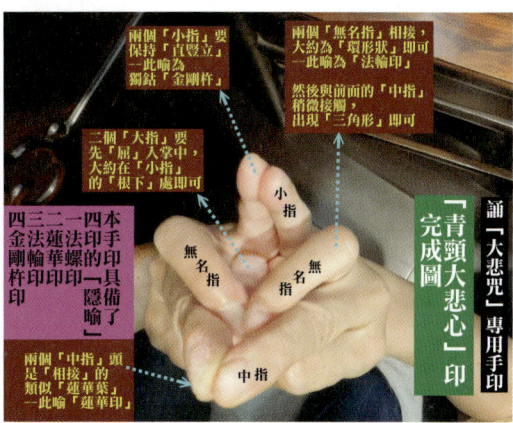

誦「大悲咒」專用手印

「青頸大悲心」印 步驟三

本手印具備了
一 法螺印
二 蓮華印
三 法輪印
四 金剛杵印

兩個「無名指」相接，大約為「環形狀」即可——此喻為「法輪印」
然後與前面的「中指」稍微接觸，出現「三角形」即可

兩個「中指」頭是「相接」的，類似「蓮華葉」——此喻「蓮華印」

二個「食指」要壓「大指」的背；「食指」的「指甲」要相併。

「食指」與「大指」間一定要留「孔洞」——此喻「法螺印」

誦「大悲咒」專用手印

「青頸大悲心」印 完成圖

本手印具備了
一 法螺印
二 蓮華印
三 法輪印
四 金剛杵印

四 金剛杵印
三 法輪印
二 蓮華印
一 法螺印
本手印具備了「隱喻」

兩個「無名指」相接，大約為「環形狀」即可——此喻為「法輪印」

「無名指」與前面的「中指」稍微接觸，出現「三角形」即可

兩個「中指」頭是「相接」的，類似「蓮華葉」——此喻「蓮華印」

兩個「小指」要保持「直豎立」——此喻為獨鈷「金剛杵」

中指

無名指

誦「大悲咒」專用手印

「青頸大悲心」印 完成圖

本手印具備了「隱喻」
一 法螺印
二 蓮華印
三 法輪印
四 金剛杵印

兩個「無名指」相接，大約為「環形狀」即可——此喻為「法輪印」
然後與前面的「中指」稍微接觸，出現「三角形」即可

兩個「小指」要保持「直豎立」——此喻為獨鈷「金剛杵」

無名指

小指

誦「大悲咒」專用手印

「青頸大悲心」印 完成圖

本手印具備了「隱喻」
一 法螺印
二 蓮華印
三 法輪印
四 金剛杵印

兩個「小指」要保持「直豎立」——此喻為獨鈷「金剛杵」

兩個「無名指」相接，大約為「環形狀」即可——此喻為「法輪印」
然後與前面的「中指」稍微接觸，出現「三角形」即可

二個「大指」要先「屈」入掌中，大約在「小指」的「根下」處即可

小指

無名指

無名指

中指

第三節　「觀自在」菩薩根本手印

唐・**不空**(公元705~774)譯《觀自在菩薩大悲智印周遍法界利益眾生薰真如法》
(觀自在菩薩)根本印：
❶二手「金剛縛」(外縛印)。
❷二「頭指」(食指)頭合，如「蓮華葉」。
❸二「大指」並立，即成。
真言曰：ॐ(oṃ) व(va) ज्र(jra) ध(dha) र्म(rmma) ह्रीः(hrīḥ)
若人持此「一字真言」，能除一切災禍疾病，命終之後，當得極樂上品之生，餘諸所求世間出世大願隨持得成。何況依此教法而修行者，一切悉地不久圓滿也。

「觀自在」菩薩根本手印

根本印：二手金剛縛，二頭指頭合如蓮華葉，二大指並立即成。真言曰：食指

ॐ(oṃ) व(va) ज्र(jra) ध(dha) र्म(rmma) ह्रीः(hrīḥ)

若人持此一字真言，能除一切災禍疾病，命終之後當得極樂上品之生，餘諸所求世間出世大願隨持得成。何況依此教法而修行者，一切悉地不久圓滿也。

[*]觀自在菩薩薰真如香印法說已竟。

詳細方式：
❶兩手「金剛縛」外縛印，右押左。
❷兩「食指」相合，作如「蓮華」形。
❸兩「大拇指」並豎直立。

第二篇 諸菩薩專用的手印介紹 第一章 觀世音菩薩手印・219

「觀自在」菩薩根本手印與「蓮華」比對圖

- 金剛拳外縛印右押左
- 兩[食指]作如[蓮華]形
- 兩[大拇指]並豎直立
- 「觀自在」菩薩根本手印

第四節 「八葉印」
(八葉蓮華印,八大蓮華印,蓮花部三昧耶印)

稱念觀音聖號
誦大悲咒
六字大明咒
十一面觀音咒
皆可適用

唐・善無畏譯《蘇悉地羯羅供養法》卷 1
其手印相：
❶先當「合掌」，中間兩手「六指」，向外「舒、散」，勿令「相著」。
❷其「大指」及「小指」兩手，依舊「相著」。
❸合掌「中虛」，如「開蓮花」，「微屈」中間「六指」。
(此是「蓮花部三摩耶」手印)。

唐・金剛智譯《金剛頂經瑜伽觀自在王如來修行法》
「蓮華部三昧耶陀羅尼」印。
❶即以二羽，「蓮華」合掌(虛心合掌)。
❷「禪智」、「檀慧」相拄頭。
❸「六度」頭，相去「一寸」(保持大約 3cm 的距離)。
(將此手印)置於「右耳」(其實是指「頭頂」上的「右邊」的地方)上，誦真言曰：唵・鉢得麼(二合)・訥婆嚩耶・娑嚩(二合)訶・

唐・金剛智譯《佛說七俱胝佛母准提大明陀羅尼經》〈2 蓮華部三麼耶契〉
「蓮華部三麼耶」契第二
❶二「福、智」相合(二手虛心合掌)。
❷「戒、忍、進、方便、願力」各各散開、「微屈」。「六波羅蜜」開如「蓮花」。
❸「檀、般若」(二小指)。「禪、智」(二大指)，「頭」相著，亦「微屈」即成。

《金剛童子持念經》
想「印」如「佛」形像，次結「蓮花部三昧耶」印。
❶二羽如前，合掌「微開」。
❷中間二「進」(無名指)、二「念」(中指)、二「定」(食指)，六指「微曲」，頭相去各「一寸」許

(保持大約 3cm 的距離)。
❸二「信」(小指)、二「惠」(大拇指)各并豎，如「開敷蓮花形」。
誦真言三遍，舉印安於「頂右」(頭頂上的右邊)，「右耳」之上，想如觀自在菩薩。「蓮花三昧耶」真言曰……

唐・金剛智譯《金剛頂瑜伽青頸大悲王觀自在念誦儀軌》
結「八大蓮華」印。
❶二羽，腕相著。
❷「檀慧」與「禪智」，頭相合，而豎仰。
❸想如「寶蓮」，「六度」遠相離(保持大約 3cm 的距離)，「微屈」八葉華。密言曰……

唐・縛日羅枳惹曩(金剛智大師)譯《五大牛玉雨寶陀羅尼儀軌》
次「獻華座」印：
❶二手「虛心」合掌，作「開敷蓮華」(狀)，
❷(以)「八葉印」(只要是「八葉印、八葉蓮華印」的，都是「大指、小指」要相捻，保持一點微屈狀，不能太直立，而其餘「六指」都是「相離」與「微屈」的狀態，保持大約 3cm 的距離)當額。明(咒)曰：唵・迦摩羅・莎呵・

唐・不空譯《聖賀野紇哩縛大威怒王立成大神驗供養念誦儀軌法品》卷 1
結「蓮花部三摩耶」印：
❶又芙蓉合掌，當自心前，
❷「檀慧、禪智」並豎，
❸餘「六度」散開，屈如「八葉蓮花」(只要是「八葉印、八葉蓮華印」的，都是「大指、小指」要相捻，保持一點微屈狀，不能太直立，而其餘「六指」都是「相離」與「微屈」的狀態，保持大約 3cm 的距離)。

唐・不空譯《甘露軍荼利菩薩供養念誦成就儀軌》
結「蓮華部三麼耶」印。
❶又「芙蓉」合掌(虛心合掌)。
❷當自心前，「檀慧」、「禪智」並豎。
❸餘六度「散開」，屈如「八葉」蓮華(只要是「八葉印、八葉蓮華印」的，都是「大指、小指」要相捻，保持一點微屈狀，不能太直立，而其餘「六指」都是「相離」與「微屈」的狀態，保持大約 3cm 的距離)。

唐・不空譯《七俱胝准提陀羅尼念誦儀軌》
「蓮華部三麼耶」印：

❶以二手虛心合掌。
❷散開二「頭指」、二「中指」、二「無名指」，屈如蓮華形。
安印當心，誦真言七遍，想觀自在菩薩相好具足，於「頂右」(頭頂的右邊)散。真言曰……

唐・不空譯《阿閦如來念誦供養法》
次結「蓮花部」：
❶「虛心」作合掌。
❷微開「進(無名指)、念(中指)、定(食指)」。
即想觀自在，具相持蓮花，而住瑜伽定，分明誦三遍，(於)「頂右」(頭頂的右邊)而散之。
「蓮花部三昧耶」真言曰……

唐・不空譯《觀自在大悲成就瑜伽蓮華部念誦法門》
次說「蓮花部三昧耶」印：
❶以二腕本相著，豎兩手，散開十指。
❷以「二大指」並頭相著，復以「二小指」亦然，即成結印。
是以舉(此手印)安(於頭)「頭上」，如(靠)近「右邊」(的地方)，當作是想此「印」，即是菩薩聖自在。呪曰……

唐・不空譯《大虛空藏菩薩念誦法》
次結「蓮華部心三昧耶」印：
準前佛部心印，「智度」(左大拇指)屈入掌，直豎「禪度」(右大拇指)。結此契已，想於一切如來「右邊」有觀自在菩薩并諸眷屬，印誦「蓮華部心真言」三遍，頂上「右」散印。真言曰：
唵・阿(去引)嚧(引)力迦(半音)・娑嚩(二合引)賀(引)・

《大輪金剛修行悉地成就及供養法》
散舒餘「六度」，微屈八葉蓮(只要是「八葉印、八葉蓮華印」的，都是「大指、小指」要相捻，保持一點微屈狀，不能太直立，而其餘「六指」都是「相離」與「微屈」的狀態，保持大約3cm的距離)。
密想觀自在，相好極端嚴，并無量俱胝，蓮華族聖眾，圍邊其加持，獲得語業淨。

唐・菩提流志譯《如意輪陀羅尼經》〈4 法印品〉
「求生」(求生淨土)印(亦名「水母生印」)第二十四
❶二「大指」、二「小指」，豎頭「相著」，(但要保持)微屈(狀，不能完全直豎立狀)。
❷二「頭指」、二「中指」、二「無名指」，各豎，(要保持)散伸、微屈，令「頭開」各相去

「一寸」（此即「八葉印、八葉蓮華印」的，「大指、小指」要相捻，保持一點微屈狀，不能太直立，而其餘「六指」都是「相離」與「微屈」的狀態，保持大約 3cm 的距離）。

印明曰：
唵・鉢頭（途邑反二合）慕皤（菩餓反）婆（無何反）野（二）・莎（去）嚩（二合）訶（引）（三）

次作此「印」，（以）「明」（咒而作手）印三遍，（能）顯示諸（菩薩）尊，（令）一切（皆）歡喜，擁護加被，所求滿願。

詳細方式：
❶ 兩「大指」與兩「小指」各自互捻對方，保持「微屈」狀，不能太「直立」。
❷ 其餘「六指」保持「相離」與「微屈」狀，如「蓮華」之形。
❸ 兩手二邊保持大約 3cm 的距離。

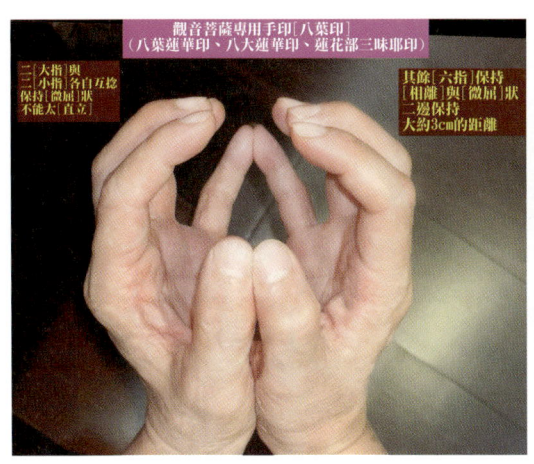

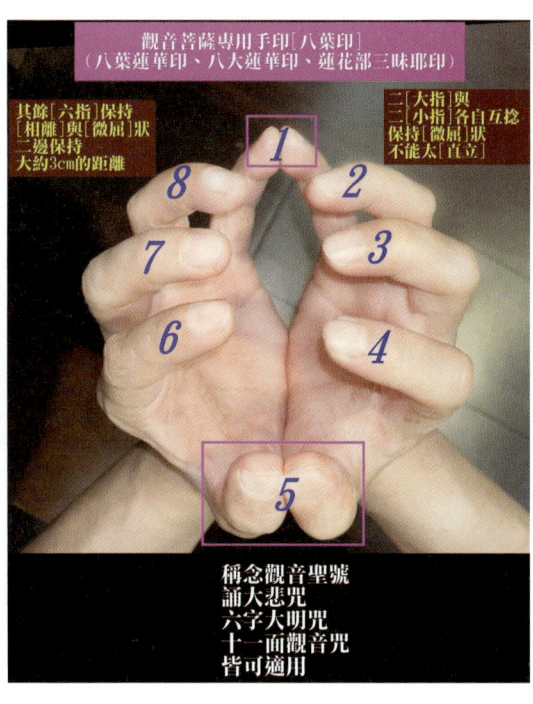

觀音菩薩專用的「八葉印」與「蓮華」的比對圖

其餘[六指]保持
[相離]與[微屈]狀
二邊保持
大約3cm的距離

二[大指]與
二[小指]各自互捻
保持[微屈]狀
不能太[直立]

第五節 「喚觀世音菩薩」印

《大佛頂如來放光悉怛多般怛羅大神力都攝一切呪王陀羅尼經大威德最勝金輪三昧呪品》〈2 諸菩薩萬行品〉
「喚觀世音菩薩」印呪曰：
唵・薩婆薩埵・毘耶呵・毘耶呵・莎訶・
❶以左右(的)二「手腕」(要)相著。
❷(全部的)「十指」(皆)相(離)去(約)「三寸」(即9CM)，如「蓮華」開，供養菩薩。
若人每日「仰印」(雙手仰著這個「手印」而作)供養，(能)滅「八萬劫」生死之罪。

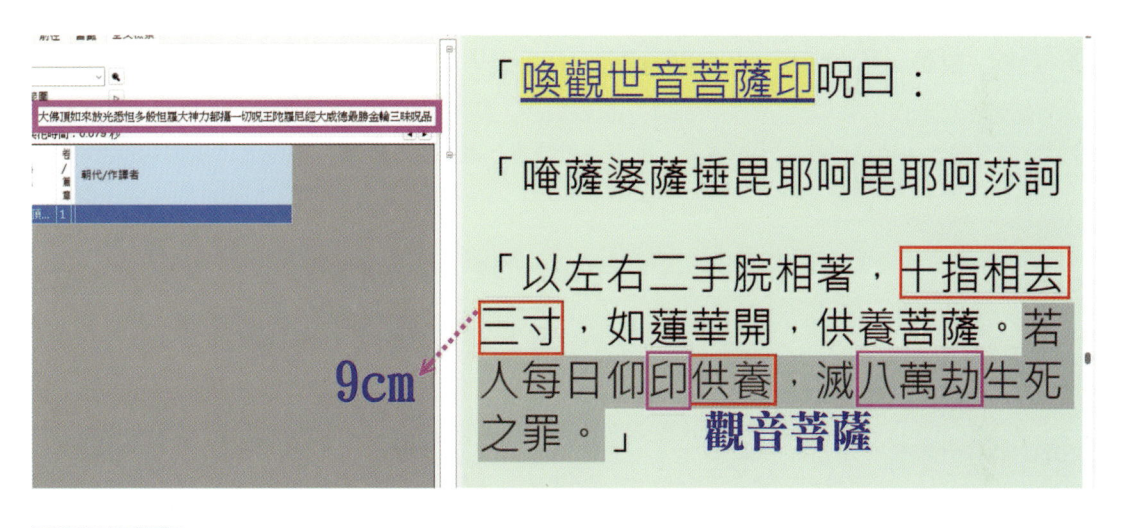

詳細方式：
「十指」全部「相離」與「微屈」狀，保持大約 **9cm** 的距離。
→若能以此「手印」供養觀音菩薩，能滅「八萬劫」生死之罪。

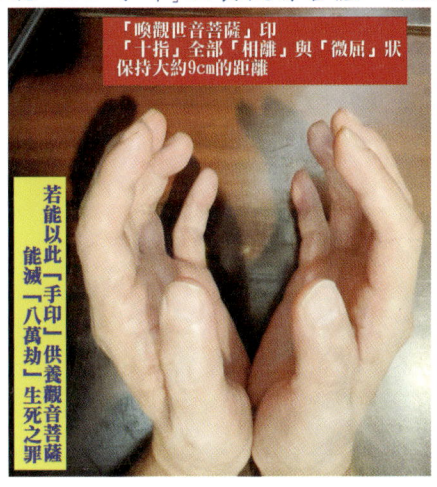

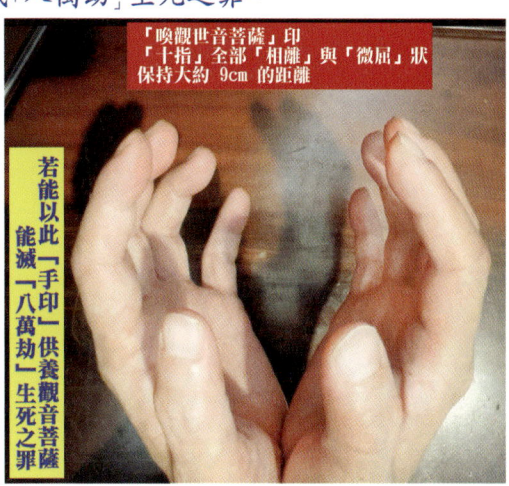

第六節 千眼千臂觀世音菩薩「神變自在印」

稱念觀音聖號，誦大悲咒、六字大明咒
誦十一面觀音咒，皆可適用

唐・智通譯《千眼千臂觀世音菩薩陀羅尼神呪經》卷2〈24 菩薩神變自在印〉
「菩薩神變自在」印第二十四
❶先以左手「大母指」捻「小指甲」上。次以「右手」，亦如之。
❷餘「三指」各「散、竪」。
❸「合腕」相著，置於「頂」上，誦身呪二十一遍，皆得遊行自在。
（昔有罽賓國僧闍提，於北天竺求得此梵本，未曾翻譯，自得受持，威力廣大，不敢流傳。智通於此僧弟婆伽邊得本，依法受持，功效不少，唯不流行於世，此本絕無。後同學得者，願同功德）。

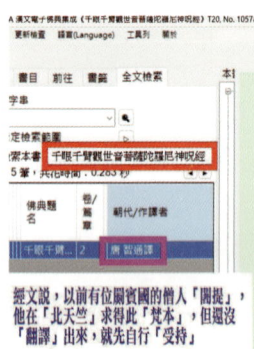

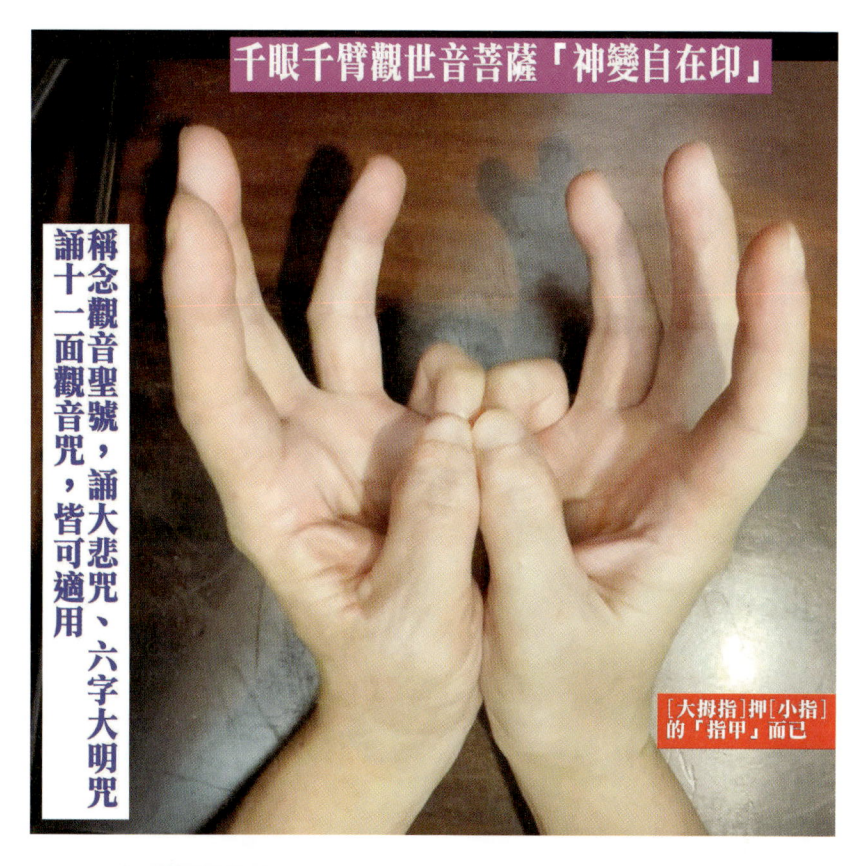

第二篇 諸菩薩專用的手印介紹 第一章 觀世音菩薩手印・227

千眼千臂觀世音菩薩「神變自在印」

稱念觀音聖號，誦大悲咒、六字大明咒誦十一面觀音咒，皆可適用

[大拇指]押[小指]的「指甲」而已

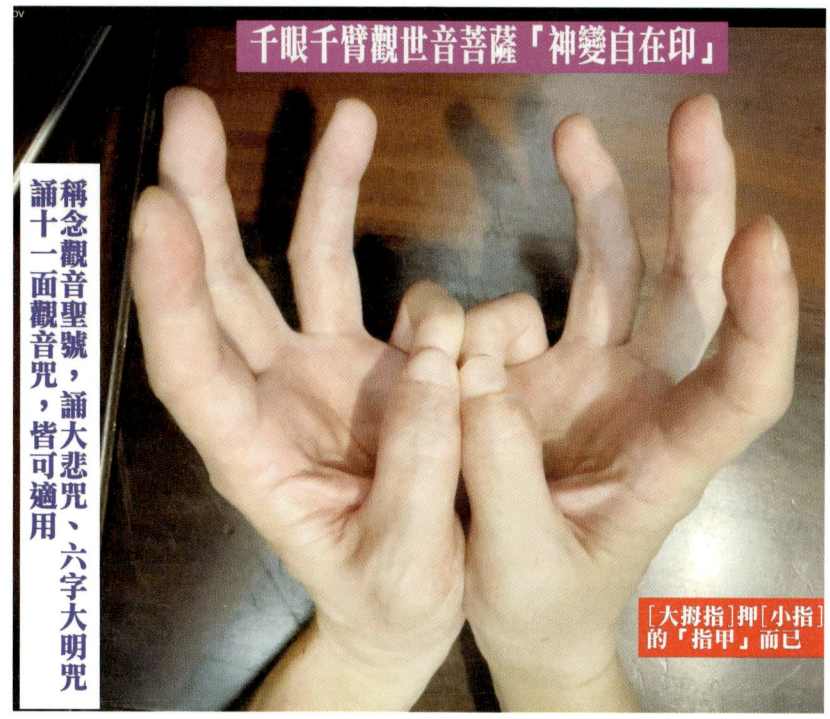

千眼千臂觀世音菩薩「神變自在印」

稱念觀音聖號，誦大悲咒、六字大明咒誦十一面觀音咒，皆可適用

[大拇指]押[小指]的「指甲」而已

第七節 「觀世音」菩薩的「總攝印」

唐・智通譯《觀自在菩薩隨心呪經》

「總攝」印呪第五十

❶兩手腕，仰相叉。(此即金剛拳「內縛印」的結法)
❷右手「大母指」押左手「大母指」。
❸兩手「八指」，急怒「把拳」。呪曰：

唵(一)・薩婆那庾多(二)・慕陀囉(二合)耶(三)・
Oṃ・ sarva-nayuta・ mudrāya・
　　　　　一切　　約 10⁶⁰　　印契；印母；手印

盤陀盤陀(四)・　　莎(去)訶(五)
bandha-bandha・svāhā・
結伴；隨逐；親近；隨護

……

此一(總攝)「印」，(智)通於「師三藏玄奘法師」邊(獲得)「親受」(此手印)。(玄奘)三藏知(大家於)此「印」(有)關故，(故)授與智通師、中天竺國長年跋吒那羅延，與罽賓國沙門喝囉那僧伽，同(於)「三曼荼羅會」(中)受持此法。

(意思就是玄奘大師在密宗的「三曼荼羅會」中傳授了這個「手印」，那玄奘也入了「密壇」嗎？)

後因(皇帝)勅召「入京」，遂有「大總持寺」僧智通聞解(而)翻譯，與「數十大德」，求及此「印」法，遂流傳翻譯。

(智)通依(此手印)作「壇」，經七七(49)日，如法受持，願皆滿足。「威力」既異於常，亦(仍)「不敢流傳於世」。(其中)亦有「數百」誦呪(的)師僧，於(智)通邊求及此法，(但)畢竟「不行」(指沒有得到太多感應)，縱(有)得者，「印法」不過三(次的感應而已)。

(但智)通(我本人在)作此(印)法(時)，觀世音菩薩(皆)親自「現身」，自外(皆)不能具(詳)述(之)。

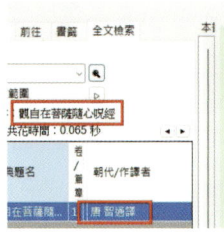

第二篇 諸菩薩專用的手印介紹 第一章 觀世音菩薩手印・229

總攝印呪第五十

「兩手腕仰相叉，右手大母指押左手大母指，兩手八指急怒把拳。呪曰：

指「總攝印」

　　　　　　　　　智
　　　　　　　此一印通於師三藏玄奘法師邊
玄奘
親受。三藏知此印關故，授與智通師、中天竺國長年跋吒那羅延，與罽賓國沙門喝囉那僧伽，同三曼荼羅會受持此法。後因勅召入京，遂有大總持寺僧智通聞解翻譯，與數十大德求及此印法，遂流傳翻譯　智通依作壇經七七日，如法受持，願皆滿足。威力既異於
　　　　　　　　　　　　　　　　　智
常，亦不敢流傳於世。亦有數百誦呪師僧，於通邊求
　　　　　　　　　　　　　智
及此法，畢竟不行。縱得者，印法不過三。通作此
法，觀世音菩薩親自現身，自外不能具述。

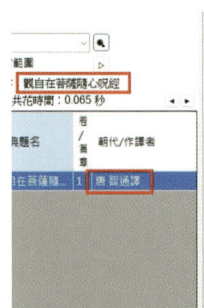

觀世音菩薩總攝[10]印第四十八　此即金剛拳「內縛印」的「同印異名」是也

「兩手腕仰相叉，右大指壓左大指，兩手八指急怒把拳。真言曰：
「唵　薩婆那庾多慕陀羅耶盤陀盤陀　娑嚩(二合)訶」
Oṃ・sarva-nayuta・mudrāya・bandha-bandha・svāhā・
　一切　　約10^60　印契；印母；手印　結伴；隨逐；親近；隨護

「此總攝印明，悉[11]能一切印法(此是智通於玄奘三藏處受得此印)。」

中國僧人
(於公元627~653年譯經)

玄奘大師
(602~664年)

金剛拳「內縛印」
密陀「無間隙」真如
滴水不進

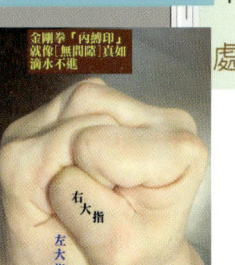

右大指
左大指

「智通」法師說他這個手印是跟「玄奘」大師學來的
這下子，還有人敢說「玄奘」大師不「精通」手印嗎？

金剛拳「內縛印」最關鍵的就是「右大指」要押「左大指」，
「玄奘」大師當然是絕對錯不了的啊！

詳細方式：

❶兩手做金剛拳「內縛印」。
❷右大拇指（在上面）押左大拇指（在下面）。

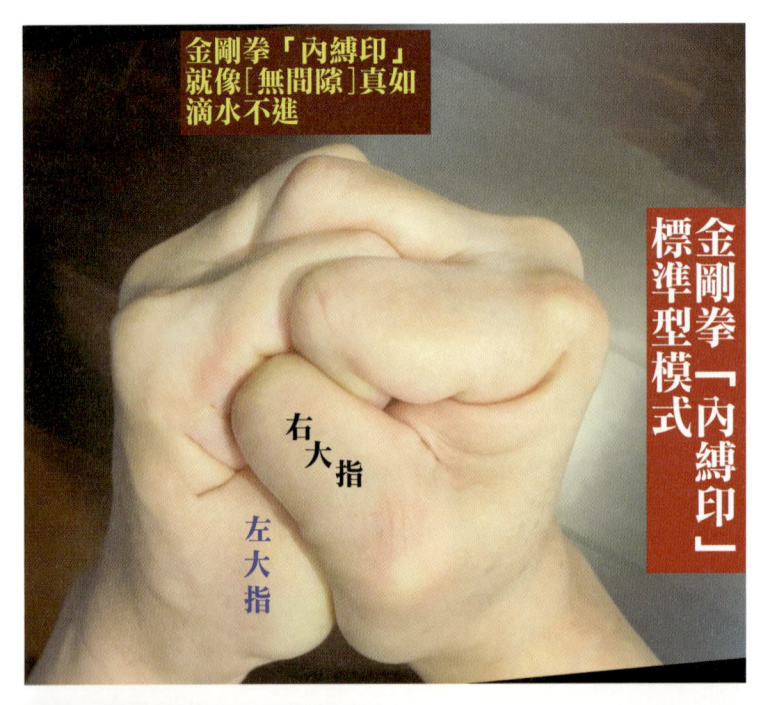

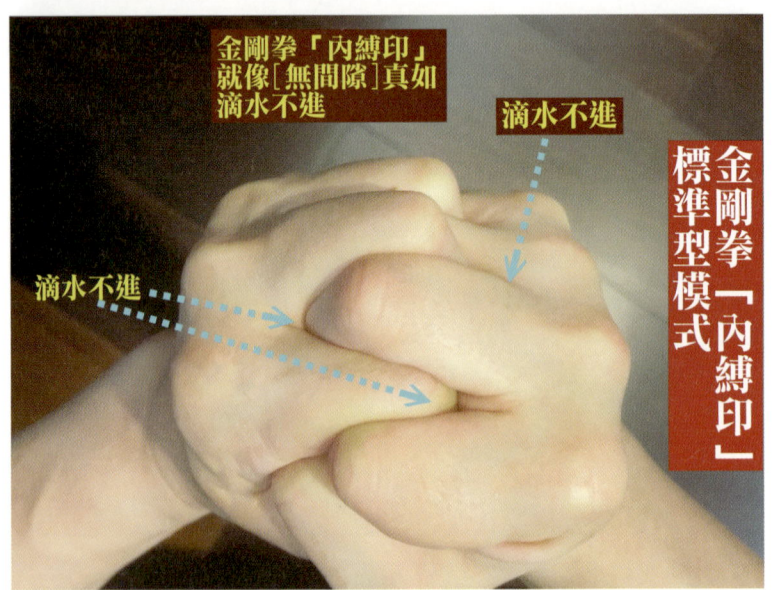

金剛拳「內縛印」
就像［無間隙］真如
滴水不進

右大指
左大指

金剛拳「內縛印」標準型模式

金剛拳「內縛印」
就像［無間隙］真如
滴水不進

滴水不進

滴水不進

金剛拳「內縛印」標準型模式

第八節 「蓮華部心呪」手印
蓮華部七字心真言
(蓮華部心真言。觀世音菩薩滅業障真言)

唐・不空譯《一字頂輪王念誦儀軌》

結「蓮華部三昧耶」印：准前佛部心印(金剛拳内縛印)，屈「左大拇指」入「掌」，「右大指」准前，(改成)「直豎」即成，是名「蓮華部心印」，真言曰：

唵・阿嚧力・

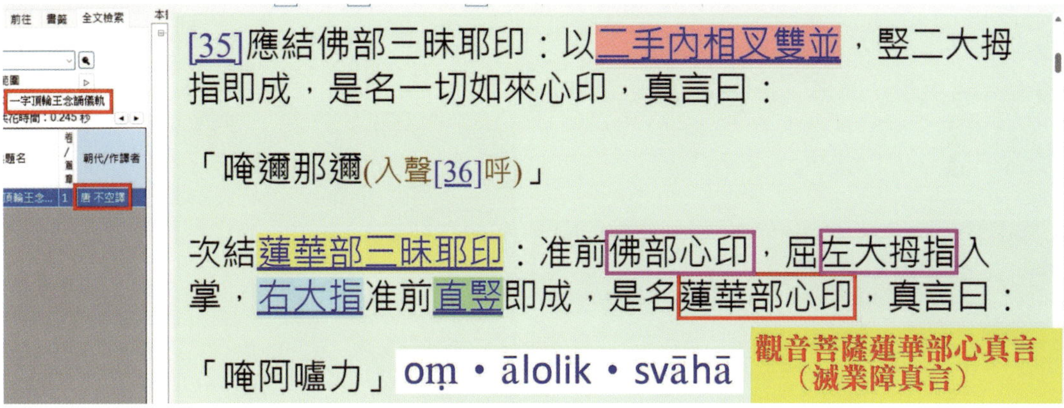

> [35]應結佛部三昧耶印：以二手內相叉雙並，豎二大拇指即成，是名一切如來心印，真言曰：
> 「唵邇那邇(入聲[36]呼)」
> 次結蓮華部三昧耶印：准前佛部心印，屈左大拇指入掌，右大指准前直豎即成，是名蓮華部心印，真言曰：
> 「唵阿嚧力」oṃ・ālolik・svāhā　觀音菩薩蓮華部心真言（滅業障真言）

唐・不空譯《大虛空藏菩薩念誦法》

次結「蓮華部心三昧耶」印。

準前佛部心印(金剛拳内縛印)，「智度」(左大拇指)屈入掌，直豎「禪度」(右大拇指)。

結此契已，想於一切如來「右邊」有觀自在菩薩并諸眷屬，印誦「蓮華部心真言」三遍，頂上「右」散印。真言曰：

唵・阿(去引)嚧(引)力迦(半音)・娑嚩(二合引)賀(引)・

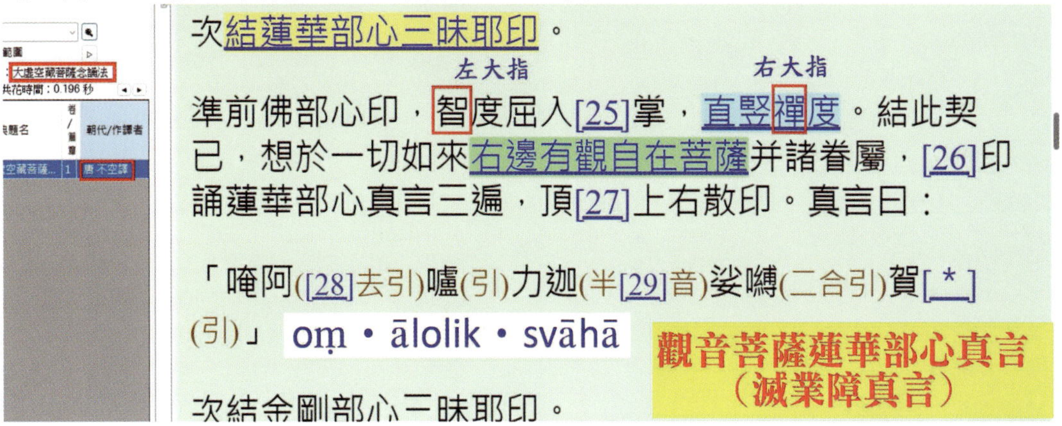

> 次結蓮華部心三昧耶印。
> 　　　　　　　　左大指　　　　右大指
> 準前佛部心印，智度屈入[25]掌，直豎禪度。結此契已，想於一切如來右邊有觀自在菩薩并諸眷屬，[26]印誦蓮華部心真言三遍，頂[27]上右散印。真言曰：
> 「唵阿([28]去引)嚧(引)力迦(半[29]音)娑嚩(二合引)賀[*](引)」 oṃ・ālolik・svāhā　觀音菩薩蓮華部心真言（滅業障真言）
> 次結金剛部心三昧耶印。

《大日如來劍印》

次結「蓮華部三昧耶」印。準前佛部心印（金剛拳內縛印），「智度」（左大拇指）屈入掌，直豎「禪度」（右大拇指）。結印成已，想於一切如來「右邊」有觀自在菩薩并諸眷屬，即誦真言三遍，頂右散印。誦真言曰：

𑖌𑖼(oṃ)・ 𑖀(a)𑖨(ro)𑖩𑖰(li)𑖎(k)・ 𑖭𑖿𑖪𑖯(svā)𑖮𑖯(hā)・

唵・　阿（去、引）嚧（引）力迦（半音）・娑嚩（二合、引）賀・

詳細方式：

❶ 兩手金剛拳「內縛印」。右押左。
❷ 左大指進入「右手掌」內。
❸ 右大指直豎，靠在「右食指」側邊上。

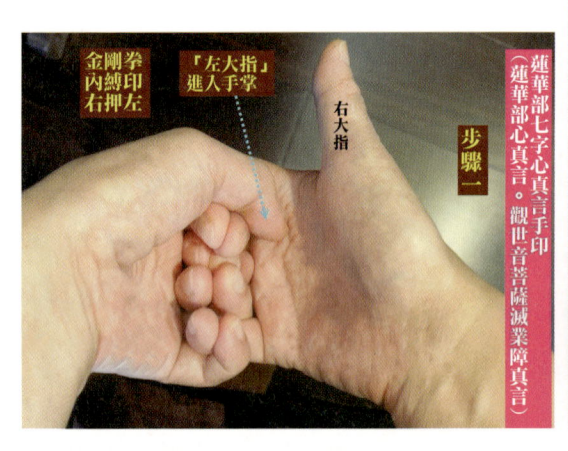

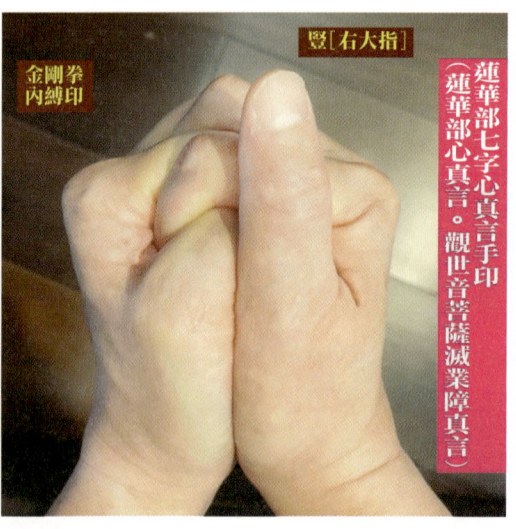

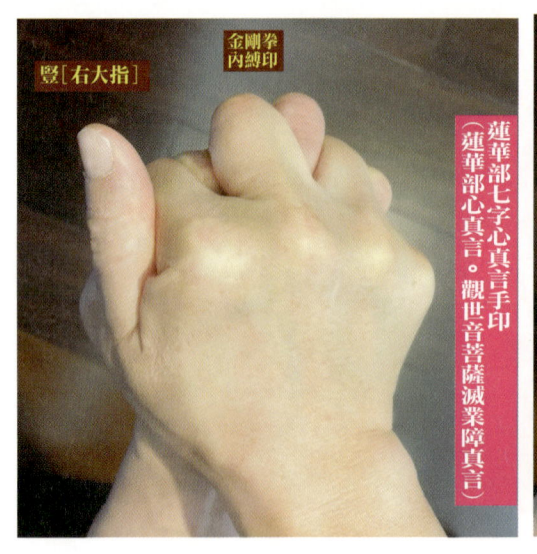

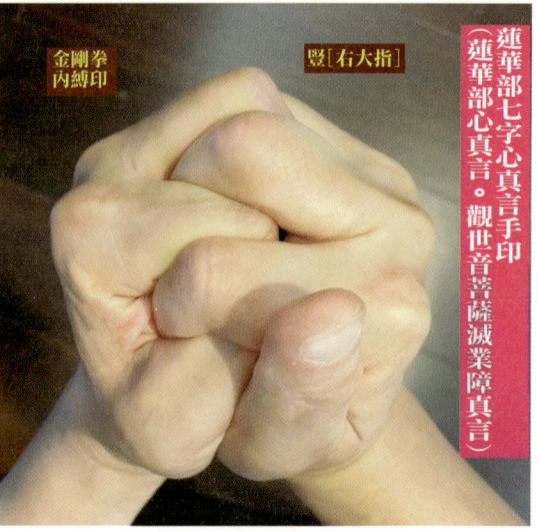

第九節 「求見觀世音菩薩」印

唐・智通譯《觀自在菩薩怛嚩多唎隨心陀羅尼經》
「求見觀世音」印第三十九
❶以二「無名指」及「小指」，各反相叉，右壓左。
❷二「中指」並直豎，頭相拄。
❸二「頭指」(食指)各屈「第二節」及「第三節」，兩「甲」相背。
❹二「大指」壓二「頭指」(食指)節上，亦誦前「根本真言」。
作此印已，至心誦「真言」，專心「正念」，爾時觀音菩薩剋當現身。行人見已，懺悔眾罪，次(再結修)求「見佛」(印)。

求見「觀世音菩薩印」

求見觀世音印第三十九

「以二無名指及小指各反相叉右壓左，二中指並直豎頭相拄，二頭指各屈第二節及第三節兩甲相背，二大指壓二頭指節上。亦誦前根本真言。作此印已，至心誦真言專心正念，爾時觀音菩薩剋當現身。行人見已，懺悔眾罪，次求見佛。」

唐・智通《觀自在菩薩怛嚩多唎隨心陀羅尼經》《大正藏》第20冊頁463中

唵	多唎	多唎	咄多唎	咄咄	哆唎	咄唎	娑嚩訶
oṃ	tāre	tāre	tutāre	tutu	tāre	ture	svāhā
嗡姆	達唎	達唎	督達唎	督督	達唎	督唎	斯瓦哈

詳細方式：
❶兩「無名指、小指」，內相叉入掌，右壓左。
❷兩「中指」直豎相並，頭相拄。
❸兩「食指」彎曲，指甲「相背」貼合。
❹兩「大拇指」押二「食指」上節的「側邊」。

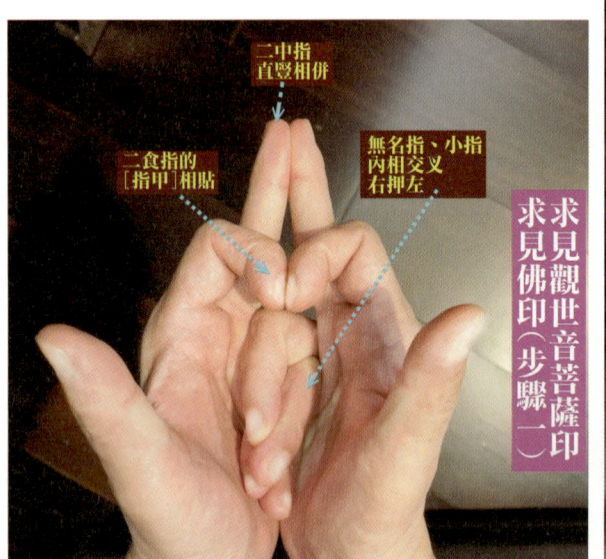

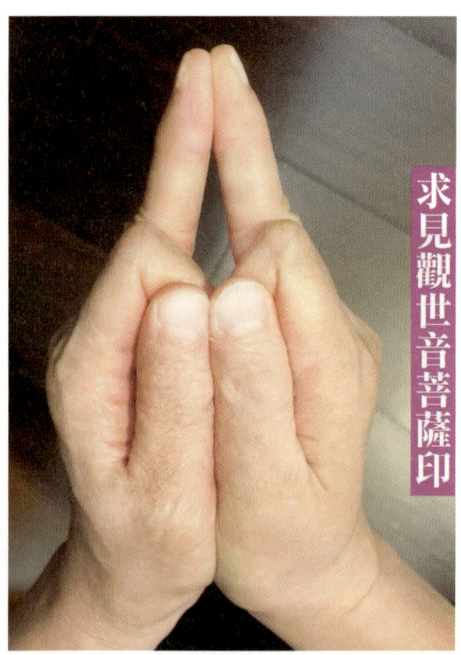

求見觀世音菩薩印 / 求見佛印（步驟一）

- 二中指直豎相併
- 二食指的〔指甲〕相貼
- 無名指、小指內相交叉右押左

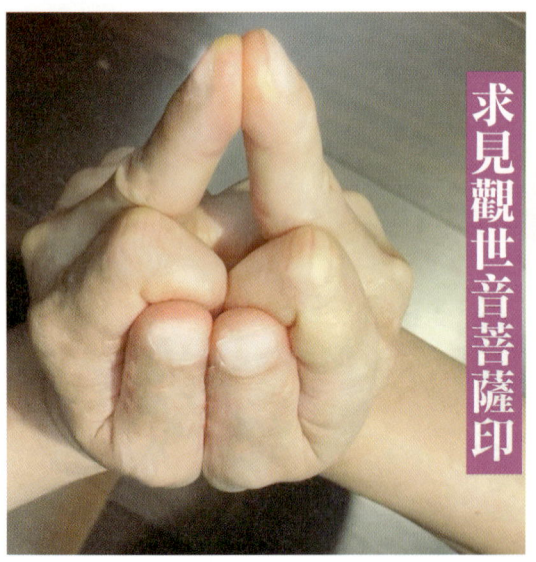

求見觀世音菩薩印

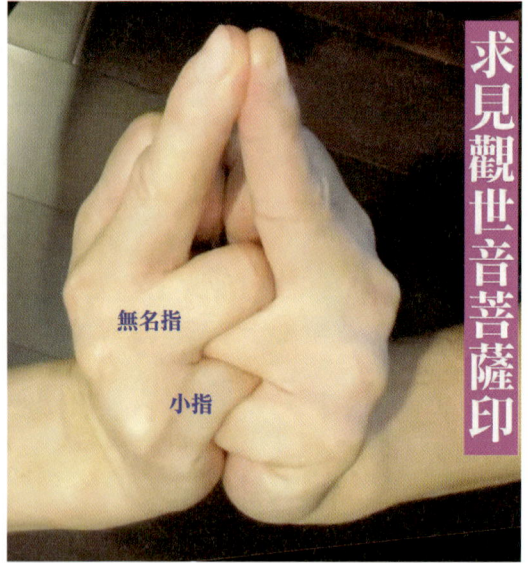

無名指
小指

第十節 「觀世音菩薩求見佛」印

唐・智通譯《觀自在菩薩怛嚩多唎隨心陀羅尼經》
「見佛」印第四十
準前(求見觀世音菩薩)印，唯改
❶以左手「中指」屈入右「無名」及「頭指」(的)岐間。
❷右「中指」壓(在)左「中指」(的)背上。
真言曰：跢姪他・伊利多唎・娑嚩(二合)訶。
若作此印，誦真言滿十萬遍，十方諸佛來問行人作何所為，便與「摩頂」授記。

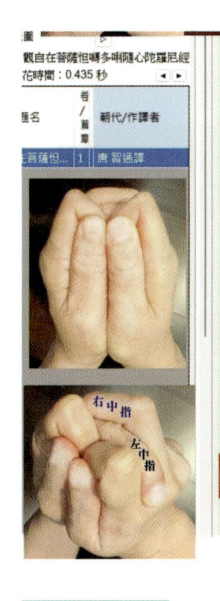

詳細方式：
❶兩「無名指、小指」，內相叉入掌，右壓左。
❷左手「中指」彎屈，進入右「食指」與「中指」的「指縫」間。右「中指」再壓到左「中指」的背上。
❸兩「食指」彎曲，「指甲」相背貼合。
❹兩「大拇指」押二「食指」上節的「側邊」。

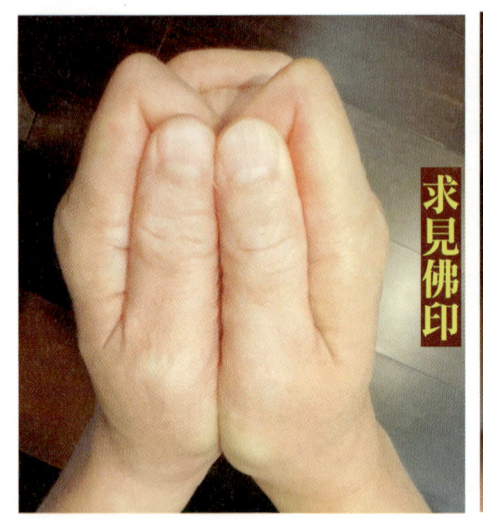

236・《佛菩薩專用手印解析暨研究》(全彩版)

求見佛印

右中指　左中指

求見佛印

求見佛印

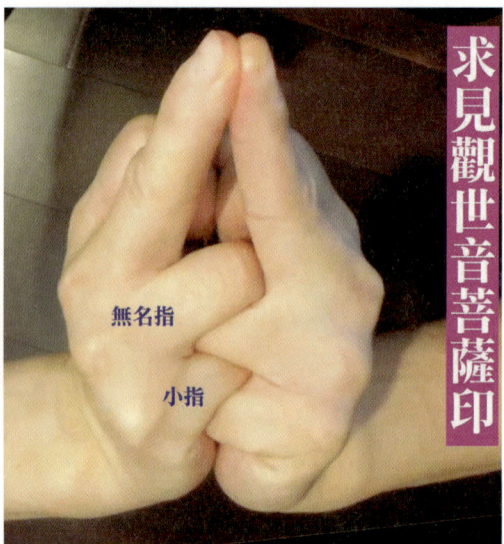

無名指　小指

求見觀世音菩薩印

第十一節 觀世音菩薩「求聰明」印

唐・智通譯《觀自在菩薩隨心呪經》
「求聰明」印呪第三十六
❶以兩手「大母指」各捻二「無名指」甲上。
❷二「小指」並直豎、相搏(相支撐著)，
❸以二「中指」，(於)側頭(而)相拄，
❹屈二「頭指」(食指)，各(依)附(於)二「中指」側(邊的)「第二文」上，(兩食指的)「指頭」相去「一寸」許。
作此印法，正當心前，誦「身呪」。
若有「鈍根」者，為作此印，供養求願，則得如意，鈍者「七日」為之。
昔頗梨國有一「長者」，家雖大富，(但)為性「鈍根」。師為(說此「求聰明印」而修持)七日，依法求願，則得「聰明」，日(能)誦「千偈」，自餘證驗，更不具說。

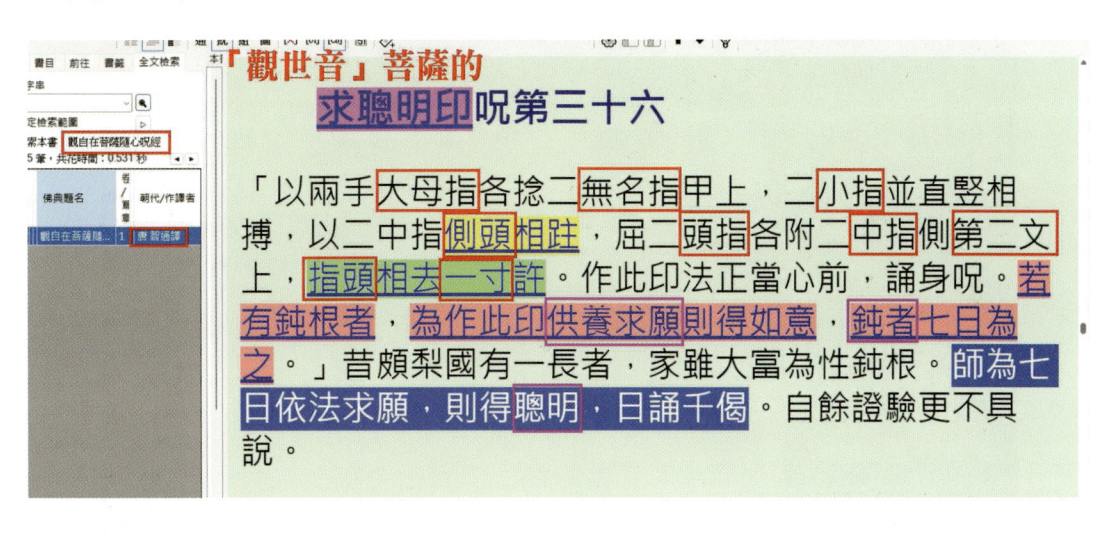

詳細方式：
❶兩「大拇指」各捻「無名指」的「指甲」。
❷兩「小指」直豎而互相撐著。
❸兩「中指」於「側邊」而相拄著。
❹兩「食指」彎曲依附於「中指」側邊的「第二節紋」上。二「食指頭」相去「一寸」許，約 3cm。
❺手腕「半開」。

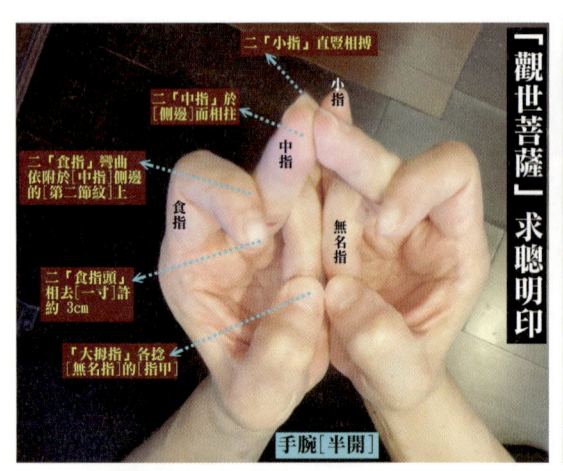

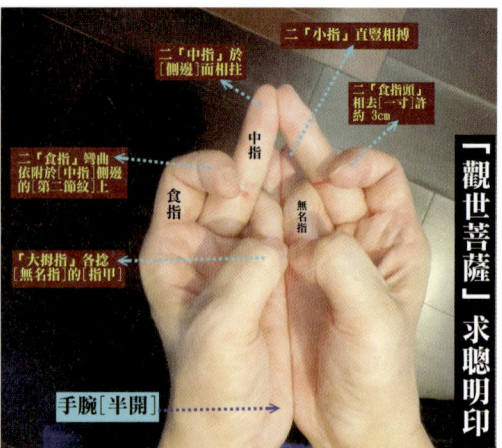

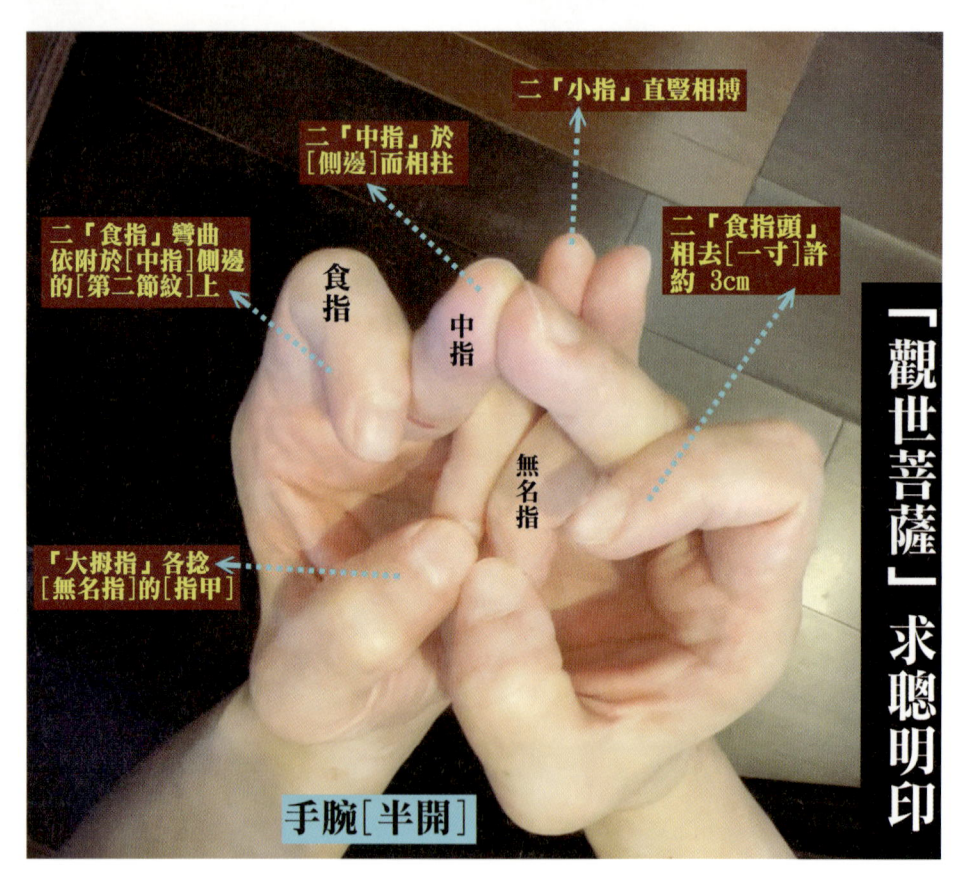

238・《佛菩薩專用手印解析暨研究》(全彩版)

第二章 觀自在菩薩如意輪「根本手印」

第一節 「如意輪」的根本手印

唐・寶思惟(公元?~721。從公元 693 年開始在洛陽 天宮寺翻譯佛經,壽百餘歲)譯《觀世音菩薩如意摩尼輪陀羅尼念誦法》

根本印。

❶(雙手)先「合掌」(的手勢),

❷二「中指」少屈(經文沒有說明是「蓮葉狀」,也沒有出現要不要「相捻、相合」的文字描敘。但從第一個步驟說要「合掌」即可推知,這二個中指應該是要「相合」的,除非經文特別說明「不捻」),

❸二「頭指」(食指),頭相柱(經文並沒有說明是要作「摩尼寶狀」的文字描敘),

❹二「大指」(大拇指)並(立),(向上)直竪,當(於)心(胸)上(的位子)。

(以上是指「如意輪」的「根本手印」)

誦(咒語)七返(遍),(然後再將手印)散(置於頭)頂上之。

若有「召請」(的話),二「大指」(大拇指),(可作)「來、去」之狀。

由此「呪」及「印契力」(之)故,自身即如(觀世音菩薩如意摩尼)「本尊」(的)威神威力,諸「大力魔」(即)不得(其)便(而侵擾你)。

唐・金剛智(公元 669~741。從公元 723 年開始在資聖寺翻譯佛經)譯《觀自在如意輪菩薩瑜伽法要》

第一個如意輪的「根本手印」

❶(雙手先保持)「平掌」(的手勢),當於心,

❷忍(右中指)、願(左中指)如蓮葉(花瓣的輪廓狀。經文沒有出現要不要「相捻、相合」的文字描敘,但從第一個步驟說要兩手「平掌」的姿勢即可推知,這二個中指應該是要「相合」的,除非經文特別說明「不捻」),

❸進(右食指)、力(左食指)摩尼狀(經文沒有出現要不要「相捻、相合」的文字描敘,但要創造出「摩尼寶形」都是要二指「合」的狀態),

❹餘度(指小指與無名指)盡如「幢」(此指「向上直立」的柱狀)。

(以上是指「如意輪」的「根本手印」)

誦「根本」密言,思滿有情願。

密言曰:

namo・ratna - trayāya・

南摩- 喝德拿 德喝雅雅

禮敬　　寶　　　三

nama-āryā-	valokite-śvarāya・		bodhi-satvāya・	
南麻-阿哩雅-	瓦樓哥壹參-旭瓦喝雅		缽歐底-薩德瓦雅	
禮敬	聖 觀 自在		菩薩	

mahā-satvāya・	mahā-kāruṇikāya・
麻哈-薩德瓦雅	麻哈-嘎汝尼嘎雅
大 菩薩	大 慈憫者

tadyathā・	oṃ・	cakra - varti・	cintā-maṇi・
打笛雅他	嗡姆	加哥喝 瓦兒底	晶打 麻尼
即說咒曰：		輪 轉	如意寶珠

mahā-padme・	ruru・	tiṣṭha・	jvala・
麻哈 巴德美	嚕嚕	底師他	幾瓦拉
大 蓮華	快速	現今	光明

ākarṣaya・	hūṃ・	phaṭ・	svāhā・
阿嘎兒沙雅	虎姆	怕德	斯瓦哈
勾召	催破一切諸障	催破、	成就圓滿

唐・不空(公元 705~774。從公元 730 年開始在長安大薦福寺翻譯佛經)譯《觀自在菩薩如意輪念誦儀軌》

第一個如意輪的「根本手印」

於「蓮花胎」中有「如意寶珠」，如「紅頗梨」色，爀(古通「赫」)奕光明，照無量世界。於光明中涌出本尊「如意輪觀自在菩薩」，具足六臂，相好圓滿，住思惟相。

作是觀已，起大悲心，即結「如意輪根本印」：

❶ 二手(先做)「合掌」(手勢)。

❷ 二「頭指」(食指)屈，如「摩尼」寶形(經文沒有出現要不要「相捻、相合」的文字描敘，但要創造出「摩尼寶形」都是要二指「合」的狀態)，

❸ 二「中指」，屈相拄，如「蓮花葉」(花瓣的輪廓狀)，

❹ 合豎二「大指」(大拇指)，即成。

誦「根本陀羅尼」七遍，想於本尊，如對目前，(手印最後於頭)頂上「散印」。真言曰……

唐・不空譯《觀自在菩薩如意輪瑜伽》

第一個如意輪的「根本手印」

❶ (兩手先做)「**平掌**」(的手勢)，**當於心**，

❷ **忍**(右中指)、**願**(左中指)**如蓮花**(花瓣的輪廓狀。經文沒有出現要不要「相捻、相合」的文字描敘，但從第一個步驟說要兩手「平掌」的姿勢即可推知，這二個中指應該是要「相合」的，除非經文特別說明「不捻」)，

❸ **進**(右食指)、**力**(左食指)**摩尼**(寶珠)**狀**(經文沒有出現要不要「相捻、相合」的文字描敘，但要創造出「摩尼寶形」都是要二指「合」的狀態)，

❹ **餘度**(指小指與無名指)**盡如「幢」**(向上直立的柱狀)。

誦根本密言，思滿有情願。密言曰……

(附錄補註用)

唐・不空(公元 705~774。從公元 730 年開始在長安大薦福寺翻譯佛經)**譯《金剛頂經多羅菩薩念誦法》**

次結「蓮華」三昧耶，十度相叉，**堅固縛**，

忍(右中指)、**願**(左中指)豎合如「**蓮葉**」，

想身同彼**多囉**(多羅菩薩，即綠度母)尊。

唐・尸羅跋陀羅(?應該不是戒賢，因為戒賢論師沒有來過中國的)**譯《大聖妙吉祥菩薩說除災教令法輪》**

(亦名《熾盛光佛頂》。戒賢三藏譯。說除上王者，下凡庶惡星淩逼命宿災難厄會。出《文殊大集會經・息災除難品》，亦云《熾盛光佛頂》)

第一個如意輪的「根本手印」

復次**觀自在**，亦號**如意輪**，

❶ **定**(左手)、**慧**(右手)**金剛縛**，

❷ **忍**(右中指)、**願**(左中指)**如「蓮葉」**(狀。經文沒有出現要不要「相捻、相黏」的問題，但從第一個步驟說要兩手「金剛縛」的姿勢即可推知，這二個中指應該是要「相合」的，除非經文特別說明「不捻」)。

❸ 二「**風**」(食指)，**壓**(縮近)**如「寶」**(狀。經文沒有出現要不要「相捻、相合」的文字描敘，但要創造出「摩尼寶形」都是要二指「合」的狀態)。

❹ 「**空輪**」(大拇指)並，似「**幢**」(狀)。

詳細方式：

❶ 兩手先做「合掌」且是「平掌」的手勢，當於心胸前。

❷ 兩「中指」微屈，相捻，做如「蓮花瓣」的「輪廓狀」。

❸ 兩個「食指」彎曲，相捻，往「手掌肉」的地方「縮近」，做如「摩尼寶珠」(cintā-maṇi)的「似方似圓」楞狀。

❹ 兩「小指、無名指」，都是互相「併靠著」，而且都是向上「直立」的「柱狀」。

❺ 兩「大拇指」是「合併靠著」直豎立狀態，且依附在「食指」根下的地方。

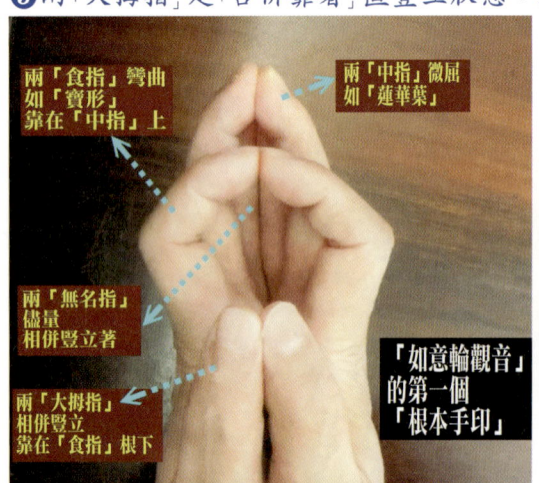

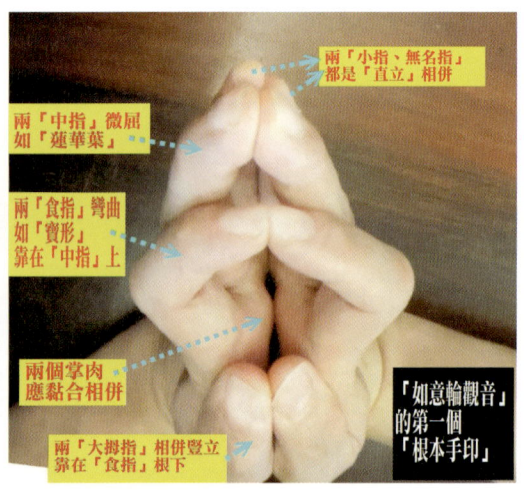

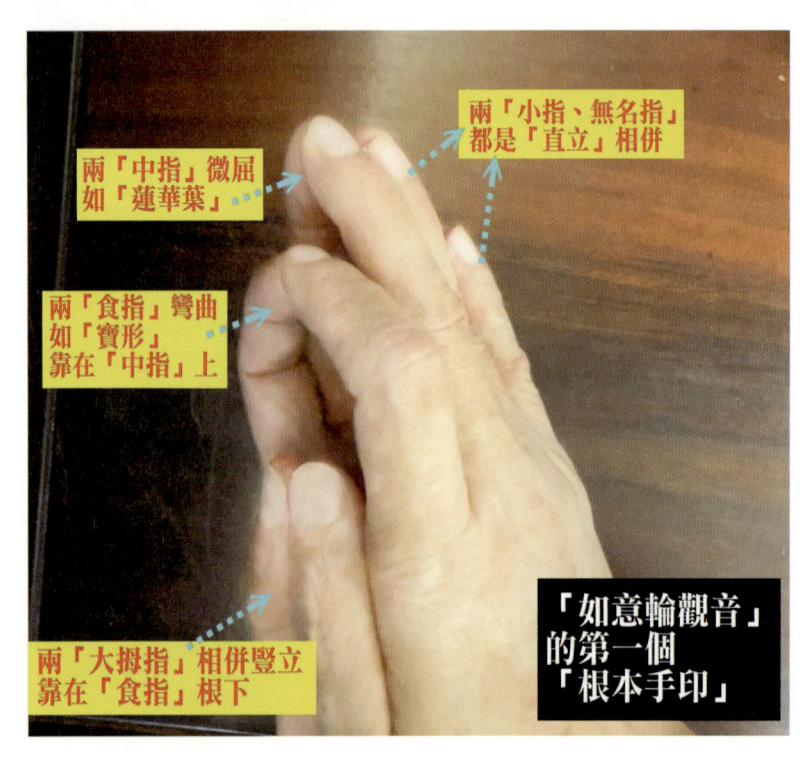

第二篇 諸菩薩專用的手印介紹 第二章 觀自在菩薩如意輪「根本手印」・243

唐・不空《觀自在菩薩如意輪念誦儀軌》云：

「蓮花胎」中有
「如意寶珠」……
於光明中涌出本尊
「如意輪觀自在菩薩」

「蓮葉形」的裡面
就是「蓮華」
就是「鉢特摩」

padma
巴德麻
蓮華

「寶形」就是
「摩尼寶珠」
就是「震哆末尼」

cintā-maṇi
晶打 麻尼
如意寶珠

這個
「根本手印」
藏著「法界」
的一大機密：

在「蓮華」中
有一個「如意
輪」的「摩尼
寶珠」啊！

「如意輪觀音」
的第一個
「根本手印」

第二節 「如意輪」的心印

唐・金剛智譯《觀自在如意輪菩薩瑜伽法要》
第二個如意輪的「心印」
次結「心祕密」，依前「根本印」(意思是「中指」仍作「蓮葉狀」。「食指」仍作「寶狀」)，
戒(右無名指)、方(左無名指)、檀(右小指)、惠(左小指)，縛(此指二無名指、二小指，都做「外縛」狀)，
(此)名為「本心印」。
一切諸「意」(之所祈)願，(即能相)應(於)「心」之所念，
由結此「印」故，皆悉得成就。
密言曰：

oṃ・　　　padma・　　cintā-maṇi・　　jvala・　　hūṃ・
嗡姆　　　巴德麻　　　晶打 麻尼　　　幾瓦拉　　虎姆
　　　　　蓮華　　　　如意寶珠、　　　光明

唐・不空(公元 705~774。從公元 730 年開始在長安大薦福寺翻譯佛經)譯《觀自在菩薩如意輪念誦儀軌》
第二個如意輪的「心印」
次結「如意輪心印」。
准前「根本印」(意思是「中指」仍作「蓮葉狀」。「食指」仍作「寶狀」)，
二「無名指」、二「小指」，右壓左，外相叉，即成。
誦「心真言」，七遍，(手印最後於頭)頂上散之。真言曰……

唐・不空(公元 705~774。從公元 730 年開始在長安大薦福寺翻譯佛經)譯《觀自在菩薩如意輪瑜伽》
第二個如意輪的「心印」
次結「心祕密」，依前「根本印」(意思是「中指」仍作「蓮葉狀」。「食指」仍作「寶狀」)，
戒(右無名指)、方(左無名指)、檀(右小指)、慧(左小指)，縛(此指二無名指、二小指，都做「外縛」狀)，
名為「本心印」。
一切諸「意」願，應「心」之所念，
由結此印故，皆悉得成就。
密言曰……

詳細方式：

❶按照前面的「根本手印」，通通先不變。兩「中指」微屈，相捻，做如 蓮花瓣 的「輪廓狀」。

❷兩「食指」彎曲，相捻，往「手掌肉」的地方「縮近」，做如 摩尼寶珠 的「似方似圓」楞狀。

❸兩「大拇指」是「合併靠著」直豎立狀態，且依附在「食指」根下的地方。

❹只更改兩「無名指」、二「小指」，右壓左，向「外」相叉，然後壓住「手背」。

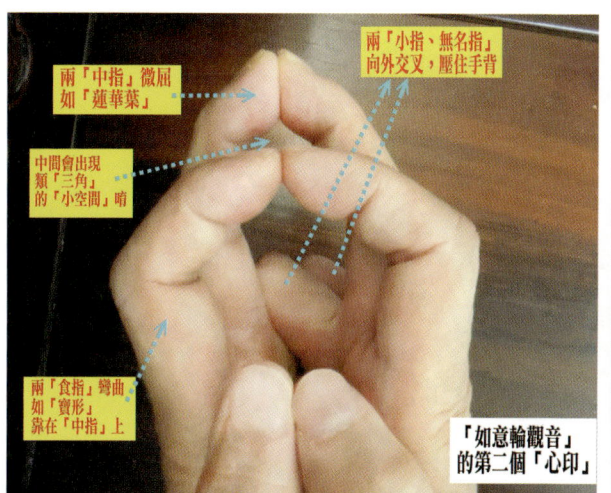

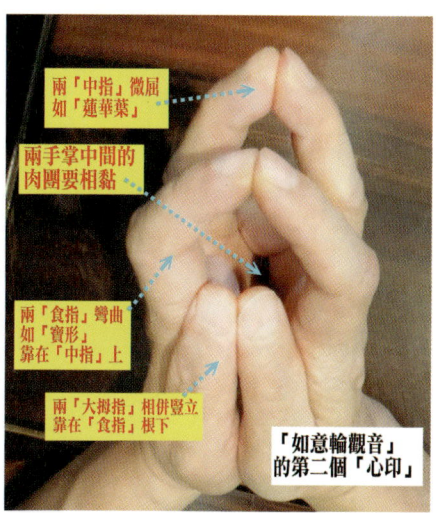

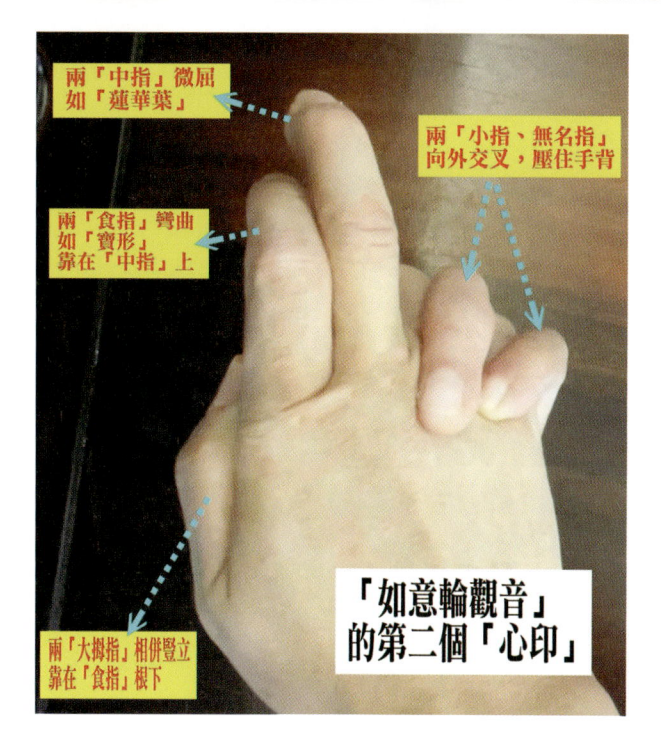

「如意輪觀音」的第二個「心印」

第三節 「如意輪」的心中心印

唐・金剛智譯《觀自在如意輪菩薩瑜伽法要》

第三個如意輪的「心中心印」

次結「隨心印」，二手堅固縛，

(「中指」應該作「外相交叉」的手勢，參考不空《觀自在菩薩如意輪念誦儀軌》的內容)

進(右食指)、力(左食指)摩尼形，
禪(右大拇指)、智(左大拇指)並而「申」，
戒(右無名指)、方(左無名指)亦「舒直」，
檀(右小指)惠(左小指)相「交豎」(相交叉而「橫豎」)。
誦此「心中心」……

oṃ ・ varada ・ padme ・ hūṃ ・
唵姆　　瓦哥打　　巴德美　　虎姆
　　　　施願　　　蓮華

唐・不空(公元 705~774。從公元 730 年開始在長安大薦福寺翻譯佛經)**譯《觀自在菩薩如意輪念誦儀軌》**

第三個如意輪的「心中心印」

次結(如意輪)「心中心印」。

准前「根本印」(意思是「食指」仍作「寶狀」，「無名指」仍然是「直豎狀」，參考金剛智《觀自在如意輪菩薩瑜伽法要》的譯本)，

❶(將兩個)「中指」(更改成)外「相叉」，
❷(再把二個)「小指」(更改成)橫豎(相交叉而「橫豎」)，即成。

誦「心中心真言」，七遍，(手印最後於頭)頂上散之。真言曰……

唐・不空(公元 705~774。從公元 730 年開始在長安大薦福寺翻譯佛經)**譯《觀自在菩薩如意輪瑜伽》**

第三個如意輪的「心中心印」

次結「隨心印」，二手堅固縛(「中指」應仍作「外相交叉」的手勢，參考不空《觀自在菩薩如意輪念誦儀軌》的內容)，

❶進(右食指)、力(左食指)摩尼形，
❷禪(右大拇指)、智(左大拇指)並而「申」，
❸戒(右無名指)、方(左無名指)亦「舒直」，
❹檀(右小指)、慧(左小指)相「交豎」(相交叉而「橫豎」)，

誦此「心中心」，密言曰……

唐・尸羅跋陀羅(?應該不是戒賢，因爲戒賢論師沒有來過中國的)譯《大聖妙吉祥菩薩說除災教令法輪》

(亦名《熾盛光佛頂》。戒賢三藏譯。說除上王者，下凡庶惡星淩逼命宿災難厄會。出《文殊大集會經・息災除難品》，亦云《熾盛光佛頂》)

第三個如意輪的「心中心印」

舉「地」(小指)，(兩個小指)交(叉)上節(此指二個「小指」相交叉而「橫豎」的意思)，是名「小心契」。

為何第三個手印的兩個「小指」要「橫豎交叉」的原因

(附錄補註用)
《千眼千臂觀世音菩薩陀羅尼神呪經》卷2〈18 菩薩成就印〉
菩薩成就印第十八
起立並足，合掌當心，以「小指」相叉，左押右(此指用「左小指」向「自己的方向」去押住「右小指」，讓它產生「聚攏、牢靠」的作用而已)，誦身呪二十一遍，種種皆得成就。

(附錄補註用)
《千眼千臂觀世音菩薩陀羅尼神呪經》卷2〈18 成就印〉
成就印第十八
起立並足，合掌當心，以「小指」相叉，左壓右(此指用「左小指」向「自己的方向」去押住「右小指」，讓它產生「聚攏、牢靠」的作用而已)，誦身呪二十一遍，種種皆得成就。

(附錄補註用)
《千手千眼觀世音菩薩姥陀羅尼身經》〈18 成就印〉
千手千眼觀世音菩薩成就印第十八
起立並足，合掌當心，以「小指」相叉，左押右(此指用「左小指」向「自己的方向」去押住「右小指」，讓它產生「聚攏、牢靠」的作用而已)，誦大身呪二十一遍，種種念法速得成就。

(附錄補註用)
《佛說普賢曼拏羅經》
不改前印相，以二「中指」，相交豎，名為「羯磨印」。

詳細方式：

❶兩「食指」彎曲，相捻，往「手掌肉」的地方「縮近」，做如「摩尼寶珠」的「似方似圓」楞狀。
❷兩「無名指」，仍是互相「併靠著」，而且都是向上「直立」的「柱狀」。
❸兩「中指」更改成「外相叉」模式，右壓左，然後壓住「手背」。
❹兩「小指」更改成「相交叉」而「橫豎」。

「橫豎」是指「小指」與「無名指」要呈現出「十字」羯磨杵的狀態。還有，左手「小指」應由「外」而往「內」去壓住你的「右小指」，目的只是讓它發生「靠攏」的力量而已。

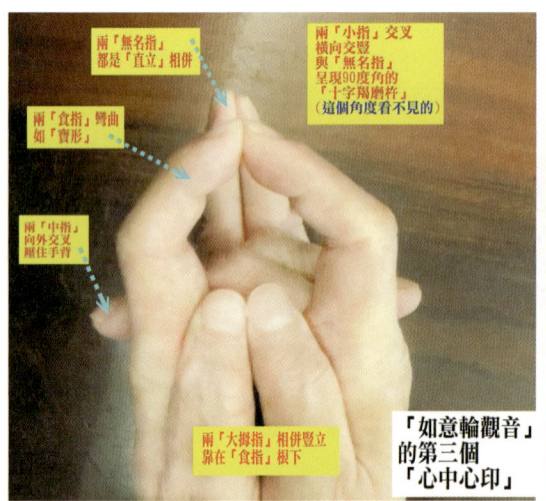

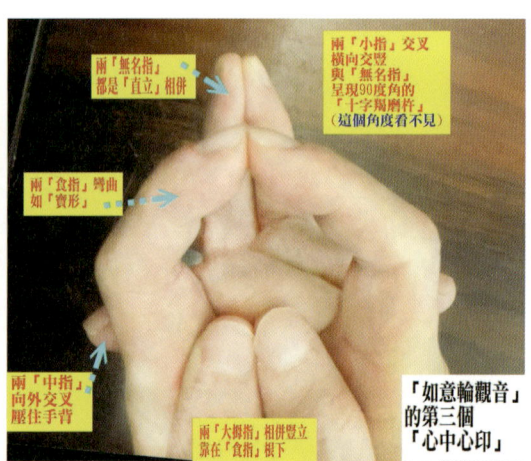

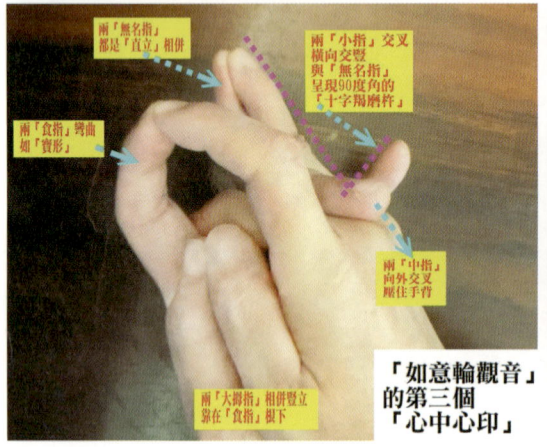

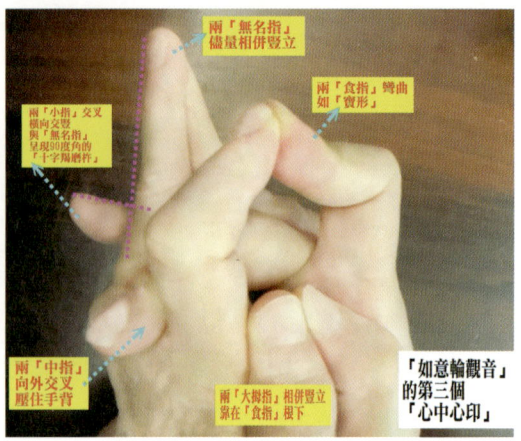

第四節 「如意輪」的三個手印到了北宋以後，就發生「變化」了

北宋・慈賢(大師為契丹國師，而契丹國的年代是公元916～1125年)《佛說如意輪蓮華心如來修行觀門儀》

<mark>第一個如意輪的「根本手印」</mark>

次結「如意輪」，摩尼「根本印」，

❶ 二羽(二手)先「合掌」，

❷ 進(右食指)、力(左食指)屈如「寶」(狀。經文沒有出現要不要「相捻、相合」的文字描敘，但要創造出「摩尼寶形」，都是要二指「合」的狀態)，

❸ 忍(右中指)、願(左中指)申如「針」(狀)，

❹ 檀(右小指)、慧(左小指)、戒(右無名指)、方(左無名指)度，當直豎、散開，

❺ 禪(右大拇指)、智(左大拇指)並「微曲」，

想如「開敷」蓮，而誦「根本明」……

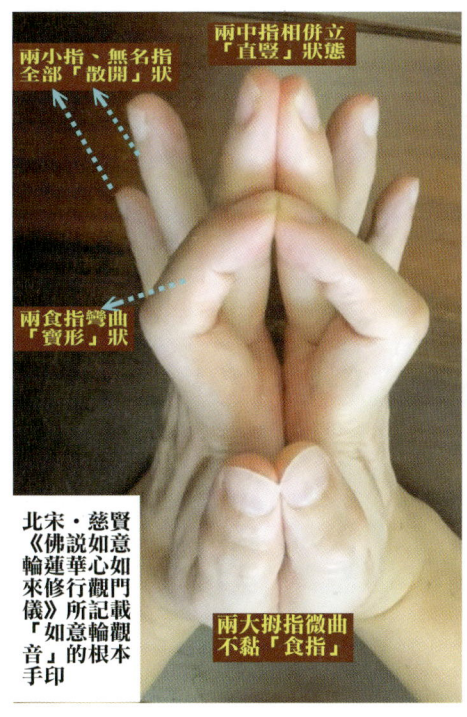

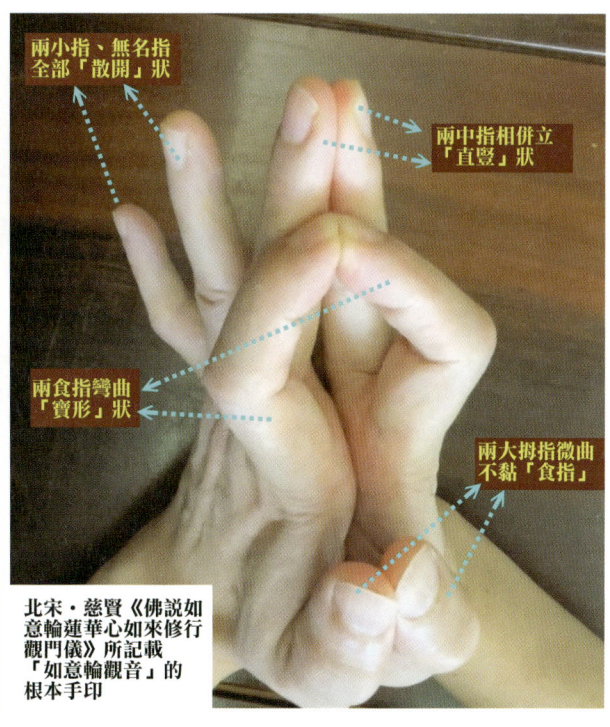

北宋・慈賢《佛說如意輪蓮華心如來修行觀門儀》所記載「如意輪觀音」的根本手印

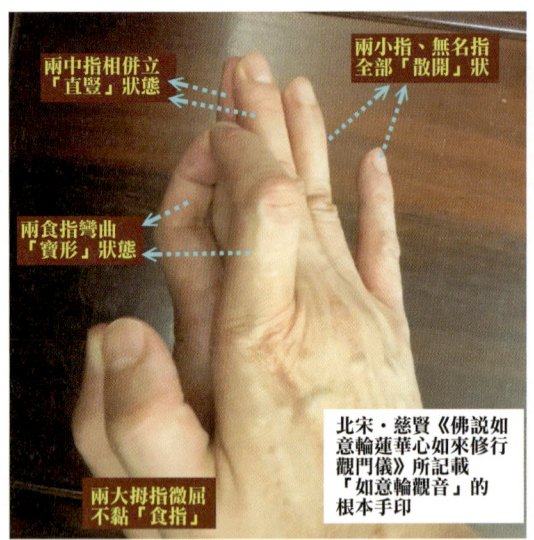

250・《佛菩薩專用手印解析暨研究》(全彩版)

左上圖標註：
- 兩中指相併立「直豎」狀態
- 兩小指、無名指全部「散開」狀
- 兩食指彎曲「寶形」狀態
- 兩大拇指微屈不黏「食指」
- 北宋・慈賢《佛說如意輪蓮華心如來修行觀門儀》所記載「如意輪觀音」的根本手印

右上圖標註：
- 兩小指、無名指全部「散開」狀
- 北宋・慈賢《佛說如意輪蓮華心如來修行觀門儀》所記載「如意輪觀音」的根本手印
- 兩中指相併立「直豎」狀態
- 兩食指彎曲「寶形」狀態
- 兩大拇指微曲不黏「食指」

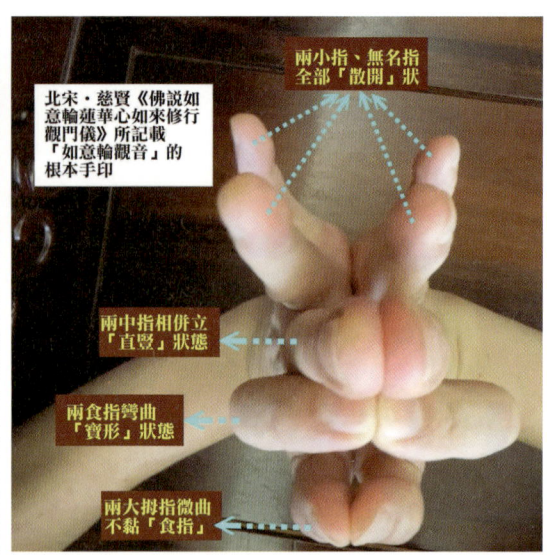

（唐・不空大師譯的如意輪觀音「根本手印」與北宋・慈賢譯的「根本手印」差異圖）

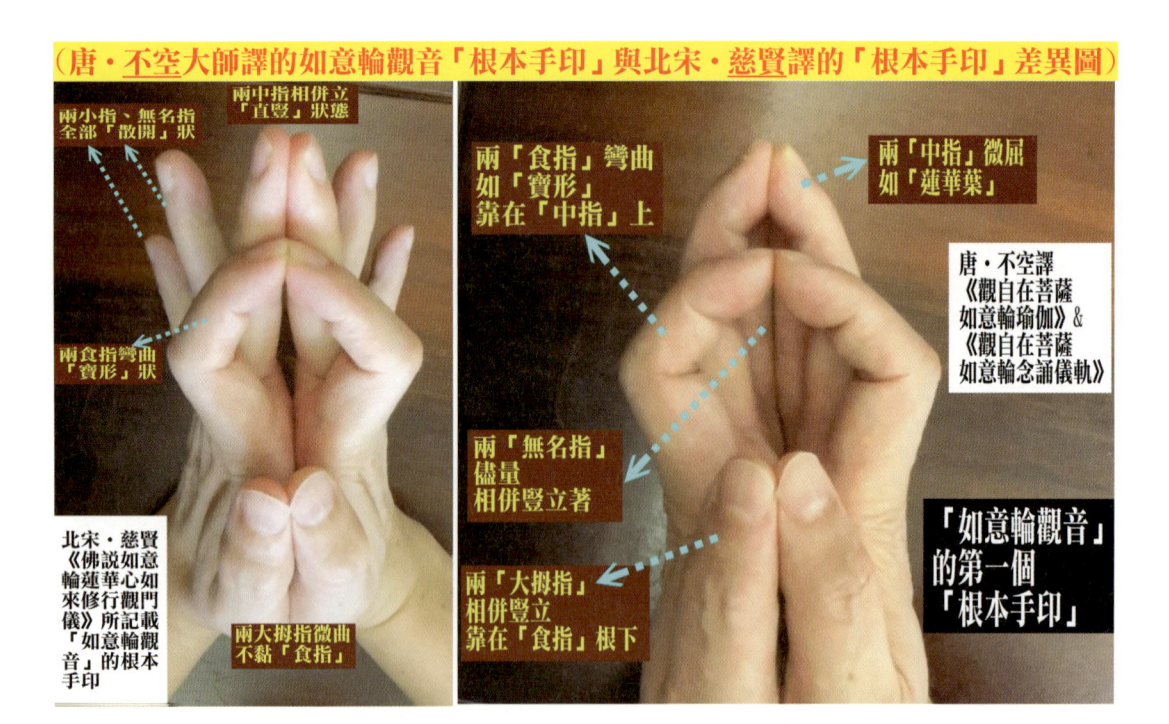

左下圖標註：
- 兩中指相併立「直豎」狀態
- 兩小指、無名指全部「散開」狀
- 兩食指彎曲「寶形」狀
- 兩大拇指微曲不黏「食指」
- 北宋・慈賢《佛說如意輪蓮華心如來修行觀門儀》所記載「如意輪觀音」的根本手印

右下圖標註：
- 兩「食指」彎曲如「寶形」靠在「中指」上
- 兩「中指」微屈如「蓮華葉」
- 唐・不空譯《觀自在菩薩如意輪瑜伽》&《觀自在菩薩如意輪念誦儀軌》
- 兩「無名指」儘量相併豎立著
- 兩「大拇指」相併豎立靠在「食指」根下
- 「如意輪觀音」的第一個「根本手印」

第二個如意輪的「心印」

次復結「心印」。

❶二羽「六度」頭，各安(手)「指」(於)罅下(縫隙)內(此指左右手的「小指、無名指、中指」共六指，以「外相叉」的手勢)，

❷進(右食指)、力(左食指)二度「屈」，頭相去「半寸」(北宋的1寸＝3.12CM。所以「半寸」＝1.56CM)，

❸禪(右大拇指)、智(左大拇指)而開、豎，

❹形如(最)初(散)開(的)蓮(華狀)。

復當想此印，心內而安置。心真言曰……

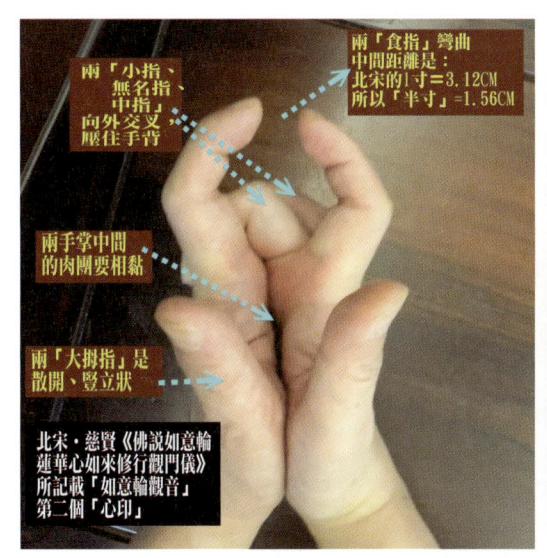

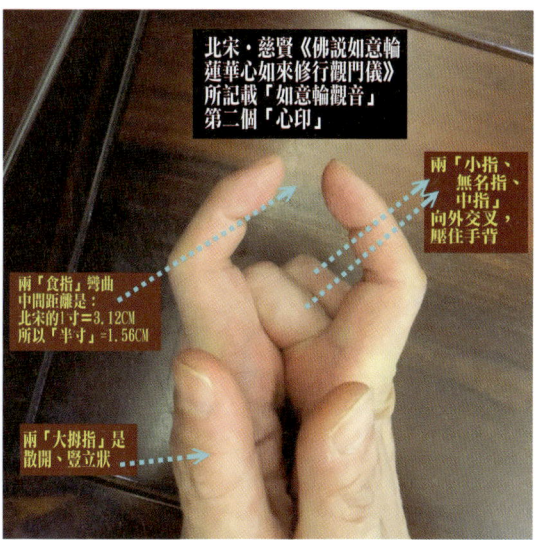

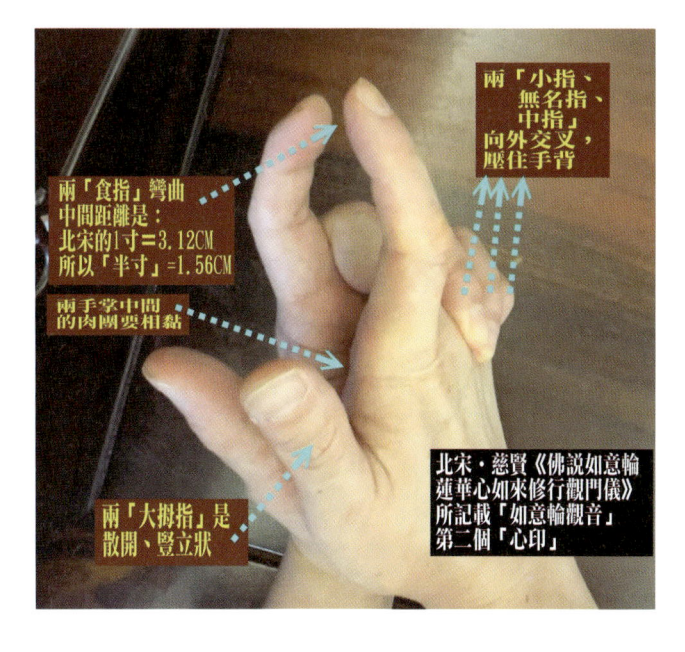

第三個如意輪的「心中心印」

結「心中心印」，

二羽，禪(右大拇指)、智(左大拇指)屈，

(兩個拇指的)指「面」，令相合，(其)餘「八度」(皆)直豎，

低印而向下，想安心印上。「心中心」真言曰……

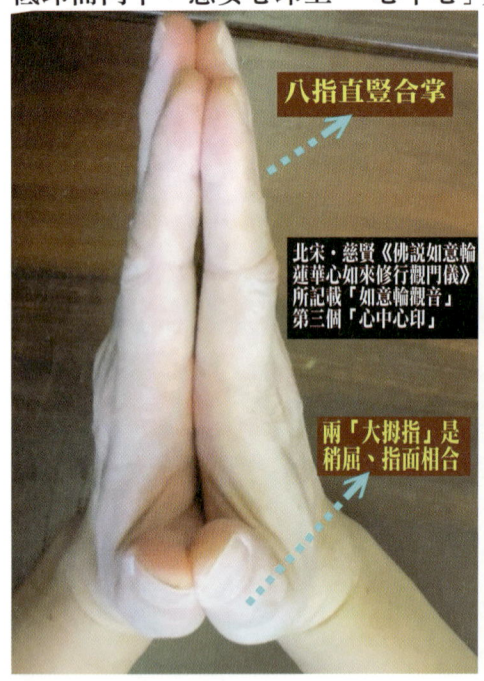

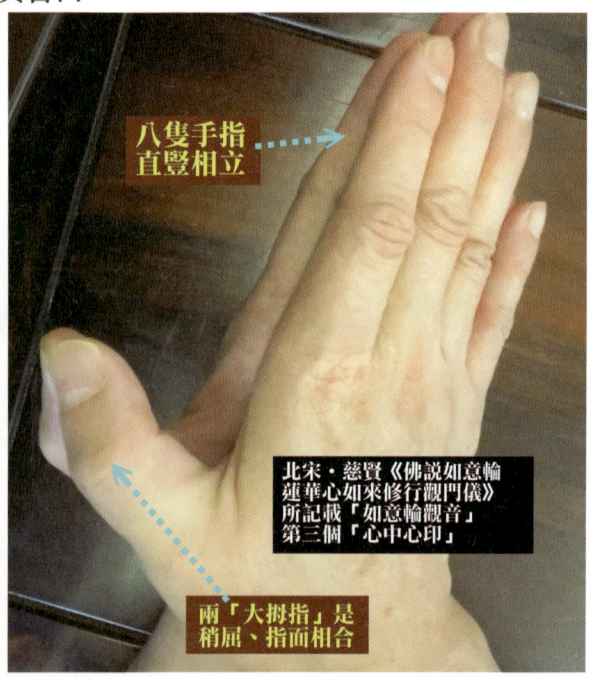

八指直豎合掌

北宋・慈賢《佛說如意輪
蓮華心如來修行觀門儀》
所記載「如意輪觀音」
第三個「心中心印」

兩「大拇指」是
稍屈、指面相合

八隻手指直豎相立

北宋・慈賢《佛說如意輪
蓮華心如來修行觀門儀》
所記載「如意輪觀音」
第三個「心中心印」

兩「大拇指」是
稍屈、指面相合

第五節 什麼是摩尼形？寶形？

其實指的是「摩尼寶珠形」，那「摩尼寶珠形」是什麼形？

摩尼寶珠是「八楞」形的，如果要在「手印」上展現「寶形」的話，那「兩指」在互相接觸時，手指做彎曲狀，也就是看過去是接近「30度」的狀態就是了。

這個「寶形」不限二個「食指」可以打出來，只要你二個手掌的「掌肉」都相合時，那所有二個的「小指、無名指、中指」，通通都以打出「寶形」來的。

如果您要在「手印」上展現「蓮華形」的話，則「兩指」互相接觸，手指做「稍為彎曲」狀即可，也就是看過去是呈現「70度」的狀態就是了。

如果二個「指甲」都是「90度」的，那表示你二支手指都是「直立」狀態，沒有任何的「彎曲」。

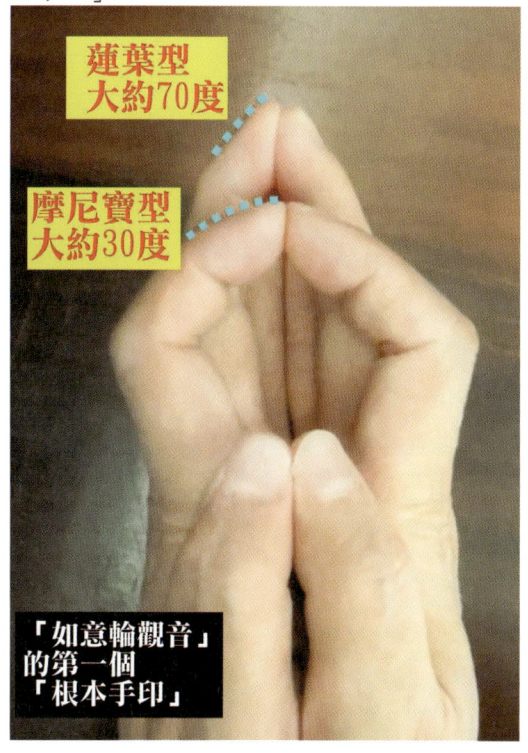

蓮葉型 大約70度

摩尼寶型 大約30度

「如意輪觀音」的第一個「根本手印」

《雜阿含經》
何等為轉輪聖王出興于世，「摩尼珠寶」（cintā-maṇi）現於世間？若轉輪聖王所有寶珠，

其形「八楞」，光澤明照，無諸類隙，於王宮內，常為燈明。

《中阿含經》
猶「琉璃(如意寶)珠」，清淨「自然」，生無瑕穢，「八楞」善治。

《正法念處經》
如是「珠寶」具有「八楞」，彼一一楞放種種色：青、黃、赤、白、紫、頗梨色。

《不退轉法輪經》
爾時文殊師利為欲供養諸如來故，與眾菩薩莊嚴妙塔，持諸「摩尼八楞寶珠」……。

《佛說菩薩行方便境界神通變化經》
如「毘琉璃如意寶珠」，「八楞」無垢，放淨光明。

唐・澄觀撰《大方廣佛華嚴經疏》
「形」如「摩尼」者，為「摩尼狀」有於「八楞」，似「方」不「方」，似「圓」不「圓」，故「異」下「八隅」。

唐・不空譯《觀自在菩薩如意輪念誦儀軌》
次結「大虛空藏普通供養印」。
(這個手印很重要的，又名為「大虛空藏菩薩印、大虛空庫藏印」。經文說：觀想從印，流出無量諸供養具，衣服、飲食、宮殿、樓閣等)
❶以二手「合掌」。
❷以二「中指」，右壓左，外相叉，博(撐)著「手背」。
❸以二「頭指」(食指)相拄(相互支撐的意思)，反蹙如(摩尼)「寶形」。

oṃ・gagana・saṃbhava・vajra・hoḥ・

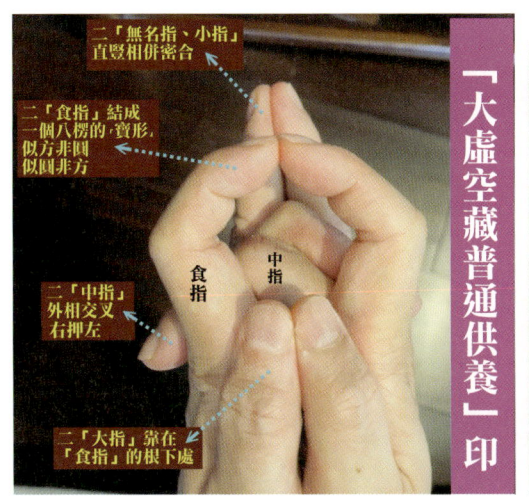

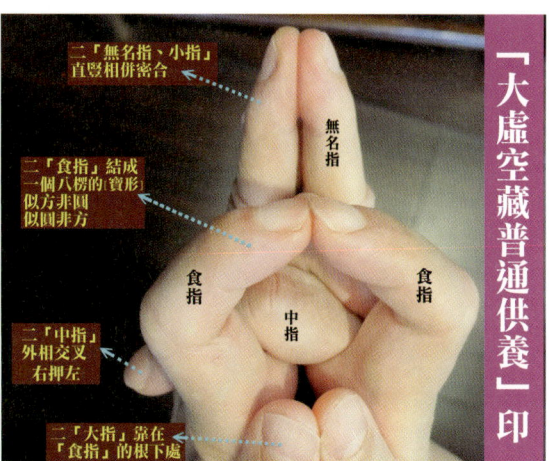

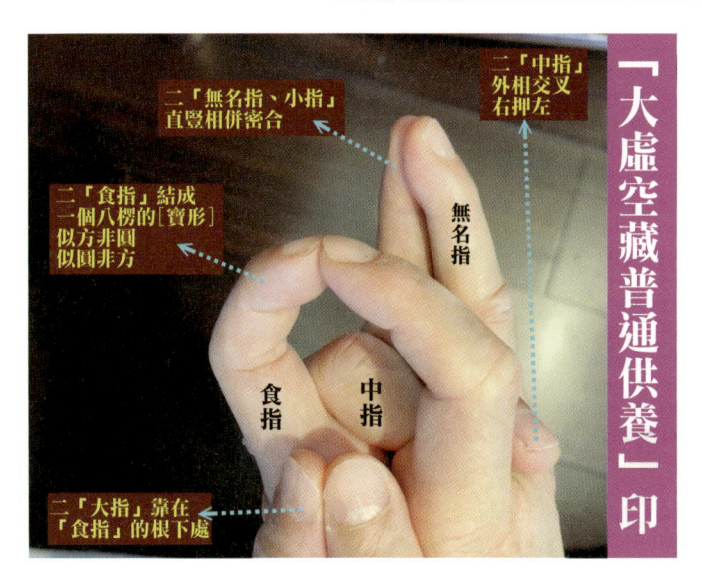

《摩醯首羅大自在天王神通化生伎藝天女念誦法》

(享保年間刊豐山大學藏本)

二手合掌。

❶二「無名指」、二「中指」，外相叉。(二無名指、二中指的)指面，著其「手背」(其實就是「按住」住「手背」的意思)。

❷二「頭指」(食指)，(稍)微「蹙」(縮近指)頭，似「寶」(狀)。

❸二「大指頭」並(立)，(可隨時做)「來、去」(的動作)，即成。誦請召明曰……

「蹙」指「縮近」的意思，原本二個「食指」是「打直併立」的，現在改成二個「食指」做「彎曲」狀，但只要一「彎曲」時，就會像把「食指」從「直立」的方式，往下「縮近」，靠近「掌肉」的「方向」，因為這個「動

作」，所以祖師就把它翻譯成「蹙ㄘㄨˋ、蹴ㄘㄨˋ」字，甚至還會再加一「反」字做爲「修飾、贅辭」用，成爲「反蹙」。

例如：

我想要「歸鄉」＝我想要「反歸家鄉」！

記得把手「縮」回去＝記得把手「反縮」回去！

請將手指「蹙縮」一下＝請將手指「反蹙縮」一下！

請輸入漢字或詞語
基本解釋
詳細解釋
國語詞典
康熙字典
說文解字
音韻方言
蹙 cù
〈動〉
(1)聚攏;皺縮[knit one's brows;frown]
舉疾首蹙頞而相告。——《孟子》
(2)又如:蹙恨(皺起眉頭表示怨恨);蹙沓(形容多而密集的樣子)
(3)逼迫;追逼[force;compel]
蹙也百里。——《詩大雅召旻》
(4)又如:蹙迫(逼迫);蹙促(逼迫);蹙擊(迫擊;追擊)
(5)接近;迫近[be close to;approach]
今也日蹙國百里。——《詩大雅召旻》
(6)又如:蹙迫(逼近)
(7)縮小;減削[contract;lose]
(8)又如:蹙頞(縮鼻哭泣);蹙土(蹙地。損失國土);蹙動(皺縮)
(9)通「蹴」。踢;踏[kick;step on]

唐・菩提金剛譯《大毘盧遮那佛說要略念誦經》

復次普通一切諸菩薩法。應結「寶印」：

❶二手「十指」，以「右」押「左」，「相叉」為拳(若要做「寶形」的話，那應該是指「內縛拳」)，猶如「寶形」。

❷當令「指頭」(與)左指(的)岐(縫之)間，(皆)互相「竪持」，使「密」(而)無縫，勿令「指頭」出於「指」間(也可以換句話說，所有的「手指、指甲」通通不准露出來就是了)，

以印當心，誦之。一切菩薩等除斷障惱明日……

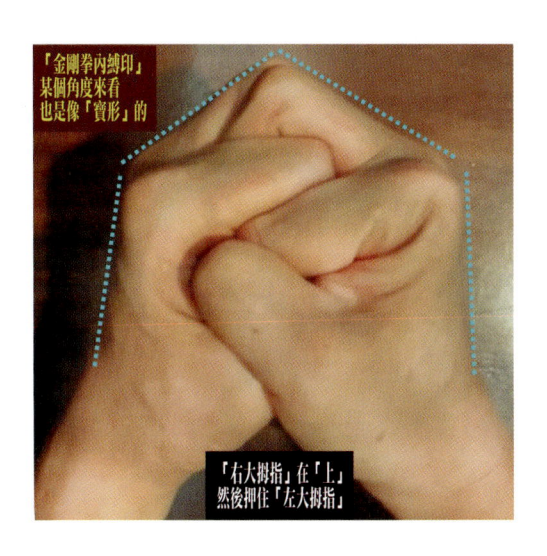

「金剛拳內縛印」
某個角度來看
也是像「寶形」的

「右大拇指」在「上」
然後押住「左大拇指」

唐・《宗叡（公元 809〜884）僧正於唐國師所口受》
一切如來心中心真言印（第七歟）
❶二手，外相叉，二「頭指」（食指）相跓（相互支撐的意思。「跓」古通「拄」→支撐），蹴（蹶）如「寶形」。
❷二「大指」並竪，即成。
梵云「進跢（引）麼尼」（cintā-maṇi），唐云「寶」。

唐・不空（公元 705〜774。從公元 730 年開始在長安大薦福寺翻譯佛經）譯《寶悉地成佛陀羅尼經》
復有神呪，名「祕密真性如意珠印」。若能持誦者，無始業障速得消滅，無量福智不求自得，降伏魔怨即脫生死，一切悉地無不成就。其印相者：
❶二手，寶蓮「合掌」，
❷二「頭」（食指），（做）「寶形」，
❸二「大」（大拇指），並立。
此名「真性摩尼寶印」，亦名「大精進峯如來頂珠印」。即說神呪曰：
ॐ(oṃ) चि(ci) न्त(nta) म(ma) णि(ṇi)
唵　　振　　多　　摩　　尼
धा(dhā) तु(tu) हूं(hūṃ) स्वा(svā) हा(hā)
馱　　都　　吽　　娑婆　訶

北宋・慈賢譯《妙吉祥平等祕密最上觀門大教王經》卷 1
金剛根本波羅蜜菩薩：
❶「二羽」交「八度」（指「小指、無名指、中指、食指」共八手），（指）峯（相）交（於）指「罅」下（縫隙）內（此指左右手，共八指，以「外相叉」的手勢）。
❷忍（右中指）、願（左中指）如「寶形」。

❸「禪、智」，右押左。
❹ (兩大拇指)伸而(去依)附(於)「進、力」。
二掌虛於心，是名「本母印」。

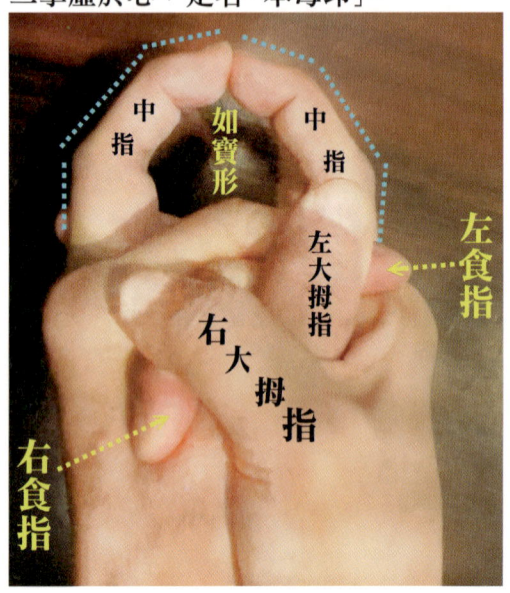

（圖：中指、如寶形、中指、左大拇指、左食指、右大拇指、右食指）

唐・金剛智譯《金剛頂瑜伽中略出念誦經》卷 2
結「灌頂印法」，謂結「金剛縛」已，豎「智、定」度。
「進、力」二度，頭相拄，屈其「中分」，如「摩尼寶狀」。
是名「授灌頂印」。

唐・金剛智譯《金剛頂經曼殊室利菩薩五字心陀羅尼品》
曼殊室利菩薩灌頂陀羅尼印：
福智圓滿，「禪、智」入中。
「進、力」相蹙，如「摩尼寶」，安於額上。陀羅尼曰……

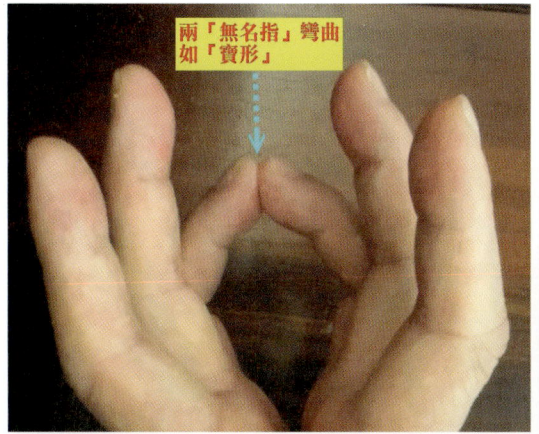

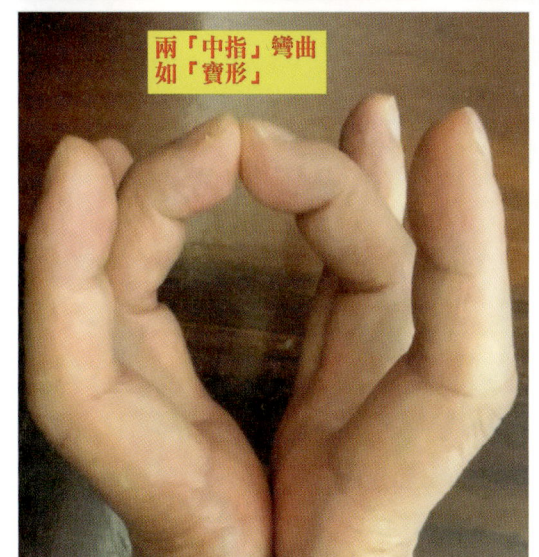

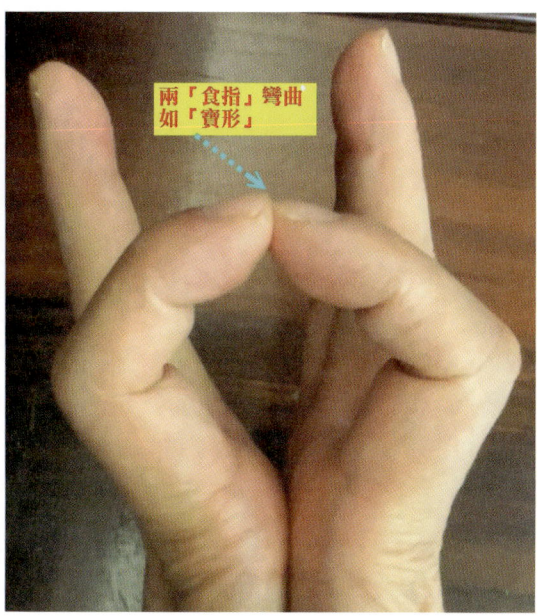

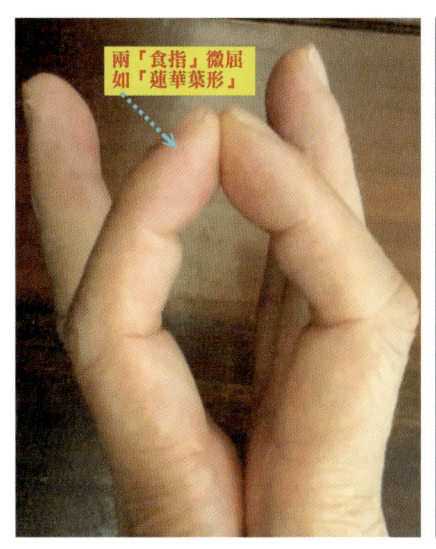

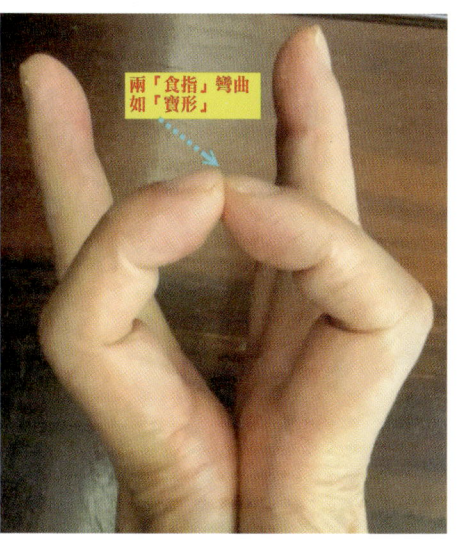

第二篇 諸菩薩專用的手印介紹 第二章 觀自在菩薩如意輪「根本手印」‧259

第六節 什麼是「幢形？」

「幢形」是指「向上直豎」的「柱體」狀，可以是「單隻手肘」像「幢形」，或「一根手指」像「幢形」。但如果是說「左右兩指」是「幢形」時，則必然是如「合掌」般的「密合&直豎」。

唐・不空譯《聖賀野紇哩縛大威怒王立成大神驗供養念誦儀軌法品》
即結「大虛空庫藏印」。
❶ 十度「金剛縛」。
❷ 進(右食指)、力(左食指)蹙如「寶」(形)。
❸ 禪(右大拇指)、智(左大拇指)並申，逼忍(右中指)、願(左中指)。
❹ 檀(右小指)、慧(左小指)、戒(右無名指)、方(左無名指)，「合」如「幢」(形)。

《佛頂尊勝陀羅尼真言（法本）》
次以左(手)「金剛拳」承(接)「右肘」(之時)，右拳(直)「豎」之，如「幢相」，是為「愛金剛印」。

唐・不空譯《金剛頂勝初瑜伽經中略出大樂金剛薩埵念誦儀》
「慧」(右)臂，「直」如「幢」(形)，
「定」(左)拳，承「(右)肘間」，誦明(咒)，名「愛契」。

唐・不空譯《剛頂瑜伽金剛薩埵五祕密修行念誦儀軌》
次結「愛金剛印」，准前二「金剛拳」，「左拳」承(接)「右肘」(之時)，「豎」右臂如「幢」(之)勢。

第七節　觀自在菩薩「如意輪手印」檢討

(1)什麼是「摩尼形」？「寶形」？其實指的是「摩尼寶珠形」(cintā-maṇi)，那「摩尼寶珠形」又是什麼形？據大量的佛經內容顯示，摩尼寶珠」以「八楞形」為主，有著「非方非圓、似方似圓」的特色。

如果要在「手印」上展現「寶形」的話，那「兩指」在互相接觸時，手指做彎曲狀，也就是看過去是接近「30度」的狀態就是了。

這個「寶形」不限二個「食指」可以打出來，只要你二個手掌的「掌肉」都相合時，那所有二個的「小指、無名指、中指」，通通都可以打出「寶形」來的。

(2)如果您要在「手印」上展現「蓮華形」的話，則「兩指」互相接觸，手指做「稍為彎曲」狀即可，也就是看過去是呈現「70度」的狀態就是了。如果二個「指甲」都是「90度」的，那表示你二支手指都是「直立」狀態，沒有任何的「彎曲」。

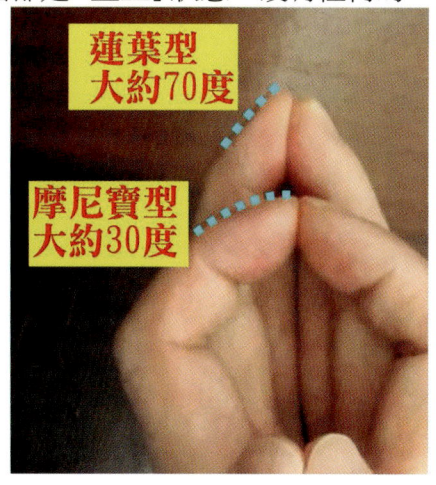

(3)根據唐朝四位大師所譯的「密教經典」，經過「精細比對」與綜合整理後：
①唐・寶思惟(公元?~721。從公元693年開始在洛陽 天宮寺翻譯佛經，壽百餘歲)譯《觀世音菩薩如意摩尼輪陀羅尼念誦法》。
②唐・金剛智(公元669~741。從公元723年開始在資聖寺翻譯佛經)譯《觀自在如意輪菩薩瑜伽法要》。
③唐・不空(公元705~774。從公元730年開始在長安大薦福寺翻譯佛經)譯《觀自在菩薩如意輪瑜伽》&《觀自在菩薩如意輪念誦儀軌》
④唐・尸羅跋陀羅(?應該不是戒賢，因為戒賢論師沒有來過中國的)譯《大聖妙吉祥菩薩說除災教令

法輪》。

可得知「最正確、最原始標準」的手印是：

第一個如意輪的「根本手印」
❶兩手先做「合掌」且是「平掌」的手勢，當於心胸前。
❷二個「中指」微屈，相捻，做如「蓮花瓣」的「輪廓狀」。
❸二個「食指」彎曲，相捻，往「手掌肉」的地方「縮近」，做如「摩尼寶珠」（cintā-maṇi）的「似方似圓」楞狀。
❹二個「小指、無名指」，都是互相「併靠著」，而且都是向上「直立」的「柱狀」。
❺二個「大拇指」是「合併靠著」直豎立狀態，且依附在「食指」根下的地方。

第二個如意輪的「心印」
❶按照前面的「根本手印」，通通先不變。
　(1)二個「中指」微屈，相捻，做如「蓮花瓣」的「輪廓狀」。
　(2)二個「食指」彎曲，相捻，往「手掌肉」的地方「縮近」，做如「摩尼寶珠」的「似方似圓」楞狀。
　(3)二個「大拇指」是「合併靠著」直豎立狀態，且依附在「食指」根下的地方。
❷只更改二個「無名指」、二「小指」，右壓左，向「外」相叉，然後壓住「手背」。

第三個如意輪的「心中心印」
❶二個「食指」彎曲，相捻，往「手掌肉」的地方「縮近」，做如「摩尼寶珠」的「似方似圓」楞狀。
❷二個「無名指」，仍是互相「併靠著」，而且都是向上「直立」的「柱狀」。
❸將兩個「中指」更改成「外相叉」模式，右壓左，然後壓住「手背」。
❹再把二個「小指」更改成「相交叉」而「橫豎」。
　「橫豎」是指「小指」與「無名指」要呈現出「十字」羯磨杵的狀態。還有，左手「小指」應由「外」而往「內」去壓住你的「右小指」，目的只是讓它發生「靠攏」的力量而已。

(4)「如意輪觀音」的「三個手印」到了北宋以後，就發生「變種」了，例如：
　「根本手印」只剩下二個「食指」相捻，做如「摩尼寶珠」是相同的，其餘的「手勢動作」與寶思惟、金剛智、不空的經文描敘是「完全不同」的。

第二個「如意輪」的「心印」、與第三個「如意輪」的「心中心印」，也與寶思惟、金剛智、不空的經文描敘「完全不同」。

(5)目前「如意輪」的「根本手印」，在網路上，最流行的竟然是以北宋・慈賢(大師為契丹國師，而契丹國的年代是公元 916～1125 年)《佛說如意輪蓮華心如來修行觀門儀》的內容為主。這個手印的打法是：

❶二手合掌，二個「中指」相捻，但要「直申」做成「針」狀，已經不需要是「蓮花瓣」的「輪廓狀」了。
❷二個「食指」彎曲，相捻，往「手掌肉」的地方「縮近」，做如「摩尼寶珠」的「似方似圓」楞狀。
(只有這個「手勢動作」是與寶思惟、金剛智、不空的經文描敘相同，其餘全部不同，變種了)
❸二個「小指、無名指」，全部打開、互相散開、完全不捻的「直豎」狀，已經不需要互相「併靠著」。
❹二個「大拇指」，改成「微彎曲」的角度，也不要再靠上「食指」的根下。
❺整個手印呈現出「蓮華」散開之狀。

(6)「如意輪觀音」的「三個手印」從公元 700 年的
　唐・寶思惟《觀世音菩薩如意摩尼輪陀羅尼念誦法》、
　唐・金剛智《觀自在如意輪菩薩瑜伽法要》、
　唐・不空《觀自在菩薩如意輪瑜伽》&《觀自在菩薩如意輪念誦儀軌》，
　再加唐・尸羅跋陀羅譯《大聖妙吉祥菩薩說除災教令法輪》就「問世」了，至今 2025 年，已經 1300 多年了。

但這三個手印在流行 300 多年後，自從北宋・慈賢(大師為契丹國師，而契丹國的年代是公元 916～1125 年)《佛說如意輪蓮華心如來修行觀門儀》問世，多數傳習「如意輪觀音手印」者又以此為主。

(7)個人建議，「如意輪觀音」手印，應該以最原始寶思惟、金剛智、不空所翻譯的密教經文為主。

(8)期望大家能將這次演講的視頻大量轉發出去，讓「如意輪觀音」最原始的「三個手印」能重新「住世」，所有與「如意輪觀音」有關的「畫像、雕像、塑像……」都應該要有「勇氣」把他全部「修正」過來的！

第三章 「不空羂索」觀世音菩薩「結大界印」

「不空羂索」觀世音菩薩在「結界、結大界」時使用的手印。適合冬天結印，雙手易發熱，全身溫暖。

唐・菩提流志譯《不空羂索神變真言經》卷 22〈48 一切種族壇印品〉

「不空結大界」印：

❶仰「左」手，以「大拇指」頭，橫押「頭指、中指、無名指、小指」胛上，作孔。
❷覆「右」手，以「頭指、中指、無名指、小指」，入「左手」五指「虎口」中。
❸其(右)「大拇指」從「左手」下「入掌」中，橫押「頭指、中指、無名指、小指」胛上。
❹兩(手)相鉤，(互)握為拳。
此印(為)「三昧結界護身」，(具大)力如金剛，不為一切「毘那夜迦」之所損害。

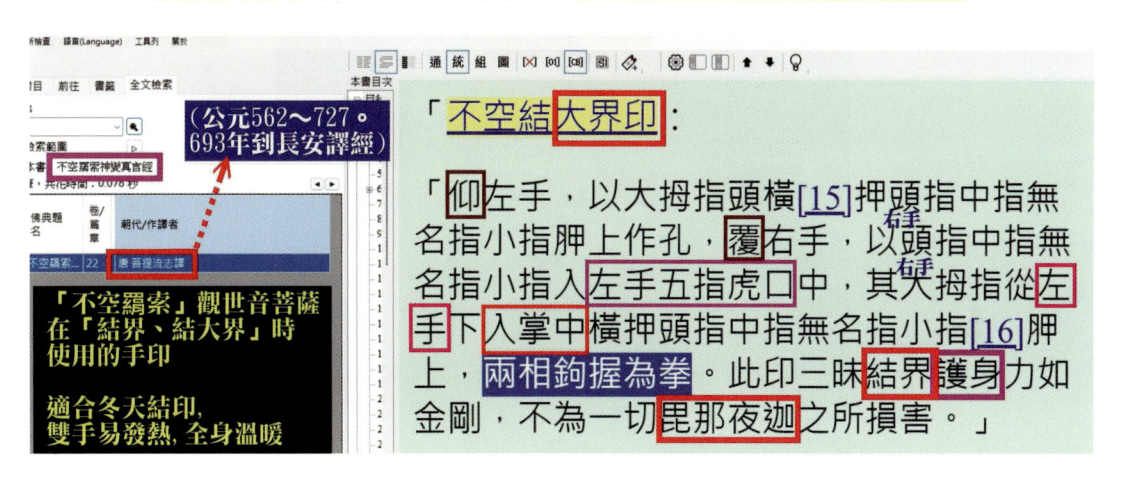

詳細方式：

❶左、右手，四個手指，倆倆相勾住。左下右上。
❷左手在下，仰著。右手在上，覆著。
❸左大指「先」進入「右虎口」，押住「左手」任何四指之處，左大指在「上面」。
❹右大指「後」進入「左虎口」，押住「右手」任何四指之處，右大指在「下面」。
❺把手印放在「肚臍」下面的位子。所有的「指縫」間隙都是「密合」的。十根手指呈「密緻」狀，「無間隙」真如，「攝妄歸真」。整個手印看起來，就像「右手」握住了「左大拇指」而已。

266・《佛菩薩專用手印解析暨研究》(全彩版)

「不空羂索」觀世音菩薩在「結界、結大界」時使用的手印

「不空結大界」印 步驟一

左、右手，四個手指倆倆相勾住。左下右上

左手在下，仰著 右手在上，

「不空結大界」印 步驟二

左大指『先』進入『右虎口』，押住『左手』任何四指之處 左大指在『上面』。

右大指『後』進入『左虎口』，押住『右手』任何四指之處 右大指在『下面』。

「不空羂索」觀世音菩薩在「結界、結大界」時使用的手印

這是你的眼睛『目前』看過去的『圖示』

十根手指呈『密織』狀 『無間隙』真如 即達『攝妄歸真』

請把手印放在『肚臍』下面的位子

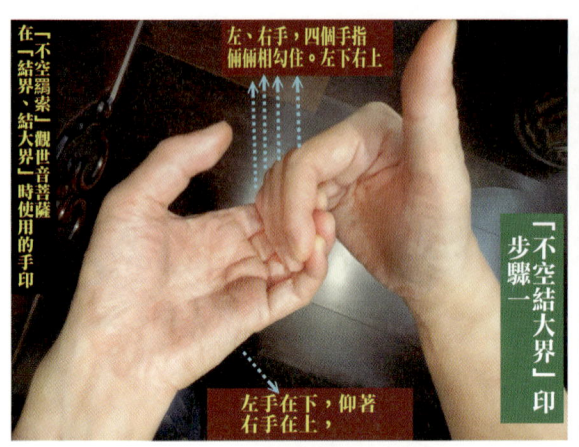

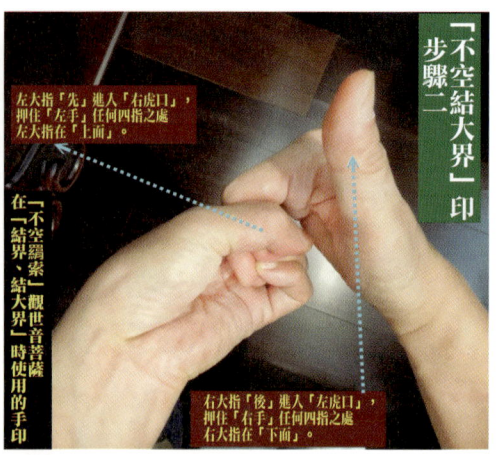

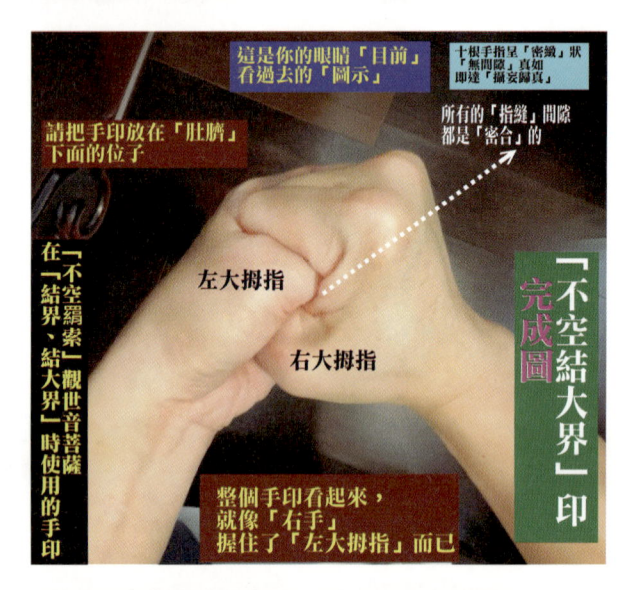

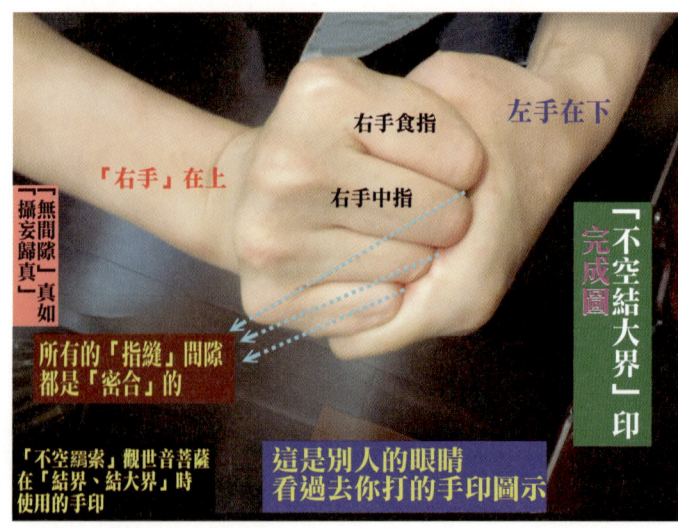

所有的『指縫』間隙都是『密合』的

左大拇指

右大拇指

「不空結大界」印 完成圖

「不空羂索」觀世音菩薩在「結界、結大界」時使用的手印

整個手印看起來，就像『右手』握住了『左大拇指』而已

右手食指

左手在下

『右手』在上

右手中指

「無間隙」真如 「攝妄歸真」

所有的『指縫』間隙都是『密合』的

「不空結大界」印 完成圖

「不空羂索」觀世音菩薩在「結界、結大界」時使用的手印

這是別人的眼睛看過去你打的手印圖示

下面是「網路」上或「某些道場」流傳的「手印」，這不是佛教的手印，經查《藏》後，這完全不是「佛教」的手印啊！

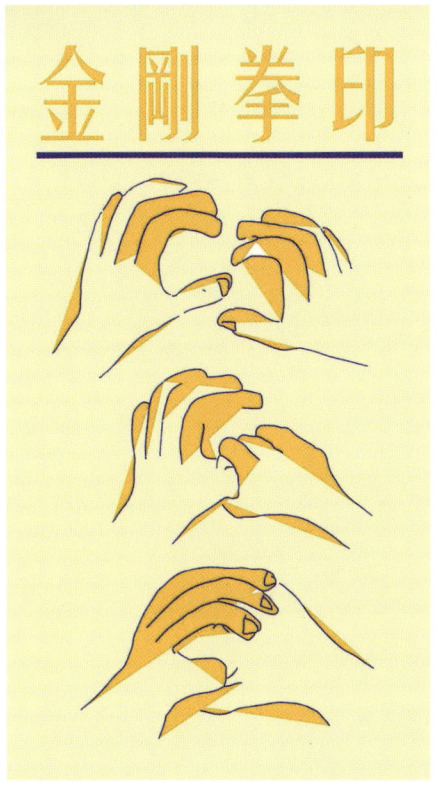

金剛拳印

(附錄補註用)

唐・菩提流志譯《不空羂索神變真言經》卷22〈48 一切種族壇印品〉
「大奮怒王頂」印：
❶右手「大拇指」入「左手虎口」中，與(右手)「頭指、中指、無名指、小指」(共四指一起)急握左手「大拇指」。(此時右手的)「頭指、中指、無名指、小指」(是)作(一個)拳(狀的)。
❷其左手「大拇指」入「右手虎口」中，與(左手)「頭指、中指、無名指、小指」(共四指一起)握右手「大拇指」。(此時左手的)「頭指、中指、無名指、小指」(是)作(一個)拳(狀的)。
此印(為)「三昧結界灌頂」，(能)祐護於身，(能)會通「一切諸法」(之)處。

詳細方式：
❶兩手皆先做「拳」狀，留「大拇指」在外邊。兩拳都朝地下，拳「背」朝天。
❷「右大指」在上面，交給「左拳」四指完全握住。
❸「左大指」在下面，交給「右拳」四指完全握住。

第四章 准提菩薩(尊那菩薩)的「根本手印」

第一節 「准提咒」法的重要性

「准提咒」是「密藏」之中，最為第一。是「真言」之母，神咒之王。

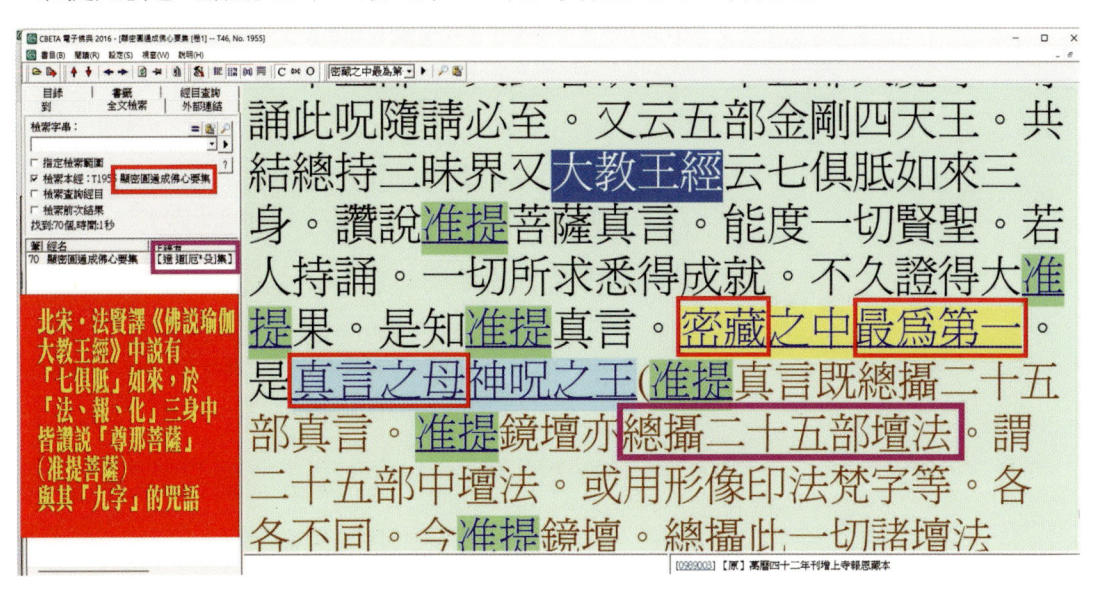

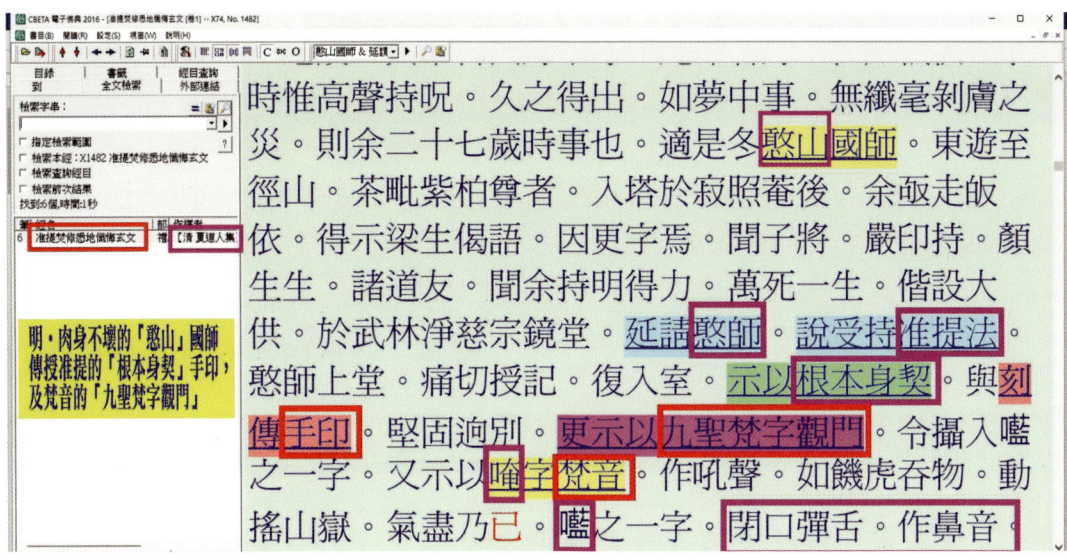

誦此呪隨請必至。又云五部金剛四天王。共結總持三昧界又大教王經云七俱胝如來三身。讚說准提菩薩真言。能度一切賢聖。若人持誦。一切所求悉得成就。不久證得大准提果。是知准提真言。密藏之中最為第一。是真言之母神呪之王(准提真言既總攝二十五部真言。准提鏡壇亦總攝二十五部壇法。謂二十五部中壇法。或用形像印法梵字等。各各不同。今准提鏡壇。總攝此一切諸壇法

北宋‧法賢譯《佛說瑜伽大教王經》中說有「七俱胝」如來，於「法、報、化」三身中皆讚說「尊那菩薩」(准提菩薩)與其「九字」的咒語

時惟高聲持呪。久之得出。如夢中事。無纖毫剁膚之災。則余二十七歲時事也。適是冬憨山國師。東遊至徑山。茶毗紫柏尊者。入塔於寂照菴後。余亟走皈依。得示梁生偈語。因更字焉。聞子將。嚴印持。顏生生。諸道友。聞余持明得力。萬死一生。偕設大供。於武林淨慈宗鏡堂。延請憨師。說受持准提法。憨師上堂。痛切授記。復入室。示以根本身契。與刻傳手印。堅固逈別。更示以九聖梵字觀門。令攝入嚂之一字。又示以唵字梵音。作吼聲。如饑虎吞物。動搖山嶽。氣盡乃已。嚂之一字。閉口彈舌。作鼻音

明‧肉身不壞的「憨山」國師傳授准提的「根本身契」手印，及梵音的「九聖梵字觀門」

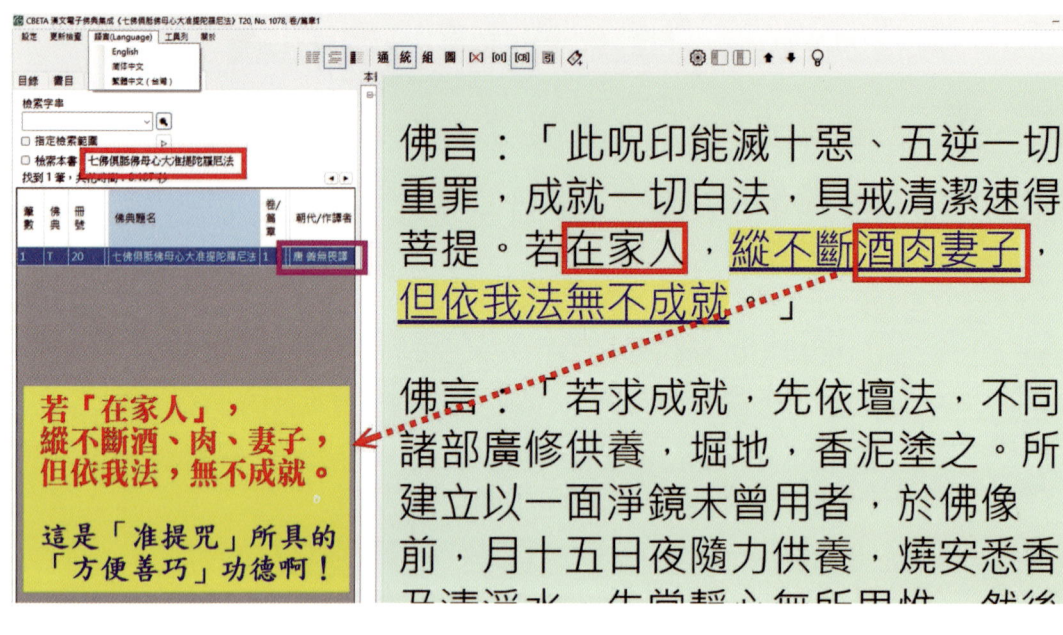

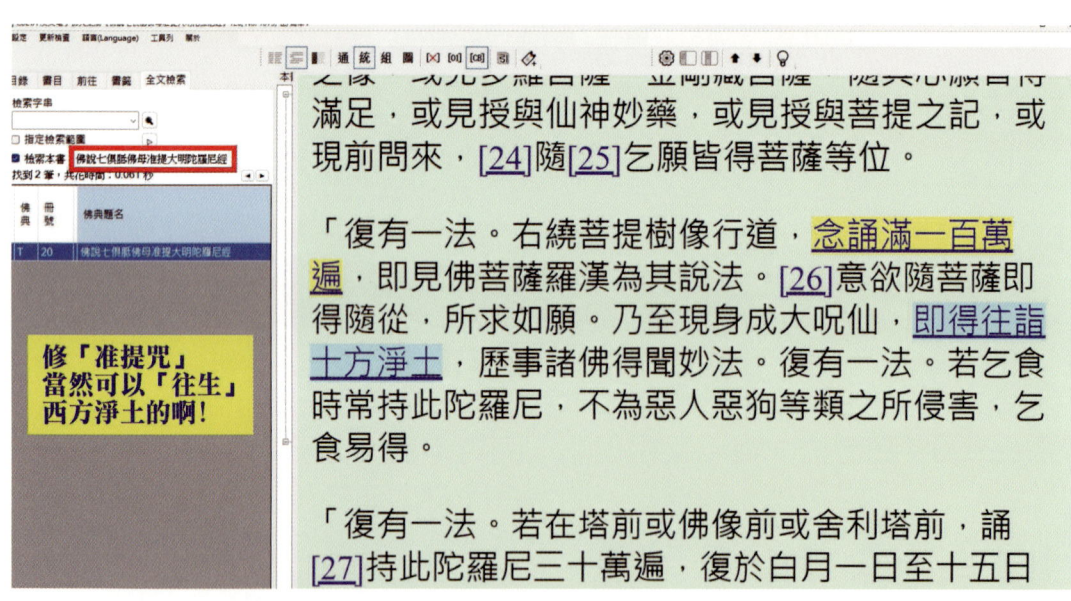

270・《佛菩薩專用手印解析暨研究》(全彩版)

佛言:「此呪印能滅十惡、五逆一切重罪,成就一切白法,具戒清潔速得菩提。若在家人,縱不斷酒肉妻子,但依我法無不成就。」

若「在家人」,
縱不斷酒、肉、妻子,
但依我法,無不成就。

這是「准提咒」所具的
「方便善巧」功德啊!

佛言:「若求成就,先依壇法,不同諸部廣修供養,堀地,香泥塗之。所建立以一面淨鏡未曾用者,於佛像前,月十五日夜隨力供養,燒安悉香

滿足,或見授與仙神妙藥,或見授與菩提之記,或現前問來,[24]隨[25]乞願皆得菩薩等位。

「復有一法。右繞菩提樹像行道,念誦滿一百萬遍,即見佛菩薩羅漢為其說法。[26]意欲隨菩薩即得隨從,所求如願。乃至現身成大呪仙,即得往詣十方淨土,歷事諸佛得聞妙法。復有一法。若乞食時常持此陀羅尼,不為惡人惡狗等類之所侵害,乞食易得。

修「准提咒」
當然可以「往生」
西方淨土的啊!

「復有一法。若在塔前或佛像前或舍利塔前,誦[27]持此陀羅尼三十萬遍,復於白月一日至十五日

明末的憨山大師,也教人修學「准提咒」與「根本手印」

清・夏道人集《准提焚修悉地懺悔玄文》卷1

底下資料詳於清・順治曹溪憨祖受持弟子福徵 道一居士埽菴譚貞默槃談撰《佛母准提焚修悉地儀文寶懺序》

(1)適是冬(季之時),憨山國師(公元1546～1623),(剛好)東遊至徑山……余趨 走(而欲)皈依(大師)……(後來我)於武林 淨慈宗鏡堂,延請憨(山國)師(為我解)說受持「准提法」(之密要)。憨

(山國)師上堂，痛切(極其懇切)授記(於我)。

(2)復入室，示(我)以(准提咒的)「根本身契」(從這四個字可證明憨山大師所傳的手印就是准提的「根本手印」，完全是正確的。可查 CBETA 核實)，與(即)刻傳(授我准提咒)「手印」，堅固「迴別」(不一樣)。(憨山國師)更示(我)以「九聖梵字觀門」，令攝入「嚂」raṃ 之一字。

(3)(憨山國師)又示(我)以「唵」oṃ 字梵音，(唵 oṃ 字的發音祕訣應)作吼聲，如饑虎吞物，(聲音要像能)動搖「山嶽」，(發聲至)氣盡乃已。

《憨山老人夢遊集》卷 7〈法語〉
示顏仲先持準提咒

(1)在家居士，(因色聲香味觸)「五欲」濃厚，煩惱根深，日逐「現行」，交錯於前。如沸湯滾滾，安得一念(之)「清涼」？縱「發心」修行，(亦)難「下手」做「工夫」……

(2)看來若是「真實」(的)「發心」，(真)怕生死(輪迴)的人，不若「持咒」入門，以先用「一片」(的)「肯切心」(去持咒)，故(容)易(獲)得耳。

(3)顏生(顏仲先)「福持」(福報加持)，問「在家修行」之要，故示之以此。

七俱胝佛母准提大明陀羅尼

明・施堯挺(約公元 1709 年的人)《準提心要》〈持誦儀軌〉

稽首皈依蘇悉帝(susiddhi 妙成就)。
頭面頂禮七俱胝(koṭi，億)。
我今稱讚大准提。
惟願慈悲垂加護。

娜麼　　颯哆南・　三藐　　三勃陀・　俱胝南・　怛姪他・
namaḥ saptānāṃ samyak-saṃbuddha koṭīnāṃ・tadyathā・
拿麻喝　撒ㄅ打　南姆　三彌雅葛三姆不達　　勾地南姆　打弟雅他

唵・　折隷・　　主隷・　　准提・　莎嚩訶・
oṃ・cale　　　cule　　　cunde　　svāhā・
嗡姆　加咧　　祖咧　　　尊爹　　　斯瓦哈

北宋・法賢(公元?~1001)譯《佛說持明藏瑜伽大教尊那菩薩大明成就儀軌經》卷4〈6 尊那菩薩持誦法分〉

如是觀想(尊那菩薩)已，次即持誦。

持誦之法亦有二種：一「無相」、二「有相」。

「無相」持誦(不計咒語數量)者，先結「禪定印」(或著打您想持誦咒語的本尊「手印」)，跏趺而坐，端身澄心，項頸微低，於「鼻尖」上想「出、入」息，非麁、非細、不緩、不急，心緣「大明」(咒)，專注持誦(咒語。沒有規定是出聲誦咒，或默誦咒語)，勿令「間斷」，亦勿令心有所「勞倦」，如是持誦，名為「最上」(等的一種持咒方式)。

「有相」持誦(一定計算咒語數量)者，即「持珠」定數。每一持誦，須及「元數」(指持咒要有「定數」，要持到您訂的「本元、原本」的數量為止)，直至獲得「悉地」(成就)，不得闕少「一數」。若闕「一數」，名為「間斷」，於所求事，不獲成就……

北宋・法賢(公元？～1001)譯《佛說持明藏瑜伽大教尊那菩薩大明成就儀軌經》卷4〈6 尊那菩薩持誦法分〉

復次行人，觀想己身(變)為「尊那菩薩」(准提菩薩)……觀想己身成「尊那菩薩」(准提菩薩)，

❶於「頭」上現「唵 oṃ」字，為如來「烏瑟膩沙」。

❷次於「兩眼」現「左 ca」字，成「烏瑟膩沙」大輪。

❸次於「頸」上現「隸 le」字，成「不動尊」明王，手執螺及羂索。

❹次於「心」中現「卒 cu」字，成「觀自在」菩薩。

❺次於「兩臂」，復現「隸 le」字，成「光積」明王。次於心中復現「隸 le」字，成於「賢聖」，面有「三目」，手執「蓮華、羂索、軍持」等。

❻次於「臍輪」中，復現「卒 cun」字，成本尊「尊那菩薩」。

❼次於「兩股」現「禰 de」字，成「金剛手」菩薩。

❽次於「兩腨 」(小腿)現「莎 svā」字，成「伊迦惹吒」菩薩，面有三目，六臂，身青色，以象皮為衣。

❾次於「兩足」現「賀 hā」字，成「嚩日囉曩契」(Vajraṇakhī)菩薩，如玻瓈色……

oṃ・ca le・cu le・cun de・svā hā・

此「九字」乃是「根本大明」，成九「賢聖」。

❶復次「唵 oṃ」字為「無相法界」，

❷「左 ca」字為「大輪」，

❸「隸 le」字為「不動尊」，

❹「卒 cu」字為「觀自在」(菩薩)。

❺又「隸 le」字為「不空羂索」菩薩，

❻「尊 cun」字為「尊那」菩薩，

❼「禰 de」字為「金剛手」菩薩，
❽「莎 svā」字為「伊迦惹吒」菩薩，
❾「賀 hā」字為「嚩日囉曩契」(Vajraṇakhī)菩薩。
如是等微妙字，於一切「大明」(咒)。

❶若以「唵 oṃ」字為(咒語之)「首」者，(即)能成就一切法。
❷若「左 ca」字，於「息災、增益、降伏」三法(皆)有「大威力」。
❸「隸 le」字能破壞「設咄嚕」(śatru 怨敵)，亦作「發遣」及「擁護法」，功力最大。
❹「卒 cu」字能作「破壞」及「散他軍」，如「金翅鳥」能食於龍。
❺「隸 le」字破諸「大惡」，有最勝力。
❻「尊 cun」字能「成就」一切事，能破堅固(之)「禁嚩」。
❼「禰 de」字能破「魔怨」及諸「大惡」，亦能作「入寤」(進入覺悟之火)法。
❽「莎 svā」字能自擁護，及能「破怨」，亦能令作鉢「入寤」法。
❾「賀 hā」字能除「大毒」及一切病。
如是等字，猶「八正道」，能使有情解脫輪迴，後得「寂滅」。

復次行人「觀想」如是「微妙字相」於「己身分」，一一現前，或變「色相」或變「形儀」。若得如是「現前」，能滅身中一切「罪業」、斷除「煩惱」。
❶初想「唵 oṃ」字現於「頭」上，作黃金色。
❷次想「左 ca」字現於「兩目」，亦作金色。
❸次想「隸 le」字現於「頸上」，作深黑色。
❹次想「卒 cu」字現於「臍輪」，如紅蓮色或大青色，其色所現隨彼作法。
❺次想「隸 le」字現於「兩臂」，化賢聖像，或作金色或作赤色。
❻次想「尊 cun」字現於「心上」，變成「尊那」菩薩，身作「白色」。
❼想「禰 de」字現於「兩股」，
❽想「莎 svā」字現於「兩腨」(小腿)，
❾想「賀 hā」字現於「兩足」，
(觀)想如是(九個梵)字，於己「身分」(中)一一現前。(待)得「現前」已，(即可)斷諸「煩惱」，滅一切罪，乃至能使「內心」皎潔，如(原本被)塵覆像，(現在已能)隨拂(而)清淨，精進(用功)，諸天皆悉敬愛(於汝)。

北宋・法賢(公元?~1001)譯《佛說瑜伽大教王經》卷 2〈4 三摩地品〉
(1)復說「三摩地」法。時「阿闍梨」觀想 (cum)「尊」字，變成「大智」，「大智」化成「尊

那菩薩」，(有)「七俱胝」如來，(於「法、報、化」)三身(中皆)讚說(尊那菩薩)。
(2)此(尊那)菩薩真言，成「九字」，亦成「九分法」，成「九大菩薩」，身如「秋月色」，眾寶裝嚴，諸相圓滿，能度一切賢聖。此菩薩「二十六臂、三面」，面各三目，正面善相微笑……第十三手持《般若經》，坐「蓮花座」，遍身光明……
(3)如是「尊那菩薩」，具「大神通力」，諸天魔等見之驚怖，悉皆向前合掌頂禮。如是「阿闍梨」，若常「觀想」、持此「真言」，彼人不久證「大菩提」，若入此「三摩地」，剎那之間能「除一切罪」，何況別成就法。
(4)此名「無邊勝大智尊那大力金剛最勝三摩地」。

准提菩薩的「種子字」，可作「觀想」用的！梵字應作「白色」觀

(cuṃ 準)

「准提」菩薩就是「觀音菩薩」的化現

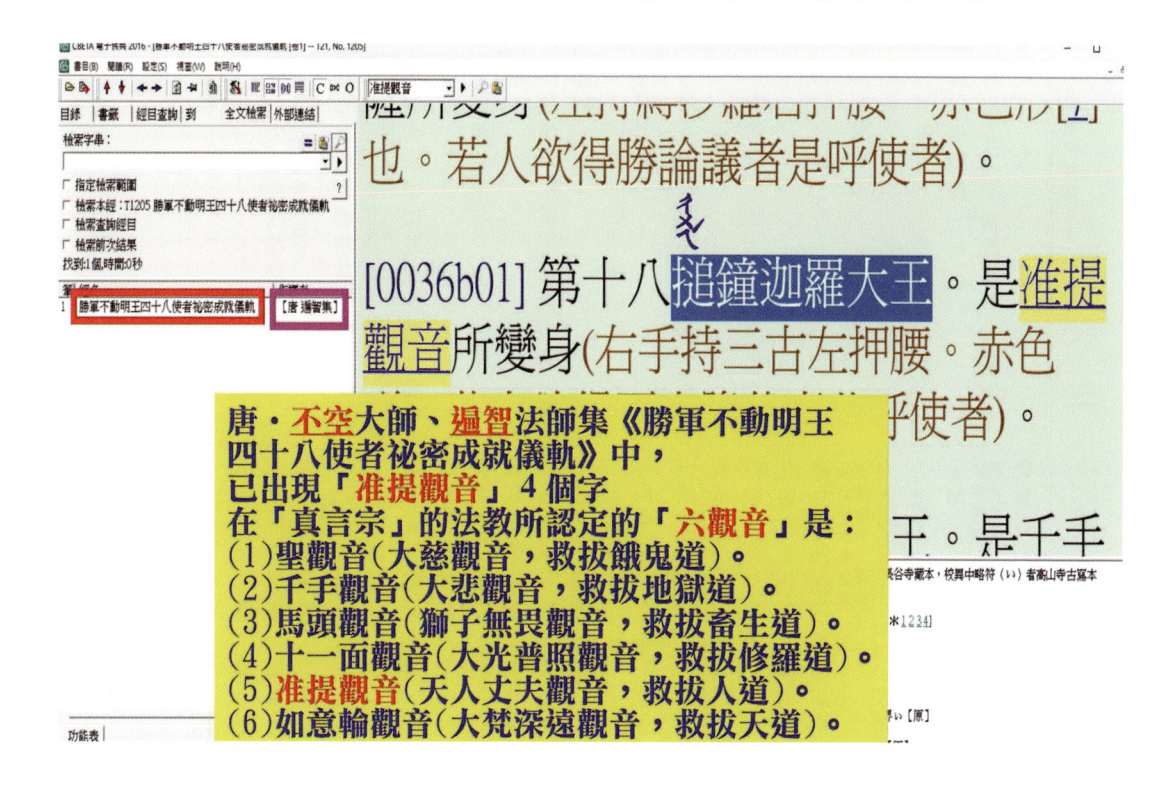

[0036b01] 第十八搥鐘迦羅大王。是准提觀音所變身(右手持三古左押腰。赤色

唐・**不空**大師、**遍智**法師集《勝軍不動明王四十八使者祕密成就儀軌》中，
已出現「**准提觀音**」4個字
在「真言宗」的法教所認定的「**六觀音**」是：
(1)聖觀音(大慈觀音，救拔餓鬼道)。
(2)千手觀音(大悲觀音，救拔地獄道)。
(3)馬頭觀音(獅子無畏觀音，救拔畜生道)。
(4)十一面觀音(大光普照觀音，救拔修羅道)。
(5)**准提觀音**(天人丈夫觀音，救拔人道)。
(6)如意輪觀音(大梵深遠觀音，救拔天道)。

《大正藏》圖像部・第四冊 准提觀音

覺禪鈔 准胝

准胝法

具書事

貞元錄二十一云

七俱胝佛母大心准提陀羅尼經一卷 大唐中天竺三藏地婆訶羅譯出大同錄第一譯
七俱胝佛母准胝大明陀羅尼經一卷 大唐南天竺三藏金剛智再編入第二,有二經同本貞元新編
七俱胝佛母所說准提陀羅尼經一卷 不空慈
七俱胝佛母陀羅尼經一卷 智證錄大師
七俱胝准泥佛母陀羅尼經念誦儀軌一卷 不空譯 唯說菩薩法唯說念誦法則大筵 已上禪林
七俱智准提陀羅尼經念誦儀軌一卷 不空說念誦法則大筵 已上禪林
佛說七俱胝佛母心大准提陀羅尼法一帖 日照譯 緣外別
梵字七俱胝佛母儀軌一卷 大師 標本 禪林
梵字七俱胝佛母眞言一本 大師
梵字七俱胝佛母讃一卷 大師
梵字七俱胝佛母眞言一本 慈
七俱胝佛母准胝讃一紙 榮子禪林
七俱胝佛母心大准提陀羅尼法獨部別
法一卷

七俱胝佛母心大准提陀羅尼二十五部
陀羅尼經云金智 不空准胝行灌頂懺悔大道場法
一卷店菩無畏三譯 已上二本緣外可等
七俱胝佛母像樣一卷傳

名號事
大明經云 金智結此印契心想阿迦尼瑟吒天宮毘盧遮那如來十地菩薩圍繞集會中諸准提佛母聖者乘七寶莊嚴車輦ゝゝ上有白蓮花坐上如前疊像形心中想念
陀羅尼經云 不空准胝佛母云ゝ
七俱胝佛母像樣一卷傳
胎歲軌云金剛智准胝佛母云ゝ
眞言云 安然准胝佛母妙義云ゝ

本身事
軌云 金智結此印契布字想自身若釋迦如來三十二相八十種好紫磨金色圓滿眞光充盈ゝ釋迦成就准胝彼或云 進胝不空絹索菩薩準化身索號胝 或多羅菩薩金剛藏等云ゝ
已上心覺抄

觀音事
勝軍不動軌云 槌鐘迦太羅王是准提觀
經云 過去七俱胝准胝那如來等佛母准胝
莊嚴寶王經四云○有七俱胝佛母如來○皆
來集會同說陀羅尼曰 准胝呪也貼之 觀音法全無
小野抄云 天人丈夫觀香者 准胝佛母教
人道云ゝ
此觀云 天人觀香破人三障慢幢事丈夫稱則佛性故 伏
勸修寺抄云 濟朝云 准胝為觀香見于掘

准提觀音

經云金智 若欲求聰明取石菖蒲牛黃各牛兩擣作末以佛前作曼荼羅念誦五千返聰明之即得聰明
經云日照聰明呪曰
寐帝ゝゝ憂帝ゝゝ陀帝婆訶
各誦一萬返聰明不可思議云ゝ
知善不善ゝ不事
軌云 不空又法欲知事善不善成就不成就取蘇摩那花香油誦眞音加持一百八

無礙經與偈如何在所居土事
軌云 金智 送車輅所結此契心想阿迦尼瑟吒天宮毘盧遮那如來十地菩薩圍繞集會中諸准提佛母聖者乘七寶莊嚴車輦ゝゝ上有白蓮花坐上如前疊像形心中想念 阿迦尼吒天毘盧舍那佛宮殿中云ゝ
軌云○七寶車輅乘空而去至於色界頂 (裏書四五三)

功能
無善根種子生菩提芽事
經云 金智若有薄福眾生無有少善根者無有根器之者無有菩提分者 是人若得聞此准胝陀羅尼讀一返得菩提分根器芽生何況誦常不懈廢由此善根速成佛種無量功德悉成就無量眾生遠離塵垢決定成就阿耨菩提云ゝ
軌云 不空又法若人無宿善根無善根種不修菩薩行縱誦一返則生菩提法芽何況常能念誦受持云ゝ
得聰明事
經云 金智若欲求聰明取石菖蒲牛黃各

(裏書四五二)

第二節 「准提呪」的根本手印

唐・金剛智(公元669~741。從公元723年開始在資聖寺翻譯佛經)譯《佛說七俱胝佛母准提大明陀羅尼經》卷1

如是我聞,一時「薄伽梵」在名稱大城祇樹給孤獨園……

准提佛母根本身契第四
其契相,
❶以二手「小指」、二「無名指」,相叉入掌。
❷先二「中指」直豎,「頭」相著(相互依著)。
❸二「頭指頭」(食指頭)附(於)二「中指」(的)「上節」側。
❹二「大指」(大拇指)各附二「頭指」(食指)側,即成。

妙言誦「根本陀羅尼」(誦七遍,以契頂上(指契印在頭頂上)解散,以下諸契結成揮觸印了,亦並須「頂上」(頭頂上)散之)。

唐・不空(公元705~774。從公元730年開始在長安大薦福寺翻譯佛經)譯《七俱胝佛母所說准提陀羅尼經》卷1

如是我聞,一時「薄伽梵」在名稱大城逝多林給孤獨園……
❶二手內「相叉」。
❷豎二「中指」,頭相著(相互依著)。
❸以二「頭指」(食指)捻(按;捏)二「中指」(之)背。
❹二「大指」(大拇指)側附二「頭指」(食指)根下,即成「根本印」。

北宋・法賢(公元?~1001)譯《佛說持明藏瑜伽大教尊那菩薩大明成就儀軌經》卷4〈6 尊那菩薩持誦法分〉

次結「尊那菩薩根本印」。
❶(先)以二手(先)作「拳」(狀。兩手都是「拳狀」即是兩手「相叉入掌」的意思),
❷二「中指」(作)如「針」(狀,指「直立」的互相依附狀態),
❸二「頭指」(食指)安(於)「中指」(之上)節,
❹二(大)「拇指」安(於)「頭指」(食指)側邊,(把手印)安(於頭)「頂上」,成「印」。

(若)結此(尊那菩薩根本)印時,誦尊那菩薩「根本大明」(咒),而於自身(即能)作「大擁護」。時(持咒之)「行人」於「結印、誦明」(之)時,(能)得尊那菩薩歡喜(而)「顧視」(回顧注視於汝)。

明・受登(天溪 景淳,公元1607~1675年,諱受登法師)集《准提三昧行法》卷1

眾共手結「契印」，口誦呪言，心存布梵。其「契印」法：
❶以二手「小指、無名指」，相叉入掌。
❷二「中指」直竪相拄(相互支撐的意思)。
❸二「頭指」(食指)附二「中指」(的)「上節」。
❹二「大指」(大拇指)附二「頭指」(食指)側。即成。

清·弘贊(公元1612～1686，明末清初曹洞宗僧)集《持誦準提真言法要》卷1
或結「根本大印」，於菩薩臂上記數，念誦誦畢，頂上散印。
(底下是准提菩薩的手印)其印：
❶二手「內相叉」。
❷竪二「中指頭」相著(相互依著)。
❸以二「頭指」(食指)捻(按；捏)二「中指」背上(的)「第一節」。
❹二「大指」(大拇指)側附二「頭指」(食指)根下，即成根本印。

清末·咒觀(清末的咒觀老人，原名鄭應房，約清同治至光緒時，約公元1862～1908年的人)記《法界聖凡水陸大齋法輪寶懺》卷9
一心奉請七俱胝佛母「尊那」(即準提)菩薩真言曼荼羅法(拜觀同上)
世尊入「等虛空大海變化神通」三昧三摩地，出生「大準提明王」，說此真言……「現世」所求，「出世間」(之)悉地，(皆)速得現前也。
❶二手「小指、無名指」，相叉入掌。
❷二「中指」直竪，頭相著(相互依著)。
❸二「頭指」(食指)頭，附二「中指」(的)「上節」側。
❹二「大指」(大拇指)，各附二「頭指」(食指)側，即成「妙印」。真言曰……

詳細方式：
❶兩手的「無名指」與「小指」互相交叉進入掌中，右手上，左手下，儘量保持「直竪」。
❷右「無名指」與二「中指」稍爲創造出「類三角型」，做不出，亦無妨。
❸兩「食指」各捻住「中指」背上的「第一節紋」的位子。
❹兩「中指」直竪相捻。
❺兩手要「合腕」。
❻兩大拇指「依附」於「食指」的「側邊」根下。

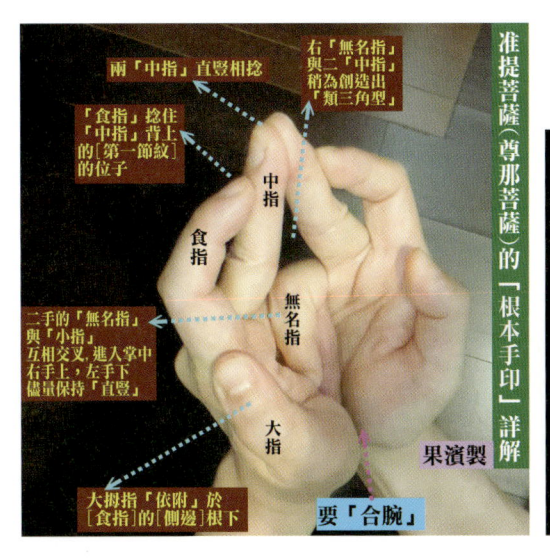

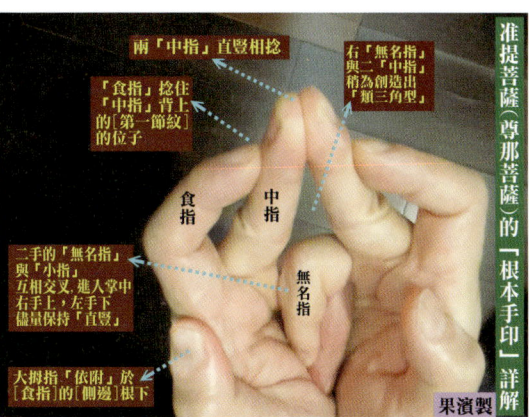

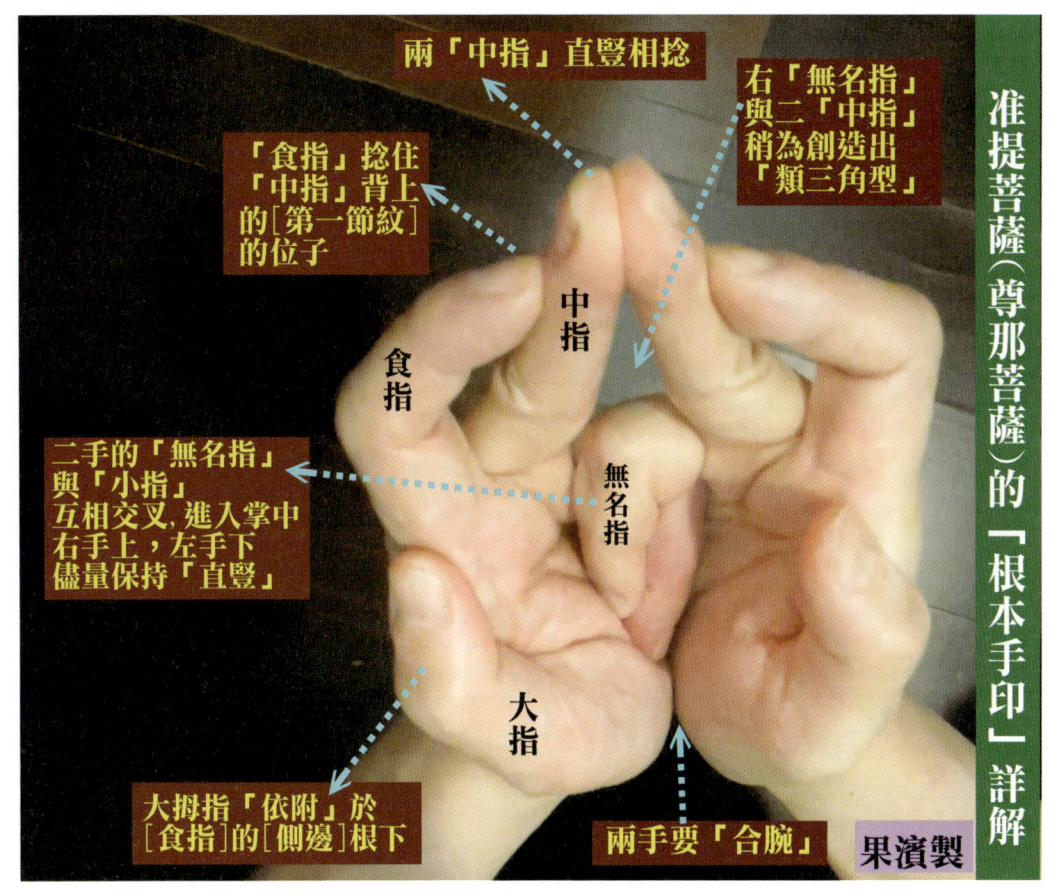

第二篇 諸菩薩專用的手印介紹 第四章 准提菩薩(尊那菩薩)的「根本手印」·279

第三節　與准提「異名同手印」的藏經資料共有 9 個以上

```
　　　　准提佛母根本印（異名同印）
❶ 尊那菩薩根本印
❷「軍荼利」三摩耶「結大界法」印
❸「軍荼利」香花供養法印
❹ 一切佛「摩訶三昧耶」印
❺「三摩耶」大結界法
❻「大三昧」勅語結界印
❼ 香華契印
❽「毘那夜迦」根本印
❾ 灌頂印
```

唐・阿地瞿多(Atikūṭa 中印度人。公元 652 年到長安)譯《陀羅尼集經》卷 8〈金剛藏軍荼利菩薩自在神力法印呪品〉

「軍荼利」三摩耶結大界法印呪　第二十六

（亦名一切佛「摩訶三昧耶」印呪）

❶ 以二「小指」、二「無名指」交叉，右壓左，「挺」在掌中(這是指「小指、無名指」是接近「挺直」的方式，緊密的黏合在掌內的意思)。

❷ 直豎二「中指」，斜舒直，頭相拄^芔（相互支撐的意思）。

❸ 以二「頭指」(食指)各屈，捻^{ㄋ一ㄢˇ}（按；捏）「中指」第三節背。

（注意：《陀羅尼集經》在譯咒時，經常會把「第一節文」與「第三節文」的字義，混著使用。試舉「金剛拳」為證，即是一例，後面附上經證）

❹ 以二「大指」(大拇指)各(依)附博(古通「搏」→觸；撐著)二「頭指」(食指)邊側，開掌(注意此指「開掌」狀，但「手腕」必須是「合腕」狀態，下面有經文詳敘)。

呪曰……

是「法印」呪，若有建立「道場壇所」，請一切「佛、般若、菩薩、金剛、天」等欲(來)供養者，「聖眾」若到(道場檀所)，一一(應)各(為)作「華座」印呪，承迎安置(於)「本位」總竟。然後作此「法印」誦呪……作是法已，「聖眾」皆(來)「安坐」(而)受「供養」。

唐・阿地瞿多譯《陀羅尼集經》卷 8〈金剛藏軍荼利菩薩自在神力法印呪品〉

「軍荼利」香花供養法印　第十（用大心呪）

❶以二「無名指」、二「小指」相交叉，右壓左，在掌中，仍屈向(手)腕ǎn。
❷即舒「中指」，斜頭，相拄zhǔ(相互支撐的意思)。
❸以二「頭指」(食指)各捻niē(按;捏)「中指」第三節上。

(注意：《陀羅尼集經》在譯咒時，經常會把「第一節文」與「第三節文」的字義，混著使用。試舉「金剛拳」為證，即是一例，後面附上經證)

❹以二「大指」(大拇指)各(依)附(於)二「食指」側(邊)，合腕wàn (注意這是指「手腕」必須是「合腕」狀態)。

是一「法印」，若在在處處(的)道場法壇，當作此「印」。(可)將以一「華」，及一「丸香」而置(於)「印」中(因為此時手印的「掌中心」是「空的」，所以可放一些「東西」的)，作是「印」已，誦咒(而)供養(聖眾)。

若無「香、華」，直作是「印」而(作)供養者，一切「金剛」，(亦)皆悉(生)歡喜。

《陀羅尼集經》在譯咒時，經常會把「第一節紋」與「第三節紋」的字義，混著使用。也就是，有時是真的指「第三節紋」，但有時「第一節紋」其實就是指「第三節紋」。證據如下：

唐・阿地瞿多譯《陀羅尼集經》卷9〈金剛烏樞沙摩法印咒品〉
烏樞沙摩「歡喜法印」咒第四：
以左手「大指」屈，(大)指頭拄(於)「無名指」(的)「第三節文」，以「四指」作拳。咒曰……

唐・阿地瞿多譯《陀羅尼集經》卷10〈烏樞沙摩金剛法印咒品〉
「歡喜印」第五：
左手「大指頭」，壓「無名指」(的)「第一節文」(正確應稱為「第三節文」才對)，又以「餘四指」把拳，即是「歡喜印」。

《陀羅尼集經》卷9〈金剛烏樞沙摩法印咒品〉
「烏樞沙摩」跋折囉「母瑟知法」印，咒第十六
左手「大指」，捻「無名指」(的)「下節」(此指「第三節文」)，以「餘四指」握作拳。咒曰……

在別的密教經典中，也會發生「第一節文」與「第三節文」的字義，混著使用。
唐・不空譯《末利支提婆華鬘經》
左手「大指頭」，押「無名指」(的)「第一節文」(正確應稱為「第三節文」才對)，以「餘四指」把拳，即是「歡喜印」。

唐・菩提流志譯《不空羂索神變真言經》卷3〈4 祕密印三昧耶品〉
「最勝拳」印：
右手以「大拇指頭」，捻「無名指根」第一文(正確應稱為「第三節文」才對)，「四指」急握「大拇指」，作拳。結此印者，當入「廣大解脫曼拏羅印三昧耶」，得大成就。

唐・阿地瞿多譯《陀羅尼集經》卷12〈佛說諸佛大陀羅尼都會道場印品〉
次作「三摩耶大結界法」，「印法」如是：
❶ 以左右「無名指、小指」相叉，在掌中豎。
❷ 以二「中指」斜申，頭相拄(ょ)(相互支撐的意思)。
❸ 以二「頭指」(食指)屈，捻(ぁ)(按；捏)「中指」上節(之)背。
❹ 以二「大指」(大拇指)附捻(ぁ)(按；捏)「頭指」(食指的)根本(下)文。呪曰……

唐・菩提留志(公元562~727。693年到長安譯經)**譯《一字佛頂輪王經》卷4〈8 大法壇品〉**
結「請佛印」。
❶ 以左右二「無名指」、二「小指」，右押左，相叉在掌中，
❷ 直豎(立)二「中指」，(兩中指的)頭相拄(ょ)(支撐)……
結「大三昧勅語結界印」：准前(前面的)「請佛印」：
❸ 改(成以)二「頭指」(食指)，各捻「中指」背(的)上節。
❹ 屈二「大指」(大拇指)，各(依)附(於)「頭指」(食指)下節。
其二手掌，相去「四寸」，以「印」頂戴，恭敬(於)頭上……誦「一切頂輪王心呪」。

唐・菩提流支(公元562~727。693年到長安譯經)**譯《大使呪法經》**
爾時「毘那羅夜迦」(Vināyaka 毘那夜迦；歡喜天神)說是「明現呪」已，復告世人，若作「壇法」供養於我，當須兩手「結印」，誦呪，以印呪。
❶ 以「小指」及「無名指」相交，合屈(而)向(掌)內。
❷ 即二「中指」，豎(立)相叉。
❸ 「頭指」(食指)亦豎(立)，各(依)附(於)「中指」，(食指)微屈，從「外」(而)捻(向)「中指」(的)頭節(此指「上節」或「第一節」的意思)。
❹ 以二「大指」(大拇指)，各(依)附(於)「頭指」(食指)，(接)近「頭」(食指)節側邊。
(食指若)動「來、去」(之狀)，(即)以為(是)召(請之)意。結印成已，而說呪曰……

唐・金剛智(公元669~741。從公元723年開始在資聖寺翻譯佛經)**譯《吽迦陀野儀軌》卷2〈3 吽迦陀野一面十臂摩訶神王隙護摩品〉**

先當結「香華印」：
❶二手「無名指、小指」印，(內相)交叉。
❷二「中指」頭(相)柱。
❸以二「頭指」(於)「中指」(的)背(上而依)付。
❹二「大母指」(依)付(著)「頭指」(食指)。真言曰：唵・摩拏阿羅地(一)鉢哆布羅迦(引)(二)也薩薄賀(引)

唐・**不空**(公元 705~774)譯《北方毘沙門多聞寶藏天王神妙陀羅尼別行儀軌》
次結「香華契」：
❶二「無名指」、二「小指」交叉，右壓左，在掌中，仍屈向(手)腕。
❷即舒「中指」，頭斜相跓(相互支撐的意思。「跓」古通「柱」→支撐)。
❸以二「頭指」(食指)各捻(按;捏)「中指」(之)第三節(若據金剛智譯的《吽迦陀野儀軌》，同樣的「香華印」，應是指捻在「中指」的「上節」背處，所以「第三節」有時又是指「第一節」的意思)。
❹以二「大指」(大拇指)各(依)附二「食指」側(邊)，合腕。真言曰……

南天竺三藏跋折羅菩提集撰《多利心菩薩念誦法》
呪水灌頂：「灌頂印」者：
❶以二手「小指」向內，右押左，相(交)叉，即以二「無名指」並屈，押之(指押住「小指」的意思)。
❷二「中指」(的)頭(互)相(附)著。
❸二「頭指」(食指)各(依)附(於)「中指」(的)「上節」。
❹二「大指」(大拇指)各(依)附「頭指」(食指)側(邊)，即成以(灌頂)「印」，抄取水(為)用，(作)為「灌頂」，呪曰……

第四節　准提呪「根本手印」錯誤的開始

唐・善無畏(公元637～735)譯《七佛俱胝佛母心大准提陀羅尼法》

✠注意：此是日本享和元年(公元1801年)刊，長谷寺藏本

「總攝二十五部大曼荼羅尼印」

(可簡稱為「總攝印」，請注意這不是指准提的「根本手印」啊)

❶以二手「無名指、小指」，相叉於內。
❷二「中指」，直豎相拄(相互支撐的意思)。
❸二「頭指」(食指)屈附二「中指」(之)第一節。
❹二「母指」(大拇指)，捻(按：捏)左右手「無名指」(之)中節(請注意，這是指二個大拇指，各壓住二個「無名指」的中節，不是只壓到「右手」的「無名指」而已)。

若有「召請」(聖眾)，二「頭指」(食指，作)來去(之狀)。

(注意：唐・金剛智譯的《佛說七俱胝佛母准提大明陀羅尼經》，和唐・不空譯的《七俱胝佛母所說准提陀羅尼經》。這兩部都是「純經典」，前面一定有「如是我聞」這些「開頭語」。

而唐・善無畏的《七佛俱胝佛母心大准提陀羅尼法》、與《七俱胝獨部法》，並不是「純經典」，這只是就經典所說的「法門」，「匯集」成為一個「精要」的「修行法要或儀軌」，所以前面並沒有「如是我聞」這些「開頭語」。

所以修「准提呪法」的人，當然要依「原始純經典」為主修，不能以裡面所說的「總攝二十五部大曼荼羅尼印」就當作是准提菩薩的「根本手印」了)

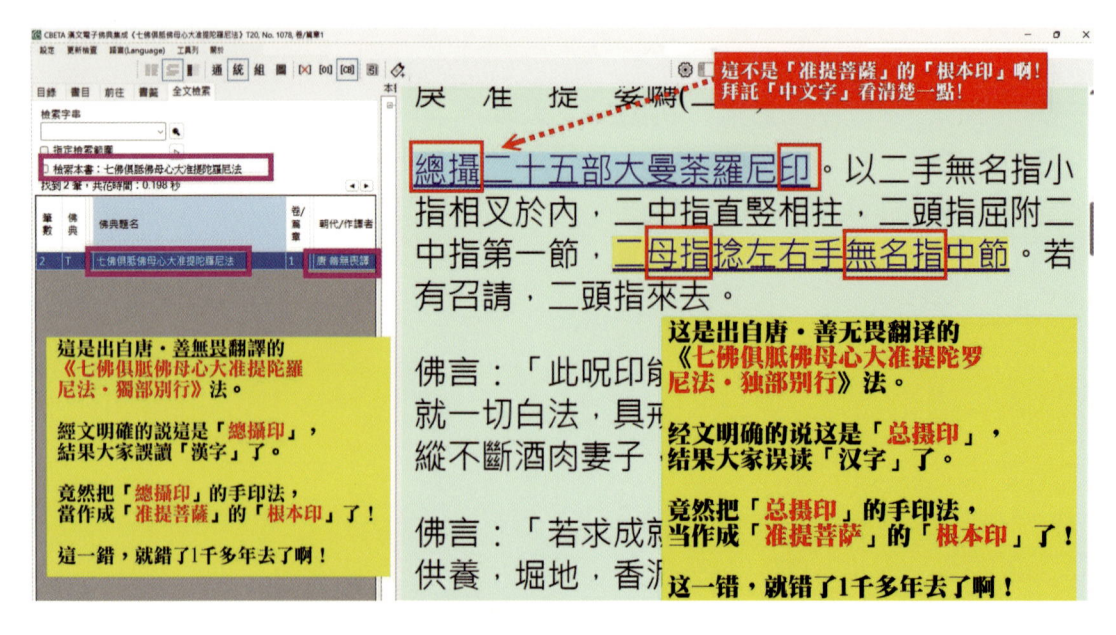

唐・善無畏(公元637～735)譯《七俱胝獨部法》

✠注意：此是日本享和元年(公元1801年)刊，長谷寺藏本

「總攝二十五部大漫茶羅印」

(可簡稱為「總攝印」,請注意這不是指准提的「根本手印」啊)

❶ 以二手「無名指、小指」,相叉於內。

❷ 二「中指」,直豎相拄ㄓㄨˋ (相互支撐的意思)。

❸ 二「頭指」(食指)附二「中指」(之)第一節。

❹ 二「大母指」,捻ㄋㄧㄢˇ (按;捏)**左右手「無名指」**(之)**中節**(請注意,這是指二個大拇指,各壓住二個「無名指」的中節,不是只壓到「右手」的「無名指」而已)。

若有「召請」(聖眾),二「頭指」(食指,作)**來去**(之狀)。

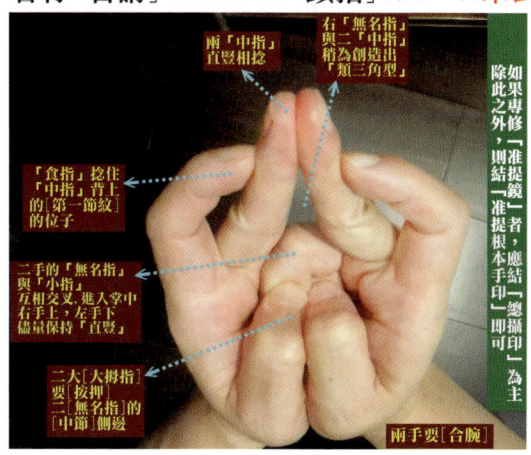

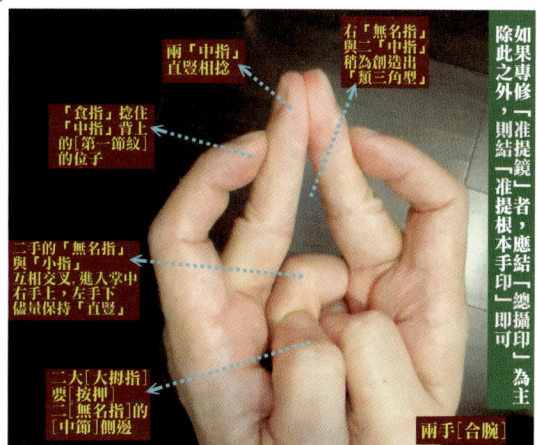

遼・道殷(公元1056～1128)集《顯密圓通成佛心要集》

(殷讀ㄧㄣ 或ㄧㄢ 皆可)

(請注意,從《顯密圓通成佛心要集》開始,原本是指准提的「總攝印」已被「誤解」成為是准提的「根本手印」了。從公元1000年到今天2025年,准提的「根本手印」已被「誤解」了1千多年了。

可見道殷大師是取自唐・善無畏(公元637～735)翻譯的《七佛俱胝佛母心大准提陀羅尼法》和《七俱胝獨部法》的經文,但經文明確的說這是准提的「總攝印」,不是「根本印」啊!)

「准提印」法。

❶ 以二手「無名指」,并「小指」,相叉於內。

❷ 二「中指」直豎,相拄ㄓㄨˋ (相互支撐的意思)。

❸ 二「頭指」(食指),屈附二「中指」(之)第一節。

❹ 二「大拇指」,捻ㄋㄧㄢˇ (按;捏)**右手「無名指」**(的)**中節**(請注意,原本善無畏大師的《七俱胝獨部法》經文是說二個大拇指,同時各壓住二個「無名指」的中節,但這邊已被更改成只壓到「右手」的「無名指」而已)。

若有「請召」(聖眾的話),二「頭指」(食指,作)**來去**(之狀)。

明・謝于教(約公元 1600 年的人)《準提淨業》卷1〈持誦儀軌〉
「准提印」法。
❶以二手「無名指」，并「小指」，相义於內。
❷二「中指」直豎，相拄ㄓㄨˋ（相互支撐的意思）。
❸二「頭指」(食指)屈附二「中指」之第一節。
❹二「大拇指」，捻ㄋㄧㄢˇ（按；捏）右手「無名指」(的)中節(請注意，原本善無畏大師的《七俱胝獨部法》經文是說二個大拇指，同時各壓住二個「無名指」的中節，但這邊已被更改成只壓到「右手」的「無名指」而已)。

明・施堯挺(約公元 1709 年的人)撰《準提心要》
「準提印」。
❶兩手「無名指」，并「小指」，相叉於內。「右指」壓「左指」(左指疊近胸，右指疊在外)。
❷兩「中指」直豎，相拄ㄓㄨˋ（相互支撐的意思）。
❸兩「頭指」(食指)屈附「中指」之第一節(一云第二節側)。
❹兩「大拇指」，並捻ㄋㄧㄢˇ（按；捏）右手「無名指」(的)中節(請注意，原本善無畏大師的《七俱胝獨部法》經文是說二個大拇指，同時各壓住二個「無名指」的中節，但這邊已被更改成只壓到「右手」的「無名指」而已)。
(於)屈指(之)時，(可)念「九聖梵字」。
欲有「召請」(聖眾)時，(則)以二「頭指」(食指，作)去來(之狀)。

第五節 修「准提鏡」專用的「總攝印」

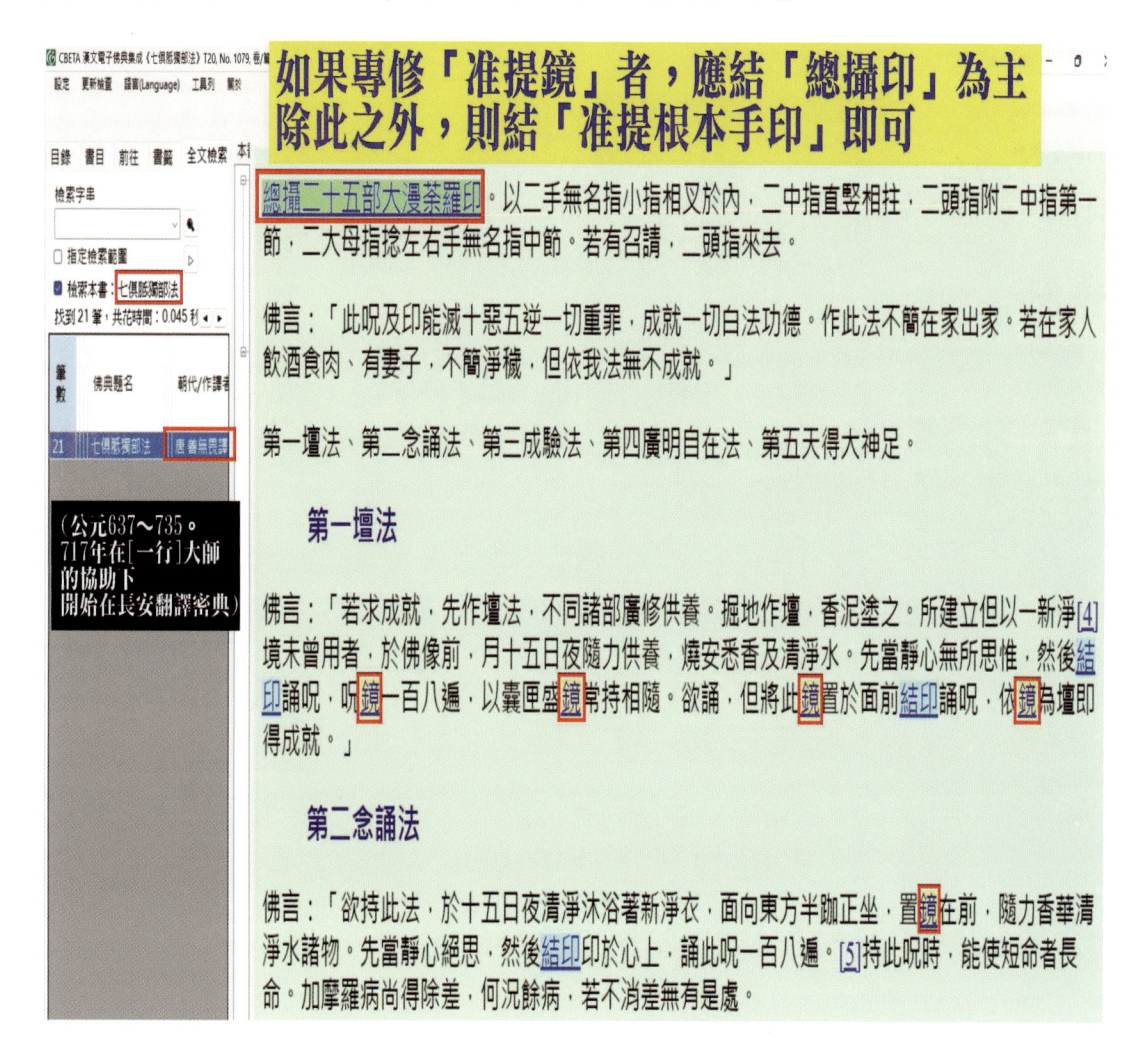

如果專修「准提鏡」者，應結「總攝印」為主
除此之外，則結「准提根本手印」即可

總攝二十五部大漫荼羅印：以二手無名指小指相叉於內，二中指直豎相拄，二頭指附二中指第一節，二大母指捻左右手無名指中節。若有召請，二頭指來去。

佛言：「此呪及印能滅十惡五逆一切重罪，成就一切白法功德。作此法不簡在家出家。若在家人飲酒食肉、有妻子，不簡淨穢，但依我法無不成就。」

第一壇法、第二念誦法、第三成驗法、第四廣明自在法、第五天得大神足。

第一壇法

佛言：「若求成就，先作壇法，不同諸部廣修供養。掘地作壇，香泥塗之。所建立但以一新淨[4]境未曾有者，於佛像前，月十五日夜隨力供養，燒安悉香及清淨水。先當靜心無所思惟，然後結印誦呪，呪鏡一百八遍，以囊匣盛鏡常持相隨。欲誦，但將此鏡置於面前結印誦呪，依鏡為壇即得成就。」

第二念誦法

佛言：「欲持此法，於十五日夜清淨沐浴著新淨衣，面向東方半跏正坐，置鏡在前，隨力香華清淨水諸物。先當靜心絕思，然後結印印於心上，誦此呪一百八遍，[5]持此呪時，能使短命者長命。加摩羅病尚得除差，何況餘病，若不消差無有是處。

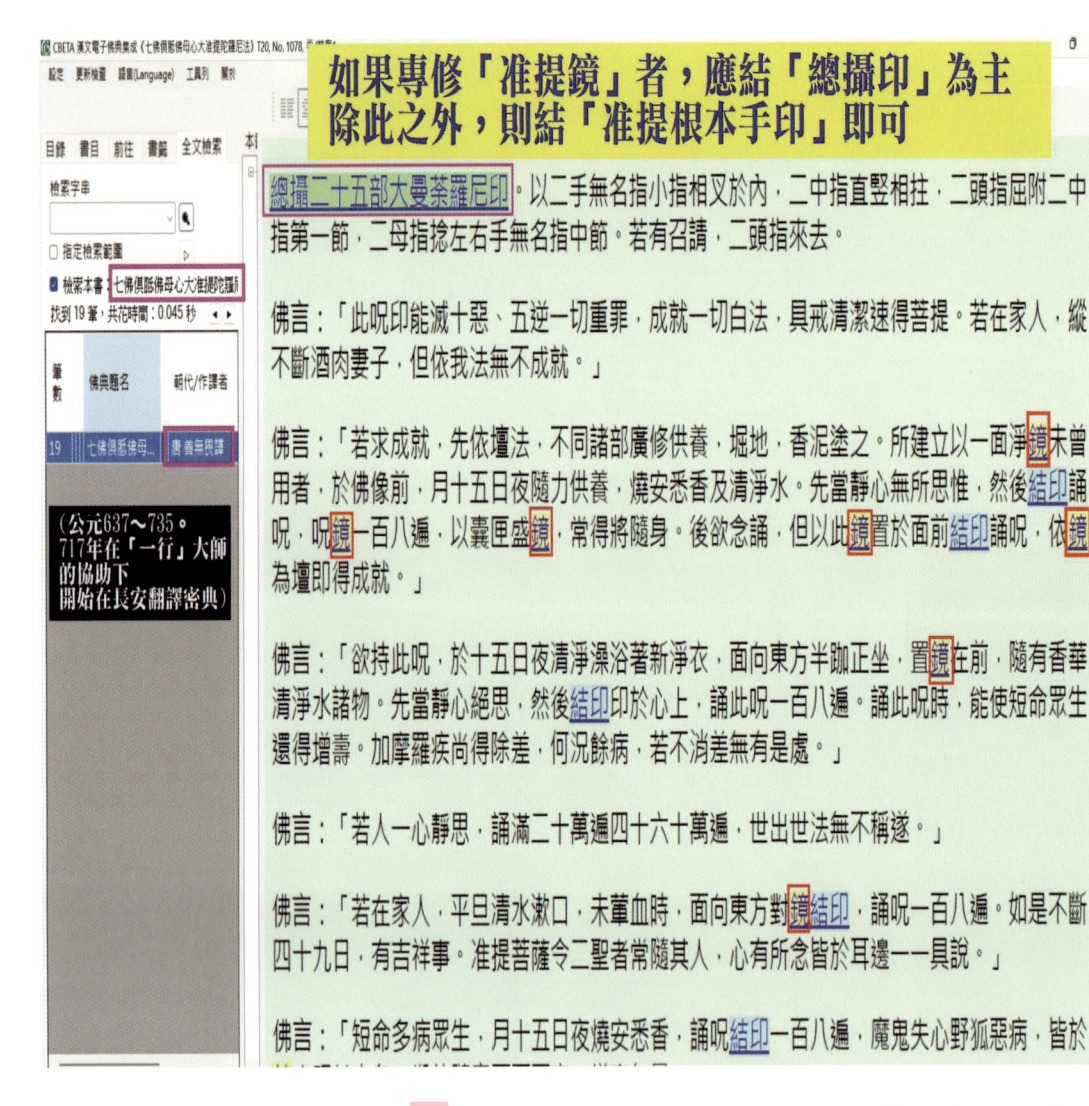

288・《佛菩薩專用手印解析暨研究》(全彩版)

> 如果專修「准提鏡」者，應結「總攝印」為主
> 除此之外，則結「准提根本手印」即可

總攝二十五部大曼荼羅尼印。以二手無名指小指相叉於內，二中指直豎相拄，二頭指屈附二中指第一節，二母指捻左右手無名指中節。若有召請，二頭指來去。

佛言：「此呪印能滅十惡、五逆一切重罪，成就一切白法，具戒清潔速得菩提。若在家人，縱不斷酒肉妻子，但依我法無不成就。」

佛言：「若求成就，先依壇法，不同諸部廣修供養，堀地，香泥塗之。所建立以一面淨鏡未曾用者，於佛像前，月十五日夜隨力供養，燒安悉香及清淨水。先當靜心無所思惟，然後結印誦呪，呪鏡一百八遍，以囊匣盛鏡，常得將隨身。後欲念誦，但以此鏡置於面前結印誦呪，依鏡為壇即得成就。」

佛言：「欲持此呪，於十五日夜清淨澡浴著新淨衣，面向東方半跏正坐，置鏡在前，隨有香華清淨水諸物。先當靜心絕思，然後結印印於心上，誦此呪一百八遍。誦此呪時，能使短命眾生還得增壽。加摩羅疾尚得除差，何況餘病，若不消差無有是處。」

佛言：「若人一心靜思，誦滿二十萬遍四十六十萬遍，世出世法無不稱遂。」

佛言：「若在家人，平旦清水漱口，未葷血時，面向東方對鏡結印，誦呪一百八遍。如是不斷四十九日，有吉祥事。准提菩薩令二聖者常隨其人，心有所念皆於耳邊一一具說。」

佛言：「短命多病眾生，月十五日夜燒安悉香，誦呪結印一百八遍，魔鬼失心野狐惡病，皆於

唐・善無畏(公元637～735。公元 717 年在一行大師的協助下開始在長安翻譯密典)譯《**七佛俱胝佛母心大准提陀羅尼法**》

✴注意：此是日本享和元年(公元 1801 年)刊，長谷寺藏本

「**總攝二十五部大曼荼羅尼印**」

(可簡稱為「總攝印」，請注意這不是指准提的「根本手印」啊)

❶以二手「無名指、小指」，相叉於內。
❷二「中指」，直豎相拄(ㄓㄨˋ)(相互支撐的意思)。
❸二「頭指」(食指)屈附二「中指」(之)第一節。
❹二「母指」(大拇指)，捻(ㄋㄧㄢˇ)(按;捏)左右手「無名指」(之)中節(請注意，這是指二個大拇指，各壓住二個「無名指」的中節，不是只壓到「右手」的「無名指」而已)。

若有「召請」(聖眾)，二「頭指」(食指，作)來去(之狀)。

唐・善無畏譯《七俱胝獨部法》

✳注意：此是日本享和元年(公元 1801 年)刊，長谷寺藏本
「總攝二十五部大漫荼羅印」
(可簡稱為「總攝印」，請注意這不是指准提的「根本手印」啊)

❶以二手「無名指、小指」，相叉於內。
❷二「中指」，直豎相拄 (相互支撐的意思)。
❸二「頭指」(食指)附二「中指」(之)第一節。
❹二「大母指」，捻 (按;捏)左右手「無名指」(之)中節(請注意，這是指二個大拇指，各壓住二個「無名指」的中節，不是只壓到「右手」的「無名指」而已)。

若有「召請」(聖眾)，二「頭指」(食指，作)來去(之狀)。

唐・菩提流志(公元 562～727。693 年到長安譯經)譯《不空羂索神變真言經》卷 23〈48 一切種族壇印品〉

「大奮怒王結界」印：
准「使者印」，改二「小指」入掌，相叉作拳，二頭指直豎合頭。此印三昧結十方界，禁約一切毘那夜迦。

「大奮怒王請召」印：
❶准「結界印」，改二「中指」，豎頭相拄。
❷二「頭指」(食指)頭，捻二「中指」背「上節」。
❸二「大拇指」押二「無名指」側上。
❹二「頭指」(食指)，數數(可以做)來去(的動作)。
此印三昧召請發遣一切諸佛菩薩、金剛、真言明神。

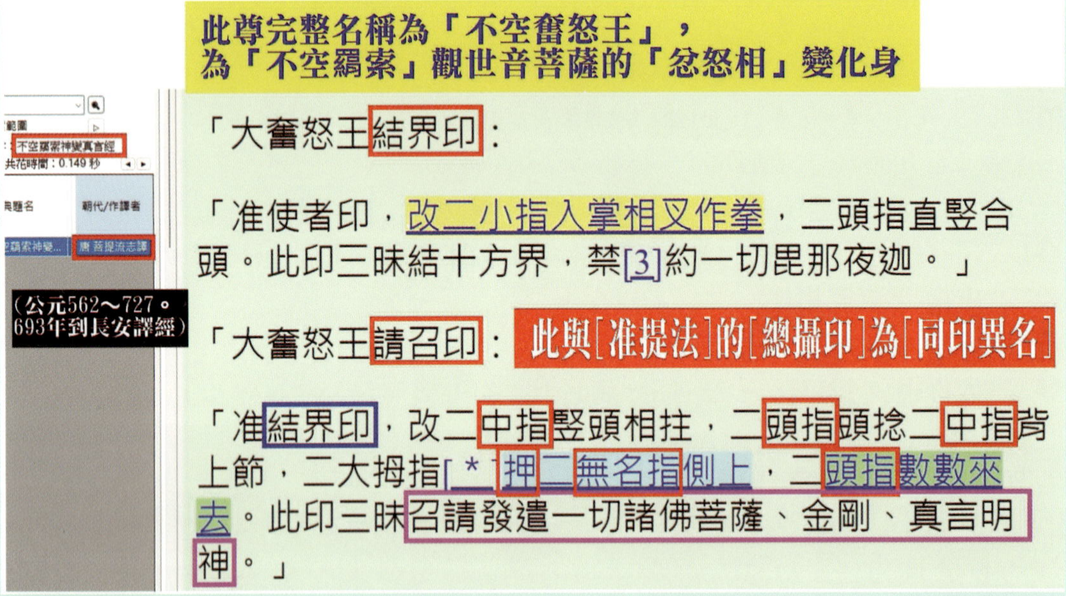

290・《佛菩薩專用手印解析暨研究》(全彩版)

此尊完整名稱為「不空奮怒王」，
為「不空羂索」觀世音菩薩的「忿怒相」變化身

「大奮怒王結界印：

「准使者印，改二小指入掌相叉作拳，二頭指直豎合頭。此印三昧結十方界，禁[3]約一切毘那夜迦。」

「大奮怒王請召印： 此與[准提法]的[總攝印]為[同印異名]

「准結界印，改二中指豎頭相拄，二頭指頭捻二中指背上節，二大拇指[*]押二無名指側上，二頭指數數來去。此印三昧召請發遣一切諸佛菩薩、金剛、真言明神。」

唐・菩提流志(公元562～727。693年到長安譯經)譯《五佛頂三昧陀羅尼經》卷3〈8 密印品〉

「高頂王印」呪之五

❶先以左右二「無名指」、二「小指」，右押左，相叉入掌中。
❷次以二「中指」直豎，頭相拄。
❸其二「大母指」相並，伸押二「無名指」中節上。
❹又以二「頭指」當「中指」側「中節」上，「屈頭」相拄。印呪曰……

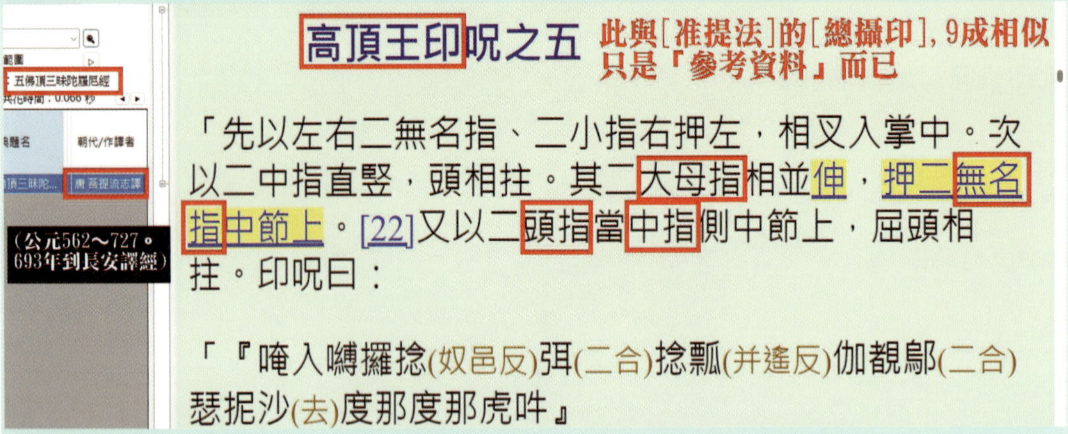

高頂王印呪之五 此與[准提法]的[總攝印]，9成相似
　　　　　　　　只是「參考資料」而已

「先以左右二無名指、二小指右押左，相叉入掌中。次以二中指直豎，頭相拄。其二大母指相並伸，押二無名指中節上。[22]又以二頭指當中指側中節上，屈頭相拄。印呪曰：

「『唵入嚩攞捻(奴邑反)弭(二合)捻瓢(并遙反)伽覩鄔(二合)瑟抳沙(去)度那度那虎吽』

唐・菩提流志(公元562～727。693年到長安譯經)譯《一字佛頂輪王經》卷3〈7 印成就品〉

「高頂輪王」印之五

❶又以左右二「無名指」、二「小指」，右押左，相叉入掌，
❷次以二「中指」直豎，頭相拄。
❸其二「母指」相並，伸押二「無名指」中節側上，
❹又以二「頭指」當「中指」側「中節」上，「屈頭」相拄。印呪曰……

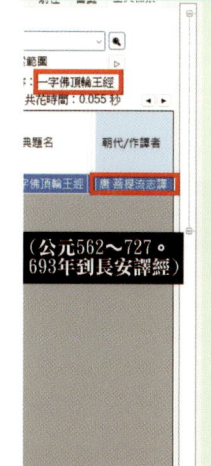

（高頂輪王[*]印之五　此與[准提法]的[總攝印]，9成相似只是「參考資料」而已

「又以左右二無名指、二小指右[*]押左相叉入掌，次以二中指直豎，頭相拄，其二母指相並，伸[*]押二無名指中節側上，又以二頭指當中指側中節上屈頭相拄。印呪曰：

『娜莫縒曼韡(一)　勃馱南(二)　唵[*](二合)靽(三)　入嚩[34]路入嚩攞[35]孱(寧執[*]反)玾(迸野[*]反)[*]孱(同上[36]二合)妙(彌遙[*]反)(四)　誐妒[37]瑀瑟膩灑(五)　度娜度娜虎[38](二合)靽(六)』

➔被誤當成准提「根本印」的手印，其實這個手印「最早」名為「軍荼利手印法」，十八手印中的第二個「集金剛族頂禮印」。如下經文所示：

唐・海雲(約公元821年的人)記《西方陀羅尼藏中金剛族阿蜜哩多軍吒利法》〈18手印法品〉

「集金剛族頂禮印」第二
❶兩手合掌，二「小指、無名指」，相叉於掌中，右押左。
❷二「中指」，頭相拄(相互支撐的意思)。
❸二「頭指」(食指)，各捻(按;捏)「中指」上第一節(之)背。
❹二「大指」(大拇指)，屈押「無名指」(的)上節即是。

詳細方式：

❶ 兩手的「無名指」與「小指」互相交叉進入掌中，右手上，左手下，儘量保持「直豎」。
❷ 右「無名指」與兩「中指」稍為創造出「類三角型」，做不出，亦無妨。
❸ 兩「食指」各捻住「中指」背上的「第一節紋」的位子。
❹ 兩「中指」直豎相捻。
❺ 兩手要「合腕」。
❻ 兩「大拇指」要「按押」兩「無名指」的「中節」側邊。
❼ 兩「食指」可來去。

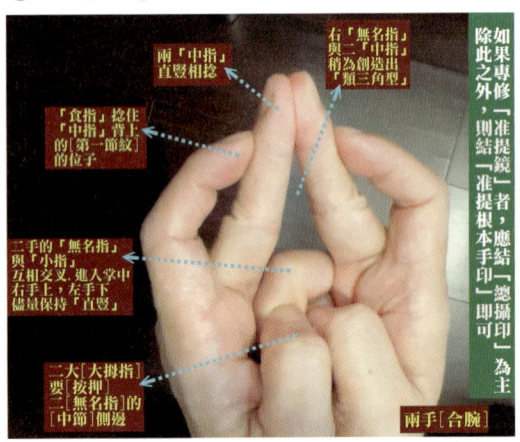

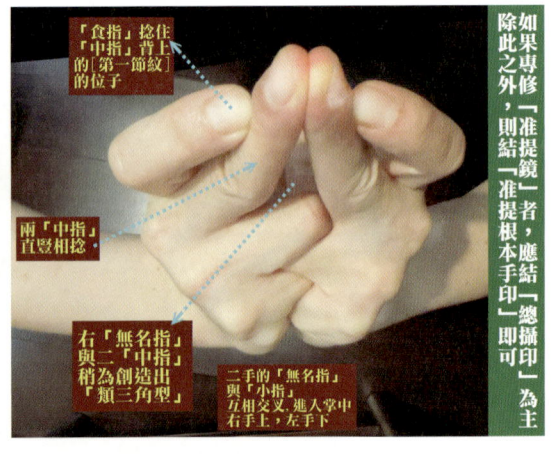

第六節 錯誤的准提咒「根本手印」檢討

(1)如果大家還是堅持說自己的手印是根據唐‧善無畏(公元637~735)翻譯的《七佛俱胝佛母心大准提陀羅尼法》和《七俱胝獨部法》，問題是經文明確的說這是「總攝印」(總攝二十五部大曼荼羅尼印)，不是「根本印」啊~

(2)唐‧金剛智譯的《佛說七俱胝佛母准提大明陀羅尼經》，和唐‧不空譯的《七俱胝佛母所說准提陀羅尼經》。這兩部都是「純經典」，前面一定有「如是我聞」這些「開頭語」。

而唐‧善無畏的《七佛俱胝佛母心大准提陀羅尼法》、與《七俱胝獨部法》，並不是「純經典」，這只是就經典所說的「法門」，「匯集」成為一個「精要」的「修行法要或儀軌」，所以前面並沒有「如是我聞」這些「開頭語」。

修「准提咒法」的人，當然要依「原始純經典」為主修，不能以裡面所說的「總攝印」(總攝二十五部大曼荼羅尼印)當作是准提菩薩的「根本手印」，修行人應以「純佛經」為最高依止的原則！

(3)或者又改說這是根據遼‧道殿(公元1056~1128年)集的《顯密圓通成佛心要集》資料來的，問題是道殿大師只是「收集」經咒資料的人，只是一時「失察」，把准提咒的「總攝印」當成了「根本印」，還有把原本經文說要將二個「大拇指」，同時各壓住二個「無名指」的中節，但道殿大師的書已被更改成只壓到「右手」的「無名指」而已。

我們「後人」應該要去「追查」原始經文資料的啊，不能把《顯密圓通成佛心要集》這本書的「疏忽」當作「千年錯誤」的一個「擋箭牌」啊！

(4)還有個問題，即使是經過「後人」的資料收集，那為何：
明‧受登大師(公元1607~1675)集的《准提三昧行法》。
清‧弘贊大師(公元1612~1686)集的《持誦準提真言法要》。
都是「正確」的「根本印」啊呢？

甚至到了清末的咫觀老人(鄭應房居士，約公元1862~1908年的人)所記的《法界聖凡水陸大齋法輪寶懺》也仍是「正確」的「根本印」啊！也就是到了1908年時，准提咒正確

版的「根本印」仍然是還「住世、在世、在傳」的啊！

(5)所以這個手印從唐代阿地瞿多(公元652年到長安)所譯的《陀羅尼集經》卷8〈金剛藏軍荼利菩薩自在神力法印呪品〉就已經出現與准提「根本手印」相同的手印。

隨後的唐・金剛智(公元669~741)譯《佛說七俱胝佛母准提大明陀羅尼經》，和唐・不空(公元705~774)譯的《七俱胝佛母所說准提陀羅尼經》，都是「正確」的「根本印」！

(6)甚至到了北宋・法賢(公元?~1001)譯的《佛說持明藏瑜伽大教尊那菩薩大明成就儀軌經》中所說的「尊那菩薩根本印」，仍然都是「正確」的「根本印」！
再稍晚時，到了遼・道殿(公元1056~1128年)集的《顯密圓通成佛心要集》中才出現「錯置」。

(7)經過藏經的統計，與准提「根本手印」相同的手印，即「異名同印」的，共有9個以上，全部都與「准提佛母根本印」是相同的。沒有人是例外的。

(8)在這當中只出現過唐・善無畏(公元637~735)譯的《七佛俱胝佛母心大准提陀羅尼法》和《七俱胝獨部法》，可是經文早已說這是「總攝印」(總攝二十五部大曼荼羅尼印)，不是「根本印」的~

(9)期望大家能將這次演講的視頻大量轉發出去，讓准提咒的「根本手印」能重新「住世」，所有與准提菩薩有關的「畫像、雕像、塑像……」都應該要有「勇氣」把他全部「修正」過來的！

第五章　多羅菩薩(綠度母)的四個手印

第一節　「觀世音菩薩」隨心印(多羅菩薩)之一

唐・阿地瞿多譯《陀羅尼集經》卷5〈佛說跋折囉功能法相品〉
「觀世音菩薩隨心」印呪第六

❶ 二手「中指、無名、小」三指，向「外相叉」，合掌，右壓左。「指頭」總博(支撐著)掌背(手掌之背)。

❷ 並豎二「食指」(而)相著(合)。

❸ 「大指」亦然(也是要並豎著)，各博(支撐著)「食指」。

❹ 「大指」(可以做)來去(的動作)。

「歸命」(則)與前「十一面」(觀音)等(的)「歸命法」(相)同。

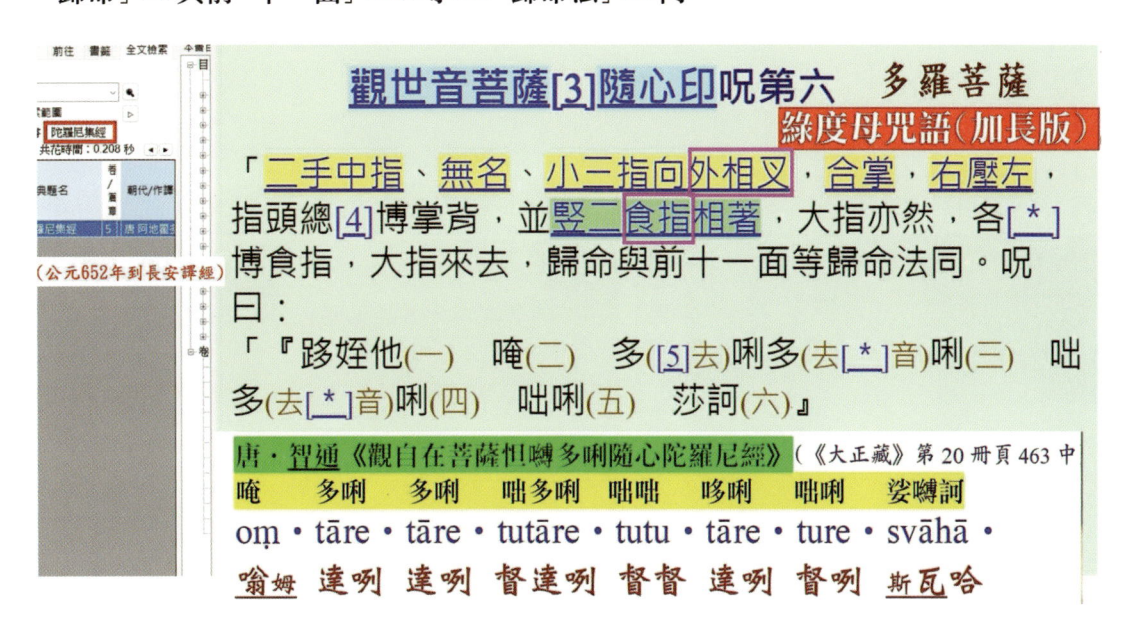

観世音菩薩[3]隨心印呪第六　多羅菩薩
綠度母咒語(加長版)
「二手中指、無名、小三指向外相叉，合掌，右壓左，指頭總[4]博掌背，並豎二食指相著，大指亦然，各[*]博食指，大指來去，歸命與前十一面等歸命法同。呪曰：
「『跢姪他(一)　唵(二)　多([5]去)唎多(去[*]音)唎(三)　咄多(去[*]音)唎(四)　咄唎(五)　莎訶(六)』

唐・智通《觀自在菩薩怛嚩多唎隨心陀羅尼經》《大正藏》第20冊頁463中
唵　多唎　多唎　咄多唎　咄咄　哆唎　咄唎　娑嚩訶
oṃ・tāre・tāre・tutāre・tutu・tāre・ture・svāhā・
嗡姆　達唎　達唎　督達唎　督督　達唎　督唎　斯瓦哈

(公元652年到長安譯經)

唐・智通譯《觀自在菩薩隨心呪經》
「隨心」印呪第一(亦名「身印」呪，亦名「都印」呪)

❶ 二手「中指、無名指、小指」三指，向外相叉，合掌，右押左，「指頭」總搏(支撐著)掌背(手掌之背)。

❷ 並豎二「食指」(而)相著(合)。

❸ 「大指」亦然(也是要並豎著)，各搏(支撐著)「食指」。

❹ 「大指」(可以做)來去(的動作)。即說呪曰……

296・《佛菩薩專用手印解析暨研究》(全彩版)

隨心印呪第一(亦名身印呪，亦名都印呪)　多羅菩薩　綠度母咒語(加長版)

「二手中指無名指小指三指向外相叉合掌右押左，指頭總搏掌背，並豎二食指相著，大指亦然各搏食指，大指來去。」即說呪曰：

那(上)謨喝囉(上)怛那跢囉(二合)夜耶(一)　那(上)謨阿唎耶(一)　婆路(輕呼)枳帝攝婆(二合)羅(上)耶(二)　菩提薩埵(去)耶(三)　摩訶薩埵(去)耶(四)　摩訶迦嚧尼迦(去)耶(五)　跢姪他(六)　唵(七)　哆(去)唎哆利(八)　都多(去)唎(九)　都都多唎(十)　咄唎(上)莎(去)訶(十一)」

唐・智通《觀自在菩薩怛嚩多唎隨心陀羅尼經》(《大正藏》第 20 冊頁 463 中

(公元627~653年譯經)

唵　多唎　多唎　咄多唎　咄咄　哆唎　咄唎　娑嚩訶

oṃ・tāre・tāre・tutāre・tutu・tāre・ture・svāhā・

嗡姆　達咧　達咧　督達咧　督督　達咧　督咧　斯瓦哈

詳細方式：

❶兩「小指、無名指、中指」外相交叉，右壓左。
❷兩「食指」直豎。
❸兩「大指」直豎，靠著「食指」。
❹兩「大拇指」可做來去。

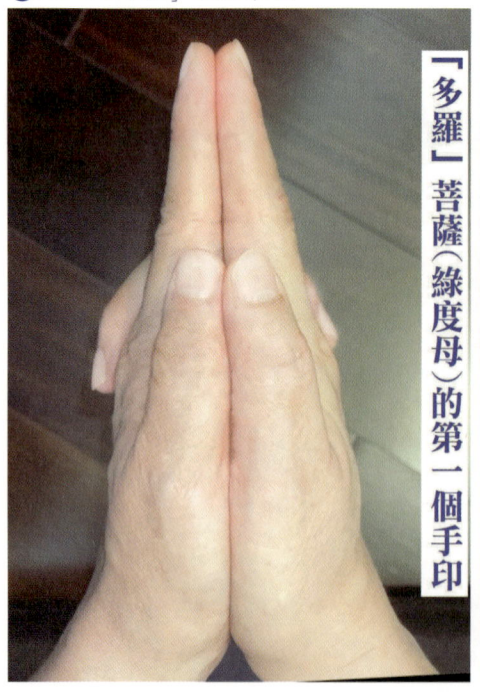

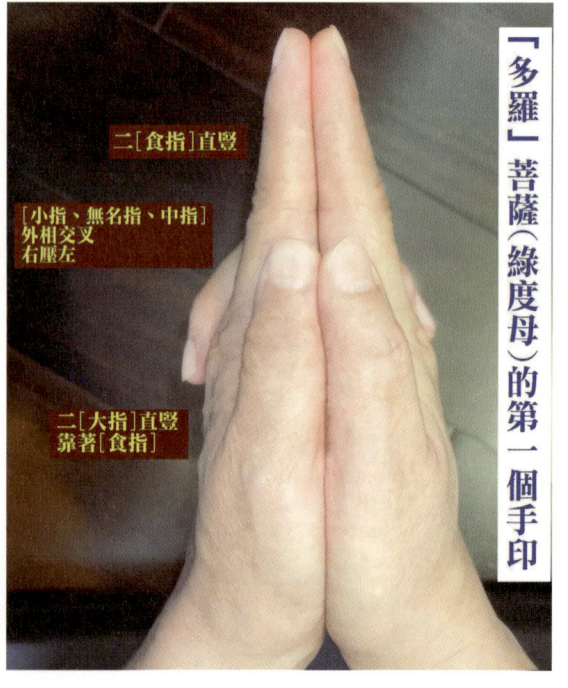

「多羅」菩薩（綠度母）的第一個手印

二[食指]直豎

[小指、無名指、中指]外相交叉 右壓左

二[大指]直豎 靠著[食指]

「多羅」菩薩（綠度母）的第一個手印

第二節 「觀世音菩薩」隨心印(多羅菩薩)之二

唐・菩提流志譯《不空羂索神變真言經》卷23〈48 一切種族壇印品〉
「多羅菩薩」根本印
❶二手「中指、無名指、小指」，各自作拳(即金剛拳「內縛印」)，「拳面」(是)相合(的)。
❷二「頭指」(食指)各少屈，頭相拄。
❸二「大拇指」並直(相並直豎)，「伸押」二「中指」(的)側(邊之)上。
此「印」三昧，助成「不空王一切真言壇印三昧耶」。

唐・善無畏共一行譯《大毘盧遮那成佛神變加持經》卷4〈9 密印品〉
如前以「定慧」(左右)手。
❶五輪(五個手指)「內向」為拳(即金剛拳「內縛印」)。
❷舉二「風輪」(食指)猶如「針鋒」(之狀)。
❸二「虛空」輪(大拇指)，加之(壓在二「中指」的「側邊」上)。
是「多羅尊」印。彼真言曰……

唐・一行記《大毘盧遮那成佛經疏》卷13〈9 密印品(一三-一四)〉
次「多羅菩薩」印。
❶先作(小、無名、中)指，向「內相叉」(為)拳，合掌。
❷即豎二「風指」(食指)，頭相合如「針」(狀)。
❸二「空指」(大拇指)並豎，壓之(壓在二「中指」的「側邊」上)，即是也。真言曰……

唐・不空譯《金剛頂瑜伽千手千眼觀自在菩薩修行儀軌經》卷2
次結「大白觀自在菩薩」印：
❶二手「內相叉」，「進力」(食指)二度合豎、微開。
❷「禪智」(大拇指)並豎，即成。真言曰……
次結「多羅菩薩」印，准前「大白印」(大白觀自在菩薩印)。
❸「進力」(食指)頭相合，如「針」(狀)，即成。真言曰……

詳細方式：
❶兩「小指、無名指、中指」內相交叉，右壓左。
❷兩「食指」相捻，「指頭」儘量保持「針」狀。
❸兩「大指」直豎，壓在二「中指」的「側邊」上。

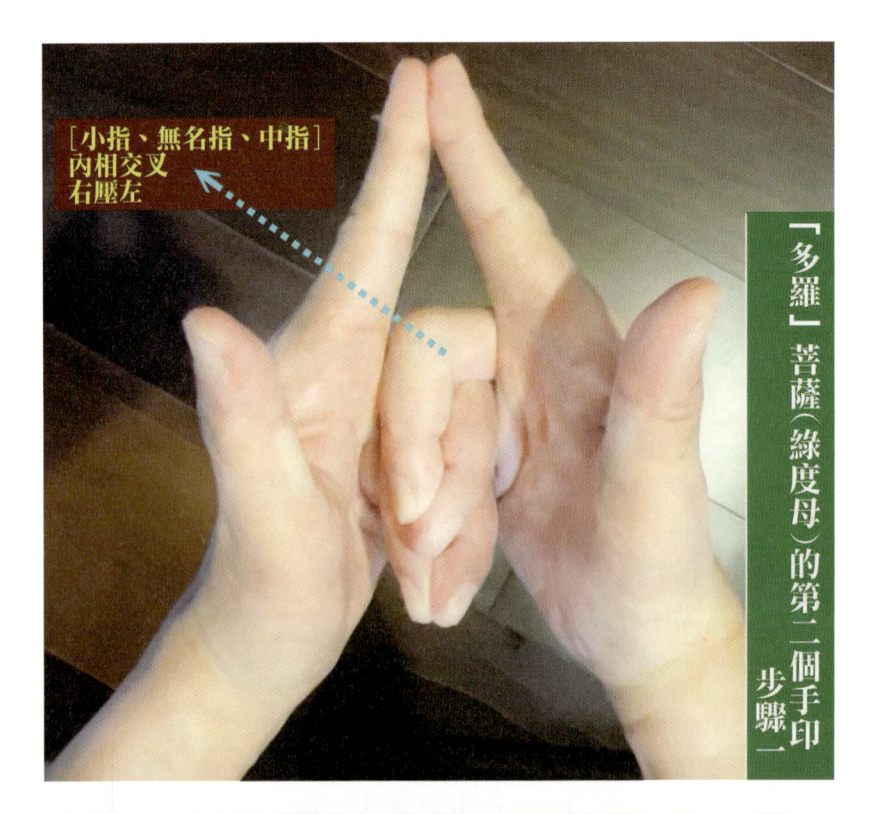

「多羅」菩薩（綠度母）的第二個手印 步驟一

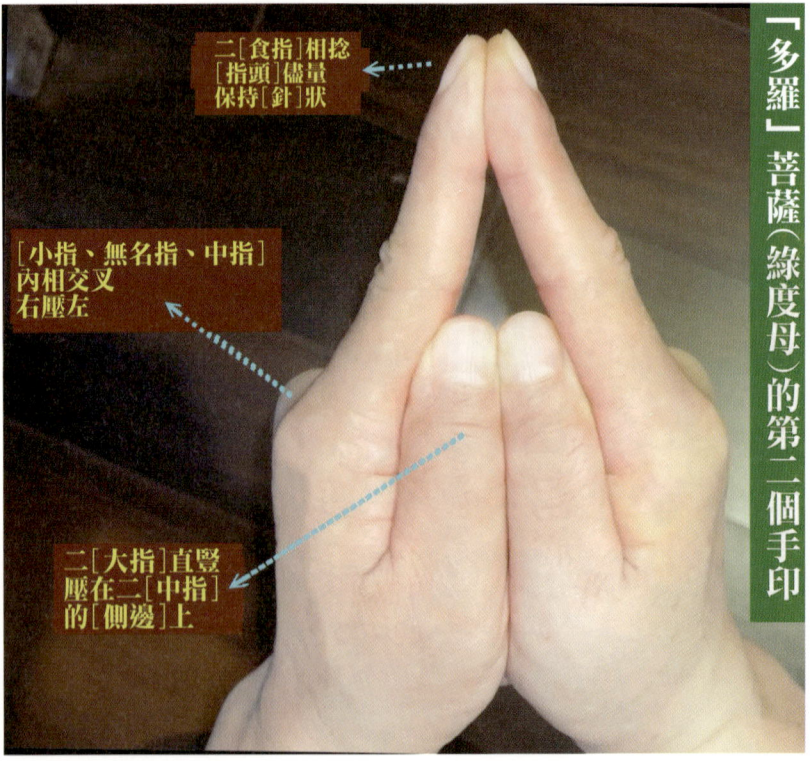

[小指、無名指、中指]
內相交叉
右壓左

「多羅」菩薩（綠度母）的第二個手印

二[食指]相捻
[指頭]儘量
保持[針]狀

[小指、無名指、中指]
內相交叉
右壓左

二[大指]直豎
壓在二[中指]
的[側邊]上

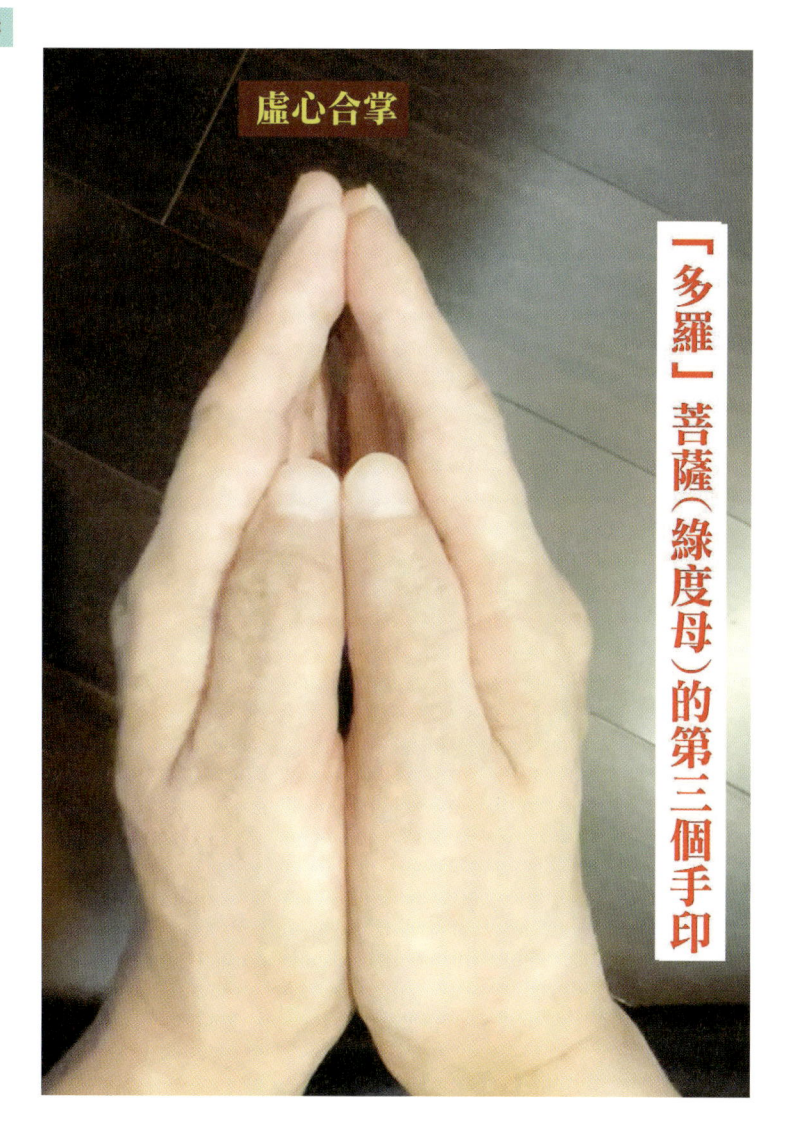

第三節 「觀世音菩薩」隨心印(多羅菩薩)之三

唐·菩提流志譯《不空羂索神變真言經》卷4〈4 祕密印三昧耶品〉
「多羅菩薩」印：
❶合掌，虛掌內。
❷二手十指「微屈」豎合，頭相著。

詳細方式：

虛心合掌

「多羅」菩薩(綠度母)的第三個手印

第四節 「觀世音菩薩」隨心印(多羅菩薩)之四

北宋・法賢譯《佛說瑜伽大教王經》卷 4〈6 印相大供養儀品〉
復次，
❶以二手作「合掌」。
❷二「頭指」(食指)捻「中指」甲。
❸二「拇指」入掌內，如「優鉢羅花」形(utpala 青蓮華)。
此是「多羅菩薩」印。

詳細方式：
❶虛心合掌。
❷兩「食指」捻兩「中指」的「指甲」。
❸兩「大指」進入「掌內」，停在「小指、無名指」的「根下」之處。

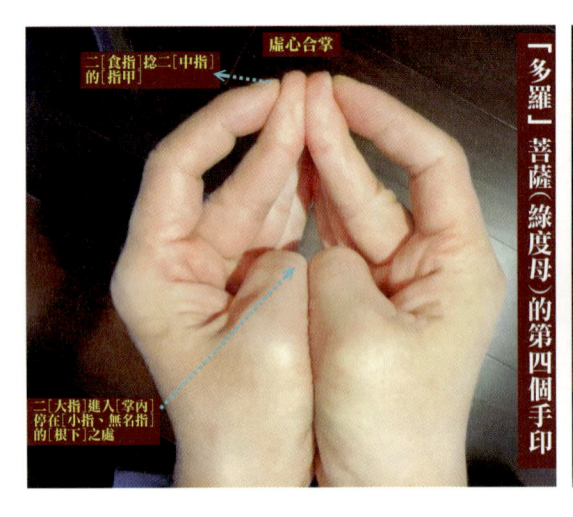

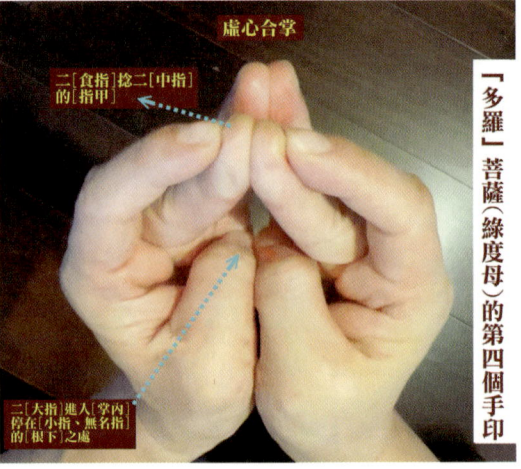

第六章 「大勢至」菩薩的四個手印

第一節 「大勢至菩薩」手印之一

《陀羅尼集經》卷 2〈1 釋迦佛頂三昧陀羅尼品〉
「大勢至菩薩」印呪第九

❶ 右「無名指」，扐(古同「祕、扐、柲」→藏;扭曲;彎曲)左「無名指」(與)「中指」(的)背(後)，(伸)向(左手的)「頭指」(與)「中指」(的指縫)岐間(而)入。

❷ 左「無名指」，從右「中指」(與)「無名指」(的指縫)岐間(而)「出」之，即入(右手)「食指」(與)「中指」(的指縫)岐間。

❸ 二「頭指」(食指)各(彎)屈(而)「鉤」(住)二「無名指」(的指)頭。

❹ (彎)屈二「中指」，壓(在)二「大指」上(不必押在「指甲」上)，(令二大指的)頭向(掌)「內」。

❺ 先以左「小指」握(住)右「無名指」(的)背。

❻ 後以右「小指」(再)握(住)左「小指」(的)背。

❼ 「大指」(可以做)來去(的動作)。呪曰：

> 大勢至菩薩印呪第九
>
> 「右無名指[*]扐左無名指、中指背，向頭指、中指岐間入，左無名指從右中指、無名指岐間出之，即入食指、中指岐間，二頭指各屈鉤二無名指頭，屈二中指壓二大指上，頭向內，先以左小指[1]屈右無名指背，後以右小指握左小指背，大指來去。呪曰：
>
> 「『唵(一) 嚧池囉末地(地阿[*]反)(二) 忘[2]婆(三) 菩(去[*]音)闍那(四) 瞋陀頻陀(五) 嗚鉾[3]抃(六) 莎訶(七)』

詳細方式：

❶ 兩「中指」各捻「大拇指」的「上節」背，不必押到「指甲」，「大指頭」朝向「掌內」。

❷ 「左食指」勾住「右無名指」，「右食指」勾住「左無名指」。

❸ 「右小指」放在最後、最外之處。

❹ 左「小指」握住「右無名指」的背。

❺ 「右小指」握住「左小指」的背。

❻ 「大指」可來去。

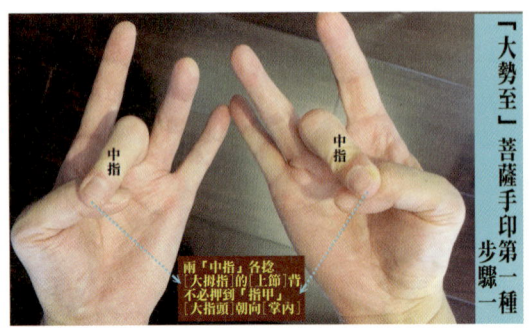

302・《佛菩薩專用手印解析暨研究》(全彩版)

「大勢至」菩薩手印第一種 步驟一
中指　中指
兩『中指』各捻[大拇指]的[上節]背不必押到[指甲][大指頭]朝向[掌內]

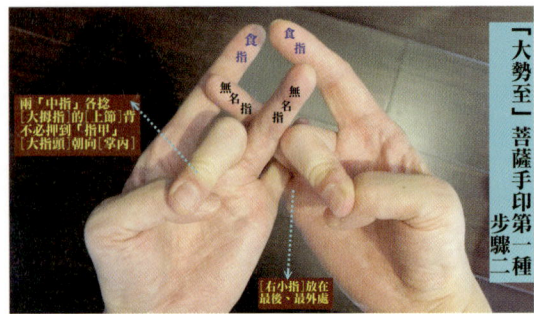

「大勢至」菩薩手印步驟二
食指　食指
無名指　無名指
[右小指]放在最後、最外處

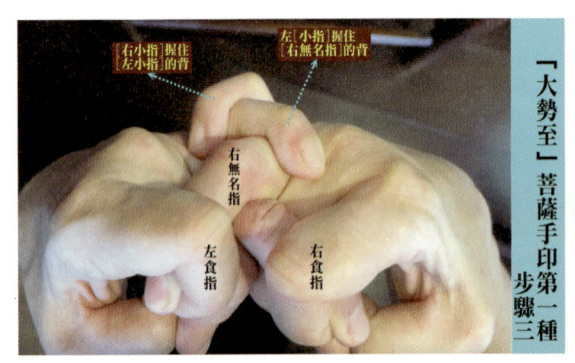

「大勢至」菩薩手印第一種 步驟三
右小指握住左小指的背
左小指握住右無名指的背
右無名指　左食指　右食指

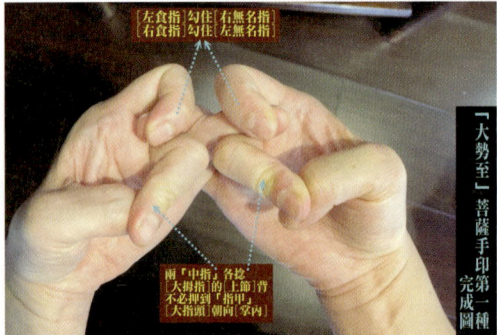

「大勢至」菩薩手印第一種 完成圖
左食指 勾住 右無名指
右食指 勾住 左無名指
兩『中指』各捻[大拇指]的[上節]背不必押到[指甲][大指頭]朝向[掌內]

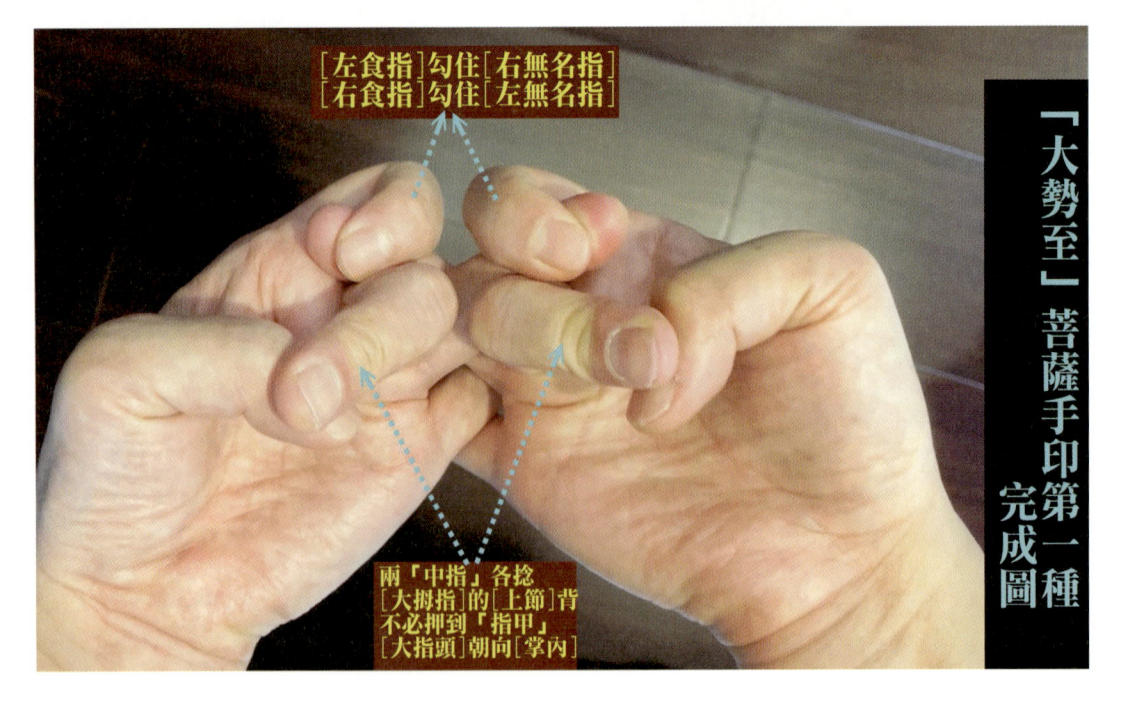

「大勢至」菩薩手印第一種 完成圖
[左食指]勾住[右無名指]
[右食指]勾住[左無名指]
兩『中指』各捻[大拇指]的[上節]背不必押到[指甲][大指頭]朝向[掌內]

第二節 「大勢至菩薩」手印之二

《陀羅尼集經》卷2〈1 釋迦佛頂三昧陀羅尼品〉
又「大勢至菩薩」印第十
❶准下「阿彌陀佛頂印」，
❷惟改二「食指」各捻二「中指」(的)頭，其「食指」少許(彎)「屈」。
❸次以二「大指」(相)並，掩(置於)「右中指」(的)「中節」上。
❹「大指」(可以做)來去(的動作)。

(白話完整描敘是：
①「反叉」後「二指」於「掌」中。
②兩「中指」在「中節紋」處，相交叉，右押左。
③「右中指」打直，與「左食指」頭相捻，「左食指」要稍「彎屈」。
④「左中指」打直，與「右食指」頭相捻，「右食指」要稍「彎屈」。
⑤二個「大拇指」都放在「右中指」的「中節」處。
⑥「大指」可來去。

(附錄補註用)

《陀羅尼集經》卷2〈1 釋迦佛頂三昧陀羅尼品〉
「阿彌陀佛頂」印第十二
准「佛刀」印，
(據經文云：「反叉」後「二指」於「掌」中。
直豎二「中指」，頭相著。
屈「右大指」於掌中。
次以「左大指」壓「右大指」，藏頭。
次以右「食指」壓「左大指」，而藏頭。
次以左「食指」壓「右食指」，亦藏頭。)
惟改以二「中指」相(交)叉，於「中節文」(處而)直申，即是(阿彌陀佛)「頂印」……此是「阿彌陀佛頂」法。

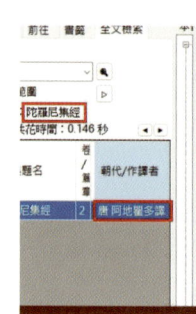

又大勢至菩薩印第十

「准下阿彌陀佛頂印，[*]惟改二食指各捻二中指頭，其食指[4]少許屈，次以二大指並，掩右中指中節上，大指來去。

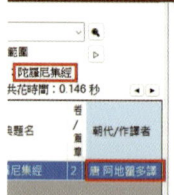

阿彌陀佛頂印第十二

「准佛刀印，[*]惟改以二中指相叉，於中節文直申，即是頂印。用治病時，作二肘水壇，

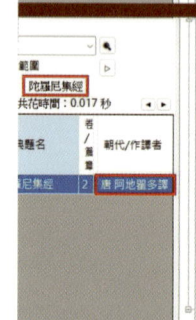

一切佛刀刺一切鬼印呪第十七

「反叉後二指於掌中，直豎二中指，頭相著，屈右大指於掌中。次以左大指壓右大指，藏頭。次以右食指壓左大指，[17]自藏頭。次以左食指壓右食指，亦藏頭，合腕。呪曰：

詳細方式：

❶兩「小指、無名指」，內「相交叉」，入於掌中。
❷兩「中指」在「中節紋」處，相交叉，右押左。
❸「右中指」打直，與「左食指」頭相捻，「左食指」要稍「彎屈」。
❹「左中指」打直，與「右食指」頭相捻，「右食指」要稍「彎屈」。
❺兩「大拇指」都放在「右中指」的「中節」處。
❻「大指」可來去。

第二篇 諸菩薩專用的手印介紹 第六章 「大勢至」菩薩的四個手印・305

二「中指」在
[中節]處相交叉
右押左

二「無名指、小指」
內相交叉，右押左

「大勢至」菩薩手印第二種 步驟一

二「食指」稍微彎屈
各捻二「中指」的頭

中指

食指

二「中指」在
[中節]處相交叉
右押左

二「大指」並豎，
放在[右中指]的[中節]

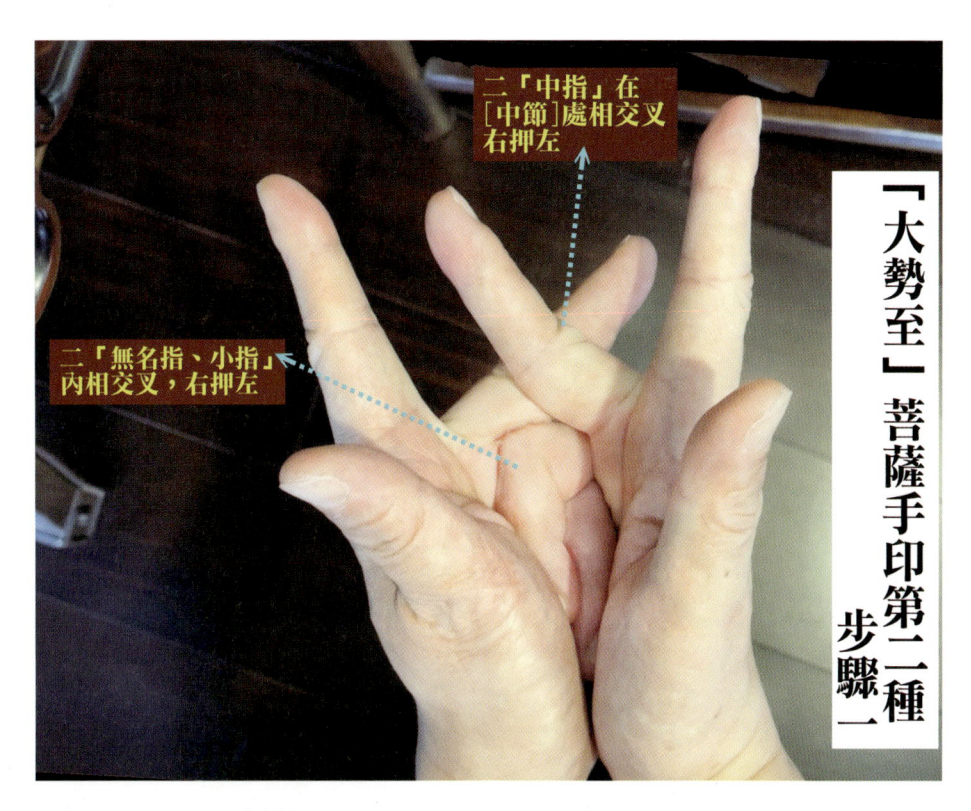

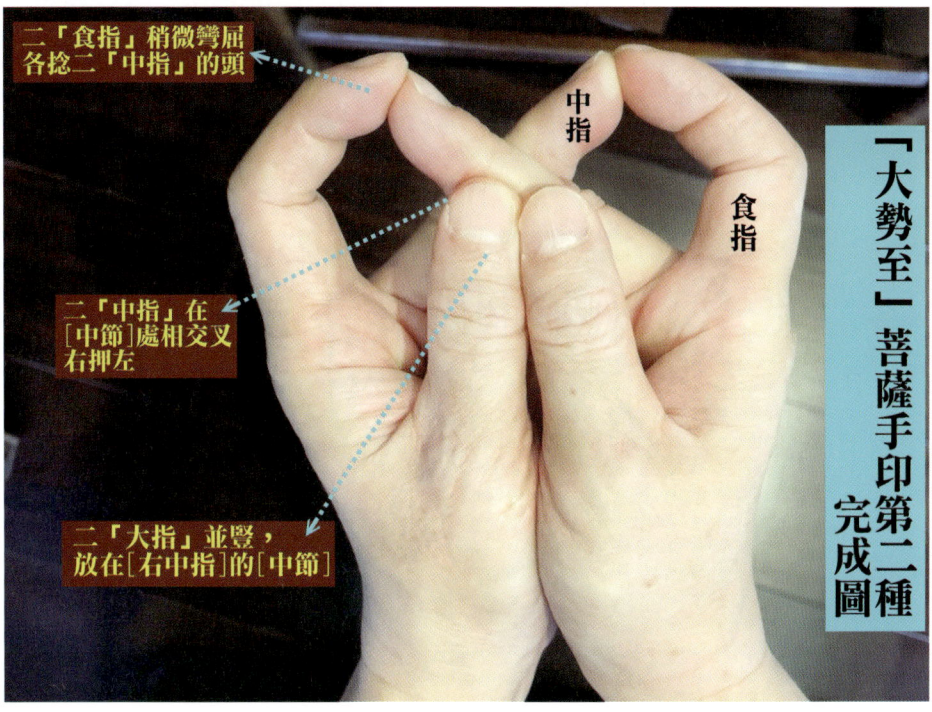

「大勢至」菩薩手印第二種 完成圖

第三節 「大勢至菩薩」手印之三

《陀羅尼集經》卷 2〈1 釋迦佛頂三昧陀羅尼品〉

又一「大勢至」印第十一
❶准「阿彌陀佛身」印中，
❷惟改二「中指」豎相著，
❸次以二「食指」拟_?（古同「祕、祕、祕」→藏；扭曲；彎曲）在「中指」_(的)背後，_(然後再兩指)頭相拄。
❹次以二「大指」_(相)並，_(指)「頭」屈入「中指」_(的)下節邊_(處)。
❺「大指」_(可以做)來去_(的動作)。呪曰……
若作此法，如日光照雪，眾罪消滅，命終之後生阿彌陀佛國。若是女人作此法者，命終之後化成男子，往生彼_(阿彌陀佛)國。
此是「心印」法，「憂婆 唎馱夜」法（upa-hṛdaya 此云小心法），此是阿彌陀佛成道法門，_(若有能)作_(此)者，_(即能)證入「不退」之位。

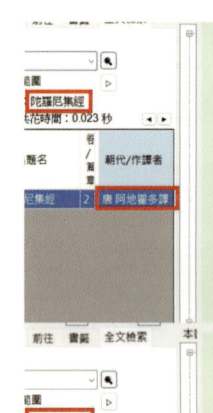

> 又一大勢至[5]印第十一
> 「准阿彌陀佛身印，[6]中[*]惟改二中指豎相著，次以二食指[*]拟在中指背後，頭相拄，次以二大指並，頭屈入中指下節邊，大指來去。呪曰：

> 阿彌陀佛身印第一
> 「左右二小指各[9]拟在無名指背上，二無名指頭相拄著，二中指直豎，開一寸許，二大指並直豎，屈二頭指壓二大指頭，[10]頭相拄，頭指來去。

詳細方式：
❶兩小指「轉彎」，繞到「無名指」的背上。
❷兩「無名指」相併，頭相拄。
❸兩「中指」相併，頭相拄。
❹兩「食指」往後繞到「中指」的後面，兩頭再相捻。

❺兩「大拇指」雙併，彎曲入掌中，停在「中指」的「下節」處。
❻「大指」可來去。

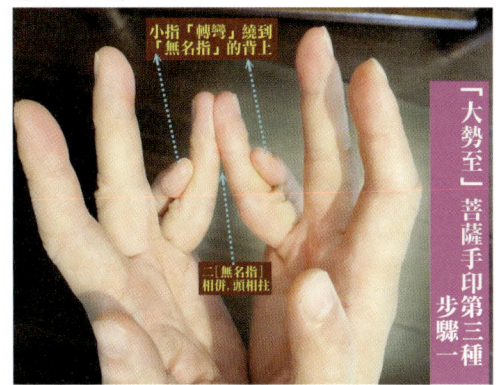

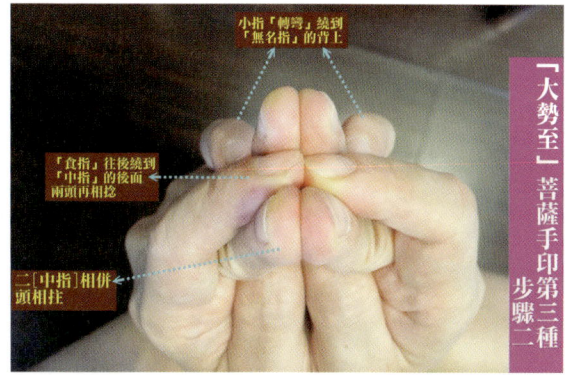

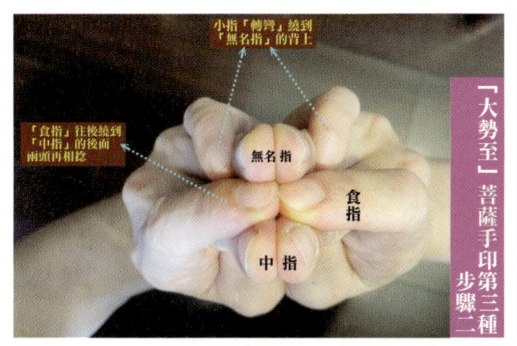

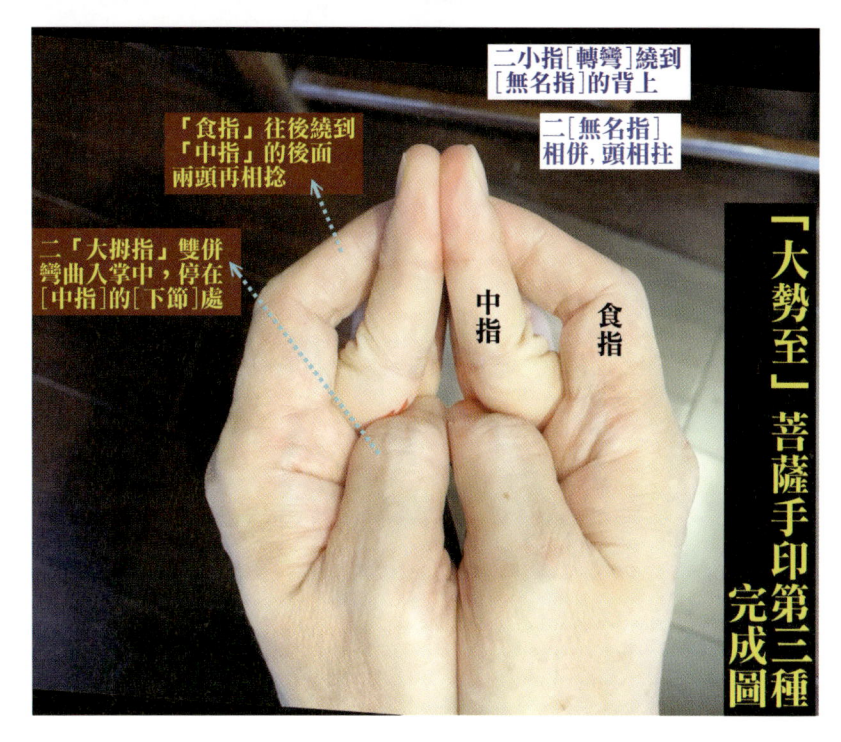

第四節 「大勢至菩薩」手印之四

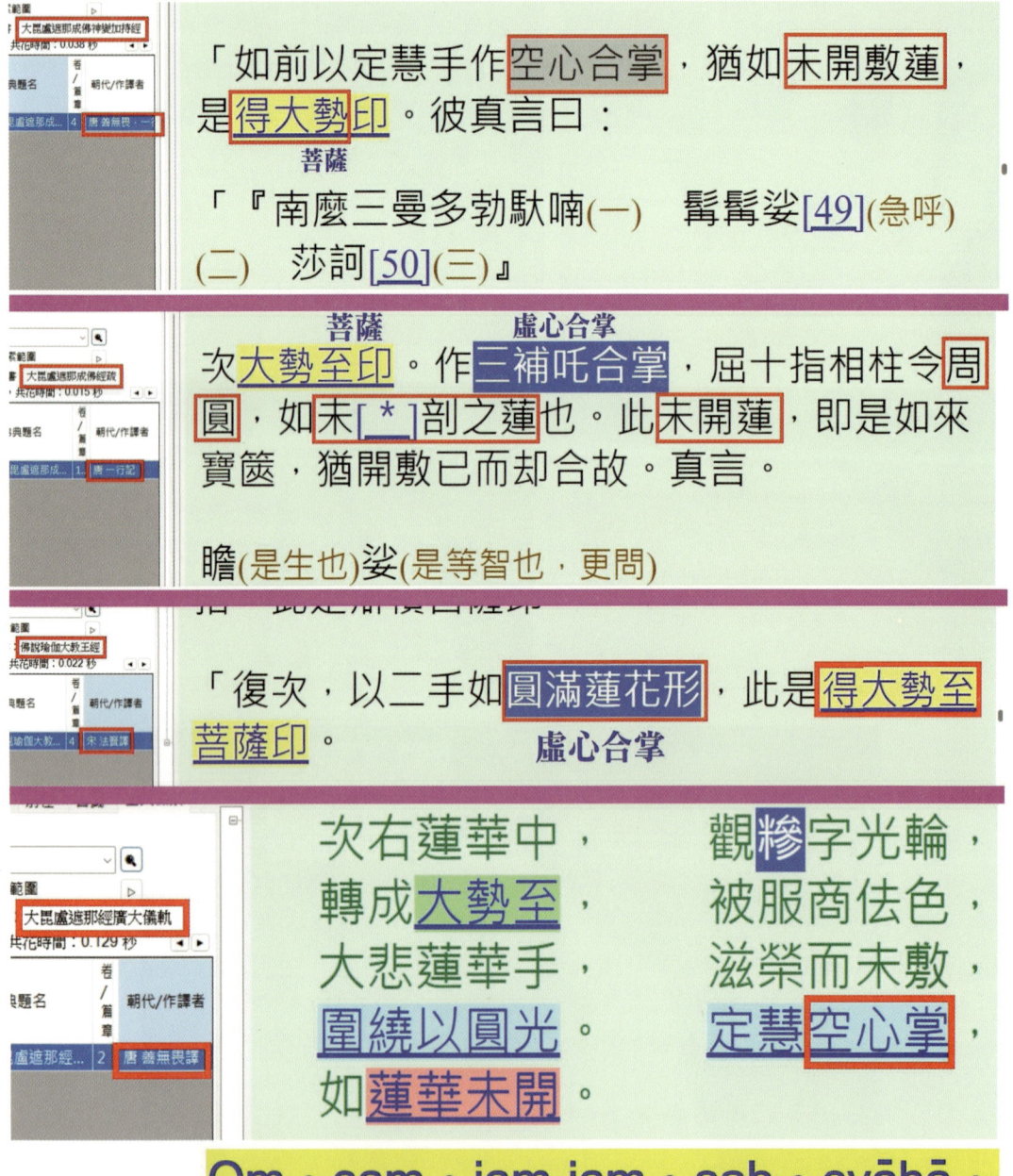

「如前以定慧手作空心合掌，猶如未開敷蓮，是得大勢印。彼真言曰：
　　　　　　　菩薩
『南麼三曼多勃馱喃(一)　髯髯娑[49](急呼)(二)　莎訶[50](三)』

　　　　　　菩薩　　　　虛心合掌
次大勢至印。作三補吒合掌，屈十指相柱令周圓，如未[*]剖之蓮也。此未開蓮，即是如來寶篋，猶開敷已而却合故。真言。

瞻(是生也)娑(是等智也，更問)

「復次，以二手如圓滿蓮花形，此是得大勢至菩薩印。　　　虛心合掌

次右蓮華中，　　觀糁字光輪，
轉成大勢至，　　被服商佉色，
大悲蓮華手，　　滋榮而未敷，
圍繞以圓光。　　定慧空心掌，
如蓮華未開。

Oṃ・saṃ・jaṃ-jaṃ・saḥ・svāhā・

詳細方式：

❶虛心合掌。

❷十指接近「周圓」狀，似圓滿的「蓮華」形。

底下圖示感覺二張不一樣，這是因拍攝「角度」不同造成的。

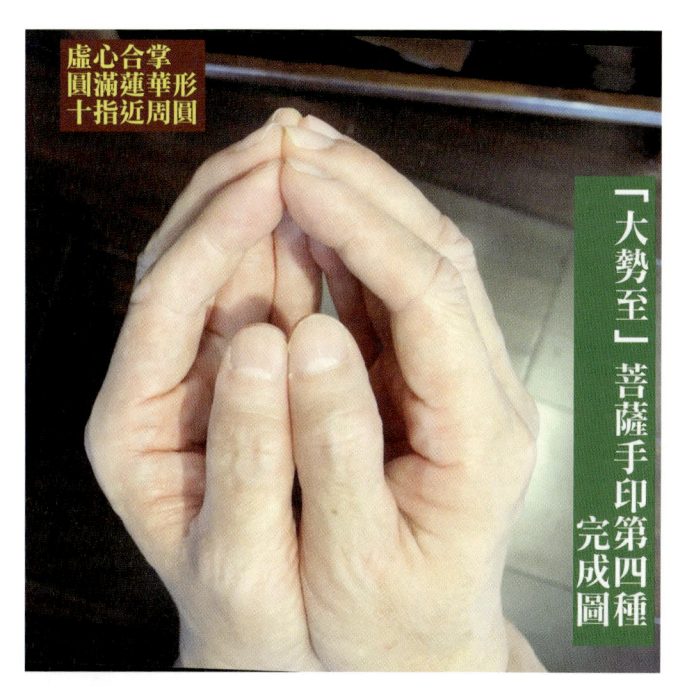

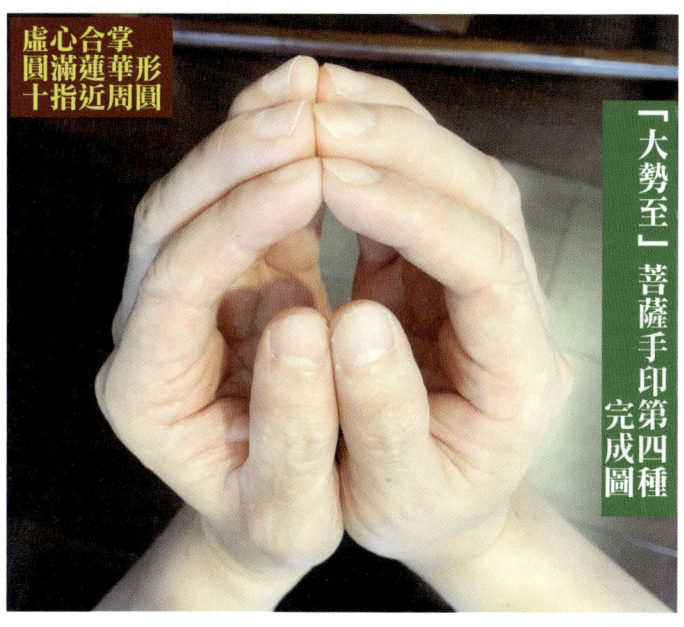

虛心合掌
圓滿蓮華形
十指近周圓

「大勢至」菩薩手印第四種完成圖

虛心合掌
圓滿蓮華形
十指近周圓

「大勢至」菩薩手印第四種完成圖

第七章「文殊菩薩」的三個手印

第一節 「五字文殊」印(金剛利劍印。金剛智劍印)-小劍形

唐・不空譯《金剛頂經瑜伽文殊師利菩薩供養儀軌》
想其「智劍」，漸漸變成文殊師利童真菩薩，具大威德……身色如欝金。
心誦「阿・囉・跛・左・曩」一遍。
　　　a・ra・pa・ca・na
次結「金剛智劍」印：
❶「止觀」(左右手)相叉，作「滿月」(即金剛拳「外縛印」)。
❷「忍願」(中指)皆豎，如「劍」形(只是要劍型，一定要屈上節，形成一個三角尖的造形)，
(以此手印而)印「心」及「額、喉、頂」上。

唐・不空譯《金剛頂經瑜伽文殊師利菩薩法》
想其「智劍」，漸漸變成文殊師利童真菩薩，具大威德……身色如欝金。
心誦「阿・囉・跛・者・曩」一遍。
　　　a・ra・pa・ca・na
次結「金剛智劍」印：
❶「止觀」(左右手)相叉，作「滿月」(即金剛拳「外縛印」)，
❷「忍願」(中指)皆豎，如「劍」形(只是要劍型，一定要屈上節，形成一個三角尖的造形)，
(以此手印而)印「心」及「額、喉、頂」上，即成「護身」堅(固)本尊。

唐・不空譯《五字陀羅尼頌》
應結本聖(文殊菩薩)印，加持「三昧形」。
❶二羽「外相叉」(即金剛拳「外縛印」)。
❷「忍願」(中指)俱申直。
❸「屈」二度(二中指的)「上節」(只是要劍型，一定要屈上節，形成一個三角尖的造形)，猶如「劍峯」(之)狀。
(以此手印加持)心(胸)、額(頭)、喉、與(頭)頂，各誦此(咒語)一遍。
唵　　耨佉泚娜　淡
oṃ・vakyeda-namaḥ・

唐・不空譯《金剛頂經瑜伽文殊師利菩薩供養儀軌》
次結「金剛利劍」印：
❶縛印(金剛拳外縛印)。

❷「忍願」(中指)伸如「劍」(只是要劍型，一定要屈上節，形成一個三角尖的造形)。
由此妙印加持故，當獲「般若」甚深智。
「金剛利劍」真言曰：
唵・耨佉泚那・

唐・不空譯《金剛頂經瑜伽文殊師利菩薩法》
次結「金剛利劍」印：
❶結「月」(金剛拳外縛印)。
❷「忍願」(中指)申如「劍」(只是要劍型，一定要屈上節，形成一個三角尖的造形)。
由此「金剛利」妙印，當獲般若甚深智。
「金剛利」真言曰：
唵・耨佉泚娜・

唐・金剛智譯《金剛頂經曼殊室利菩薩五字心陀羅尼品》
以一切如來入「身劍」已，加持力故，即變已身為曼殊室利菩薩……
「菩薩三業陀羅尼」印：
❶堅固縛(即金剛拳「外縛印」)已。
❷直豎「忍願」(中指)，「屈」其「上節」(只是要劍型，一定要屈上節，形成一個三角尖的造形)。
陀羅尼曰：
唵・耨佉泚娜 曇・
以(此手印而)印(於)「心」上、次「額」及「喉」，(然後再)安於(頭)「頂」上，各誦(咒)一遍。(於)此加持已，(假)設心散亂(時)，(要觀想文殊)本相(本尊之相)不易。(若有結此手印)一切「非人」見(此)修行者，(則)與曼殊室利菩薩(相)等(而)無有異。

(附錄補註用)
唐・不空譯《仁王護國般若波羅蜜多經陀羅尼念誦儀軌》〈1 明五菩薩現威德〉
經：西方金剛利菩薩摩訶薩，手持「金剛劍」，放金色光，與四俱胝「菩薩」往護其國。
解曰：言「金剛利」者，如彼經云文殊師利菩薩也。依前法輪，現勝妙身，正智圓滿得自在故。

(附錄補註用)
北宋・施護等譯《佛說一切如來真實攝大乘現證三昧大教王經》卷6〈1 金剛界大曼拏羅廣大儀軌分〉

堅結「金剛利劍」印，速能斷除一切苦。

(附錄補註用)
唐・不空譯《金剛頂經瑜伽文殊師利菩薩法》
又結「金剛利劍」印於心上，誦「百字真言」加持自身。假使過去世中造種種「惡業、五無間」等一切罪障，由此「百字真言」加持故，一切「罪障」悉皆消滅，見身獲得「首楞嚴三昧」。若心「散亂」，數誦此「明」，或一七、三七，乃至七七、一百八遍，心離「攀緣」，速得「三摩地」。「百字真言」……

詳細方式：
❶兩手作金剛拳「外縛印」。
❷兩「中指」在「上節」處作「彎曲」，如「劍峰」狀。

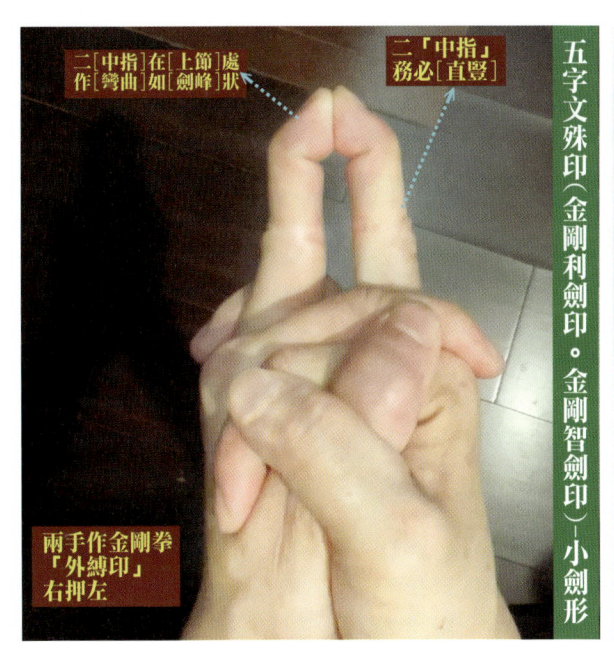

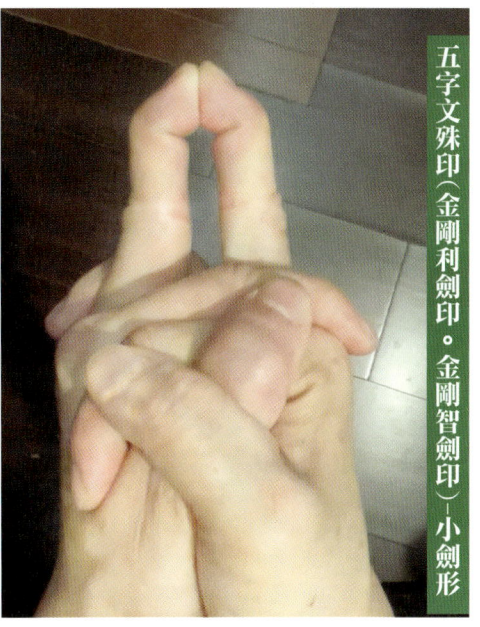

二「中指」在「上節」處作「彎曲」如「劍峰」狀
二「中指」務必「直豎」
五字文殊印（金剛利劍印。金剛智劍印）－小劍形
兩手作金剛拳「外縛印」右押左
五字文殊印（金剛利劍印。金剛智劍印）－小劍形

「無量壽如來」根本印 & 五字「文殊」印比較圖

「無量壽如來」根本手印
- 兩[中指]作如「蓮華」形
- [左大指]要[依附]於[左食指]
- [右大指]要[依附]於[右食指]
- 左大指
- 右大指

五字文殊印（金剛利劍印。金剛智劍印）—小劍形
- 二[中指]在[上節]處作[彎曲]如[劍峰]狀
- 二「中指」務必[直豎]
- 兩手作金剛拳「外縛印」右押左

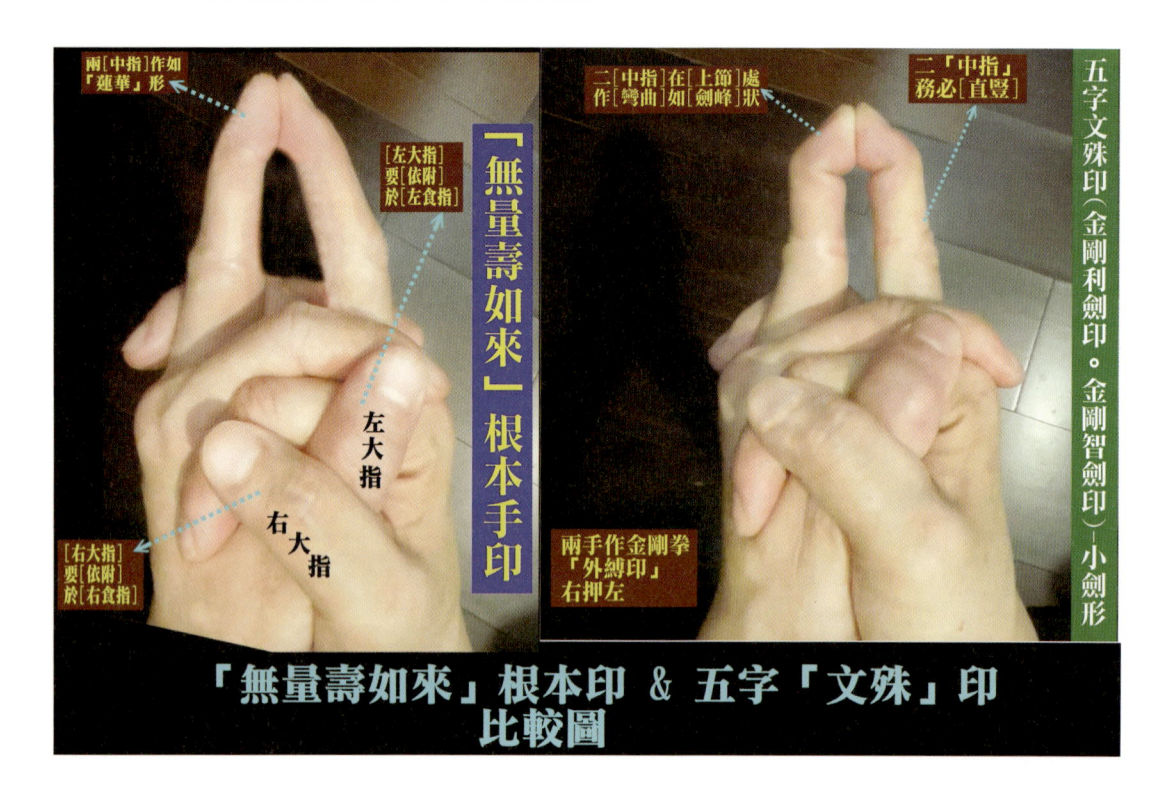

第二節 「文殊師利」印(帶劍鞘)-中劍形

《陀羅尼集經》卷6〈諸大菩薩法會印咒品〉
「文殊師利菩薩法」印咒第三
❶反鉤二「無名指」，右壓左，在於掌中合腕，
❷二「小指」、二「中指」直豎，頭相拄，
❸二「頭指」(彎)曲，各捻「中指」背(的)「上節」上(處)。
❹「頭指」(可以做)來去(的動作)。

(參考後面出自《陀羅尼集經》中的「文殊師利印咒第七」，經文說是要「准金剛王印」。那就是兩個「大指」要並豎著，然後離「中指」一寸，也就是兩「大指」只需輕靠著「食指」的「根下」即可)

咒曰：
唵(一)・婆雞陀・那(去音)麼(二)・莎訶(三)(又本無莎訶)
oṃ・vakyeda-namaḥ・

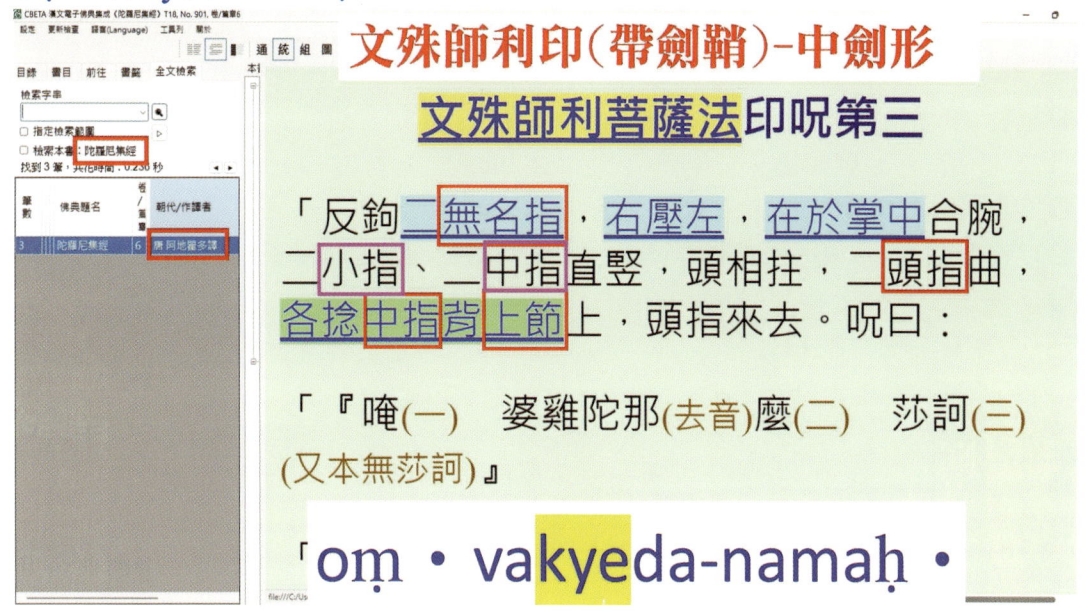

《大佛頂如來放光悉怛多般怛羅大神力都攝一切咒王陀羅尼經大威德最勝金輪三昧咒品》〈2 諸菩薩萬行品〉
「喚文殊師利菩薩」印咒曰：
唵・曼殊室利耶・波多曳・婆訶・
❶以左右二手(的)「無名指」在掌(此指「內相叉」之意)。
❷二「中指」直豎。(此處缺「小指」也要直豎的內容，參考《陀羅尼集經・卷六・諸大菩薩法會印咒品》即知)
❸二「大指」向前，(離開「中指」)相去(約)「一寸」(3cm)。

❹來去。(此處缺「頭指」二字，是指「頭指」可以來去之意。參考《陀羅尼集經・卷六・諸大菩薩法會印咒品》即知)

若人每日作此「印」(去)供養(文殊師利)菩薩，(能)滅「千劫」(之)罪。

《陀羅尼集經》卷2〈1 釋迦佛頂三昧陀羅尼品〉
「文殊師利」印咒第七
❶准「金剛王印」(經文在下面)，
❷惟改二「頭指」，各捻「中指」上節(之)背。
❸「頭指」(可以做)來去(的動作)。

(兩個「大指」要並豎著，然後離「中指」一寸，那就是兩「大指」只需輕靠著「無名指頭」即可。參考《陀羅尼集經・卷一・釋迦佛頂三昧陀羅尼品》即知)。

咒曰：唵(一)・婆雞陀・那麼(二)・莎訶(三)・

(附錄補註用)
《陀羅尼集經》卷1〈1 釋迦佛頂三昧陀羅尼品〉
「金剛藏菩薩」印(金剛王印)咒第六
❶左右「無名指」，掌內相叉，右壓左，向「虎口」直申，
❷二「小指」，(直)豎相捻，
❸二「中指」，(直)豎相捻，
❹直豎二「頭指」，相去「四寸半」，
❺並豎二「大指」，(離)去「中指」(約)「一寸」(3cm)。
誦「金剛藏心咒」，咒曰……

詳細方式：
❶兩「無名指」入掌中，右壓左。內相叉，保持直豎。
❷兩「小指」直豎，頭相拄。
❸兩「中指」直豎，頭相拄。
❹兩「食指」略曲，各捻「中指」背的「上節」處，要與「中指」創造出一個「類劍峰」狀。
❺兩「大拇指」輕靠在「食指」的根下，「大指」前面要保留「空間」，這是當「劍鞘」用的。
❻兩「食指」可以來去。

第二篇 諸菩薩專用的手印介紹 第七章「文殊菩薩」的三個手印・317

文殊師利印（帶劍鞘）-中劍形

二「中指」直豎
頭相拄

二[無名指]入掌中
右壓左。內相叉
保持直豎

二「小指」直豎
頭相拄

二「食指」略曲
各捻[中指]背的
[上節]處。
要與[中指]創造出
一個[類劍峰]狀

兩「大指」輕靠在
「食指」的根下，
「大指」前面
保留「空間」
這是當[劍鞘]用的

文殊師利印（帶劍鞘）-中劍形

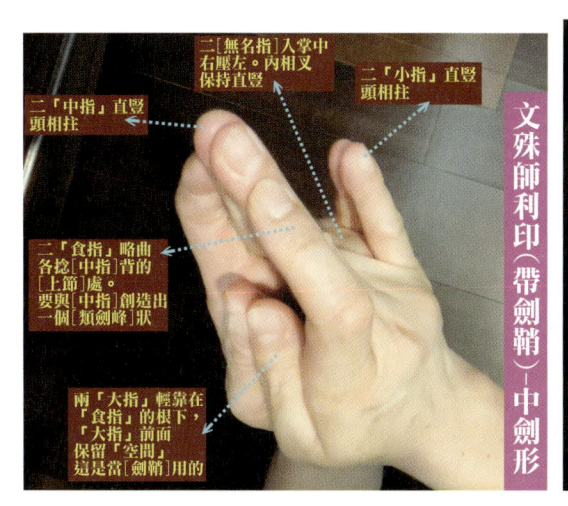

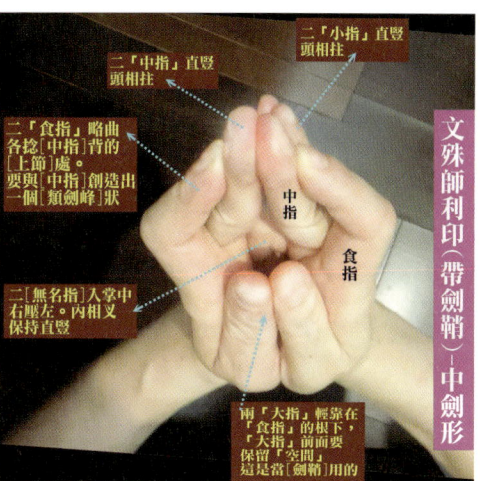

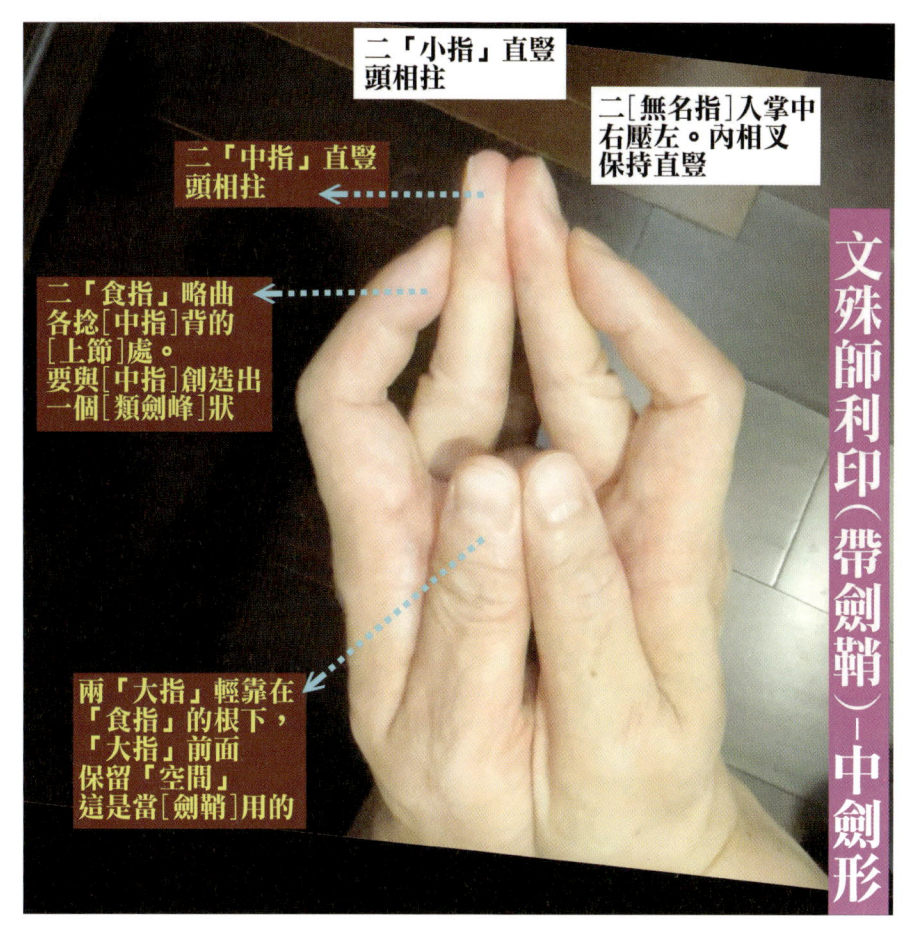

三「中指」直豎
頭相拄

三「小指」直豎
頭相拄

二「食指」略曲
各捻[中指]背的
[上節]處。
要與[中指]創造出
一個[類劍峰]狀

中指

食指

二[無名指]入掌中
右壓左。內相叉
保持直豎

兩「大指」輕靠在
「食指」的根下，
「大指」前面要
保留「空間」
這是當[劍鞘]用的

文殊師利印（帶劍鞘）-中劍形

二「小指」直豎
頭相拄

二[無名指]入掌中
右壓左。內相叉
保持直豎

二「中指」直豎
頭相拄

二「食指」略曲
各捻[中指]背的
[上節]處。
要與[中指]創造出
一個[類劍峰]狀

兩「大指」輕靠在
「食指」的根下，
「大指」前面
保留「空間」
這是當[劍鞘]用的

第三節 「文殊師利」印-大劍形

唐・善無畏譯《大毘盧遮那經廣大儀軌》卷 2
❶ 以「定慧」(左右)手，作「虛心」合掌。
❷「火輪」(中指)絞(纏繞)「水輪」(無名指)，交結相持(此指兩「中指」繞到「無名指」後面，兩頭相捻)。
❸ 以二「風輪」(食指)置二「空輪」(大拇指)上。
(整個手印看似)猶如「劍形」(大劍之形)。
是聖者「文殊師利」印。

唐・善無畏譯共一行譯《大毘盧遮那成佛神變加持經》卷 7〈4 持誦法則品〉
文殊師利真言曰……
❶ 合「定慧」(左右)手，「虛心」(合)掌。
❷「火輪」(中指)交結(此指兩「中指」繞到「無名指」後面，兩頭相捻)，(「中指」執)持「水輪」(無名指)。
❸ 二「風」(食指)環屈(環狀彎屈)，加(在)「大空」(大拇指)，其相(指「食指」與「大拇指」相捻之形)如「鉤」(狀)。
成密印。

唐・《宗叡(公元 809～884) 僧正於唐國師所口受》
「文殊根本」印
❶ 虛心合掌。
❷ 二「火」(中指)覆捻二「水」(無名指)，而頭相拄(此指兩「中指」繞到「無名指」後面，兩頭相捻)。
❸ 屈二「風」(食指)，橫捻二「空」(大拇指)上。

詳細方式：
❶ 兩「中指」繞到「無名指」後面，兩頭相捻。
❷ 兩「中指、無名指」共四指頭，保持「齊平」的狀態。
❸ 兩「小指」直豎相併。
❹ 兩「食指」橫著彎曲相捻。
❺ 兩「大拇指」直豎，「指端」與「食指」頭相接。

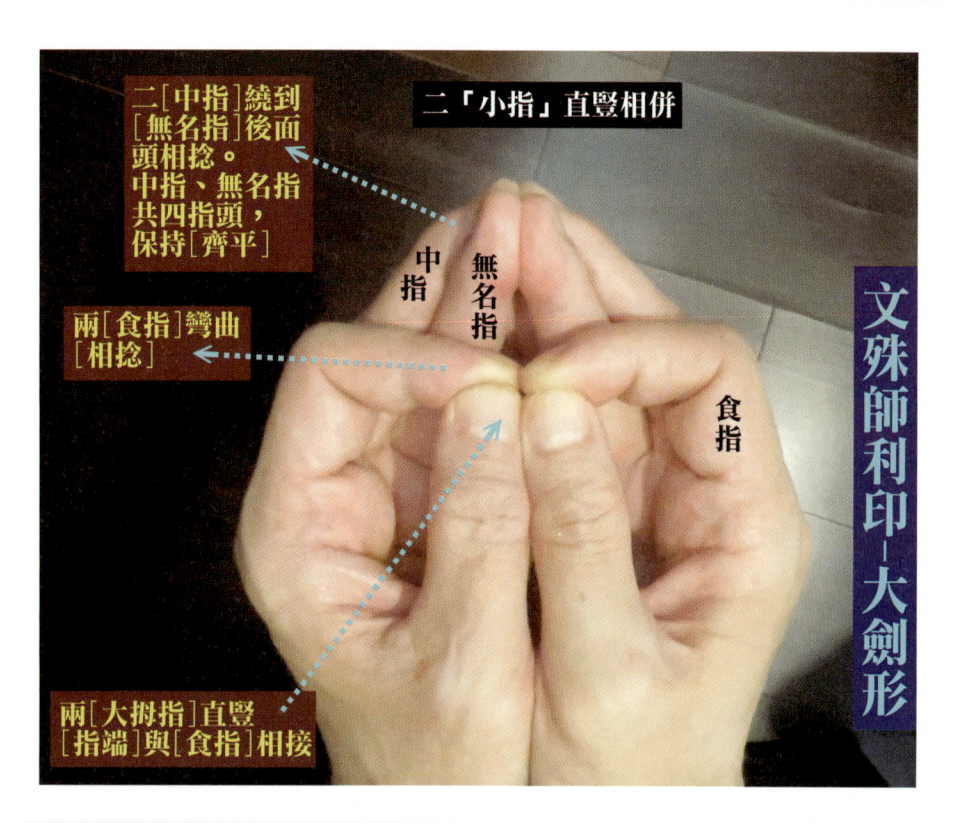

第二篇 諸菩薩專用的手印介紹 第七章「文殊菩薩」的三個手印・319

文殊師利印－大劍形

二「小指」直豎相併

二[中指]繞到[無名指]後面頭相捻。中指、無名指共四指頭，保持[齊平]

兩[食指]彎曲[相捻]

中指　無名指　食指

兩[大拇指]直豎[指端]與[食指]相接

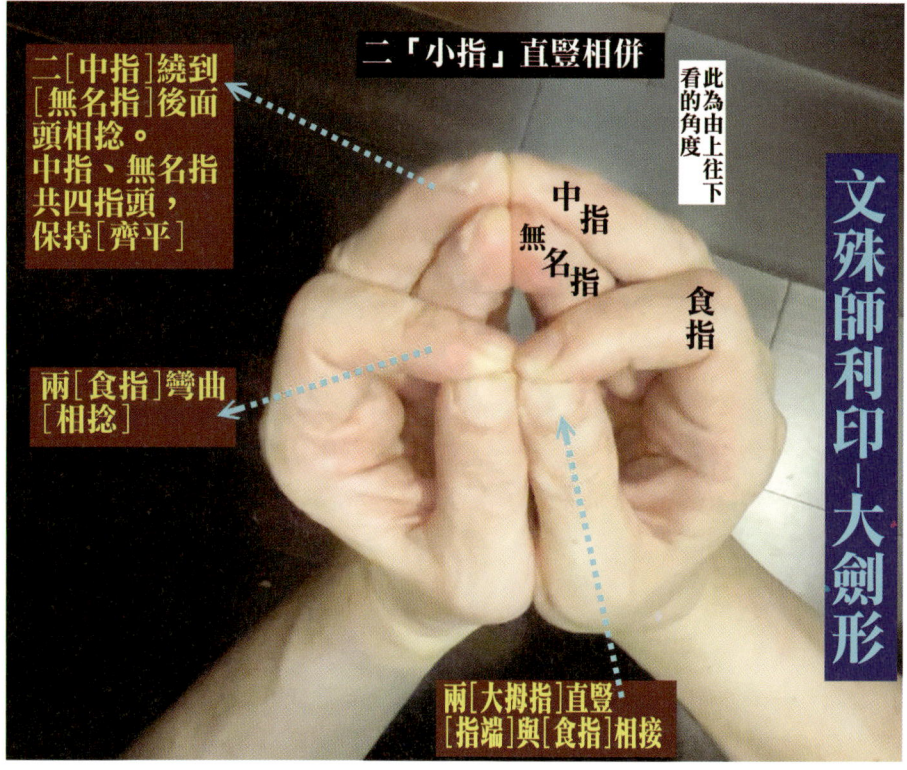

文殊師利印－大劍形

此為由上往下看的角度

二「小指」直豎相併

二[中指]繞到[無名指]後面頭相捻。中指、無名指共四指頭，保持[齊平]

中指　無名指　食指

兩[食指]彎曲[相捻]

兩[大拇指]直豎[指端]與[食指]相接

第八章　普賢菩薩(金剛薩埵)的三個手印

第一節　普賢菩薩(金剛薩埵)的手印之一
　　　　　「金剛薩埵」三昧耶印(普賢三昧耶印)

唐・不空譯《金剛頂瑜伽千手千眼觀自在菩薩修行儀軌經》卷1
次結「三昧耶」印。
❶如前「金剛縛」(金剛拳外縛印)。
❷直竪「忍、願」(中指)，相合即成。
誦真言三遍。真言曰：唵・三麼野・娑怛鑁(三合)。
　　　　　　　　　oṃ・samaya・stvaṃ・
即觀自身等同(於)金剛薩埵(普賢菩薩)，處在「月輪」。
又觀金剛薩埵(即)在(自)身(之)前，如「鏡中像」(般)，與(自)身(而)相對，(相)等(而)無有異。
由結此「印」，誦「真言」，(由)「觀念」相應(之)故，即(能)得於「一切印」(以)為「主宰」。

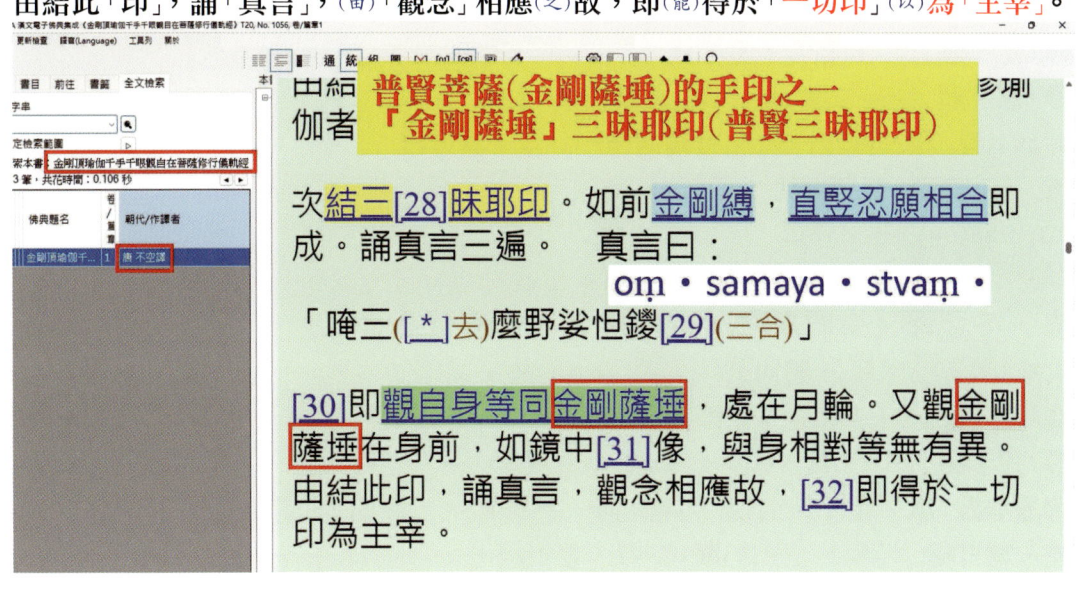

唐・不空譯《金剛頂蓮華部心念誦儀軌》
❶二羽「金剛縛」(金剛拳外縛印)。
❷「忍、願」(中指相合)竪如「針」(狀)，
纔誦真言已，自身成普賢(金剛薩埵)，
坐於月輪上，身前觀普賢(金剛薩埵)。
真言曰：
唵・三昧耶(引)・薩怛鑁(二合引)。

322・《佛菩薩專用手印解析暨研究》(全彩版)

oṃ・samaya・stvaṃ・

> 普賢菩薩(金剛薩埵)的手印之一
> 「金剛薩埵」三昧耶印(普賢三昧耶印)
>
> 二羽金剛縛，　忍願豎如針，
> 纔誦真言已，　自身成普賢，
> 坐於月輪上，　身前觀普賢。
>
> 真言曰：oṃ・samaya・stvaṃ・
>
> 「[18]唵三[19]昧耶[*](引)薩怛鑁(二合[*]引)」

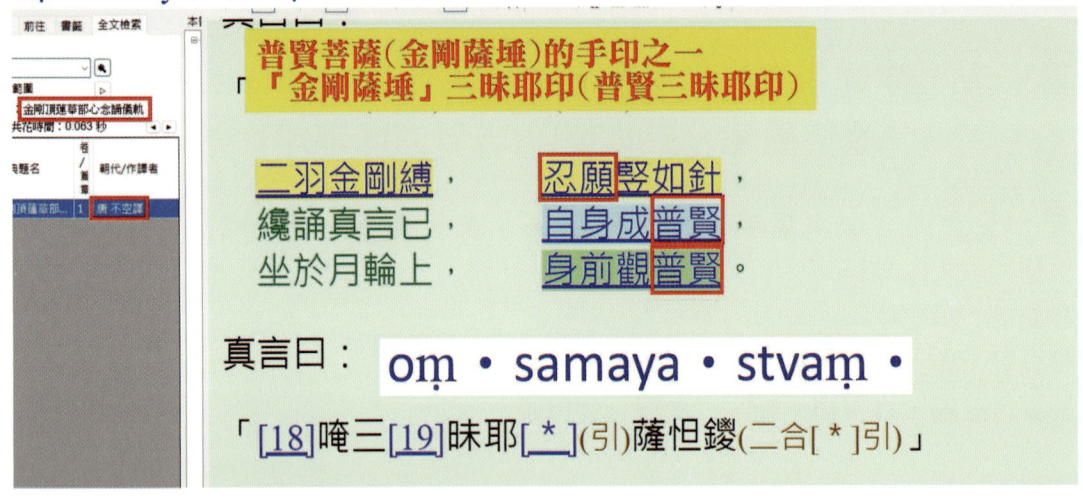

唐・金剛智譯《金剛頂經瑜伽修習毘盧遮那三摩地法》
即入「普賢三昧耶」，體同薩埵金剛(金剛薩埵)故，
❶「定、慧」(左右手)和合，金剛縛(金剛拳外縛印)，
❷「忍、願」(中指)二度，(相合)建(立)如「幢」(狀)，
纔誦本誓「印、真言」，身處月輪同(金剛)薩埵。真言曰：
唵(一)三磨耶(二)薩怛梵(三合)
oṃ・samaya・stvaṃ・

唐・不空譯《金剛頂經瑜伽文殊師利菩薩供養儀軌》
次結「普賢三昧耶」，體同薩埵金剛(金剛薩埵)故，
❶「定、慧」(左右手)和合，金剛縛(金剛拳外縛印)。
❷「忍、願」(中指)二度，(相合)建(立)如「幢」(狀)，
纔誦本誓「印、真言」，身處「月輪」同(金剛)薩埵。「三麼耶」真言曰：
唵・嚩日囉(二合引)・三(去)麼(鼻)野・娑怛鑁。
oṃ・vajra・samaya・stvaṃ・

北宋・施護譯《佛說普賢曼拏羅經》
結金剛薩埵(普賢菩薩)印：
❶二手作「金剛縛」(金剛拳外縛印)。
❷二「中指」(相合)豎(立)如「針」(狀)。
名金剛薩埵(普賢菩薩)印。

北宋·天息災譯《一切如來大祕密王未曾有最上微妙大曼拏羅經》卷 2〈2 灌頂品〉
金剛薩埵(普賢菩薩)印：
❶以二手「相叉」作拳(金剛拳外縛印)。
❷豎二「中指」,「相著」(相合黏著)如「針」(狀)，成印。

北宋·法賢譯《佛說瑜伽大教王經》卷 4〈6 印相大供養儀品〉
❶以二手作「金剛縛」(金剛拳外縛印)。
❷二「中指」(相合)豎立如「針」(狀)。
此是薩埵金剛(金剛薩埵)菩薩印。

詳細方式：
❶兩手作金剛拳「外縛印」。
❷兩「中指」相合，豎如「針」狀，「中指」之間不能有「間隙」。

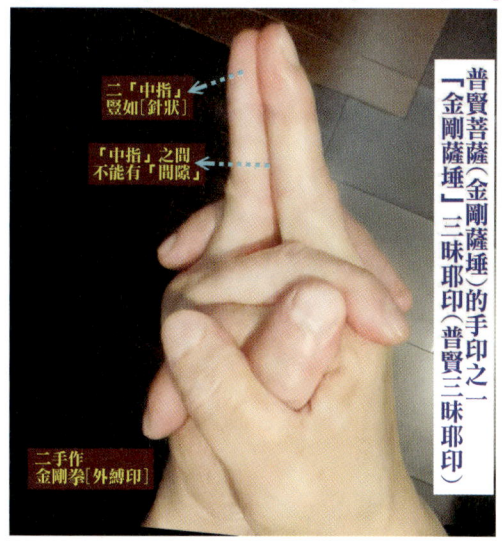

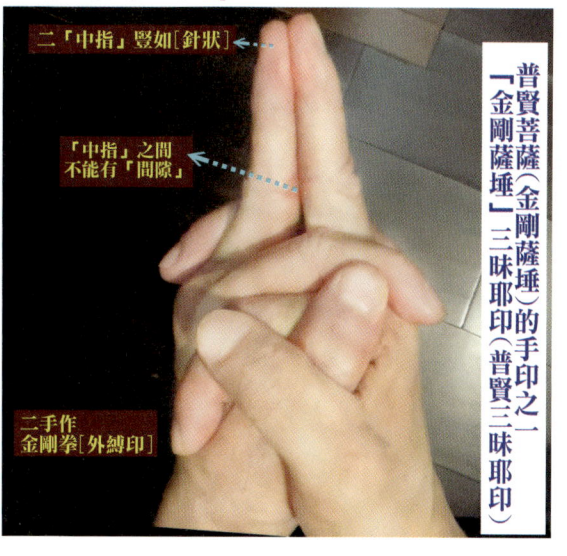

第二節　普賢菩薩(金剛薩埵)的手印之二
　　　　外五股印(外縛五股印)
　　　「薩埵金剛」契(金剛薩埵五股印)

唐・金剛智《金剛頂瑜伽中略出念誦經》卷 3
次說<mark>金剛薩埵</mark>(普賢菩薩)等契(印)，
❶結「金剛縛」契已，
❷想二掌為「月輪」，合申「忍、願」(中指)二度。
❸豎「檀、慧」(小指)、「智、定」(大拇指)度而「不合」。
(手印如)為「五股金剛形」，是名<mark>薩埵金剛</mark>(普賢菩薩)契(印)。
密語曰：唵・三摩耶・薩埵・
oṃ・samaya・stvaṃ・

詳細方式：
❶兩手作金剛拳「外縛印」。
❷兩「中指」豎如「針」狀，「中指」之間不能有「間隙」。
❸兩「小指」要「散開、舒直」。
❹兩「大指」要「散開、舒直」。
整個手印如「五股杵」之形。

第二篇 諸菩薩專用的手印介紹 第八章 普賢菩薩(金剛薩埵)的三個手印・325

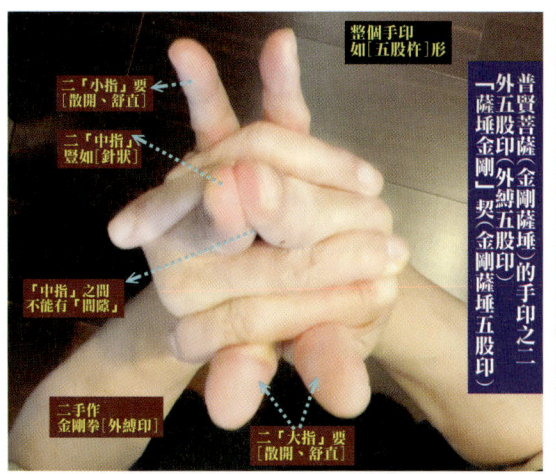

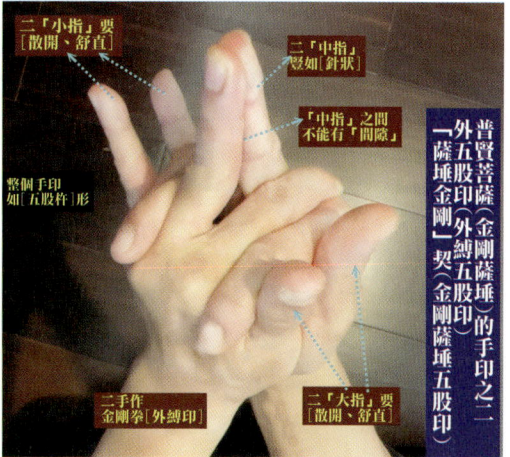

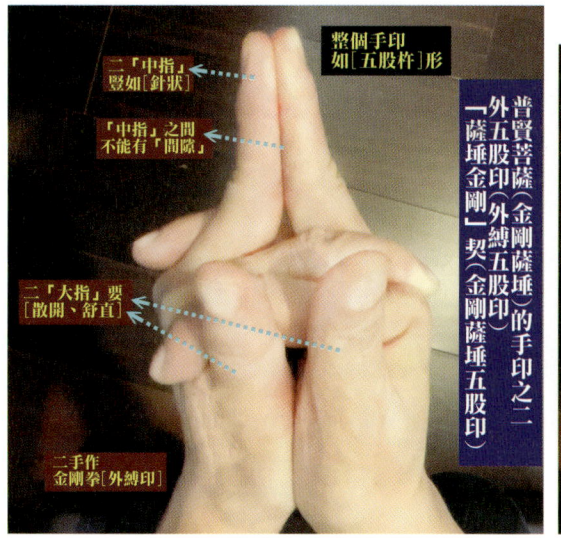

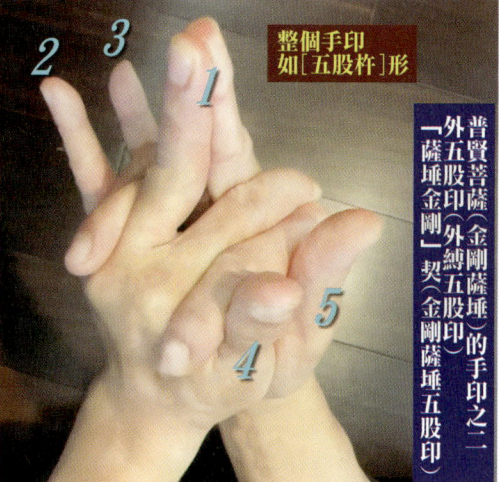

普賢菩薩(金剛薩埵)的手印之二
外五股印（外縛五股印）
「薩埵金剛」契(金剛薩埵五股印)

- 整個手印如[五股杵]形
- 二『小指』要[散開、舒直]
- 二『中指』豎如[針狀]
- 『中指』之間不能有『間隙』
- 二『大指』要[散開、舒直]
- 二手作金剛拳[外縛印]

326・《佛菩薩專用手印解析暨研究》(全彩版)

第三節 普賢菩薩(金剛薩埵)的手印之三
內五股印(內縛五股印)
「大隨求」根本印(請金剛杵印)

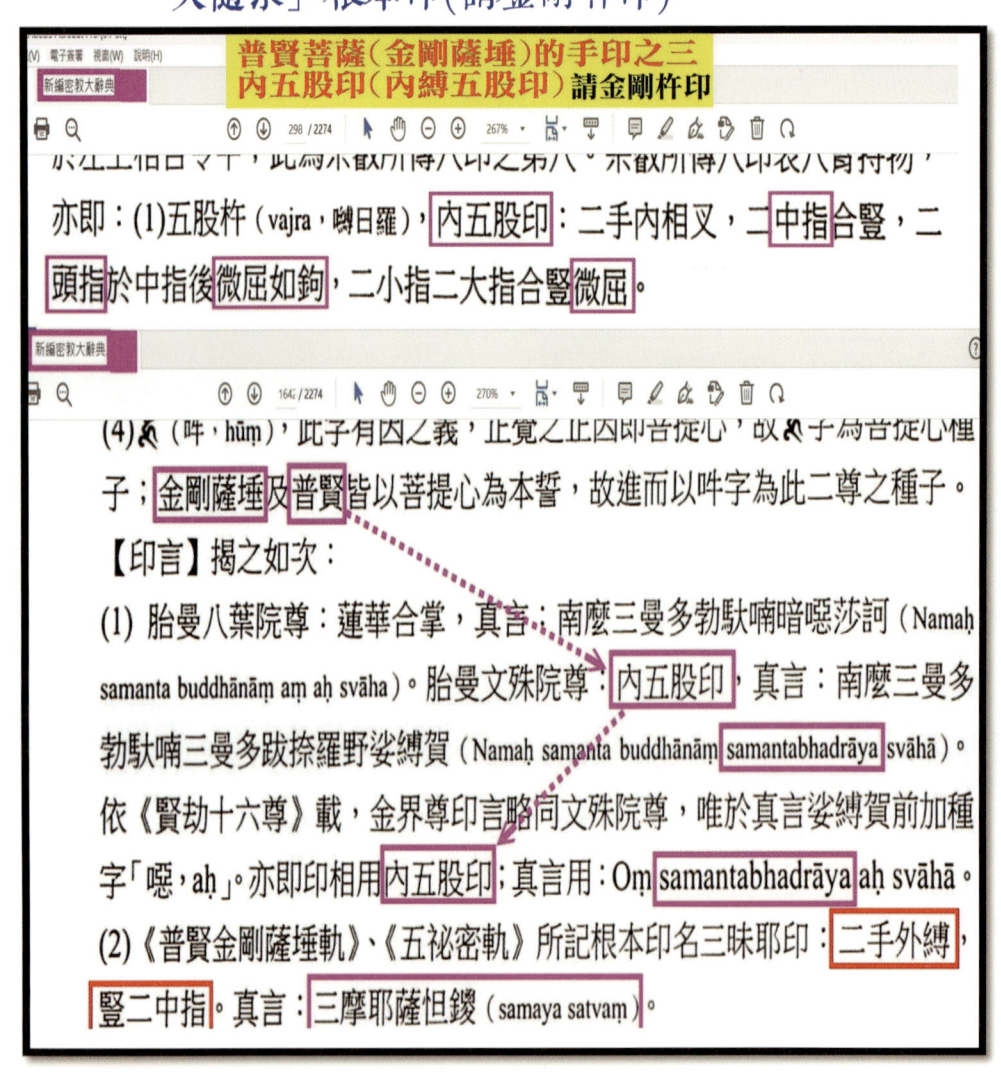

> 普賢菩薩（金剛薩埵）的手印之三
> 內五股印（內縛五股印）請金剛杵印
>
> 亦即：(1)五股杵（vajra，嚩日羅），內五股印：二手內相叉，二中指合豎，二頭指於中指後微屈如鉤，二小指二大指合豎微屈。
>
> (4) 吽（hūm），此字有因之義，止覺之止因即菩提心，故吽字為菩提心種子；金剛薩埵及普賢皆以菩提心為本誓，故進而以吽字為此二尊之種子。
>
> 【印言】揭之如次：
>
> (1) 胎曼八葉院尊：蓮華合掌，真言：南麼三曼多勃馱喃暗噁莎訶（Namaḥ samanta buddhānāṃ aṃ aḥ svāhā）。胎曼文殊院尊：內五股印，真言：南麼三曼多勃馱喃三曼多跋捺羅野娑嚩賀（Namaḥ samanta buddhānāṃ samantabhadrāya svāhā）。依《賢劫十六尊》載，金界尊印言略同文殊院尊，唯於真言娑嚩賀前加種字「噁，aḥ」。亦即印相用內五股印；真言用：Oṃ samantabhadrāya aḥ svāhā。
>
> (2)《普賢金剛薩埵軌》、《五祕密軌》所記根本印名三昧耶印：二手外縛，豎二中指。真言：三摩耶薩怛鑁（samaya satvaṃ）。

唐・《宗叡（公元809～884）僧正於唐國師所口受》
「大隨求根本」印第一
❶ 二手「內相叉」。
❷ 二「中指」合豎。
❸ 二「頭指」於「中指」後（不可相黏著），微屈如「鉤」。
❹ 二「小指」、二「大指」合豎，「微屈」即成。
梵云「嚩日羅」（二合），唐云「五股金剛杵」。

唐·不空譯《十一面觀自在菩薩心密言念誦儀軌經》卷3
請「金剛杵」密言。
❶二手「內相叉」。
❷豎二「中指」相合。
❸豎二「大指」、二「小指」，(微)屈。
❹二「頭指」各(依)附(於)二「中指」(之)背，不相(黏)著。

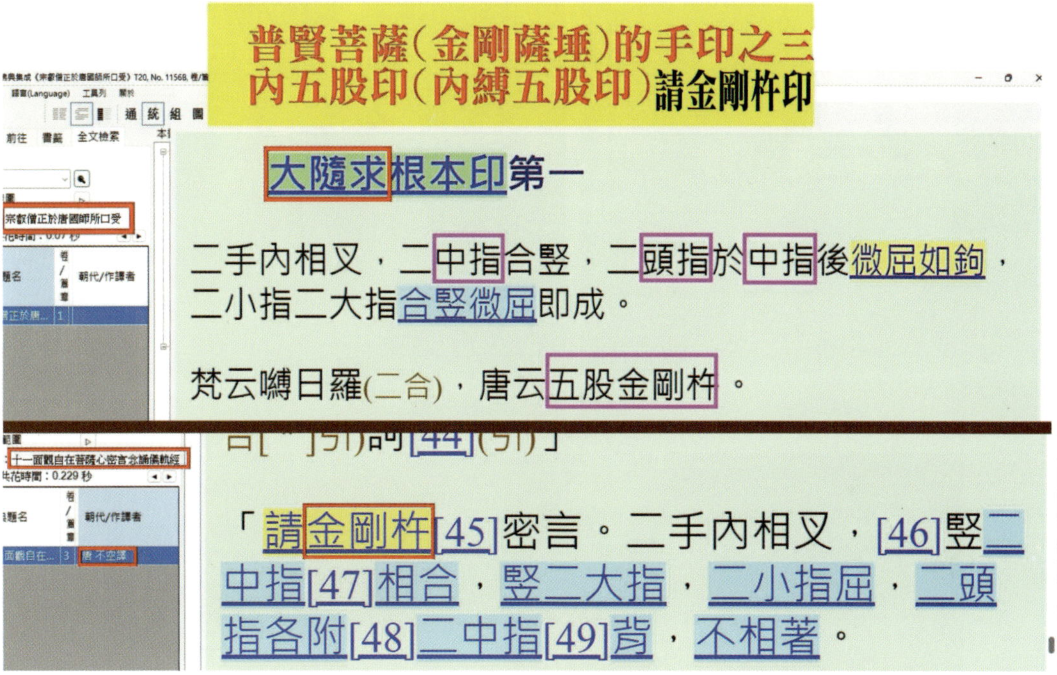

普賢菩薩(金剛薩埵)的手印之三
內五股印(內縛五股印)請金剛杵印

大隨求根本印第一

二手內相叉，二中指合豎，二頭指於中指後微屈如鉤，二小指二大指合豎微屈即成。

梵云嚩日羅(二合)，唐云五股金剛杵。

「請金剛杵[45]密言。二手內相叉，[46]豎二中指[47]相合，豎二大指，二小指屈，二頭指各附[48]二中指[49]背，不相著。

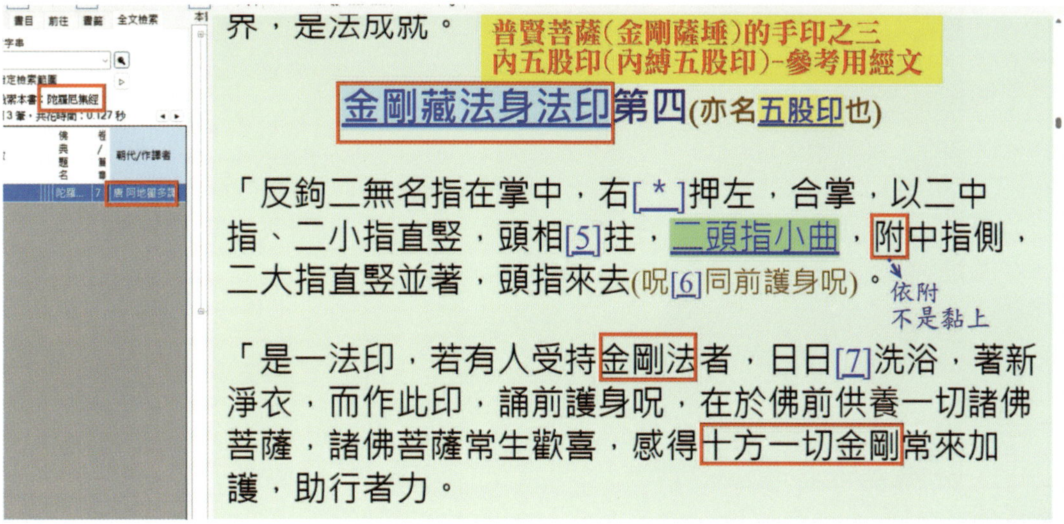

界，是法成就。

普賢菩薩(金剛薩埵)的手印之三
內五股印(內縛五股印)-參考用經文

金剛藏法身法印第四(亦名五股印也)

「反鉤二無名指在掌中，右[*]押左，合掌，以二中指、二小指直豎，頭相[5]拄，二頭指小曲，附中指側，二大指直豎並著，頭指來去(呪[6]同前護身呪)。

依附
不是黏上

「是一法印，若有人受持金剛法者，日日[7]洗浴，著新淨衣，而作此印，誦前護身呪，在於佛前供養一切諸佛菩薩，諸佛菩薩常生歡喜，感得十方一切金剛常來加護，助行者力。

328・《佛菩薩專用手印解析暨研究》(全彩版)

詳細方式：

❶兩「無名指」內相交叉，右押左，入掌中。

❷兩「中指」合豎，儘量保持「直豎」。

❸兩「食指」放在「中指」的背後，微屈如「鉤狀」，勿黏上「中指」，作如「三股杵」形。

❹兩「小指」合併，往前面的「無名指」靠攏，「指頭」稍作一點「微彎」即可。

❺兩「大指」合併，離開前面的「食指」，「指頭」稍作一點「微彎」即可。

整個手印如「五股杵」之形。

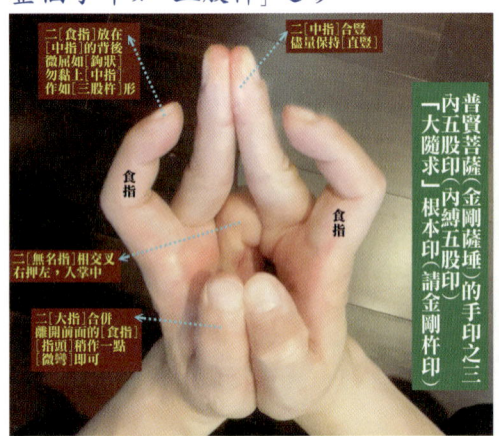

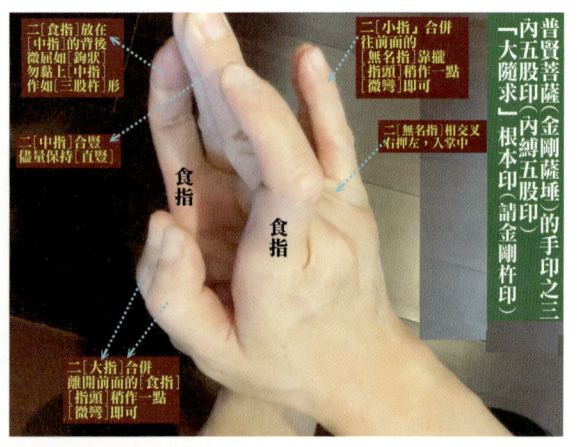

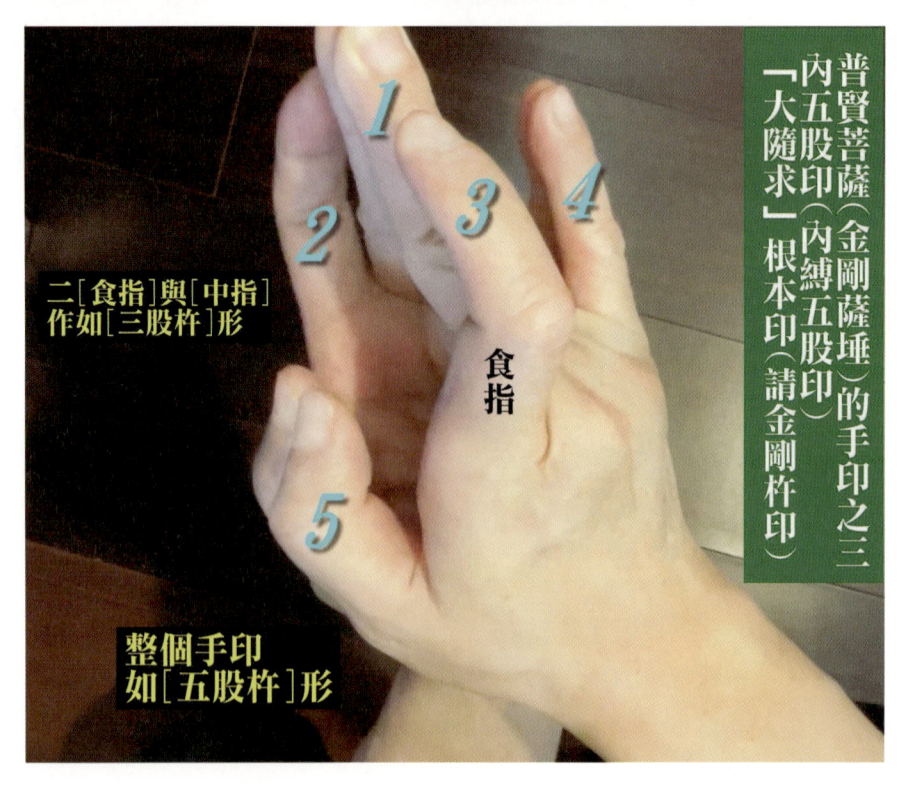

第九章 「地藏菩薩」的四個手印

第一節 「地藏菩薩法身」印
（持誦「滅定業真言」專用手印）

《陀羅尼集經》卷6〈諸大菩薩法會印咒品〉
「地藏菩薩法身」印咒第六
❶仰兩手。
❷二「頭指」、二「無名指」各相鉤。右壓左。
❸二「大指」各屈在掌中。
❹以二「中指」各屈，押二「大指」甲上。
❺二「小指」又各屈在掌中。
❻「大指」(可以做)來去(的動作)。呪曰：
唵(一)・波囉(二合)末(平音)馱儞(二)・莎訶(三)・
oṃ ・ pra-mardani ・ svāhā ・

詳細方式：
❶兩「食指」左右相勾，右押左，左下右上。
❷兩「無名指」左右相勾，右押左，左下右上。
❸兩「中指」各押「大拇指」的「指甲」。
❹兩「小指」彎屈入掌中。
❺兩「大指」可以來去。

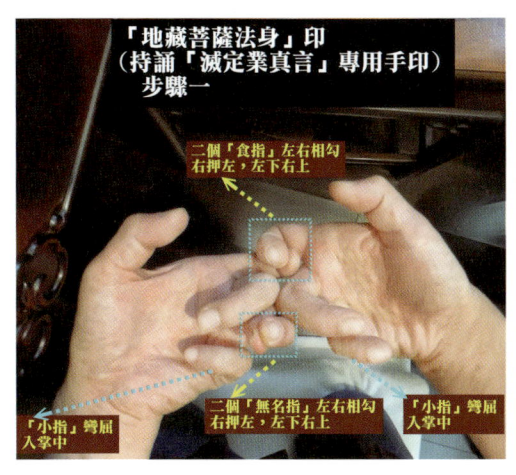

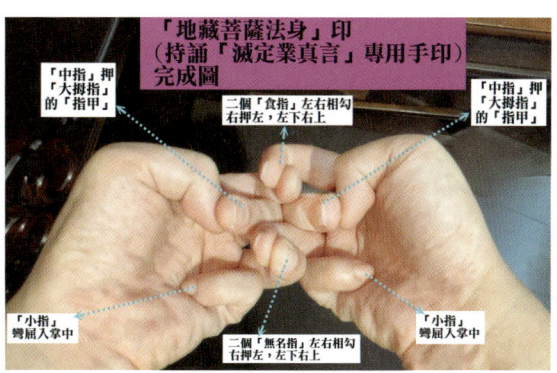

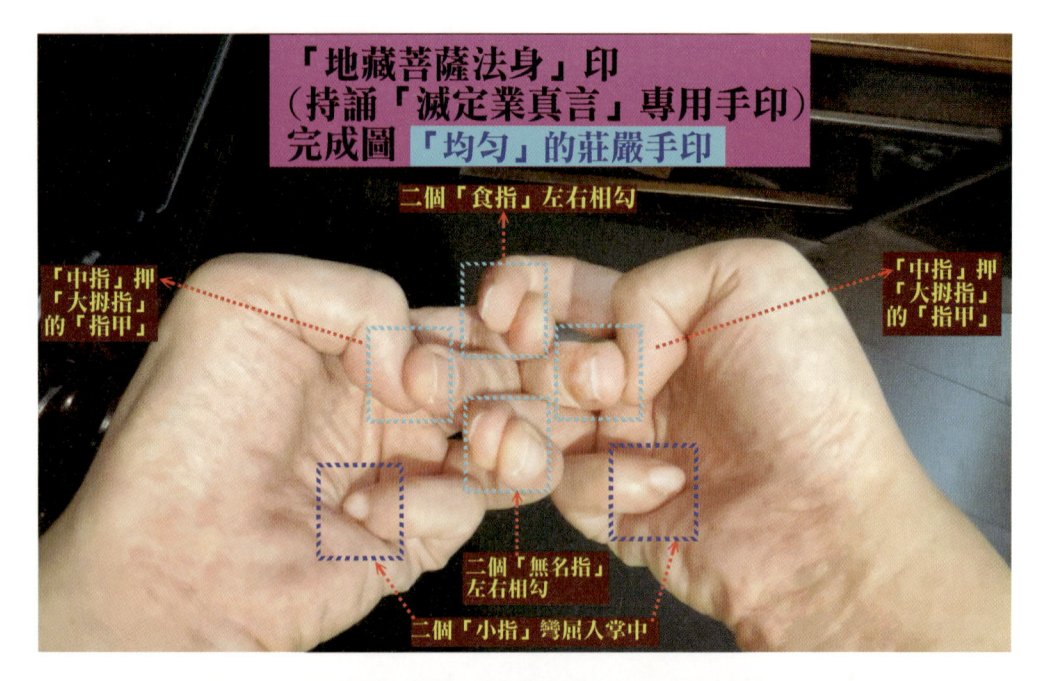

330・《佛菩薩專用手印解析暨研究》(全彩版)

「地藏菩薩法身」印
（持誦「滅定業真言」專用手印）
完成圖　「均勻」的莊嚴手印

二個「食指」左右相勾

「中指」押「大拇指」的「指甲」

「中指」押「大拇指」的「指甲」

二個「無名指」左右相勾

二個「小指」彎屈入掌中

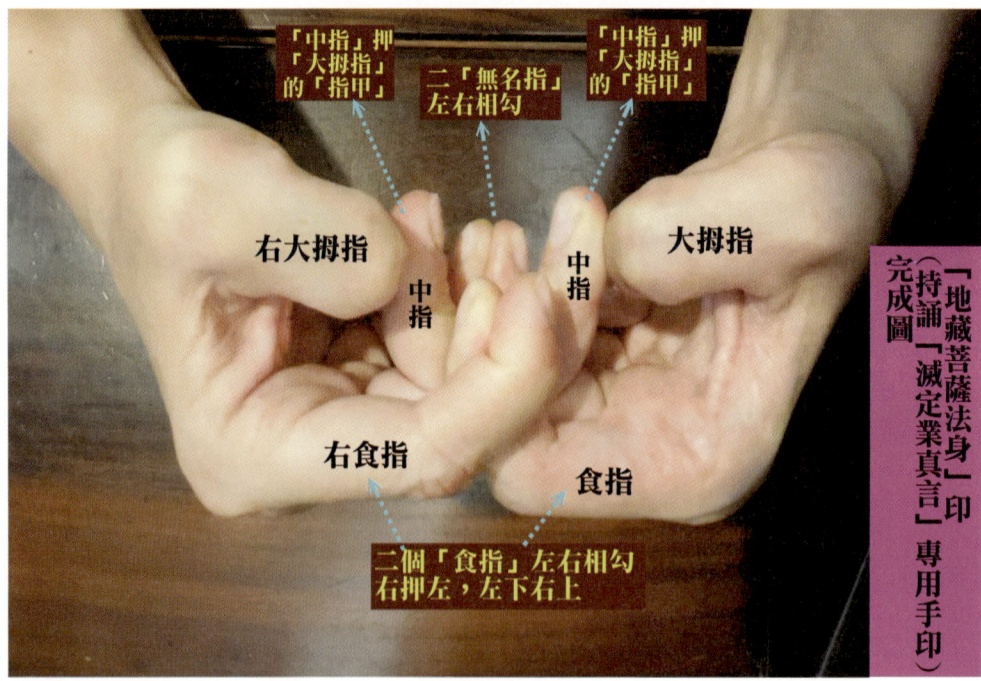

「中指」押「大拇指」的「指甲」

二「無名指」左右相勾

「中指」押「大拇指」的「指甲」

右大拇指　　中指　中指　　大拇指

右食指　　　　　　　食指

二個「食指」左右相勾
右押左，左下右上

「地藏菩薩法身」印（持誦「滅定業真言」專用手印）完成圖

第二節 「地藏菩薩」印
（持誦「滅定業真言」專用手印）
--護身、滅罪、療病專用--

《陀羅尼集經》卷6〈諸大菩薩法會印咒品〉
又「地藏菩薩印」第七
❶ 合兩腕。
❷ 二「大指」直豎。
❸ 屈二「頭指」(食指)，壓(住)二「大指」頭。
❹ 二「中指」直豎(而相合)，以二「無名指」，各拶ㄗㄚˊ(古同「祕、拟、秘」→藏;扭曲;彎曲)於「中指」(的)背上。
❺ 二「小指」，(散)開、直豎。

是法印呪，若有人每以「白月」十四日、「黑月」十四日，香湯洒浴，立地端身，並兩腳已，而作此印誦呪，(能)護身、滅罪、療病，大好，有驗。

地藏菩薩法身印呪第六　　**此是誦「地藏菩薩滅定業真言」**

「仰兩手，二頭指、二無名指各相鉤，右壓左，二大指各屈在掌中，以二中指各屈[18]押二大指甲上，二小指又各屈在掌中，大指來去。呪曰：

「『唵(一)　波囉(二合)末(平音)馱儞(二)　莎訶[19](三)』

唵(一)　婆囉(二合)末(平音)馱你(二)　莎訶(三)

ॐ・प्र・मर्दनि・स्वाहा　(悉曇梵文)

oṃ・pra-・mardani・svāhā　(羅馬拼音)

嗡姆・ㄅ阿・媽兒達尼・斯瓦哈　(中文摹擬音)

註：pra-mardani　摧伏;散滅;粉碎 p864。在顯教經典中都稱此咒為**滅定業真言**，其實咒音 pra-mardani 就有「摧伏、散滅、粉碎」一切罪業、罪障、惡業的意思，所以自古來皆稱此咒為「滅定業」也，但這個咒語在藏經中是名為「地藏菩薩法身印咒」。

又地藏菩薩印第七　此亦是誦「地藏菩薩滅定業真言」

「合兩腕，二大指直豎，屈二頭指壓二大指頭，二中指直豎，以二無名指各拶於中指背上，二小指開直豎。

「是法印呪，若有人每以白月十四日、黑月十四日香湯[*]洒浴，立地端身並兩腳已，而作此印誦呪護身，滅罪療病，大好有驗。

332・《佛菩薩專用手印解析暨研究》(全彩版)

詳細方式：

❶ 兩「無名指」要彎曲到「中指」的「背」上。
❷ 兩「中指」要相合。
❸ 兩「食指」彎曲，然後押住兩「大拇指」的頭。
❹ 兩「食指」與「中指」之間會呈現出「三角形」狀。
❺ 兩「大拇指」直豎立。
❻ 兩「小指」要互相散開、直豎。

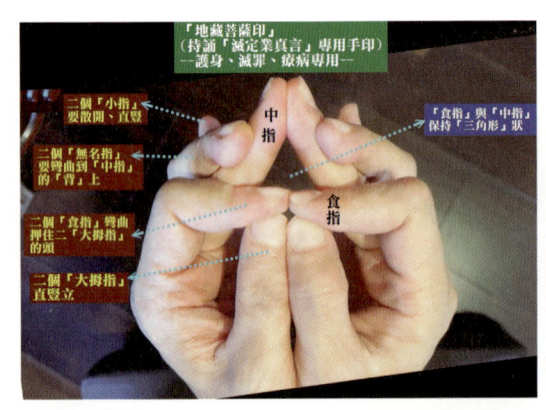

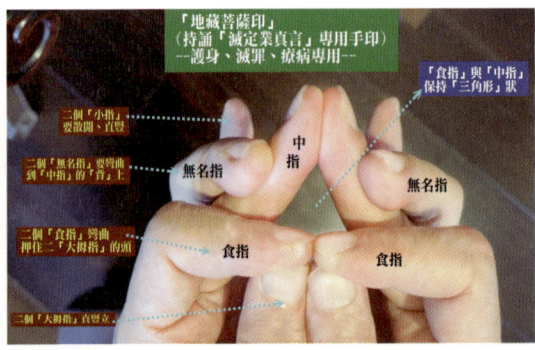

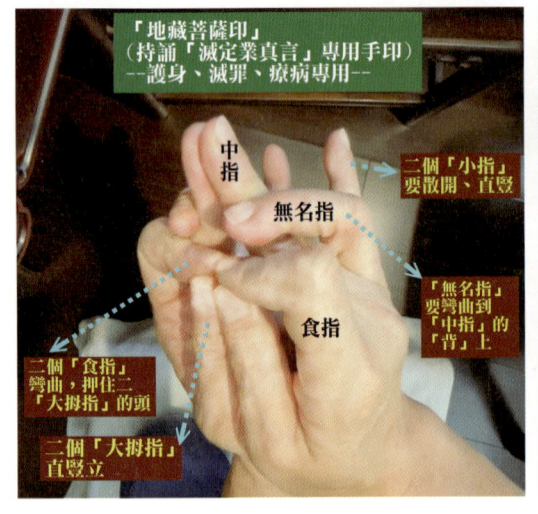

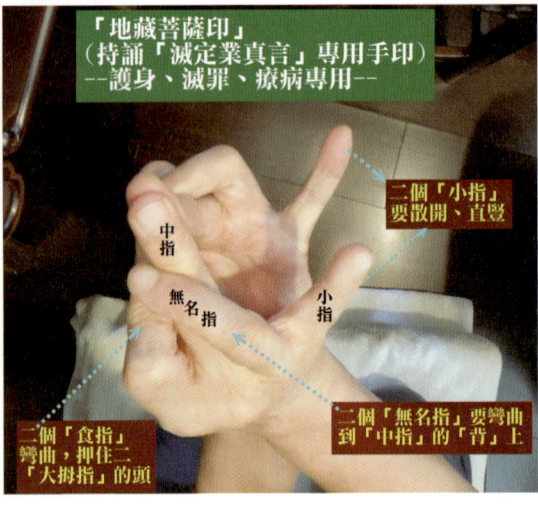

第三節 「地藏菩薩」印(地藏菩薩旗印)之一
--誦「地藏菩薩咒」專用--
兩「大拇指」皆「內藏」

唐・善無畏《攝大毘盧遮那成佛神變加持經入蓮華胎藏海會悲生曼荼攞廣大念誦儀軌供養方便會》卷2

初印，
❶「智定」拳(金剛拳「內縛印」)。
❷二「火輪」(中指)開直……
真言曰：地藏。
曩莫三滿多・沒馱喃(一)・賀賀賀・尾娑麼(二合)曳(二)・娑嚩(二合)賀

唐・善無畏《大毘盧遮那經廣大儀軌》卷2
❶「定慧」(左右手)內為拳(金剛拳「內縛印」)。
❷舒、散「火輪」(中指)幢。
住金剛不壞，「三昧」說真言。彼真言曰：
訶訶訶・　　尾娑麼(二合)曳・娑嚩(二合)賀・
ha-ha-ha・　vismaye・　　svāhā・

「地藏菩薩印」（訶訶訶-尾娑麼曳）的第一種結法

轉成地藏尊。　　定慧內為拳
舒散火輪幢　　　住金剛不壞
三昧說真言　　　標準的金剛拳「內縛印」。
彼真言曰：　　　兩大拇指，右押左，內藏
(一)訶訶訶尾娑麼(二合)曳　(二)娑嚩(二合)賀

訶 訶 訶　　尾娑麼(二合)曳(二)　娑婆(二合)賀
(oṃ)・ha-ha-ha・vismaye・‥‥‥svāhā・
嗡‥‥‥哈哈哈‥‥V 斯麻耶‥‥‥‥斯瓦哈

ha 有「強調」、「加強」之意，經上解為「三乘之因」。
vismaya 有「希有、驚歎、奇哉」之意，經上解釋為「一切有情，常有『我相』種種煩惱哉，若念真言，『我相』即除，此為希有，亦甚希奇也」。

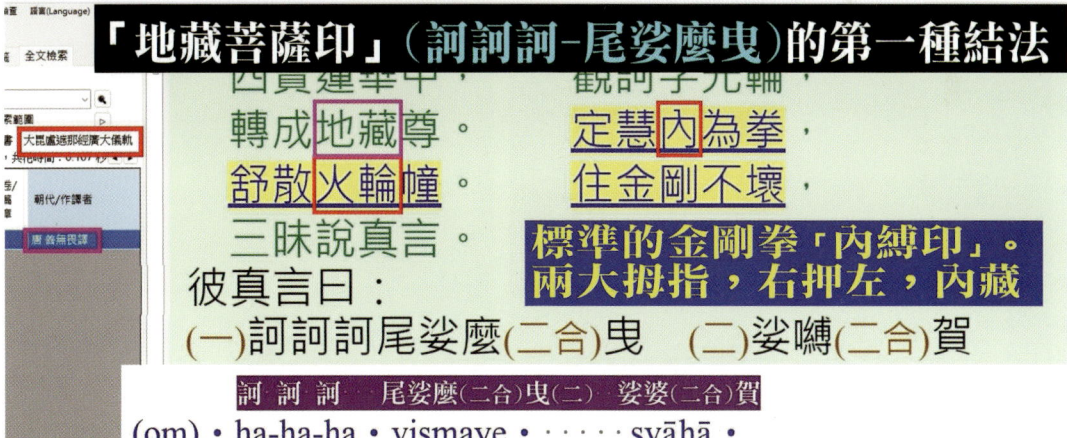

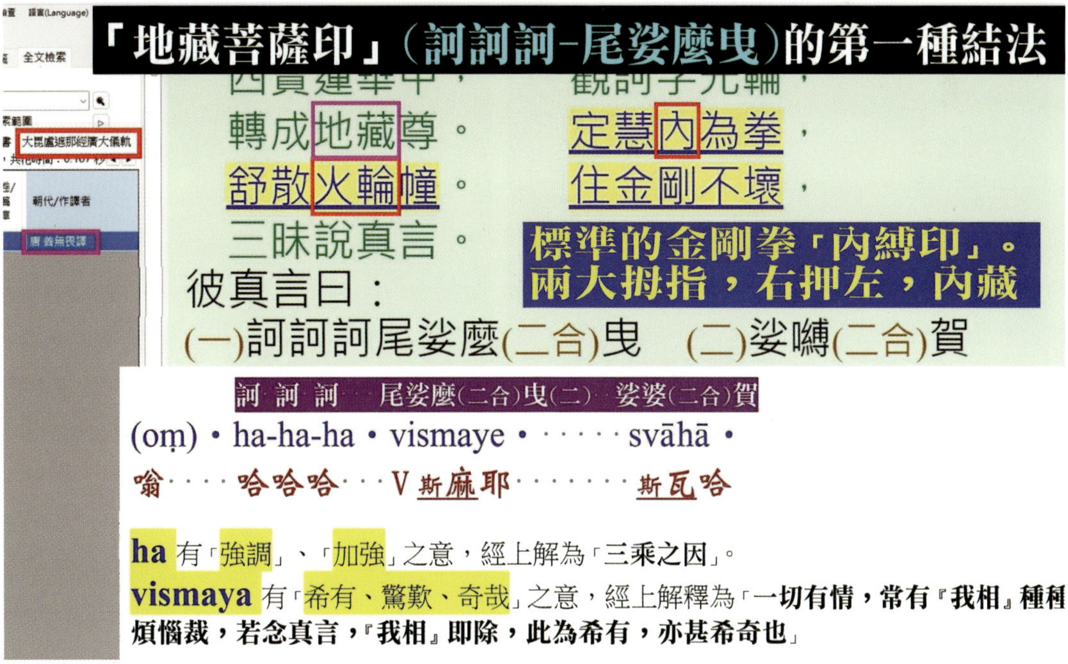

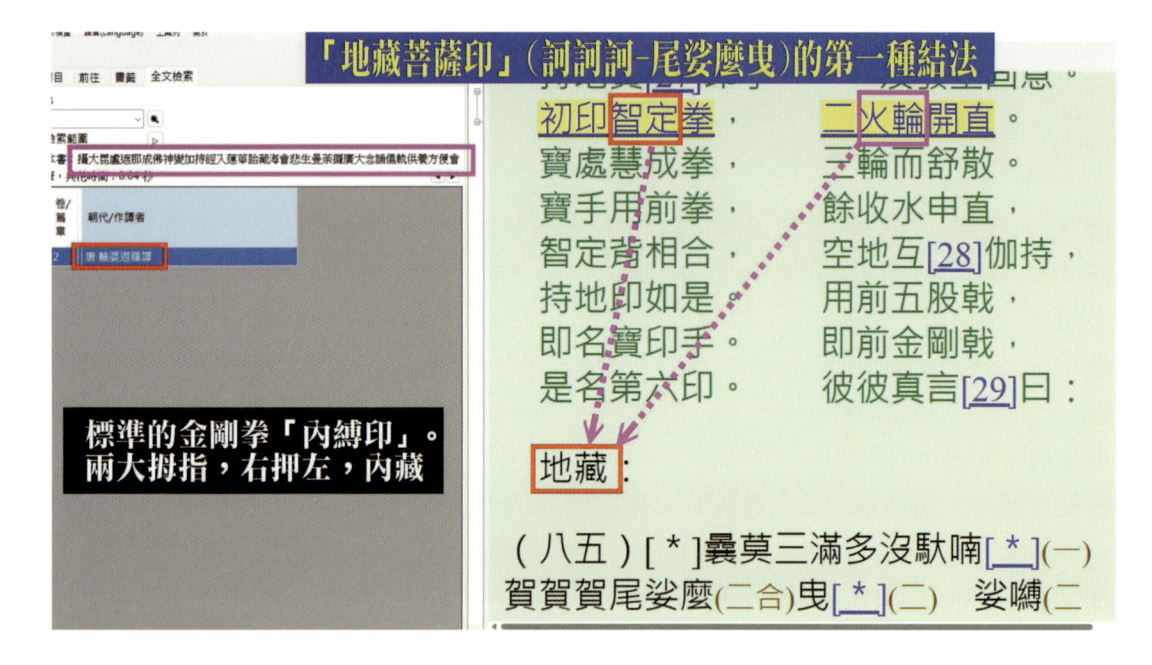

「地藏菩薩印」(訶訶訶-尾娑麼曳)的第一種結法

初印智定拳，　二火輪開直。
寶處慧成拳，　三輪而舒散。
寶手用前拳，　餘收水申直，
智定背相合，　空地互[28]伽持，
持地印如是，　用前五股戟，
即名寶印手。　即前金剛戟，
是名第六印。　彼彼真言[29]曰：

地藏：

（八五）[*]曩莫三滿多沒馱喃[*]（一）
賀賀賀尾娑麼(二合)曳[*]（二）　娑嚩(二

標準的金剛拳「內縛印」。
兩大拇指，右押左，內藏

詳細方式：

❶兩手先作金剛拳「內縛印」。

❷「右大指」在上，「指甲」不外露。「左大指」在下。

❸兩「中指」保持直豎、舒散。

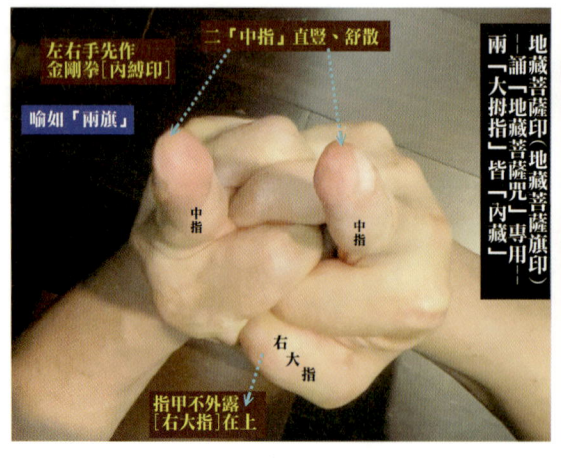

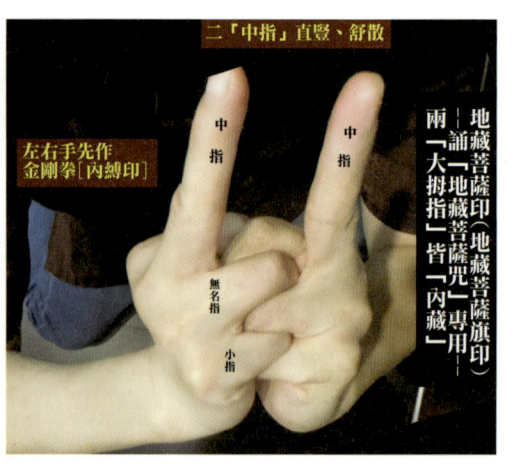

第二篇 諸菩薩專用的手印介紹 第九章 「地藏菩薩」的四個手印・335

二「中指」直豎、舒散

喻如「兩旗」

左右手先作
金剛拳〔內縛印〕

指甲不外露
〔右大指〕在上

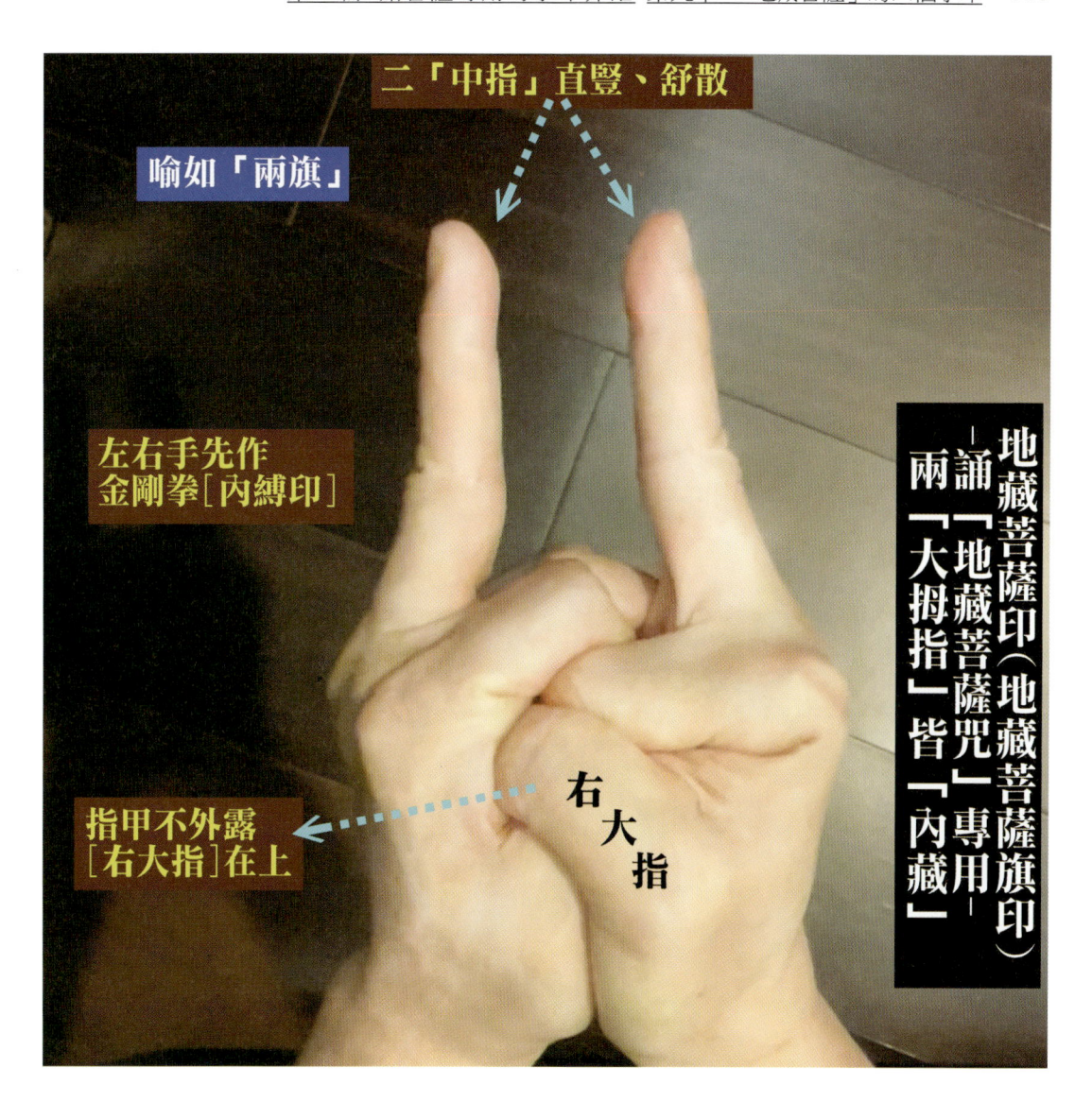

右大指

地藏菩薩印（地藏菩薩旗印）
—誦「地藏菩薩咒」專用—
兩「大拇指」皆「內藏」

第四節 「地藏菩薩」印(地藏菩薩旗印)之二
--誦「地藏菩薩咒」專用--
兩「大拇指」皆「外露」

唐・一行述記《大日經義釋》卷10〈密印品第九〉
次「地藏菩薩」印。
❶先作指向「內相叉」(爲)拳(金剛拳「內縛印」)。
❷申二「火指」(中指)豎之,令「指頭」(相離約)「一寸」許(3cm),不相到,即是也(二空並豎如常也)。
「計都」是「籏」,此「印」如「旗」也。真言:
訶訶訶(離三因如上也)吠薩末曳(希有也。一切有情,常有我想種種苦惱,纔念之,我想即除。此方為希有也,亦是希奇義也)

「地藏菩薩印」(訶訶訶-尾娑麼曳)的第二種結法

次地藏菩薩印先作指向內相叉拳申二火指豎之令指頭一寸許不相到即是也(二空並豎[4]〔餘〕如常也)計都是籏此印如旗也。

真言。 (兩大拇指,直豎並立,押右食指即可)

訶訶訶(離三因如上也)吠薩末[5]曳(希有也一切有情常有[6]〔我〕想種種苦惱[7]〔纏〕念之我想即除[8]〔此方為〕希有也亦是希奇義也)

唐・法全《大毘盧遮那成佛神變加持經蓮華胎藏菩提幢標幟普通真言藏廣大成就瑜伽》卷2
❶祕密「內」為「縛」(金剛拳「內縛印」)。
❷「火輪」(中指)豎、散開,
❸二「空」(大拇指)持「風」(右食指)側……
曩莫三曼多沒馱喃(引)・訶訶訶(三因,謂是三乘之因也)・尾娑麼(二合)曳(希有也。一切有情常有我相種種煩惱裁,若念真言我相即除,此為希有,亦甚希奇也)・娑嚩(二合)賀。

第二篇 諸菩薩專用的手印介紹 第九章 「地藏菩薩」的四個手印・337

指金剛拳「內縛印」　　指「中指」
祕密內為縛，　　　　　火輪豎散開，
二空持風側，　　　　　右觀寶處尊，
慧散空風寶，　　　　　寶上三股印。
寶掌於寶上，　　　　　一股金剛印，
慧拳舒水輪(空押三)。　　持地右寶上，
二手金剛印。　　　　　寶印手寶上，

指二個「大拇指」放在「右食指」的「側邊」

「地藏菩薩印」（訶訶訶-尾娑麼曳）的第二種結法

竝空微舉開。」

地藏菩薩真言曰(尾薩縛（引）[27]捨（引）鉢哩布羅迦)：

曩莫三曼多沒[＊]馱喃(引)訶訶訶 三因，謂是三乘之因也 尾娑麼(二合)曳 希有也。一切有情常有我相種種煩惱哉，[28]若令真言我相即除，[29]此為希有，亦甚希奇也。

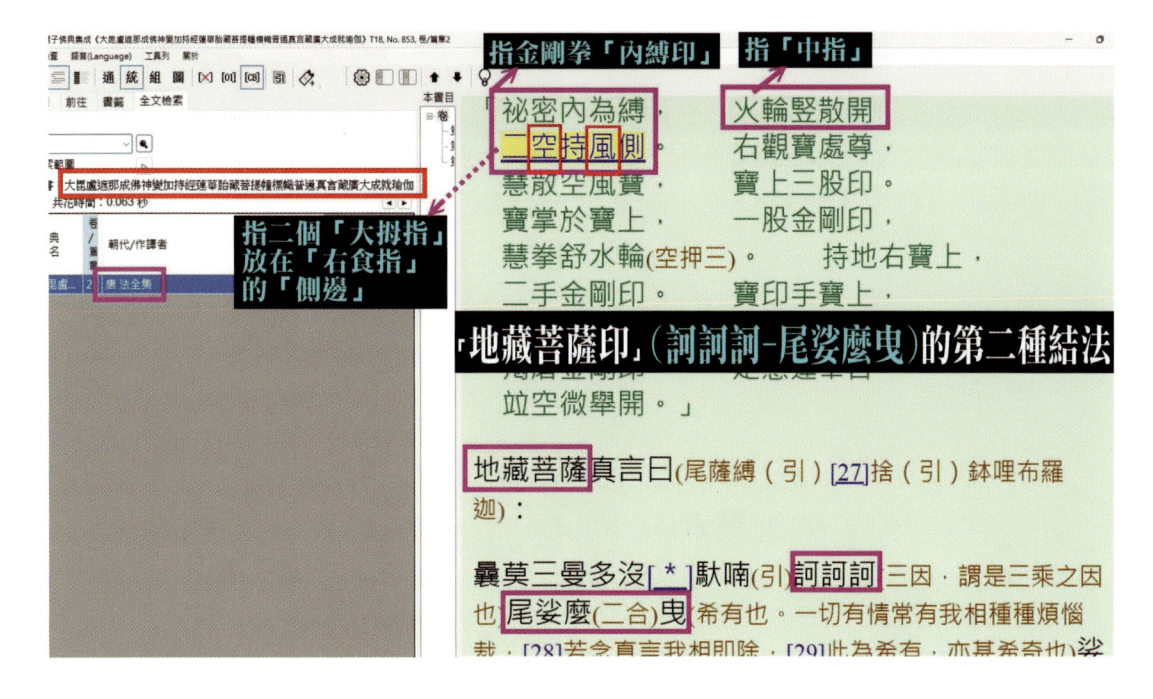

(附錄補註用)
(經文也明確說是「右押左」的，只差在「中指」改成「互相拄頭」而已)
《陀羅尼集經》卷1〈1 釋迦佛頂三昧陀羅尼品〉
「佛頂刀印」呪第二十二
左右八指，叉入掌內，右押左(從這個手印可得知，八個手指皆「內相叉」而先作「內縛拳」，經文強調是「右押左」的，所以「右大指」一定是押著「左大指」的)。
直豎二「中指」，頭相拄，合腕。呪曰……

(附錄補註用)
唐・一行(公元683～727)記《大毘盧遮那成佛經疏》卷13〈9 密印品（一三－一四）〉
次「如來羂索印」(此與金剛拳「內縛印」略異，差在將「食指」改相拄成為一個「圓環」狀而已，其餘都是一樣的)：
❶先作十指，向「內」之拳(此即金剛拳「內縛印」)，即舒(散開)二「風指」(此指「食指」)，(二「食指」的)「指端」相拄，屈而相接，(形成一個)「圓環」之狀。
❷其二「空指」(大拇指)，亦以「右」壓「左」，雙「內」(入於)掌中，即是也。
此印能「縛」一切「為惡者」，亦能壞彼，令其息除「諸惡」也。

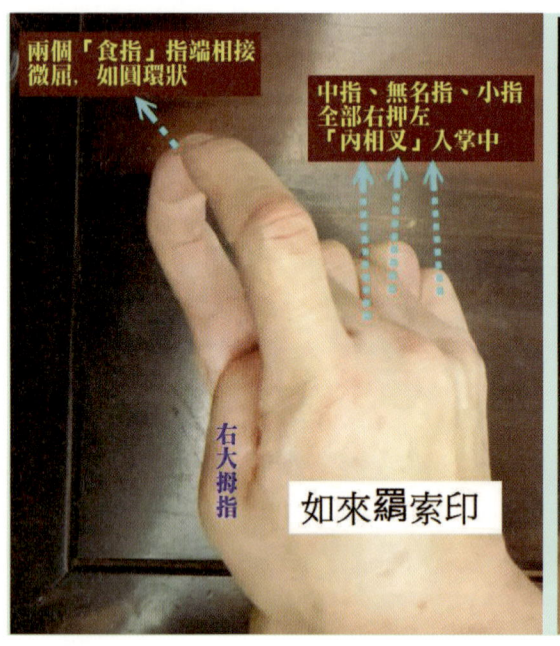

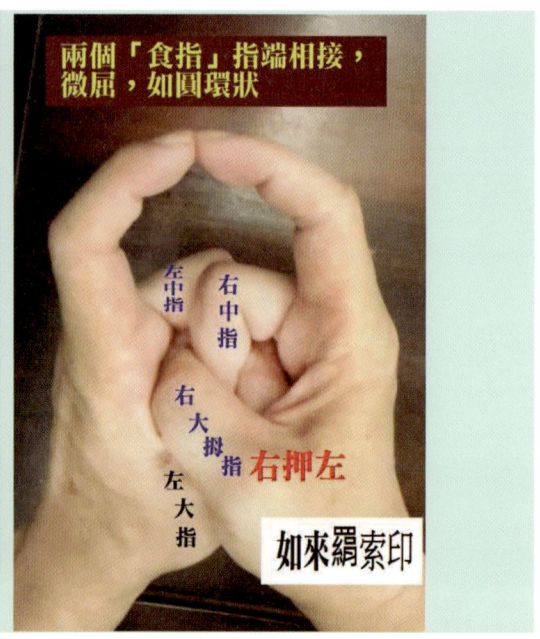

338・《佛菩薩專用手印解析暨研究》(全彩版)

如來羂索印
- 兩個「食指」指端相接，微屈，如圓環狀
- 中指、無名指、小指全部右押左「內相叉」入掌中
- 右大拇指

如來羂索印
- 兩個「食指」指端相接，微屈，如圓環狀
- 左中指、右中指
- 右大拇指
- **右押左**
- 左大指

詳細方式：
❶ 兩手先作金剛拳「內縛印」。
❷ 兩「中指」直豎、舒散。
❸ 兩「大拇指」相併豎，靠在「右食指」側邊。

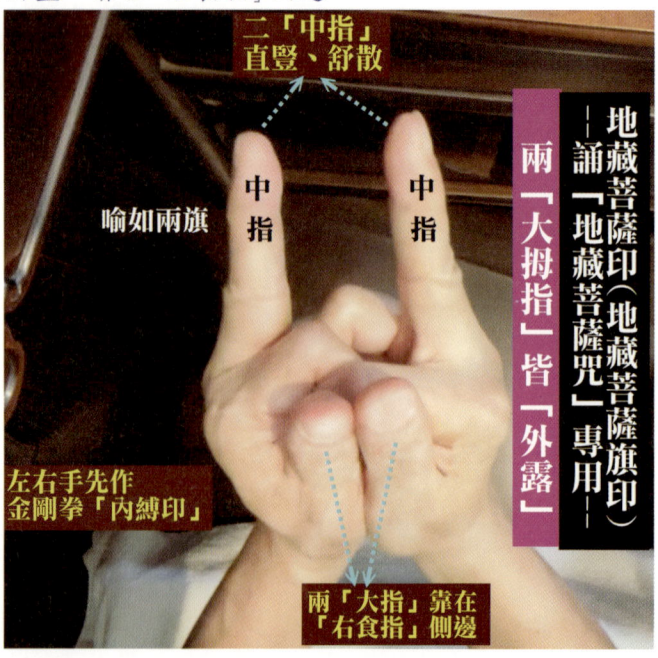

地藏菩薩印（地藏菩薩旗印）——誦「地藏菩薩咒」專用——兩「大拇指」皆「外露」

- 二「中指」直豎、舒散
- 喻如兩旗
- 中指　中指
- 左右手先作金剛拳「內縛印」
- 兩「大指」靠在「右食指」側邊

第十章 「大輪金剛」(金剛輪菩薩)與「摩利支天菩薩」手印為「同印異名」

[27] 摩利支天一印法

有二印：一者身印、二者隱形印也。先作身印，當心誦真言七遍，加持身五處。謂五處者，一心、二額、三左肩、四右肩、五頂是也。身印相，虛心合拳，以二中指指端屈纏著二頭指端，是大金剛輪印也。真言曰：

𑖌𑖼(om) 𑖦𑖯(mā) 𑖩𑖰(li) 𑖭𑖰(si) 𑖭𑖿𑖪𑖯(svā) 𑖮𑖯

第一節 《大輪金剛陀羅尼》經文的節錄

《佛說大輪金剛總持陀羅尼經》

爾時世尊，臨「般涅槃」後，佛法欲滅時，比丘、比丘尼、優婆塞、優婆夷，天龍八部，前後圍遶，共會說法。

當爾之時，有執金剛神問其「法要」，世尊「般涅槃」後，(有關)「總持」(咒語)法門，云何「受持」？

佛告執金剛神：善哉！善哉！汝等金剛，能為末劫眾生，問此「利益」之事，善思念之，吾當為汝分別解說「利益之事」，當說「法要」。

佛告執金剛神：夫欲受持「總持」法門者，及「誦經典、坐禪」種種善法(者)：

第一：清淨。
第二：常決定志誠。
第三：精勤不退。
第四：報佛慈恩。
第五：發弘大誓，日夜精確，報師僧、父母恩。
第六：報菩薩恩。
第七：報金剛恩。
第八：報三十三天恩。

第九：報四大天王恩。
第十：報「持呪仙人」恩。

佛告執金剛神言：我滅度後「末法」之時，眾生薄福，三災競起，吾「毒鬼神、諸天魔」等，(於)南閻浮提(之)「振旦」國中，(常有)諸惡鬼神，及諸八萬四千「天魔」，一一魔有「五千」眷屬，(於)南閻浮提，(將)殺害眾生，無量無數。

汝等金剛，今於此會，(聽)聞(此)「祕密」之法。汝等金剛，(若聽)聞「持呪」方法，(應)速先誦「大輪金剛陀羅尼神呪」。

汝不(先)持此「法門」者，一切諸呪，縱令有(靈)驗，猶(仍)有「行偽、盜法」之罪。

(行偽指「修行的呪法」有「虛偽不實、不如法」的情形。
「盜法」二個字應該理解成「方便偷工、不圓滿、不如法」字解；「法」字應作「作法」字解，不宜作「修法、佛法」字解。
「方便偷工的作法」就是指修持「本尊」應該要入「壇城、如法的儀軌、如法的灌頂」……等。如果這些都沒有做，甚至做的不圓滿，那叫做「方便偷工減料」的「不圓滿、不如法」的修持)

(乃至於生命)滅度之後，當落「地獄」，受罪苦已，(或)當落畜生道，(由於)「行偽」(而)獲罪如是。

若有善男子、善女人，及無量天仙、金剛、菩薩、無量藥叉、一切鬼神等，善聽！吾當為汝說(此)「灌頂神呪」，(若能先)誦「二十一遍」，(即)能成(就)「一切呪法」，(所有)「善事」(皆)速得成就。

其「(大輪金剛)呪」乃是過去十方一切諸佛之因「此陀羅尼」(而)悉皆「成佛」，一切菩薩(因此呪而)悉至「佛道」，一切金剛(因此呪)皆得「不壞」之身，一切仙人(因此呪)悉得「成就」。(若)誦此(大輪金剛)呪者，能成(就)一切(的)「印法」、(能成就)一切(的)「壇法」，當入「曼荼羅」大壇，(而)不用「事壇」。

若作「事壇」(而遇)種種「災起」，(例如)天難、地難、王難、賊難、水難、火難、一切夜叉羅剎之難、天龍鬼神難諸魔、一切人難。

(若能)誦是「(大輪金剛)呪」七日七夜，(以)清淨「燒香」，於「尊像」前誦此呪，懺悔三業，(則)一切諸罪，並得消滅，一切鬼神，皆悉歡喜，身上所有一切「諸病」，(亦)皆得除愈。

爾時佛告執金剛神、無量天仙、阿難比丘，汝等善聽：
汝(若)持「金剛呪」，我(則)為汝於「金剛天」中「結壇」。
汝(若)持「菩薩呪」，我(則)為汝於「菩薩天」中「結壇」。
汝(若)持「天呪」，我(則)為汝於「天」中結壇。
汝(若)持「龍天呪」，我(則)為汝於「龍宮」中結壇。
汝(若)持「二十八部鬼神呪」，我(則)為汝於「鬼神天」中結壇。
汝(若)持「夜叉、羅刹呪」，我(則)為汝於「夜叉、羅刹天」中結壇。
佛告執金剛神：當說(此)呪之時，山河石壁，一切六種震動，一切須彌山(之)諸天鬼神，皆悉不安，一切龍王，皆大奔走，雲雨、三十三天，悉不安，爾時世尊即說身呪曰：

那謨娑哆梨耶(一)地婆伽喃(二)怛他羯哆南(三)嗚鈝(二合四)毘羅時毘羅時(五)摩訶斫迦羅(六)薩哆薩跢(七)莎羅帝莎羅帝(八)哆羅曳哆羅曳(九)毘陀摩儞(十)三盤禪儞(十一)怛羅末儞(十二)悉陀羯梨怛焰(十三)娑訶(十四)

大輪金剛陀羅尼心真言曰：

南無悉咥哩(二合)耶(一)墜尾伽南(二)怛他伽多南(三)唵(四)尾羅時尾羅時(五)摩訶斫羯羅(六)伐折梨(七)伐折羅(八)薩跢薩跢(九)娑羅帝娑羅帝(十)怛羅曳怛羅曳(十一)毘馱末儞(十二)三盤誓儞(十三)多羅末底(十四)悉陀阿羯哩底(丁以反十五)哩焰莎訶(心呪)

爾時世尊說此呪已，告執金剛神及「持呪」仙人、比丘、比丘尼等：
先須著「新淨衣」，燒香供養樓至金剛，誦呪七日七夜，唯「燒香」及「淨水」，誦呪「滿十萬遍」，(即能)成就(其餘)「一切呪法」，以後通用一切(的)「印」。

(附錄補註用)
唐・北天竺 嵐波國(Lampāka)婆羅門大首領李無諂等 譯《不空羂索陀羅尼經》
(1)《西域大咒藏》中說：佛在世時，凡咒法中，(經常)云誦「十萬遍」(便)得(以)成(就)者，以佛(還)在世，(由)佛(之)威力(加持)故，(所以只需誦滿十萬遍咒語便)得(以)成(就)。
(2)(然於)佛滅度(之)後，(眾生)誦(滿)「十萬遍」(咒語仍然)不(能)成(就)者，此乃緣(於)眾生薄福，(所以)要須(誦)滿「百萬遍」，方可得成(就)。以(咒語)遍數多故，一(來可)消(除)諸(業障與罪)障，二(來)則於咒(語的遍數才能達到)綽(綽)有其(餘)功。
(3)若有眾生，(其)宿業(罪)障(深)重，(若已)誦滿「百萬」遍(數的咒語仍)不得成(就)者，仍須(應

發願誦「二百萬」遍，或(誦)「三百萬」遍，或(誦)「四百萬」，乃至誦滿「七百萬」遍(以上)，必(獲)成就！

夫欲持(誦)「一切呪」(者)，皆(能獲)得「成就」。若能常誦(此)呪，(則)命終之後，(能)速至「佛地」……

是諸菩薩等，各將恒河沙眷屬前後圍遶，而白佛言：世尊！我菩薩「眷屬」，各將「末香」塗香、幡花寶蓋，供養十方諸佛。(並)為「末法」眾生，(有)修學「大輪陀羅尼」(者)，資助(其)善福……

若善男子、善女人，比丘、比丘尼、優婆塞、優婆夷、婆羅門等，(若)受持讀誦(此經)，(並)為他人解說，(將來皆)獲福無量。

此經是末法時眾生(之)「福田」，無量百千「陀羅尼」之法門(皆能)得入，亦是一切經藏……

爾時世尊告「諸魔」言：汝等復能發「菩提心」，即得「阿耨多羅三藐三菩提」。
若善男子、善女人，於如來滅後，(能)受持此(大輪金剛)「陀羅尼」者，此人即得證「金剛藏菩薩」之位，常得一切諸佛(之)所「加護」，(為)一切菩薩恆為「伴侶」。若(有)「善男子」等，(其)乏少(生活)「資糧」，(亦能)常令(獲)「豐足」。

(凡)誦此咒者，身(能)如「甘露」，「色力」熾盛。若有「比丘、比丘尼、優婆塞、優婆夷、婆羅門」等，(若有)「破戒」者，(及其)所有一切罪，並(能)令「除滅」。

若善男子、善女人，誦此「(大輪金剛)陀羅尼」，(能)日夜增長精勤「思惟」。一切眾生(若遭)枷鎖苦離，(能)迴施(於)「冥官」業道，一切鬼神，及(在)阿鼻大地獄受罪眾生，(皆)悉令(獲)解脫……

爾時世尊說此(大輪金剛)《陀羅尼經》，付囑金剛藏菩薩摩訶薩等，及阿難比丘、天龍八部，前後圍繞，恭敬禮拜，信受奉行。──《大輪金剛總持陀羅尼經》。《大正藏》第二十一冊頁 161 下─165 中。

本咒據《房山石經・釋教最上乘祕密藏陀羅尼集・卷八》第二十八冊頁182上面校訂
namas-triya-dhvikānāṃ・sarva-tathāgatānāṃ・

註：tri 三。adhivika 世 p40。tri-y-adhivika 三世。sarva 一切。tathāgata

如來。
譯：歸命三世一切諸佛如來！

āṃ・viraji--viraji・mahā-cakra-vajri・sata--sata・

註：viraja 無塵；無垢；離欲。mahā 大。cakra 輪。vajra 金剛。sata 善人；仁者；善士；慧者 p1390。
譯：離垢離染清淨的大輪金剛菩薩啊！(請庇護)諸善士仁者、(請加被)諸善士有情的眾生！

sārate--sārate・trayi--trayi・vidhamani・saṃ-bhañjani・

註：sārata 心；堅固 p1464。tra 保護 553。又 traya 字有「有」之意 p553。vidhamana 破壞；除滅 p1217。saṃ 一起。bhañjana 破壞；降伏 p945。
譯：堅固的心啊！堅牢的心啊！保護救濟(眾生)。能除滅(煩惱)，一起把(罪孽)破壞掉吧！

tra-mati・siddha--agre・traṃ・svāhā・

註：tra 救濟。mati 智慧。siddha 成就。agra 最勝；無等；第一 p9。taṃ 是多羅菩薩種子字。traṃ 是金剛幢菩薩的種子字。
譯：這是最勝第一成就的智慧法。

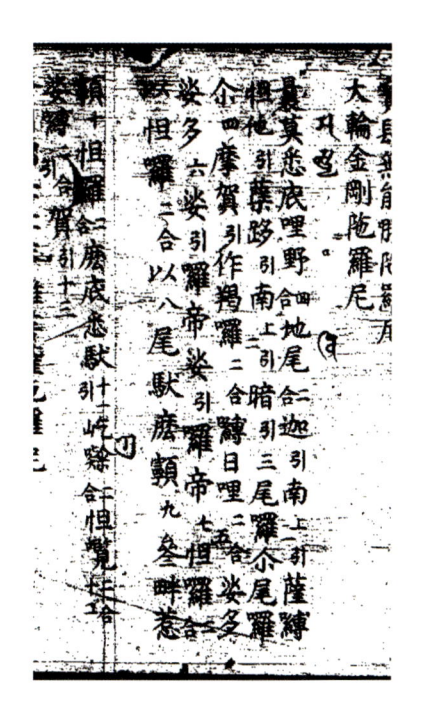

第二節 《大正藏》中對《大輪金剛陀羅尼》的記載暨功德探討

1 《清淨法身毘盧遮那心地法門成就一切陀羅尼三種悉地》

(《大正藏》第十八冊頁779下)

(1)爾時觀世音菩薩白言：法身世尊！「中悉地」者已知，「下悉地」云何？毘盧遮那佛告言：汝等當知，若人持「三部」神咒，欲得「下悉地」者，先誦(咒)「遍數」，及誦「心地咒」，「神咒」准前說之。

(2)(於)誦(的)「遍數」(圓)滿已，於靜處坐，燒「安悉香」供養，即誦「大輪金剛印咒」二十一遍。稽首告言：

唯願金剛速垂降此，弟子為持其咒，求某「願欲」得成就大驗，為弟子某乙「貧窮」，無諸「供養」。唯願大聖為弟子，於此(能)「鋪設」大「曼荼羅法壇」，(於)一一(所)依(之)經中，(能)無令缺少。

(3)發是語已，閉目而坐，(然後)想觀「金剛」(本尊)，於前鋪設大「曼荼羅壇」……(觀)想此「道場」及「壇」，了了分明，不得「錯觀」。

2 唐・阿地瞿多譯《佛說陀羅尼集經・卷二》

(《大正藏》第十八冊頁803下)

誦此「陀羅尼」(指「大輪金剛陀羅尼」)三七遍，即當入一切「曼荼羅」(此云壇也)，所作皆成。誦咒有「身印」等種種「印法」，若作「手印」(而)誦諸咒法，易得成驗。若未曾入「灌頂壇」者，(則)不得輒作一切(的)「手印」，(但)若人(先)誦此「陀羅尼」者(指「大輪金剛陀羅尼」)，(則)即同「入壇」，(再)作「印」行用，(便)不成「盜法」(之罪)也。

3 唐・不空《都部陀羅尼目》

(《大正藏》第十八冊頁899下)

此經中說(應先)誦「大輪金剛真言」，(則將)不(沾)染諸「愆過」，(故)以為(是持諸咒前的一種)方便，(然後再持誦)現生一切(之)「真言」，(則)速疾成就。

4 《火𦠿供養儀軌》

(《大正藏》第十八冊頁935上)

……夫「結界」護身，必須迅速，不得遲疑猶豫，恐被「捷疾」藥叉來相嬈惱。是以「結護」及「供養」時，極須嚴備，事須迅速……次誦「大輪金剛真言」(三七遍是懺悔法)……

5 唐・金剛智譯《藥師如來觀行儀軌法一卷》

(《大正藏》第十九冊頁 22 下)

三禮，次懺悔，受戒菩提心。次承事「真言」七遍，次佛結界，請「大輪金剛」稽請偈……

6 唐・地婆訶羅譯《大輪金剛陀羅尼》

(《大正藏》第十九冊頁 357 中)

誦此(大輪金剛)「陀羅尼」三七遍，即當入一切「曼荼羅」(壇也)，所作皆成(誦咒有身印、手印，作印誦咒，法即易成。若未入壇，不得輒作。令誦此咒，即當入壇，作印行用，不成盜法也)。

7 唐・地婆訶羅譯《咒三首經・大輪金剛陀羅尼》

(《大正藏》第二十一冊頁 640 上)

誦此(大輪金剛)「陀羅尼」三七遍，即當入一切「漫荼羅」(壇也)，所作皆成。(誦咒有身印、手印。作印誦咒法即易成，若未入壇，不得輒作。今令誦此咒，即當入壇作印行，不成盜法也)。

8 唐・北天竺婆羅門李無諂譯《不空羂ᡬ索陀羅尼經》自註云：

(《大正藏》第二十冊頁 420 下)

其有人未曾經「和尚、闍梨」入大「縵荼羅」壇場者，覓取「大輪金剛咒」誦「二十一遍」，即當入壇，然後作諸咒法，悉得成就也。

9 唐・不空譯《底哩三昧耶不動尊聖者念誦祕密法・卷中》

(《大正藏》第二十一冊頁 18 中)

次應如常「禮懺」、奉獻「閼伽」，應作是念：……得成「金剛薩埵」悉地，當攝受故，請求「加護」。如是三白，便即云云。又以杵印，如前結界，加持本尊座……每日三時，如法供養。或時忘念，闕少「法則」，即犯「三昧耶」。
先誦「大輪金剛明」，及結「大輪印」，用除其「咎」，謝其過罪。

10 《播般囊結使波(唐云步擲)金剛念誦儀》

(《大正藏》第二十一冊頁 170 下)

……次誦「大輪金剛」真言二十一遍真言(此略不寫，抄如餘本，所謂一種取用)，由誦此真言故，所有「違犯軌則」之「愆」，悉滅無餘，功不虛棄。

11 般若斫羯囉譯《摩訶吠室囉末那野提婆喝囉闍陀羅尼儀軌》

(《大正藏》第二十一冊頁 220 中)

【護身品第五】：若欲「護身」之時，亦請「五方藥叉」及「大輪金剛」。即誦「大輪金剛陀羅尼」二十一遍，并誦「天王身咒」，亦二十一遍，便成護身，咒曰……

12 唐·青龍寺法全集《供養護世八天法》

(《大正藏》第二十一冊頁 382 中)

……次著座三部被甲護身。次加持香水…次用羯磨印加持七遍。次加持壇……次淨地(如大儀)次五大願并陳事由……次「大輪金剛」印明地壇等……

13 宋·日稱譯《大乘集菩薩學論·卷九·護身品第六之二》

(《大正藏》第三十二冊頁 101 下)

誦此(指「大輪金剛咒」)得入「一切曼拏羅」(maṇḍala)。或此如來心，念八千遍。云何一切？謂世出世間「最上曼拏羅」，悉能得入。

結論

先誦「大輪金剛咒」是為了補缺「壇城」的「不足、不如法」的情形，在其餘密教經典中，也都分別記載「大輪金剛咒」與「百字明咒」都有著「同樣」的功能，能還原「清淨三昧耶戒」。《大輪金剛陀羅尼經》中並無提到「無師傳授」就會有「盜法」之罪；而是說只要「持咒作法」時，如果不先持「大輪金剛咒」就有「盜法」之罪，這個「盜法」二個字應該理解成「方便偷工、不圓滿、不如法」字解；「法」字應作「作法」字解，不宜作「修法、佛法」字解。「方便偷工的作法」就是指修持「本尊」應該要入「壇城、如法的儀軌、如法的灌頂」……等。如果這些都沒有做，甚至做的不圓滿，那叫做「方便偷工減料」的「不圓滿、不如法」的修持。

例如《大輪金剛陀羅尼經》上說：

汝等金剛，今於此會聞祕密之法，汝等金剛，聞「持咒」方法，速(應)先誦「大輪金剛陀羅尼神咒」，汝(先)不持此(大輪金剛咒)法門者，一切諸咒，縱令有(靈)驗，猶(仍)有「行偽、盜法」之罪。

這些「金剛眾」們是從佛陀如來邊「親聞持咒法門」的，照理說他們是「親從」如來「上師」所傳習的咒語，怎可能會有「盜法」的「事證」存在呢？可見「盜法」這二個字不能解釋是「偷盜」的意思，況且佛陀恨不得希望大家都能廣學「法義」，怎可能又「設限」這個經不能唸？這個咒不能修呢？

後面的經文，佛清楚又說應該要廣「為他人解說」可以「獲福無量」，那一方面說你若不持「大輪金剛咒」，就有「盜法」之罪；另一方面又說你應該要「廣傳」此咒語？這樣前面就矛盾了啊！如《大輪金剛陀羅尼經》云：

若善男子、善女人，比丘、比丘尼、優婆塞、優婆夷、婆羅門等，受持讀誦，為他人解說，獲福無量。此經是末法時眾生福田，無量百千陀羅尼之法門得入，亦是一切經藏……

這是因為「末法」眾生，因緣不足，如果要成辦「如法」式的「壇城」是有困難的。像《楞嚴經》中所說的「楞嚴壇」，不也是需要雪山「大白牛」的糞便才能建壇？所以如果因種種因緣或「供養不具足」而修密咒壇法，那就先持「大輪金剛咒」當作是一種「方便」的壇場「結界」吧？所以《大輪金剛陀羅尼經》才會講說：「汝等金剛今於此會聞祕密之法，汝等金剛聞持咒方法，速先誦『大輪金剛陀羅尼神咒』。汝不持此法門者，一切諸咒縱令有驗，猶有行偽、盜法之罪。」

所以「大輪金剛咒」不是在說如果是「無師傳授」就會有「盜法」之嫌，而是為了補缺「壇城」的「不具足」或「不如法」的「方便」問題才這樣說的。

《大輪金剛陀羅尼經》又說：

(若能先)誦此(大輪金剛)咒者，(即)能成(就)一切(的)「印法」、一切(的)「壇法」，(即)當(能)入「曼荼羅大壇」，不用「事壇」。

如果能先持「大輪金剛咒」，雖然沒有置辦如法的「壇城」話，那「大輪金剛菩薩」就會為持咒者作個「方便結壇」，如《大輪金剛陀羅尼經》云：

汝等善聽！
汝(若)持「金剛咒」，我(便)為汝於「金剛天」中結壇；
汝(若)持「菩薩咒」，我(便)為汝於「菩薩天」中結壇；
汝(若)持「天咒」，我(便)為汝於「天中」結壇；
汝(若)持「龍天咒」，我(便)為汝於「龍宮」中結壇；
汝(若)持「二十八部鬼神咒」，我(便)為汝於「鬼神天」中結壇；
汝(若)持「夜叉、羅剎咒」，我(便)為汝於「夜叉、羅剎天」中結壇。

顯教的經典，經、律、論等，即使無有「傳承」、無有「師承」，有些佛教徒仍然可以自讀自修漢文的「佛典」，但是藏密的「密續部」或《大正藏》的「密教部」裡繁鎖的「儀軌、密壇」，有的如「天書」一樣難懂，這就需要「師承、根本上師」來指導與修行了。所以一般來說，如果「公開」密法的「經典、法本、咒語」，並不等於就是--「公開密法」的意思。

如果我們以「翻譯」並出版「密教經典」為公開標誌的話，那傳播「藏文的密咒密法經典」已有一千三百多年的歷史，它已被大量的「轉譯」為「滿文、蒙文、漢文」。在「滿蒙」地區和元、清宮廷中「傳播」，也將近有三百年的歷史（如《大藏全咒》的出版問世），比不丹的諾蒲喇嘛和錫金的達瓦桑杜等早上幾百年。

但藏傳佛教界從不認為「密法」經典的「翻譯、傳播、出版、推廣」就意味著密法已經是「完全公開」和「無密可言」，也沒有因此認為密法再也「不要傳承、不需灌頂」之類的理論。

這道理和「出家比丘戒本」或「在家菩薩戒本」一樣，就算自己已經先讀過「戒文」，但仍需在「具戒的比丘」前「完整受戒」，才能算「得戒」。所以四眾弟子都可以先閱讀「五戒」或「三皈依」文的內容，但是如果沒有接受法師的「如法傳戒」或「三皈依」儀式，他仍然是「未得戒」、及「未成為佛門正式的皈依弟子」。

經典所說的「盜法」自作，原因應如下：
1. 外：容易因「慢心」而自稱己為「上師」，造大妄語，而誤導眾生。
2. 內：容易誤解「密義」，以「邪心」修法，而自造罪業。

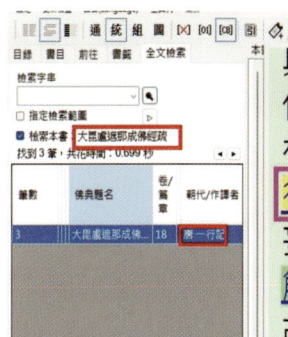

第二篇 諸菩薩專用的手印介紹 第十章 「大輪金剛」與「摩利支天菩薩」為「同印異名」・349

具大悲，何不顯說而迷惑眾生耶？答曰：非有恪也。但謂世間有諸論師，自以利根分別者，智力說諸法相、通達文字，以慢心故不依於師，輒爾尋經即欲自行。然此法微妙，若不依於明導師，終不能成。又恐妄行，自損損他。若隱互其文，令彼自以智力不得達解，即捨高慢而依於師。以此因緣，不生破法因緣，故須如此也。佛將說此真言導師，即住巧智生三昧，

密教手印的「經文描敘」，
經常會使用不同的「代號、譬喻、隱喻、古字、通假字」，

甚至前後「順序」互換，
這也是一種「隱互」的作用，

就是在避免有人「自修、盲修瞎練」，

而不去依止「明白佛法」的「善知識」
去做校正或如法的修學，

避免對「手印密法」生出「我慢貢高」之心

但謂(於)世間，有諸「論師」，自以(為是)「利根」(之)分別者，(自己能以種種)智力(去)說諸法相，(且能)通達文字，(但)以「慢心」，故不(再)依(止)於「師」。

(此種「自以為是」的論師)輒(往往)爾尋經(尋找「真言法教」的經咒)，即欲「自行」(自己修行)。然此(真言)法(乃)微妙(微奧深妙)，若不依(止)於「明導師」(明白佛理之導師)，(則)終不能成(就)，又恐(無人指導而)妄行(妄自修行)，(將招)自損、損他。

若(佛於「真言法教」中採)隱互(相互隱匿)其(經)文，令彼自(己)以「智力」，(仍)不得「達解」(通達解脫)，即(可)捨(彼之)高慢(心)而依(止)於師，(亦能)以此因緣，(而令彼人)不生「破法」因緣，故(佛於「真言法教」中心)須如此(的將經文作「隱互」)也。

　　原則上「密咒」都是需要接受「灌頂」才算是「最如法」的「修法、傳承」與成就。但從密教咒語的內容上來看，有些咒語也是「有例外」的，所以並沒有嚴格的「定法」而「一成不變」。佛經上很多「咒語」都是依不同時空環境下的「眾因緣」而宣說，也請大眾莫一味的「執著」，因為萬法一切仍是不離「唯心所造」。

　　關於密法的「傳承」及「盜法」問題，顯教淨土宗印光大師在《印光大師文鈔》嘗開示云：(【復德培居士書四】)(六月初五日)

(1)密宗不經「阿闍黎」傳授，不得「誦咒、結印」，否則以「盜法論」！此系「至極尊重」之意。若有「有道德」之「阿闍黎」，固當請彼傳受。
(2)若無，則自己「至心誠誦」，即有感應。既有「感應」，當不至「有罪」！若定有罪，未經傳受(而)念結(念咒、結印)，均當遭禍？
(3)今為一喻：如讀書人，按書所說而行，即為「聖賢之徒」。而以身率物，令一切人皆「敦倫盡分」，閑邪存誠，諸惡莫作，眾善奉行，即是「不據位」而「教民」，亦能「移風易俗」，補政治之闕歟，則無有能議其「非」者。
(4)若自以為「我之所行」，超過「地方官」之所行，即發號「施令」，以實行其「勤

政愛民」之道，則跡近「反叛」，必致國家以「刑罰」加之矣。祈詳思之，自無疑誤！

(5)當此人民「困苦艱難」，一無「恃怙」之時，不仗佛菩薩「經咒」之力，其能「安寧」者，鮮矣！若死執未經「傳授」，「唸咒、結印」，皆犯「盜法」之罪；然則未經「傳授」之「人民」與「孤魂」，均當不蒙其「法益」！彼既能「蒙其法益」，此必不致因「依法修持」而「遭禍」！若以此推之，固兩相成而不悖也。

《印光大師文鈔》之【復崔德振居士書五（其五）】（民國二十一年，公元 1932 年）：

(1)佛法圓通無礙，密宗固有不經「阿闍黎」傳授者，則為「盜法」(之說)，此乃「極其尊法」之意，非令「永斷密宗」之謂。

(2)若依汝說，未受「三昧耶戒」(者)，(則)不可念「蒙山施食」。何但「蒙山施食」(不能唸)，即「一切咒」(亦)皆不可念，以未經「阿闍黎」傳授故。

(3)然自古至今，普通人念「大悲」、「准提」各咒，有感應者甚多。乃至(於)儒(家)者，由「碑帖」(之文)而知有《心經》。(因)「病瘧」而力疾念之，(故)「瘧鬼」即退。若如汝說，(大悲咒、准提咒都沒有灌頂，所以不可唸咒結印。則)當「瘧鬼」(將)更為「得勢」矣。

(4)今為汝說一喻：譬如(一位具有)盛德(之)「君子」，(他)以(己)「身」率物，(則)一鄉之人，(皆)聽其指揮，悉皆「安分守己」。其人之以「身」率物，(更)勝於「官府」之「發號施令」，(但)切不可以其「德化」(已更)勝於「官府」，(因此)即效(仿)「官府」(而)發號「施令」，(若如此做)則(此)人皆以為「反叛」(朋友背叛)矣！

(5)但「自修持」(自我修持咒語結印)則有(利)益，若自「僭冒」(說自己是阿闍梨上師)則有罪！如此，則不至(於)「斷滅密宗」，亦不至「破壞密宗」矣！

(6)今人多多是以「凡夫」(之妄)情(劣)見(而)說「佛法」，故致遍地皆成「荊棘」，無處可「下足行走」矣！

(7)「僭冒」者，(即)謂：(自)妄充(為)「阿闍黎」也！(故如果自行)作法(指持咒結印)何礙(有何罣礙)？(若自行)畫「梵字」作觀(修)，均可照「儀軌」(而作法)；但不可自命為「已得灌頂之阿闍黎」耳。

(8)彼能「知此義」，則(印)光之(譬)喻，更為明了(清楚)矣！今人(之)學佛，皆是「瞎用心」，(故)弄成「法法互礙」，(連)一法(都)不成了，(真是)可歎之至。

從印光大師的開示可得知，大師認為「但自修持咒語結印，則有益」的，但若因此「偽造」自己就是「傳法阿闍梨」，那肯定是有罪的，所以如果自行「誦佛菩薩的咒」或自行結「佛菩薩的手印」的話，那有何罣礙呢？但只要不可自命為「已得灌頂之阿闍黎」即可；否則便是「瞎用心」的人，搞成「法法互礙」的「可歎之至」。

第三節 大輪金剛陀羅尼的「正確」手印

唐・阿地瞿多(Atikūṭa 中印度人。公元652年到長安)《陀羅尼集經》卷10・佛說摩利支天經〉

(摩利支天菩薩)身印第一
❶反叉二「小指」、二「無名指」，在掌中，右壓左。
❷二「頭指」(食指)直豎，頭相拄，
❸以二「中指」，各拟(古同「祕、柲、秘」→藏；扭曲；彎曲)在二「頭指」(食指)背上，頭相拄。
❹二「大指」並豎，各博(撐著)「頭指」(食指)側(邊)。
❺「大指」(可以做)來去(的動作)。

(注意，上述的手印就是下面要說的「大輪金剛」印，這是屬於「同印異名」的手印)

奉請摩利支天呪
[9]一名摩利支天身呪。呪曰：
「娜謨囉跢那(二合)跢囉(二合)夜耶(一)　摩唎支[10]唎

身印第一
「反叉二小指、二無名指，在掌中右壓左，二頭指直豎，頭相拄，以二中指各[21]拟在二頭指背上，頭相拄，[22]二大指並豎，各[23]博頭指側，大指來去。

唐・不空譯《聖賀野紇哩縛大威怒王立成大神驗供養念誦儀軌法品》卷1

(底下是大輪金剛的手印)
❶二手「內相叉」。
❷「進、力」(食指)並申直。
❸「忍、願」(中指)纏「進、力」(食指)「初節」(指頭最初節的)前(面)。
❹各以(指尖之)「峯」相拄(兩「食指」相拄撐著，兩「中指」亦相拄撐著，「峰」喻為「指峰」)。
❺「禪、智」(大拇指)並申直。
(手印)當(結於)心(胸之前)，誦真言七遍，真言曰：
曩莫悉底哩也(四合)地尾(二合)……

唐・不空譯《甘露軍荼利菩薩供養念誦成就儀軌》卷1

次應結金剛輪菩薩印、誦密言……以此「印契、密言」，殊勝方便，誦持作意。能除「違犯」愆咎。「三昧耶」如故，倍加光顯，能淨身口意故。則成入一切「曼荼羅」，獲得「灌頂」三麼耶，應結「契」，誦七遍。

(底下是大輪金剛的手印)
❶二手「內相叉」，
❷「進、力」(食指)並申直。
❸「忍、願」(中指)纏「進、力」(食指)「初節」(指頭最初節的)前(面)。
❹各以(指尖之)「峯」相拄(兩「食指」相拄撐著，兩「中指」亦相拄撐著，「峰」喻為「指峰」)。
❺「禪、智」(大拇指)並申直。

(手印)當(結於)心(胸之前)，誦密言曰：
曩莫悉底哩也(四合)地尾(二合)迦(引)南(引)怛他(引)蘖跢(引)南(引)……怛囕(二合引)娑嚩(二合)訶。

誦密言時作是「觀念」，盡虛空界遍法界，三界生死「六趣」有情，速得入「金剛界」大「曼荼羅」，等同金剛薩埵大菩薩。

唐・不空譯《大悲心陀羅尼修行念誦略儀》卷 1

次結金剛輪大菩薩大威德契已，入「曼拏羅」(maṇḍala)者……以此「印契、密言」，殊勝方便，誦持作意，能除違犯愆咎……應結「印」，誦真言七遍。

(底下是大輪金剛的手印)
❶二羽(二手)內相叉，
❷豎二「定」(食指)，
❸以二「念」(中指)糺(古同「糾」)二「定」(食指)，
❹二「慧」(大拇指)並申直，
安契(安住契印之後)，(手印)當於心(胸之前)，誠心誦「七遍」。真言曰：曩莫悉底哩野(四合)地尾(二合)迦喃(一)……

唐・不空譯《大威怒烏芻澀麼儀軌經》卷 1

或有「妄念」(生)起，(如果)違闕「三昧耶」，當誦此(大輪金剛陀羅尼)真言，以除其「過患」。如前「金剛杵」：(底下是大輪金剛的手印)
❶「進、力」(食指)改相合，
❷「忍、願」(中指)依「甲」傍(意即依著「食指」指甲的傍邊)，繞上亦相拄(意即「中指」繞上去「食指」的最初節處，然後二「中指」的「頭」相拄著)。

真言如後(之所)誦，(要誦)三七(遍)障(礙)皆消。

第二篇 諸菩薩專用的手印介紹 第十章 「大輪金剛」與「摩利支天菩薩」為「同印異名」・353

「大輪」(大輪金剛陀羅尼)明曰：娜莫悉底哩(三合)野地尾(二合)迦南……

唐・不空譯《佛說摩利支天經》
結「摩利支菩薩」根本印。
❶二「小指」、二「無名指」，右押左，內相叉。
❷直豎二「頭指」(食指)相捻。
❸以二「中指」各緻「頭指」(食指的)背，(二中指)向前(而)頭相拄。
❹二「大指」並豎即成。
結(手)印(於)當心，誦(之)前(的)「摩利支身」陀羅尼(咒)，及「心真言」，各七遍。
❺(於)每遍(誦咒之時)，(可彎)「屈」二「大拇指」(做)「招」(請)之，(故此)亦名(為)「迎請印」。
兼以此(手)印，加持「身」(之)五處，(最後於)頂上(而)散印。

唐・不空譯《末利支提婆華鬘經》
佛言：若有人欲行此法者，一切法中此法最勝。若人欲得供養末利支天(摩利支天菩薩)者……次說「印」及壇法。
❶交叉二「小指」、二「無名指」，在掌中，右押左。
❷二「頭指」直豎，頭相著。
❸二「中指」各柲(古同「祕、柲、柲」➔藏;扭曲;彎曲)在二「頭指」(的)背上，(然後二「中指」的)頭(是)相拄著。
❹二「大指」並豎，搏(支撐於)二「頭指」(食指的)側(邊)。
❺「大指」(可以做)來去(的動作)。
此是「身姥陀羅尼」印。

夏・智廣等集《密咒圓因往生集》卷1
獲得灌頂三麼耶。
(其印相者，(底下是大輪金剛的手印)
❶二手「內相叉」。
❷直豎二「頭指」(食指)相並。
❸以二「中指」纏二「頭指」(的)「初節」(指頭最初節的)前(面)，各(個「中指」的)頭(要)相拄蓺(支撐;頂著)。
❹二「大指」(大拇指)並申直。
結印(手印於)當心(胸之前)，念誦密語。若未入壇，不許作法者。以此真言，即當入壇作法，不成盜法也)。

清·寂暹(ㄒㄧㄢ) 纂《瑜伽燄口註集纂要儀軌》卷1

(底下是大輪金剛的手印)《甘露軍荼利儀軌》云：

❶ 二手內「相乂」(「叉」的異體字)。
❷「進、力」(食指)並伸直。
❸「忍、願」(中指)**纏**「進、力」(食指)「初節」(指頭最初節的)前(面)。
❹ 各以(指尖之)「峯」相拄(ㄓㄨˋ)(兩「食指」相拄撐著，兩「中指」亦相拄撐著，「峰」喻為「指峰」)。
❺「禪、智」(大拇指)並伸直。

又云：應結金剛輪菩薩印，誦密語，以入「曼拏囉」(maṇḍala)者，受得三世無障礙，三種菩薩律儀(❶別解脫律儀。❷靜慮生律儀。❸道生律儀)。由入「曼拏囉」，身心備「十微塵剎」世界、微塵數「三昧耶」……以此「印契、密言」，殊勝方便，誦持作意，能除「違犯愆咎」，「三昧耶」如故，倍加光顯，能淨身口意故，則成入一切「曼拏囉」，獲得「灌頂」三摩耶。

唐沙門慧日云：有人未曾經「和尚、阿闍黎」(灌頂而)入大「曼荼囉」壇場者，但寬取「大輪明王金剛呪」，誦二十一遍，即當「入壇」，然後作諸呪法，悉得成就。

(附錄補註用)
唐·不空譯《觀自在菩薩如意輪念誦儀軌》卷1

次結「護身被金剛甲冑」印。(底下並非是大輪金剛的手印，但經文都有說到當「二手內相叉」時，都是右手押左手，右上左下)

❶ 以二手「內相叉」，右押左。
❷ 豎二「中指」，(二)頭相中(ㄔㄨㄥˋ)(及;到)。
❸ 屈二「頭指」如「鉤形」，於「中指」背，勿令相著。

以「印」加持自身五處，所謂「額」、次「右肩」、次「左肩」、次「心」、次「喉」，於「頂上」散印，各誦真言一遍。真言曰……

(附錄補註用)
唐·不空譯《大悲心陀羅尼修行念誦略儀》卷1

次結「護身三昧耶」印。(底下並非是大輪金剛的手印，但經文都有說到當「二手內相叉」時，都是右手押左手，右上左下)

❶ 以手「內相叉」，右押左。
❷ 豎二「中指」，頭相拄。
❸ 屈二「頭指」如鉤形，於「中指」背，勿令相著。
❹ 並二「大指」押二「無名指」即成。

(附錄補註用)
唐·惠果造《十八契印》卷1
次結「護身三昧耶」，(底下並非是大輪金剛的手印，但有說到是右手押左手，即是右上左下)
❶以二手「內相叉」，右押左。
❷豎二手「中指」。
❸屈二「頭指」如「鉤形」，於「中指」背，勿令相著。
❹並二「大指」押「無名指」即成。
印身五處：所謂「額」、次「右肩」、次「左肩」、次「心」、次「喉」，於頂上散。
各誦「真言」一遍。真言曰……

詳細方式：
❶兩「小指、無名指」內相叉，右押左，保持直立入掌，儘量用「掌肉」挾緊。
❷兩「中指」要「轉彎」繞到前面「食指」的「最初節」處，然後兩「頭」相接。
❸「中指」與「食指」之間要緊密，不要有漏縫。
❹兩「大拇指」放在「食指」側邊「下節」處。「大指」與「食指」之間要緊密，不要有漏縫。
❺如果用於「大輪金剛手印」時，經文並無提到「大指來去」的字眼；但若用於「摩利支天菩薩」法門時，經文有提到，每遍誦咒之時，可彎屈二「大拇指」做「召請」，亦名為「迎請印」。

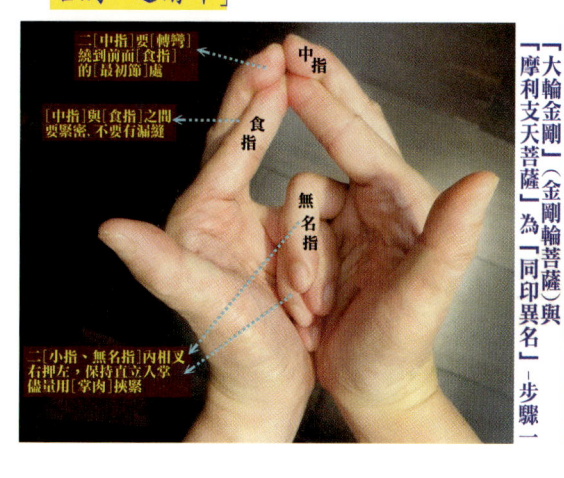

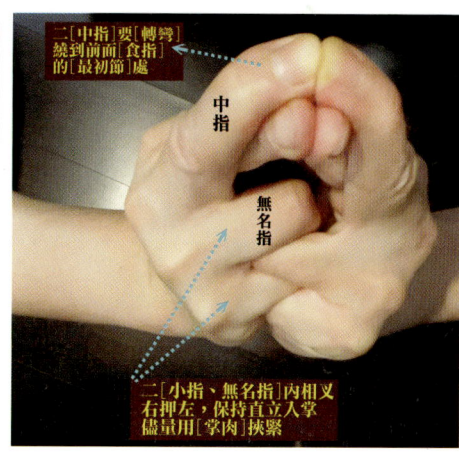

「大輪金剛」(金剛輪菩薩)與「摩利支天菩薩」為「同印異名」

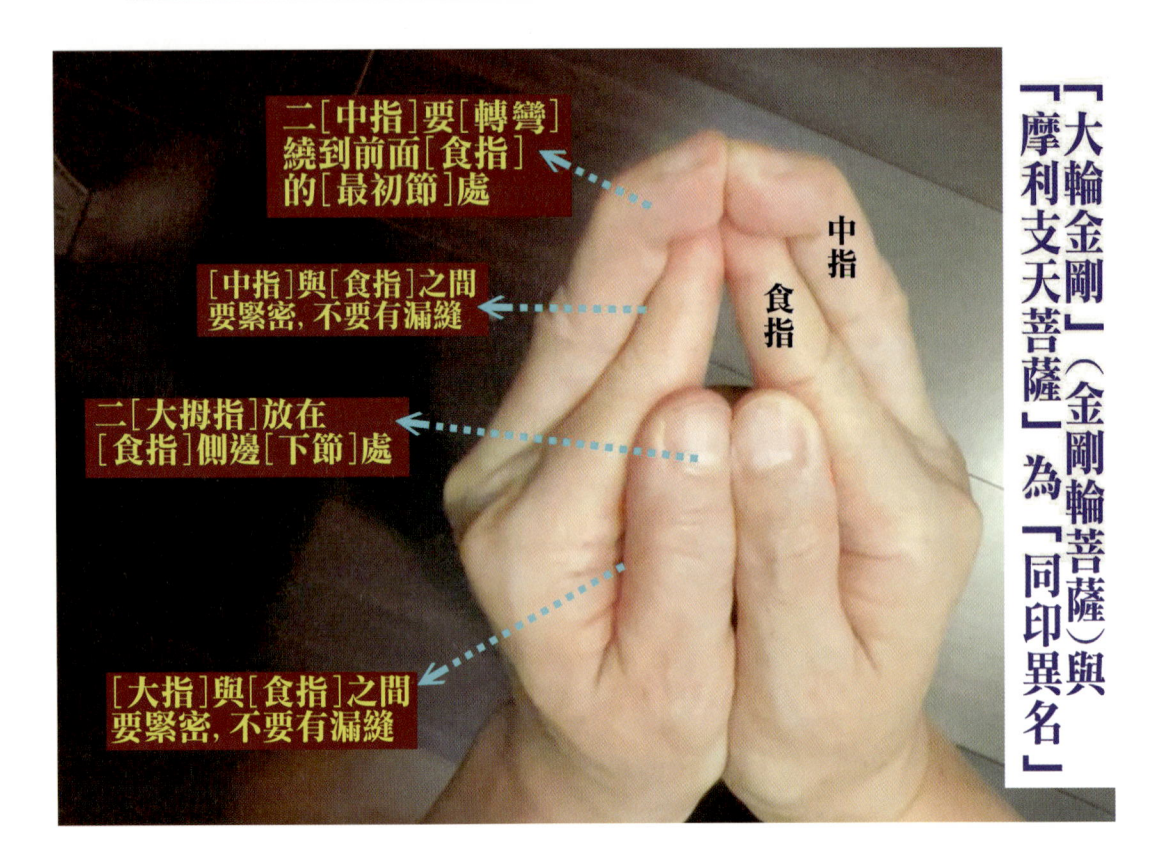

- 二[中指]要[轉彎]繞到前面[食指]的[最初節]處
- [中指]與[食指]之間要緊密,不要有漏縫
- 二[大拇指]放在[食指]側邊[下節]處
- [大指]與[食指]之間要緊密,不要有漏縫

中指
食指

第三篇　其餘相關重要手印介紹

第一章 實心合掌、虛心合掌、金剛合掌的解密

第一節 「實心合掌」的經典出處

唐・一行(公元683～727。壽45歲。從公元717年開始參與善無畏大師的譯經。公元720年受金剛智大師的密印與灌頂)記《大毘盧遮那成佛經疏》卷13〈9 密印品(一三-一四)〉

十二種合掌名相。凡諸印法，此十二極要，宜明識也。

第一：「合掌」令當中心堅(固的)「相著」，(但)十「指頭」，(可以)稍相離「少許」(而)開之(亦即不需要十個手指頭都「前後」相黏著的方式，可稍離一些些的)。

此名：寧(上)尾擎(上)合掌(此名堅實心合掌也)。

niviṇa(實心合掌)。nivirīsa→緊密。su-saṃniviṣta→牢固。

第一種「實心合掌」印的標準打法：

❶ 左右五指「全部」都要「互相黏住」。
❷ 五指要「平齊」(平整對齊)。
❸ 五指之間「前後」彼此也要黏住。
❹ 兩手掌都堅固緻密如「金剛」。
❺ 大拇指亦黏上「食指」的根部。

第一種「實心合掌」印：
左右五指「全部」都要「互相黏住」
五指要「平齊」(平整對齊)
五指之間「前後」彼此也要黏住
兩手掌都堅固緻密如「金剛」
大拇指亦黏上「食指」的根部

「密合」到滴水不漏

「密合」到滴水不漏

第一種「實心合掌」印：
左右五指「全部」都要「互相黏住」
五指要「平齊」(平整對齊)
五指之間「前後」彼此也要黏住
兩手掌都堅固緻密如「金剛」
大拇指亦黏上「食指」的根部

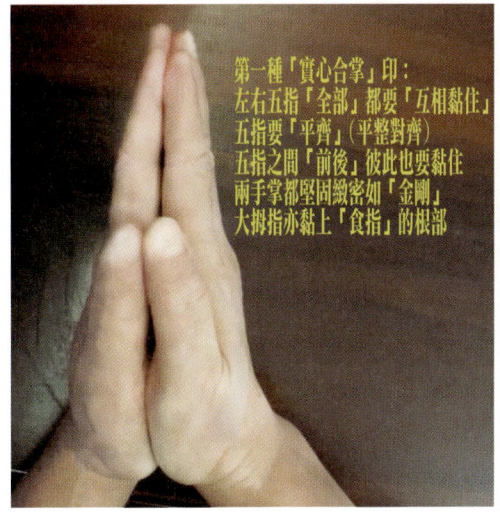

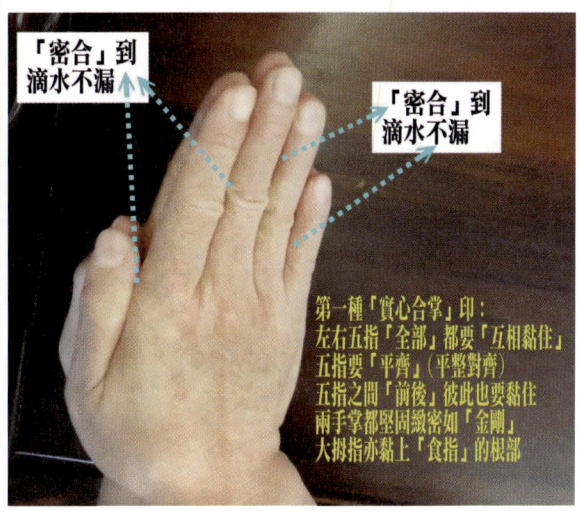

第二種「實心合掌」印的標準打法：

❶ 在佛教「道場」中可能會被「糾正」，會被說你打錯了、是不莊重的！
❷ 左右五指「全部」都要「互相黏住」。
❸ 五指要「平齊」(平整對齊)。
❹ 兩手掌都堅固緻密如「金剛」。
❺ 五指之間「前後」彼此不必黏住(稍開)。
❻ 大拇指不黏上「食指」(稍開)。

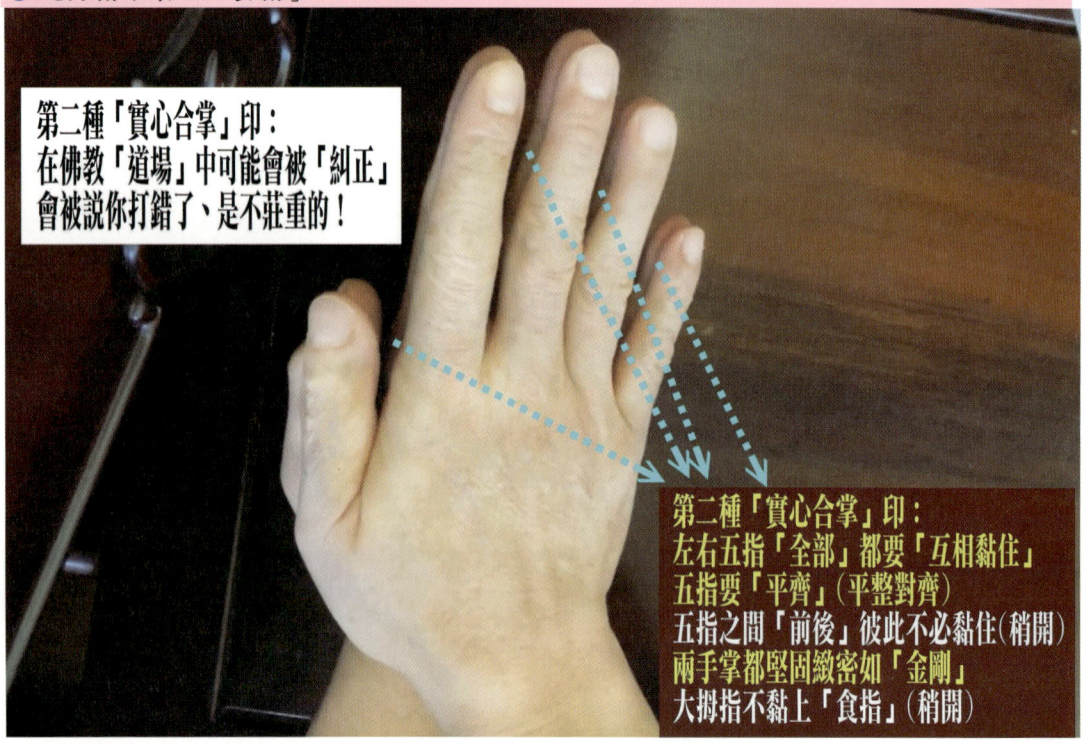

第二種「實心合掌」印：
在佛教「道場」中可能會被「糾正」，
會被說你打錯了、是不莊重的！

第二種「實心合掌」印：
左右五指「全部」都要「互相黏住」
五指要「平齊」(平整對齊)
五指之間「前後」彼此不必黏住(稍開)
兩手掌都堅固緻密如「金剛」
大拇指不黏上「食指」(稍開)

唐・玄奘譯、辯機撰《大唐西域記》卷2〈三國・序〉

(印度的)致敬之(儀)式，其儀九等：

一、發言慰問。
二、俯首示敬。
三、舉手高揖。
四、合掌平拱。
五、屈膝。
六、長跪。
七、手、膝(皆)踞(蹲)地。
八、五輪(皆)俱屈。

九、五體投地。
凡斯九等，(最)極(尊敬的)唯一「拜」，「跪」而讚德，謂之「盡敬」。(若疏)遠(一些的話)則稽顙「拜手」。

唐・窺基《觀彌勒上生兜率天經贊》卷1
「叉手」合掌者(此指「實心合掌」或「金剛合掌」兩者)，表：
❶「心」與「境」冥。
❷「理」與「神」會。
❸「空智、有智」照冥。
❹「真、俗」智德，圓也。

北宋・思坦等 集註《楞嚴經集註》卷1〈二正宗分・初依（常住真心以開）圓解〉
「叉手」合掌者(此指「實心合掌」或「金剛合掌」兩者)：
若(手)指(於)合掌(時)不(能相)合，良由「心慢」而情「散亂」，(故)必須(要)「指掌」相合。

隋・智者大師説、灌頂記《觀音義疏》卷1
(雙手)「合掌」者，此方以「拱手」為恭，外國「合掌」為敬。
手本二邊，今「合」為一，表不敢「散誕」(散亂放誕)，專至(於)「一心」(成語中有句「十指連心」)，(於)「一心」相當，故以此表「敬」也。

隋・智者大師説、灌頂記《觀音義疏》卷1
「權、實」不二，(雙手)「合掌」表於「返本還源」，入「非權、非實」，「事、理」契合，故「合掌」也。

後秦・鳩摩羅什譯《妙法蓮華經》卷1〈2 方便品〉
或有人禮拜，或復但(雙手)「合掌」，乃至舉「一手」，或復「小低頭」，以此供養「像」，漸見無量佛。自成「無上道」，廣度無數眾，入「無餘涅槃」。

北宋・施護(Dānapāla。公元?~1017)譯《佛説無畏授所問大乘經》卷3
若人但(雙手)「合掌」，(然後)歸向(於)「菩提心」，此(為最殊)勝(之)供養因，(已)超過「諸供養」。此供養(乃)無等，所謂「菩提心」(即是)，過此(之)外(已)無(別)餘，(此)為最(殊)勝最上(等)。「菩提心」功德，是(為)勝妙(之)良藥。

北宋・施護(Dānapāla。公元？~1017)譯《佛説如幻三摩地無量印法門經》卷2
若人「至心」但(雙手)「合掌」，(然後)發起無上「菩提心」，是人所獲「勝福」門，倍多於前(而)無有量。(若有)異(於)此何名(為)真供養？(若有)異(於)此何名(為)勝依止？若人能發「菩提心」，我説名為「上智者」。

後漢・支婁迦讖譯《佛説無量清淨平等覺經》卷4
佛言：若曹當作善者，云何第一急？
當自「端身」、當自「端心」、當自「端目」、當自「端耳」、當自「端鼻」、當自「端口」、當自「端手」、當自「端足」。能自撿斂(撿點收斂)，莫妄(莫犯偏妄)動作，身心淨潔(純淨清潔)，俱(與諸)善相應(互相感召應和)。中外(自內心中與外表)約束，勿隨嗜欲(嗜好貪欲)，不犯諸惡。

吳・支謙譯《佛説阿彌陀三耶三佛薩樓佛檀過度人道經》卷2
佛言：若曹當信者，云何第一急？
當自端「身」，當自端「心」……當自端「手」，當自端「足」……

北宋・施護(Dānapāla。公元？~1017)《佛説祕密三昧大教王經》卷4
其「三昧耶」印者，先當十指，平掌、緊實、相合，名「金剛掌」(此指「實心合掌」)。

北宋・法天(公元？~1001)《佛説金剛手菩薩降伏一切部多大教王經》卷2
復用二手，作「平掌」，安自頂上，此是「烏摩女天」印。

北宋・法賢(公元？~1001)《佛説最上祕密那拏天經》卷3〈7 最上成就印相大明分〉
「一切夜叉羅刹心」印：
以二手「平掌」，頭指、中指、拇指，緊「相著」，成印。結此印時誦大明曰……

第二節 「虛心合掌」的經典出處與何時可用？

唐・一行(公元 683~727)記《大毘盧遮那成佛經疏》卷 13〈9 密印品（一三-一四）〉

十二種合掌名相。凡諸印法，此十二極要，宜明記也。
第一，合掌令當中心堅相著…此名堅「實心合掌」也。
第二，次以十指爪，相當「齊等」，以「指頭」相合，(手)掌中心，小不相著(此指不要「實心」黏住)，名「三補吒」合掌(此名虛心合掌)。saṃpuṭā(椀器；合掌；虛心合掌)

唐・一行(公元 683~727)記《大毘盧遮那佛眼修行儀軌》

次結「無能勝明王根本祕密」印。
二羽，虛心合掌，「十輪」端(此指十隻手指「最上端節」之處)相拄，(指面)令「密合」，是其印相也。

唐・一行(公元 683~727)撰《宿曜儀軌》

「普賢」印：虛心合掌。真言曰……此呪平旦誦七遍；此呪功能不可說盡。

唐・阿地瞿多(Atikūṭa 中印度人。公元 652 年到長安)譯《陀羅尼集經》卷 3〈佛說跋折囉功能法相品〉

次作「普供養」印：以二手合掌，於掌中心，少空，勿令相著(此指「虛心合掌」)。真言曰……

唐・智通(？公元 627~653 年譯經)譯《觀自在菩薩隨心呪經》

「觀世音菩薩隨心母陀羅尼」印，第四十九
二手合掌，十指皆豎，掌內少「令空」(此指「虛心合掌」)，兩腕相著，正當心。
此印「空心」合掌運心，以十方世界中所有一切香華供具，盡用迴向供養觀世音菩薩等。觀世音菩薩心無異，自然遍滿廣大供養。

唐・智通(？公元 627~653 年譯經)譯《千眼千臂觀世音菩薩陀羅尼神呪經》卷 2〈25 王心印咒〉

「請千眼千臂觀世音菩薩王心」印呪，第二十五
兩手合掌，「虛」掌內(此指「虛心合掌」)，合腕，二頭指(可以做)來去(的動作)。呪曰……

唐・智通(？公元 627~653 年譯經)譯《千眼千臂觀世音菩薩陀羅尼神呪經》卷 2〈25 請千臂觀音菩薩心王印咒〉

「請千臂觀音菩薩心王」印呪，第二十五

兩手合掌，「虛」掌內(此指「虛心合掌」)，合腕，二頭指(可以做)來去(的動作)。呪曰……

唐・菩提流志(公元562～727。693年到長安譯經)譯《千手千眼觀世音菩薩姥陀羅尼身經》〈24 神變自在印〉
「請千眼觀音王心印」呪，此印是第一根本「啟請印」，兩手合掌，「虛」於掌內(此指「虛心合掌」)，以二「頭指」(可以做)來去(的動作)。

唐・菩提流志(公元562～727。693年到長安譯經)譯《不空羂索神變真言經》卷4〈4 祕密印三昧耶品〉
「多羅菩薩」(此即藏密的「綠度母菩薩」)印：
合掌，「虛」掌內(此指「虛心合掌」)，二手十指，微屈豎，合頭(指端面與指端面)相著。

唐・李無諂(北印度嵐波國之大居士，公元700年於佛授記寺從事佛經翻譯)譯《不空羂索陀羅尼經》〈不空羂索呪印〉
「三摩地蓮華印」呪，第八
以二手合，(然後)令「掌內」空(此指「虛心合掌」)。呪曰：寺(上聲)。
此名「三摩地蓮華印」，由是力故得「三摩地」。

唐・善無畏《大毘盧遮那經廣大儀軌》卷1
爾時「薄伽梵」即便住於「身無害力」三昧。(於)住(於)斯「定」故，(即)說「一切如來入三昧耶、遍一切、無能障閡力、無等三力明妃」。
是「密印」相，當以定(左)、慧(右)手，作「虛心合掌」，二虛「空輪」(指兩大拇指)，並合，而建立之。頌曰……

唐・金剛智《金剛峰樓閣一切瑜伽瑜祇經》卷2〈9 金剛吉祥大成就品〉
「釋迦牟尼鉢」印：
以印從「定」(而生)起，旋轉便結本「三昧耶」印，以二羽「虛心合掌」，復當(於)心，即成。

唐・不空(公元705~774)譯《大悲心陀羅尼修行念誦略儀》
次結「本尊心密」印，順教相應為念誦……
「心印」，兩手合掌，「虛」掌內(此指「虛心合掌」)，合腕，二「頭指」(可以做)來去(的動作)。

唐・不空(公元705~774)譯《一字頂輪王念誦儀軌》

次結「普供養加持」印：
二手「虛心合掌」，上頂(此指十隻手指「最上頂節」之處)，各(個)「兩節」(皆)相交。真言曰……

無譯人《一字頂輪王念誦儀軌》
次結「普供養加持」印：
二手「虛心合掌」，五頂(此指五隻手指「最上頂節」之處)，各(個)「兩節」(皆)相交。真言曰……

唐・般若力(罽賓國沙門，公元758年譯經)譯《迦樓羅及諸天密言經》
「甘露」印，兩手「虛心合掌」，即印成。此印能銷一切「虫毒蛇毒」。

「虛心合掌」印的標準打法：
❶左右十指的「頭指」都要「互相黏住」，狀如「蓮花葉子」的輪廓。
❷手指要稍為「彎曲」。
❸掌中心要稍為「空虛」，但不能「空虛」的太大。

「虛心合掌」印：
左右十指的「頭指」
都要「互相黏住」
狀如「蓮花葉子」的輪廓
手指要稍為「彎曲」
掌中心要稍為「空虛」
但不能「空虛」的太大

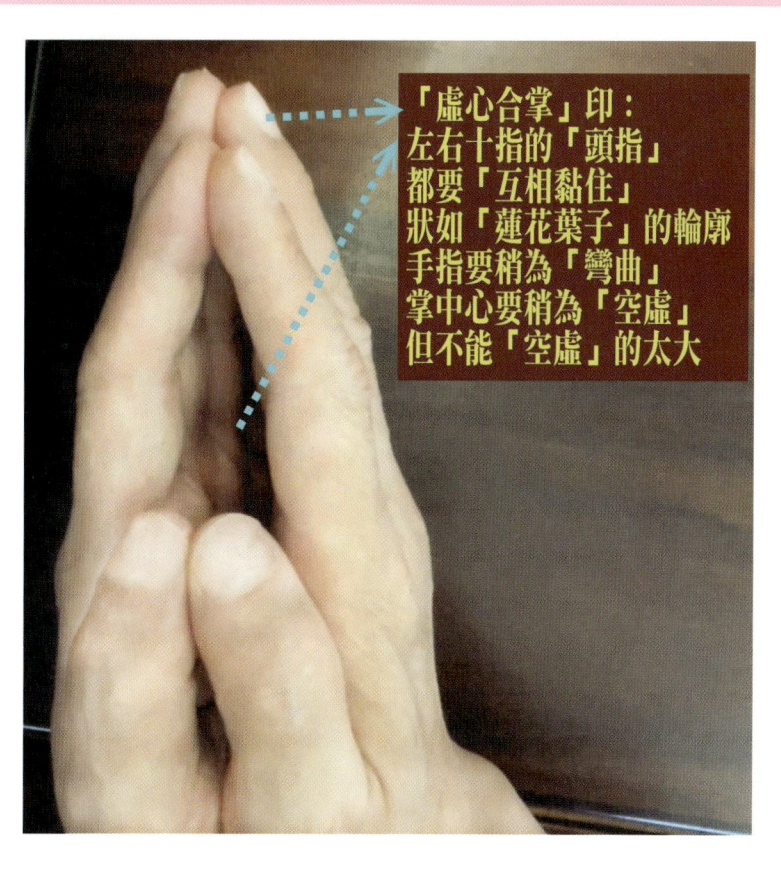

第三節 「金剛合掌」的正確結法

唐・阿地瞿多(Atikūṭa 中印度人。公元652年到長安)譯《陀羅尼集經》卷1〈1 釋迦佛頂三昧陀羅尼品〉

兩手掌，相合，左右十指，直豎「相叉」(此指「金剛合掌」)，右壓左，十指頭(必須)「齊正」(整齊對正)，即誦「那謨悉羯囉」呪。呪曰……

唐・阿地瞿多(Atikūṭa 中印度人。公元652年到長安)譯《陀羅尼集經》卷4〈佛說跋折囉功能法相品〉

「觀世音菩薩禮拜印」呪，第二十六
(1)二腳，膝著地坐(此指「跪坐」)，先合掌，左右指頭，總「叉入」(此指「金剛合掌」)，平齊(平整對齊)，右押左。
(2)作此印竟，(然後再)禮拜觀世音及禮「三寶」，兩膝徐徐雙下，著地，坐定，頭著地禮。
　呪曰……

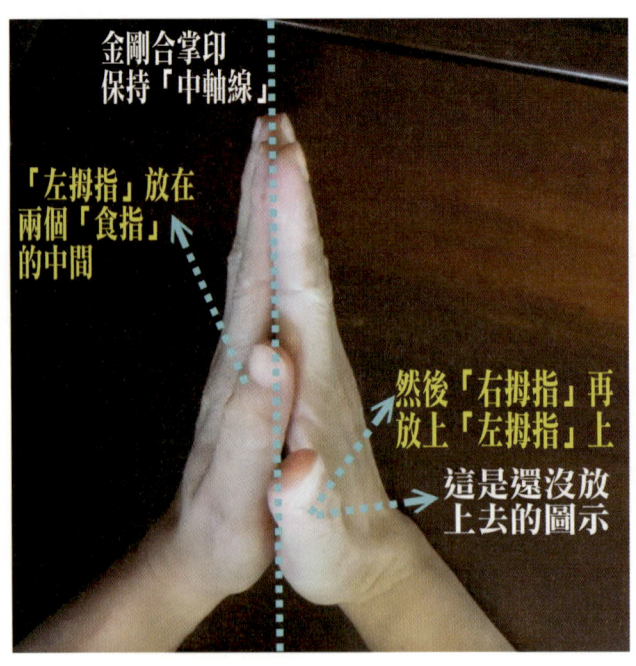

金剛合掌印
保持「中軸線」

「左拇指」放在
兩個「食指」
的中間

然後「右拇指」再
放上「左拇指」上

這是還沒放
上去的圖示

唐・善無畏(公元637～735。公元717年在一行大師的協助下開始在長安翻譯密典)譯《大毘盧遮那成佛神變加持經》卷7〈4 持誦法則品〉

「真陀摩尼寶王」印(此即指「震哆摩尼寶王印」cintā-maṇi)：
定(左手)、慧(右手)五輪，互相交，「金剛合掌」之標式，普通(普遍皆通於)一切菩薩法。

無譯人《大日經持誦次第儀軌》〈3 供養儀式品〉
「真陀摩尼寶王」印(此即指「震哆摩尼寶王印」cintā-maṇi)：
定(左手)、慧(右手)五輪，互相交。「金剛合掌」之標式，普遍(於)一切菩薩法。

唐・一行(公元 683～727。從公元 717 年開始參與善無畏大師的譯經。公元 720 年受金剛智大師的密印與灌頂)記《大毘盧遮那成佛經疏》卷 13〈9 密印品（一三--一四）〉
「十二種」合掌名相。凡諸印法，此十二極要，宜明記也。
第一，合掌，令當中心「堅」相著……此名「堅實心合掌」也……
第七，次又令十指頭「相叉」，皆以「右手指」加於「左手指」上，如「金剛合掌」也(此云歸命合掌)，梵音名：鉢囉(二合)拏(上)摩合掌。pra-ṇam(金剛合掌)。

唐・善無畏(公元 637～735)譯《慈氏菩薩略修瑜伽念誦法》卷1〈1 入法界五大觀門品〉
其手印相，以「智、定」二手，十輪相叉合掌(此指「金剛合掌」)，誦明五遍，加持五處，便成「三昧耶」身，此名「一切佛心三昧耶」印。
因以此印，(即能)生一切印故，先作「三昧耶」印。

唐・善無畏(公元 637～735)譯《蘇悉地羯羅供養法》卷 3
運心供養，誦此真言及作手印，如上所想供養皆悉成就。真言曰……
其手印相，兩手，「相叉」合掌(此指「金剛合掌」)，以右押左，置於頂上(此是成就運心供養手印)。

唐・善無畏(公元 637～735)譯《大毘盧遮那經廣大儀軌》卷 2
二羽，(十個手指於手指的最)「初分」(而相)交(此指「金剛合掌」)，名「普通密印」。

唐・金剛智(公元 669～741)譯《金剛頂瑜伽中略出念誦經》卷 1
結「三摩耶」契法，令止(左手)、觀(左手)羽，(雙手)堅牢已，以「諸度」(於手指的最)「初分」(而)相交(叉)，是名「金剛合掌」。

唐・金剛智(公元 669～741)譯《金剛頂瑜伽中略出念誦經》卷 3
二羽，(十個手指於手指的最)「初分」(而)相交(叉)，「觀」(右)羽押「止」(左)羽，此名「金剛合掌」。

唐・不空(公元 705~774。從公元 730 年開始在長安大薦福寺翻譯佛經)譯《十一面觀自在菩薩心密言念誦儀軌經》卷 2

次結「十一面觀自在根本印」：
以二手，右押左，「外相叉」(此指「金剛合掌」)，合掌，以印置(於)頂上，即成本尊身。

唐・不空譯《金剛頂一切如來真實攝大乘現證大教王經》卷1〈1 深妙祕密金剛界大三昧耶修習瑜伽儀〉
福(左手)、智(右手)二羽合，十度(十個手指於手指的最)「初分」(相)交(叉)，名為「金剛掌」(即是「金剛合掌」)，(為)一切印之「首」。

唐・不空譯《大樂金剛薩埵修行成就儀軌》
次作「金剛合掌」印，印相「堅固」(於雙)掌，(十隻手皆)交指(於)「初分」。真言曰……

唐・不空譯《金剛頂勝初瑜伽經中略出大樂金剛薩埵念誦儀》
次結「金剛掌」(此指「金剛合掌」)，(十指)豎合(而相)交(叉於手指的最)「初分」，「密言」如是(而)稱……

唐・不空譯《金剛頂勝初瑜伽普賢菩薩念誦法》
次結「金剛掌」(此指「金剛合掌」)，(十指)豎合(而相)交(叉於手指的最)「初分」，「密言」如是(而)稱……

唐・不空譯《金剛頂瑜伽他化自在天理趣會普賢修行念誦儀軌》
作「金剛合掌」印，十度(十隻手於手指最)「初分」(而)相交(叉)，是也。

唐・不空譯《金剛頂經瑜伽文殊師利菩薩法》
「金剛合掌」(印)，十度(十隻手於手指的最)「初分」(而相)交(叉)。

唐・不空譯《金剛頂經瑜伽文殊師利菩薩供養儀軌》
「金剛合掌」，十度(十隻手於手指的最)「初分」(而相)交(叉)。

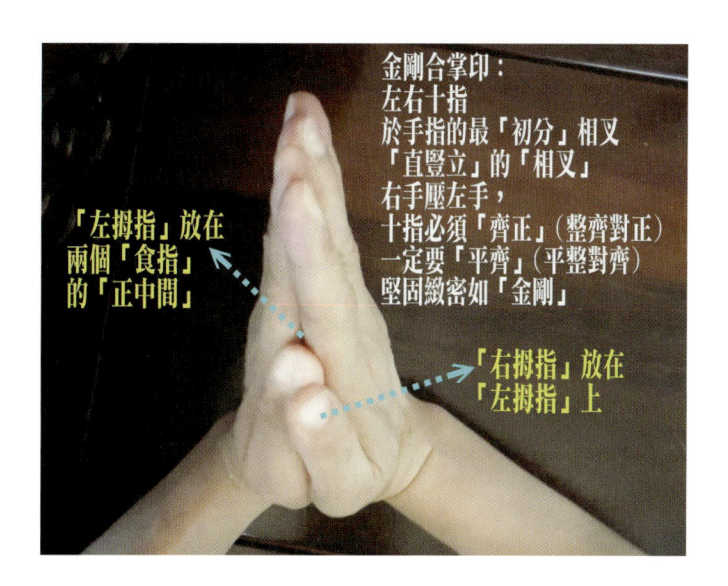

第三篇 其餘相關重要手印介紹 第一章 實心合掌、虛心合掌、金剛合掌的解密・369

金剛合掌印：
左右十指
於手指的最「初分」相叉
「直豎立」的「相叉」
右手壓左手，
十指必須「齊正」（整齊對正）
一定要「平齊」（平整對齊）
堅固緻密如「金剛」

「左拇指」放在
兩個「食指」
的「正中間」

「右拇指」放在
「左拇指」上

「金剛合掌」印的標準打法：

❶ 左右十指於手指最「初分」相叉。
❷ 「直豎立」的「相叉」。
❸ 右手壓左手。
❹ 十指必須「齊正」（整齊對正）。
❺ 一定要「平齊」（平整對齊）。
❻ 堅固緻密如「金剛」。

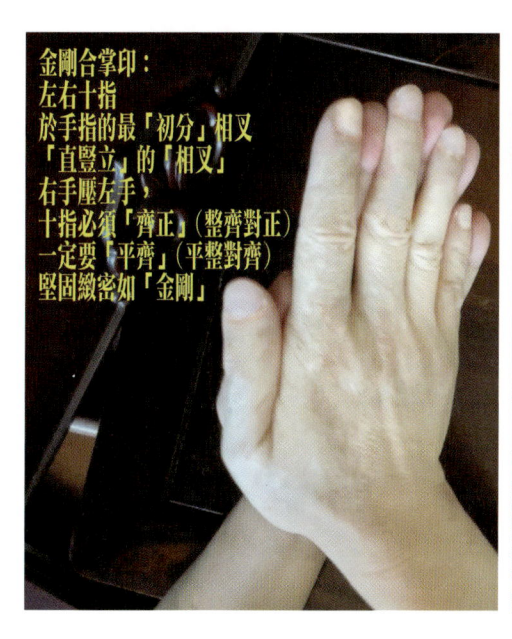

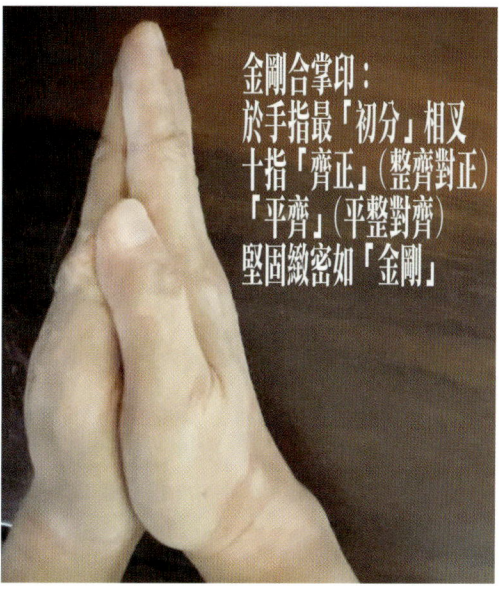

金剛合掌印：
左右十指
於手指的最「初分」相叉
「直豎立」的「相叉」
右手壓左手，
十指必須「齊正」（整齊對正）
一定要「平齊」（平整對齊）
堅固緻密如「金剛」

金剛合掌印：
於手指最「初分」相叉
十指「齊正」（整齊對正）
「平齊」（平整對齊）
堅固緻密如「金剛」

第四節 「金剛合掌」的功德有多少？

唐・阿地瞿多(Atikūṭa 中印度人。公元 652 年到長安)譯《陀羅尼集經》卷 4〈佛說跋折囉功能法相品〉

「觀世音菩薩禮拜印」呪，第二十六
(1)二腳，膝著地坐(此指「跪坐」)，先合掌，左右指頭，總「叉入」(此指「金剛合掌」)，平齊(平整對齊)，右押左。
(2)作此印竟，(然後再)禮拜觀世音及禮「三寶」，兩膝徐徐雙下，著地，坐定，頭著地禮。呪曰……
(3)是「法印呪」，若作道場，及常供養、隨所逢見(之)諸佛會處，(於任何)隨喜之時，當作是「印」，至心誦呪。
(4)「稱讚」三寶，(然後)「作禮」一拜，遍諸十方一切剎土恒河沙「俱胝」諸佛，皆與(汝)受記，滅除「禮(拜)者」萬生已來(之)罪障，悉除豁盡(而)無餘。(於)臨命終時，(平日)所禮(拜之)「諸佛」皆來迎接，(便能)「橫截」(橫穿截掉)業道(諸惡業道)，不(再歷)經「諸難」，(便能)直入佛會，必定證得「無生法忍」，成(就)「不退地」。

唐・善無畏(公元 637～735)譯《尊勝佛頂脩瑜伽法軌儀》卷 1〈5 修瑜伽五智品〉

又，經中所說，(常)以兩手「合掌」，(然後)以右手「大指」，押「左大指」上(此指「金剛合掌」)，(這是)「除災」時(最常)用(的)。
(但)若(改成)「降伏」念誦時，(則將會變成)以「左」(大拇指去)押「右」(大拇指)，即是。

唐・一行《藥師琉璃光如來消災除難念誦儀軌》
次結「普供養」大印之儀則，
(於)諸(頭)頂(置印)，(十個手指各於手指的)「初分」(相)交(叉)，從(此金剛合掌)「印」中(能)流出，種種諸供養……寶座等莊嚴。

無譯人《奇特最勝金輪佛頂念誦儀軌法要》
次結「虛空普供」印：二羽合掌，(十個手指皆)交(叉於手指的最)「初分」，右押左，「縛」如金剛(般的堅固)，(觀)想成(是)真實(的)「微妙供」，(有)無量雲海奉聖眾，(然後)供養一切諸如來，後說四句妙「伽他」，五誦真言(之後)，(手印即於)頂上散。

無譯人《播般曩結使波金剛念誦儀》
「普供養」契(印)。

契相，二手合掌，右押左，(十隻手相)交(又於手)指(的最)「初分」，即成，(然後)誦真言三遍。諦想(有)無量無邊塗香雲海、末香雲海…

唐‧不空譯《佛頂尊勝陀羅尼念誦儀軌法》
次結「虛空藏明妃」印，真言曰……
其契相：二手相叉，合掌，右押左(此指「金剛合掌」)，誦七遍。次想自身於心中有圓「明月」輪……

唐‧不空譯《佛說大孔雀明王畫像壇場儀軌》
次結「普供養一切賢聖」印。
二手，右押左，「相叉」合掌(此指「金剛合掌」)，十指互(相)交(又於手指的)「上節」(處)，即成。結印當心，誦七遍，(再於)頂上散印。真言曰……由結此印，及誦真言，能於一一佛、菩薩、諸聖眾前及於無量諸佛剎土，成辦一切「廣大供養」。

唐‧不空譯《仁王護國般若波羅蜜多經陀羅尼念誦儀軌》〈3 入道場儀軌〉
第九結「普供養」印：
右以兩手合掌，五指互交(此指「金剛合掌」)，以右押左，置於心上。誦真言曰……由結此印(而)誦真言故，運心廣布周遍法界諸佛菩薩道場海會，普雨一切「諸供養具」……

唐‧不空譯《一字頂輪王念誦儀軌》
次於「須彌盧山」上，(觀)想「七寶樓閣」，即結「加持寶樓閣」印：
以二手「金剛合掌」，左右十指，各交(又於手指的最)「初分」，即成。真言曰……

唐‧不空譯《金剛頂一字頂輪王瑜伽一切時處念誦成佛儀軌》
我今普禮獻，即取「香」塗手，結「一切供養最勝出生」印。
先如常「合掌」，當(於)自心，印以諸指，右押左，(於手指的最)「初分」互相交(叉)，(即)成「金剛合掌」(印)。一切諸密印，無非從此(而)生，故(亦)名(為)「虛空庫」(印)。

唐‧不空譯《十一面觀自在菩薩心密言念誦儀軌經》卷2
以十指，右押左，(於手指的最)「初分」(而)相交(叉)，誦後「普供養」密言，即送七寶車輅，送往聖者所。

唐‧不空譯《大悲心陀羅尼修行念誦略儀》

次結「普供養」印。
二手合掌，微交(此指「金剛合掌」，完整的意思是指：十手指互相交叉於手指的「最前端」處，所以經文即稱爲「微交」)，右押左，置印心上，誦真言五遍。從(此手)印流出種種「供養雲海、塗香、華鬘、燒香」……

唐・不空譯《聖賀野紇哩縛大威怒王立成大神驗供養念誦儀軌法品》卷1
次結「普供養」印，供養「本尊」及聖眾，二手十度(於手指的最)「初分」相交(叉)。結印成已，誦「真言」，思惟從(手)「印」(而)流出種種「供養雲海、天妙妓樂、歌舞嬉戲」等，(以及)「天妙衣服、飲食燈明、閼伽賢瓶劫樹、寶幢幡蓋諸寶」等類，(所有)一切人天所有受用之物，眾多差別(之)供養具，如「大乘契經」(中)所說(的)供養之具，周遍(於)一切世界，盡虛空遍法界，一切微塵刹土諸佛海會、一一聖眾前，皆有「真實」(的)供養。誦真言曰……

唐・不空譯《甘露軍荼利菩薩供養念誦成就儀軌》
二手，十度(十隻手於手指的最)「初分」(而)相交(叉)。結「印」成已，(應)誦密語，思惟從(此手)印(能)流出種種「供養雲海、天妙伎樂、歌舞嬉戲」等，「天妙衣服、飲食、燈明閼伽賢瓶劫樹……

無譯人《大佛頂如來放光悉怛多般怛羅大神力都攝一切呪王陀羅尼經大威德最勝金輪三昧呪品》〈2 諸菩薩萬行品〉
誦「仰印」：唵……咄力・莎訶。
以左右二掌，十指「相叉」合掌(此指「金剛合掌」)，當心，誦七遍，頂禮菩薩「求聰明」。若每日作此「印」供養菩薩，(能)滅「愚癡」罪業。

無譯人《大佛頂如來放光悉怛多般怛羅大神力都攝一切呪王陀羅尼經大威德最勝金輪三昧呪品》〈2 諸菩薩萬行品〉
以左右二手合腕，十指「相叉」合掌(此指「金剛合掌」)，當心。若人每日作此「印」供養菩薩，(能)滅「千劫」罪。

第五節 「金剛合掌印」的檢討

(1)根據唐朝五位大師所譯的「密教經典」。

❶唐・阿地瞿多譯《陀羅尼集經》。
❷唐・善無畏譯《大毘盧遮那成佛神變加持經》、《慈氏菩薩略修瑜伽念誦法》、《蘇悉地羯羅供養法》。
❸唐・一行記《大毘盧遮那成佛經疏》。
❹唐・金剛智譯《金剛頂瑜伽中略出念誦經》。
❺唐・不空譯《十一面觀自在菩薩心密言念誦儀軌經》、《大樂金剛薩埵修行成就儀軌》、《金剛頂勝初瑜伽經中略出大樂金剛薩埵念誦儀》、《金剛頂勝初瑜伽普賢菩薩念誦法》……等。

經過「精細比對」與綜合整理後：

「金剛合掌」印的標準打法是：
❶左右十指於手指最「初分」相叉。
❷「直豎立」的「相叉」。
❸右手壓左手。
❹十指必須「齊正」（整齊對正）。
❺一定要「平齊」（平整對齊）。
❻堅固緻密如「金剛」。

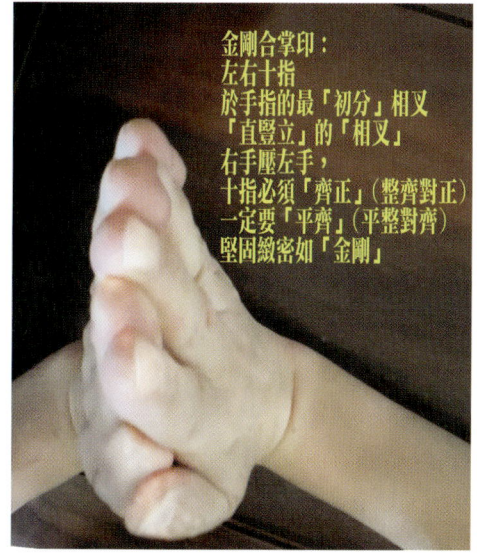

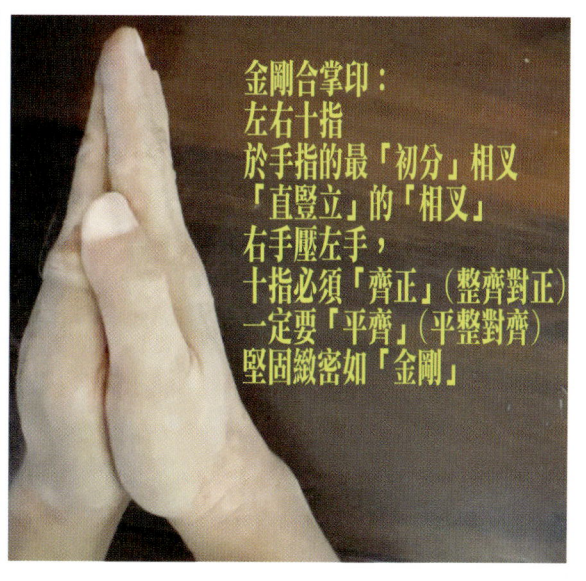

(2)從唐朝五位「密教大師」所翻譯的經論中，我們已可得知「最正確、最原始標準」的「金剛合掌印」結法了。

這個「金剛合掌印」從公元 650 年就已經「問世」了，至今 2025 年，已經 1300 多年了。

(3)期望大家能將這次演講的視頻大量轉發出去，「金剛合掌印」能重新「住世」，所有與「金剛合掌印」有關的「畫像、雕像、塑像……」都應該要有「勇氣」把他全部「修正」過來的！

第二章 金剛拳「內縛印」與「外縛印」的解密

唐·不空《金剛頂瑜伽千手千眼觀自在菩薩修行儀軌經》中說：

由結「金剛縛印」，瑜伽者速得「十地」滿足。

「金剛縛」印，能清淨我們的「第八識」，除掉所有的「雜染」種子。

「金剛縛」印，就是金剛之「縛」，固體「密緻」，故無有能害也。

「金剛縛」印，即是「無間隙真如」也。

「縛」謂「制縛」，能令「妄念」不生，攝令成「定」，能解除你所有的「煩惱繫縛」。

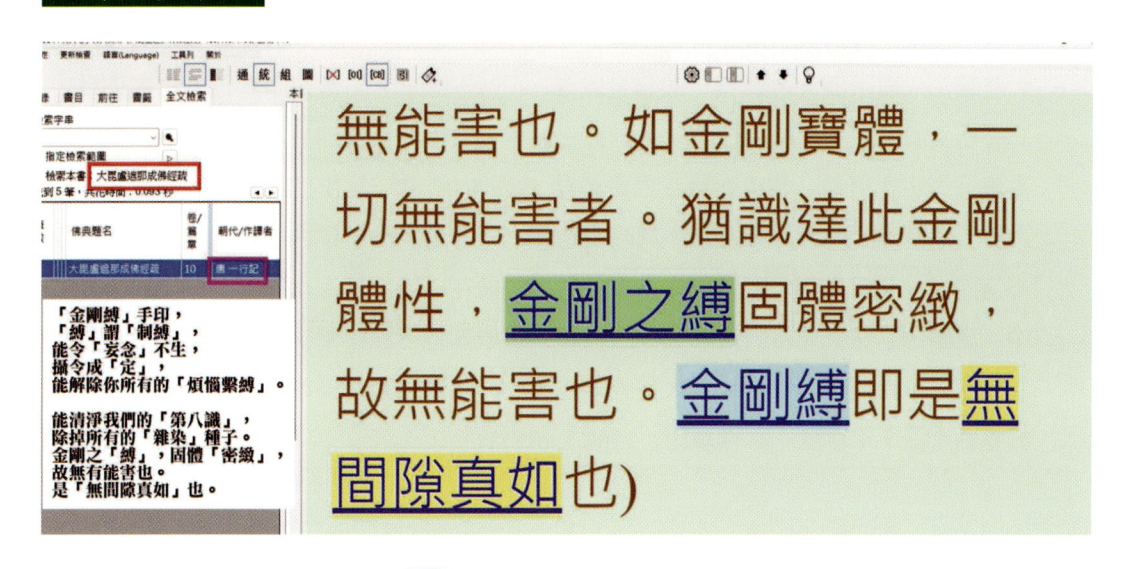

無能害也。如金剛寶體，一切無能害者。猶識達此金剛體性，金剛之縛固體密緻，故無能害也。金剛縛即是無間隙真如也)

唐·一行(公元683~727。從公元717年開始參與善無畏大師的譯經。公元720年受金剛智大師的密印與灌頂)記《大毘盧遮那成佛經疏》卷13〈9 密印品(一三-一四)〉

然「作拳法」，有其四種：

第一：如常作「拳」法，「大指」(要)豎(立)之，此是一也。

(第二：)次以「空指」(指「大拇指」)在於「掌中」而拳之，名「金剛拳」，第二也。

(第三：)又二手，而合作拳，令「十指」出現於「外」，此名「指在外拳」，第三也(並右指加

376・《佛菩薩專用手印解析暨研究》(全彩版)

左)。(此即指金剛拳「外縛印」)

(第四:)次以「十指」相叉,皆令「十指」頭,在於「掌內」,此名「二手拳」,第四也(亦右指加左上)。(此即指金剛拳「內縛印」)

四種拳
【佛光大辭典】大字體 護眼色

指密教結手印時用以作印母之四種拳印。即：(一)蓮華拳，又作如來拳、胎藏拳，或略稱胎拳。系胎藏界曼荼羅所用。即五指作拳狀，以拇指壓於食指外側，此印相系表示地、水、火、風、空等五大法性之理塔。因蓮花表理，故稱蓮華拳。(二)金剛拳，又作金剛如來拳、忿怒拳。為金剛界曼荼羅所用。即以拇指入於掌中，四指緊握（掌中表示月輪，拇指表示大空智）作拳狀，此外其他經軌另有異說。此印相作月輪安住大空智形，表示識大金剛智，故稱金剛拳。(三)外縛拳，又作金剛縛印、指在外拳、向外相叉拳。即二手相叉作拳，十指皆出於外，右手拇指置於左手拇指之上。此印相系表示蓮花上月輪，特用於胎藏界曼荼羅。(四)內縛拳，又作二手拳、內掌拳、指向內相叉拳合掌、向內作拳合掌、向內叉合掌。即十指相叉於掌內，指尖向內隱，右手拇指置於左手拇指之上。此印相系表示月輪中蓮花，特用於金剛界曼荼羅。在諸經軌中，說結印之法必先舉四種拳與十二合掌，作為其他各種印契之基準，而後始述所用之印契。〔大日經義釋卷十、大日經疏卷十三、諸儀軌稟承錄卷十三、大日經疏演奧鈔卷四十四〕（參閱「六種拳印」1304）p1811

> **《新編密教大辭典》頁450**
>
> (3)外縛：右指加於左指之上，二手相叉作拳，十指外出。《大疏》及《義釋》名此為指在外拳，或向外相叉拳。
>
> (4)內縛：右指加於左指之上，掌內十指相叉。《大疏》名此為二手拳或指向內相叉拳合掌、向內作拳合掌、向內叉合掌、內掌拳等，《義釋》名為內縛拳。內縛及外縛雖難以稱拳，然因二手合抱為拳，故亦以拳稱之。內縛表月輪中有蓮華之形，外縛表蓮華上有月輪之形。內外縛之圓形即月輪，八指相叉即八葉蓮華。故內縛為金剛界，外縛為胎藏界。以上四種出自《大疏》卷十三〈密印品〉，一般稱為四種拳。《大疏》將十二合掌及四種拳作為一切印契之印母。

第一種「金剛拳」是讓「大拇指」放在「食指」的「側邊」即可，如下二段的經證：

《播般囊結使波金剛念誦儀》（唐云「步擲」金剛）
舉左手（的）「頭指」（食指）已下，成拳，（然後）以「大指」押（在）「頭指」（食指）側。

《播般囊結使波金剛念誦儀》
次「拳」，（以）「大指」押「頭指」（食指）側。

四種「金剛拳」印。最高深、最難的，其實是第四種！

第一種、第二種手印，只能是左、右手，各自「獨立」結法。

第三種是「外縛」印，小缺點是「十個手指」都「露在外」。

第四種「內縛」印，十個手指「全部」包」在裡面。外面的人，也看不見裡面的「小指、無名指、中指、食指」是兩兩「相勾、相捏、緊握、用力」方式（搞神祕）。

然後也可以另外「抽」出「右大指」來另外「辦事」當作「期剋印」。

這就是為何密教經典會說：
由結「金剛縛印」，瑜伽者速得「十地」滿足。

能清淨我們的「第八識」，除掉所有的「雜染」種子。

金剛之「縛」，固體「密緻」，故無有能害也。是「無間隙真如」也。

「縛」謂「制縛」，能令「妄念」不生，攝令成「定」，能解除你所有的「煩惱繫縛」。

第二種「金剛拳」，可抽出「小指」另外「辦事」當作「期剋印」

唐・不空《聖迦抳忿怒金剛童子菩薩成就儀軌經》卷1

又法若「隣國侵境、惡臣作亂」者，對此像前，取人「劫波羅」，擣為「末」，捏作彼「人形」，當於塚間或於池側，以像面向「北」，持誦者面向「南坐」，於「三角壇」中安置像，持誦者，「斷語」乞食，「忿怒」作無悲愍心。

以右手作「金剛拳」，舒「小指」，刺彼「人形心」上，誦真言「無間斷」。由此威力，即令彼人得「大寒熱病」。

第一節　先從「金剛合掌」印開始，才能有金剛拳「內、外」縛印的結法

唐・阿地瞿多(Atikūṭa 中印度人。公元652年到長安)譯《陀羅尼集經》卷12〈佛說諸佛大陀羅尼都會道場印品〉

如其當部無「印呪」者，(如果您修的本尊或咒語，在經典上是沒有記載專用「手印」時，怎麼辦？)
(1)若(是)請諸佛(的)，即(通)用一切諸佛「印」法。
(2)若(是)請諸菩薩(的)，(即)通用一切菩薩「印」法。
(3)若(是)請金剛(的)，亦(通)用一切金剛「印」法。
(4)若(是)請諸天(的)，亦(通)用一切諸天「印」法。
(5)若(是)請一切諸鬼神等，亦(通)用一切諸鬼神(的「印」)法，一一次第總奉請竟。

唐・金剛智(公元669～741。從公元723年開始在資聖寺翻譯佛經)譯《金剛頂瑜伽中略出念誦經》卷1

復次，其「金剛合掌」契(印)，(若極)盡諸度(諸度＝十隻手指)本分，加(於手)背，極(堅)牢結已，號為「金剛縛」契。(以上應是喻金剛拳的「外縛印」，因為有「加背」二個字)

(「盡諸度本分」是把十個手指從「初節」到「末節」都用「盡」的意思，如果是「外縛印」，那就是整個「手指」都「外相交叉」，不留一點空隙。如果是「內縛印」的話，那就是整個「手指」的「中節」以後是「內相交叉」的)

唐・金剛智(公元669～741)譯《金剛頂瑜伽中略出念誦經》卷3

(1)即合二羽(二隻手)，(各於手指上節的最)「初分」相交(叉)，(以)「觀」(右)羽押「止」(左)羽，此名「金剛合掌」。
(2)(然後)極(盡)諸度(諸度＝十隻手指)本，互相握合(此喻金剛拳「外縛印」或「內縛印」)，此名「金剛縛」契，凡諸「三摩耶」契，皆從此無上(之)「金剛縛」所生。

(「極諸度本」是指把十個手指從「初節」到「末節」都用「盡」的意思，如果是「外縛印」，那就是整個「手指」都「外相交叉」，不留一點空隙。如果是「內縛印」的話，那就是整個「手指」的「中節」以後是「內相交叉」的)

唐・金剛智(公元669～741)譯《不動使者陀羅尼祕密法》

兩手十指，向「內」相叉(此指金剛拳「內縛印」)，急握成拳，(此)名「不動寶山印」。

唐・不空(公元705～774。從公元730年開始在長安大薦福寺翻譯佛經)譯《聖賀野紇哩縛大威怒王立成大神驗供養念誦儀軌法品》卷1

當結成就「寶山王印」，十度「內」相交(此指金剛拳「內縛印」)，為拳相「合豎」。

唐・不空(公元705~774)譯《金剛頂瑜伽千手千眼觀自在菩薩修行儀軌經》卷1

(1)次結「金剛合掌印」：二手「十度」，右押左，互「相交」即成。真言曰……
(2)由結「金剛合掌印」：速得滿足「十波羅蜜」，得「十自在」。
(3)次結「金剛縛印」，即以前印，十度「外相叉」(此指金剛拳的「外縛印」)，作拳即成。真言曰……由結「金剛縛印」，瑜伽者速得「十地」滿足。

唐・不空(公元705~774)譯《金剛頂蓮華部心念誦儀軌》

即彼「金剛掌」，「十度」(十隻手指)結為「拳」，名為「金剛縛」，能解(除你所有的煩惱)「結使」縛。

唐・不空(公元705~774)譯《金剛頂瑜伽他化自在天理趣會普賢修行念誦儀軌》

作「金剛合掌」印，「十度」(十隻手指的前面最)「初分」，(互)相交(叉)是也。

唐・不空(公元705~774)譯《金剛頂一切如來真實攝大乘現證大教王經》卷1〈1 深妙祕密金剛界大三昧耶修習瑜伽儀〉

福(左手)、智(右手)二羽合，「十度」(十隻手指的前面最)「初分」(相)交(叉)，名為「金剛掌」，(此為)一切「印」之首。

唐・不空(公元705~774)譯《金剛頂一字頂輪王瑜伽一切時處念誦成佛儀軌》

(1)我今普禮獻，即取香塗手，結一切供養，最勝出生印。
(2)先如常「合掌」，當自心印以，諸指「右」押「左」，(十隻手指的前面最)「初分」互相交(叉)，成「金剛合掌」。
(3)一切諸密印，無非從此生，故名「虛空庫」。結印誦密言，安頂上運心，想自身遍禮，一一如來足。

唐・不空(公元705~774)譯《大樂金剛薩埵修行成就儀軌》

作「金剛合掌印」，印相「堅固」掌，(十隻手)交(叉於)指(端前面最)「初分」(的部分)。

唐・不空(公元705~774)譯《大樂金剛薩埵修行成就儀軌》

結「金剛縛印」，印相(則)以「金剛掌」(為主)，(然後)便深「交」(之後再)合(上成為)拳(頭狀)。

無譯人《奇特最勝金輪佛頂念誦儀軌法要》

虛空普供印：

二羽合掌，(十隻手指)交(叉於指端前面最)「初分」(的部分)，右押左，「縛」如金剛，想成真實微妙供，無量雲海奉聖眾，供養一切諸如來。

第二節 何謂金剛拳的「內縛印」？「外縛印」？這個手印在密教中有多重要？

唐・不空(公元705~774)譯《金剛頂一切如來真實攝大乘現證大教王經》卷2〈金剛界大曼荼羅廣大儀軌品〉

(1)爾時，「婆伽梵」復入一切「如來拳」大菩薩摩訶薩「三昧耶」，出生「羯磨」加持，名「金剛」三摩地，一切如來身口心「金剛縛」三昧耶，名「一切如來心」，從自「心」(而)出……

(2)出已，(即)入世尊「毘盧遮那佛」心，聚為一體，生「金剛縛」形(有「內縛印」與「外縛印」兩種)，住(於)「佛掌」中，從彼「金剛縛」形(中生)出一切世界微塵等「如來身」。

(3)出已，於一切世界、一切如來「印縛」智等，作一切佛神通遊戲，一切「如來拳」善縛故、「金剛薩埵」三摩地極「堅牢」故，聚為一體，生一切「如來拳」大菩薩身，住世尊「毘盧遮那佛」心。

北宋・施護(Dānapāla。公元?~1017)譯《佛說一切如來真實攝大乘現證三昧大教王經》卷6〈1 金剛界大曼拏羅廣大儀軌分〉

今說一切「如來金剛」三昧印智法門。頌曰：
(1)(十指)先作「堅固」(的)「金剛掌」(印)，謂以「十指」互相交，即此所說(的)「金剛掌」(印)，(然後先)不改(前面的「金剛合掌」印)，便(再轉而)結(成)「金剛縛」(有「內縛印」與「外縛印」兩種)，

(2)所有一切「三昧印」，皆從「金剛縛」(印之)所生，我今宣說成結(金剛縛之)儀(軌)，彼「金剛」(縛之)結為最上。

唐・一行(公元683~727。從公元717年開始參與善無畏大師的譯經。公元720年受金剛智大師的密印與灌頂)記《大毘盧遮那成佛經疏》卷10〈4 普通真言藏品(一○)〉

(金剛拳的「內縛印」就像是一種)金剛之「縛」，固體(非常)「密緻」，故無(有)能(破)害也。「金剛縛」即是(一種)「無間隙真如」也。

唐・般若(公元734~?。公元786年開始譯經)譯《諸佛境界攝真實經》卷3〈9 護摩品〉

時彼弟子結「金剛手印」，(然後再)以「十指頭」，更互「相叉」，皆(於)「內掌」中(此指金剛拳的「內縛印」)，以右押左。

唐・般若(公元734~?)譯《大乘本生心地觀經》卷8〈10 觀心品〉

(1)若有善男子、善女人，持此呪時，(先)舉「清淨手」：

(2)左右十指,更互「相叉」(從同爲般若所譯的《諸佛境界攝眞實經·卷三·護摩品》的經文云:以「十指頭」,更互「相叉」,皆「內掌」中。那就一定是指「內縛拳」印了),以「右」押「左」,更相「堅握」,如「縛著」形,名「金剛縛印」。
(3)成此「印」已,(再修)習前(面所説的)真言,(只要誦唸才)盈滿「一遍」,(即能)勝於讀習(三藏)「十二部經」,所獲功德(此指「咒語＋手印」一起修持),無有限量,乃至菩提,不復退轉。

唐·般若(公元734~?)譯《諸佛境界攝真實經》卷1〈3 金剛界大道場品〉

「瑜伽」行者,結「金剛縛印」,(先)不解(開)其前(面的)「金剛合掌印」,(然後再改以)左右「十指」,更互「相握」,(即)以「右五指」,堅握「左手」、以「左五指」堅握「右手」(從《諸佛境界攝眞實經·卷三·護摩品》中的經文云:以「十指頭」,更互「相叉」,皆「內掌」中。那就一定是指「內縛拳」印了),如「縛著」(之)相。持真言曰……

清·來舟集《大乘本生心地觀經淺註》卷8〈十別解文義·觀心品第十〉

(1)然(《大乘本生心地觀經》中說的)「十指」更「互相叉」者……此則十指(指)皆「內叉」也(此即爲金剛拳的「內縛印」)……
(2)(所謂)「堅握」如「縛著形」者。
  「堅」即「向上」。
  「握」即「曲指」,(即「十指」皆)互「入」(於)掌中(那就一定是指「內縛拳」印了)。
(3)(所謂)「縛」者,如「繩」纏縛之相。
(4)其(所謂)名曰「金剛縛印」者:
  「金剛」取「堅利」之義。
  「堅」者謂結成此印,一切鬼神魔外,所不能動。
  「利」者謂此印結成。有威神之力,能降魔制外。
  「縛」謂「制縛」。(能)令「妄念」不生,攝令成(爲一種)「定」。
(5)成此「印」下,謂(金剛縛)「印」成(之後),然後(再開始)持呪。

唐·不空(公元705~774)譯《金剛頂蓮華部心念誦儀軌》

即以「金剛縛」(印),能(清)淨(吾人之)「第八識」,亦(能)除「雜染」種(子)。

北宋·施護(Dānapāla。公元?~1017)譯《佛說普賢曼拏羅經》

二手(作)「金剛縛」(印),能解(除)諸(煩惱)「結使」,(清)淨(吾人之)「第八識」中一切「雜染」種(子)。

北宋·施護(Dānapāla。公元?~1017)譯《佛說一切如來真實攝大乘現證三昧大教

王經》卷 12〈6 降三世曼拏羅廣大儀軌分〉
應作「金剛縛」(印而)「緊密」,「大指」(即)如金剛(般的堅固)。

清末・咫 ㄓˇ 觀(清末的咫觀老人,原名鄭應房,約清同治至光緒時,約公元 1862~1908 年的人)記《法界聖凡水陸大齋法輪寶懺》卷 9
(1)又以兩手「十指」相叉,(若手)指露於「外」而「緊握」(此名外相叉。若指全不露,名內相叉),(即)名(為)「金剛縛」(印)。
(2)又以此「金剛縛」(內縛印及外縛印皆可以),(當)「翻轉」手掌(而改成)向上(之時),(則又可)名(回)「金剛掌」(印)。
(3)此三印(金剛合掌印、金剛拳外縛印、金剛拳內縛印),乃「一切印」之所從出生也。

第三節 金剛拳「外縛印」的經典記載

唐・不空(公元 705~774)譯《金剛頂瑜伽金剛薩埵五祕密修行念誦儀軌》
結「金剛縛印」，准前「金剛合掌」，便「外相叉」，作拳(此指金剛拳的「外縛印」)，誦真言曰：
唵・嚩日囉(二合)・滿馱。
由結此(金剛縛)印，即(能)成(此)「金剛解脫智」。

唐・不空(公元 705~774)譯《金剛頂瑜伽千手千眼觀自在菩薩修行儀軌經》卷1
次結「金剛縛印」，即以前印，十度「外相叉」，作拳(此指金剛拳的「外縛印」)，即成。
真言曰：
唵・嚩日囉(二合)・滿馱。

唐・不空(公元 705~774)譯《聖賀野紇哩縛大威怒王立成大神驗供養念誦儀軌法品》卷1
次結「金剛縛印」，以前印，十度(十手指)「外相叉」，作拳(此指金剛拳的「外縛印」)，即成。真言曰：
唵・嚩日囉(二合)・滿馱。
由結(此)「金剛縛印」，(所有修持)「瑜伽」者，(皆)速得「十地」滿足。

唐・不空(公元 705~774)譯《普賢金剛薩埵略瑜伽念誦儀軌》
結「金剛縛印」(參照前面的經文可得知此處指的是金剛拳的「外縛印」)，誦密語曰：
嚩日囉(二合)・滿馱。
由結此(金剛縛)印，於十種(的)煩惱「結使」，皆(令)得解脫，(所有)「十波羅蜜」(皆)頓得圓滿。

唐・不空(公元 705~774)譯《大樂金剛薩埵修行成就儀軌》
次結「金剛縛印」(參照前面的經文可得知此處指的是金剛拳的「外縛印」)。
印相以「金剛掌」，便深交，合拳(此指金剛拳的「外縛印」)。真言曰：
嚩日囉(二合)・滿馱。
諸「三昧耶」印，皆從此(金剛)「縛」(印而)生。

唐・李無諂譯《不空羂索陀羅尼經》〈不空羂索呪印〉
摩尼海印呪第十四

二手「八指」，向「外相叉」（金剛拳的「外縛印」），以右押左，以二「大指」，（全部都）押右「頭指」（食指上）。呪曰：

「帝」。

此是「摩尼海印」呪，悉能銷除一切「暴雨」。

詳細方式：

❶ 兩手十指「外相交叉」，右押左。
❷「右大指」在上，「左大指」在下。
❸「右大指」要依附於「右食指」的側邊上。
❹「左大指」要依附於「左食指」的側邊上。
❺ 兩手合腕，掌肉相貼，實心合住。

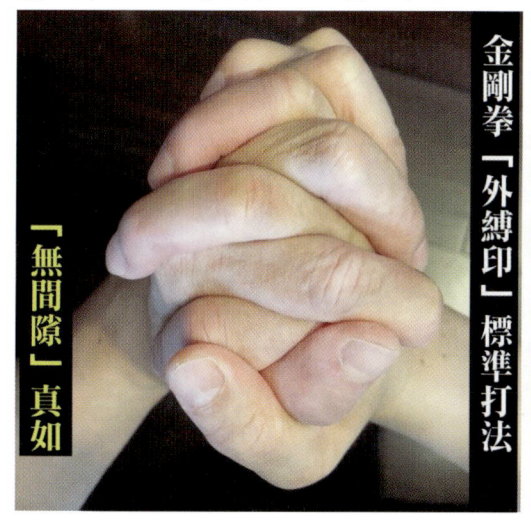

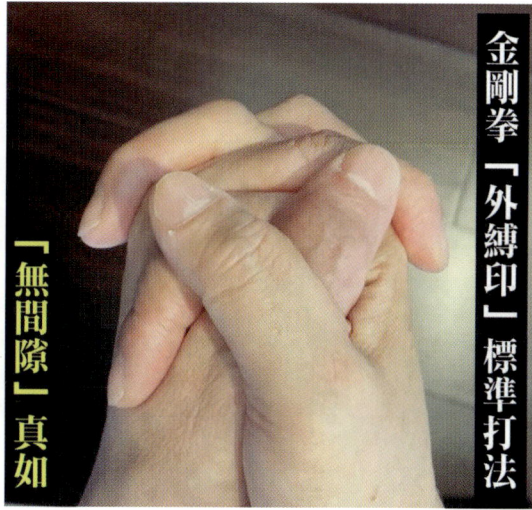

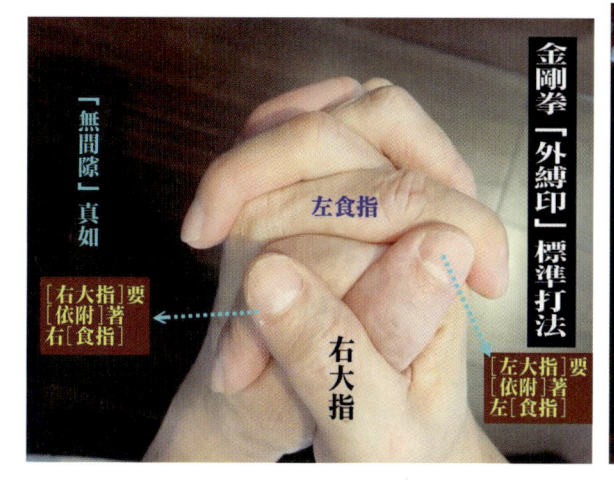

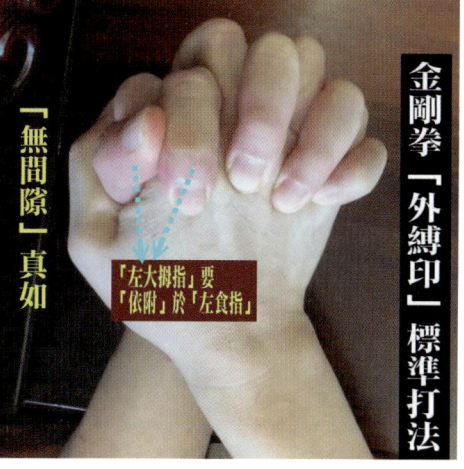

386・《佛菩薩專用手印解析暨研究》(全彩版)

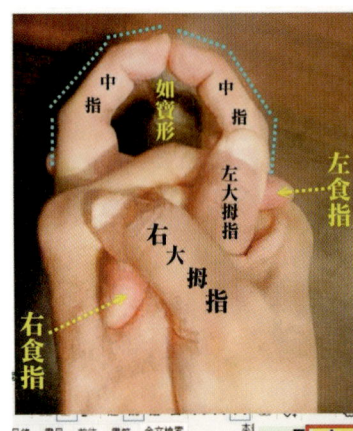

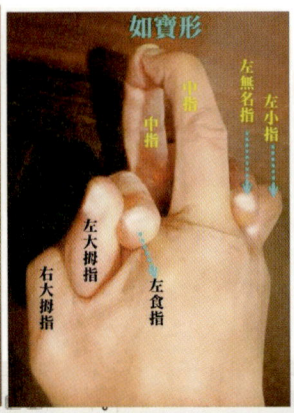

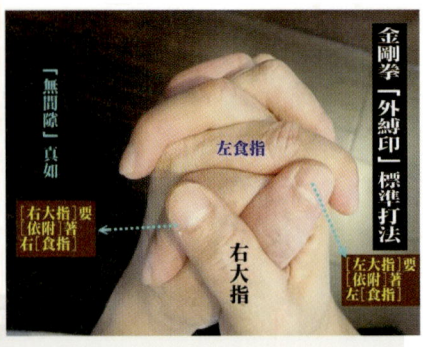

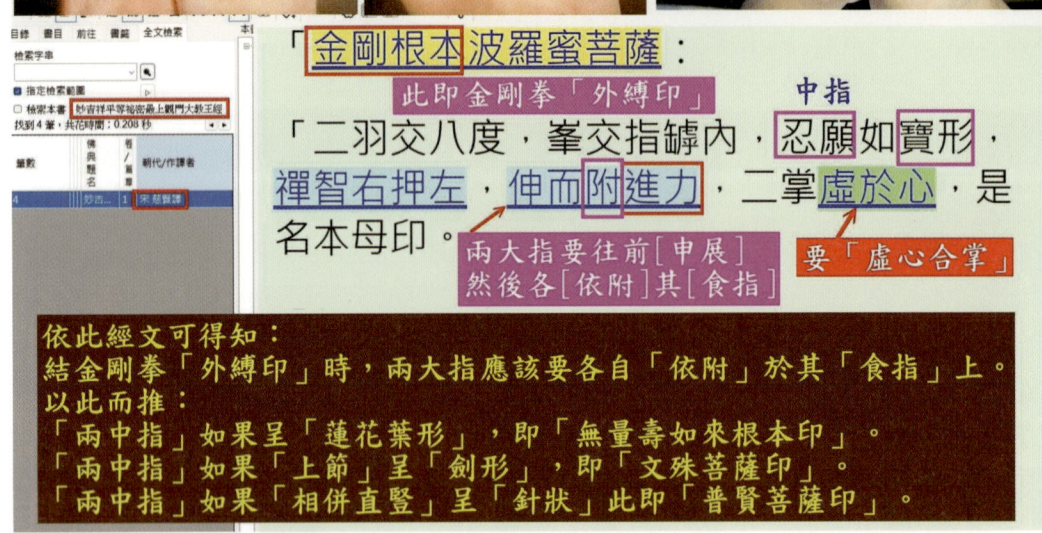

圖一：中指、如寶形、中指、左大拇指、左食指、右大拇指、右食指

圖二：如寶形、中指、左無名指、左小指、左大拇指、左食指、右大拇指

圖三：金剛拳「外縛印」標準打法、「無間隙」真如、[右大指]要依附著右[食指]、左食指、右大指、[左大指]要依附著左[食指]

「**金剛根本波羅蜜菩薩**：

此即金剛拳「外縛印」　　中指

「二羽交八度，峯交指鏬內，忍願如寶形，禪智右押左，伸而附進力，二掌虛於心，是名本母印。」

兩大指要往前[申展]
然後各[依附]其[食指]

要「虛心合掌」

依此經文可得知：
結金剛拳「外縛印」時，兩大指應該要各自「依附」於其「食指」上。
以此而推：
「兩中指」如果呈「蓮花葉形」，即「無量壽如來根本印」。
「兩中指」如果「上節」呈「劍形」，即「文殊菩薩印」。
「兩中指」如果「相併直豎」呈「針狀」此即「普賢菩薩印」。

第四節 金剛拳「內縛印」的正確結法

四種拳

【佛光大辭典】大字體 護眼色

大空智形,表示識大金剛智,故稱金剛拳。(三)外縛拳,又作金剛縛印、指在外拳、向外相叉拳。即二手相叉作拳,十指皆出於外,右手拇指置於左手拇指之上。此印相系表示蓮花上月輪,特用於胎藏界曼荼羅。(四)內縛拳,又作二手拳、內掌拳、指向內相叉拳合掌、向內作拳合掌、向內叉合掌。即十指相叉於掌內,指尖向內隱,右手拇指置於左手拇指之上。此印相系表示月輪中蓮花,特用於金剛界曼荼羅。在諸經軌中,說結印之法必先舉四種拳與十二合掌,作為其他各種印契之基準,而後始述所用之印契。「大日經義釋卷十、大日經疏卷十三、諸儀軌稟承錄卷十三、大日經疏演奧

《新編密教大辭典》頁450

(3)外縛:右指加於左指之上,二手相叉作拳,十指外出。《大疏》及《義釋》名此為指在外拳,或向外相叉拳。

(4)內縛:右指加於左指之上,掌內十指相叉。《大疏》名此為二手拳或指向內相叉拳合掌、向內作拳合掌、向內叉合掌、內掌拳等,《義釋》名為內縛拳。內縛及外縛雖難以稱拳,然因二手合抱為拳,故亦以拳稱之。內縛表月輪中有蓮華之形,外縛表蓮華上有月輪之形。內外縛之圓形即月輪,八指相叉即八葉蓮華。故內縛為金剛界,外縛為胎藏界。以上四種出自《大疏》卷十三〈密印品〉,一般稱為四種拳。《大疏》將十二合掌及四種拳作為一切印契之印母。

唐・智通(?。公元627~653年譯經)《觀自在菩薩隨心呪經》
(觀世音菩薩)「總攝印」呪,第五十
❶兩手腕,仰相叉(右押左)。(此與金剛拳「內縛印」為「同印異名」)

❷「右手大母指」押「左手大母指」。
❸兩手「八指」,急怒「把拳」。呪曰

唵(一)・薩婆那庾多(二)・慕陀囉(二合)耶(三)・盤陀盤陀(四)・莎(去)訶(五)・
Oṃ ・ sarva-nayuta ・ mudrāya ・ bandha-bandha・svāhā・
　　　　一切　約 10^{60}　　印契;印母;手印　結伴;隨逐;親近;隨護

(1)此「總攝印呪」,能「總攝」一切「印呪」等。若受持此「呪」者,盡一形,不得食「五辛、酒肉、葫荽、芸薹」,勿「婬」,清淨梵行。

(2)(若有)常念觀世音菩薩名號、「齋戒」一心者,誦此呪滿「十萬遍」已,(即)滅「八萬億劫」生死重罪。

(3)若(誦)滿二十萬遍,命終(必)生無量壽國,面見觀世音菩薩,得四果位。

(4)乃至(誦)三十萬遍已上,功德不可思議不可度量,後身成菩薩道,漸進成佛……

(5)此一(總攝)「印」,(智)通於「師三藏玄奘法師」邊(獲得)「親受」(此手印)。(玄奘)三藏知此「印」關故,(故)授與智通師、中天竺國長年跋吒那羅延,與罽賓國沙門喝囉那僧伽,同(於)「三曼荼羅會」(中)受持此法。

(意思就是玄奘大師在密宗的「三曼荼羅會」中傳授了這個「手印」,那玄奘也入了「密壇」嗎?)

(6)後因(皇帝)勅召「入京」,遂有大總持寺僧智通聞解(而)翻譯,與「數十大德」,求及此「印」法,遂流傳翻譯。

(7)(智)通依(此手印)作「壇」,經七七(49)日,如法受持,願皆滿足。「威力」既異於常,亦(仍)「不敢流傳於世」。(其中)亦有「數百」誦呪(的)師僧,於(智)通邊求及此法,(但)畢竟「不行」(指沒有得到太多感應),縱(有)得者,「印法」不過三(次的感應而已)。

(8)(但智)通(我本人在)作此(印)法(時),觀世音菩薩(皆)親自「現身」,自外(皆)不能具(詳)述(之)。

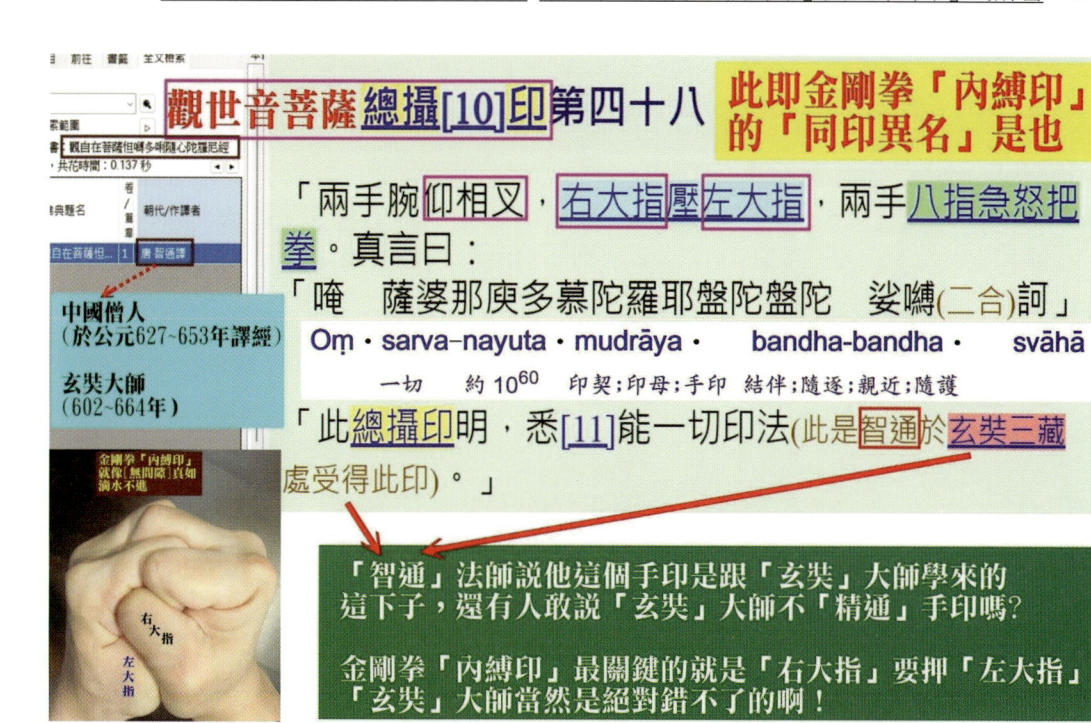

第三篇 其餘相關重要手印介紹 第二章 金剛拳「內縛印」與「外縛印」的解密・389

觀世音菩薩總攝[10]印第四十八

此即金剛拳「內縛印」的「同印異名」是也

「兩手腕仰相叉，右大指壓左大指，兩手八指急怒把拳。真言曰：

「唵　薩婆那庾多慕陀羅耶盤陀盤陀　娑嚩(二合)訶」

Oṃ・sarva-nayuta・mudrāya・bandha-bandha・svāhā・

一切　　約10^{60}　　印契;印母;手印　結伴;隨逐;親近;隨護

「此總攝印明，悉[11]能一切印法(此是智通於玄奘三藏處受得此印)。」

中國僧人（於公元627~653年譯經）
玄奘大師（602~664年）

金剛拳「內縛印」就像如「無間隙」真如滴水不漏

右大指
左大指

「智通」法師說他這個手印是跟「玄奘」大師學來的
這下子，還有人敢說「玄奘」大師不「精通」手印嗎？

金剛拳「內縛印」最關鍵的就是「右大指」要押「左大指」，
「玄奘」大師當然是絕對錯不了的啊！

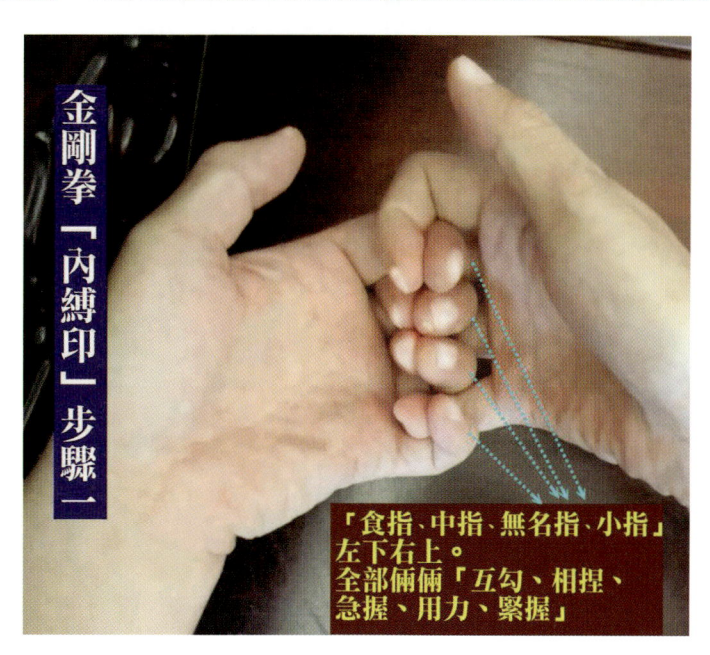

金剛拳「內縛印」步驟一

「食指、中指、無名指、小指」
左下右上。
全部倆倆「互勾、相捏、急握、用力、緊握」

唐・**菩提流志**(公元562~727。693年到長安譯經)譯《不空羂索神變真言經》卷23〈48一切種族壇印品〉

「蓮華孫那唎神大身」印：

(Padma-sundari 孫那里、孫那利使者、孫那哩尊者，即蓮華部的使者、或菩薩、或明妃。如《都部陀羅尼目》云：三種「明妃」。佛部，無能勝菩薩以為明妃、蓮花部，多羅菩薩以為明妃、金剛部，金剛孫那利菩薩以為明

妃)

(此與金剛拳「內縛印」為「同印異名」)

❶二手十指「入掌」(只要是「入掌」的，就一定是「內相叉」的「內縛印」)，右押左，指面「相鉤」(只要是互相鉤的，都一定是指金剛拳的「內縛印」)，(兩手)合掌(而)相著，作(為)拳(狀)。

❷其「右大拇指」押「左大拇指」(之)背上。

此印三昧會祐「不空王」壇印三昧耶，作一切法。

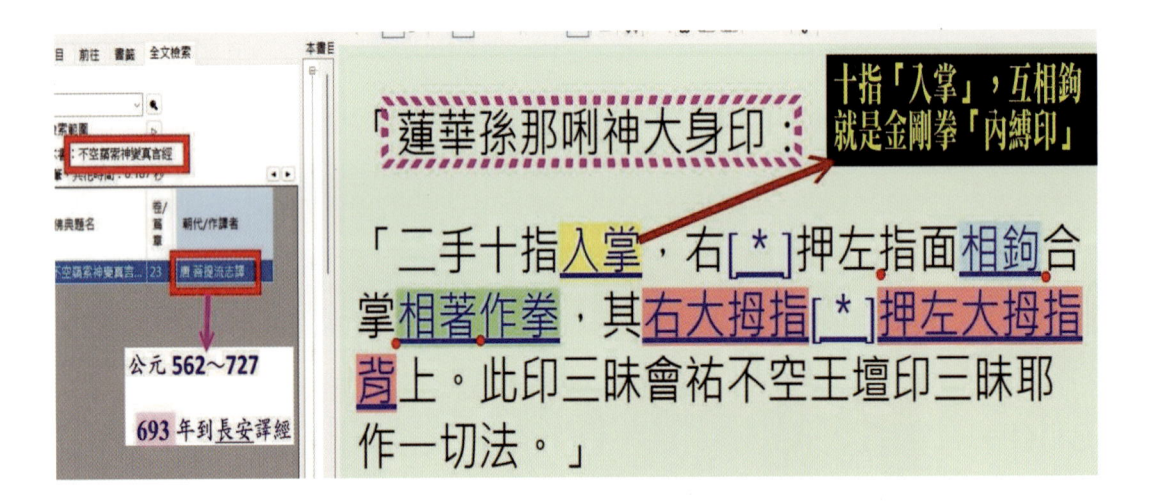

「蓮華孫那唎神大身印：

「二手十指入掌，右[*]押左指面相鉤合掌相著作拳，其右大拇指[*]押左大拇指背上。此印三昧會祐不空王壇印三昧耶作一切法。」

十指「入掌」，互相鉤就是金剛拳「內縛印」

不空羂索神變真言經
唐·菩提流志譯
公元 562～727
693 年到長安譯經

詳細方式：

❶兩手十指「內相交叉」，右押左。
❷「右大指」在上，「左大指」在下。
❸所有的「指甲」都不外露。
❹所有的「指縫」都「滴水不進」，此喻如「無間隙真如」。

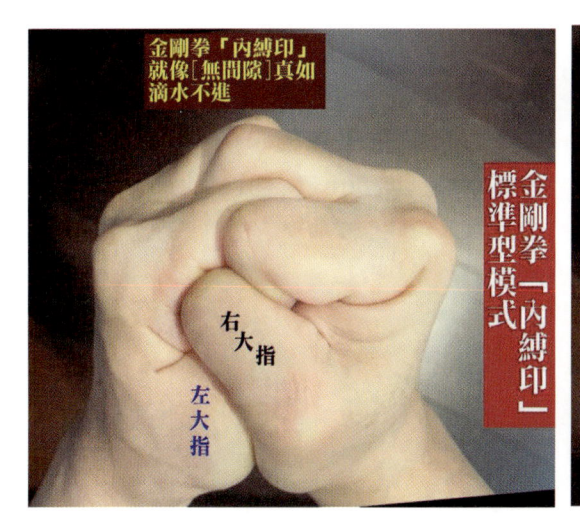

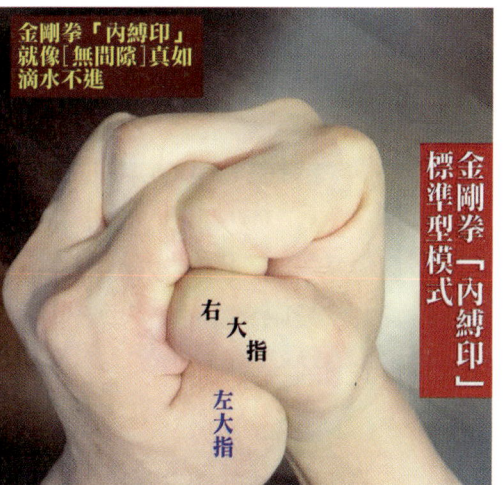

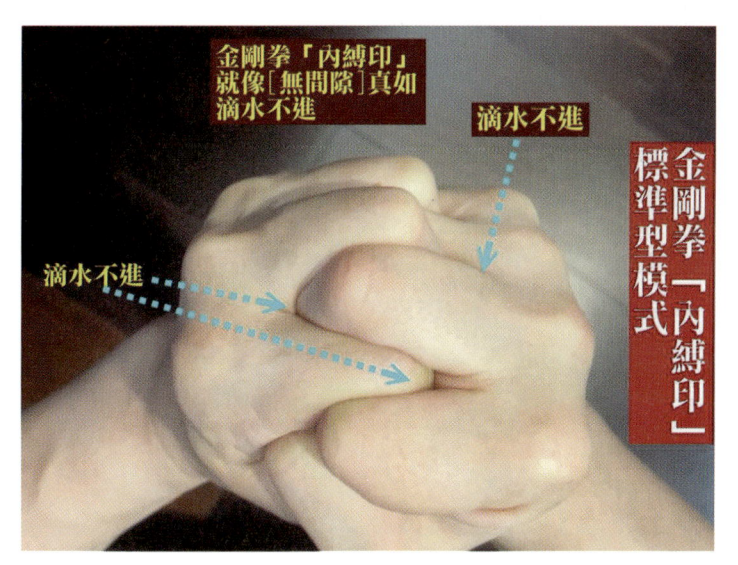

第三篇 其餘相關重要手印介紹 第二章 金剛拳「內縛印」與「外縛印」的解密・391

金剛拳「內縛印」
就像[無間隙]真如
滴水不進

金剛拳標準型模式「內縛印」

右大指

左大指

金剛拳「內縛印」
就像[無間隙]真如
滴水不進

金剛拳標準型模式「內縛印」

右大指

左大指

金剛拳「內縛印」
就像[無間隙]真如
滴水不進

滴水不進

滴水不進

金剛拳標準型模式「內縛印」

（附錄補註用）

唐・一行（公元683～727）記《大毘盧遮那成佛經疏》卷13〈9 密印品（一三－一四）〉

次「如來羂索印」（此與金剛拳「內縛印」略異，差在將「食指」改相拄成為一個「圓環」狀而已，其餘都是一樣的）：

❶先作十指，向「內」之拳，即舒（散開）二「風指」（此指「食指」），（二「食指」的）「指端」相柱，屈而相接，（形成一個）「圓環」之狀。

❷其二「空指」（大拇指），亦以「右」壓「左」，雙「內」（入於）掌中，即是也。

此印能「縛」一切「為惡者」，亦能壞彼，令其除息「諸惡」也。

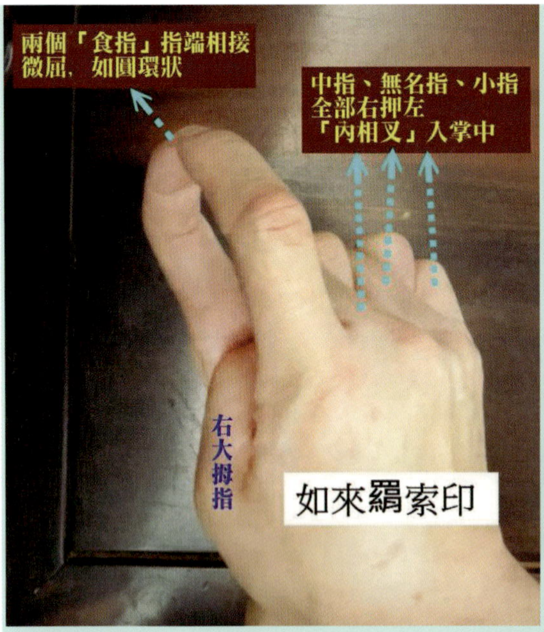
兩個「食指」指端相接
微屈，如圓環狀
中指、無名指、小指
全部右押左
「內相叉」入掌中
右大拇指
如來羂索印

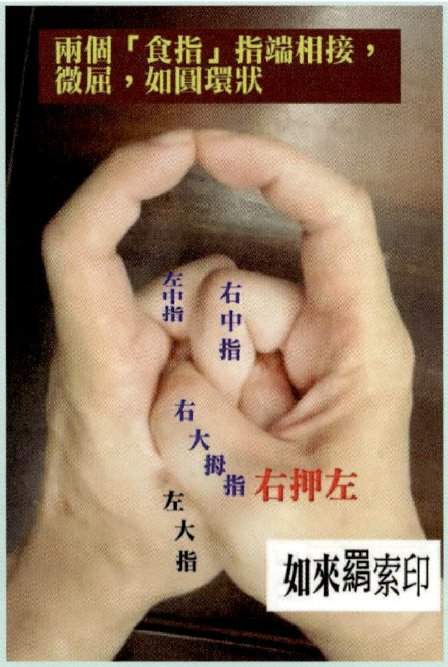
兩個「食指」指端相接，
微屈，如圓環狀
左中指
右中指
右大拇指
右押左
左大指
如來羂索印

(附錄補註用)

唐・不空(公元 705~774。從公元 730 年開始在長安大薦福寺翻譯佛經)**譯《普賢金剛薩埵略瑜伽念誦儀軌》**

(1)結「金剛縛」(此指金剛拳的「內縛印」)：

以「右大母指」入「左虎口」中即成。

(2)次用「素囉多」金剛印，結「金剛縛」(此指金剛拳的「內縛印」)：

以「右大母指」入「左虎口」中，即成。

以此印，加持「心、額、喉、頂」。密語曰……

(附錄補註用)

唐・不空(公元 705~774)**譯《金剛頂瑜伽金剛薩埵五祕密修行念誦儀軌》**

次結「素囉多」印：

❶二羽「金剛縛」(此指金剛拳的「內縛印」)：

❷「右大指」入「左虎口」中，乃於「心、額、喉、頂」四處加持，各誦真言一遍……

由此印加持故，四波羅蜜身各住本位，常恒護持……

(附錄補註用)

唐・不空(公元 705~774)**譯《金剛頂蓮華部心念誦儀軌》**

真言曰……即結「大欲印」：

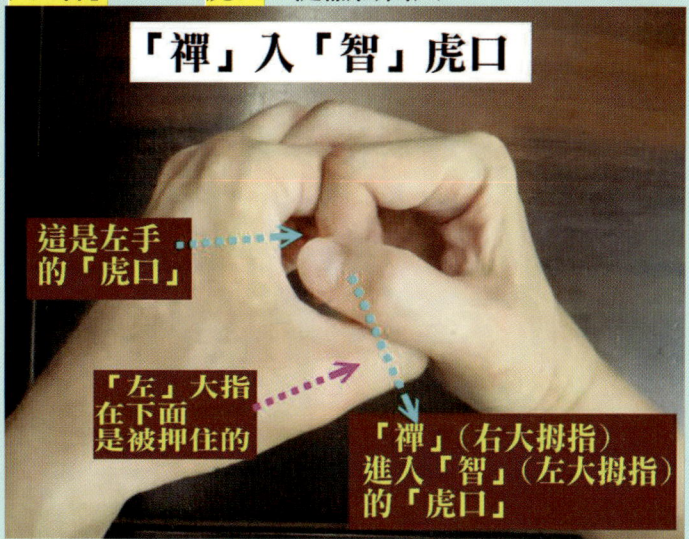

❶二羽「金剛縛」(此指金剛拳的「內縛印」)，
❷「禪」(右大拇指)入「智」(左大拇指)虎口，隨誦而出入。

「禪」入「智」虎口

這是左手的「虎口」

「左」大指在下面是被押住的

「禪」(右大拇指)進入「智」(左大拇指)的「虎口」

(附錄補註用)
唐・不空(公元705~774)譯《金剛頂一切如來真實攝大乘現證大教王經》卷1〈1 深妙祕密金剛界大三昧耶修習瑜伽儀〉
次結「大欲印」：
❶二羽「金剛縛」(此指金剛拳的「內縛印」)，
❷「禪」(右大拇指)入「智」(左大拇指)虎口，隨誦而出入。

(附錄補註用)
唐・不空(公元705~774)《金剛峻經金剛頂一切如來深妙祕密金剛界大三昧耶修行四十九種壇法經作用威儀法則 大毘盧遮那佛金剛心地法門密法戒壇法儀則》
第三西門不空菩薩，身赤色，結跏趺座。
❶二羽「金剛縛」(此指金剛拳的「內縛印」)，
❷「禪」(右大拇指)入「智」(左大拇指)虎口，隨誦而出入，是名「大悲印」。

唐・不空(公元705~774)譯《成就妙法蓮華經王瑜伽觀智儀軌》
二手「內相叉」(此指金剛拳的「內縛印」)，為拳，諸「指節」，令稍起。即誦藥王菩薩等諸真言曰……

金剛拳「內縛印」
標準型模式

唐・菩提金剛譯《大毘盧遮那佛說要略念誦經》
復次普通一切諸菩薩法。應結「寶印」：
❶二手「十指」，以「右」押「左」，「相叉」為拳(若要做「寶形」的話，那應該是指「內縛拳」)，猶如「寶形」。
❷當令「指頭」(與)左指(的)岐(縫之)間，(皆)互相「豎持」，使「密」(而)無縫，勿令「指頭」出於「指」間(也可以換句話說，所有的「手指、指甲」通通不准露出來就是了)，
以印當心，誦之。一切菩薩等除斷障惱明曰……

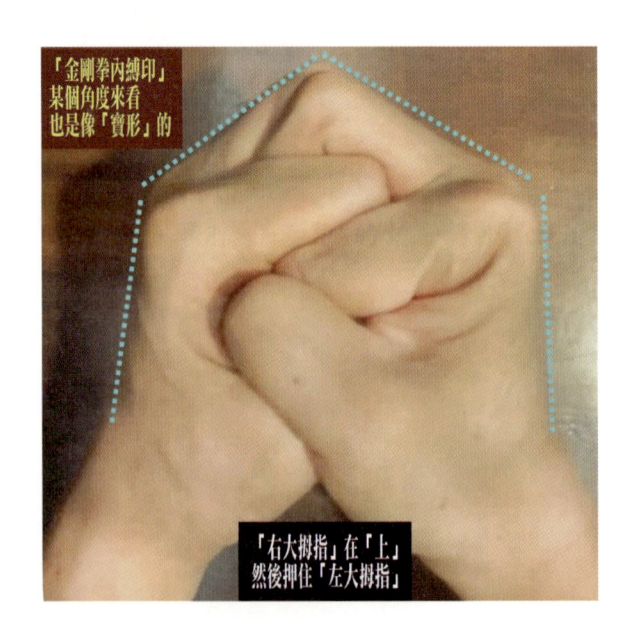

「金剛拳內縛印」
某個角度來看
也是像「寶形」的

「右大拇指」在「上」
然後押住「左大拇指」

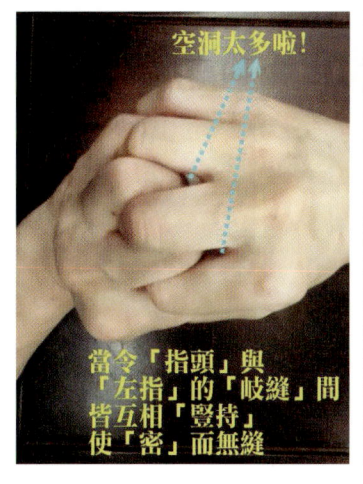

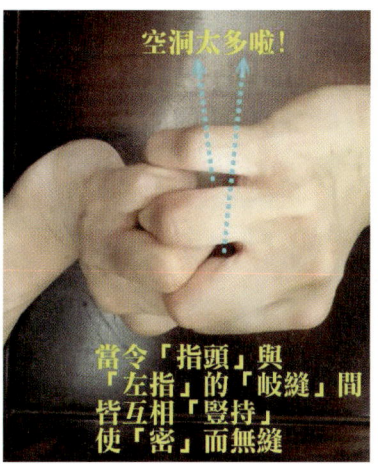

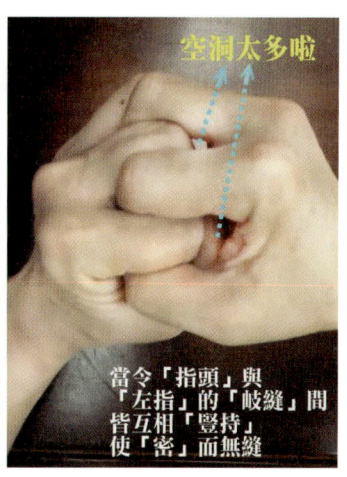

（圖上文字：空洞太多啦！ 當令「指頭」與「左指」的「岐縫」間 皆互相「豎持」 使「密」而無縫）

唐・<u>法全</u>集《大毘盧遮那成佛神變加持經蓮華胎藏菩提幢標幟普通真言藏廣大成就瑜伽》卷 2

❶ 定（左手）、慧（右手），內縛拳（此指金剛拳的「內縛印」），

❷「空」（大拇指）入「風」（食指）甲背。

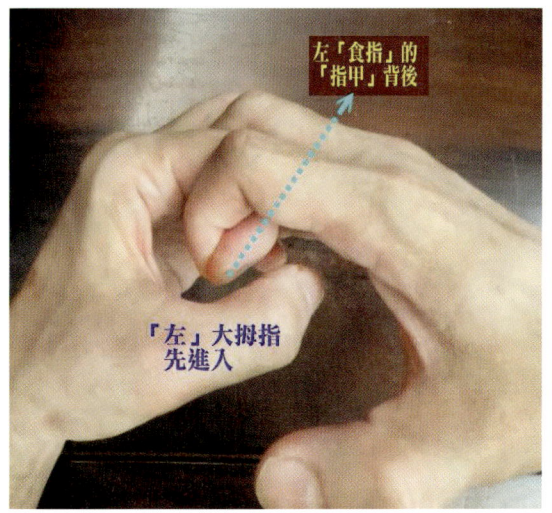

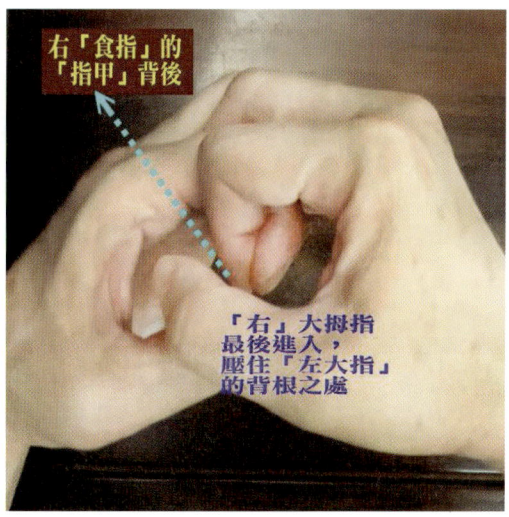

（圖上文字：左「食指」的「指甲」背後　「左」大拇指 先進入）

（圖上文字：右「食指」的「指甲」背後　「右」大拇指 最後進入，壓住『左大指』的背根之處）

第五節　爲何一定是「右大拇指」在上面，而去押住「左大拇指」的原因？

絕大多數的密教手印都是以「右指」當作是「來去、靈活運用」的方式，只有少數是屬於「左大指」要申立做「來去」的動作，有的是「二大指」都要同時去「來去」動作，這通常是召請「諸佛菩薩」用時。

期剋

(1)指「嚴格約定要在某個時間內要完成」的意思。例如「克期」取證，或「剋期」而到，或「剋期」七日必定完成。

(2)指「能戰勝、能制服、能截斷」的意思。所以《佛說造像量度經解》云：又「期剋印」者，一名「禁伏印」，「怒相」多用。

(3)密教手印在做「忿怒相」時，或在做「制服鬼怪、降魔」時，最常用「期剋印、期克印」的，通常都會有其中一個「手指頭」是要「直豎立」的狀態。

唐・菩提流志(公元562～727。693年到長安譯經)譯《不空羂索神變真言經》卷23〈48一切種族壇印品〉

❶二手「頭指、中指、無名指、小指」，右押左，(於)掌「內相叉」(此指金剛拳的「內縛印」)，相鉤、急握。

❷伸二「大指」(這裡是不必將二大指「入」掌中的)，上下、來去。

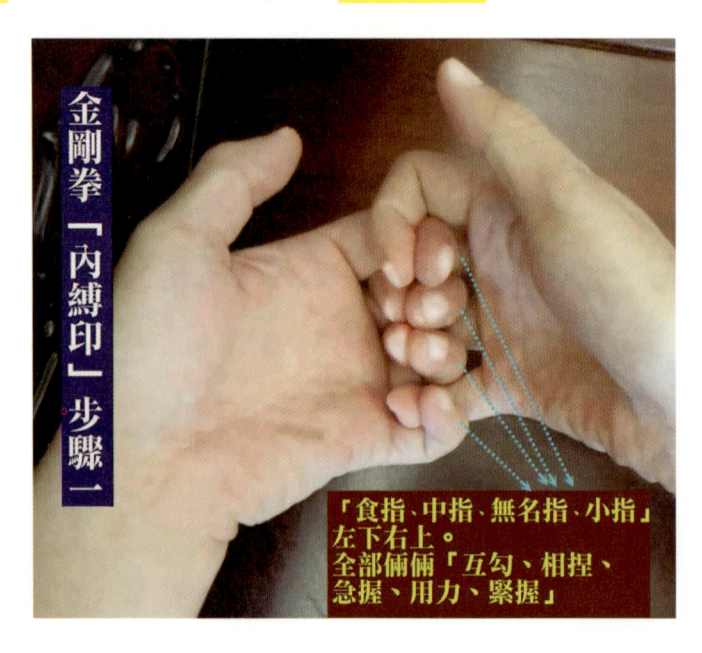

金剛拳「內縛印」步驟一

「食指、中指、無名指、小指」左下右上。
全部倆倆「互勾、相捏、急握、用力、緊握」

唐・菩提流志(公元562~727。693年到長安譯經)譯《文殊師利寶藏陀羅尼經》
大精進印(這個相似於「內縛印」的手印，但「二大拇指」是沒有入掌的，留在「外面」方便可以做來去的動作)。
印曰：
❶兩手合掌，**八指相叉，皆**(彎)**屈**(向於)**「掌內」**(此即是金剛拳「內縛印」)。
❷以**「二大指」**少屈(稍為一點彎屈)，相並(而)壓著二**「頭指」**(所)屈(的)節上(此指二大拇指各壓著二個「食指」所彎曲的「側邊節上」)。
(此)名曰「大精進印」。

唐・李無諂(北印度嵐波國之大居士，公元700年於佛授記寺從事佛經翻譯)譯《不空羂索陀羅尼經》〈不空羂索呪印〉
「觀世音心」印呪，第四
二手作捲(古通「拳」)，八指向**「內」**，**「反叉」**在掌中，其**「二大指」**，並直豎之(這個相似於「內縛印」的手印，但「二大拇指」是沒有入掌的，留在「外面」方便可以做來去的動作)。
呪曰：呬(醯枳反)。
此是**「觀世音心印呪」**。由是印呪力故，能令「持呪」，憐愍眾生，(於)蓮華藏法得成就無疑。

唐・李無諂譯(北印度嵐波國之大居士，公元700年於佛授記寺從事佛經翻譯)《不空羂索陀羅尼經》〈不空羂索呪印〉
金剛棒(古通「拳」)印呪，第二十二
二手十指，總**屈**(在)掌中(此指金剛拳「內縛印」)，急把為**「捲」**(古通「拳」)，則誦呪曰……
此「金剛棒」印呪，名聲普聞。此通前諸印中用，是呪名為「五字心呪」。

唐・般若(公元734~?)《諸佛境界攝真實經》卷2〈4 金剛外界品〉
結**「真金剛拳」**印，左右小指，更互**「相鉤」**(只要是互相鉤的，都一定是指金剛拳的「內縛印」)，**「合」**二拳面，**堅握、莫緩**，是**「真金剛拳印」**。

唐・不空(公元705~774)譯《聖賀野紇哩縛大威怒王立成大神驗供養念誦儀軌法品》卷2
次結**「婆索難龍王」**印：
❶**「頭指」**(食指)以下四指，反叉，向**「內」**相捻(此指金剛拳的「內縛印」)。
❷**「左大指」**(先)屈入**「頭指」**(食指)中間。
❸(然後)**「右大指」**舒直，向內勿曲。
❹兩腕相合，以**「右大指」**(可以做)**來去**(的動作)。真言曰……

唐・不空(公元 705~774)譯《大樂金剛薩埵修行成就儀軌》
次結「金剛祕密三昧耶印」。印相「金剛縛」：
❶「大指、頭指」(應做)為(一個圓)竅(穴的狀態)，
❷(然後以)「右大指」杪(末端、末尾)逼(此指用「右大拇指」的「後背末端」去逼押想「加持」的地方)，
加持心、額、喉、頂。真言曰……

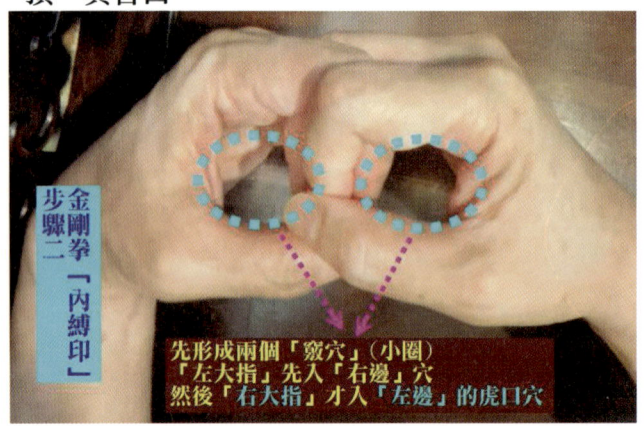

金剛拳步驟二「內縛印」

先形成兩個「竅穴」(小圈)
「左大指」先入「右邊」穴
然後「右大指」才入「左邊」的虎口穴

唐・阿地瞿多(Atikūṭa 中印度人。公元 652 年到長安)譯《陀羅尼集經》卷 4〈佛說跋折囉功能法相品〉
「觀世音大心印」呪，第二十四
❶反叉左右「四指」在掌(此指金剛拳的「內縛印」)。
❷次(先)屈「左大指」頭，入掌中。
❸(然後)直申「右大指」，押左「頭指」(食指)側。合腕。
❹「右大指」(可以做)來去(的動作)。

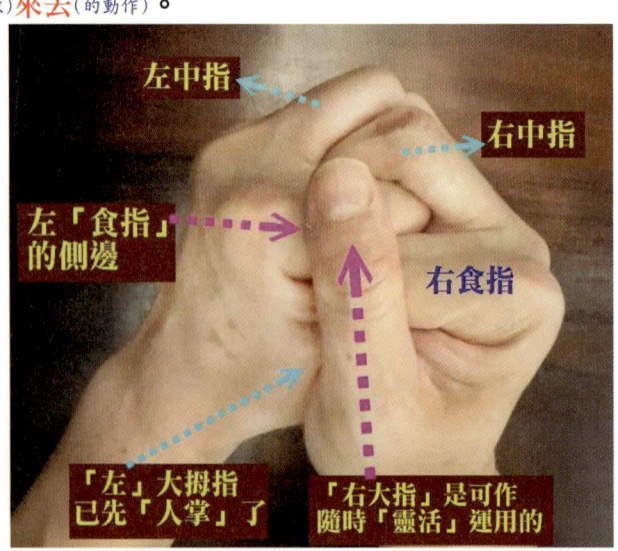

左中指

右中指

左「食指」的側邊

右食指

「左」大拇指已先「入掌」了

「右大指」是可作隨時「靈活」運用的

唐·**不空**(公元705~774)譯《無量壽如來觀行供養儀軌》

次結「迎請聖眾」印：
❶二手，右押左，內相叉(此指金剛拳的「內縛印」)，作拳，令掌相著。
❷「左大指」(先)屈入掌。
❸(然後)「右大指」曲如鉤，向身招之。即誦迎請真言曰……

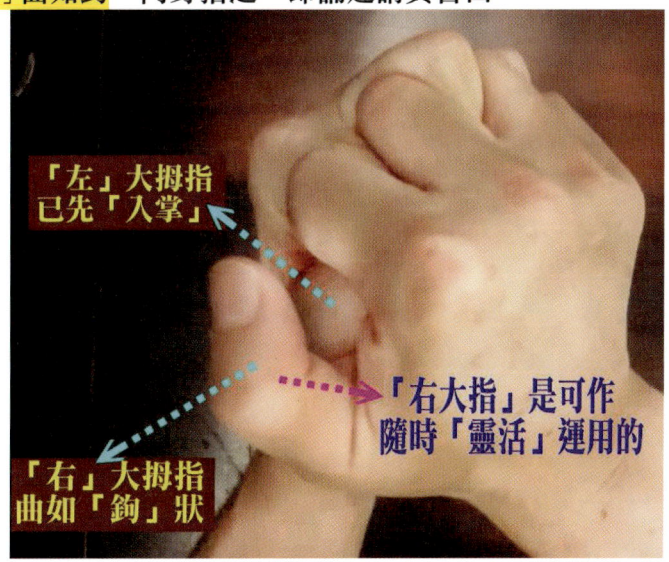

「左」大拇指 已先「入掌」
「右」大拇指 曲如「鉤」狀
「右大指」是可作 隨時「靈活」運用的

唐·**惠果**(公元746~805)造《十八契印》

結請本尊「三昧耶」，降至於道場印，
❶二手，內相叉(此指金剛拳的「內縛印」)，作拳。
❷「左大母指」(先)入「掌」。
❸次(然後)「右大母指」，向身招之。真言曰：

唐·**不空**(公元705~774)譯《觀自在大悲成就瑜伽蓮華部念誦法門》

復以本部心及印「請聖者降赴」。心印者：
❶以二手十指，向「內相叉」(此指金剛拳的「內縛印」)，為拳。
❷(然後)即(可)抽出「右大指」，向內招之。
呪曰：唵·阿嚕力·莎嚩(二合)訶(引)。

唐·**不空**(公元705~774)譯《十一面觀自在菩薩心密言念誦儀軌經》卷2

則結「奉請印」：
❶二手「內相叉」(此指金剛拳的「內縛印」)，作拳。

❷「左大指」(先)入掌。
❸(然後)「右大指」(再)豎屈，向身招(可以做)來去(的動作)。

唐・金剛智(公元669~741)譯《金剛頂經瑜伽觀自在王如來修行法》
❶二羽合於心，十度「內相叉」(此指金剛拳的「內縛印」)。
❷(然後再)抽(出)禪(右大拇指)，直豎，押印頂及額上。
兩眼先從右，二膊印心臍；膝中至左散。

唐・不空(公元705~774)譯《觀自在菩薩心真言一印念誦法》
❶二羽「內相叉」(此指金剛拳的「內縛印」)，作拳。
❷(然後再)以「禪」(右大拇指)度，(可以)出外(抽出而向外)，直豎即成。
誦「心真言」七遍。真言曰……

唐・金剛智(公元669~741)譯《金剛頂瑜伽青頸大悲王觀自在念誦儀軌》
❶二羽合於心，十度「內相叉」(此指金剛拳的「內縛印」)。
❷(然後再)抽(出)「禪」(右大拇指)，直豎，捻印頂及額上。

唐・阿地瞿多(Atikūṭa 中印度人。公元652年到長安)譯《陀羅尼集經》卷1〈1 釋迦佛頂三昧陀羅尼品〉
「佛頂刀印」呪第二十二
❶左右八指，叉入掌內，右押左(從這個手印可得知，八個手指皆「內相叉」而先作「內縛拳」，經文強調是「右押左」的，所以「右大指」一定是押著「左大指」的)。
❷直豎二「中指」，頭相拄，合腕。呪曰……

唐・一行記《大毘盧遮那佛眼修行儀軌》
次「六足尊明王」印。
❶二羽，金剛「內縛」，二「中指」直豎，頭相合。
❷舒二「頭指」小曲初分，如「三股」。加持五處，是其印相也。謂五處者，額、兩肩、心、喉是。
❸其二「大指」，各以「右」押「左」，叉入「月」(掌)中。真言曰……

第六節 金剛拳「內縛印」的檢討

(1)根據唐朝四位大師所譯的「密教經典」，經過「精細比對」與綜合整理後：

①唐・智通(？。公元 627~653 年譯經)《觀自在菩薩隨心呪經》中所說的「觀世音菩薩總攝印」，內容即是金剛拳「內縛印」的「同印異名」結法，經文說「八指相叉、把拳」，重點是：「右手大母指」押「左手大母指」。另外智通《觀自在菩薩怛嚩多唎隨心陀羅尼經》中所說的「總攝印」也一樣云：「右大指壓左大指，兩手八指急怒把拳」。

②唐・菩提流志(公元 562～727。693 年到長安譯經)《不空羂索神變真言經》中所說金剛拳「內縛印」的結法。原經文譯為「蓮華孫那唎神大身印」。(Padma-sundari 孫那里、孫那利使者、孫那哩尊者，即蓮華部的使者、或菩薩、或明妃。如《都部陀羅尼目》云：三種「明妃」。佛部，無能勝菩薩以為明妃、蓮花部，多羅菩薩以為明妃、金剛部，金剛孫那利菩薩以為明妃)

③唐・不空(公元 705~774。從公元 730 年開始在長安大薦福寺翻譯佛經)譯《普賢金剛薩埵略瑜伽念誦儀軌》&《金剛頂瑜伽金剛薩埵五祕密修行念誦儀軌》&《金剛頂蓮華部心念誦儀軌》……多部密教佛典都有詳細描敘金剛拳「內縛印」的結法。

④唐・一行(公元 683～727。從公元 717 年開始參與善無畏大師的譯經。公元 720 年受金剛智大師的密印與灌頂)記《大毘盧遮那成佛經疏・卷十三・密印品》描敘金剛拳「內縛印」的結法。

從唐朝四位「密教大師」所翻譯的經論中，我們已可得知「最正確、最原始標準」的金剛拳「內縛印」結法了。

這個金剛拳「內縛印」從公元 700 年就已經「問世」了，至今 2025 年，已經 1300 多年了。

(2)經過藏經的統計，與金剛拳「內縛印」相同的結法，或「異名同印」的，全部都是採「右大拇指」要去押住「左大拇指」的「右上、左下」方式，沒有一部經的描敘是例外的。

(3)期望大家能將這次演講的視頻大量轉發出去，金剛拳「內縛印」能重新「住世」，所有與金剛拳「內縛印」有關的「畫像、雕像、塑像……」都應該要有「勇氣」把他全部「修正」過來的！

第三章 其餘重要手印介紹

第一節 「轉法輪」印(吉祥法輪印。金剛薩埵法輪印)

若人暫結，同自在者，轉「大法輪」，
不久成就「轉寶輪者」

「轉法輪」印，名稱已非常清楚的稱為「金剛薩埵」的「轉法輪」印了。

所有的東密、唐密、藏密四大教派……沒有任何一位「修密宗、誦密咒」的佛教徒能離開「金剛薩埵」(顯教的普賢菩薩)的。

所以就算是「顯教」大師也一樣，因為這手印也名為「法輪最勝吉祥」印或「金剛智」印，這是多部佛經共同宣說的「手印」，沒有「結」不起來的道理的，就是「技術」問題而已！

《大毘盧遮那成佛神變加持經》云：
是人當不久，(即)同於(佛如來般的)「救世」者，(所有)「真言、印」(的)威力，(能讓)成就者當(令)見，
(這手印能恒)常(的)如「寶輪」(在旋)轉(一樣)，而(能)轉(動)大法輪。

唐・善無畏譯《大毘盧遮那成佛神變加持經》卷7〈2 增益守護清淨行品〉
結「金剛智」印(即「法輪最勝吉祥印」)：
❶「止、觀」手(左右兩隻手)，(要互相)相背(對著)，
❷「地、水、火、風」輪，左右互相持(左右四個手指，全部「反交鉤」的「相執持」而住)，
❸二「空」(二個大指)，各旋轉(左大指要「翻轉、翻牆、旋轉」到「右手掌」來，「右大指」則要儘量往下彎曲，因為兩大指要「銜接」住)，(兩大指最終要相)合於「慧掌」(右手掌)中，
是名為「法輪最勝吉祥」印。
是人當不久，(即)同於(佛如來般的)「救世」者，(所有)「真言、印」(的)威力，(能讓)成就者當(令)見，
(這手印能恒)常(的)如「寶輪」(在旋)轉(一樣)，而(能)轉(動)大法輪。

唐・善無畏譯《攝大毘盧遮那成佛神變加持經入蓮華胎藏海會悲生曼荼

攞廣大念誦儀軌供養方便會》卷1
結「**金剛智**」印(即「法輪最勝吉祥印」)：
❶「止、觀」手(左右兩隻手)，(要互相)相背(對著)，
❷「地、水、火、風」輪，左右互相持(左右四個手指，全部「反交鉤」的「相執持」而住)，
❸二「空」(二個大指)，各旋轉(左大指要「翻轉、翻牆、旋轉」到「右手掌」來，右大指則要儘量往下彎曲，因為兩大指要「銜接」住)，(兩大指最終要相)合於「**慧掌**」(右手掌)中，
是名為「**法輪最勝吉祥**」印。
是人當不久，(即)同於(佛如來般的)「救世」者，(所有)「真言、印」(的)威力，(能讓)成就者當(令)見，
(這手印能恒)常(的)如「寶輪」(在旋)轉(一樣)，而(能)轉(動)大法輪。

唐・不空《大毘盧遮那成佛神變加持經略示七支念誦隨行法》
次結「**轉法輪金剛薩埵**」印(即指「金剛薩埵轉法輪印」)，此殊勝(的)加持，(能)令彼獲「堅固」：
❶「止、觀」手(左右兩隻手)，(要互相)相背(對著)，
❷「地、水、火、風」輪，左右互相持(左右四個手指，全部「反交鉤」的「相執持」而住)，
❸二「空」(二個大指)，各旋轉(左大指要「翻轉、翻牆、旋轉」到「右手掌」來，右大指則要儘量往下彎曲，因為兩大指要「銜接」住)，(兩大指最終要相)合於「**慧掌**」(右手掌)內，
(此)名「**最勝法輪**」(最殊勝的轉法輪印)。

唐・善無畏譯《大毘盧遮那成佛神變加持經》卷4〈9 密印品〉
❶復以「定、慧」手，五輪皆(相)等，(然後)迭翻(互迭翻轉)、相鉤(互相鉤住)。
❷二「虛空」(大拇指)輪，「首」(大拇指頭)俱「**相向**」(而銜接)。
頌曰：是名為「**勝願吉祥法輪**」印，(所有為)世(人所)依(者的)救世者(此指佛陀)，悉皆轉此(法)輪(之印)。

唐・善無畏譯《大毘盧遮那成佛神變加持經》卷4〈9 密印品〉
輪印，是「**最勝佛頂印**」。(此亦為「轉法輪印」的「異名」)

唐・善無畏譯《大毘盧遮那成佛神變加持經》卷4〈9 密印品〉
輪印，是「**虛空慧印**」。(此亦為「轉法輪印」的「異名」)

《青龍寺軌記》
轉法輪印(風輪印也)，額上三順，轉印五處，想轉法輪三千界。

唐・善無畏譯《大毘盧遮那經廣大儀軌》卷 1

❶復以「定、慧」手，五輪皆(相)等，(然後)迭翻(互迭翻轉)、相鉤(互相鉤住)。
❷二「虛空」(大拇指)輪，「首」(大拇指頭)俱「相向」(而銜接)。
頌曰：是名為「勝願吉祥法輪」印，(所有為)世(人所)依(者的)救世者(此指佛陀)，悉皆轉此(法)輪(之印)。

唐・法全《大毘盧遮那成佛神變加持經蓮華胎藏悲生曼荼羅廣大成就儀軌供養方便會》卷 1：

結「金剛輪」印(亦名「轉法輪」印)。

唐・不空譯《金剛頂一切如來真實攝大乘現證大教王經》卷 3〈金剛界大曼荼羅廣大儀軌品〉

由結「法輪印」，則能「轉法輪」。

唐・菩提金剛譯《大毘盧遮那佛説要略念誦經》

復次「金剛法輪」印：
❶如是當自諦觀堅牢「法身」，即以左右手交腋，(手)背相著，右(手)腕押左(手)腕，從「頭指」已下四指，兩兩互相及「鉤」。
❷(先)屈「右大指」於掌中，(然後再將「左大指」)向(右掌的)下(面)，翻(越過右)手，「輪印」緣身(令二個「大指輪印」都緣合著掌身)。(然後)令其二手(的)「拳結」(拳結之處，置於)當心(之處)。
❸「左大指」與「右大指」(最終要)相合(住)，是名「法輪金剛智」印。
此明印力，最勝吉祥，若(有)人暫結(此「金剛法輪印」)，(即)同(大)自在者，(即能)轉「大法輪」，不久(能)成就「轉寶輪者」。三誦此明曰……

Namaḥ　samanta　vajraṇāṃ　　vajrātmakohaṃ
歸命　　普遍　　諸執金剛眾　　我是金剛身

　　　　　　　　　　　　　vajra+atmakohaṃ 我是「金剛身」(金剛薩埵之意)

此印對上，能得見聞諸佛菩薩所轉的一切「微妙法輪」。
此印對下，自身即成為「金剛薩埵」，能為一切眾生而轉「大法輪」

唐・善無畏譯《大毘盧遮那成佛神變加持經》卷 5〈15 持明禁戒品〉

結「轉法輪」印，攝心以持誦。

唐・不空譯《佛頂尊勝陀羅尼念誦儀軌法》

次結「金剛薩埵法輪」印……結印相：
❶二手「背」相叉。
❷以「左大指」，安「右手掌」中，與「右手大指」相拄。
即誦真言三遍，(能)獲得自身(即)如「金剛薩埵」。

唐・不空譯《成就妙法蓮華經王瑜伽觀智儀軌》
次結「金剛薩埵轉法輪」印：
❶二手相背，右押於左，左右八指，互相鉤。
❷蕊(彎曲；隱藏)左「大指」，入於「右掌」。
❸屈「右大指」，以「頭」相拄(於「左大指」)。
❹以印安於「心」上。

唐・不空譯《聖觀自在菩薩心真言瑜伽觀行儀軌》
次結「轉法輪」印：
❶以二手當心，(兩手)「背」相附，以右押左，四指(皆)互相鉤。
❷左手「大拇指」(應)拯(彎曲；隱藏)於「右手掌」中。
❸(然後)以右手「大拇指頭」相拄(於「左大指」)。
❹(然後)觀自身(即)如「金剛薩埵菩薩」。

唐・不空譯《金剛手光明灌頂經最勝立印聖無動尊大威怒王念誦儀軌法品》
結「轉法輪」印：
❶二羽，「反」相叉(相反的方向而交叉)。
❷二「空」(大拇指)峯相合。
(用這個手印去)加(持)身分(之)五處(額、右肩、左肩、心、喉)，(此)身(即)同「執金剛」(菩薩)。

唐・一行記《大毘盧遮那成佛經疏》卷13〈9 密印品（一三-一四）〉
❶先作「反背手」，合掌。
❷以二「地指」(小指)，反相勾(令右加左上也)，餘「水、火、風」三指，以次，亦反「相勾」訖。
❸末後綟(古同「轉折點」義。扭；轉)二「空指」(大拇指)，令(全部)至(右)掌內，(皆)相柱也。
此是「轉法輪」印。
由作此印故，令彼身心清淨，能現見十方佛「轉法輪」也。真言曰……

唐・不空譯《十一面觀自在菩薩心密言念誦儀軌經》卷 3
次用請「毘紐天」密言加持……請「毘紐天」密言。
以二手，反相叉，二「大指」，頭相拄，安「右掌」中(以上乃同於「轉法輪印」)。

《新編密教大辭典》

【印相】以左手單舒散之（即舒散左五指）。如轉法輪印，但差別在於此為單手，不相鉤絞。《大疏》卷十四及《玄法》、《青龍》二軌所載即是。通常金胎同用覆左手，三度旋之印；此表乘金翅鳥飛行於空中。然《廣大》、《攝大》二軌云：伸左手五指，以頭指加於大指上作輪形，表毘紐之輪印。《十一面軌》卷下云：請毘紐天印，即通常轉法輪印：二手左下右上背合，左右四指相勾，二大指相拄於右掌中。八指交叉表八輻輪，二拇指相合表臍輪。《陀羅尼集經》卷十一載有那羅延天身印（亦名呼召印）與那羅延天無邊力印，《不空羂索經》卷四所載為輪印。

詳細方式：
❶ 兩手互相「背對」著，左下右上，左覆右仰。
❷ 左右四個手指，全部「互相勾住」。
❸ 左大指要「翻轉、翻牆」到「右手掌」來，「右大指」則要儘量往下彎曲，因為兩大指要「銜接」住，兩大指最終要相合於「右手掌」內。
❹ 「四指」相叉，此或可喻為「四聖諦」。八指相勾，此或可喻為「八正道」。「二大指」相接，此或可喻為「空有不二」之理。
❺ 十指「密緻」，攝妄歸真，此或可喻為「無間隙真如」。

408・《佛菩薩專用手印解析暨研究》(全彩版)

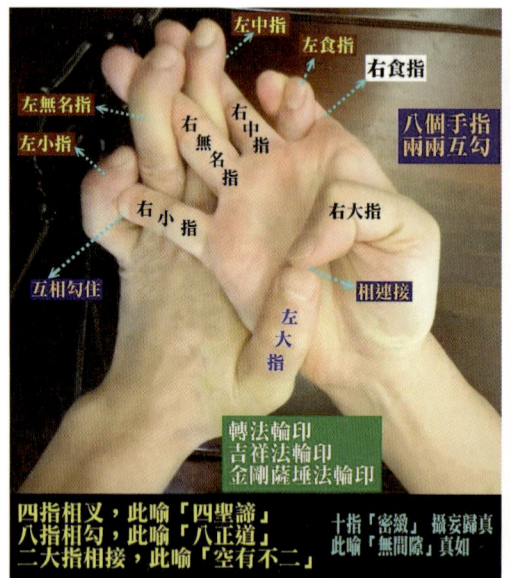

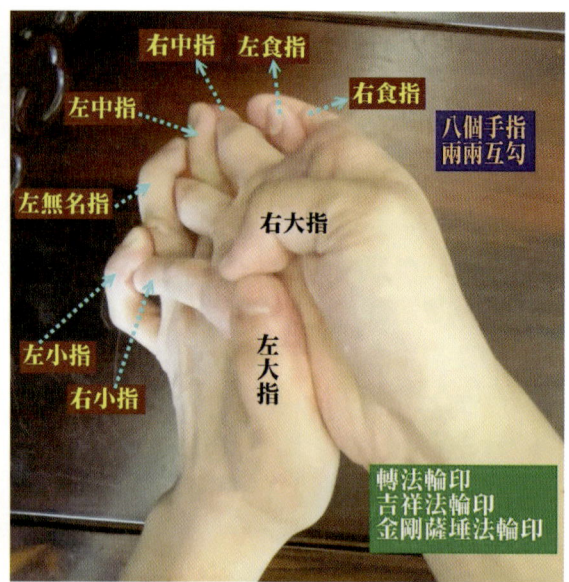

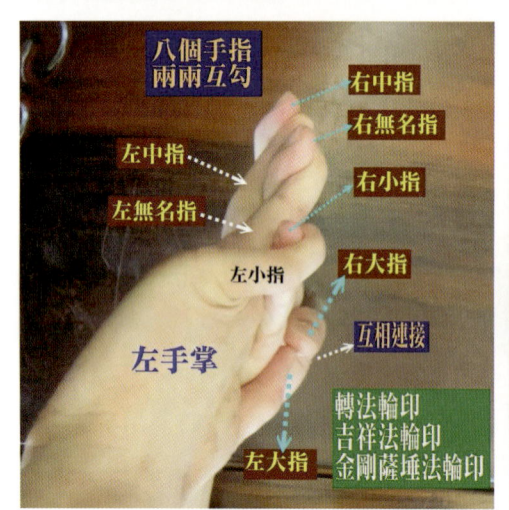

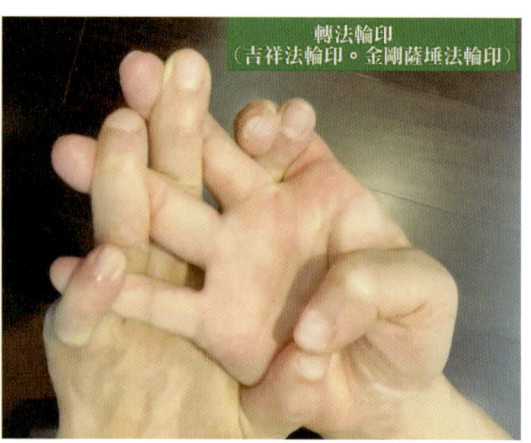

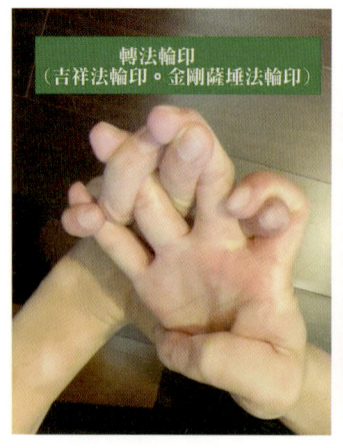

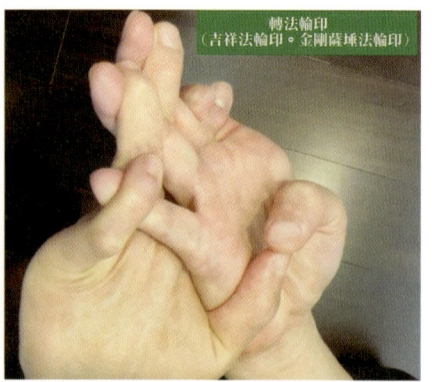

左圖標註：
- 左中指
- 左食指
- 右食指
- 左無名指
- 左小指
- 右無名指
- 右中指
- 右小指
- 右大指
- 相連接
- 左大指
- 互相勾住
- 八個手指 兩兩互勾

轉法輪印
吉祥法輪印
金剛薩埵法輪印

四指相叉，此喻「四聖諦」
八指相勾，此喻「八正道」
二大指相接，此喻「空有不二」

十指「密緻」攝妄歸真
此喻「無間隙」真如

右圖標註：
- 右中指
- 左食指
- 左中指
- 右食指
- 左無名指
- 右大指
- 左小指
- 右小指
- 左大指
- 八個手指 兩兩互勾

轉法輪印
吉祥法輪印
金剛薩埵法輪印

中圖標註：
- 八個手指 兩兩互勾
- 右中指
- 右無名指
- 右小指
- 左中指
- 左無名指
- 左小指
- 右大指
- 互相連接
- 左手掌
- 左大指

轉法輪印
吉祥法輪印
金剛薩埵法輪印

轉法輪印
（吉祥法輪印。金剛薩埵法輪印）

轉法輪印
（吉祥法輪印。金剛薩埵法輪印）

轉法輪印
（吉祥法輪印。金剛薩埵法輪印）

第二節 佛陀「說法」印

《大威力烏樞瑟摩明王經》卷1
如來像，坐師子座，手作「說法相」。
(以左手「大指、頭指」頭相捻，並舒「中、名、小」三指，右手亦然。
及以「左手」仰掌，「橫」約著心。
以「右手腕」，著左手「名、小」指等頭，以掌向「外」，散其三指也)。

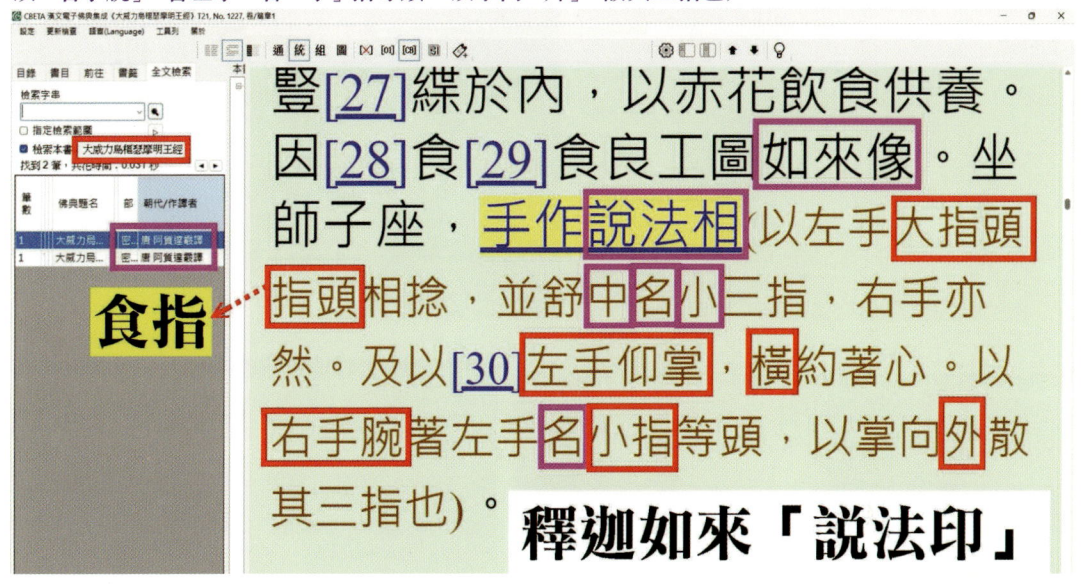

《佛說造像量度經解》
釋迦佛大乘「法輪」印，同圖樣中文殊菩薩手印。
(除去兩邊之「華」，今釋迦佛以此「手印」造者，人多誤識為彌勒佛，因其手印相同故也)。
又「右手」，胸前揚「掌」，而「巨」(大拇指)、「食」二指「相捻」，作「畫策」指示之狀，謂之「說法」印。

詳細方式：
❶右手掌朝「向外」，對著「眾生」。「大拇指」捻住「食指」，不必押到指甲。其餘「三指」，自然、稍屈、散立，不必用力。
❷左手掌是「平面仰天」，「大拇指」捻住「食指」，不必押到指甲。其餘「三指」，自然的「橫放」，然後「依附」在「右手腕」之處。
❸兩手臂都自然下垂，貼住腋下。

410・《佛菩薩專用手印解析暨研究》(全彩版)

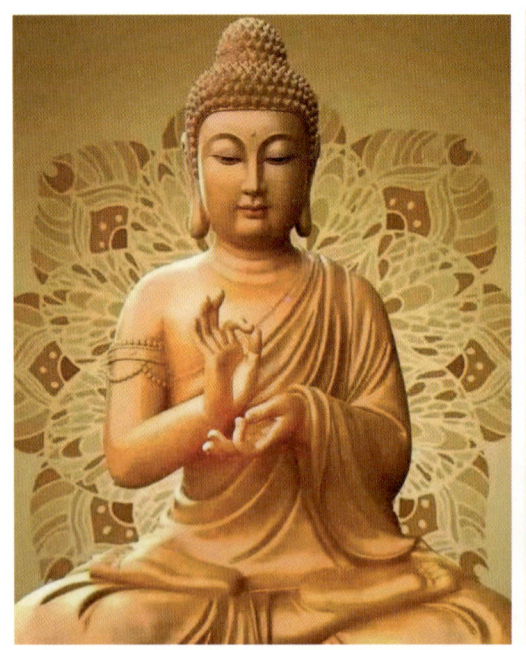

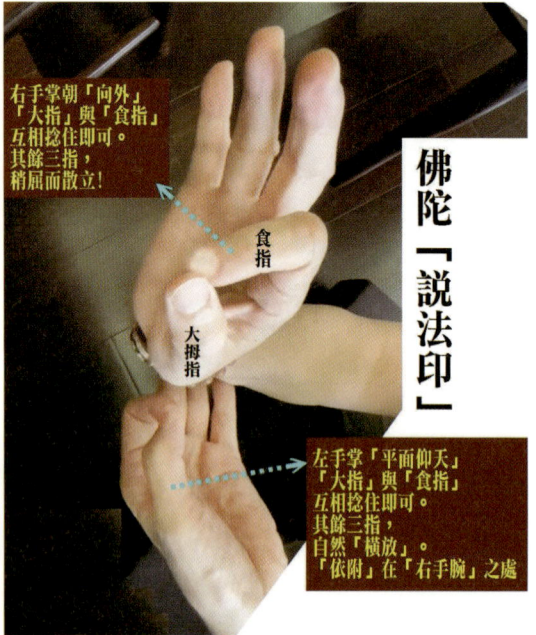

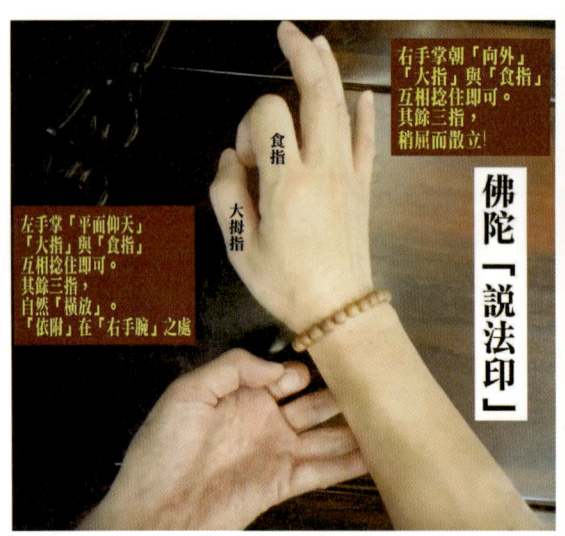

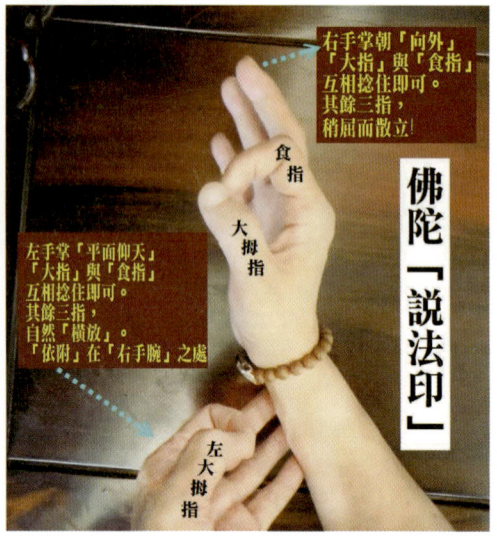

佛陀「說法印」

右手掌朝「向外」，「大指」與「食指」互相捻住即可。其餘三指，稍屈面散立！

左手掌「平面仰天」，「大指」與「食指」互相捻住即可。其餘三指，自然「橫放」。「依附」在「右手腕」之處

佛陀「說法印」

佛陀「說法印」

(附錄補註用)
《大寶廣博樓閣善住祕密陀羅尼經》卷3〈9 護摩品〉
次結「一切如來轉法輪」印：
先以「右手」握「大母指」，作拳，「左手」亦然。
以「右拳」安於「左拳」上。
由結此印，一切如來之所印可，如恒河沙俱胝百千如來咸皆歡喜，受與無上悉地。是諸如來決定現其身。於一切持明仙眾中為轉輪王，一切真言、印契、教法悉皆通

達如在心。於諸曼荼羅成就,最勝一切諸天十方擁護。轉法輪真言曰……

(附錄補註用)
《仁王護國般若波羅蜜多經陀羅尼念誦儀軌》〈3 入道場儀軌〉
左手當心,持「般若梵夾」。右手當乳,作「說法印」,以「大母指」押「無名指」頭。

(附錄補註用)
《仁王般若念誦法》
左手當心,持「般若梵夾」。右手當乳,作「說法印」,以「大拇指」押「無名指」頭。

第三節 「佛頂根本」印

《大佛頂廣聚陀羅尼經》卷5〈22 總攝一切諸部手印品〉

(若有人能)作此「印」者，(獲)無量無邊功德。
❶左右兩手「合掌」，內虛(指虛心合掌)如「蓮華形」未開者。
❷二「大指」並直竪。
❸屈二「頭指」(食指)，以「大指」押之。
❹左右二「小指」、二「無名指」，(皆各自)蕊「小指」於「無名指」(的)背上。
❺「無名指」(押置)於「中指」(的)背上，(兩中指)於「頂上」著之，如「佛頂髻」(的造形)。
即是「佛頂根本印」。
右此印，亦作之，(將)敢得「天地」動、山石背倒。十方諸天皆(生)大振動，所有須彌山海、所有佛，皆來隨喜，諸佛歎言「希有」。
(若)得此印者，共成佛(道)，(作為)一種呪師等。
若有人作得此「印」，護淨，(於)頭上帶之，(必)得不退轉，果當「作佛」，決定無疑。
(若)常持此「印」，(將來)當生「迦膩瑟吒天」生，(有)「大力金剛」常擁護，日夜不離。

《房山石經》名此咒為「一切如來秘密心廣聚光明無垢寶蓮花頂根本陁羅尼」

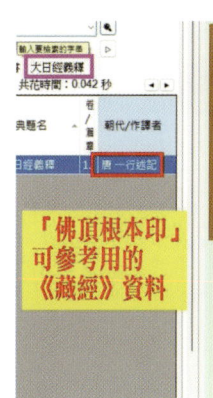

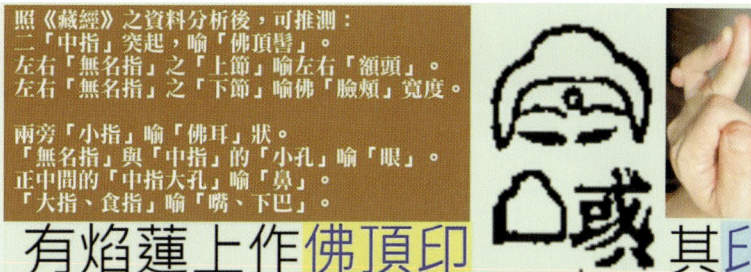

詳細方式：

❶兩「無名指」捻在「中指」的背上，即「指甲」的下方處。
❷兩小指要「轉彎」到「無名指」的背上。
❸兩「中指」相合。
❹兩「食指」彎曲，「指甲」相合。
❺兩大拇指押在「食指」上節的「側邊」

「佛頂根本印」照《藏經》之資料分析後，可推測：
①兩「中指」突起，喻「佛頂髻」。
②左右「無名指」之「上節」喻左右「額頭」。
③左右「無名指」之「下節」喻佛「臉頰」寬度。
④兩旁「小指」喻「佛耳」狀。
⑤「無名指」與「中指」的「小孔」喻「眼」。
⑥正中間的「中指大孔」喻「鼻」。
⑦「大指、食指」喻「嘴、下巴」。

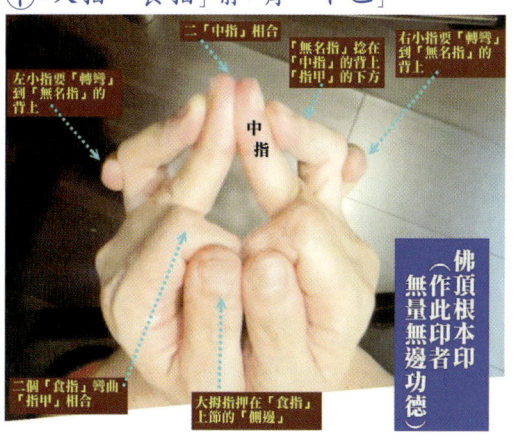

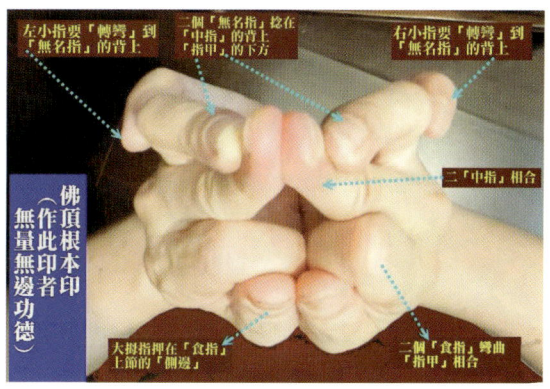

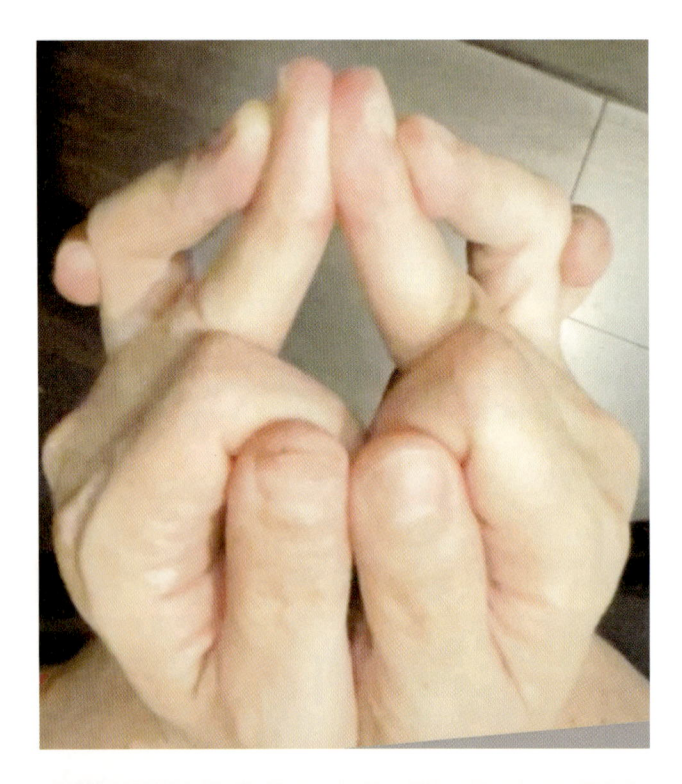

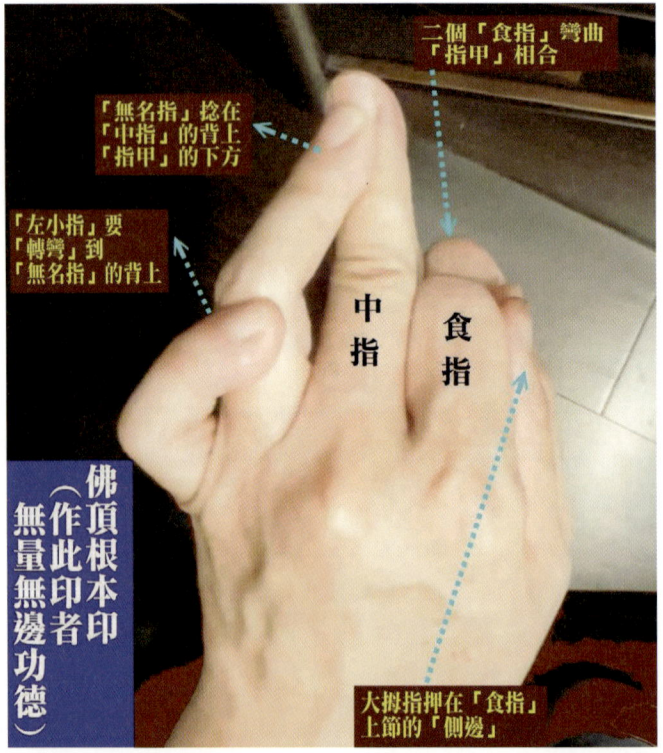

二個「食指」彎曲
「指甲」相合

「無名指」捻在
「中指」的背上
「指甲」的下方

「左小指」要
「轉彎」到
「無名指」的背上

中指

食指

佛頂根本印
（作此印者
無量無邊功德）

大拇指押在「食指」
上節的「側邊」

第四節 「熾盛光大威德消災吉祥」呪(熾盛威德佛頂)手印

(早課十小咒之第二條咒語)
熾盛光大威德消災吉祥咒

（早課十小咒之第二條咒語）
「熾盛光大威德消災吉祥」咒手印

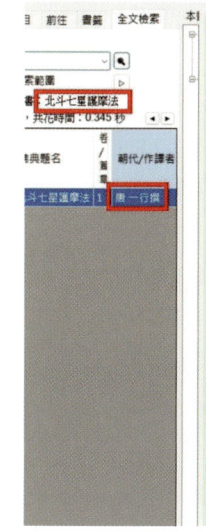

「其印相，二手內相叉為拳，豎合二中指各屈頭指於中指後，如金剛杵形，以二大指各押中指第二節文也。此真言一切如來之所加持，名熾盛威德佛頂真言。能成[A1]辦八萬種吉祥事，能除滅八萬種災禍、不祥惡夢。若見聞諸不祥事，清淨心誦一遍，則不能為害。五星所到諸座位或陵逼或入或穿過或退行侵陵，即於

十六畫・熾　**《新編密教大辭典》**

【略要】揭示消除妖星陵逼或其他諸災障之真言。十小咒中第二咒之消災吉祥神咒，即出自此經。
【異譯】消災經二譯之一，與《大威德金輪佛頂熾盛光如來消除一切災難陀羅尼經》為同本異譯。

熾盛光如來
金輪佛頂之別號。《熾盛光佛頂經》云：「大威德金輪佛頂，熾盛光如來。」

熾盛光佛頂
【名義】梵名 Prajvaloṣṇīṣa，可音譯成鉢羅入縛攞鄔瑟抳沙，意為熾盛光佛頂。八佛頂中並無熾盛光佛頂，或說此尊乃胎藏曼荼羅釋迦院之最勝佛頂，或說與光聚佛頂同體，然其同體應是金輪佛頂。亦即就釋迦如來於須彌山頂成道，折伏諸天而云金輪佛頂；就放無數光明以教令之，名為熾盛光。所以放無數光明者，因於日月星宿為其眷屬，為教令彼等故。
【尊形】《除災教令法輪》云：「熾盛光佛頂，身諸毛孔放大光明。」又云：「熾盛佛相儀，毛孔飛光散，首冠五佛相，二手如釋迦。」金輪佛頂有大日金輪與釋迦金輪之別，前者於色究竟天成道，現寶冠相；後者於須彌頂成道，現螺髮相。今所言者，首如大日，二手如釋迦。
【三形】三股。
【種字】𑖥𑖿𑖨𑖳𑖽（bhrūm），同於金輪佛頂。
【印相】三股印：虛心合掌，二頭指開屈如鉤各立於中指背不令著，二大指直豎著中指內第二節。或內縛，中指、頭指、大指同前，成三股杵形，印身五處。或以外縛三股印印身；三股為佛身，四指為熾盛光，大指為座。以上三印，皆載於《覺禪鈔》。
【真言】娜莫三曼多勃馱南阿鉢羅底賀多捨娑曩南唵却却佉呬佉呬吽吽入縛攞入縛攞鉢羅入縛攞鉢羅入縛攞底瑟姹底瑟姹瑟置哩娑撥吒娑撥吒扇底迦室利曳娑縛賀（Namaḥ samanta buddhānāṃ apratihata śāsanānāṃ oṃ kha kha khāhi khāhi hūṃ hūṃ jvala jvala prajvala prajvala tiṣṭha tiṣṭha sthiri sphaṭ sphaṭ śāntika śrīye svāhā）。

娜莫三曼多勃馱南	阿鉢羅底賀多捨娑曩南
Namaḥ samanta buddhānāṃ	apratihata śāsanānāṃ
𑖡𑖦𑖾 𑖭𑖦𑖡𑖿𑖝 𑖤𑖲𑖟𑖿𑖠𑖯𑖡𑖯𑖽	𑖀𑖢𑖿𑖨𑖝𑖰𑖮𑖝 𑖫𑖯𑖭𑖡𑖯𑖡𑖯𑖽
歸命普遍諸佛	無能害者

2028

詳細方式：
❶兩「小指、無名指」內相交叉，右押左。
❷兩「中指」豎合。
❸兩「食指」作彎曲的「鉤」狀，於「中指」後，勿黏上「中指」，作如「三股杵」造形。
❹兩「大指」押在「中指」的「第二節紋」處。

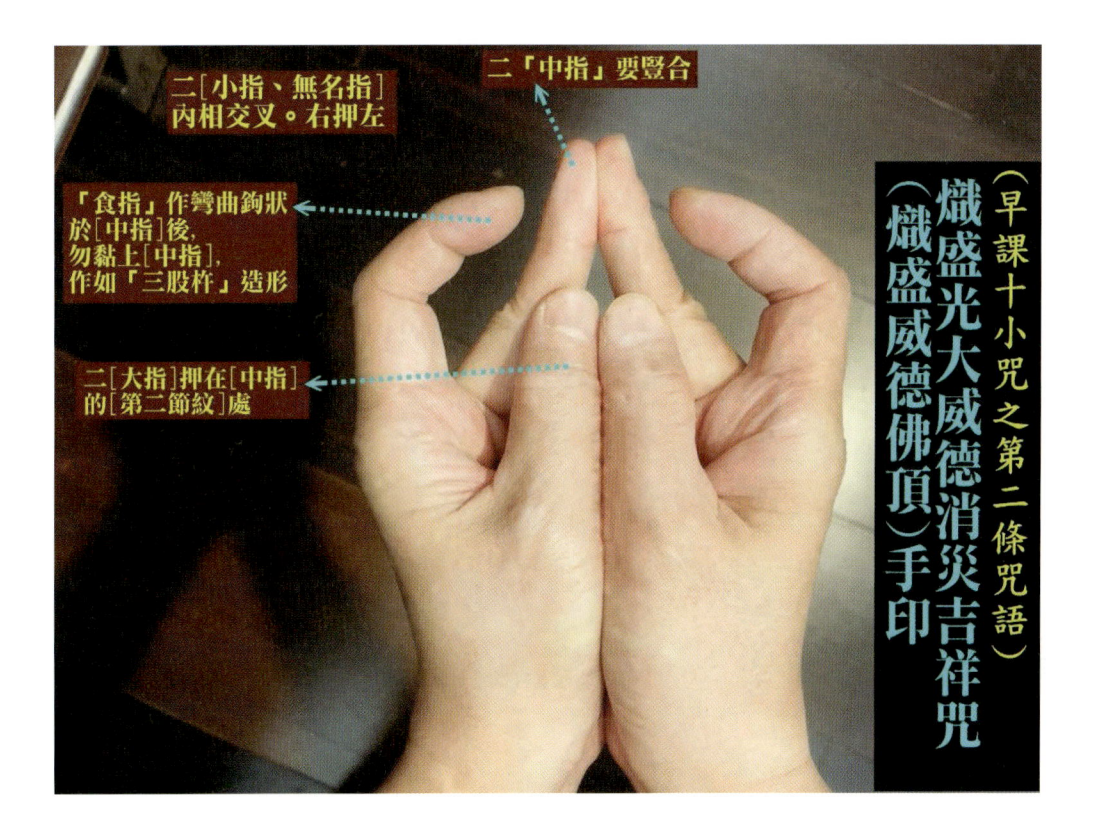

二[小指、無名指]內相交叉。右押左

二「中指」要豎合

「食指」作彎曲鉤狀於[中指]後，勿黏上[中指]，作如「三股杵」造形

二[大指]押在[中指]的[第二節紋]處

（早課十小咒之第二條咒語）
熾盛光大威德消災吉祥咒
（熾盛威德佛頂）手印

第五節 專門治「眼病」的「釋迦佛眼印」

第一種結法：

《陀羅尼集經》卷1〈1 釋迦佛頂三昧陀羅尼品〉
「釋迦佛眼」印呪第二十五
❶反叉二「小指」、二「無名指」於掌中，
❷直豎二「中指」，頭相拄，
❸並豎二「大指」，
❹屈二「頭指」，壓二「大指」頭，頭相拄(創造出三個眼睛，就是了)。呪曰：
唵(一)・毘嚧支(只伊反)儞(二)・莎訶(三)
　　　　　　Virocini(光輝；照耀)

作佛眼印，誦前大呪，得身清淨、眼根清淨。若至誠受持佛眼印呪，亦得具足五眼清淨，一切眾生見者歡喜。若人患眼、眼赤痛者，作印，印眼，及印「藥」呪，內眼(點眼藥水入於眼中的意思)中差𠫤(癒)。若(以)印(加持藥)水(誦)呪，噴𠫤(將水含在口中噴出去。泛指噴射)眼并洒，即得除差𠫤(癒)。

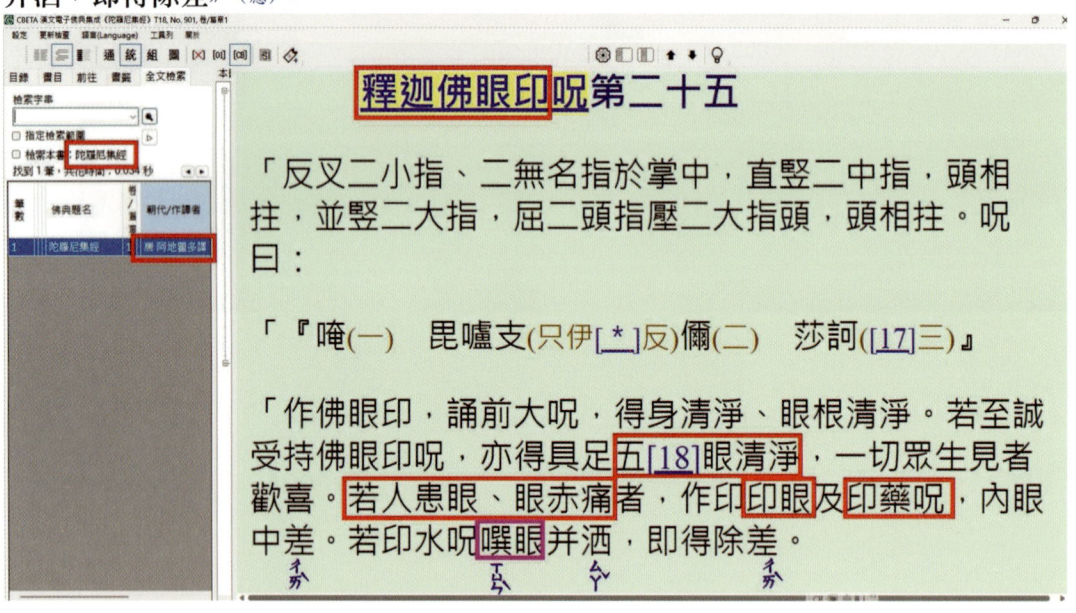

《陀羅尼集經》卷4〈佛說跋折囉功能法相品〉
「釋迦牟尼佛眼」印呪，第五十一
❶反叉「無名指」及二「小指」在掌中，
❷二「中指」直豎，頭相著，

第三篇 其餘相關重要手印介紹・419

❸並二「大指」直申，
❹二「頭指」屈「中節」，頭相拄，以押二「大指」頭上（創造出三個眼睛，就是了），合腕。呪曰：
唵（一）・毘嚧闍（上音）儞（二）・莎訶（三）・
　　　　　Virocani（普照；照耀）

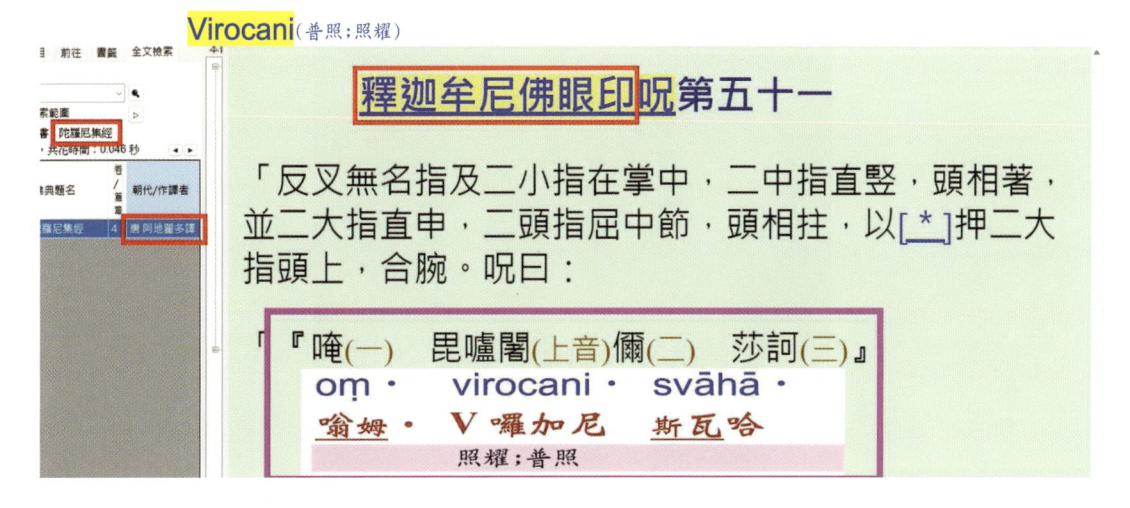

> **釋迦牟尼佛眼印呪第五十一**
>
> 「反叉無名指及二小指在掌中，二中指直豎，頭相著，並二大指直申，二頭指屈中節，頭相拄，以[*]押二大指頭上，合腕。呪曰：
>
> 『唵（一）　毘嚧闍（上音）儞（二）　莎訶（三）』
> oṃ・ virocani・ svāhā・
> 嗡姆・ V囉加尼 斯瓦哈
> 　　照耀；普照

詳細方式：
❶兩手「無名指、小指」內相交叉入掌，右押左，左下右上。
❷兩「中指」直豎相捻，像「針」狀。
❸兩「食指」與「大拇指」相接，食指要押「大拇指」的「指頭」，與「中指」創造出一個「三角形」的眼睛造型。
❹「食指」下節彎曲的地方，要與「中指」創造出一個「三角形」的眼睛造型。

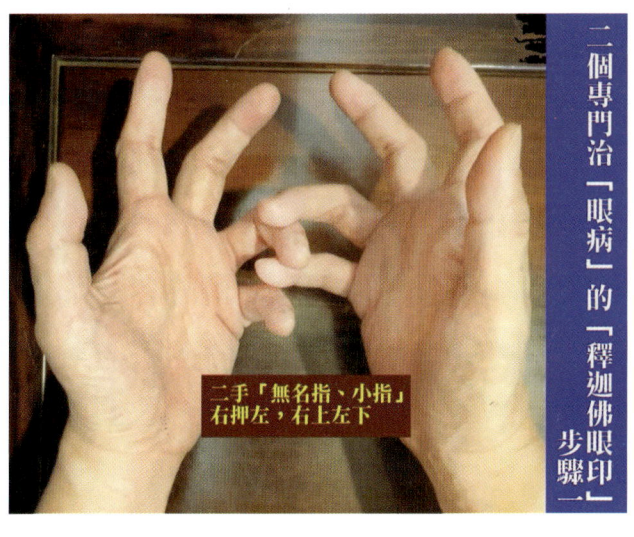

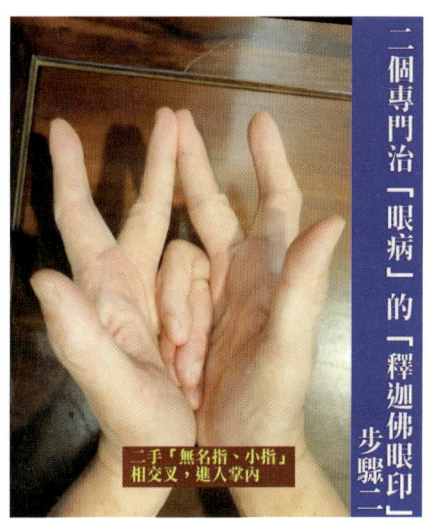

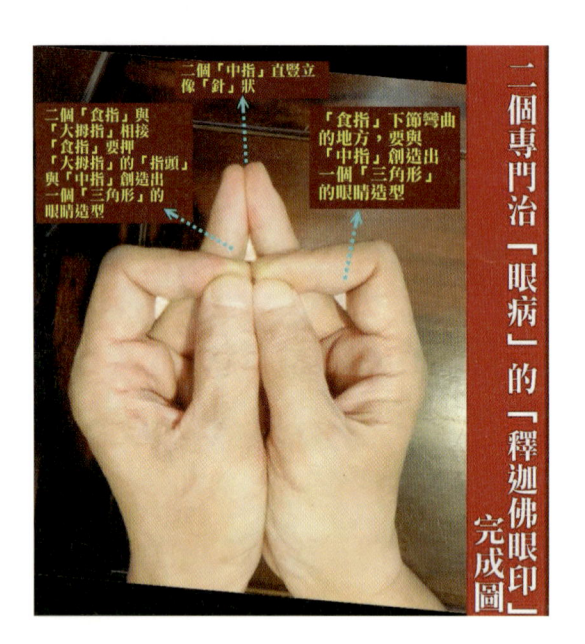

第一種結法：

《大毘盧遮那成佛神變加持經》卷4〈9 密印品〉
❶「定、慧」手(左右手)，合為「一相」(此指「合掌」)，
❷其「地」(小指)、「水」(無名指)輪皆向「下」，
❸而申「火輪」(中指)，二(指)「峯」相連，
❹屈二「風輪」(食指)，置於(中指的)「第三節」上，
❺並「虛空輪」(大拇指)，如(是共創造出)「三目」(之)形。
是「如來頂印」、(或名)「佛菩薩母」(印)……如前(所說的)「佛頂印」，(即)是「佛眼印」。

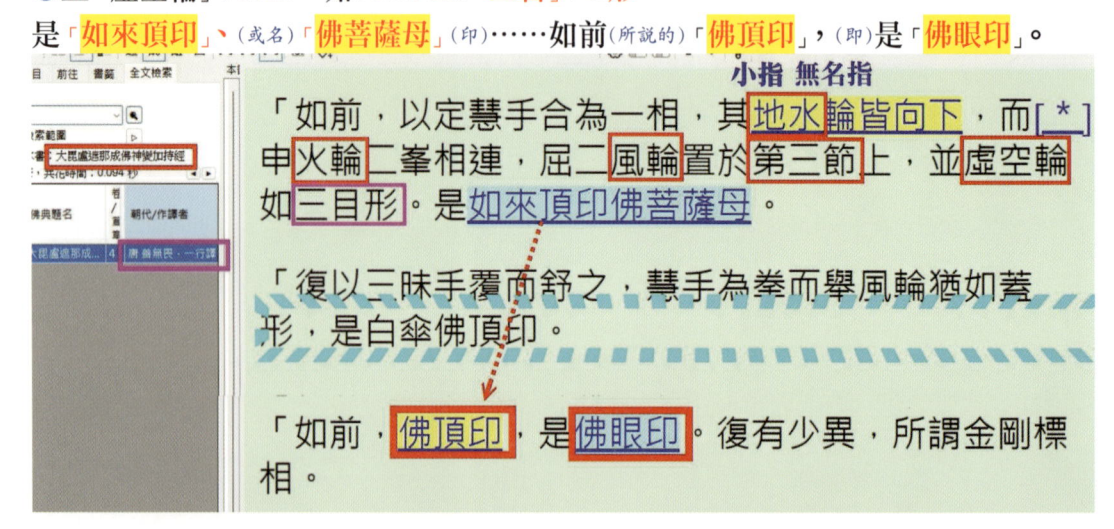

「如前，以定慧手合為一相，其地水輪皆向下，而[*]申火輪二峯相連，屈二風輪置於第三節上，並虛空輪如三目形。是如來頂印佛菩薩母。

「復以三昧手覆而舒之，慧手為拳而舉風輪猶如菁形，是白傘佛頂印。

「如前，佛頂印，是佛眼印。復有少異，所謂金剛標相。

唐・一行記《大毘盧遮那成佛經疏》卷13〈9 密印品(一三-一四)〉

次「佛眼」印。
❶作「三補吒」(samputā 椀器;合掌;虛心合掌)。
❷雙屈「地」(小指)、「水」(無名指)入掌，
❸豎二「火」(中指)，令如「針」，
❹二「風指」(食指)轉捻二「火指」(中指的)「第三節」上，由如「眼形」(眼睛之形)。
❺二「空指」(大拇指)並豎，稍屈，令當(押於)二「中指」(的)下(節處)，使「指頭」如「豎眼之形」(創造出眼睛造形就是了)，(如此)即是(共創造出)「三眼」也。
其「地、水」指，如向「內」合掌之法，如前(即)名為「佛母印」。
此中名「佛頂印」，亦名「佛菩薩母印」也。

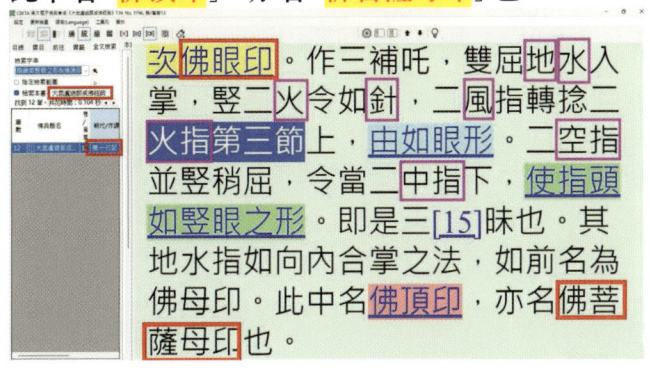

次佛眼印。作三補吒，雙屈地水入掌，豎二火令如針，二風指轉捻二火指第三節上，由如眼形。二空指並豎稍屈，令當二中指下，使指頭如豎眼之形。即是三[15]眛也。其地水指如向內合掌之法，如前名為佛母印。此中名佛頂印，亦名佛菩薩母印也。

詳細方式：
❶兩手「無名指、小指」內相交叉入掌，右押左，左下右上。
❷兩「中指」直豎相捻，像「針」狀。
❸兩「食指」要押「中指」背的第三節，然後與「中指」創造出一個「三角形」的眼睛造型。
❹「大拇指」押「中指」的下節處，要與「中指」創造出一個「三角形」的眼睛造型。

二手「無名指、小指」右押左，右上左下
二個專門治「眼病」的「釋迦佛眼印」步驟一

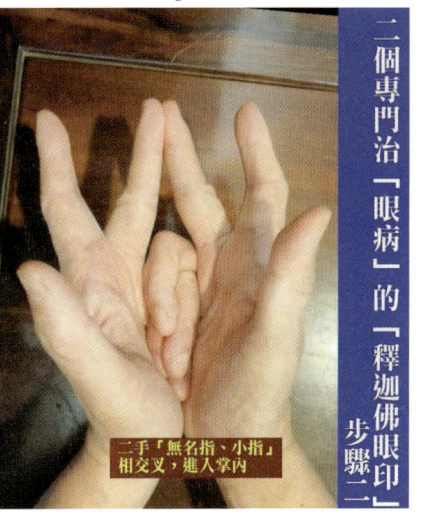

二手「無名指、小指」相交叉，進入掌內
二個專門治「眼病」的「釋迦佛眼印」步驟二

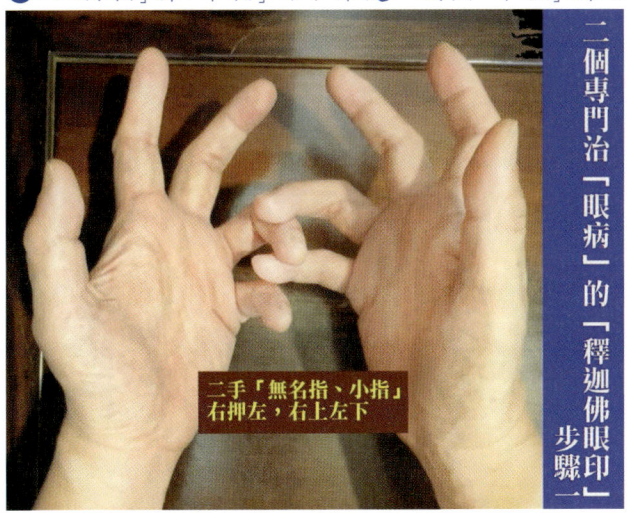

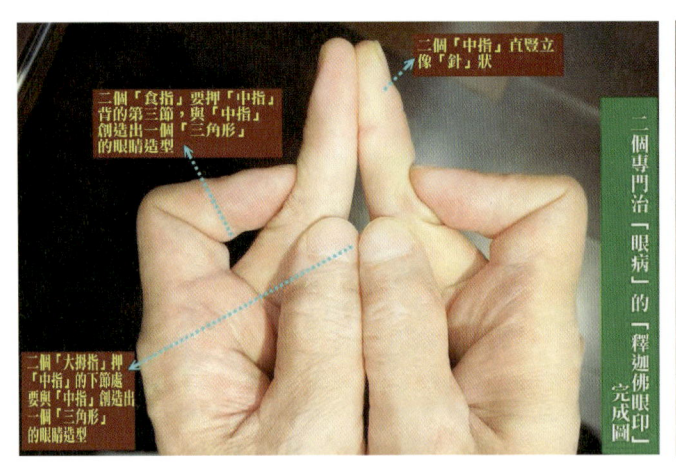

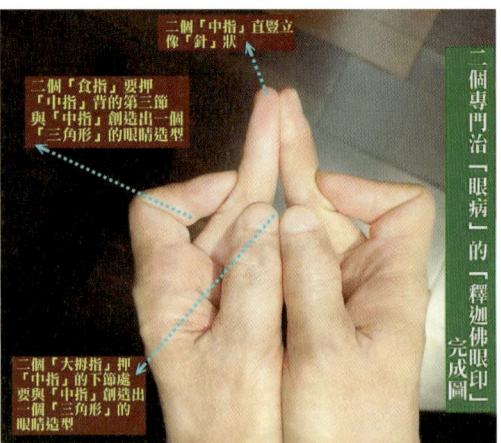

（治「眼病」的「釋迦佛眼印」與「釋迦佛頂身印」的比較差異圖）

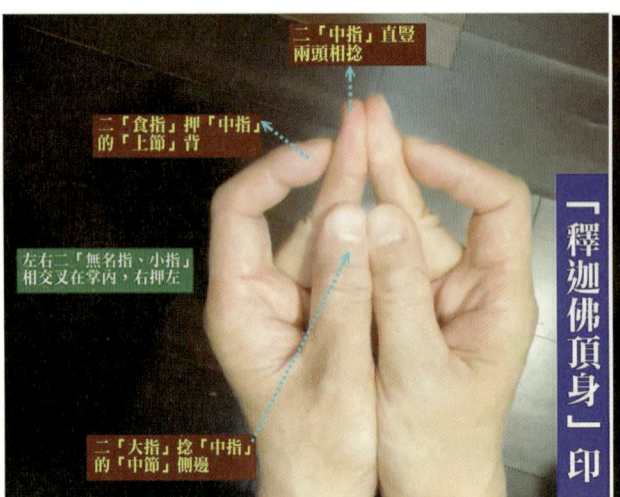

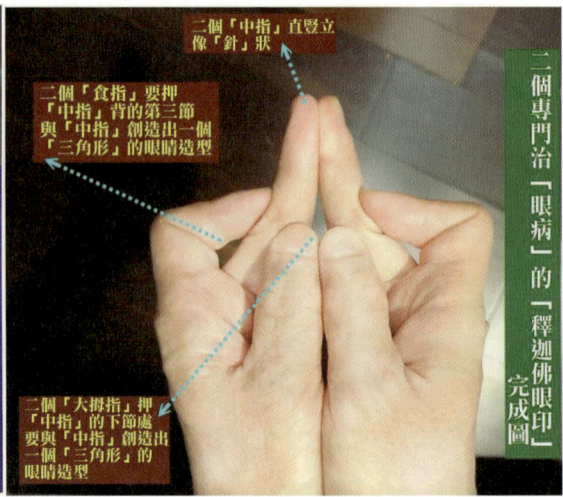

第六節 「一切如來加護心」印（握持金剛杵，或打坐時，兩手都結用）

關於「金剛杵」的「握法」，早已普遍存在所有的「藏密、唐密、東密……」等的儀式中。

但您知道這個「手印」名稱叫什麼嗎？

當你細心尋查《藏經》資料後，就會發現很多「手印」都是相同的，但名稱卻各各不同！

人的手指只有十隻，再怎麼變化，總是會有「重複」的！

「一切如來加護心印」的介紹（握持金剛杵，或打坐時，兩手都結用）
① 一切如來加護心印
② 一切如來普光大寶會祕密印
③ 玉環印
④ 玉環成就一切所願印
⑤ 隱身隨形，入六道印
⑥ 隨心神足印
⑦ 降伏外道六師印
⑧ 持誦水印
⑨ 攪水印
……

《廣大寶樓閣善住祕密陀羅尼經》卷3〈附文‧12 手印品〉
第三「一切如來加護心印呪」
(1)佛言：應舒「右臂」，仰置「右膝」上，以「(大)拇指」捻（按；捏）「中指」甲上。
(2)以「左手」仰橫（於）「心」上，以「(大)拇指」壓「無名指、中指」(的指)甲上，舒(展)「頭指」(食指)及「小指」，發慈悲心，「開目」而住，專誠「念佛」，誦此呪曰……
(3)作此「印、呪」法已，即得「一切如來之所護念」，唱言：善哉！舒手「摩頂」，猶如「赤子」。所有「業障」，悉皆散滅。
(4)菩薩諸天，恭敬擁護，「藥叉、惡鬼」不能侵欺，見此「印」已，悉生「慈悲心」，自然調伏。

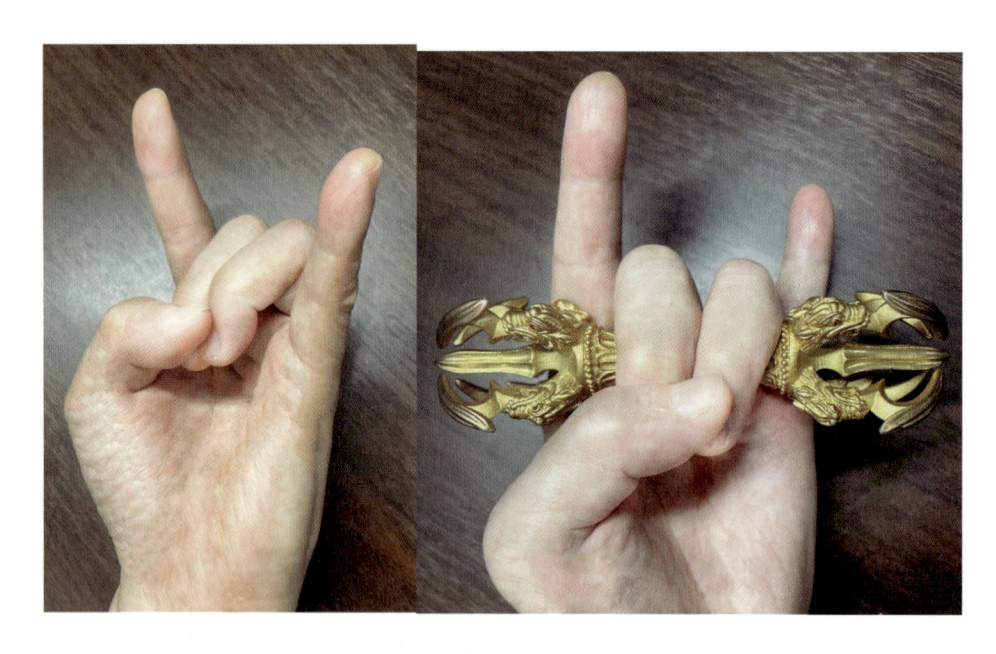

《廣大寶樓閣善住祕密陀羅尼經》卷3〈10 印法品〉
次說「一切如來普光大寶會祕密印呪」，
亦名「一切如來加護心印呪法」。
佛言：應舒「右臂」，仰置「右膝」上，以「大拇指」捻(按；捏)「中指」甲上。
以「左手」仰橫(於)「心」上，以「大拇指」壓「無名指、中指」(的指)甲上，舒(展)「頭指」(食指)及「小指」，發慈悲心，「開目」而住，專誠「念佛」，誦此呪曰……

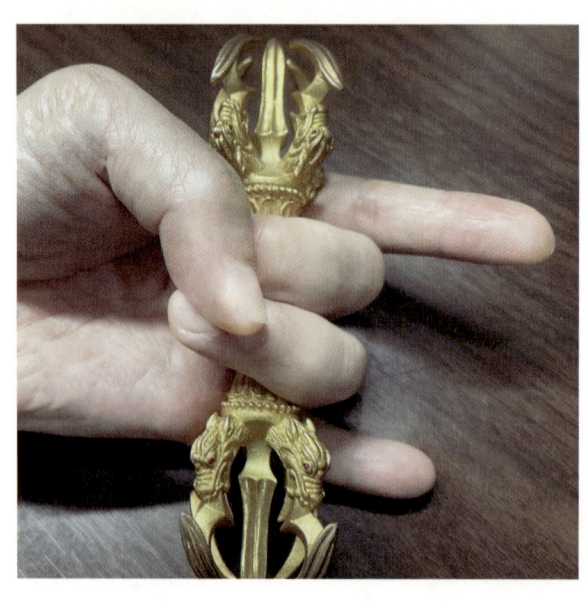

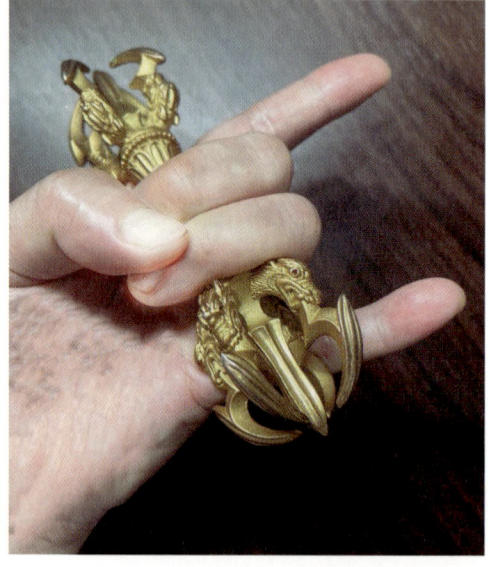

《寶藏天女陀羅尼法》

以「中指、無名指」屈(向掌)，以「大母指」押(中指、無名)二「指甲」，舒「頭指」(食指)及「小指」，安(於)心上。右手把「數珠」，念(誦)真言，此名「玉環印」。

《馬鳴菩薩大神力無比驗法念誦軌儀》

屈左(手的)「中指、無名指」，以「大母指」押彼(中指、無名)二「指甲」，舒「頭指」(食指)及「小指」，安(於)心上。右手把「數珠」，念(誦)真言，此名「玉環成就一切所願印」。

《觀自在菩薩隨心呪經》

「隱身隨形，入六道印呪」第二十四

(1)以「右手」(的)「大母指」，押(於)「無名指、中指」(的指)甲上，「頭指」(食指)及「小指」(皆)直豎。「左手」亦爾(也是打同樣的手印)……

(2)作此(手)印法時，(能得)隨意「隱沒」、遊行「自在」，一切如願。

《觀自在菩薩隨心呪經》
「隨心神足印」第四十五

(1)先以「左手」(的)「中指、無名指」,「屈」在掌中,又以「大母指」押「無名指、中指」(的指)甲上,(然後)頭指(食指)、小指,(皆打)直(而)申展之,即(可開始)誦「身呪」。

(2)作此(手)「印」已,(可)用(來撫)摩「兩足」,(可)日馳「千里」。

(3)作此(手)「印」時,「地神」每(每會)將「七寶華臺」(來)承(接)「行者」(之)足,凡夫「肉眼」(是)不見(此事的)。但(自己當)生「大慈悲」救護之心,莫為自求「名聞、利養」,(行者)必定(能)感得「萬神」(之)扶助。

《觀自在菩薩隨心呪經》
「降伏外道六師印」第十五

先以「右手」(的)「中指、無名指」相著,屈在掌中,直豎「餘三指」,散舒手掌,向胸前。「左手」亦然……

(然後再)改各以「大母指」捻ⁿ(按;捏)「無名指」及「中指」甲上。作此印時,「外道六師」悉皆歸伏。

《蘇悉地羯羅供養法》卷1
次以「軍荼利」真言、「手印」持誦「水真言」,曰:

唵・闇沒嘌(二合)帝・斜・泮吒・(七遍誦之，此是持誦水真言)。
oṃ・ amṛte・ hūṃ・phaṭ

其手印相，先平舒「右手」，以「大(母)指」押其「中指、無名指」甲上，稍屈(前面所有經文都說要「直伸」，只有此處是「微屈」)「頭指」(食指)、「小指」，(然後)持誦真言，以「印」攪「水」澡浴(此是持誦水印)。

《密宗道次第廣論》卷3

右手平仰，屈「中指、無名指」，以「大(母)指」端按之，「食指、小指」稍(作)「鈎」(狀)，作「攪水印」攪水。

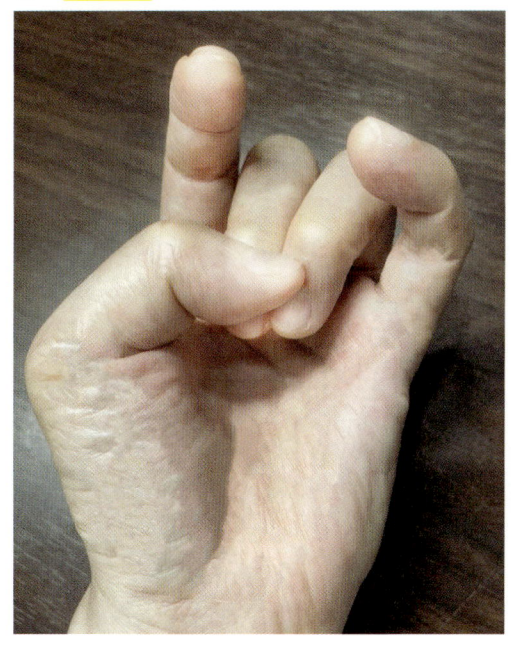

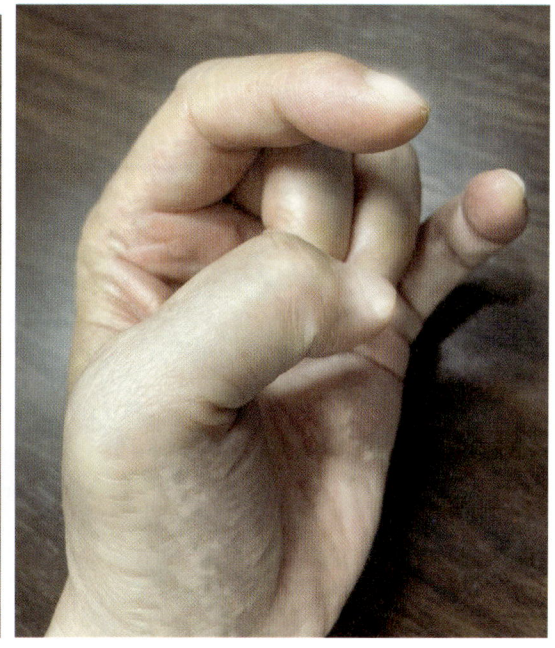

第七節 「劍」印：加持聖物、金剛杵時可用

❶ 劍印
❷ 金剛刀印
❸ 勅鬼神印
❹ 刀印
❺ 金剛藏稍 法印
❻ 那致-濕嚩囉印
❼ 如來脇印
❽ 不動尊印
❾ 一切羅剎法印
❿ 「羅剎娑王」軍兵鬥戰者，急來印
⓫ 不動威怒法印
……

《不動使者陀羅尼祕密法》
次作「劍印」。
以左手(的)「大母指」捻(按;捏)「無名指、小指頭」，直申「頭指」(食指)及「中指」為「劍鞘」(之狀)，又以右手「大(母)指」捻「無名指、小指」甲上，直申「中指、頭指」為「劍」(之狀)。

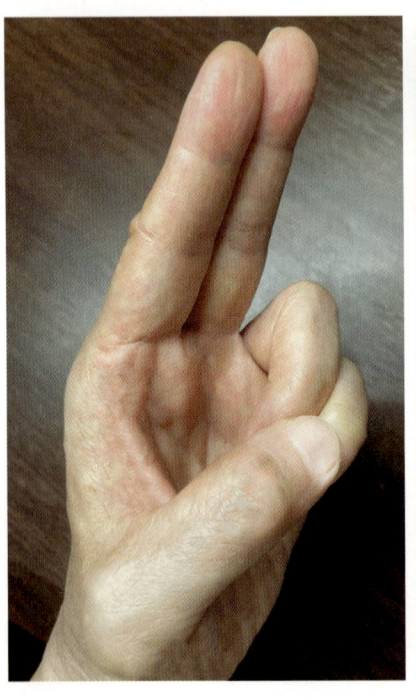

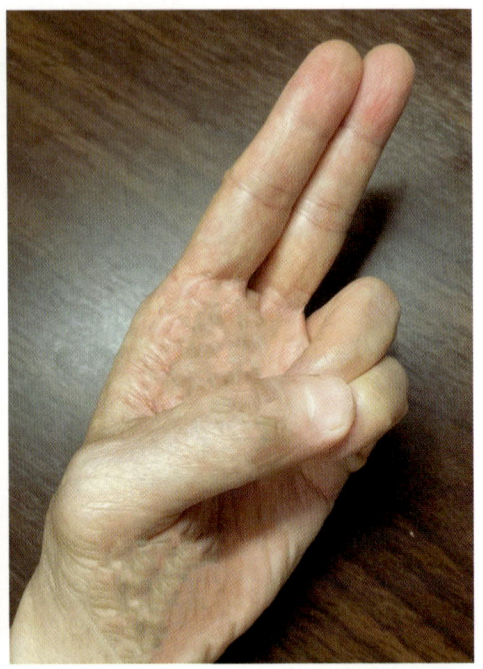

《底哩三昧耶不動尊威怒王使者念誦法》
次說「劍印」。
(1)左手(的)「大(母)指」捻(按;捏)「無名指、小指」甲,直(伸)「頭(食)、中」二指。
(2)右手(的)「頭(食)、中」二指,入「左掌」中,握以為「拳」。(在)右(手的)「無名、小」二指(上),(要有右手的)「大(母)指」捻其(指)甲上。又(另)云:左(手的)「頭指」(食指彎)屈,捻(按;捏)「大(母)指」,(作)如(一個)「環」(狀的手勢)。

《佛說大輪金剛總持陀羅尼經》
「金剛刀印」第六
右手,屈「無名指、小指」於掌中,以「大母指」押(無名指與小指)二「指甲」上,舒(伸)「頭指(食指)、中指」,(然後可)高舉(此)手(印),名曰「金剛刀印」。

《阿吒婆㕵⿸鬼神大將上佛陀羅尼經》
若「勅鬼神印」,偏坐,以「左手」托(著)跨(下),
「右手」以「大(母)指」押「小指、無名指」甲上,直豎「頭指(食指)、中指」。

《阿吒薄俱元帥大將上佛陀羅尼經修行儀軌》卷3
次結「勅鬼神印」。
若勅鬼神,即「偏坐」(指側坐),以「左手」托(著)跨(下)。
「右手」以「大(母)指」押「小指、無名指」甲上,直豎「頭指(食指)、中指」。

《那羅延天共阿修羅王鬥戰法》
「刀印」……「大母指」押「小指、無名指」節上,「中指、頭指(食指)」直豎向上。

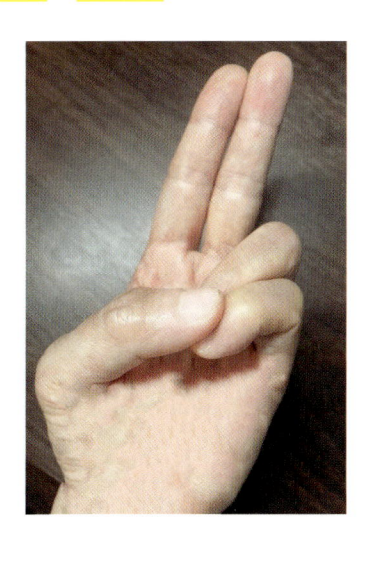

《陀羅尼集經》卷 7〈1 佛說金剛藏大威神力三昧法印咒品〉

「金剛藏稍㨝法印咒」第十六

(1)屈右手「無名指、小指」，以「大(母)指」押(無名指與小指的)甲上，「中指、頭指(食指)」直豎。左手亦爾……

(2)是「法印咒」，若人患「神鬼」等病者，用結此「印」，即(站)起，以「左脚」斜立，如捉「稍㨝」(之)形(態)，心(要觀想)作「破鬼想」，至心誦咒，鬼病即差。

《佛說金剛手菩薩降伏一切部多大教王經》卷 2

復用「左手」作拳。

(右手則)舒「頭指(食指)、中指」，以「大母指」捏「無名指」及「小指」，此是「那致濕嚩囉印」。

《菩提場所說一字頂輪王經》卷 4〈8 密印品〉

以右手「大(母)指」捻㨝(按；捏)「無名(指)、小指」甲上，直豎「中指、頭指(食指)」，(此名)是「如來脇印」。

《佛頂尊勝陀羅尼念誦儀軌法》

次結「不動尊印」，真言曰……

結印：二手，各以「大(母)指」捻㨝(按；捏)「小指」及「無名指」甲上，各豎(立)「中指、頭指(食指)」，並(立)之。

《成就妙法蓮華經王瑜伽觀智儀軌》

次以聖「不動尊印」、「真言」，辟除一切諸惡魔障。

(1)右手直豎，「頭指(食指)、中指」相並，「無名(指)、小指」屈入掌中，以「大指」捻㨝(按；捏)「無名、小指」甲上；左手亦然……結「印」之時，應「觀自身」即是「此尊」……

(2)由結此「印」及住「觀行」誦「真言」故，能護「菩提心」、能斷「諸見」。

《陀羅尼集經》卷 11〈諸天等獻佛助成三昧法印咒品〉
「一切羅刹法印咒」第五十三
以右手(的)「大(母)指」捻「小指、無名指」甲上，餘二指(指食指與中指)皆「豎」。

《阿吒薄俱元帥大將上佛陀羅尼經修行儀軌》
次結「『羅刹娑王』軍兵鬥戰者，急來印」。
以右手(的)「大(母)指」捻(按；捏)「小指、無名指」甲上，(其餘的)「中指」及「頭指」(食指)申之。「頭指」(食指可以做)來去(的動作)。

《大毘盧遮那佛說要略念誦經》
(1)復次「不動威怒法」，謂(為了能)淨除處所，結「護方」(之)界，(能得)自在無礙，(與)嚴淨道場，及一切(之)護(方結界)，皆悉(能)通用(的)。
(2)其印相者，各以二手「大指」捻(按；捏)「無名、小指」甲為「拳」，各直展「頭(食)、中」二指。

第八節 「漱口」印(總攝身印)：承水、承物用

《觀自在大悲成就瑜伽蓮華部念誦法門》
漱口印：
以右手(的)「中指、無名指」屈於掌中,「大指、頭指(食指)、小指」(皆)直申,承(接於)水用,三度(三過。度日如年的「度」→過),漱之。

《千眼千臂觀世音菩薩陀羅尼神呪經》卷1〈1 總攝身印〉
千眼千臂觀世音菩薩「總攝身印」第一
先以「左手」舒下,以「中指、無名指」並屈,著(於)掌中,「小指、食指、大母指」散舒,仰掌向上(可承水、承物用的「手印」)。

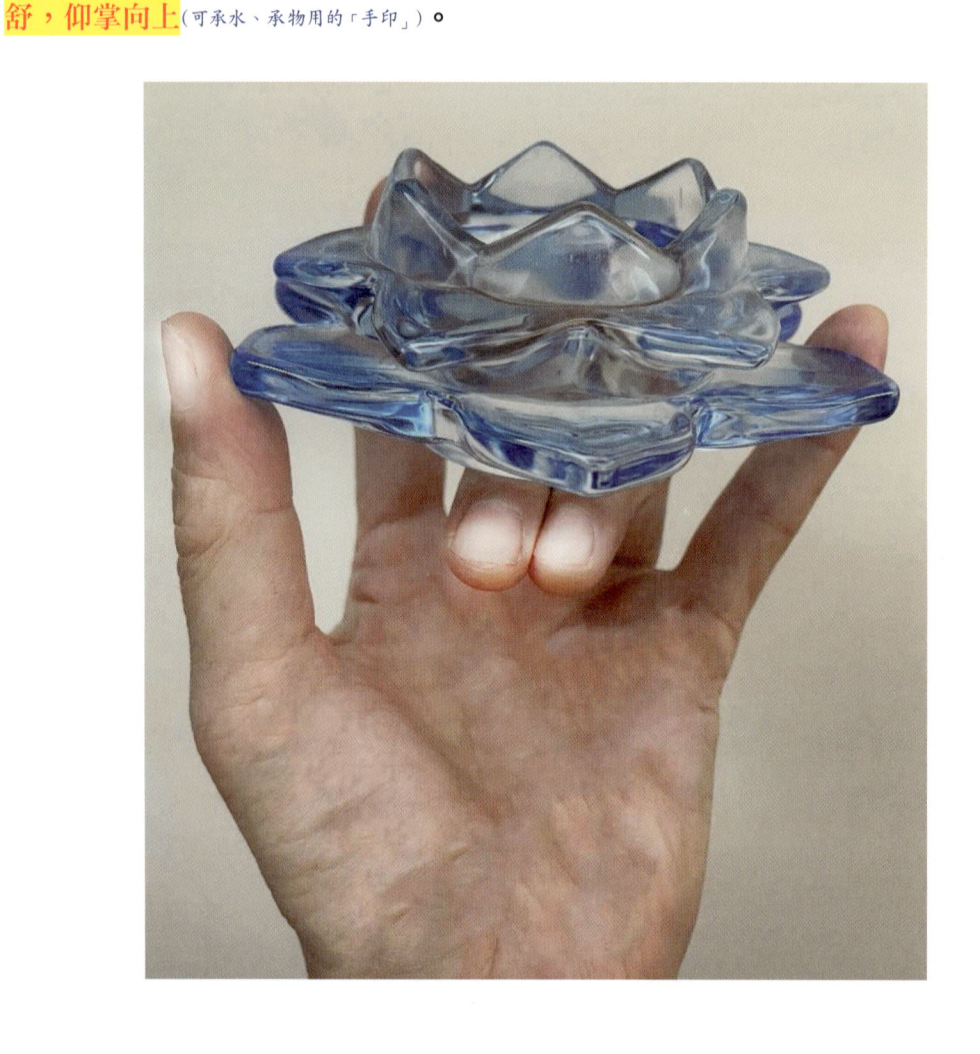

第九節 「大虛空藏普通供養」手印

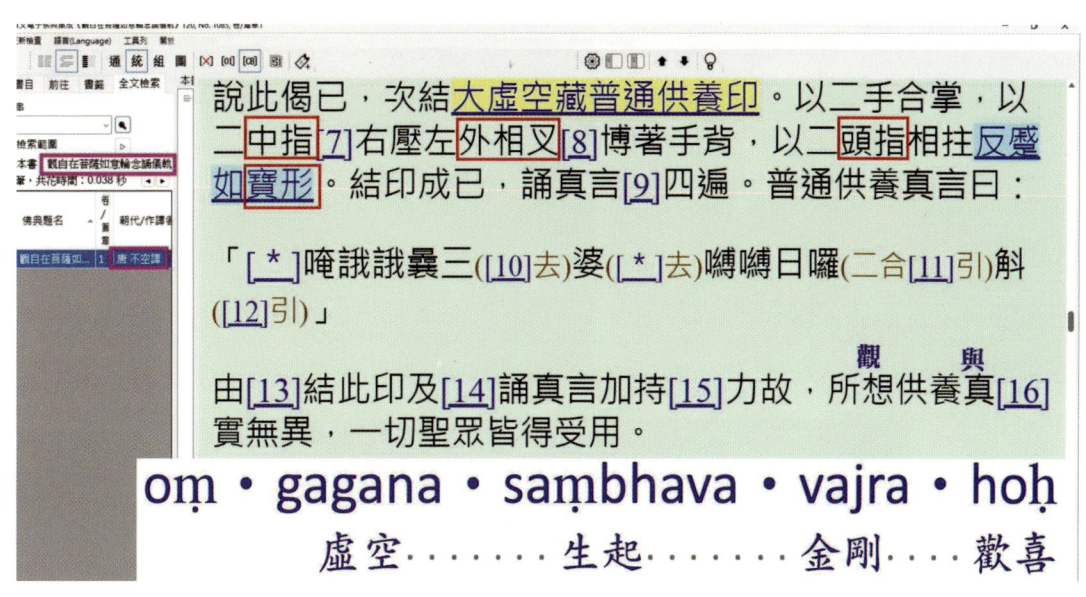

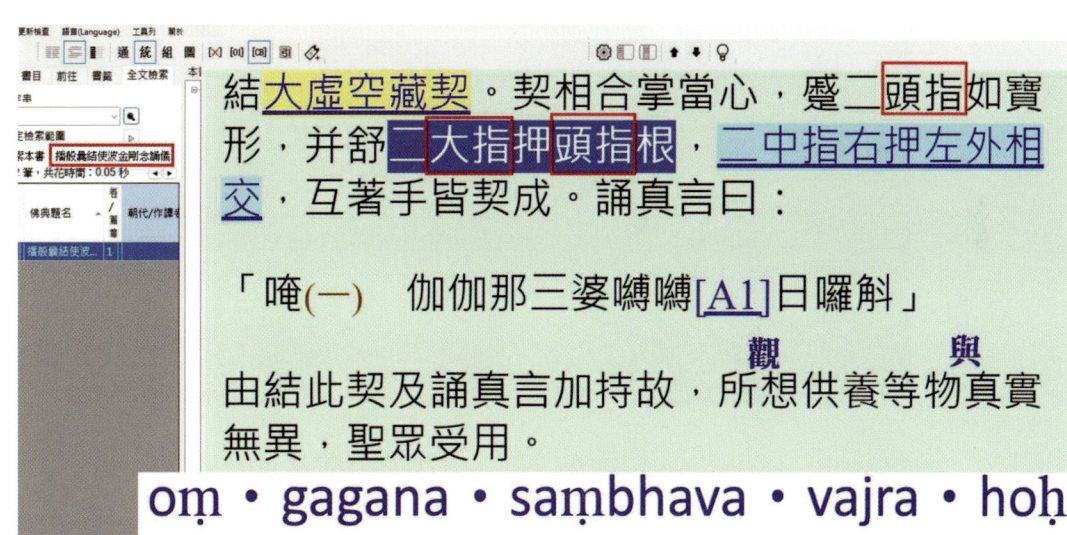

說此偈已，次結大虛空藏普通供養印。以二手合掌，以二中指[7]右壓左外相叉[8]博著手背，以二頭指相拄反蹙如寶形。結印成已，誦真言[9]四遍。普通供養真言曰：

「[*]唵誐誐曩三([10]去)婆([*]去)嚩嚩日囉(二合[11]引)斛([12]引)」

由[13]結此印及[14]誦真言加持[15]力故，所想供養真[16]實無異，一切聖眾皆得受用。

oṃ・gagana・saṃbhava・vajra・hoḥ
　虛空......生起......金剛....歡喜

結大虛空藏契。契相合掌當心，蹙二頭指如寶形，并舒二大指押頭指根，二中指右押左外相交，互著手皆契成。誦真言曰：

「唵(一)　伽伽那三婆嚩嚩[A1]日囉斛」

由結此契及誦真言加持故，所想供養等物真實無異，聖眾受用。

oṃ・gagana・saṃbhava・vajra・hoḥ
　虛空......生起......金剛....歡喜

詳細方式：
❶兩「中指」外相交叉，右押左。
❷兩「無名指、小指」直豎相併密合。
❸兩「食指」結成一個八楞的「寶形」，似方非圓，似圓非方。
❹兩「大指」靠在「食指」的根下處。

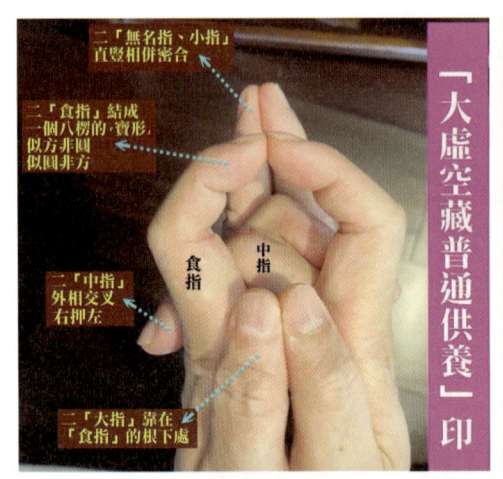

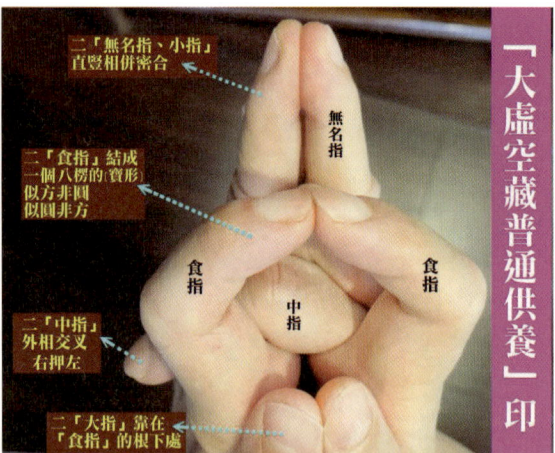

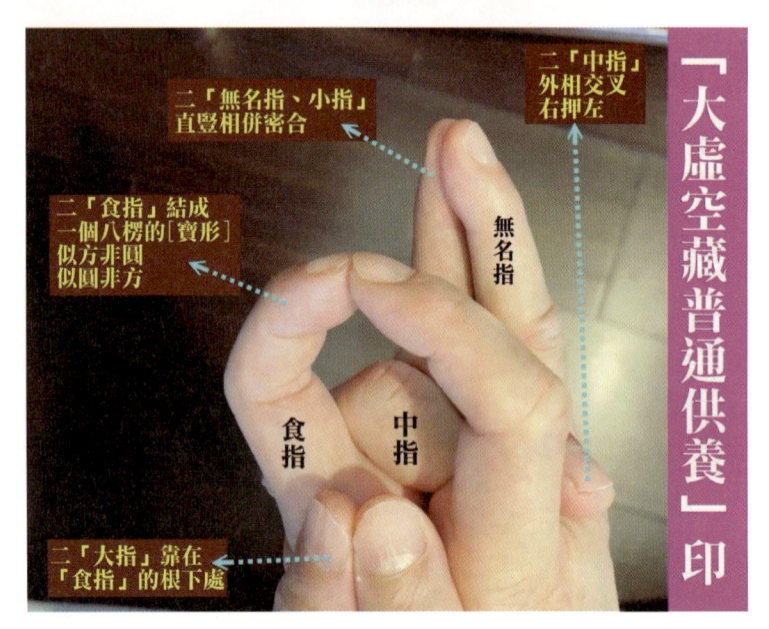

434・《佛菩薩專用手印解析暨研究》(全彩版)

「大虛空藏普通供養」印

- 二「無名指、小指」直豎相併密合
- 二「食指」結成一個八楞的「寶形」似方非圓似圓非方
- 二「中指」外相交叉右押左
- 二「大指」靠在「食指」的根下處

若無準備「飲食」，只打「供養印」的話，仍可得護法歡喜的！

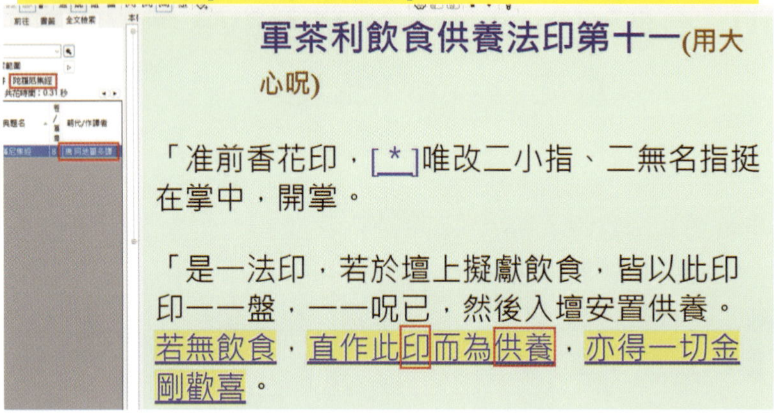

軍荼利飲食供養法印第十一(用大心呪)

「准前香花印，[*]唯改二小指、二無名指挺在掌中，開掌。

「是一法印，若於壇上擬獻飲食，皆以此印印一一盤，一一呪已，然後入壇安置供養。若無飲食，直作此印而為供養，亦得一切金剛歡喜。

第三篇 其餘相關重要手印介紹・435

==若無準備「飲食」，只打「供養印」的話，仍可得護法歡喜的！==

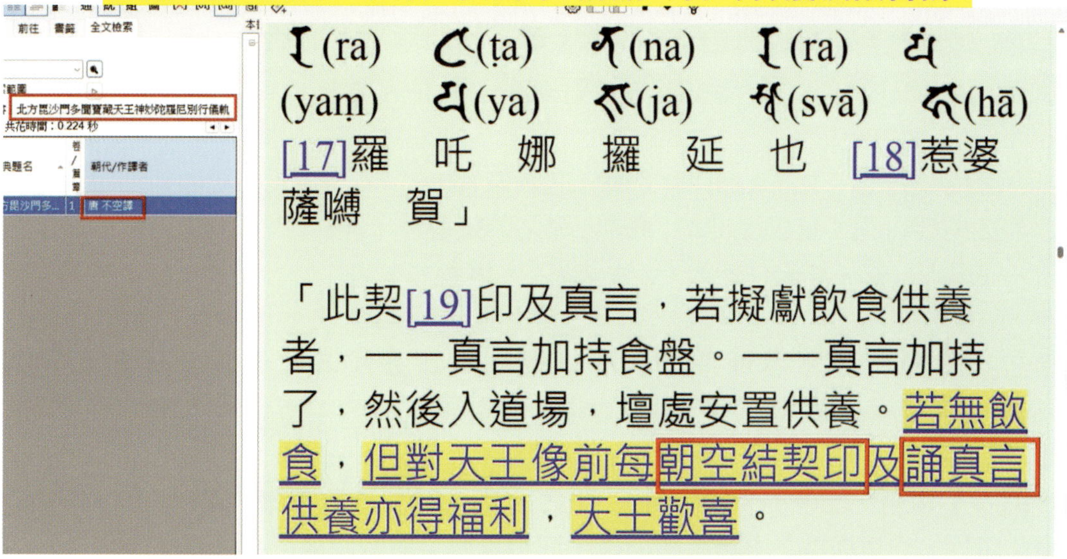

𑀭(ra) 𑀝(ṭa) 𑀦(na) 𑀭(ra) 𑀬ṃ(yaṃ) 𑀬(ya) 𑀚(ja) 𑀲(svā) 𑀳(hā)

[17]羅 吒 娜 攞 延 也 [18]惹婆薩嚩 賀」

「此契[19]印及真言，若擬獻飲食供養者，一一真言加持食盤。一一真言加持了，然後入道場，壇處安置供養。==若無飲食，但對天王像前每朝空結契印及誦真言供養亦得福利，天王歡喜==。

==若無準備「飲食」，只打「供養印」的話，仍可得護法歡喜的！==

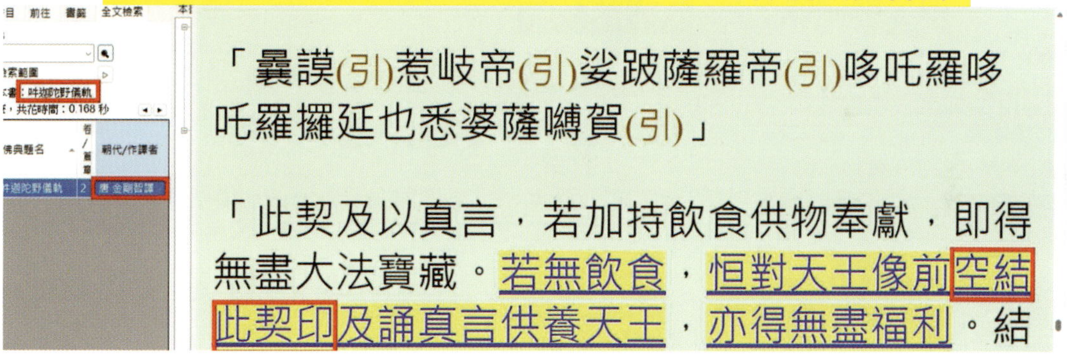

「曩謨(引)惹岐帝(引)娑跛薩羅帝(引)哆吒羅哆吒羅攞延也悉婆薩嚩賀(引)」

「此契及以真言，若加持飲食供物奉獻，即得無盡大法寶藏。==若無飲食，恒對天王像前空結此契印及誦真言供養天王，亦得無盡福利==。結

第十節 「忍辱」波羅蜜手印

如果你經常無法「忍辱」，或常常「受氣&被害」的人，需要「解冤」的話，可持此咒+手印，可得三種「忍」，可得「儀容端嚴」美麗，人見人愛！

一、耐「怨害」忍：能忍耐有情「怨敵」之惱害者。
二、安「受苦」忍：能安受非情「寒熱」等之苦楚者。
三、「諦察法」忍：能安住於至「無生法忍」之境者。

唐・不空譯《金剛恐怖集會方廣軌儀觀自在菩薩三世最勝心明王經》〈9 成就心真言品〉

如「戒」（波羅蜜的手印一樣，先做「金剛拳外縛印」），
「風」（食指）申合，風（食指）、空（大拇指）相去離，是「羼提」波羅蜜印。真言曰……
由此印故，一切怖畏之中無有能損害，即得忍辱波羅蜜圓滿。

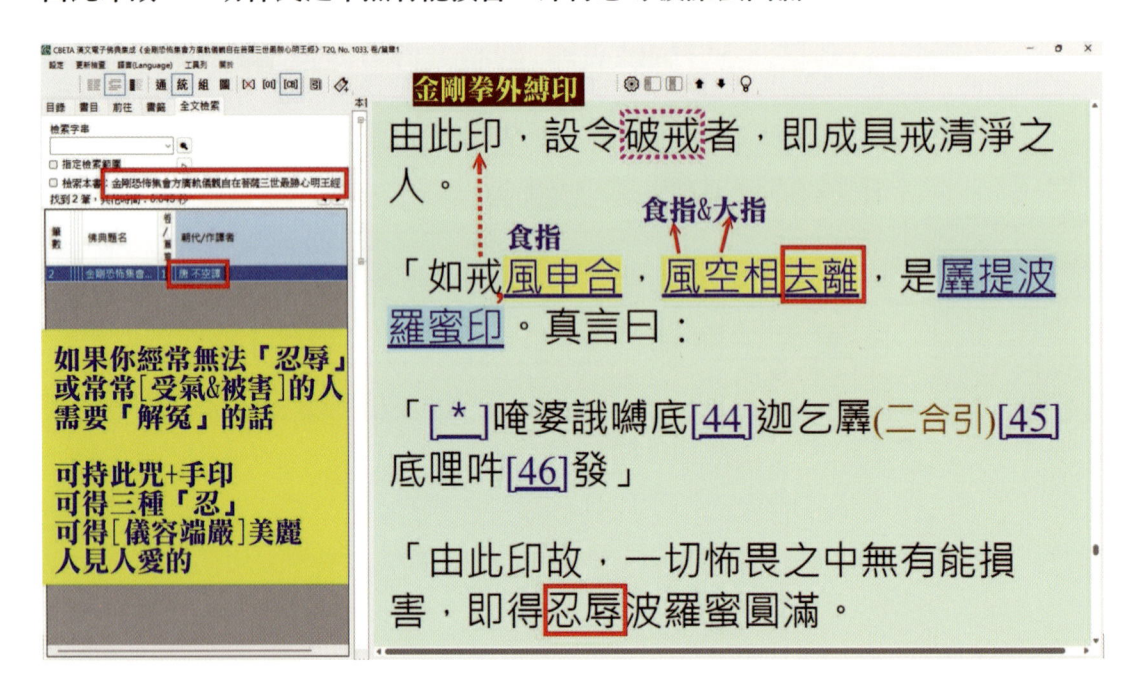

唐・不空譯《金剛頂瑜伽千手千眼觀自在菩薩修行儀軌經》卷2

結「忍」波羅蜜菩薩印。准前「戒」波羅蜜印，以「進、力」（食指）相合如針，「禪、智」（大拇指）並豎。即誦真言曰……
由結此印，誦真言三遍，則滅無量劫「瞋恚業」種，獲得三種忍功德，所謂：「耐怨害忍、安受苦忍、諦察法忍」，則「忍辱」波羅蜜圓滿，儀容端嚴，令人樂見。不(會)相

「憎、嫉」(的人)皆(會)來親附(於你),「勝解」尤深,隨念變化。

次結[41]忍波羅[*]蜜菩薩印。准前戒波羅[*]蜜印,以進力相合如針,禪智並豎。即誦真言曰:
食指　　　　　**大拇指**
「[42]嚩[43]婆誐嚩[44]底乞鏟(二合引)底馱[*](引)哩抳吽發[45]吒」

由結此印誦真言三遍,則滅無量劫瞋恚業種,獲得三種忍功德,所謂[46]害怨耐忍、安受苦忍、諦察法忍,則忍辱波羅[*]蜜圓滿,儀容端嚴令人樂見,不相憎[47]嫉皆來親附,勝解尤深隨念變化。

Oṃ · bhagavatī · kṣānti · dhāriṇi · hūṃ · phaṭ

唵姆‥巴嘎哇底‥洽恩底‥打哩尼‥虎姆‥帕德

歸命　　世尊　　　忍辱　　總持　　　破壞

如果你經常無法「忍辱」,或常常「受氣&被害」的人
需要「解冤」的話
可持此咒+手印,
可得三種「忍」,
可得[儀容端嚴]美麗,人見人愛的

詳細方式:
❶兩「小指、無名指、中指」,右壓左,右手抱左手。
❷兩「食指、大拇指」都直申,保持距離,不黏上即可。

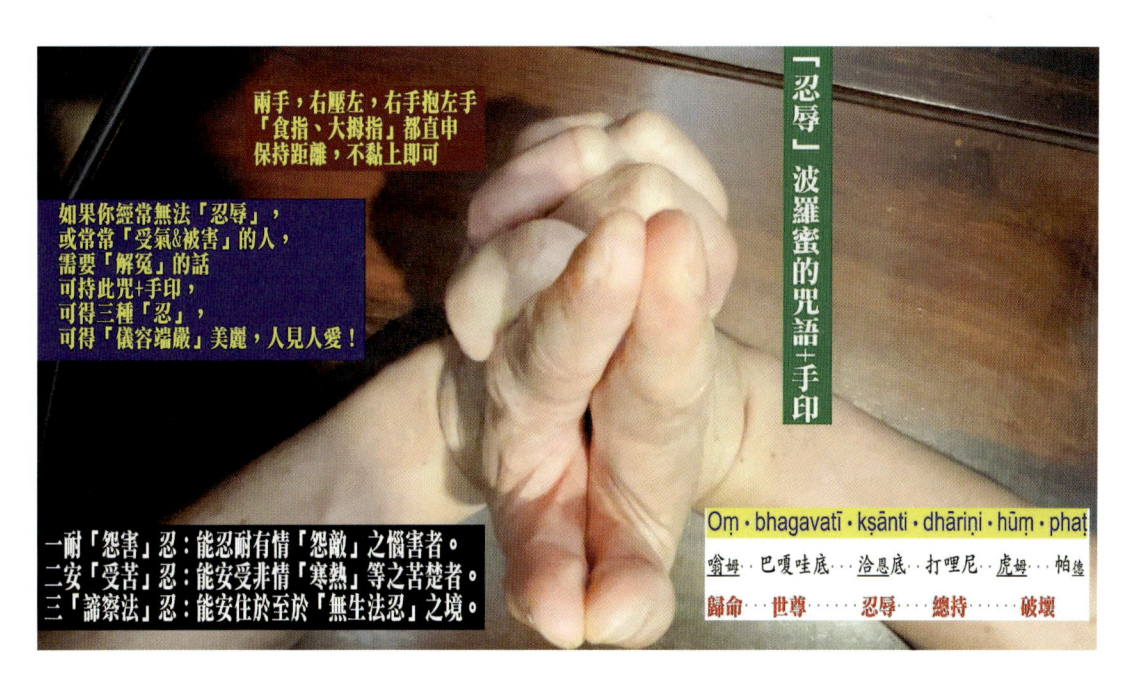

兩手,右壓左,右手抱左手
「食指、大拇指」都直申
保持距離,不黏上即可

如果你經常無法「忍辱」,
或常常「受氣&被害」的人
需要「解冤」的話
可持此咒+手印,
可得三種「忍」,
可得「儀容端嚴」美麗,人見人愛!

「忍辱」波羅蜜的咒語+手印

一耐「怨害」忍:能忍耐有情「怨敵」之惱害者。
二安「受苦」忍:能安受非情「寒熱」等之苦楚者。
三「諦察法」忍:能安住於至於「無生法忍」之境。

Oṃ · bhagavatī · kṣānti · dhāriṇi · hūṃ · phaṭ
唵姆‥巴嘎哇底‥洽恩底‥打哩尼‥虎姆‥帕德
歸命‥世尊‥‥忍辱‥‥總持‥‥‥破壞

「忍辱」波羅蜜的咒語＋手印

兩手，右壓左，右手抱左手
「食指、大拇指」都直申
保持距離，不黏上即可

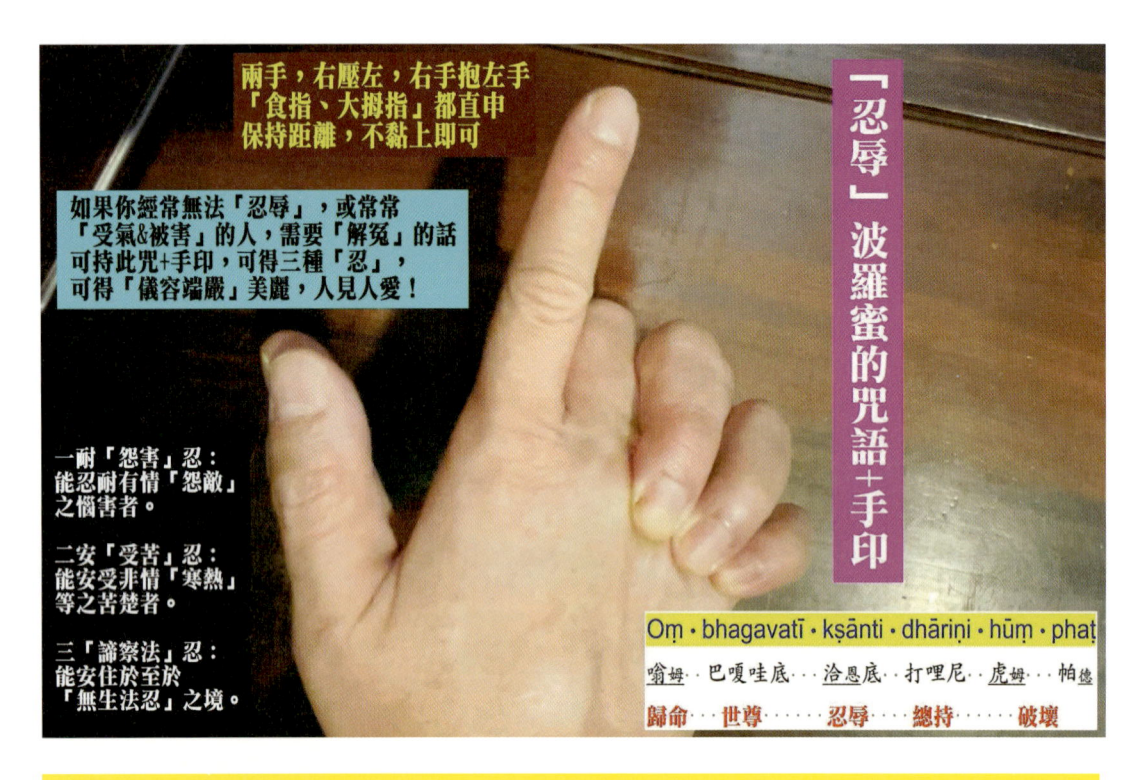

如果你經常無法「忍辱」，或常常
『受氣&被害』的人，需要「解冤」的話
可持此咒＋手印，可得三種「忍」，
可得「儀容端嚴」美麗，人見人愛！

一耐「怨害」忍：
能忍耐有情「怨敵」
之惱害者。

二安「受苦」忍：
能安受非情「寒熱」
等之苦楚者。

三「諦察法」忍：
能安住於至於
「無生法忍」之境。

Oṃ・bhagavatī・kṣānti・dhāriṇi・hūṃ・phaṭ
嗡姆・巴嘎哇底・洽恩底・打哩尼・虎姆・帕德
歸命　世尊　　忍辱　總持　　破壞

Oṃ・bhagavatī・kṣānti・dhāriṇi・hūṃ・phaṭ

嗡姆	巴嘎哇底	洽恩底	打哩尼	虎姆	帕_德
歸命	世尊	忍辱	總持		破壞

第十一節 「滿願」印(施願印。施甘露印)

若人結「滿願印」(施願印。施甘露印)，能得如來加持，離諸罪障，令眾生無諸苦惱。

唐・不空譯《攝無礙大悲心大陀羅尼經計一法中出無量義南方滿願補陀落海會五部諸尊等弘誓力方位及威儀形色執持三摩耶摽幟曼荼羅儀軌》
右智(右手)，(作)「滿願」印：
以「慧、方、願」屈，
(左手小指、無名指、中指，三指稍為有點「微屈」即可)
「智、力」真如嘴。
(左手「大拇指、食指」互相捻，像個嘴型或 O 型，即可)

唐・不空譯《菩提場莊嚴陀羅尼經》
以右手，安於臍下，
以「大指」捻「頭指」(食指)頭。
此印通「一切印」，一切如來所加持，由結此「印」，遠離一切罪障。

唐・智通譯《觀自在菩薩怛嚩多唎隨心陀羅尼經》
「施甘露」印第十五
以左手「頭指」(食指)與「大指」相捻，餘「三指」直豎(注意，這個「施甘露印」的三指應有一點「微屈」，因為這不需要如「三股金剛杵」的「直立」造型的)，向外托。
又以「右手」，垂向下，直舒「五指」。
此「施甘露」法，六道眾生悉皆飽滿解脫。

南天竺三藏跋折羅菩提集撰《多利心菩薩念誦法》
「施願」印：
❶以左手「大指」(大拇指)捻「頭指」(食指)頭，餘三指「申」之(注意，這個「施願印」的三指就有一點「微屈」了，因為這不需要如「三股金剛杵」的「直立」造型的)，右手亦然。
❷(兩手都同手印，然後)左豎(左手指頭往上豎立朝天)，(然後)右垂(右手下垂)。
用「本真言」作此印時，能令六道有情，無諸苦惱。

440・《佛菩薩專用手印解析暨研究》(全彩版)

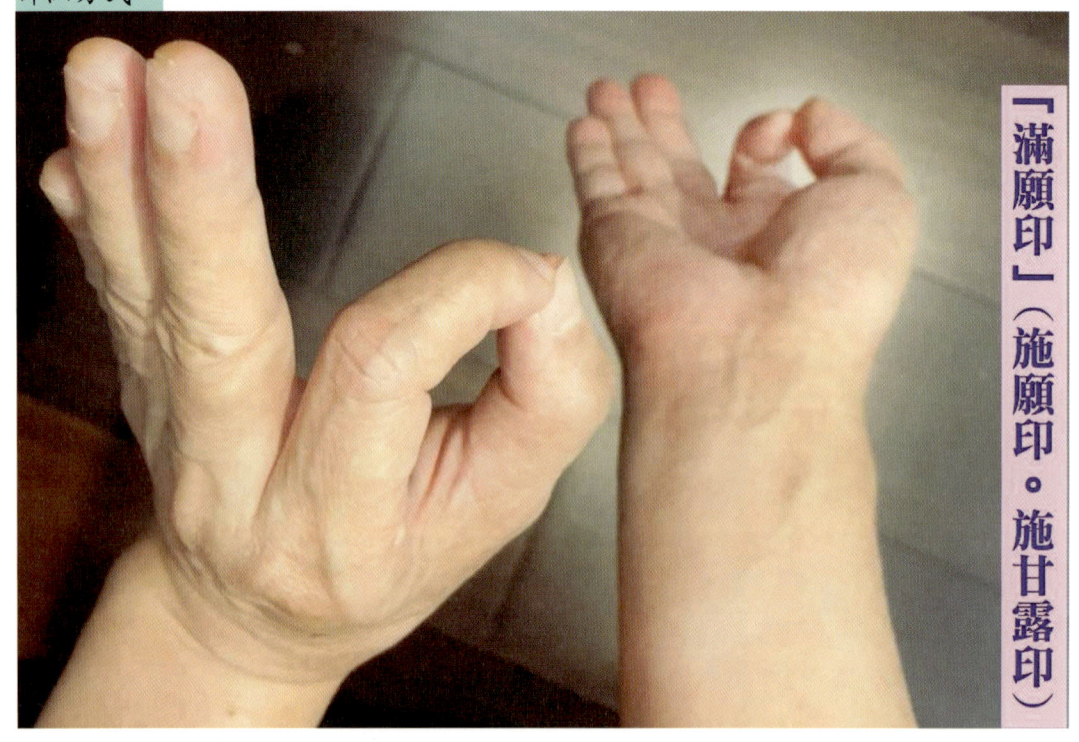

詳細方式:

「滿願印」(施願印。施甘露印)

第十二節 單手打「金剛杵」印的介紹

第一種結法：可方便稱為「ok」印

唐・金剛智(公元669~741)《不動使者陀羅尼祕密法》
「無畏清淨印」：
以右手「大指」(大拇指)上節，捻(按；捏)「頭指」(食指)甲上，餘三指並「直申」。

唐・不空(公元705~774)譯《底哩三昧耶不動尊威怒王使者念誦法》
即結「三昧耶印」，誦「三昧耶」明。
次即以「杵」印「明」(咒)，除其垢穢。
以右手「大指」(大拇指)，捻(按；捏)「頭指」(食指)甲上，餘三指散、豎，如(三股)「金剛杵」。
明曰……

唐・不空(公元705~774)譯《底哩三昧耶不動尊威怒王使者念誦法》
次說「金剛杵印」：
以右手「大指」(大拇指)捻(按；捏)「頭指」(食指)甲，如環，散開餘三指(即如「三股金剛杵」造型)，亦名「成就一切事業印」。

唐・不空(公元705~774)《大寶廣博樓閣善住祕密陀羅尼經》卷3〈9 護摩品〉
次結「無能勝印」：
以右手「大指」(大拇指)，拄(撐著)「頭指」(食指)頭，屈如「環」，餘三指「直豎」(即如「三股金剛杵」造型)。左手亦然。

詳細方式：
❶「大拇指」捻住「食指」的「指甲」，作似「環」狀。
❷其餘「小指、無名指、中指」，都散開、豎立。

三股「金剛杵」印　　　三股「金剛杵」印

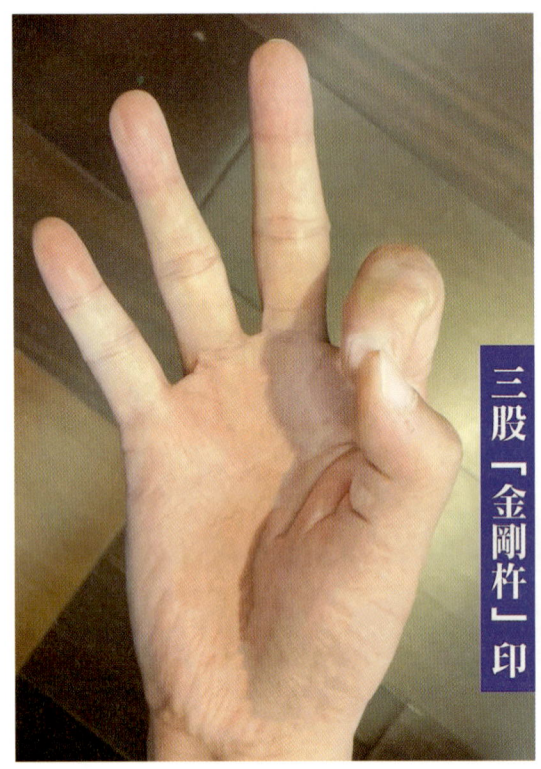

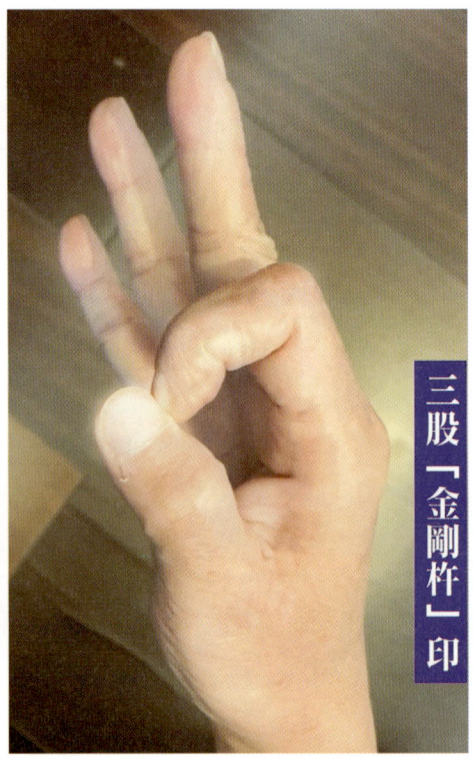

第二種結法：

《陀羅尼集經》卷 3〈佛說跋折囉功能法相品〉：
次作「嚩日囉」(二合)印，加持前所有一切「香花、寶物」供(養物品)等；若有「金剛杵」(的話)，(則就)不用(再結持)手印，直當用(金剛)「杵」而作加持。
(若)無「嚩日囉」(二合)(的話)，即(應)用「手印」。
以左手作(金剛杵)「總印」，「大指」捻「小指」甲上，餘「三指」(都打)直向上、擦🅁(開張)、豎(立)。真言曰：
唵(一)・阿蜜哩(二合)羝(二)・嗚斛(二合)・泮(三)(入)・
此「軍茶利小心真言」，誦七遍，莊嚴道場，(以)種種「香花、燈明、飲食」(供養)，悉行列竟(之後)，次當「燒香」。
若欲「請佛」，(則應)作「佛印」(而)請；次請「般若」，(則應)作「般若印」(而請)；次請「觀自在」菩薩，(則應)作「觀自在印」；次請「金剛」及「諸天」等亦爾，隨類(即)作(與其相對的手)印請之。一一請來，作「花座」印，并誦坐。

《陀羅尼集經》卷 2〈1 釋迦佛頂三昧陀羅尼品〉
又「佛心」印呪第四

右手「大指」，捻「小指」甲上，餘三指(皆)擒㔂(撥開)、豎,(散)開之。

《陀羅尼集經》卷8〈金剛藏軍荼利菩薩自在神力法印呪品〉
「軍荼利大護身」印第二十(用後大呪)
起立，正面向前，以左「大指」押「小指」甲上，餘三指(打)直、磔(開張)、豎(立)。

《佛說摩利支天經》
次結「大三昧耶」印，辟除「結界」。以右手「大指」捻「小指」甲上，餘三指(打)直、豎(立)，如「三股杵」形。

詳細方式：
❶「大拇指」捻住「小指」的「指甲」。
❷其餘「無名指、中指、食指」，都散開、豎立。

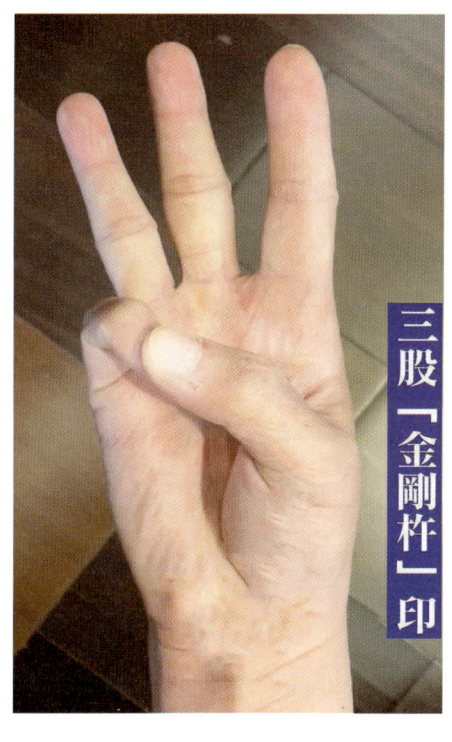

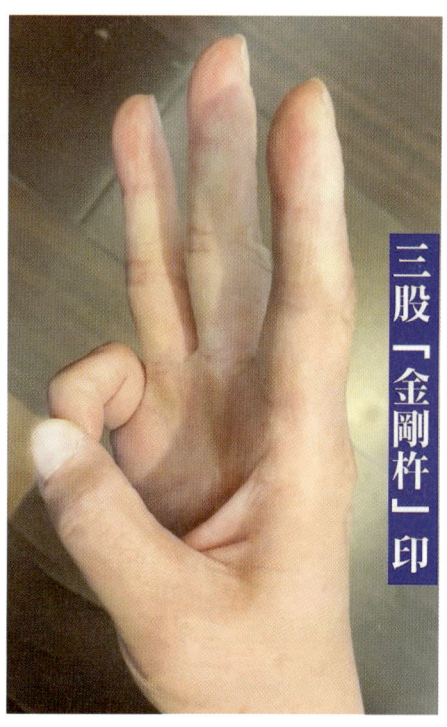

三股「金剛杵」印

三股「金剛杵」印

--本書收錄108種手印詳細名稱總表--

1.	「普通一切佛頂」印（一切佛頂成就印。辦事佛頂印）
2.	一字「佛頂」明王印（一字「頂輪王」印。「金輪佛頂」一字王印。「頂輪王」根本大印）
3.	觀世音菩薩「阿自多」（ajita無能勝）印
4.	大日如來「智拳」印之一。
5.	大日如來「智拳」印之二。
6.	「不空羂索」觀世音菩薩「拳印」。
7.	「一切如來三昧邪」印（一切如來智拳大印）。
8.	以手「四指」緊握「大拇指」的「金剛拳」印。
9.	以手「三指」緊握「大拇指」的「金剛拳」印（「食指頭」要去撐著、按著「大指」的「後背」處）。
10.	釋迦佛「法界定印」（第一最勝三昧之印；法界定印；毘盧印；阿彌陀如來之印）。
11.	彌陀佛的「彌陀定印」（彌陀如來契；阿彌陀如來印；三摩地印；妙觀察智印）。
12.	阿彌陀佛「療病法」印。
13.	阿彌陀佛「身」印。
14.	阿彌陀佛「大心」印。
15.	阿彌陀佛「護身結界」印。
16.	阿彌陀「坐禪」印。
17.	「無量壽如來」根本印。
18.	「無量壽如來」拳印（阿彌陀佛拳印）。
19.	阿彌陀佛説法印（阿彌陀佛輪印）。
20.	阿彌陀「輪」印。
21.	阿彌陀佛「頂」印。
22.	阿彌陀佛「心」印。
23.	阿彌陀佛「滅罪」印。
24.	「釋迦佛頂身」印。
25.	「佛頂破魔結界降伏」印（釋迦佛「破魔降伏」印）。
26.	釋迦牟尼佛「懺悔法」印（釋迦佛「懺悔法」印）。
27.	「白傘蓋佛頂」印之一。
28.	「白傘蓋佛頂」印之二。
29.	「百億諸佛同心」印。
30.	「如來毫相」印（可當[問訊]用）。

31.	「最上菩提」印。
32.	「藥師咒」根本手印(藥壺印)之一。
33.	「藥師咒」根本手印(藥壺印)之二。
34.	阿閦鞞佛三摩耶印。
35.	淨王佛頂印(阿閦佛頂印)。
36.	「觸地」印(破魔印、降魔印、摧伏印)。
37.	「菩提心」印(懺悔印)。→「一切佛心中心咒」手印第一。
38.	「菩提根本」印(授記頂印)。
39.	「若那斫迦羅」印(智輪印)。
40.	「菩提心成就」印。→「一切佛心中心咒」手印第二。
41.	「正授菩提」印。→「一切佛心中心咒」手印第三。
42.	「如來母」印。→「一切佛心中心咒」手印第四。
43.	「如來善集陀羅尼」印。→「一切佛心中心咒」手印第五。
44.	「如來語」印。→「一切佛心中心咒」手印第六。
45.	《大寶廣博樓閣善住祕密陀羅尼》的根本手印。
46.	《大寶廣博樓閣善住祕密陀羅尼》的「心」印(安慰印)。
47.	《大寶廣博樓閣善住祕密陀羅尼》的「隨心」印。
48.	「慈氏」印(窣覩波印;塔印)。
49.	「佛頂尊勝陀羅尼」印。
50.	「千手千眼觀自在菩薩」根本印(九山八海印、補陀落山印、九峰印、蓮華五鈷印)。
51.	「青頸大悲心」印。
52.	「法螺」印(勝願吉祥法螺印、吉祥法螺印、吉祥商佉印、商佉印、無量音聲佛頂印)。
53.	「觀自在」菩薩根本印。
54.	「八葉」印(八葉蓮華印、八大蓮華印、蓮花部三昧耶印)。
55.	「喚觀世音菩薩」印。
56.	千眼千臂觀世音菩薩「神變自在」印。
57.	「觀世音」菩薩的「總攝印」(同金剛拳「內縛印」)。
58.	「蓮華部心咒」手印(蓮華部七字心真言、蓮華部心真言、觀世音菩薩滅業障真言)。
59.	「求見觀世音菩薩」印。
60.	「觀世音菩薩求見佛」印。
61.	觀世音菩薩「求聰明」印。
62.	「觀世音菩薩如意輪」根本印。(唐密版)。

63.	「觀世音菩薩如意輪」心印。(唐密版)。
64.	「觀世音菩薩如意輪」心中心印。(唐密版)。
65.	「觀世音菩薩如意輪」根本印。(北宋・慈賢版)。
66.	「觀世音菩薩如意輪」心印。(北宋・慈賢版)。
67.	「觀世音菩薩如意輪」心中心印。(北宋・慈賢版)。
68.	「不空羂索」觀世音菩薩「結大界印」。
69.	「不空羂索」觀世音菩薩「大奮怒王頂」印。
70.	准提菩薩(尊那菩薩)的「根本印」。
71.	修「准提鏡」專用的「總攝印」。
72.	「觀世音菩薩」隨心印(多羅菩薩)之一。
73.	「觀世音菩薩」隨心印(多羅菩薩)之二。
74.	「觀世音菩薩」隨心印(多羅菩薩)之三。
75.	「觀世音菩薩」隨心印(多羅菩薩)之四。
76.	「大勢至菩薩」印之一。
77.	「大勢至菩薩」印之二。
78.	「大勢至菩薩」印之三。
79.	「大勢至菩薩」印之四。
80.	「五字文殊」印(金剛利劍印。金剛智劍印)：小劍形➔文殊菩薩手印之一。
81.	「文殊師利」印(帶劍鞘)：中劍形➔文殊菩薩手印之二。
82.	「文殊師利」印：大劍形➔文殊菩薩手印之三。
83.	「金剛薩埵」三昧耶印(普賢三昧耶印)➔普賢菩薩手印之一。
84.	外五股印(外縛五股印。薩埵金剛印。金剛薩埵五股印)➔普賢菩薩手印之二。
85.	內五股印(內縛五股印。大隨求根本印。請金剛杵印)➔普賢菩薩手印之三。
86.	「地藏菩薩法身」印之一。
87.	「地藏菩薩」印之二。
88.	「地藏菩薩」印(地藏菩薩旗印)之三。
89.	「地藏菩薩」印(地藏菩薩旗印)之四。
90.	「大輪」金剛(金剛輪菩薩)與「摩利支天菩薩」手印(同印異名)。
91.	「實心」合掌(二種)。
92.	「虛心」合掌。
93.	「金剛」合掌。
94.	金剛拳「外縛印」。

95.	「轉法輪」印（吉祥法輪印。金剛薩埵法輪印）。
96.	佛陀「說法」印。
97.	「佛頂根本」印。
98.	「熾盛光大威德消災吉祥」咒（熾盛威德佛頂）手印。
99.	專門治「眼病」的「釋迦佛眼印」之一。
100.	專門治「眼病」的「釋迦佛眼印」之二。
101.	「玉環」印（一切如來加護心印）。
102.	「劍」印（金剛刀印）。
103.	「漱口」印（總攝身印）。
104.	「大虛空藏普通供養」手印。
105.	「忍辱」波羅蜜手印。
106.	「滿願」印（施願印。施甘露印）。
107.	單手結「金剛杵」印之一。
108.	單手結「金剛杵」印之二。

果濱佛學專長

一、佛典生命科學。二、佛典臨終與中陰學。

三、梵咒修持學(含《蘇婆呼童子請問經》)。四、《楞伽經》學。

五、《維摩經》學。

六、般若學(《金剛經》+《大般若經》+《文殊師利所說般若波羅蜜經》)。

七、十方淨土學。八、佛典兩性哲學。九、佛典宇宙天文學。

十、中觀學(中論二十七品)。十一、唯識學(唯識三十頌+《成唯識論》)。

十二、《楞嚴經》學。十三、唯識腦科學。

十四、敦博本《六祖壇經》學。十五、佛典與科學。

十六、《法華經》學。十七、佛典人文思想。

十八、《華嚴經》科學。十九、唯識双密學(《解深密經+密嚴經》)。

二十、佛典數位教材電腦。二十一、中觀修持學(佛經的緣起論+《持世經》)。

二十二、《般舟三昧經》學。二十三、如來藏學(《如來藏經+勝鬘經》)。

二十四、《悲華經》學。二十五、佛典因果學。二十六、《往生論註》。

二十七、《無量壽經》學。二十八、《佛說觀無量壽佛經》。

二十九、《思益梵天所問經》學。三十、《涅槃經》學。

三十一、三部《華嚴經》。三十二、穢跡金剛法經論導讀。

果濱其餘著作一覽表

一、《大佛頂首楞嚴王神咒・分類整理》(國語)。1994 年 10 月 15 日編畢。1996 年 8 月印行。大乘精舍印經會發行。書籍編號 C-202。紙本結緣書，有 pdf 電子書。字數：5243

二、《生死關初篇》。1996 年 9 月初版。1997 年 5 月再版。ISBN：957-98702-5-X。大乘精舍印經會發行。紙本結緣書，有 pdf 電子書。書籍編號 C-207。與 C-095。字數：28396

《生死關全集》。1998 年 1 月修訂版。和裕出版社發行。ISBN：957-8921-51-9。字數：110877

三、《雞蛋葷素說》(同《修行先從不吃蛋做起》一書)。1998 年 4 月初版，2001 年 3 月再版。大乘精舍印經會發行。紙本結緣書，有 pdf 電子書。ISBN：957-8389-12-4。字數：9892

四、《楞嚴經聖賢錄》(上下冊)[停售]。2007 年 8 月及 2012 年 8 月。萬卷樓圖書股份有限公司發行。ISBN：978-957-739-601-3(上冊)。ISBN：978-957-739-765-2(下冊)。

《楞嚴經聖賢錄（合訂版）》。2013 年 12 月初版。萬卷樓圖書股份有限公司發行。ISBN：978-957-739-825-3。字數：262685

五、《《楞嚴經》傳譯及其真偽辯證之研究》。2009 年 8 月。萬卷樓圖書股份有限公司發行。ISBN：978-957-739-659-4。字數：352094

六、《果濱學術論文集（一）》。2010 年 9 月。萬卷樓圖書股份有限公司發行。ISBN：978-957-739-688-4。字數：136280

七、《淨土聖賢錄・五編（合訂本）》。2011 年 7 月。萬卷樓圖書股份有限公司發行。ISBN：978-957-739-714-0。字數：187172

八、《穢跡金剛法全集(增訂本)》[停售]。2012 年 8 月。萬卷樓圖書股份有限公司發行。ISBN：978-986-478-853-8。字數：139706

《穢跡金剛法全集（全彩本）》。2023 年 6 月。萬卷樓圖書股份有限公司發行。➔ISBN：978-957-739-766-9。字數：295504

九、《漢譯《法華經》三種譯本比對暨研究（全彩本）》。2013 年 9 月初版。萬卷樓圖書股份有限公司發行。ISBN：978-957-739-816-1。字數：525234

十、《漢傳佛典「中陰身」之研究》。2014 年 2 月初版。萬卷樓圖書股份有限公司發行。ISBN：978-957-739-851-2。字數：119078

十一、《《華嚴經》與哲學科學會通之研究》。2014 年 2 月初版。萬卷樓圖書股份有限公司發行。ISBN：978-957-739-852-9。字數：151878

十二、《《楞嚴經》大勢至菩薩「念佛圓通章」釋疑之研究》。2014 年 2 月初版。萬卷樓圖書股份有限公司發行。ISBN：978-957-739-857-4。字數：111287

十三、《唐密三大咒・梵語發音羅馬拼音課誦版》。2015 年 3 月。萬卷樓圖書股份有限公司發行。ISBN：978-957-739-925-0。〈260 x 135 mm〉規格[活頁裝] 字數：37423

十四、《袖珍型《房山石經》版梵音「楞嚴咒」暨《金剛經》課誦》。2015 年 4 月。萬卷樓圖書股份有限公司發行。ISBN：978-957-739-934-2。〈140 x 100 mm〉規

格[活頁裝] 字數：17039

十五、《袖珍型《房山石經》版梵音「千句大悲咒」暨「大隨求咒」課誦》。2015 年 4 月。萬卷樓圖書股份有限公司發行。ISBN：978-957-739-938-0。〈140 x 100 mm〉規格[活頁裝] 字數：11635

十六、《《楞嚴經》原文暨白話語譯之研究(全彩版)》[不分售]。2016 年 6 月。萬卷樓圖書股份有限公司發行。ISBN：978-986-478-008-2。字數：620681

十七、《《楞嚴經》圖表暨註解之研究(全彩版)》[不分售]。2016 年 6 月。萬卷樓圖書股份有限公司發行。ISBN：978-986-478-009-9。字數：412988

十八、《《楞嚴經》白話語譯詳解(無經文版)-附:從《楞嚴經》中探討世界相續的科學觀》。2016 年 6 月。萬卷樓圖書股份有限公司發行。ISBN：978-986-478-007-5。字數：445135

十九、《《楞嚴經》五十陰魔原文暨白話語譯之研究-附:《楞嚴經》想陰十魔之研究》。2016 年 6 月。萬卷樓圖書股份有限公司發行。ISBN：978-986-478-010-5。字數：183377

二十、《《持世經》二種譯本比對暨研究(全彩版)》。2016 年 6 月。萬卷樓圖書股份有限公司發行。ISBN：978-986-478-006-8。字數：127438

二十一、《袖珍型《佛說無常經》課誦本暨「臨終開示」(全彩版)》。2017 年 8 月。萬卷樓圖書股份有限公司發行。ISBN：978-986-478-111-9。〈140 x 100 mm〉規格[活頁裝] 字數：16645

二十二、《漢譯《維摩詰經》四種譯本比對暨研究(全彩版)》。2018 年 1 月。萬卷樓圖書股份有限公司發行。ISBN：978-986-478-129-4。字數：553027

二十三、《敦博本與宗寶本《六祖壇經》比對暨研究(全彩版)》。2018 年 1 月。萬卷樓圖書股份有限公司發行。ISBN：978-986-478-130-0。字數：366536

二十四、《果濱學術論文集(二)》。2018 年 1 月。萬卷樓圖書股份有限公司發行。ISBN：978-986-478-131-7。字數：121231

二十五、《從佛典中探討超薦亡靈與魂魄之研究》。2018 年 1 月。萬卷樓圖書股份有限公司發行。ISBN：978-986-478-132-4。字數：161623

二十六、《欽因老和上年譜略傳》。紙本結緣書，有 pdf 電子書。2018 年 3 月。新北樹林區福慧寺發行。字數：9604

二十七、《《悲華經》兩種譯本比對暨研究(全彩版)》。2019 年 9 月。萬卷樓圖書股份有限公司發行。ISBN：978-986-478-310-6。字數：475493

二十八、《《悲華經》釋迦佛五百大願解析(全彩版)》。2019 年 9 月。萬卷樓圖書股份有限公司發行。ISBN：978-986-478-311-3。字數：83434

二十九、《《往生論註》與佛經論典之研究(全彩版)》。2019 年 9 月。萬卷樓圖書股份有限公司發行。ISBN：978-986-478-313-7。字數：300034

三十、《思益梵天所問經》三種譯本比對暨研究(全彩版)》。2020 年 2 月。萬卷樓圖書股份有限公司發行。ISBN：978-986-478-344-1。字數：368097

三十一、《蘇婆呼童子請問經》三種譯本比對暨研究(全彩版)》。2020 年 8 月。萬卷樓圖書股份有限公司發行。ISBN：978-986-478-376-2。字數：224297

三十二、《悉曇梵字七十七字母釋義之研究(含華嚴四十二字母)全彩版》。2023 年 7 月。萬

卷樓圖書股份有限公司發行。ISBN：978-986-478-866-8。字數：234593

三十三、《毘首羯磨菩薩與雕刻佛像之研究(全彩版)》。2023 年 9 月。萬卷樓圖書股份有限公司發行。ISBN：978-986-478-879-8。字數：86466

三十四、《楞伽經》三種譯本比對暨研究(全彩版)》。2023 年 9 月。萬卷樓圖書股份有限公司發行。ISBN：978-986-478-961-0。字數：764147

三十五、《楞伽經》中〈遮食肉品〉素食之研究(全彩版)》。2023 年 9 月。萬卷樓圖書股份有限公司發行。ISBN：978-986-478-964-1。字數：103247

三十六、《《華嚴經》四聖諦品與人生一百一十種苦解析(全彩版)》。2023 年 12 月。萬卷樓圖書股份有限公司發行。ISBN：978-626-386-033-9。字數：84081

三十七、《《華嚴經》淨行品一百六十二大願解析(全彩版)》。2023 年 12 月。萬卷樓圖書股份有限公司發行。ISBN：978-626-386-034-6。字數：94771

三十八、《《華嚴經》十住品六種譯本比對解析(全彩版)》。2023 年 12 月。萬卷樓圖書股份有限公司發行。ISBN：978-626-386-035-3。字數：96760

三十九、《佛菩薩專用手印解析暨研究(全彩版)》。2025 年 2 月。萬卷樓圖書股份有限公司發行。ISBN：978-626-386-246-3。字數：163618

＊三十九本書，總字數為 8459030，即 845 萬 9030 字